汽车

检测、维修、拆装、保养
从零基础到实战（图解·视频·案例）

九品车事 ◎ 编著

中国水利水电出版社
www.waterpub.com.cn
·北京·

内容提要

《汽车检测、维修、拆装、保养从零基础到实战（图解·视频·案例）》是一本直接指导汽车维修工现场实际操作的案例型图书。这本汽车维修书籍以维修工操作实际工作为基础，讲解了汽车常识、电工电路、机械、电控、油液、汽车自动化等多方面的检修、拆装等应用知识。

《汽车检测、维修、拆装、保养从零基础到实战（图解·视频·案例）》的编写参考了各汽车手册，全书所述案例涵盖机多车型多应用场景，知识全面、易懂，本书以新颖的"实物实操法"讲解维修工在工作中的实际操作过程，书中涉及汽车机电维修、发动机及其机械系统、发动机控制系统、变速器、制动系统、转向系统、悬架和轮胎、空调系统、车窗系统、灯光系统、后视镜、刮水洗涤系统、安全气囊等的维修、养护实用知识。实例均采用实物讲解，是一本具有高知识容量的基础类汽车维修书籍。

《汽车检测、维修、拆装、保养从零基础到实战（图解·视频·案例）》内容丰富，实用性强，配有大量高清插图，以图代文，同时还用"维修提示""补充说明""举例说明"等知识点来突出要点。本书适合一线汽车维修人员阅读，对于零基础的读者更是易学易懂。本书还适合汽修及相关行业从业人员，及相关专业院校学生备考阅读使用，也可作为相关培训机构教材，同时也推荐爱动手的汽车爱好者阅读。

图书在版编目（CIP）数据

汽车检测、维修、拆装、保养从零基础到实战：图解·视频·案例 / 九品车事编著. —北京：中国水利水电出版社，2022.6（2023.2重印）

ISBN 978-7-5226-0617-0

Ⅰ.①汽… Ⅱ.①九… Ⅲ.①汽车—车辆修理 ②汽车—车辆保养 Ⅳ.①U472

中国版本图书馆CIP数据核字(2022)第063232号

书　名	汽车检测、维修、拆装、保养从零基础到实战（图解·视频·案例） QICHE JIANCE WEIXIU CHAIZHUANG BAOYANG CONG LING JICHU DAO SHIZHAN
作　者	九品车事　编著
出版发行	中国水利水电出版社 （北京市海淀区玉渊潭南路1号D座 100038） 网址：www.waterpub.com.cn E-mail：zhiboshangshu@163.com 电话：（010）62572966-2205/2266/2201（营销中心）
经　售	北京科水图书销售有限公司 电话：（010）68545874、63202643 全国各地新华书店和相关出版物销售网点
排　版	北京智博尚书文化传媒有限公司
印　刷	河北文福旺印刷有限公司
规　格	185mm×260mm　16开本　25.75印张　600千字
版　次	2022年6月第1版　2023年2月第2次印刷
印　数	3001—6000册
定　价	128.00元

凡购买我社图书，如有缺页、倒页、脱页的，本社营销中心负责调换

版权所有·侵权必究

前　言

汽车，变了！

当下，在新一轮科技革命和产业变革的影响下，新一代信息技术与制造技术深度融合，汽车由机电一体化飞速向智能化和网联化的高科技产品发展，呈现与电子、信息、交通、人工智能等相关产业紧密相连、协同发展的趋势。汽车工业技术的高速发展，对于我们汽修工来讲，学习就更变得尤为重要，更要打好基础，不断提升。那么，怎么学、学什么才能在较短的时间提高知识和技能？针对这个问题，我们编者专门有针对性的谋编了《汽车维修从零基础到实战》这本书。

汽车维修不仅需要丰富的专业知识，更需要熟练的操作技能。本书在结构框架上针对"从基础~实战"的渐进策略；内容上从汽车认知、使用操控、维护保养、维修操作、到检测诊断、故障排除，涵盖汽车常识、电工电路、机械、电控、油液、汽车自动化等方面。具体分为十四章来讲述，依次为重新认识汽车、汽车机电维修基础、发动机及其机械系统维修、发动机控制系统维修、变速器维修、制动系统维修、转向系统维修、悬架和车轮维修、空调系统维修、车窗系统维修、灯光系统维修、后视镜维修、刮水洗涤系统维修、安全气囊系统。内容层次分明、重点突出、通俗易懂、思路清晰、目标明确。本书配大量高清插图，以图代解、以解释图，用图说话，同时还用"维修提示"、"补充说明"、"举例说明"来突出要点，多渠道、多点位精准灌输实用的知识与实战技能。

《汽车检测、维修、拆装、保养从零基础到实战（图解·视频·案例）》专门倾向一线维修工、尤为零基础者量身打造，提炼高纯度、易吸收的汽车知识和高质量、益消化的专业技能，有利于更好的滋养补给，学以致用。

《汽车检测、维修、拆装、保养从零基础到实战（图解·视频·案例）》还适合汽修及相关行业人员，以及相关专业院校学生使用，同时也可作为培训机构教材使用，以及大中专院校老师参考之用。同时也推荐汽车爱好者收藏翻阅。

致谢：本书编写参考了大量的技术文献资料、图书、多媒体资料、专题技术讲座及原车维修手册等，在此谨向这些为本书编写出版给予帮助的同志们及相关文献作者，尤其是本书涉及相关车型资料的作者，表示衷心的感谢！

由于作者水平有限和有效资料的局限性，书中难免有不妥和疏漏之处，敬请广大读者朋友批评指正。

编　者

2022 年 3 月

目 录

第1章 重新认识汽车　1

1.1 传统燃油汽车　1
1.1.1 结构特点　1
1.1.2 维修特点　3

1.2 混合动力汽车　3
1.2.1 结构特点　3
1.2.2 维修特点　4

1.3 纯电动汽车　5
1.3.1 结构特点　5
1.3.2 维修特点　6

1.4 智能网联汽车　6
1.4.1 功能特点　6
1.4.2 维修特点　7

第2章 汽车机电维修基础　8

2.1 维修操作基础　8
2.1.1 作业安全　8
2.1.2 维修规范或惯例　9

2.2 电工检测基础　11
2.2.1 电流的认知和检测　11
2.2.2 电压的认知和检测　14
2.2.3 电阻的认知和检测　16
2.2.4 断路检测　20
2.2.5 短路检测　21
2.2.6 电压降检测　23
2.2.7 接地检查　24

2.3 总线系统认知　25
2.3.1 CAN总线的认知　25
2.3.2 LIN总线的认知　27
2.3.3 MOST总线的认知　29
2.3.4 电路图认知　30

第3章 发动机及其机械系统维修　72

3.1 发动机认知　72
3.1.1 发动机运行原理　72
3.1.2 发动机主要机械零部件　75
3.1.3 气缸盖　79
3.1.4 气缸体总成　92
3.1.5 油底壳　113

3.2 发动机检查和保养　114
3.2.1 机舱检查　114
3.2.2 皮带检查　115
3.2.3 发动机保养　116

3.3 发动机拆装操作　124
3.3.1 基本检查和操作　124
3.3.2 拆下发动机总成　126
3.3.3 拆下气缸盖　127
3.3.4 拆解气缸盖　129
3.3.5 拆装气缸体部件　132

3.4 发动机故障诊断　137
3.4.1 测量气缸压力　137
3.4.2 发动机机械故障　138

第4章 发动机控制系统维修　142

4.1 发动机控制系统认知　142

4.1.1	发动机控制系统概述	142
4.1.2	电子燃油喷射控制	145
4.1.3	电子控制点火提前	148
4.1.4	怠速控制	151
4.1.5	空燃比控制	156
4.1.6	燃油蒸气排放控制	157
4.1.7	发动机保护控制	159
4.1.8	发电电压可变控制	159
4.1.9	正时控制	160
4.1.10	双散热风扇控制	160
4.2	**发动机系统使用和操控**	**165**
4.2.1	发动机指示灯	165
4.2.2	无钥匙起动	166
4.2.3	起停系统	168
4.3	**发动机控制系统拆装**	**170**
4.3.1	拆装节气门	170
4.3.2	拆卸火花塞	171
4.4	**发动机控制系统故障诊断**	**173**
4.4.1	节气门故障	173
4.4.2	火花塞故障	174
4.4.3	点火线圈故障	177
4.4.4	凸轮轴故障	178
4.4.5	爆震传感器故障	178
4.4.6	空气流量计故障	180
4.4.7	三元催化器故障	184

第5章 变速器维修 186

5.1	**变速器认知**	**186**
5.1.1	自动变速器（AT）结构	186
5.1.2	自动变速器（AT）主要部件	187
5.1.3	双离合变速器	202
5.1.4	无级变速器	204
5.2	**变速器使用和操控**	**209**
5.2.1	电子挡位操纵机构	209
5.2.2	自动变速器挡位	213
5.2.3	手动变速器挡位	216

5.3	**变速器维护和保养**	**217**
5.4	**变速器拆装和检查**	**219**
5.4.1	拆装双离合器	219
5.4.2	检查液力变矩器	220
5.5	**变速器故障**	**221**
5.5.1	手动变速器故障	221
5.5.2	自动变速器故障	224

第6章 制动系统维修 227

6.1	**制动系统认知**	**227**
6.1.1	制动系统总览	227
6.1.2	制动系统主要零部件	228
6.2	**制动系统使用和操控**	**237**
6.2.1	制动系统指示灯	237
6.2.2	电动驻车制动操作	237
6.3	**制动系统检查**	**239**
6.3.1	制动钳和制动片检查	239
6.3.2	制动盘检查	239
6.3.3	制动液检查	241
6.3.4	制动系统排气	243
6.4	**制动系统拆装**	**243**
6.5	**制动系统故障诊断**	**245**
6.5.1	轮速传感器故障	245
6.5.2	真空助力器故障	246
6.5.3	电磁阀故障	247
6.5.4	制动开关故障	247

第7章 转向系统维修 249

7.1	**转向系统认知**	**249**
7.1.1	机械部件	249
7.1.2	电气部件	250
7.2	**转向系统使用和操控**	**251**
7.2.1	转向盘上的组合开关	251
7.2.2	调整转向盘	253
7.3	**转向系统检查**	**255**

7.4 转向系统拆装 256
　　7.4.1 拆装转向盘操作事项 256
　　7.4.2 拆卸转向拉杆防尘套操作事项 258
7.5 转向系统故障诊断 260
　　7.5.1 诊断前检查 260
　　7.5.2 机械故障 261
　　7.5.3 电动助力转向系统故障 265

第8章　悬架和轮胎维修　267

8.1 悬架和轮胎认知 267
　　8.1.1 前悬架 267
　　8.1.2 后悬架 269
　　8.1.3 轮胎 271
8.2 悬架系统维护和保养 272
8.3 悬架系统拆装 273
8.4 悬架系统故障诊断 274
　　8.4.1 减振器检查 274
　　8.4.2 轮胎检查 276

第9章　空调系统维修　277

9.1 空调系统认知 277
　　9.1.1 空调系统总览 277
　　9.1.2 空调制冷循环 279
9.2 空调系统使用和操控 281
　　9.2.1 空调面板 281
　　9.2.2 气流分配 281
　　9.2.3 空气内循环 282
　　9.2.4 自动模式 283
　　9.2.5 双模式操控 284
9.3 空调系统维护和保养 285
　　9.3.1 清洗空调系统 285
　　9.3.2 清洗冷凝器和散热器 285
　　9.3.3 更换空调滤清器 286
　　9.3.4 检查空调性能 287

9.4 空调系统维修和操作 288
　　9.4.1 加注制冷剂 288
　　9.4.2 更换膨胀阀 291
9.5 空调系统故障诊断 292
　　9.5.1 空调控制诊断 292
　　9.5.2 空调系统异常压力诊断 302

第10章　车窗系统维修　306

10.1 车窗系统认知和使用 306
　　10.1.1 玻璃升降器 306
　　10.1.2 车窗组合开关 309
10.2 车窗系统维护和保养 310
　　10.2.1 天窗排水保养周期 310
　　10.2.2 天窗排水维护事项 311
10.3 车窗系统拆装 311
　　10.3.1 拆装玻璃升降器开关 311
　　10.3.2 拆装玻璃升降器 312
10.4 车窗系统故障诊断 314
　　10.4.1 玻璃升降的基本控制 314
　　10.4.2 各车门升降器控制策略 314
　　10.4.3 车窗升降故障 318

第11章　灯光系统维修　321

11.1 灯光系统认知 321
　　11.1.1 卤素大灯 321
　　11.1.2 气体放电大灯 321
　　11.1.3 LED 大灯 322
11.2 灯光控制系统使用和操控 325
　　11.2.1 指示灯和警告灯 325
　　11.2.2 按钮模块开关 326
　　11.2.3 旋转式车灯开关 327
　　11.2.4 智能远光灯 329
　　11.2.5 智能像素大灯 330
　　11.2.6 自适应前大灯 331
11.3 灯光系统调节和拆装 332
　　11.3.1 手动调节前大灯光束 332

11.3.2 拆装大灯 334
11.3.3 拆卸后尾灯 336

11.4 灯光控制系统故障诊断 337

11.4.1 自适应远光 337
11.4.2 自适应大灯调节 337
11.4.3 自动大灯高度调节的检测 338
11.4.4 放电型大灯诊断 343
11.4.5 转向灯系统控制电路 349
11.4.6 倒车灯控制电路 350
11.4.7 阅读灯控制电路 351

第12章 后视镜操控和拆装 354

12.1 后视镜认知 354

12.1.1 车外电动后视镜 354
12.1.2 车内后视镜 355

12.2 后视镜使用和操控 356

12.2.1 车内防眩目后视镜调节 356
12.2.2 车外后视镜调节 357

12.3 后视镜各部分拆装 359

12.3.1 拆装后视镜 359
12.3.2 拆装内后视镜总成 363
12.3.3 拆装车外后视镜登车照明灯 364

12.4 后视镜控制 364

12.4.1 车外后视镜控制 364
12.4.2 车内后视镜控制 367

第13章 刮水洗涤系统维修 369

13.1 刮水器/洗涤器系统认知 369

13.1.1 刮水器/洗涤器系统 369
13.1.2 风窗玻璃洗涤器系统 370

13.2 刮水器操控和更换 371

13.2.1 刮水器开关操控 371
13.2.2 更换刮片 372
13.2.3 调整洗涤喷嘴 374

13.3 刮水器拆装 374

13.3.1 拆装刮水臂总成 374
13.3.2 拆装刮水电动机及连杆总成 376

13.4 刮水洗涤系统故障诊断 376

13.4.1 刮水器低速控制电路 376
13.4.2 刮水器高速控制电路 378
13.4.3 刮水器自动停止控制电路 379
13.4.4 点触刮水控制电路 381
13.4.5 间歇刮水器控制电路 382
13.4.6 同步清洗器和刮水器控制电路 383
13.4.7 刮水器继电器导致的故障 385

第14章 安全气囊系统维护 387

14.1 安全气囊系统认知 387

14.1.1 安全气囊 387
14.1.2 安全带 390

14.2 安全气囊系统使用和操控 391

14.2.1 安全带的正确使用 391
14.2.2 安全气囊应用 392

14.3 安全气囊系统拆装和维修 396

14.3.1 拆装安全气囊ECU 396
14.3.2 拆装安全气囊 397
14.3.3 拆装气帘总成 398

14.4 安全气囊系统故障诊断 399

14.4.1 安全气囊触发原理 399
14.4.2 安全气囊系统电路 402
14.4.3 回路电阻法检测故障 403

第 1 章　重新认识汽车

1.1　传统燃油汽车

1.1.1　结构特点

1　整体结构

按照传统教科书式的结构来讲，汽车由发动机、底盘（包括变速器）、电气设备和车身四大块系统组成。由于汽车已经成为一种日常的民用产品，就外观而言，人们对它太熟悉了，所以这里对其外观构造不多阐述。我们重点看一下其动力布局及结构特点。传统燃油汽车的动力是一种往复活塞式内燃机，这样讲是为了与主流的新能源（电力驱动）汽车做区分。

图 1-1 是由底盘用作支承和通过安装汽车发动机及其各部件成型的汽车整体造型，图 1-2 是一款四轮驱动汽车的动力传动系统布局。

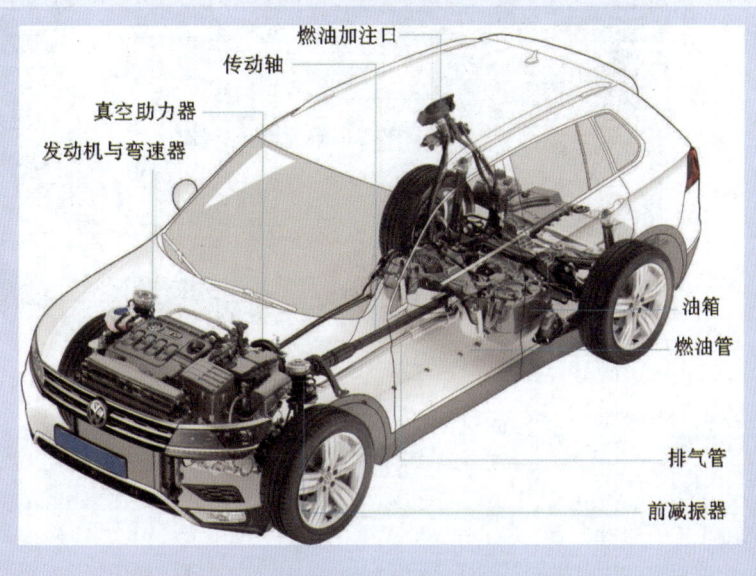

图 1-1　汽车构造

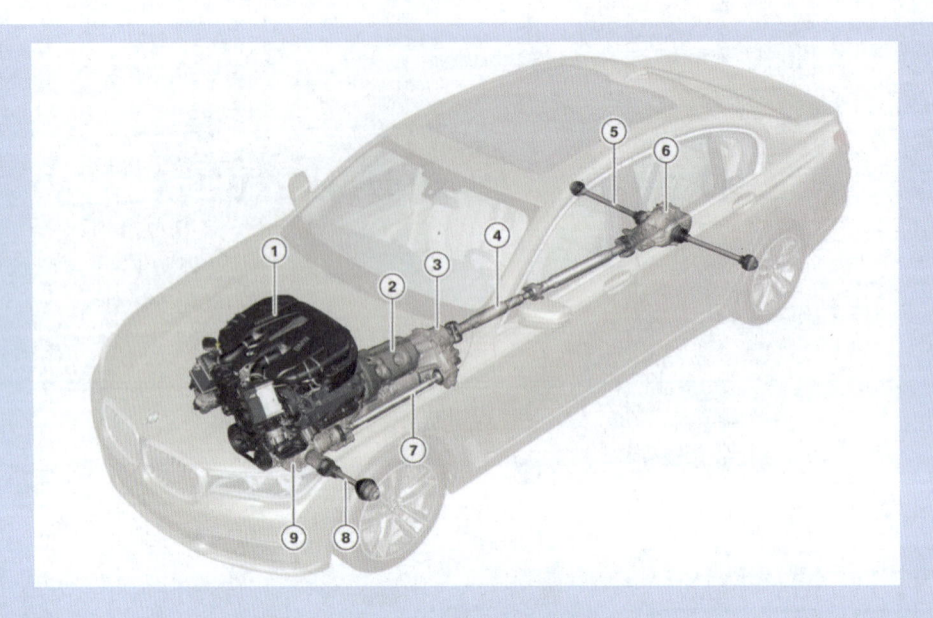

图 1-2 动力传动系统布局

1—发动机；2—自动变速器；3—分动器；4，7—传动轴；5—后桥半轴；6—后桥差速器；8—前桥半轴；9—前桥差速器

2 发动机舱结构布局

（1）图 1-3 是 BMW 某款 V8 发动机的发动机舱概览。

视频：发动机机舱结构布局

图 1-3 发动机舱概览（V 型 8 缸）

1—发动机结构盖板；2—风窗框板盖板；3—前桥支撑座；4—用于高温冷却液循环回路的补液罐；
5—发动机电子系统 DME 副控单元；6—双锁系统；7—谐振器；8—弹簧减振支柱顶前部支撑杆；
9—间接增压空气冷却器；10—冷却套件盖板；11—用于低温冷却液循环回路的补液罐；12—集成式供电模块；
13—发动机电子控制单元；14—跨接起动接线柱；15—12V 蓄电池（车载网络支持措施）；16—清洗液补液罐加注口

（2）图 1-4 是 BMW 某款 4 缸发动机的发动机舱概览。

图 1-4　发动机舱概览（4 缸）

1—发动机结构盖板；2—集成式供电模块；3—发动机电子单元；4—风窗框板盖板；5—前桥支撑座；
6—用于低温冷却液循环回路的补液罐；7—用于高温冷却液循环回路的补液罐；8—双锁系统；
9—弹簧减振支柱顶前部支撑杆；10—冷却套件盖板；11—谐振器；12—进气消音器；
13—跨接起动接线柱；14—12V 蓄电池（车载网络支持措施）；15—清洗液补液罐加注口

1.1.2　维修特点

汽车配置的高低、豪华程度不同，搭载的电子自动化程度不同，结构布局也不同；机械和电子控制一体化已成为现代汽车维修的最大特点。

1.2　混合动力汽车

1.2.1　结构特点

从结构方面来讲，混合动力汽车（油电）就是在传统的燃油汽车上，同时搭载电动机等一系列高压系统的"双动力"汽车，如图 1-5、图 1-6 所示。

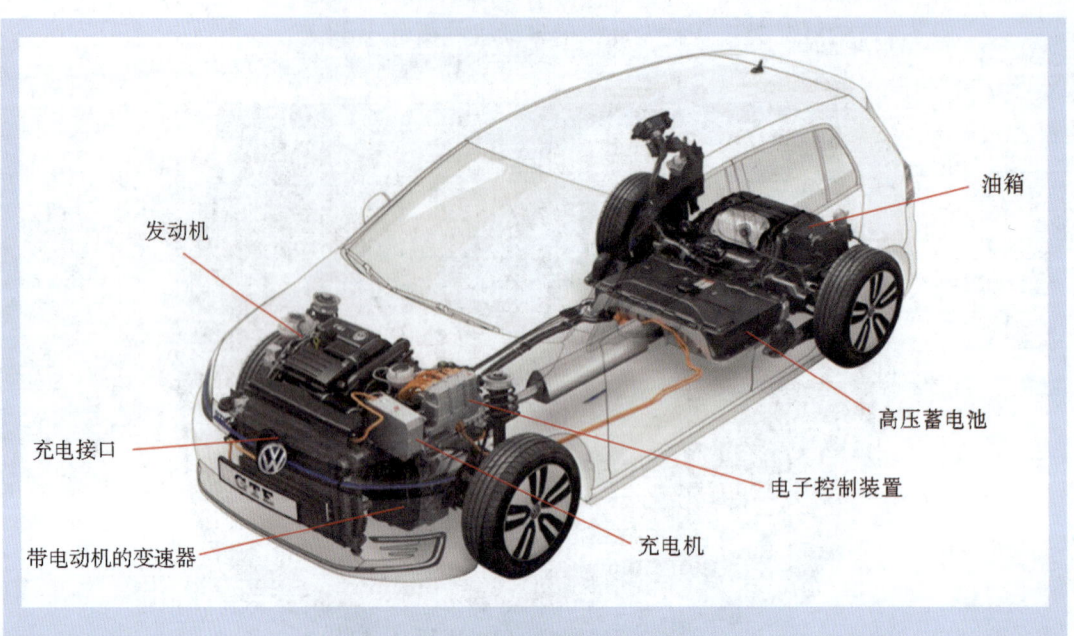

图 1-5 插电式混合动力汽车（一）

图 1-6 插电式混合动力汽车（二）

1.2.2 维修特点

混合动力汽车在维修时必须严格依规执行高压电安全操作规范，做好高压触电防护；维修前后，必须遵循高压断电和上电的操作步骤；在检修高压系统前，必须进行整车高压系统的断电且按规范流程操作。

1.3 纯电动汽车

1.3.1 结构特点

1. 整体结构

图 1-7 所示为纯电动汽车的结构布局。从结构上简单来说，纯电动汽车就是把上述混合动力汽车的发动机系统去掉，由单一电力驱动的汽车。这样讲是为了说明传统的燃油汽车、油电混合动力汽车和纯电动汽车三者的结构特点。

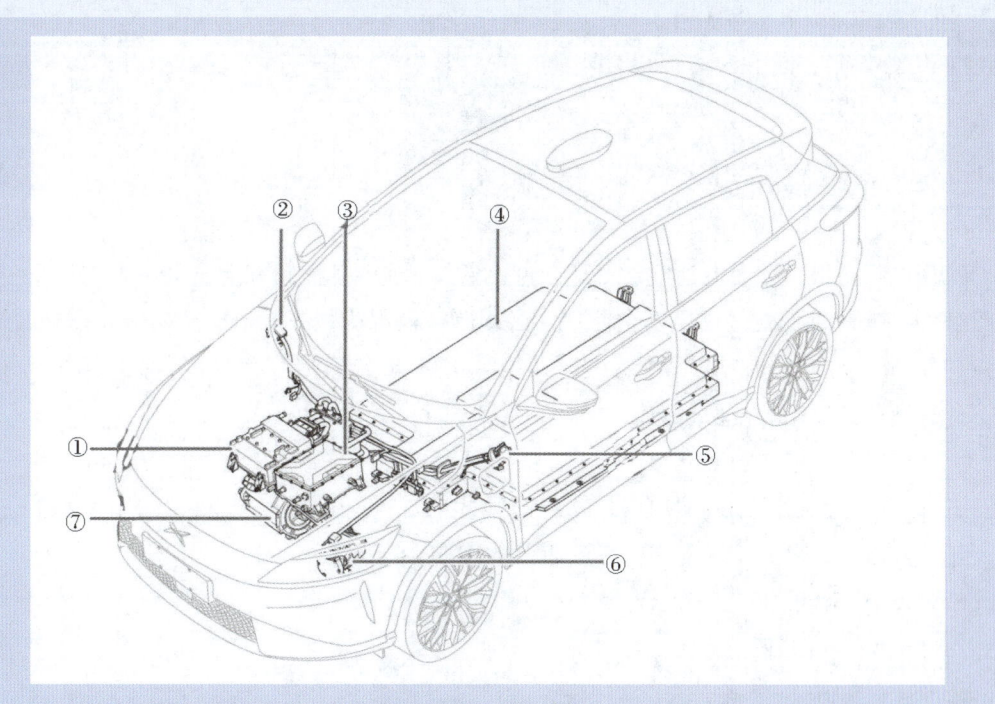

图 1-7 纯电动汽车

1—电动机控制器；2—交流充电口；3—充电机/直流转换器；4—动力电池；5—直流充电口；6—空调压缩机；7—驱动电动机

2. 动力机舱结构布局

图 1-8 所示为纯电动汽车在打开机舱盖后所看到的布局，可以看到其高压电力系统配有冷却系统。

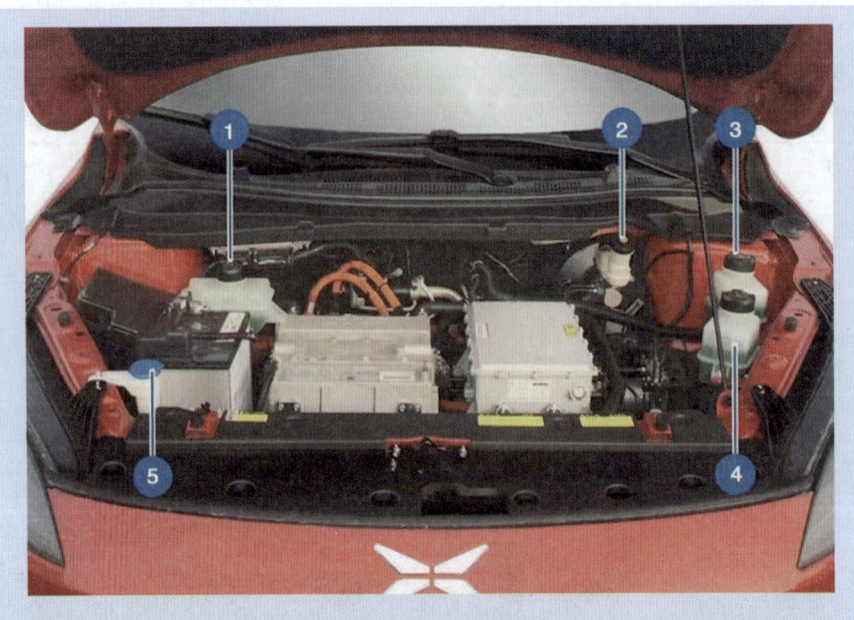

图 1-8 纯电动汽车机舱

1—电动机冷却液储液罐；2—制动液储液罐；3—采暖冷却液储液罐；
4—动力电池冷却液储液罐；5—挡风玻璃清洗液储液罐

1.3.2 维修特点

高压电很危险，动力电池电压高达 350V 左右。纯电动汽车和混合动力电动汽车一样，在维修中最大的特点就是高压安全防护。必须严格依规执行高压电安全操作规范，做好高压触电防护（如穿标准的电工绝缘制服，佩戴护目镜，穿戴绝缘鞋和绝缘手套等）；维修前必须执行高压断电程序。

1.4 智能网联汽车

1.4.1 功能特点

与传统汽车相比较，智能网联汽车主要在功能上实现了汽车的智能化和网联化。这里我们把支持具有先进驾驶辅助系统（ADAS）的汽车视为实现部分（或全部）智能化和网联化的智能网联汽车。

智能网联汽车是搭载了先进的车载传感器、控制器、执行器等装置，并融合了现代通信与网络技术，实现车与人、车、路、云端等智能信息交换与共享，具备复杂环境感知、智能决策、协同控制等功能，可实现安全、高效、舒适、节能的行驶，并最终可实现替代人来操作的新一代汽车。其终极目标是自动驾驶或无人驾驶。智能网联汽车（蔚来）中控如图 1-9 所示。

图 1-9　智能网联汽车（蔚来）

中控（图片来源：蔚来官网）

1.4.2　维修特点

我们会最直观地发现，智能网联汽车突出的特点是车身上的传感器变多了，智能化程度非常高。这就要求我们维修操作的手法要更加精细，对电子电路的诊断检测要更加熟练。

第 2 章　汽车机电维修基础

2.1　维修操作基础

2.1.1　作业安全

1　举升车辆安全

为确保车辆举升的安全，须按照特定的举升支撑位置来托举车辆：汽车的前端支撑位置在前车架纵梁和侧车架纵梁之间连接处的下面，后端支撑在后车架纵梁和侧车架纵梁之间连接处的下面。图 2-1 所示为车辆安全举升支撑位置。

图 2-1　举升机托举支撑位置

2 千斤顶安全作业

为安全起见,当使用千斤顶抬起前轮或后轮时,应牢牢锁住其余车轮以防止车辆移动造成危险;操作需要两名维修技师配合完成,如图2-2所示。

图2-2 千斤顶作业安全

3 气囊安全作业

① 维修时,须先拆下并隔离蓄电池的负极,放电15s以上,才可以开始对气囊系统总成进行诊断、测试及拆装。如果没有执行上述事项,就存在气囊引爆的安全隐患。

② 除厂家另有规定外,不可在任何与安全气囊相关的电路上使用电气测试设备。

2.1.2 维修规范或惯例

① 在维修车辆之前,使用围布、座套、脚垫等适当的遮盖物保护叶子板、内饰与地毯;维修工要穿合适的工装,不要佩戴钥匙及坚硬的饰物或纽扣,以免刮伤汽车漆面。

② 如图2-3所示,对拆下来的零部件或者新的零部件要有序摆放,以便更清晰快捷地维修和装配;重新组装零件时,务必使用新垫片、密封垫、O形圈和开口销。如果规定要使用专用工具,则必须使用专用工具进行操作。图2-4所示为使用专用工具校对安装或拆卸正时机构。

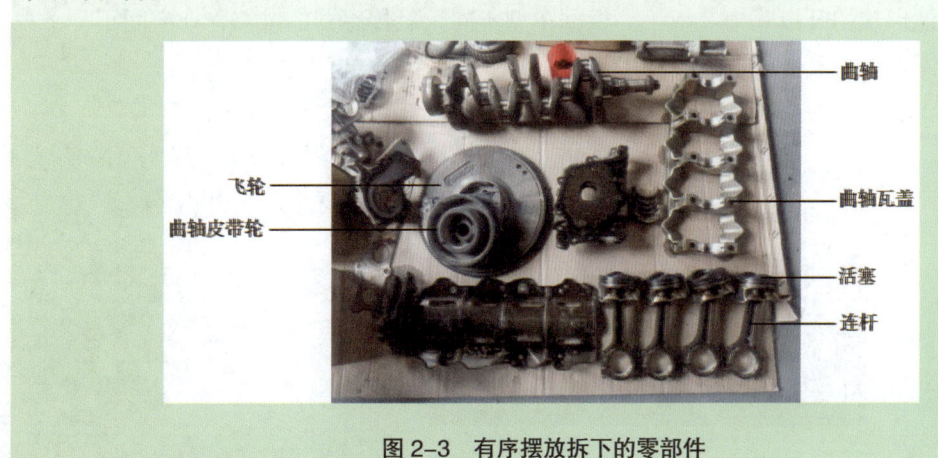

图2-3 有序摆放拆下的零部件

图 2-4 使用专用工具

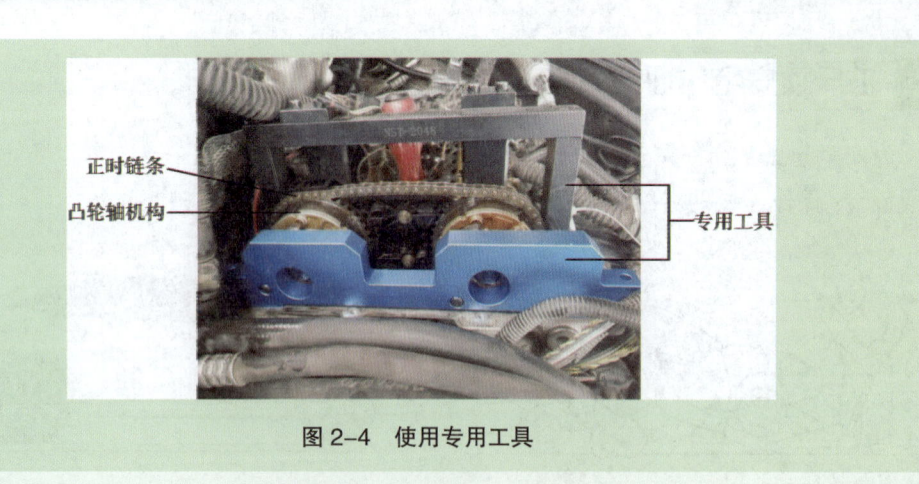

图 2-5 所示为使用力矩扳手锁紧螺栓。常用力矩扳手有电子力矩扳手和机械的预置力式力矩扳手。

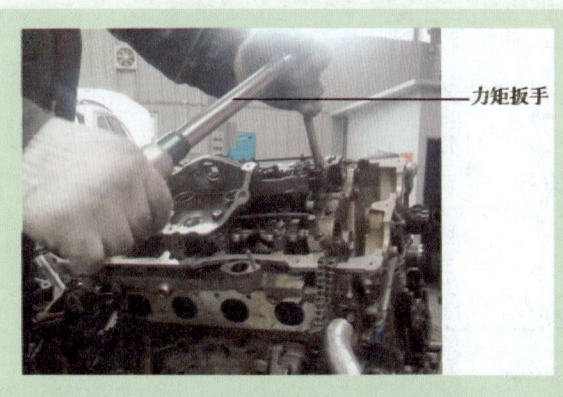

图 2-5 使用力矩扳手

零件必须按照规定的维修标准，以适当的扭矩进行装配。当拧紧一组螺栓或螺母时，要从中心或大直径螺栓开始，分两步或更多步以交叉方式来拧紧。

图 2-6 所示为用氧传感器拆装扳手拆卸三元催化器上的氧传感器。由于氧传感器在排气系统三元催化器上安装的位置空间狭窄，所以氧传感器拆装扳手一般为开口式的桶状梅花扳手或其他形状的开口式梅花扳手。根据车型不同，氧传感器的维修作业空间不一，视情况使用不同形式的氧传感器拆装扳手。

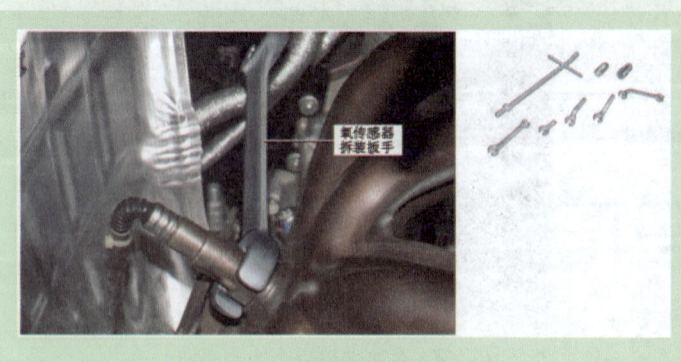

图 2-6 使用氧传感器拆装扳手

2.2 电工检测基础

可以这样讲,电工的知识水平决定了维修者在汽车维修中的技术能力。想要学好汽车维修与诊断的技术,就要努力学通汽车电工知识。首先要把基础打好,比如要熟练掌握电流、电阻、电压等常用的基本电工知识;同时,汽车电工也是操作能力极强的一项工作,基本的电工检测方法一定要会,比如使用万用表测量和判断故障,利用电压降检查故障,等等。

2.2.1 电流的认知和检测

1 电流的效应

电的效应也称电流的效应,在汽车电气系统中无处不在。电气设备根据使用目的,将电能转化为其他能。电流有如下四大效应:

(1)**热效应**。当电流经过导体时,导体会产生热的现象,如点烟器和熔丝(图2-7)等。

图2-7 熔丝

(2)**光效应**。当电流经过用电器导体(电阻)时,导体(电阻)会发光,这就是电流的光效应。最直观的应用如汽车灯泡。

(3)**电磁效应**。当电流经过导体或线圈时,导体或线圈周围空间会产生电磁场,这就是电流的磁效应。如点火线圈、喷油器、交流发电机等。

> **举例说明**
>
> 如图2-8所示，发电机的转子是磁场线圈，当电流流过发电机转子时，转子就产生磁场，转子旋转时就在定子中产生电流。发电机的定子是电枢线圈，定子在发电机中是保持静止的；由于转子转动，通过定子的磁场不断变化，导致有电流流过定子。 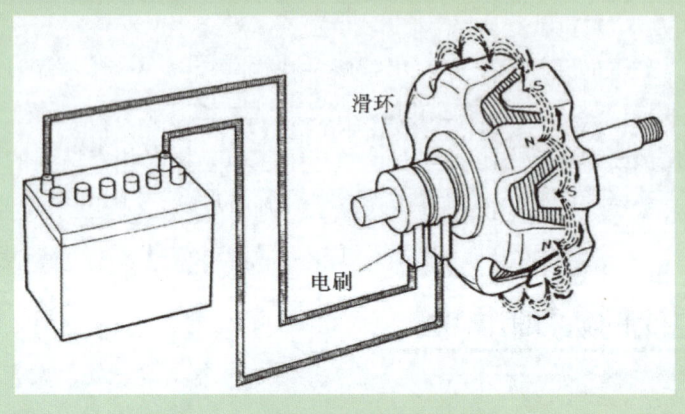
>
> 图2-8 发电机电磁效应示意图

（4）化学效应。电的化学效应最典型的应用就是铅酸蓄电池，在蓄电池内部由于化学反应而生成了"电"。

2 电流路径和强度

在电源外部，电流由正极流向负极；图2-9所示汽车中的电流就是由正极流向负极（车身搭铁为负极）。

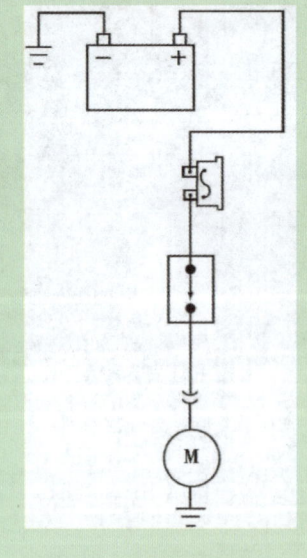

图2-9 汽车电路简图

导线的横截面积（导线的粗细）决定了通过电流（I）的强度，电流的单位是A（安培）、mA（毫安）、μA（微安），其换算关系为1A=1000mA，1mA=1000μA。

3 电流的测量

（1）**数字万用表**。可以使用图2-10所示的数字万用表来检测电流。数字万用表工作可靠，它最大的优点是可以直接显示测量数据。数字万用表电源开关一般会在面板左上部显示屏下方字母POWER（电源）的旁边，OFF表示关。

① 选择电流挡合适的测量量程，可通过功能选择开关完成。

② 如图2-11所示，拆开同一电路导线上的元件或接头，将电流表的两支探针分别连接到同一电路导线上刚才拆开的元件或接头的两端；也就是说，把电流表串联在测量的线路中进行测量。

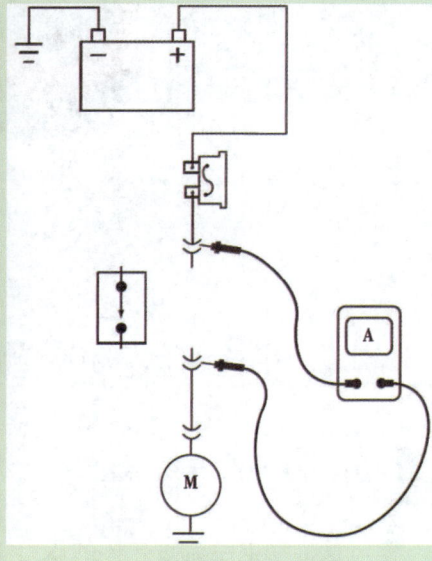

图2-10　数字万用表　　　　　图2-11　电流的测量

> **维修提示**
>
> 由于万用表的电流挡内阻很小，禁止不通过任何用电器或电阻把电流表直接串接在电源的正负极两端，以防把万用表报废。

（2）**使用钳形表**。使用如图2-12所示的直流钳形万用表（简称钳形表）来检测电流时不需要断开电路，可通过钳形表对导线的电磁感应进行电流的测量，比较方便。

测量电流时应根据维修测试需要调整设置测量数据的挡位量程；然后按压钳头扳机使钳口张开，把待测导线置于钳口中，松开钳口扳机使钳口紧闭，显示屏会显示出测量数据；按下"HOLD"保持按钮，可将测量结果保存到钳形表内部，以方便测量操作完毕读取测量值。

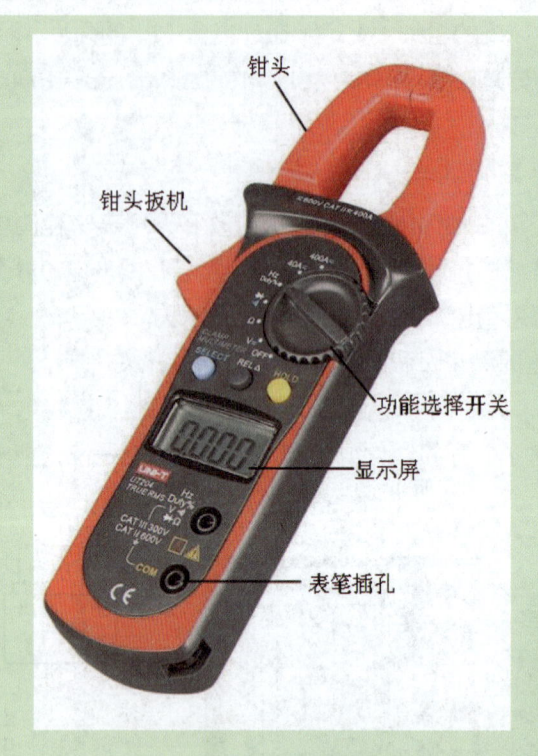

图 2-12　钳形表

2.2.2　电压的认知和检测

1　电压的认知

电压是推动电流流过导体的压力（电动势），是由原子之间由于正负电荷量的失衡而具有"电位差"形成的。可以这样理解：把电压比作水塔内生成的水压，压力是由塔顶（相当于12V）和塔底或地面（相当于0V）之间的位差产生的。如果在蓄电池正极接线柱与车身接地之间测量车用蓄电池产生的电压，会发现这两端之间的压差正是推动电流通过电路的电压。

没有电压与接地的闭合回路，就不会有电流。电压（U）越高，流过电路的电流就越大。电压的单位为V（伏特），其换算关系为 1kV=1000V，1V=1000mV。

> **举例说明**
>
> 如图 2-13 所示，水轮速度随左边水箱中水容积的变化而变化，这说明流向水轮的水流速度随水箱中水压的变化而变化。电现象与此类似，水容积（水压）类似于电压，水流类似于电流。

图 2-13　电压和电流

2　电压的测量

如图 2-14 所示，将万用表并联在被测量的电路中，数字万用表的功能选择开关拨到直流电压挡，红表笔搭在蓄电池正极接线柱，黑表笔搭在负极接线柱，关闭发动机时读取得到的蓄电池电压数值为 12.36V（正常）。

如图 2-15 所示，将万用表正极连接到所测的正极线路中，根据汽车的单线制特点（车身搭铁），可将电压表负极（黑色表笔）连接在任意一个已知且接地良好的接地点来测量电压。

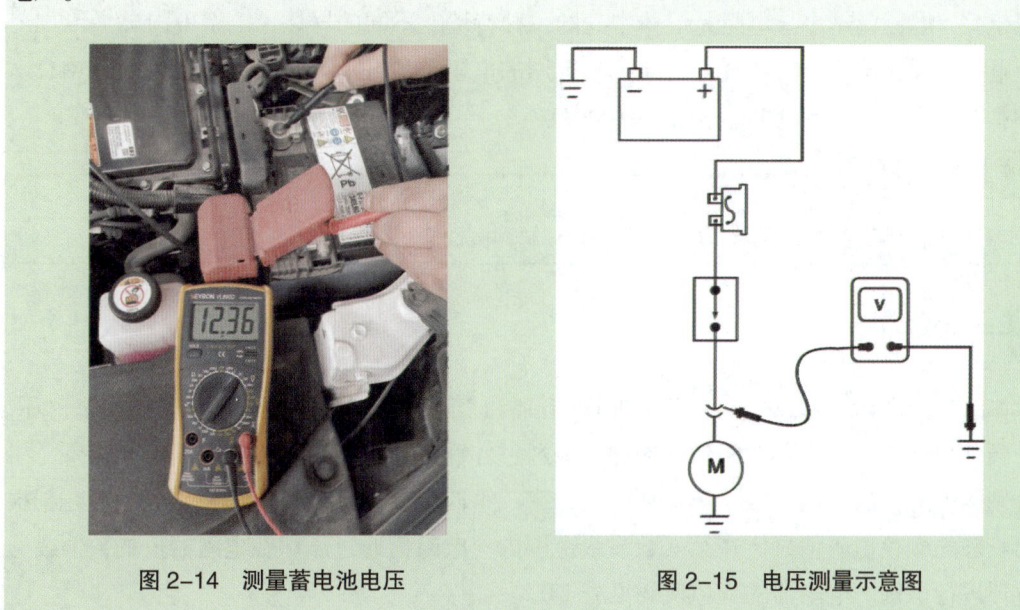

图 2-14　测量蓄电池电压　　　　图 2-15　电压测量示意图

2.2.3 电阻的认知和检测

1 电阻的作用

顾名思义，用来阻碍电流通过的电气元件就是电阻。电阻与电压、电流不一样，电阻是看得见摸得着的有物理结构的电气元件。

如图2-16所示，根据电路需要，在一个完整的电路中加一个电阻，就会使得灯泡变暗。

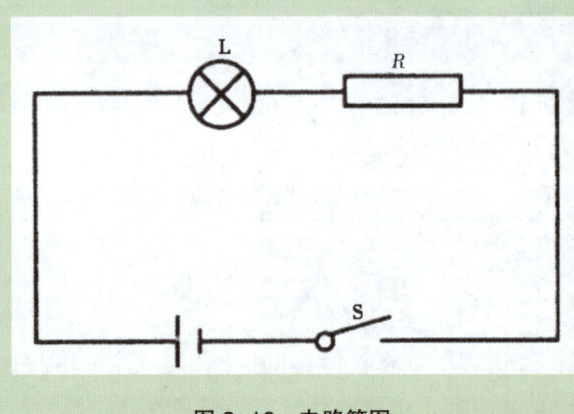

图 2-16 电路简图

2 电阻的特性

电阻（R）表示导体对电流阻碍作用的大小。导体的电阻越大，表示导体对电流阻碍作用越大，电流就越小。电阻是导体本身的一种特性，不同的导体，电阻不同。

电阻的单位为 Ω（欧姆，简称欧），常用的电阻单位还有千欧（$k\Omega$）、兆欧（$M\Omega$）。其换算关系为 $1M\Omega=1000k\Omega$，$1k\Omega=1000\Omega$。

> 补充说明
>
> 影响电阻的三要素：温度、导体长度和导体材料截面面积。

3 电阻元件

如图2-17所示，色环电阻分三环、四环、五环和六环，通常用四环。电阻上带有四个色环，每种颜色都代表一个特定的阻值，因此可以通过计算色环数值总和得到电阻值。第一、二环分别代表阻值的前两位数，第三环代表倍率，第四环代表误差。快速识别的关键在于根据第三环的颜色把阻值确定在某一数量级范围内。电阻值通过压印在电阻器上的数值或通过色环进行识别。电阻器的颜色代码见表2-1。

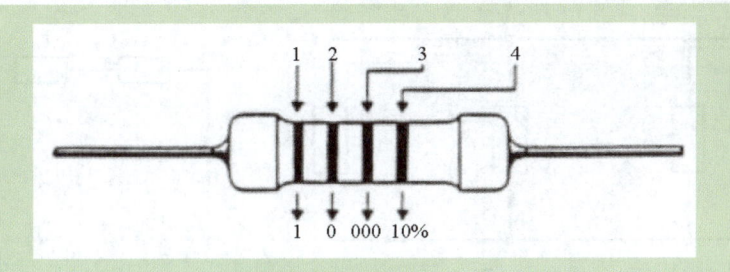

图 2-17 色环电阻

表 2-1 色环电阻的颜色代码

色 别	第 1 环 第 1 个数字	第 2 环 第 2 个数字	第 3 环 应该乘的数	第 4 环 误差 /%
黑色	0	0	1	
棕色	1	1	10	±1
红色	2	2	100	±2
橙色	3	3	1000	
黄色	4	4	10 000	
绿色	5	5	100 000	
蓝色	6	6	1 000 000	
紫色	7	7	10 000 000	
灰色	8	8	100 000 000	
白色	9	9	1 000 000 000	
金色			0.1	±5
银色			0.01	±10
无色				±20

4 电阻的并联和串联

① 汽车电压是一定的，所以汽车上的用电器为并联形式，如图 2-18 所示。

② 电阻在串联电路中（图 2-19），总电阻值等于各串联电阻之和，即

$$R_\mathrm{g}=R_1+R_2+R_3 \tag{2-1}$$

③ 电阻在并联电路中，总电阻值的倒数等于各并联电阻的阻值倒数之和，即

$$\frac{1}{R_\mathrm{g}}=\frac{1}{R_1}+\frac{1}{R_2}+\frac{1}{R_3} \tag{2-2}$$

④ 各并联电阻的端电压相等，且等于电路两端的电压。

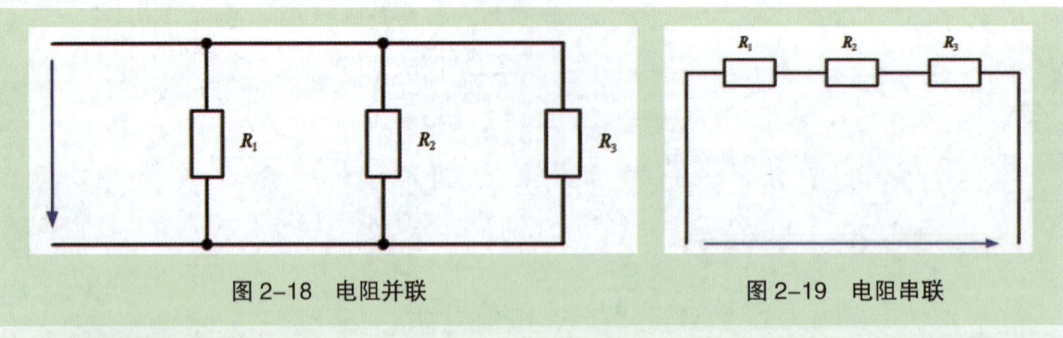

图 2-18　电阻并联　　　　　　　　图 2-19　电阻串联

欧姆定律：

电流、电压和电阻之间存在以下关系：增加电压可以增大电流，减少电阻可以增大电流。

在电路的导体中，电流与电压成正比，与电阻成反比。

写成公式形式如下：

$$I = \frac{U}{R} \quad (2\text{-}3)$$

欧姆定律推变公式为

$$U = IR \quad (2\text{-}4)$$

$$R = \frac{U}{I} \quad (2\text{-}5)$$

式中：I 为电流；U 为电压；R 为电阻。

5　汽车上的电阻

终端电阻、热敏电阻、光敏电阻等都是在汽车中应用的电阻。

（1）**终端电阻**　终端电阻是为了抗干扰，在总线系统中的模块两端或者是两线端加的电阻。终端电阻大多数为并联，但也有串联的形式。

（2）**热敏电阻**

① NTC 热敏电阻。非金属物质具有热敏电阻特性，NTC 热敏电阻就是用过渡金属氧化物作为主要原料的。NTC 表示"负温度系数"，其电阻值随温度升高而降低，电阻器可通过电流固有的加热特性直接加热，也可通过外源间接加热。在车辆内，NTC 热敏电阻器用于测量温度，例如用于冷却液温度传感器、环境温度传感器、蒸发器温度传感器等。

② PTC 热敏电阻。PTC 热敏电阻器的阻值随温度升高而增加。因此，这种热敏电阻器的温度系数称为正温度系数。这表示该电阻器在低温条件下比高温条件下能够更有效地导电。PTC 热敏电阻用于车外后视镜加热、空调系统内风扇电动机的过载保护、监控燃油箱储备量等。

> **举例说明**

如图2-20所示，PTC热敏电阻可用于控制车外后视镜内的加热电流。

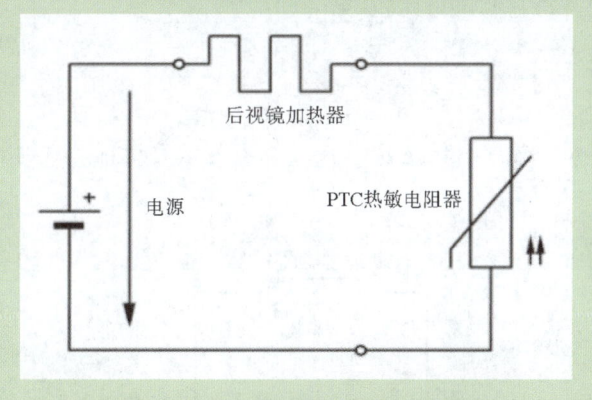

图2-20　车外后视镜内加热控制电路

如图2-21所示，电阻器被安装在空调装置内，用于控制空调系统风扇电动机转速。电阻器根据风扇开关操作控制风扇电动机的电源电压，并调节风扇转速（气流量）。

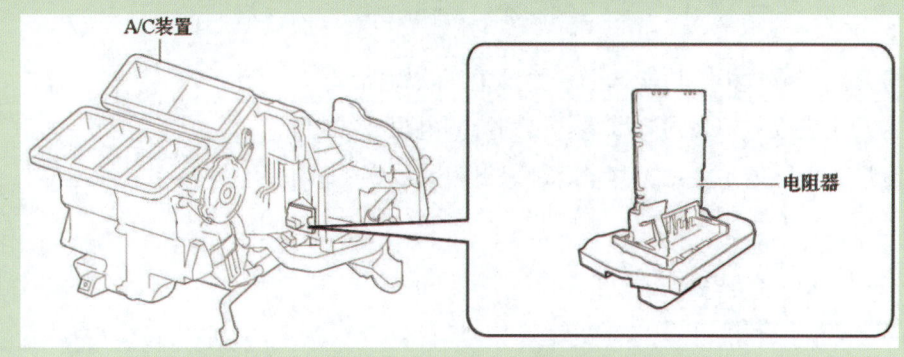

图2-21　电阻的安装位置

如图2-22所示，当风扇开关速度设置为1时，电阻器内阻升高，风扇电动机的电压降低，于是风扇电动机转速下降；当作用于风扇电动机的电压通过将风扇开关设置到速度2、3和4而升高时，电阻器内阻降低，因此，风扇电动机转速升高。

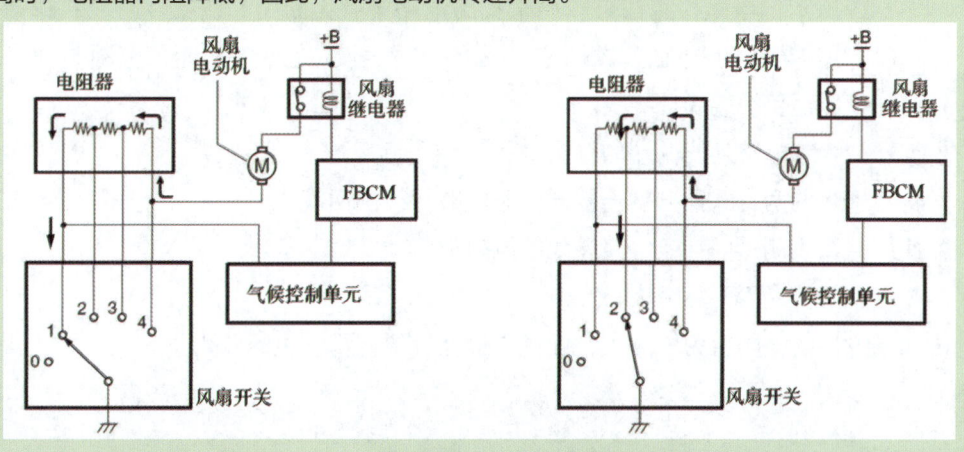

图2-22　电阻控制作用

③ 光敏电阻器。光敏电阻器（LDR）是可以在光线影响下改变自身电阻的光敏半导体组件。例如，在自动防眩车内后视镜中，两个 LDR 可分别测量行驶方向的入射光线和其他方向的入射光线并将它们进行比较。

6 电阻的测量

① 如图 2-23 所示，用万用表或欧姆表红色表笔选择电流/欧姆测量插孔，黑色表笔选择回路插孔。

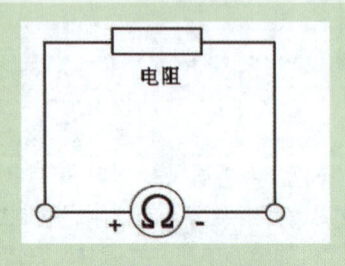

图 2-23　电阻的测量

② 将万用表或欧姆表功能选择开关设置到欧姆挡。
③ 将万用表或欧姆表的测试笔连接到待测电阻或线圈。
④ 测量其电阻值（注意，测量时确保电阻或线圈不带电）。

2.2.4　断路检测

如果电路的某个部分没有导通，即表示有断路的情形。

1 方法一

如图 2-24 所示的电阻检查法可以用来找出电路中有无断路。使用万用表欧姆挡（或欧姆表）测量电路导线的电阻值，测量前需先将万用表设定在最高电阻值范围。

① 拆开蓄电池负极接线柱导线。
② 拆开被检查电路导线两端的接头。
③ 将欧姆表的两支探针分别连接同一条电路导线的两端。
④ 使用欧姆表测量同一条电路导线的电阻值。
⑤ 查看电阻值是否为无穷大。
⑥ 如测量出的电阻值为无穷大，即代表电路导线内部发生断路现象。

图 2-24　断路检查

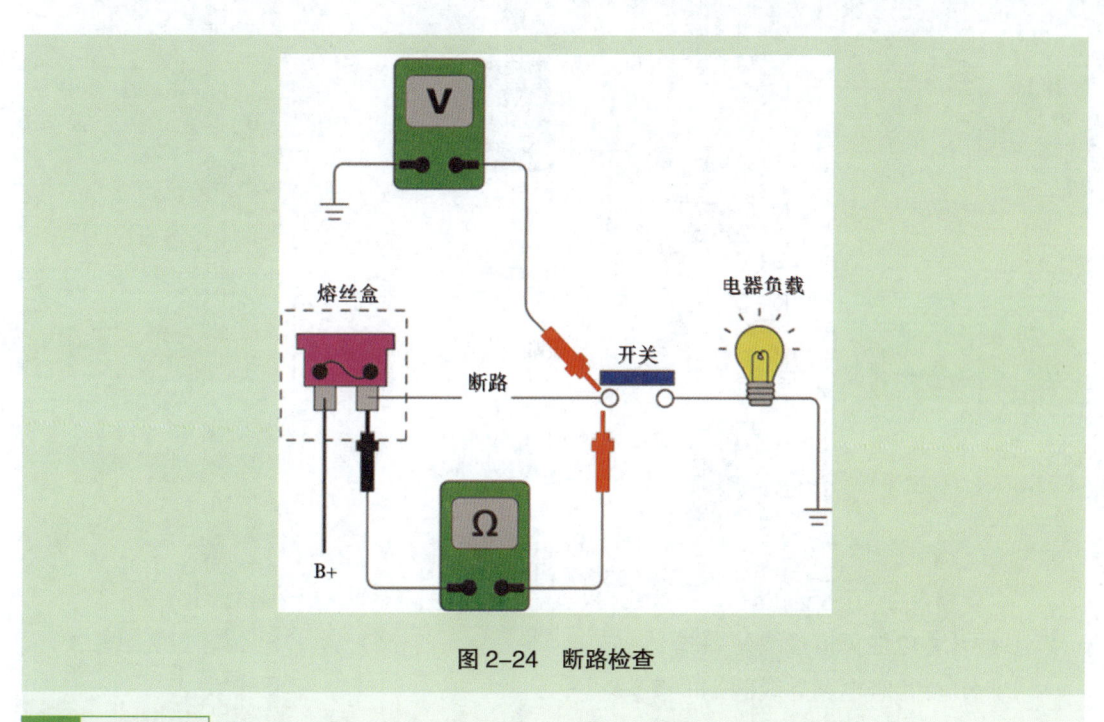

2 方法二

如图 2-24 所示的电压检查法可在任何通电的电路中，找出电路中有无断路。使用电压表测量电路导线的电压值，测量前需先找到一个已知且接地良好的接地点。

① 将电压表负极探针连接在一个已知且接地良好的接地点。
② 使用电压表正极探针分别测量同一条电路导线两端的电压值。
③ 在未开启电气负载时，查看同一条电路导线两端是否都测量到了电压值。
④ 如测量出同一条电路导线一端有电压，另一端无电压，即代表电路导线内部发生断路现象。

2.2.5　短路检测

短路是一个电路接触到另一个电路，并且造成正常电阻的变化。如对地短路：一个电路接触到接地，并且使电路接地。

1 方法一

如图 2-25 所示，电阻检查法可以用来找出电路中有无与接地发生短路。使用万用表电阻挡或欧姆表（电阻表）测量电路导线与接地之间的导通性，如测量出的电阻值非无穷大，即代表电路导线与接地发生短路现象。测量前需先查找到一个已知且接地良好的接地点。

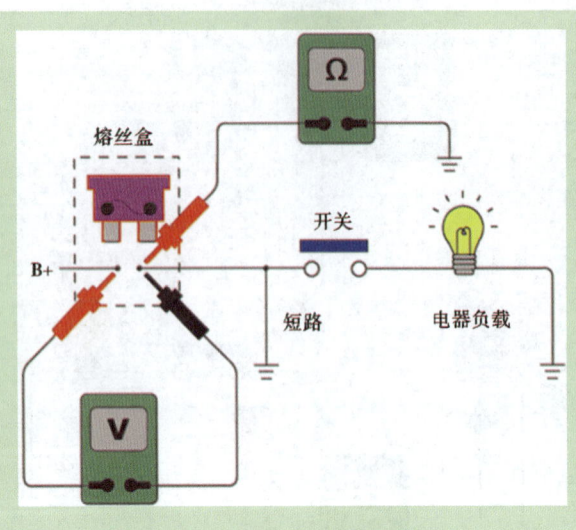

图 2-25　检测短路（一）

① 拆开蓄电池负极接线柱导线。
② 拆开受检查电路导线两端的接头。
③ 将欧姆表的一支探针连接在一个已知且接地良好的接地点。
④ 将欧姆表的另一支探针连接在电路导线的其中一端。
⑤ 查看电阻值是否非无穷大。
⑥ 如有测量出的电阻值为非无穷大，即代表电路导线与接地发生短路现象。

2 方法二

如图 2-25 所示，电压检查法可在发生熔丝烧断时的状况下，找出电路中有无与接地发生短路。测量前需先了解此熔丝正电源的属性（点火开关 OFF、ACC、ON 或 START）。

① 拆下已烧断的熔丝并关闭电气负载。
② 将电压表正极探针连接在熔丝的正电源端。
③ 使用电压表负极探针测量熔丝的另一端。
④ 查看电压表是否测量到电压值。
⑤ 如测量出电压值，即代表电路导线与接地发生短路现象。

3 方法三

① 断开蓄电池负极线束。
② 如图 2-26 所示，把测试灯或电阻表（欧姆表）、万用表（电阻挡）的一端连接到熔丝的输出端子上。
③ 把测试灯或电阻表的另一端接地。
④ 断开熔丝所有相关的电气负载。

> **维修提示**
>
> 如果不断开该熔丝所有的电气负载,在检查灯光等低电阻负载电路时,电阻表会一直显示低电阻,这种情况下会引起误判。

⑤ 从熔丝最近处依次排查线路。

⑥ 测试灯亮或电阻表显示值低于1Ω,说明这部分与接地短路。

2.2.6 电压降检测(图2-27)

① 电压表正极导线连接到接近蓄电池导线的一端(接头侧或开关侧)。

② 电压表负极导线连接到导线的另一端(接头或开关的另一侧)。

③ 断开或接合开关,使电路工作。

④ 电压表将显示两个点之间的电压差。

⑤ 如果电压差超过 0.1V(5 V 电路应小于 50mV),可以表明电路上有故障,检查松动、虚接、氧化或腐蚀的连接电路。

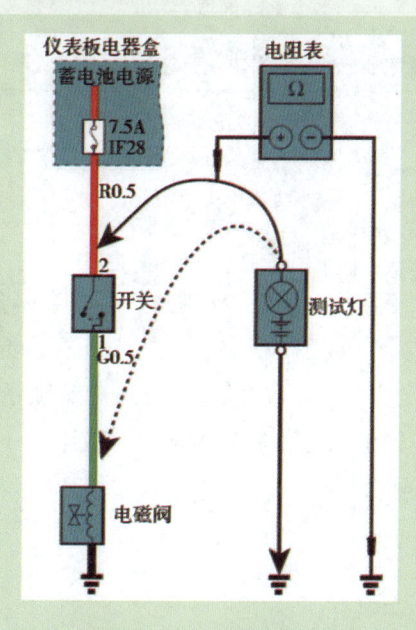

图 2-26 检测短路(二)　　图 2-27 电压降检测

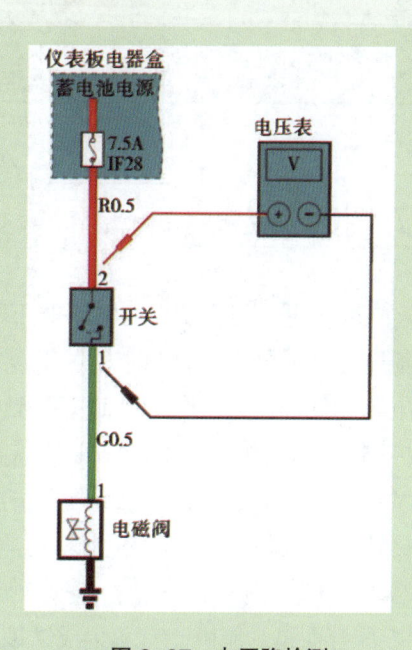

> **举例说明**
>
> 电压降测试经常被用来找寻元件或电路内是否有过高的电阻。电路中的电压降是由于电路内部电阻所造成的。简单地讲,就是电阻串联分压这个原理导致的电压降,我们按照这个思路就会很明确地判断出虚接。

如图2-28所示，使用万用表测量电阻时，如果导线内只剩单股线芯连接，此时电阻值会为0Ω，可能会判断此电路良好。但是当电路工作时，单股线芯不能够承载过多的电流，因此单股线芯会对电流产生极高的电阻。此时测量电路元件的电压降时，只会得到很轻微的电压降数据，如此即可判断连接电路元件的导线好坏。

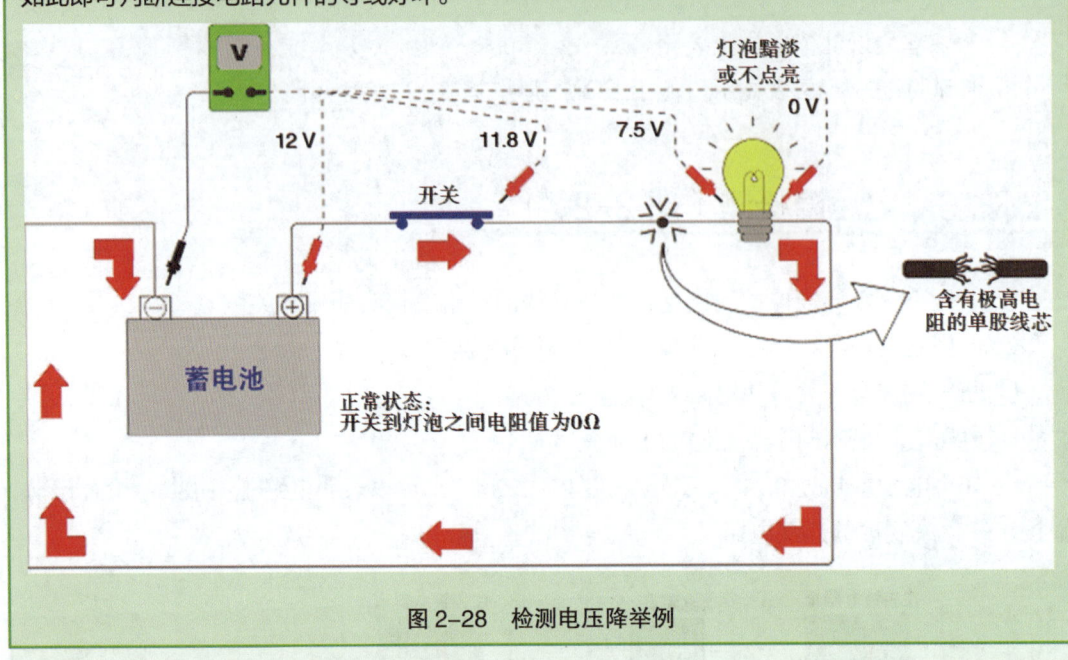

图2-28 检测电压降举例

2.2.7 接地检查

接地连接对于电气与电子控制电路的正常工作十分重要。接地连接经常会暴露在湿气、灰尘与其他腐蚀性成分中，腐蚀（锈蚀）可能会变成不必要的电阻；这个不必要的电阻可能会改变电路元件的作用。电子控制电路对于接地的正确性非常敏感；松动或锈蚀的接地会对电子控制电路造成极大的影响。不良或锈蚀的接地很容易对电路造成影响。即使接地的连接部位看起来很干净，表面也可能有一层薄锈蚀。

检查接地的连接时，应遵循下列规则。

① 拆下接地螺栓或螺钉。

② 检查配合面是否肮脏、有灰尘或锈蚀等。

③ 进行必要的清理以确保良好的接触。

④ 确实重新安装螺栓或螺钉。

⑤ 检查可能干扰接地电路的加装改装配件。

⑥ 如果几条电线同时系接在同一个环形接地端子上，则检查是否连接正确。确定所有的配合面都干净，连接紧密，并形成良好的接地路径。如果多条电线连接在同一个杯形接地端子中，需确定没有绝缘线过长的接地线。

2.3　总线系统认知

汽车电子系统的各个控制单元通过总线线路连接起来。在现代汽车中，不仅能够以电子方式，还能通过使用光导纤维以光学方式实现总线系统。汽车内的各个系统和总成通过一个由传感器、控制器和执行机构组成的统一基础技术方案进行控制。最终目的在于使汽车行驶更安全，性能更可靠，驾乘更舒适；同时也便于维修。其电路特点是电源→熔丝→控制模块集中控制电气设备。

2.3.1　CAN 总线的认知

1　汽车上的总线

视频：汽车上的总线

为什么使用总线呢？控制器局域网络总线就是我们经常说的 CAN 总线。大量的电子装置被应用在汽车上，如果仍然采用像过去每一个电子控制信号都由各自专属的电路来传输的方式，将会使车辆上的电路随着电子装置的使用而大量增加。

车辆的电子控制系统大多会根据其功能性来使用不同的控制模块执行控制，因此便需要参考传感器的信号来决定系统中执行器的动作时机；有时一个传感器的信号可以提供给车辆上不同电子系统的控制模块来使用。但是如果使用过去的信号传输方式，随着信号数量的增加，电路的数量也会跟着增加。控制器局域网络总线解决了这个问题。

CAN 总线采用多路形式。例如，如果传感器的信号能够先传输到一个控制模块，接着通过车辆上各个控制模块之间所连接的数据传输电路，将此传感器的信号与其他有需要的控制模块共享，如此便可减少传感器与电路，从而达到降低车重与成本等效果。另外，除了传感器的信号可共享之外，执行器的工作要求信号也能够通过数据传输电路来传递。

> **举例说明**
>
> 如图 2-29 所示，CAN 数据总线可以比作公共汽车。公共汽车可以运输大量乘客，CAN 数据总线包含大量的数据信息。

25

图 2-29 CAN 通信示意图

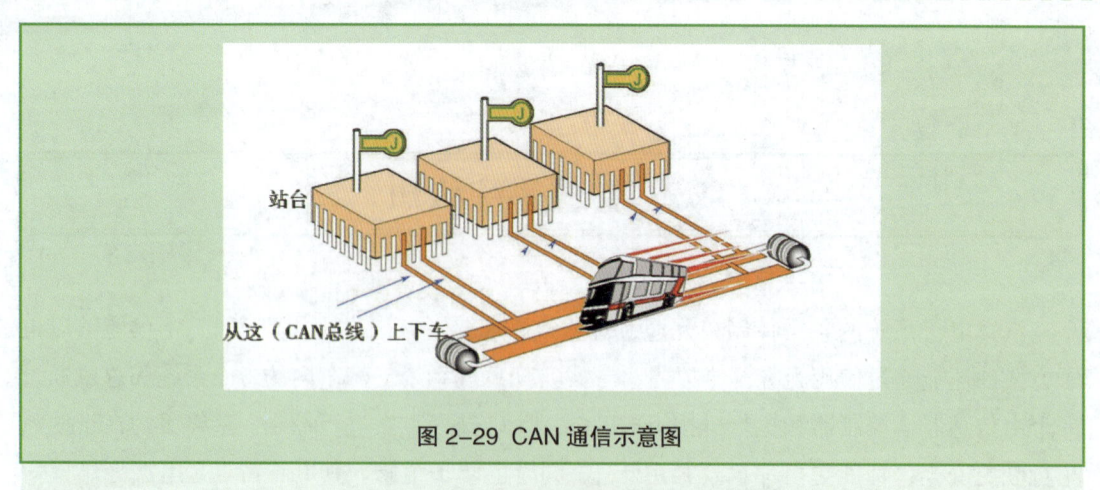

系统模块之间通信与数据传输所依据的规则称为"通信协议",也就是计算机语言。如果同时采用两个拥有不同数据传输速率的通信系统时,不同的计算机语言会因为数据传输速率而变化。因此,需要配备网关控制模块来针对不同通信协议的数据信号进行转换调整,以适应车上不同网络协议的通信。

根据车辆配置情况,同一部车上可能会同时采用两个或以上的车用网络通信系统。以 CAN 总线为例,高速 CAN 总线常用于发动机、自动变速箱、ABS 等需要快速即时传输信号的主要控制模块;而中速 CAN 总线则用于其他控制系统。由于高速 CAN 总线的数据传输速率约为 500 kbit/s,而中速 CAN 总线的传输速率在 100 kbit/s 左右,如果要在拥有不同数据传输速率的通信系统间互相传递信号时,则必须通过网关控制模块来作为连接不同数据传输系统的"中介"装置。

2 CAN 总线特点

如图 2-30 所示,CAN 总线的通信介质是双绞线,其中高速 CAN 总线的通信速率为 500 kbit/s。双绞线终端为两只 120Ω 的电阻,一端在发动机控制模块(ECM)内,另一端在车身控制模块(BCM)内。

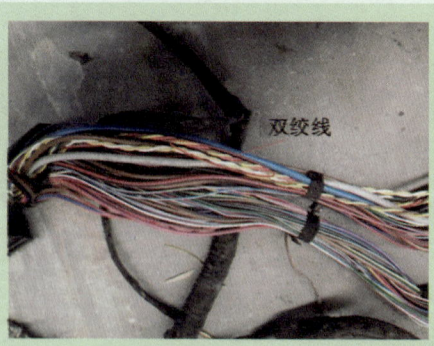

图 2-30 CAN 总线(双绞线)

这里说的双绞线通俗地讲,就是一根线传输正信号,一根线传输负信号。正信号减去负信号,可得到两倍强度的有用信号。而两根线路上的干扰信号是一样的,相减之后就是零干扰。车载 CAN 总线本身其实就是一种差分总线,总线值是由双绞线的两根线的电势差来决定的，总线值有显性和隐性两种状态。

CAN 总线通信系统的两条通信电路中，一条为 CAN-H，另一条则为 CAN-L。例如某车的 CAN 总线中，其中 CAN-H 的信号电压转换范围在 2.5 ～ 3.6 V，而 CAN-L 的信号电压转换范围则在 1.4 ～ 2.5 V。

> **💡 维修提示**
>
> 对于 CAN 总线的检测有一个基本的常识：无论是什么 CAN 总线，其 CAN-H 和 CAN-L 的电压相加始终是 5V；这是汽车维修中检测总线故障的一个重要依据，也是 GB/T 36048—2018 中的技术要求。
>
> 如图 2-31 所示，双绞线具有防止对外干扰的特性，切记对故障的电路进行旁通跨接，否则 CAN 总线通信系统电路将会失去双绞线的特性。

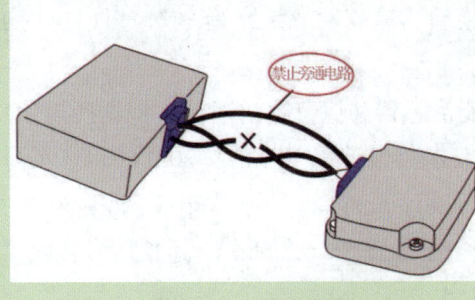

图 2-31 错误跨接

3 终端电阻

CAN 总线终端电阻的作用是避免数据传输终了反射回来，产生反射波而使数据遭到破坏。

CAN 总线两端接 120Ω 的抑制反射的终端电阻，它对匹配总线阻抗起着非常重要的作用，如果忽略此电阻，会使数字通信的抗干扰性和可靠性大大降低，甚至无法通信。这也是诊断 CAN 总线故障的一个重要依据。

视频：终端电阻

2.3.2 LIN 总线的认知

1 LIN 总线特性

视频：LIN 总线的认知

LIN 总线可以说是局域网的子系统总线，是一条传输速率较低的单线，底色是紫色，有标志色，无须屏蔽。用于在主控制模块和提供支持功能的其他智能设备之间交换信息（例如车窗控制、后视镜控制等舒适系统）。对 CAN 总线的容量或速度没有要求，因此相对比较简单。

如图 2-32 所示，车门控制单元和 BCM 中央控制单元是通过舒适 CAN 总线和 LIN 总线进行通信的。

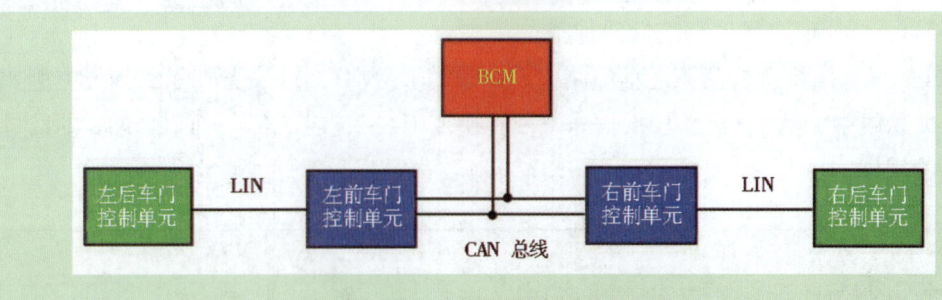

图 2-32　车门控制单元通信控制

2　LIN总线功能

LIN总线是现有CAN网络的扩充，通常用于不需要CAN总线的性能、带宽及复杂性的低端系统，如车门控制模块、座椅调节系统等；它也可以应用于不是特别复杂的车身控制网络中。

LIN总线主要用于智能传感器和执行器的通信。根据所需信息，LIN总线使用不同数据传输速率。LIN总线的数据传输速率为9.6～20.0 kbit/s。车身域控制器针对相应输入端的不同数据传输速率进行设计。例如宝马某款车：车外后视镜、驾驶员车门开关组件是9.6 kbit/s，左右侧前部车灯电子装置是19.2 kbit/s，遥控信号接收器为20.0 kbit/s。

举例说明

如图2-33所示的车门控制，所有车门控制单元都有自己专用的诊断地址，可用车辆诊断仪来调用车辆同侧的后门控制单元与前门控制单元，它们是通过LIN总线连接的。

图 2-33　奥迪A8某款车门控制

3　LIN总线逻辑

LIN总线以单线为通信介质；传输信号时其电压在0～12V之间切换，12V代表逻辑1，0V代表逻辑0。

LIN总线在休眠状态（关闭点火开关）时为12V，唤醒（数据通信）时为9V。

2.3.3　MOST总线的认知

MOST总线为光纤数据总线，是用于多媒体信息娱乐系统数据交换的总线，在高端汽车中是一种常见的总线；其数据传输速率很快，可达21.2Mbit/s。

如图2-34所示，车载MOST总线上的控制模块之间有两根光纤，这两根光纤用图2-35所示的插接器连接，构成了整个环形结构。如图2-36所示，在环形结构中，在MOST总线中控制模块由一个发光二极管发射光线，由接收控制模块的光电二极管接收，这样光信号传输至下个控制单元。

> **补充说明**
>
> 如图2-34所示，在MOST总线上的这些控制单元用一根断环诊断线彼此连接在一起，该线仅用于MOST通信出现故障时做断环诊断。控制单元之间的数据传输与断环诊断线是无关的。
>
> 在MOST闭环的回路中，如果光纤回路出现断路，那么整个MOST总线通信就会瘫痪，闭环中的所有系统（设备）将不能正常工作。

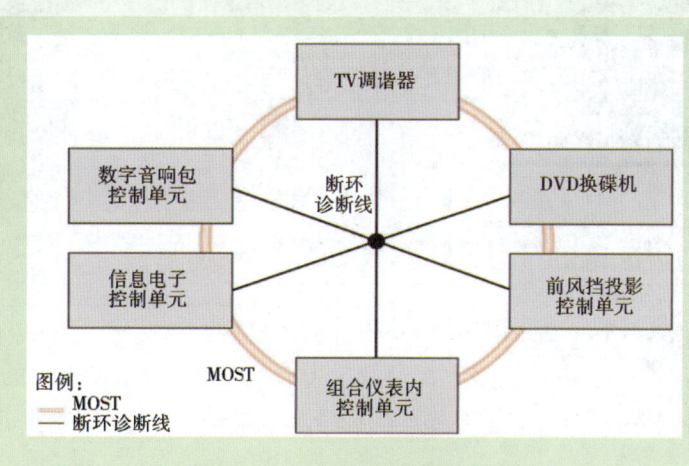

图2-34　MOST总线环形拓扑图

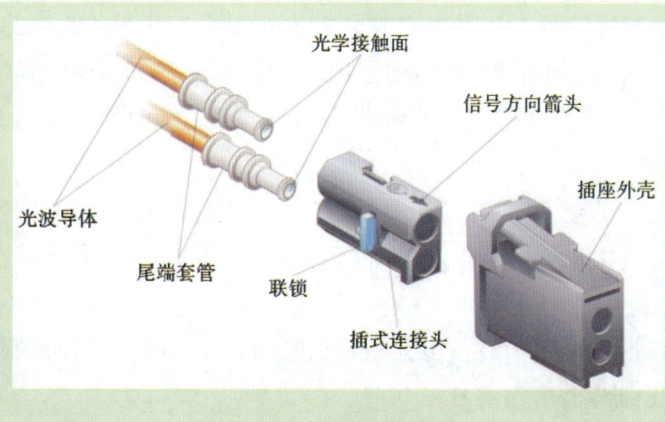

图2-35　MOST总线插头

图 2-36　光纤数据传输示意图

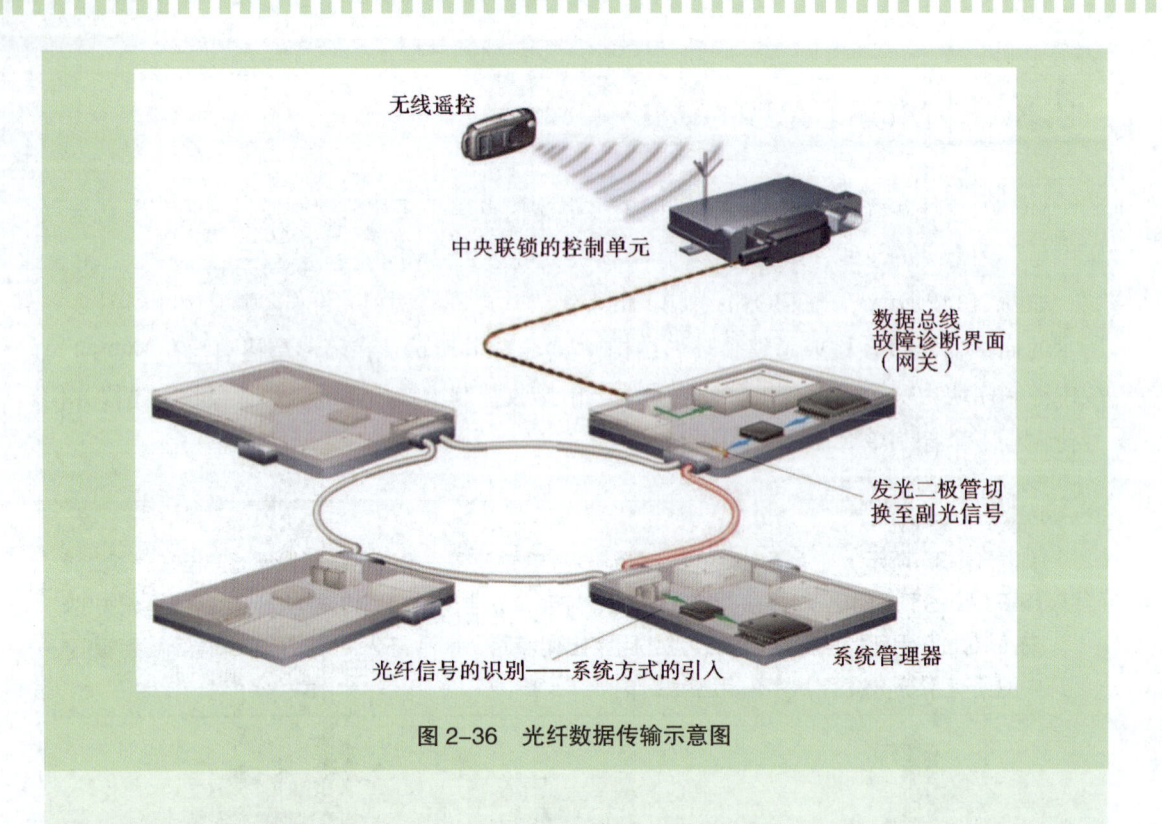

2.3.4 电路图认知

1 举例1：迈腾 B8，1.8T、2.T（2016 年款）

（1）大众/奥迪车系的电路图如图 2-37 所示，特点如下。

① 电路图结构特点：电路图最上部通常是中央配电盒情况；最下面的横线是搭铁线，上面标有电路编号和搭铁点位置。搭铁线的标号和电路编号是为了方便标明在续页查找而编制的。

② 线路查找特点：电路图用小方块里的数字代号解决电路交叉问题，采用断路代号法来处理线路复杂交错的问题，如图 2-37 所示的电路图中，某一条线路的中止处画一个标有 29 的小方格，向下对应底部的电路编号是 3；然后在另一个电路图某处的电路中止处就会也有个小方块 3，这个 3 对应于电路号码 29 的位置上。这样，通过 29 和 3 把电路就连在一起了。

③ 电路路径特点：电流方向基本上是从上到下，电流流向从电源正极→保护装置→开关→用电器→搭铁→电负极，形成了简明的完整回路；或者是电源→熔丝→控制模块集中控制电气设备。

（2）如图 2-37 所示电路中有蓄电池、起动电动机、蓄电池监控控制单元、起动机继电器 1、起动机继电器 2、熔丝架 B。

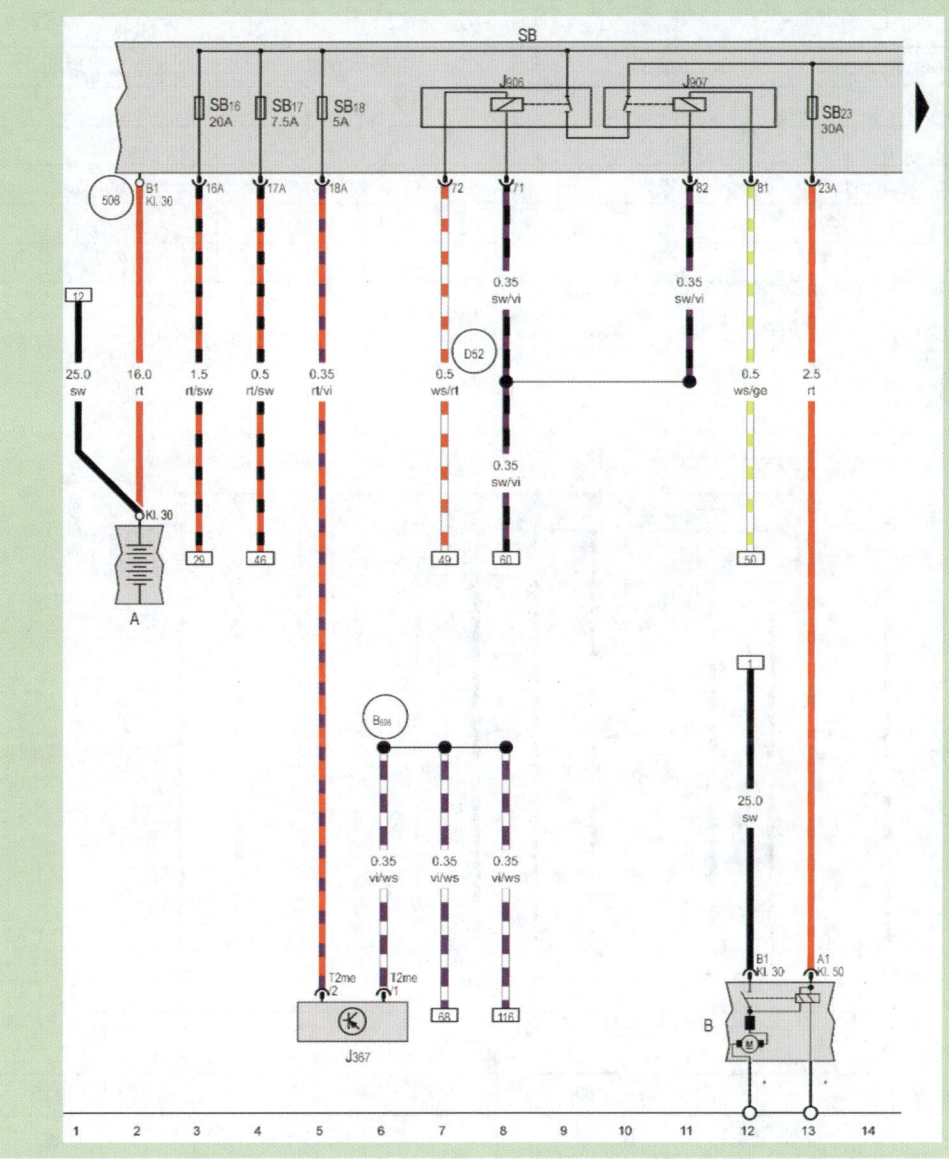

符号/位置	含义/说明	符号/位置	含义/说明
A	蓄电池	SB$_{18}$	熔丝架 B 上的熔线 18
B	起动电动机	SB$_{23}$	熔丝架 B 上的熔线 23
J$_{367}$	蓄电池监控控制单元	T2me	2 芯插头连接，黑色
J$_{906}$	起动机继电器 1	508	螺栓连接（30），在电控箱上
J$_{907}$	起动机继电器 2	B$_{698}$	连接 3（LIN 总线），在主导线束中
SB	熔丝架 B	D52	正极连接（15A），在发动机舱导线束中
SB$_{16}$	熔丝架 B 上的熔丝 16	*	通过外壳接地
SB$_{17}$	熔丝架 B 上的熔丝 17	ws	白色

图 2-37　电路图（一）

续表

符号/位置	含义/说明	符号/位置	含义/说明
sw	黑色	gr	灰色
rt	红色	vi	淡紫色
br	褐色	ge	黄色
gn	绿色	or	橘黄色
bl	蓝色	rs	粉红色

图 2-37 （续）

（3）如图 2-38 电路中所示有主继电器、熔丝架 B。

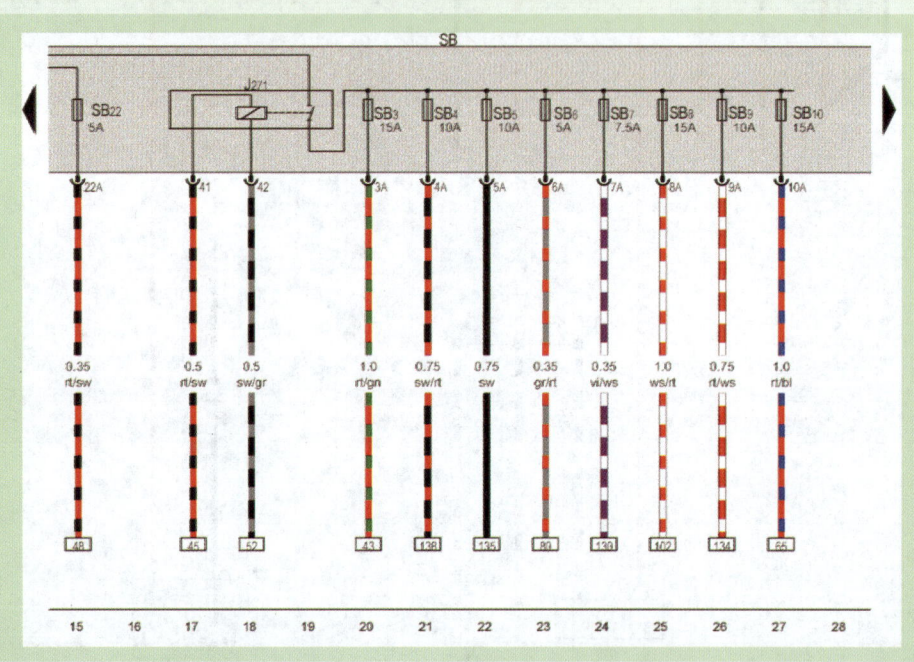

图 2-38 电路图（二）

符号/位置	含义/说明	符号/位置	含义/说明
J_{271}	主继电器	ws	白色
SB	熔丝架 B	sw	黑色
SB_3	熔丝架 B 上的熔丝 3	rt	红色
SB_4	熔丝架 B 上的熔丝 4	br	褐色
SB_5	熔丝架 B 上的熔丝 5	gn	绿色
SB_6	熔丝架 B 上的熔丝 6	bl	蓝色
SB_7	熔丝架 B 上的熔丝 7	gr	灰色
SB_8	熔丝架 B 上的熔丝 8	vi	淡紫色
SB_9	熔丝架 B 上的熔丝 9	ge	黄色
SB_{10}	熔丝架 B 上的熔丝 10	or	橘黄色
SB_{22}	熔丝架 B 上的熔丝 22	rs	粉红色

图 2-38 电路图（二）

（4）如图2-39所示电路中有中控台开关模块1、起动/停止模式按钮、驾驶风格选择按钮、车载电网控制单元、发动机部件供电继电器、熔丝架B。

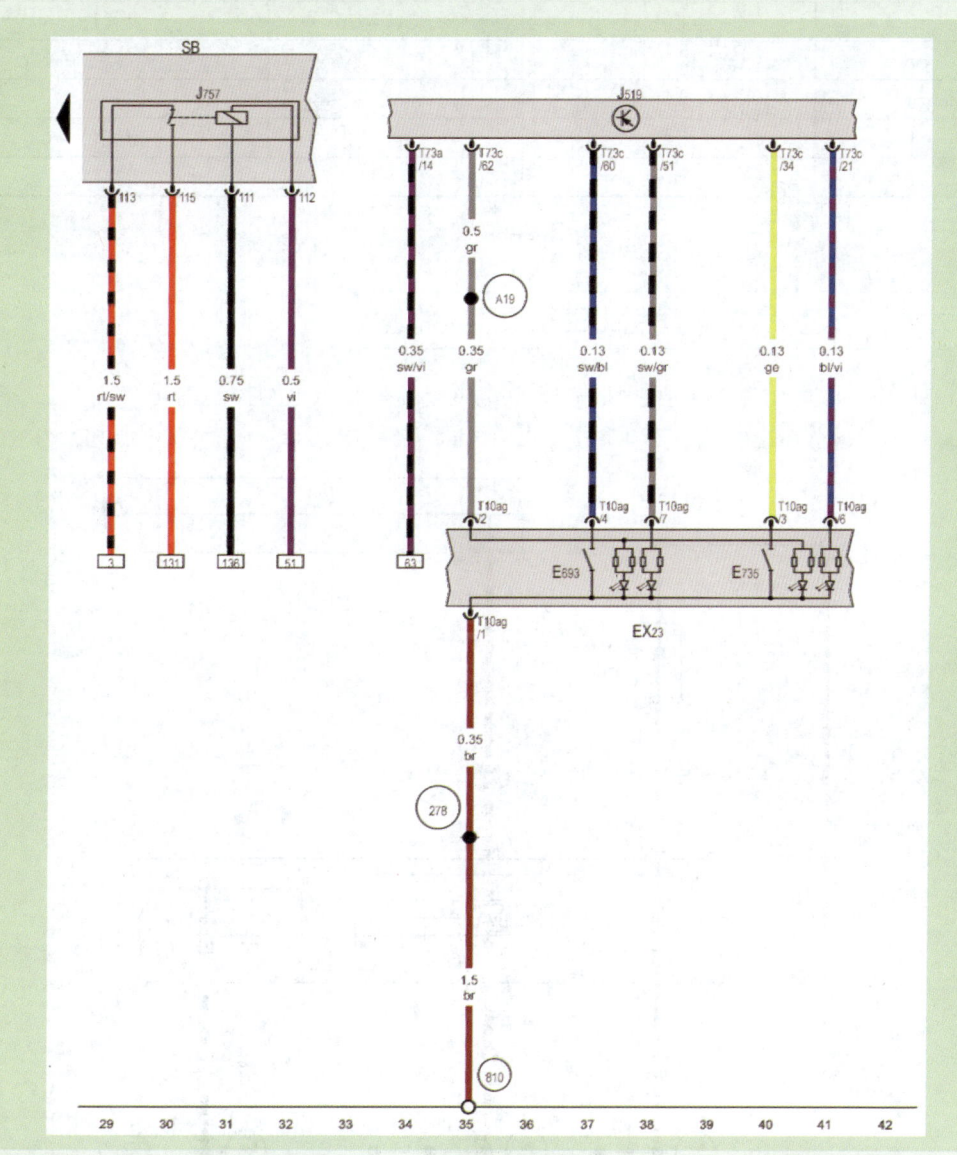

图2-39 电路图（三）

符号/位置	含义/说明	符号/位置	含义/说明
EX₂₃	中控台开关模块1	T73a	73芯插头连接，黑色
E₆₉₃	起动/停止模式按钮	T73c	73芯插头连接，黑色
E₇₃₅	驾驶风格选择按钮	278	接地连接4，在车内导线束中
J₅₁₉	车载电网控制单元	810	中部仪表板左侧中央管处的接地点
J₇₅₇	发动机部件供电继电器	A19	连接（58d），在仪表板导线束中
SB	熔丝架B	ws	白色
T10ag	10芯插头连接，黑色	sw	黑色

续表

符号/位置	含义/说明	符号/位置	含义/说明
rt	红色	vi	淡紫色
br	褐色	ge	黄色
gn	绿色	or	橘黄色
bl	蓝色	rs	粉红色
gr	灰色		

图 2-39 （续）

2 举例 2：上汽大众途岳 LED 大灯电路图

① 如图 2-40 所示电路中有接线端 15 供电继电器、车载电网控制单元。

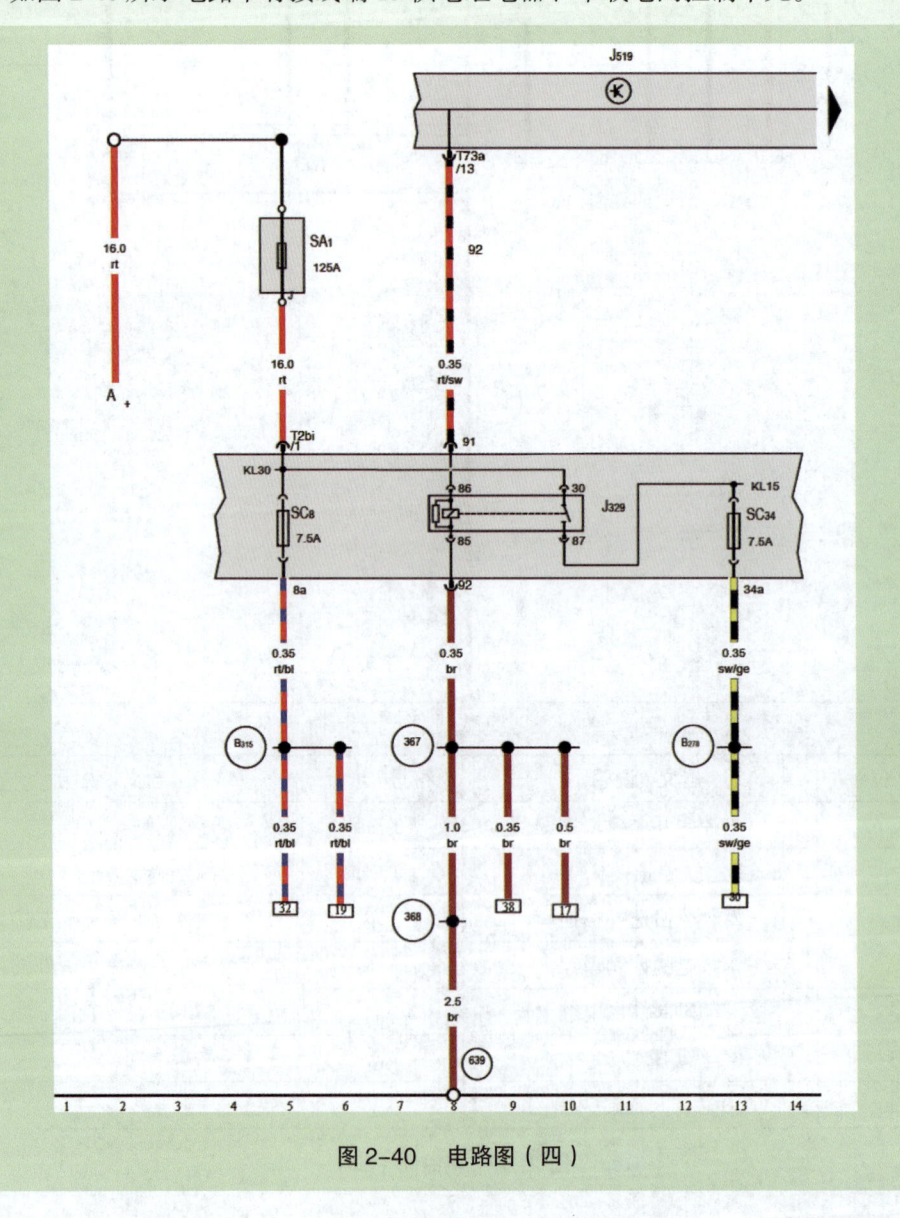

图 2-40 电路图（四）

34

符号/位置	含义/说明	符号/位置	含义/说明
A	蓄电池	ws	白色
J$_{329}$	接线端 15 供电继电器	sw	黑色
J$_{519}$	车载电网控制单元	rt	红色
SA$_1$	熔丝架 A 上的熔丝 1	br	褐色
SC$_8$	熔丝架 C 上的熔丝 8	gn	绿色
SC$_{34}$	熔丝架 C 上的熔丝 34	bl	蓝色
T2bi	2 芯插头连接，黑色	gr	灰色
T73a	73 芯插头连接，黑色	vi	淡紫色
367	接地连接 2，在主导线束中	ge	黄色
368	接地连接 3，在主导线束中	or	橘黄色
639	左 A 柱上的接地点	rs	粉红色
B$_{278}$	正极连接 2(15a)，在主导线束中		
B$_{315}$	正极连接 1(30a)，在主导线束中		

图 2-40 （续）

② 如图 2-41 所示电路中有车灯旋转开关、车灯开关、前雾灯和后雾灯开关、车载电网控制单元、大灯开关照明灯泡。

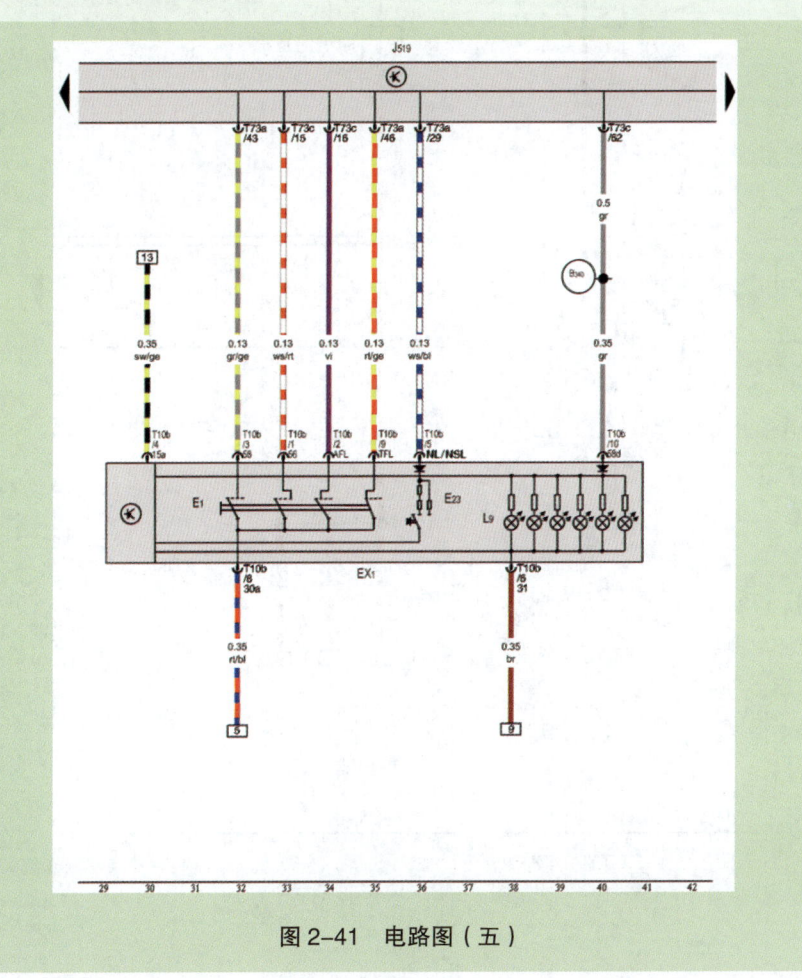

图 2-41 电路图（五）

符号/位置	含义/说明	符号/位置	含义/说明
EX_1	车灯旋转开关	sw	黑色
E_1	车灯开关	rt	红色
E_{23}	前雾灯和后雾灯开关	br	褐色
J_{519}	车载电网控制单元	gn	绿色
L_9	大灯开关照明灯泡	bl	蓝色
T10b	10 芯插头连接，红色	gr	灰色
T73a	73 芯插头连接，黑色	vi	淡紫色
T73c	73 芯插头连接，黑色	ge	黄色
B_{340}	连接 1(58d)，在主导线束中	or	橘黄色
ws	白色	rs	粉红色

图 2-41（续）

3 举例 3：帕萨特某款 LED 大灯电路图

① 如图 2-42 所示电路中有熔丝架 A 上的熔丝 1。

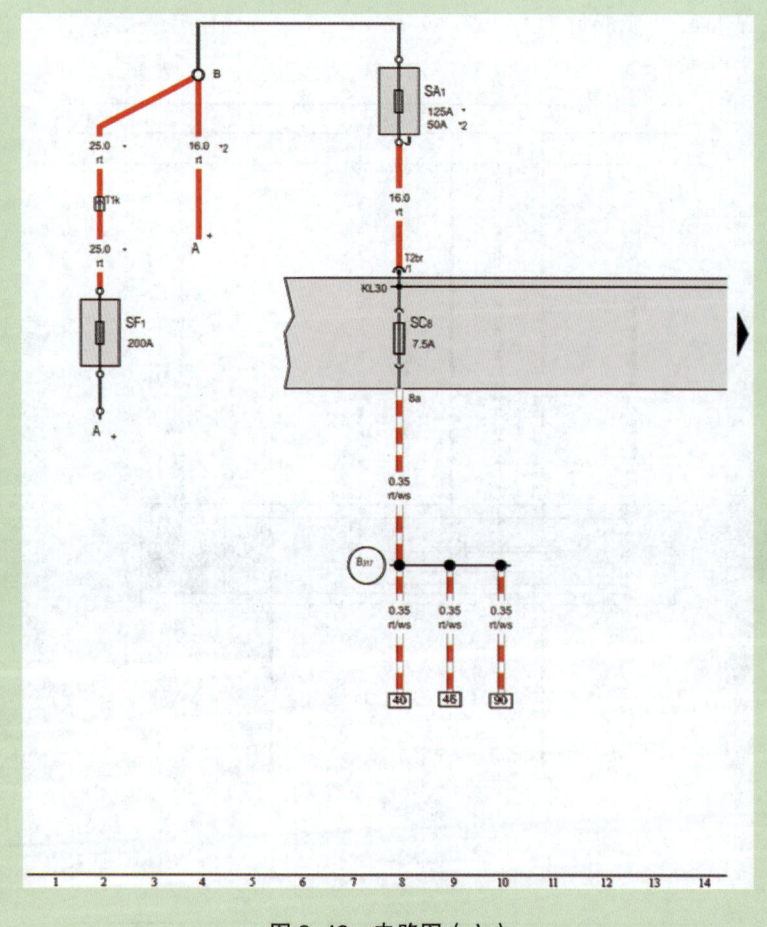

图 2-42 电路图（六）

符号/位置	含义/说明	符号/位置	含义/说明
A	蓄电池	sw	黑色
SF$_1$	熔丝架 F 上的熔丝 1	rt	红色
SA$_1$	熔丝架 A 上的熔丝 1	br	褐色
SC$_8$	熔丝架 C 上的熔丝 8	gn	绿色
T1k	1 芯插头连接，左侧 A 柱下部，黑色	bl	蓝色
T2br	2 芯插头连接，黑色	gr	灰色
B$_{317}$	正极连接 3（30a），在主导线束中	vi	淡紫色
*	用于带混合动力驱动的汽车	ge	黄色
*2	用于不带混合动力驱动的汽车	or	橘黄色
ws	白色	rs	粉红色

图 2-42（续）

② 如图 2-43 所示电路中有接线端 15 供电继电器、车载电网控制单元。

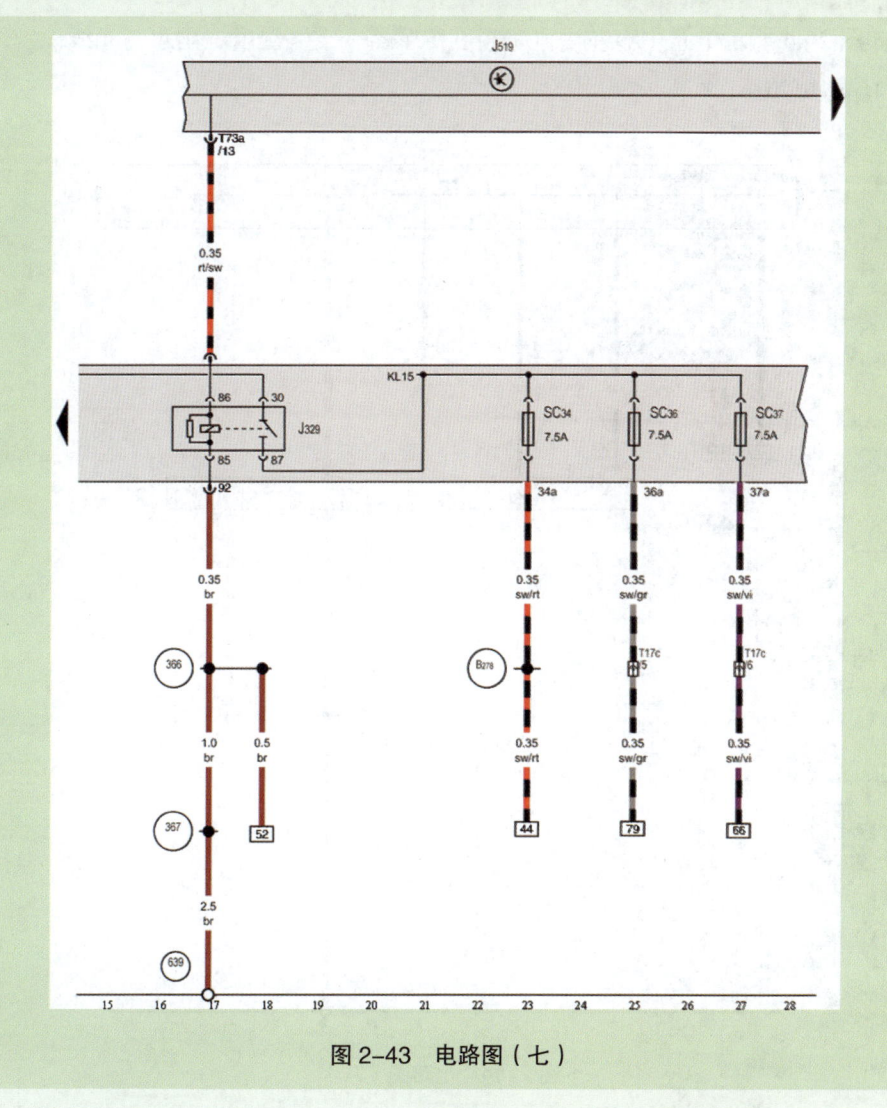

图 2-43 电路图（七）

符号/位置	含义/说明	符号/位置	含义/说明
J$_{329}$	接线端15供电继电器	ws	白色
J$_{519}$	车载电网控制单元	sw	黑色
SC$_{34}$	熔丝架C上的熔丝34	rt	红色
SC$_{36}$	熔丝架C上的熔丝36	br	褐色
SC$_{37}$	熔丝架C上的熔丝37	gn	绿色
T17c	17芯插头连接，左侧A柱下部，红色	bl	蓝色
T73a	73芯插头连接，黑色	gr	灰色
366	接地连接1，在主导线束中	vi	淡紫色
367	接地连接2，在主导线束中	ge	黄色
639	左A柱上的接地点	or	橘黄色
B$_{278}$	正极连接2（15a），在主导线束中	rs	粉红色

图2-43 （续）

③ 如图2-44所示电路中有左后汽车高度传感器，空气湿度、雨水与光线识别传感器，车载电网控制单元。

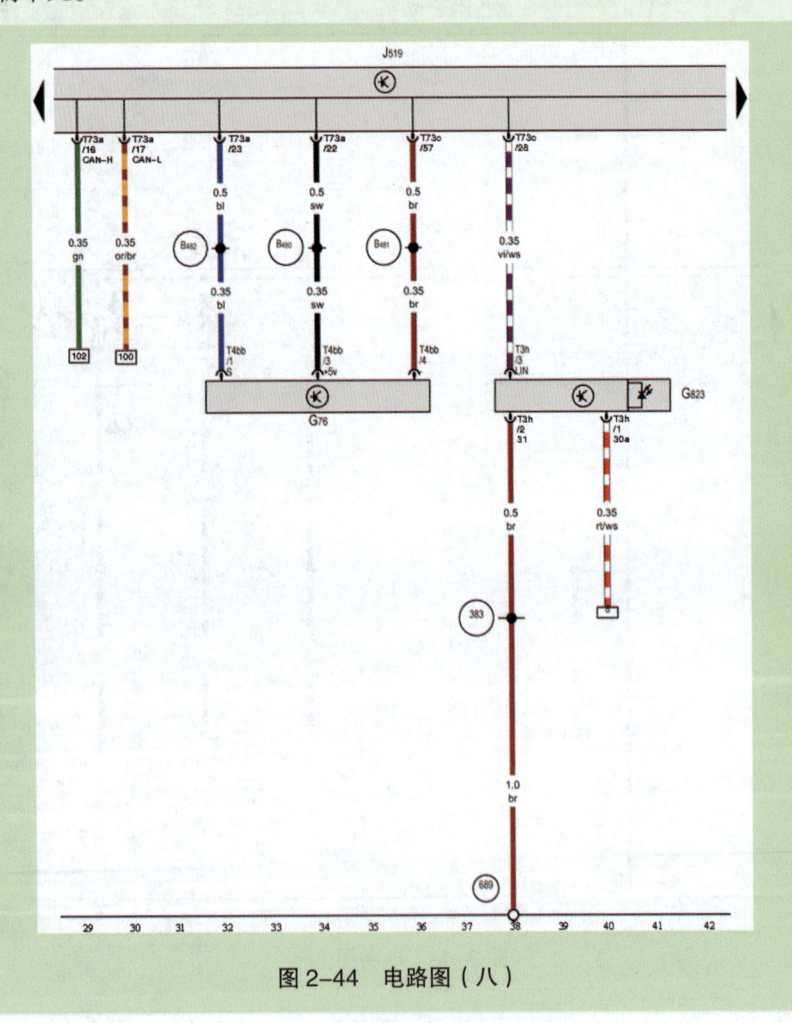

图2-44 电路图（八）

符号/位置	含义/说明	符号/位置	含义/说明
G₇₆	左后汽车高度传感器	ws	白色
G₈₂₃	空气湿度、雨水与光线识别传感器	sw	黑色
J₅₁₉	车载电网控制单元	rt	红色
T3h	3 芯插头连接，黑色	br	褐色
T4bb	4 芯插头连接，黑色	gn	绿色
T73a	73 芯插头连接，黑色	bl	蓝色
T73c	73 芯插头连接，黑色	gr	灰色
383	接地连接 18，在主导线束中	vi	淡紫色
689	车顶前部中间的接地点	ge	黄色
B₄₈₀	连接 16，在主导线束中	or	橘黄色
B₄₈₁	连接 17，在主导线束中	rs	粉红色
B₄₈₂	连接 18，在主导线束中		

图 2-44（续）

④ 如图 2-45 所示电路中有车灯旋转开关、车灯开关、前雾灯和后雾灯开关、车载电网控制单元、大灯开关照明灯泡。

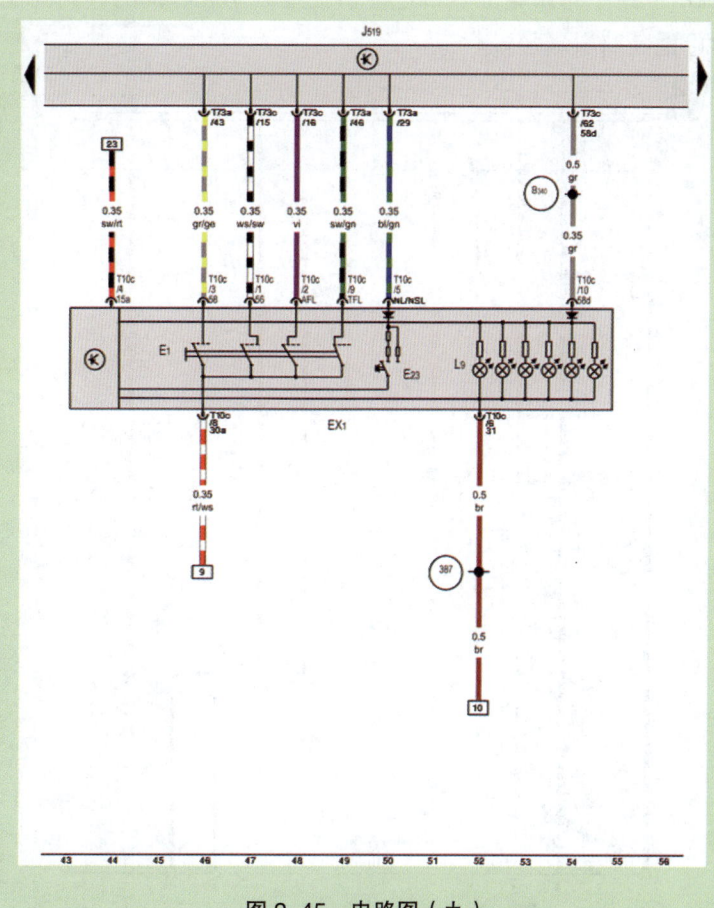

图 2-45 电路图（九）

符号/位置	含义/说明	符号/位置	含义/说明
EX$_1$	车灯旋转开关	sw	黑色
E$_1$	车灯开关	ro	红色
E$_{23}$	前雾灯和后雾灯开关	rt	红色
J$_{519}$	车载电网控制单元	br	褐色
L9	大灯开关照明灯泡	gn	绿色
T10c	10芯插头连接，红色	bl	蓝色
T73a	73芯插头连接，黑色	gr	灰色
T73c	73芯插头连接，黑色	vi	淡紫色
387	接地连接22，在主导线束中	ge	黄色
B$_{340}$	连接1（58d），在主导线束中	or	橘黄色
ws	白色	rs	粉红色

图 2-45 （续）

4 举例4：电源和起动系统奥迪A6/C5（2018年款）

如图2-46所示电路中有蓄电池、蓄电池监控控制单元、助力转向控制单元、数据总线诊断接口、蓄电池断路引爆装置。

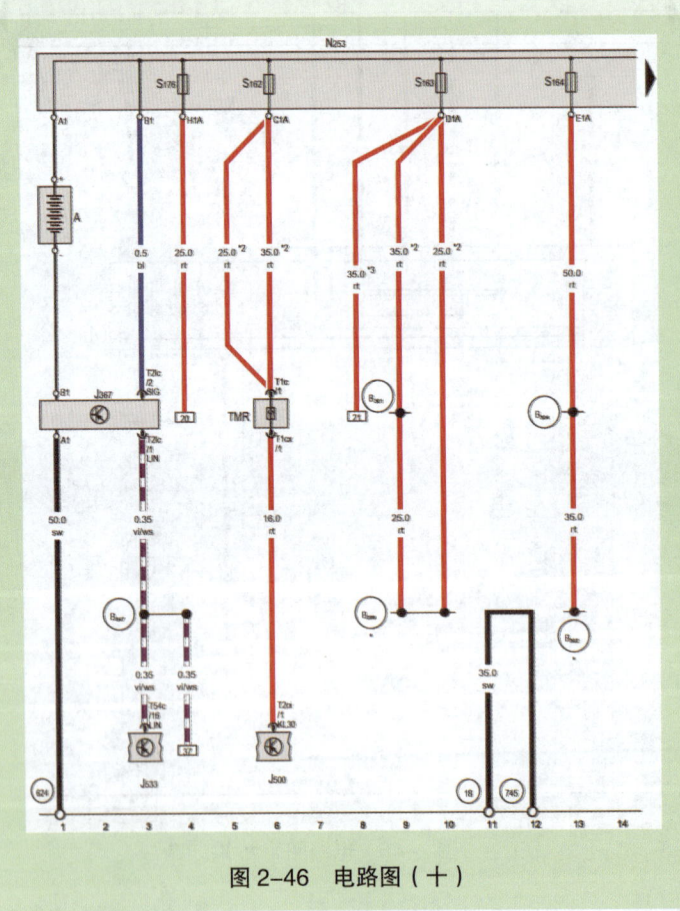

图 2-46 电路图（十）

符号/位置	含义/说明	符号/位置	含义/说明
A	蓄电池	B$_{301}$	正极连接 5（30），在主导线束中
J$_{367}$	蓄电池监控控制单元	B$_{302}$	正极连接 6（30），在主导线束中
J$_{500}$	助力转向控制单元	B$_{304}$	正极连接 8（30），在主导线束中
J$_{533}$	数据总线诊断接口	B$_{847}$	连接 11（LIN 总线），在主导线束中
N$_{253}$	蓄电池断路引爆装置	*	见熔丝布置所适用的电路图
S$_{162}$	蓄电池熔丝架上的熔丝 1（30）	*2	依汽车装备而定
S$_{163}$	蓄电池熔丝架上的熔丝 2（30）	*3	选装装备
S$_{164}$	蓄电池熔丝架上的熔丝 3（30）	ws	白色
S$_{176}$	蓄电池熔丝架上的熔丝 4（30）	sw	黑色
T1c	1 芯插头连接，黑色	ro	红色
T1cx	1 芯插头连接，黑色	rt	红色
T2lc	2 芯插头连接，黑色	br	褐色
T2oi	2 芯插头连接，黑色	gn	绿色
T54c	54 芯插头连接，黑色	bl	蓝色
TMR	发动机舱内右侧连接位置	gr	灰色
18	发动机缸体上的接地点	vi	淡紫色
624	起动机蓄电池旁边的接地点	ge	黄色
745	右纵右梁上的接地点 3	or	橘黄色
B$_{299}$	正极连接 3（30），在主导线束中	rs	粉红色

图 2-46（续）

5 举例 5：通用汽车电路图

（1）电路图结构特点。通用车型电路图通常分为四类：电源分配简图、中央控制盒样图、系统电路图和接地线路图。

系统电路图中电源线从图上方进入，通常从熔丝处开始，并于熔丝上方用黑线框标注此处与电源之间的通断关系；用电器在中部；接地点在最下方。如果是由电子控制的系统，电路图中除该系统的工作电路外还会包括与该系统工作有关的信号电路。

（2）电气符号（表 2-2）。

表 2-2 电路图中的电气符号

符 号	说 明	符 号	说 明
B+	蓄电池电压	IGN 0	点火开关——"Off（关闭）"位置

续表

符 号	说 明	符 号	说 明
LOC	主要部件列表图标。示意图上的图标用于链接"主要电气部件列表"	DESC	说明与操作图标。示意图上的图标用于链接特定系统的"说明与操作"
（计算机编程图标）	计算机编程图标。示意图上的图标用于链接"控制模块参考"，确定更换时需要编程的部件	→	下一页示意图图标。示意图上的图标用于进入子系统的下一页示意图
←	前一页示意图图标。示意图上的图标用于进入子系统的前一页示意图	△（儿童座椅图标）	辅助充气式约束系统（SIR）或辅助约束系统（SRS）图标。该图标用于提醒技术人员，系统内含有辅助充气式约束系统/辅助约束系统部件，在维修前需要特别注意
△i	信息图标。该图标用于提醒技术人员查阅相关的附加信息，以帮助维修某个系统	△（触电图标）	危险图标。该图标用于提醒技术人员系统内的部件包含带有同样图标的标签。如果源部件有60V或更高直流电压，或42V或更高交流电压，则使用此图标
△⚡	高压图标。该图标用于提醒技术人员系统内的部件包含带有同样图标的标签。如果部件/电路有60V或更高直流电压，或有42V或更高交流电压，则使用此图标	↑↓	串行数据通信功能。该图标用于向技术人员表明该串行数据电路详细信息未完全显示，也能有效链接至可完全显示该电路的"数据通信示意图"
↑ ∧ △	常规向上箭头	↓ ∨ ▽	常规向下箭头
← < ◁	常规向左箭头	→ > ▷	常规向右箭头
↓↓	常规快速向下箭头	⏻	On/Off（开/关）图标

续表

符 号	说 明	符 号	说 明
	常规锁止图标		常规解锁图标
	常规车窗开关位置——4门		常规车窗开关位置——2门
	输入/输出下拉电阻器（-）		输入/输出上拉电阻器（+）
	输入/输出高压侧驱动开关（+）		输入/输出低压侧驱动开关（+）
	输入/输出双向开关（+/-）		脉宽调制符号
B+	蓄电池电压	IGN	点火电压
5V	参考电压	5V AC	空调电压
	低电平参考电压		搭铁
	串行数据		天线信号——输入
	天线信号——输出		接合制动器
	熔丝	PWR/TRN Relay	继电器供电的熔丝
	断路器		易熔熔丝
	搭铁		壳体搭铁
X100 12 母端子 公端子	直列式线束连接器	X100 12 公端子 母端子	直列式线束连接器

43

续表

符 号	说 明	符 号	说 明
	引线连接		引线连接
	临时或诊断连接器		钝切线
	不完整物理接头		完整物理接头——两线
	完整物理接头——三线或多线		导线交叉
	绞合线		屏蔽
	电路参考		电路延长箭头
	选装件断点		搭铁电路连接
	连接器短路夹		SIR 线圈
	非完整部件。当某个部件采用虚线框表示时，表明该部件或其接线并未完整显示		直接固定在部件上的连接器

续表

符　号	说　　明	符　号	说　　明
	完整部件。当某个部件采用实线框表示时，表明该部件或其接线已完整显示		引线连接器
	附件电源插座		点烟器
	位置2常开开关		位置2常闭开关
	摇臂开关		接触片开关（1线）
	接触片开关（2线）		位置3开关
	位置4开关		位置5开关
	位置6开关		开关执行器——推入式（瞬时）
	开关执行器——推入式（锁闩）		开关执行器——拉出式（瞬时）
	开关执行器——拉出式（锁闩）		开关执行器——旋转式（瞬时）
	开关执行器——旋转式（锁闩）		开关执行器——滑动式（瞬时）
	开关执行器——滑动式（锁闩）		开关执行器——压力（瞬时）
	开关执行器——温度（瞬时）		开关执行器——音量（锁闩）
	继电器——常开		5针继电器——常闭

45

续表

符 号	说 明	符 号	说 明
	蓄电池		混合动力蓄电池总成
	单丝灯泡		双丝灯泡
	光电传感器		发光二极管（LED）
	量表		电容器
	二极管		可变电阻器
	电阻器		易断裂导线
	可变电阻器——负温度系数		位置传感器
	加热元件		爆震传感器
	压力传感器		感应型传感器——3线
	感应型传感器——2线		霍尔效应传感器——3线
	霍尔效应传感器——2线		加热型氧传感器——4线

符号	说明	符号	说明
	氧传感器——2线		电磁阀
	执行器电磁阀		电动机
	离合器		天线
	正温度系数电动机		喇叭
	扬声器		安全气囊
	麦克风		辅助充气式约束系统碰撞传感器

（3）导线颜色。通用车系电路图中的导线颜色和连接器主体颜色，采用由表2-3中的二位代码表示的缩写。

表2-3 导线颜色代码

缩写	颜色	缩写	颜色
AM	琥珀色	OG	橙色
BARE	裸线	PK	粉红色
BG	浅褐色	PU	紫色
BK	黑色	RD	红色
BN	棕色	RU	铁锈色
BU	蓝色	SR	银白色
CL	透明色	TL	水鸭色
CR	奶油色	TN	黄褐色
CU	咖喱色	TQ	青绿色
GD	金黄色	VT	紫罗兰色
GN	绿色	WH	白色
GY	灰色	YE	黄色
NA	本色	—	—
颜色修饰符				
L	浅色	D	深色

（4）导线类型代码（表2-4）。

表2-4　导线类型代码

序　号	缩　写	导线类型
1	COAX	同轴电缆
2	FW	扁平导线
3	HDMI	高清多媒体接口
4	TWINAX	双股电缆
5	USB	通用串行总线

（5）车辆线路分区。如图2-47所示，通用车系电路所有搭铁、直列式连接器和接头都有相应的识别编号，与其在车辆上的位置相对应。

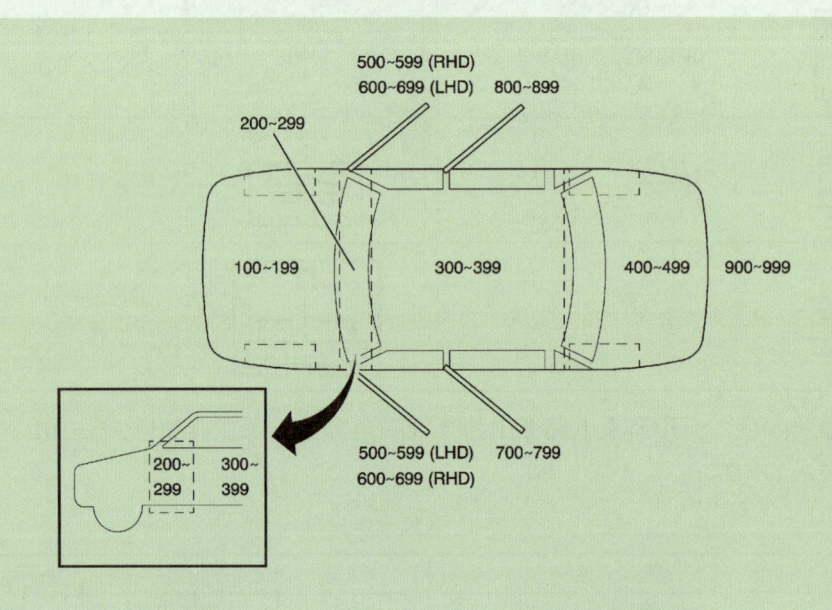

序　号	插图编号	区位说明
1	100~199	发动机舱（仪表板的所有前部区域）
2	200~299	仪表板区域内（隔板与仪表板前面板之间）
3	300~399	乘客舱（从仪表板到后排座椅后部）
4	400~499	行李厢（从后排座椅后部到车辆后部）
5	500~599	连至或内置于驾驶员车门的直列式线束连接器
6	600~699	连至或内置于前乘客车门的直列式线束连接器
7	700~799	连至或内置于左后车门的直列式线束连接器
8	800~899	连至或内置于右后车门的直列式线束连接器
9	900~999	连至或内置于行李厢盖的直列式线束连接器

图2-47　线路布局

（6）电路图类型。

①电源分布电路图（图2-48）。

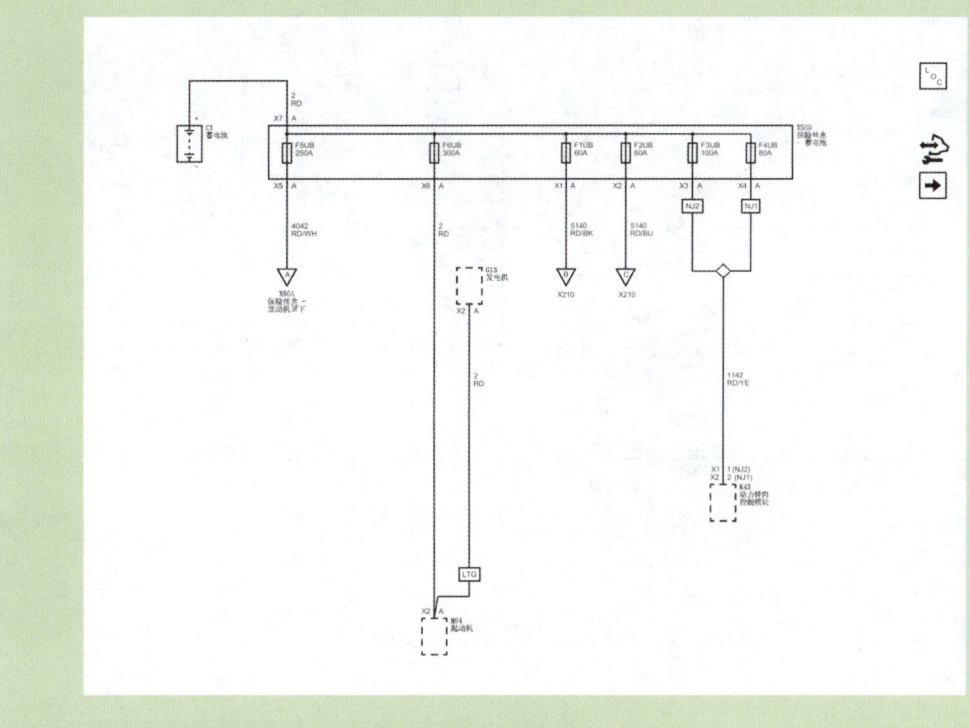

图 2-48 电源分布电路图

② 数据通信电路图：低速 CAN（图 2-49）。

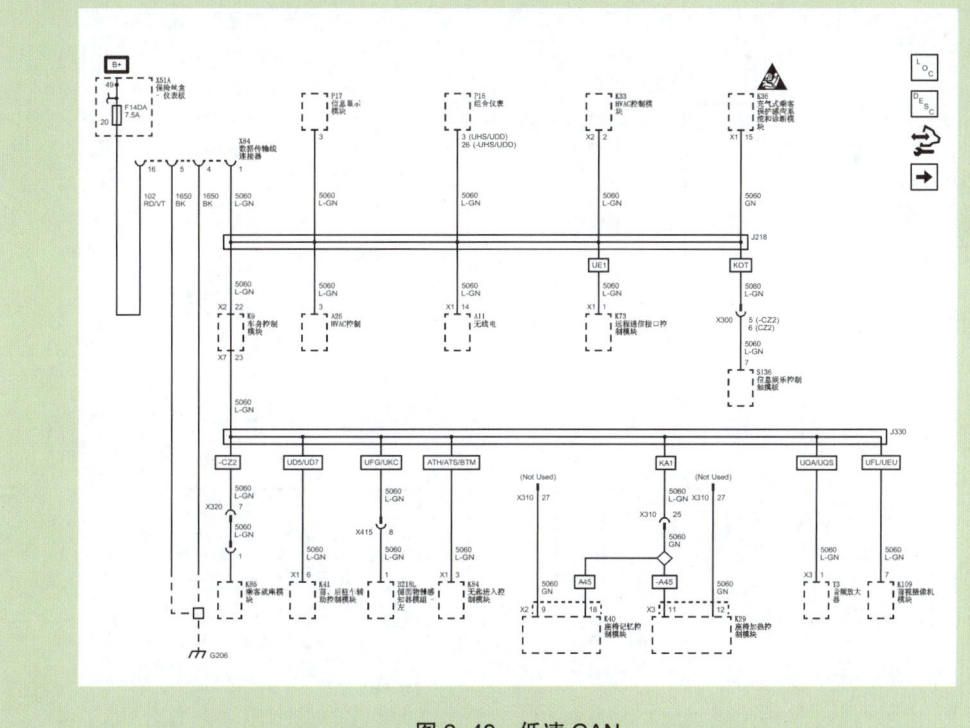

图 2-49 低速 CAN

③ 数据通信电路图：高速 CAN（图 2-50）。

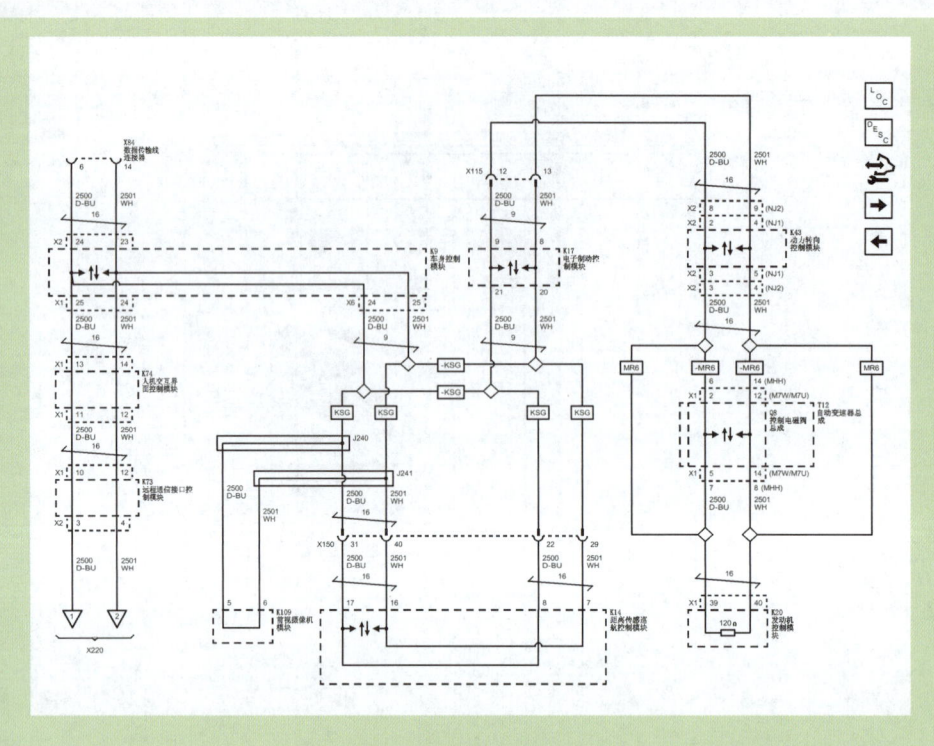

图 2-50　高速 CAN

④ 车身控制系统：电源、搭铁和串行数据电路图（图 2-51）。

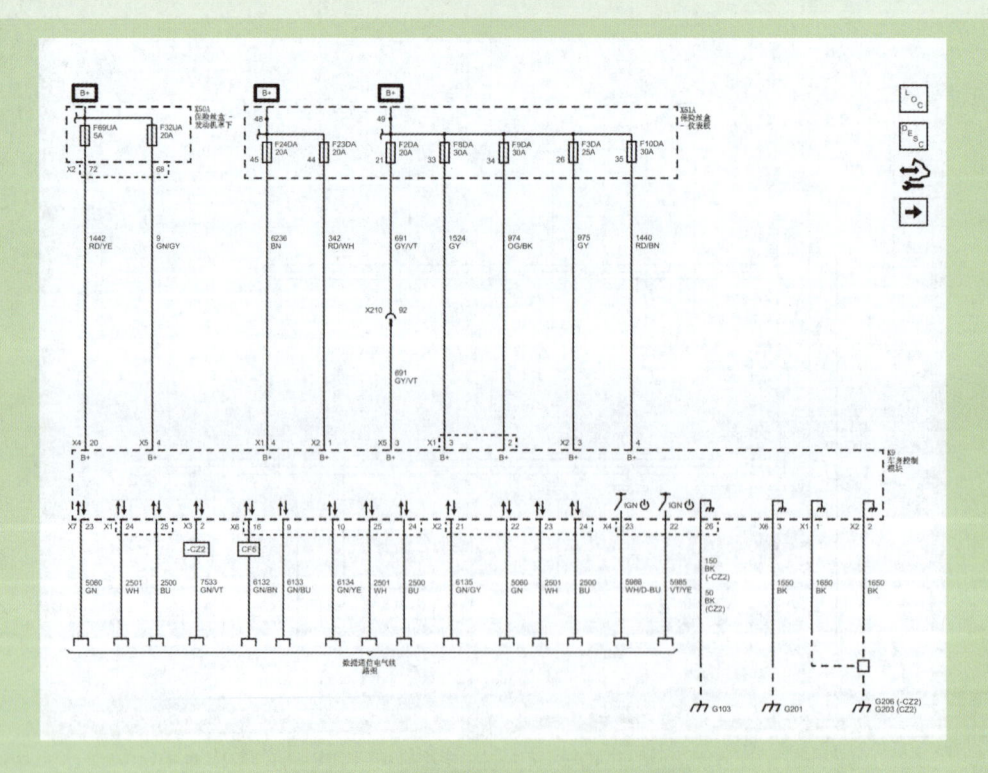

图 2-51　电源、搭铁和串行数据电路图

（7）电路图。

① 起动和充电电路图（图 2-52、图 2-53）。

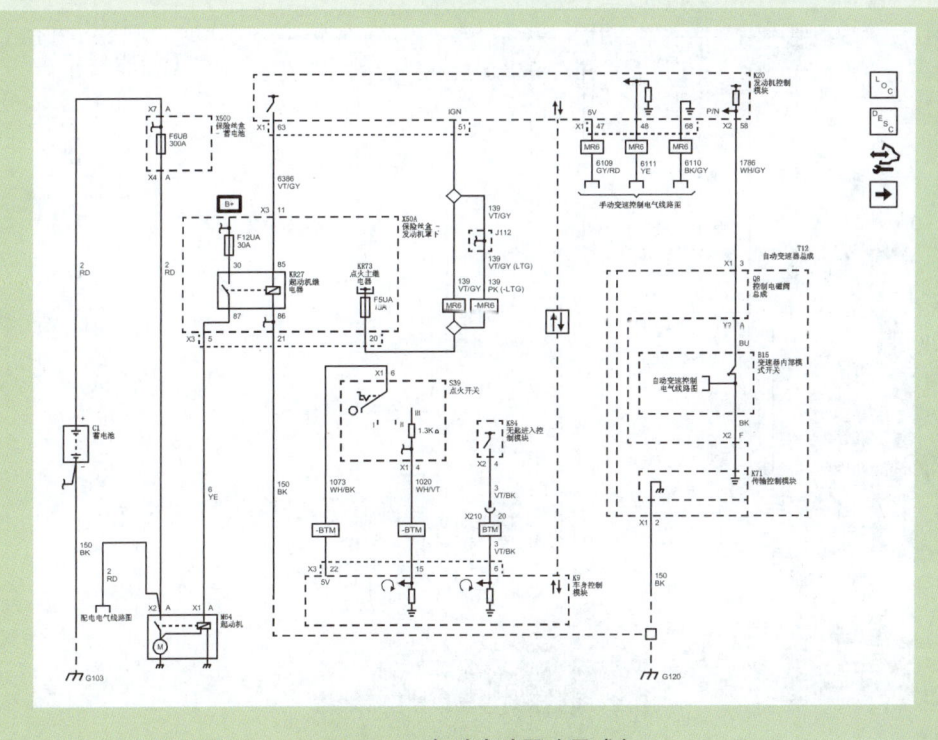

图 2-52　起动电路图（君威）

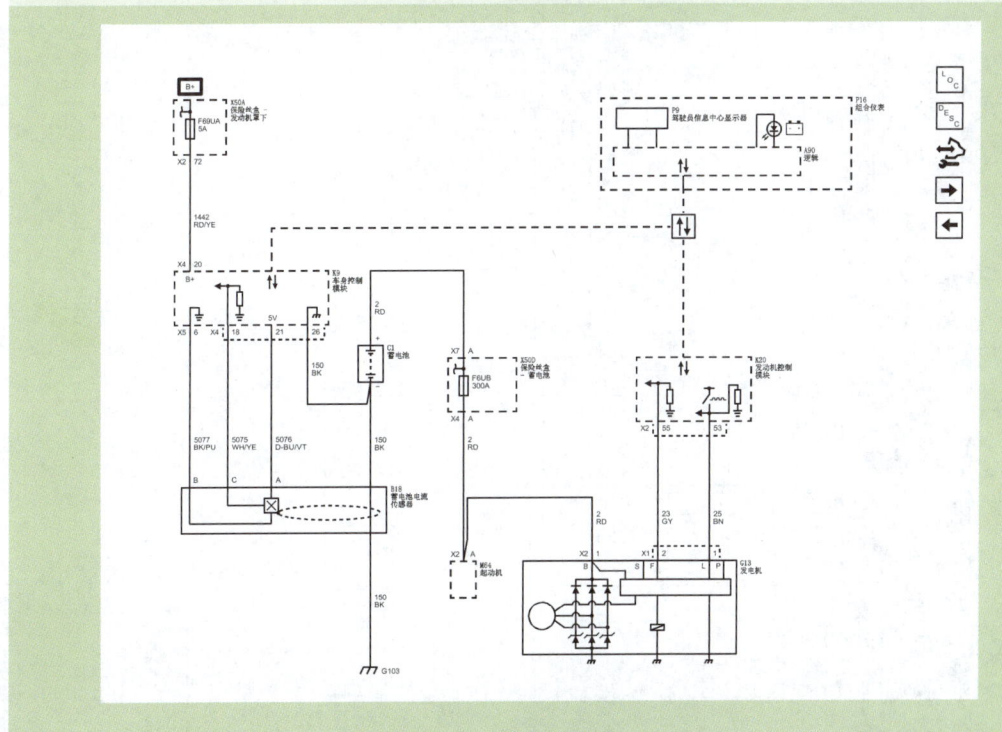

图 2-53　充电电路图（君威）

② 大灯控制电路图（图 2-54）。

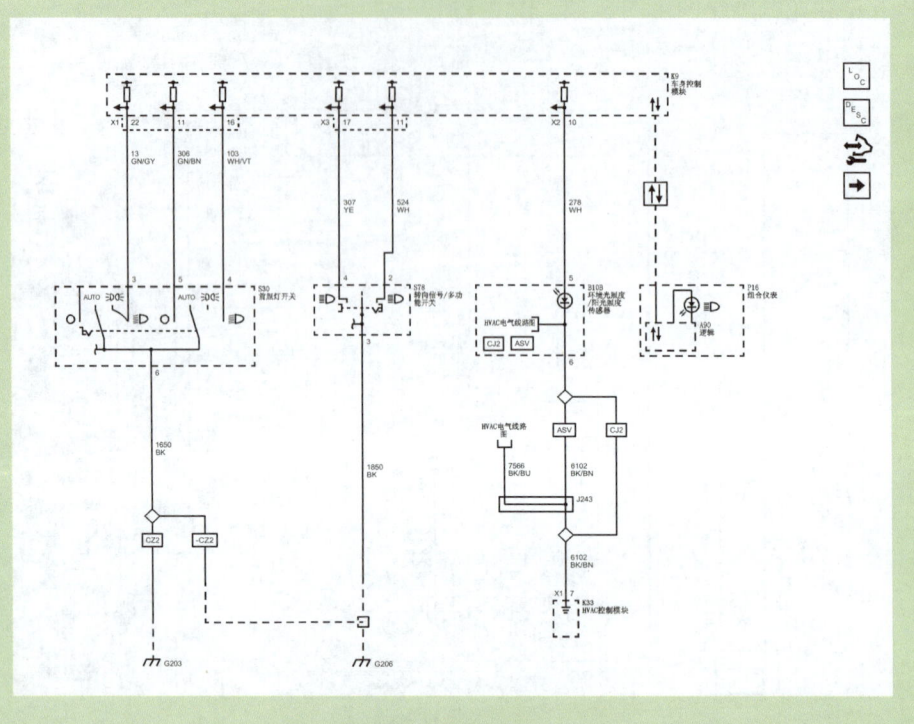

图 2-54　大灯控制电路图（君威）

③ 点火控制系统：凸轮轴、曲轴和爆震传感器电路图（图 2-55）。

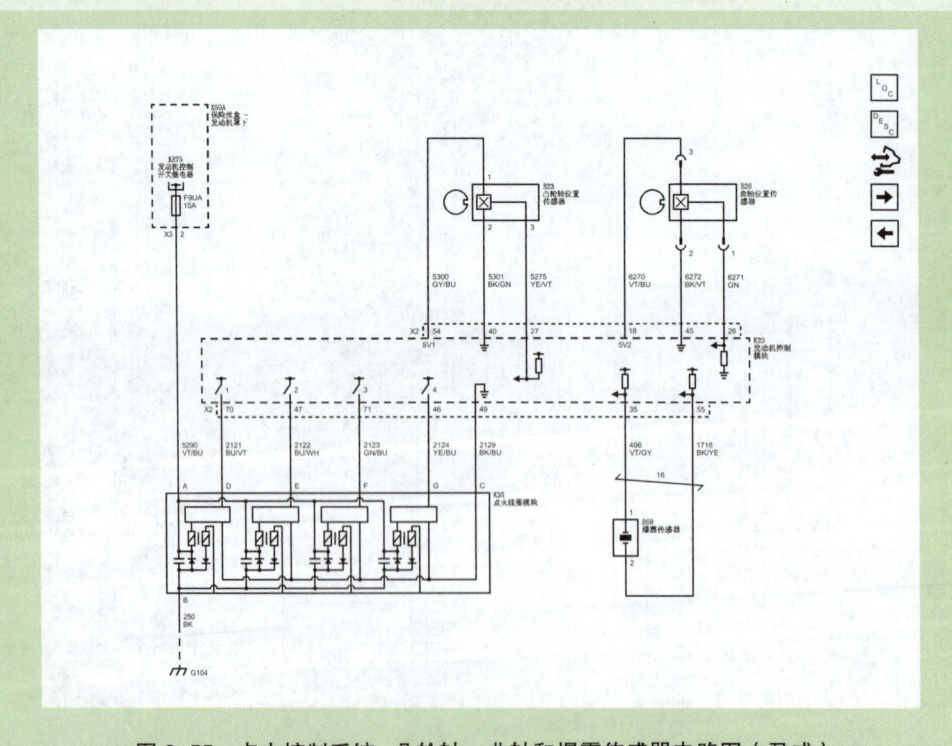

图 2-55　点火控制系统：凸轮轴、曲轴和爆震传感器电路图（君威）

5 举例6：丰田电路图

（1）电路图使用原则。各个系统电路的实际接线显示为从接收到蓄电池电源的点一直到各个接地点（所有电路图都以开关处于OFF位置的情况来表示）。

在进行任何故障排除时，须首先理解所检测到的故障部位的电路运行情况，为此电路供电的电源，以及接地点。

理解了电路运行情况后，便可开始对故障电路进行故障排除，以便找出起因。参照继电器位置和布线图查找各个系统电路的每个零部件、接线盒和线束连接器、线束和线束连接器及接地点。所标出的每个接线盒的内部接线也可有助于理解接线盒内部的线路连接。

（2）电路图特点及识读（图2-56）。

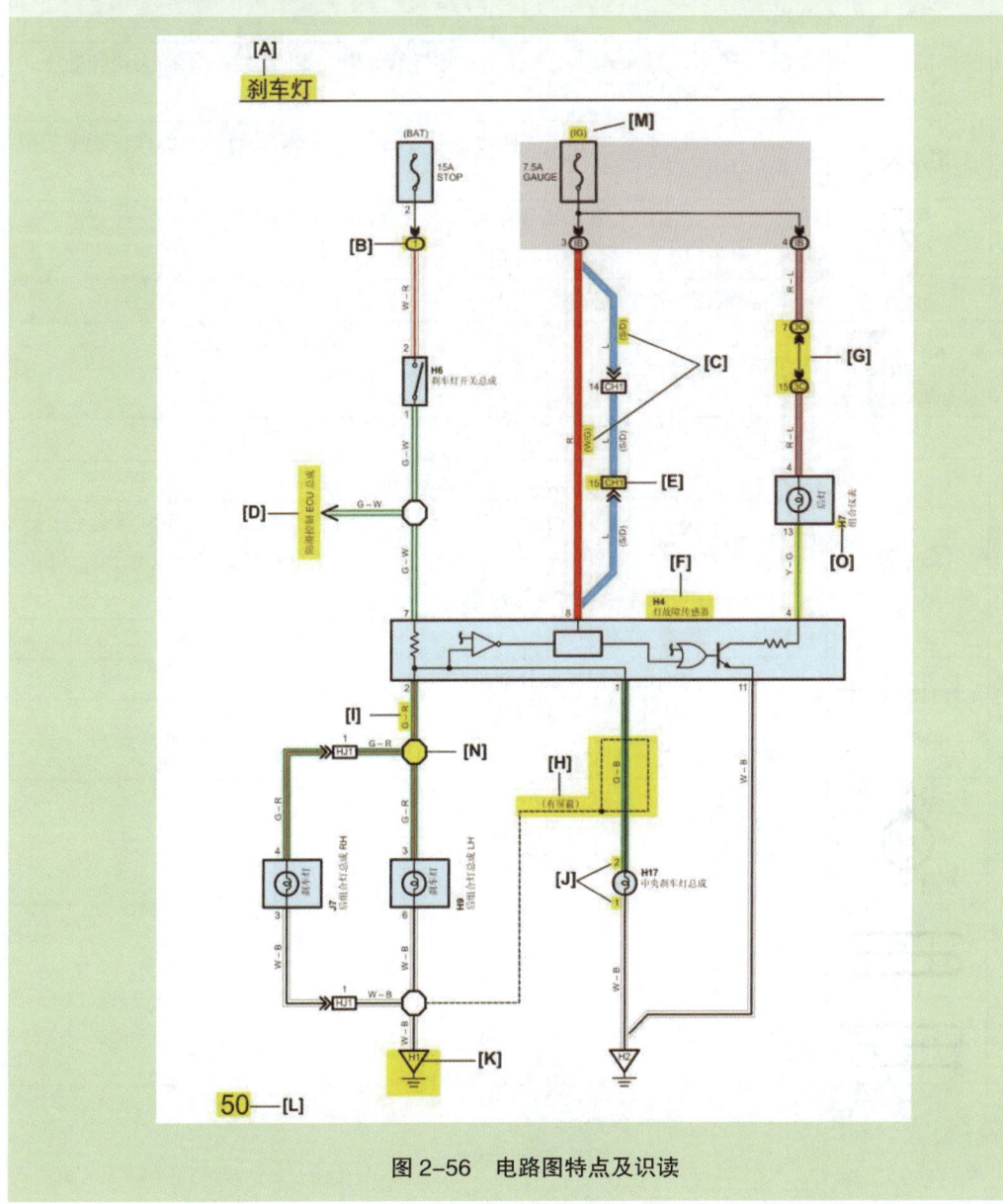

图2-56 电路图特点及识读

图注	符号	说明
A	刹车灯	系统标题
B	◯	表示继电器盒。未用阴影表示，仅标示继电器盒号码以和 J/B 加以区分
		在本电路图中，表示 1 号继电器盒
C	(W/G)	当车辆型号、发动机类型或规格不同时，用()来表示不同的导线和连接器等
D	防滑控制 ECU 总成	表示相关联的系统
E	15 CH1	第一、二个数表示用来连接两个线束（插头式和插座式）的连接器的代码。连接器代码由两个字母和一个数字组成
		第一个字母表示插头式连接器线束上的字母代码
		第二个字母表示插头式连接器线束上的字母代码
		第三个数字为存在相同线束组合时用来区别线束组合的序列号（如 CH1 和 CH2）
		符号()表示插头式端子连接器。连接器代码外侧的数字表示插头式和插座式连接器的针脚号码
F	H4 灯故障传感器	代表一个零部件（所有零部件均以天蓝色表示）。该代码和零部件位置中使用的代码相同
G	7 3C / 15 3C	接线盒（圆圈中的号码为 J/B 号码，连接器代码显示在其侧）。接线盒以阴影表示，用于明确区分于其他零部件
		3C 表示在 3 号接线盒内
H	[H]	表示屏蔽电缆
		屏蔽电缆
I	G-R	表示接线颜色。接线颜色以字母代码表示
		铜线: B=黑色；W=白色；BR=棕色；L=蓝色；V=紫色；SB=天蓝色；R=红色；G=绿色；LG=浅绿；P=粉红色；Y=黄色；GR=灰色；O=橙色；BE=米黄色；DG=深灰色
		铝线: LA=淡紫色
		不要将电源或信号铝线区分开来
	L-Y (蓝色)(黄色)	第一个字母表示基本接线颜色
		第二个字母表示条纹的颜色
J	2 / 1	表示连接器的针脚号码。插座式连接器和插头式连接器的编号系统各不相同
	1 2 3 / 4 5 6	按照从左上方到右下方的顺序编号
	3 2 1 / 6 5 4	按照从右上方到左下方的顺序编号

图 2-56 （续）

续表

图注	符 号	说　　　明
K	H2 (接地符号)	表示接地点。该代码由两位数组成：一个字母和一个数字
		第一位代表线束的字母代码
		第二位是当同一线束存在多个接地点时用来区别各接地点的序列号
L	50	页次
M	(IG)	当向熔丝供电时，用来表示点火钥匙的位置
N	○	表示线路接合点
O	H7 组合仪表	线束代码，各线束用代码表示。线束代码用于零部件代码、连接线束和线束的连接器代码和接地点代码
		例如，H7（组合仪表）、CH1（插头式、连接线束和线束的连接器）和 H2（接地点）表示其是属于同一线束 H 的零部件

图 2-56（续）

6　举例 7：日产电路图和连接器（图 2-57、图 2-58）

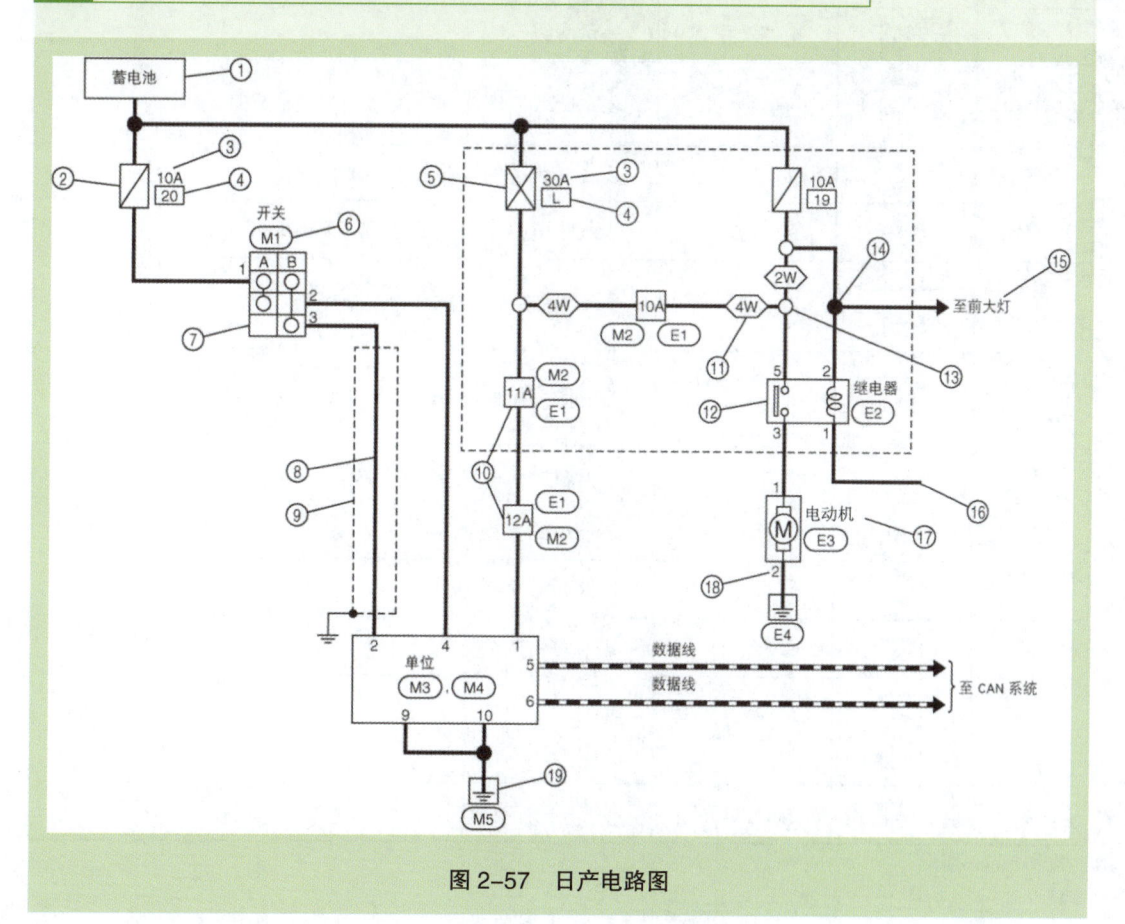

图 2-57　日产电路图

图注	符　号	说　　　明	
1	蓄电池	电源	表示熔断线或熔丝的电源
2		熔丝	"/"表示熔丝
3		熔断线/熔丝的额定电流	表示熔断线或熔丝的额定电流
4	30A L	熔断线/熔丝的编号	表示熔断线或熔丝的位置编号
5		熔断线	X表示熔断线
6	M1	接头编号	英文字母表示接头所在的线束。B=车身线束；C=底盘线束；D=车门线束；E=发动机舱线束；F=发动机控制线束；M=主线束；R=车内灯线束；T=尾部线束
			数字表示接头的识别编号
7		开关	这表示在开关处于A位置时，端子1和2之间导通；当开关在B位置时，端子1和3之间导通
8		电路（配线）	表示配线
9		屏蔽线	表示配线。虚线内的线路表示屏蔽线路
10		接头	以虚线包围的线路表示屏蔽线
11	4W	选装缩写	表示将电路布局在○之间的车辆规格
12		继电器	表示继电器的内部表现
13	○	选择性分叉点	空心圈表示此分叉点为根据车型选配的
14	●	分接点	有底纹的实心圆●表示分叉点
15	→	系统分支	表明电路分支到其他系统
16	⌐	跨页	电路延续至下一页
17	E3	部件名称	表示部件的名称
18	M	端子号码	表示一个接头的端子数
19		接地（GND）	表示接地的连接

图2-57（续）

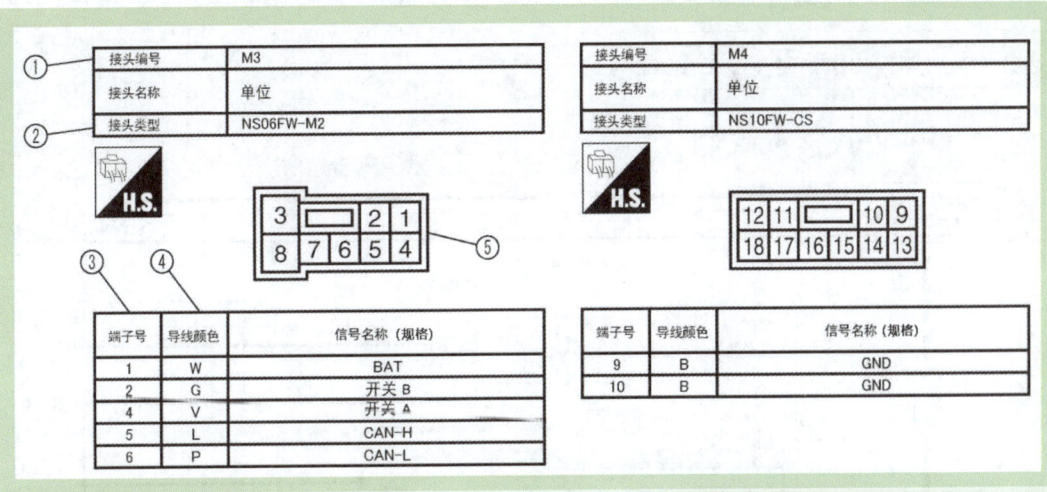

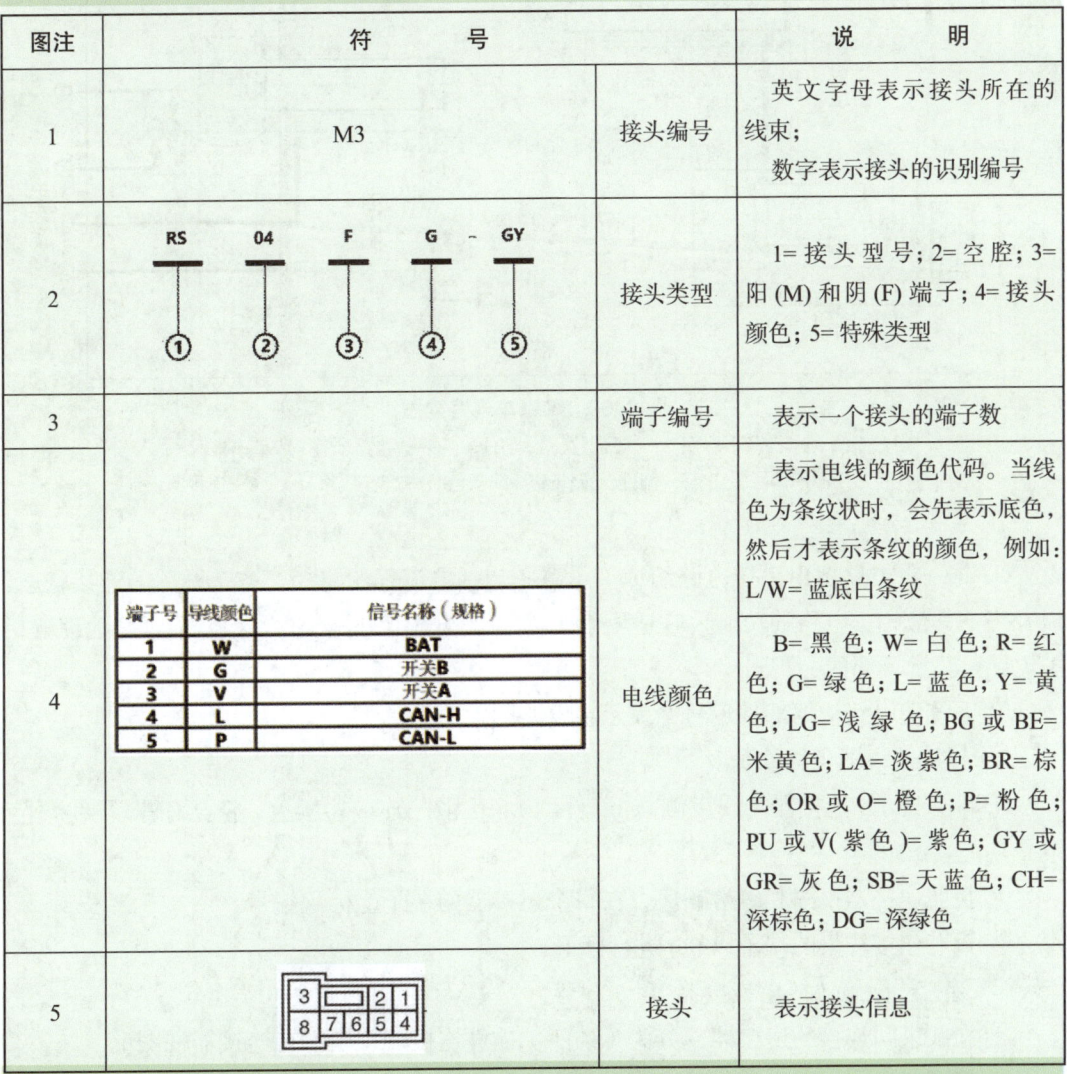

接头编号	M3
接头名称	单位
接头类型	NS06FW-M2

端子号	导线颜色	信号名称（规格）
1	W	BAT
2	G	开关B
4	V	开关A
5	L	CAN-H
6	P	CAN-L

接头编号	M4
接头名称	单位
接头类型	NS10FW-CS

端子号	导线颜色	信号名称（规格）
9	B	GND
10	B	GND

图注	符号	说明	
1	M3	接头编号	英文字母表示接头所在的线束；数字表示接头的识别编号
2	RS 04 F G-GY （①②③④⑤）	接头类型	1=接头型号；2=空腔；3=阳(M)和阴(F)端子；4=接头颜色；5=特殊类型
3		端子编号	表示一个接头的端子数
4	（端子号/导线颜色/信号名称表）	电线颜色	表示电线的颜色代码。当线色为条纹状时，会先表示底色，然后才表示条纹的颜色，例如：L/W=蓝底白条纹 B=黑色；W=白色；R=红色；G=绿色；L=蓝色；Y=黄色；LG=浅绿色；BG或BE=米黄色；LA=淡紫色；BR=棕色；OR或O=橙色；P=粉色；PU或V(紫色)=紫色；GY或GR=灰色；SB=天蓝色；CH=深棕色；DG=深绿色
5		接头	表示接头信息

图 2-58 连接器

7 举例8：韩系车系电路图

（1）电路图结构（图2-59）。

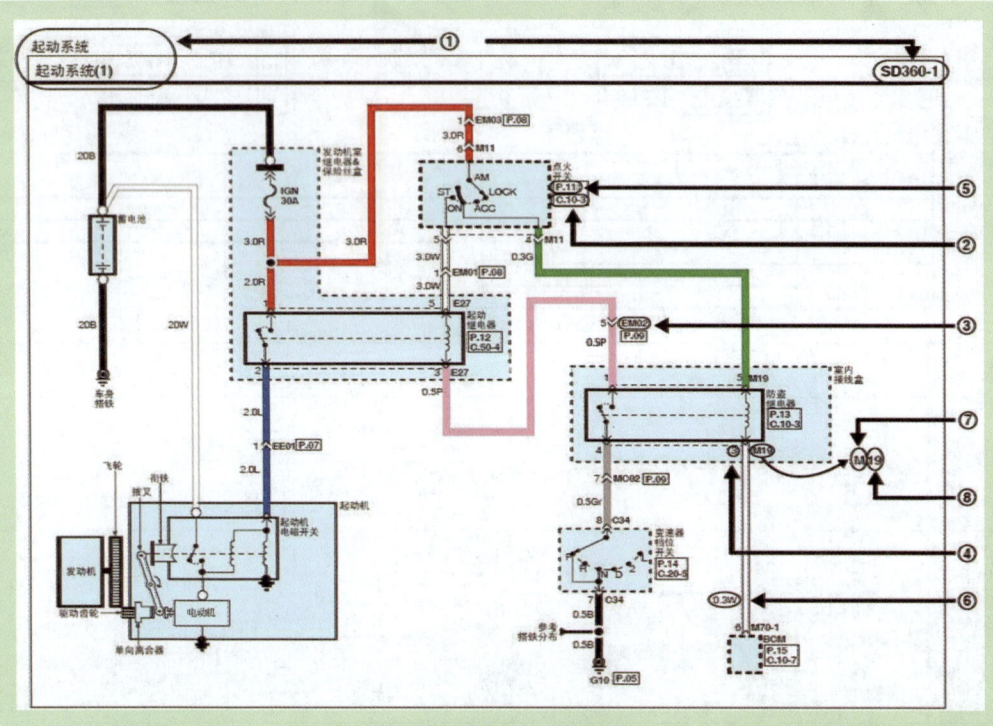

图2-59 韩系车电路样图
1—系统名称/系统代码；2—连接器视图（部件）；3—连接器配置（线束连接器）；
4—连接器视图和编码顺序；5—部件位置；6—导线颜色缩写；7—线束分类；8—连接器识别

1）系统名称/系统代码。

① 每一页电路图由系统电路组成。示意图包括电流程的路径，各个开关的连接状态，以及当前其他相关电路的功能，它适用于实际的维修工作中。在故障检修前正确地理解相关电路是非常重要的。

② 系统的电路依据部件编号并表示在电路图索引上。

2）连接器视图（部件）。

① 部分显示：连接器（线束侧，非部件侧）正面图；连接器颜色；端子编码；导线颜色；端子功能。

② 按照连接器视图和编号顺序，在每个连接器的端子上标记编号。

③ 没有连接线束的端子以(–)进行标记。

3）连接器配置（线束连接器）。

① 在线束间连接的连接器，分为（插座）插件连接器，表示在连接器视图上。

② 按照连接器视图和编号顺序，在每个连接器的端子上标记编号。

③ 没有连接线束的端子以（*）进行标记。

4）连接器视图和编码顺序（表2-5）。

表2-5 连接器视图和编码顺序

连接器插接端（插头）	连接器插接端（插座）	说明/释义
（卡扣、端子、外壳图示）	（卡扣、外壳、端子图示）	这里不是让读者了解导线连接器的外壳形状，而是辨别插头导线连接器和插座导线连接器上的连接器端子。 排列插座导线连接器和公导线连接器时，参考左侧的排列顺序。 某些导线连接器端子不使用这种表示方法，具体情况请参考导线连接器配置
1 2 3 / 4 5 6	3 2 1 / 6 5 4	
1 2 3 → / ← 4 5 6	← 3 2 1 / 6 5 4 →	插头导线连接器按从左上侧至右下侧的顺序读号码； 插座导线连接器按从右上侧至左下侧的顺序读号码

5）部件位置。为了方便寻找部件，在示意图上用 PHOTO ON 表示在部件名称的下面。为了方便区别连接器，图片内的连接器为安装到车上状态进行表示。

6）导线颜色缩写。电路图中识别导线颜色的缩写字母。

7）线束分类。根据线束的不同位置，把线束分为表2-6中的类型。

表2-6 线束分类

符号	线束/说明	线束位置
D	车门线束	车门
E	前线束、点火线圈、蓄电池、喷油嘴延伸线束	发动机室
F	底板线束	底板
M	主线束	室内
R	后保险杠、后备箱门、后除霜器线束	后保险杠、后除霜器、后备箱门

8）连接器识别。连接器识别代号由线束位置识别代号和连接器识别代号组成，共同构成连接器位置参考线束布置图。

①连接器识别代号（表2-7）。

表2-7 连接器识别代号

	说明	图示
举例1	参考：每个连接线束的连接器由符号表示	E 10 -1 — 连接器分序列表（系列数字） — 连接器主序列表（系列数字） — 符号指示线束（发动机线束）
举例2	接线盒识别符号由对应线束位置的位置分类符号和对应接线盒内连接器的编号组成	M R 01 — 连接器序列号（系列数字） — 后线束 — 主线束 VP A — 连接器名称 — "室内接线盒"的缩写

②线束布置图。线束布置图包括主要线束、导线连接器安装固定位置及主要线束的路线。

（2）智能钥匙起动系统电路。电路如图 2-60 所示，携带智能钥匙，在没有插入钥匙的状态可以起动发动机。如果智能钥匙的电池电量不足，则不能起动发动机；此时可以用智能钥匙直接按下发动机起动 / 停止按钮来起动发动机。

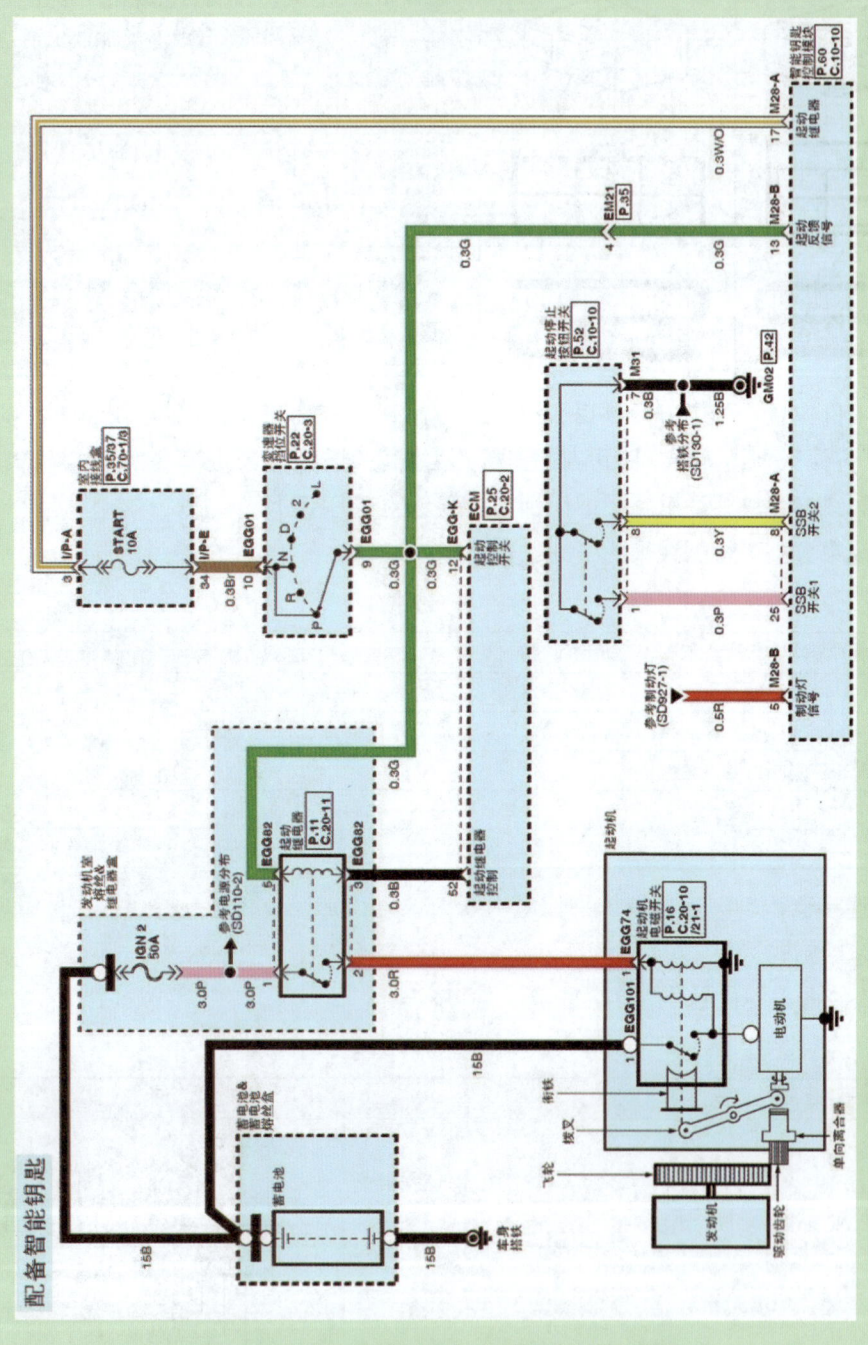

图 2-60　起亚 K2 起动系统电路图（智能钥匙）

由蓄电池 B+ 端子为起动机电磁开关、起动继电器提供蓄电池电压。

将变速杆位于 P 或 N 位置，踩下制动踏板，按下起动 / 停止按钮。智能钥匙控制模块接收起动 / 停止按钮开关信号，并把信号通过室内接线盒的 START 10A 熔丝传送到 ECM。

ECM 根据此信号控制起动继电器线圈负极（-）端子搭铁。

由于 ECM 控制起动继电器线圈负极（-）搭铁，起动继电器工作，通过起动继电器开关端子电流提供到起动机 ST 端子，电磁开关的线圈磁化，拉动开关和拨叉，小齿轮和飞轮啮合，电磁开关触点接合，因此 B+ 高强度电流使电动机旋转，从而驱动发动机。发动机起动后分离点火开关时，小齿轮离合器超速运转，防止电枢过度旋转造成损坏。

（3）电动室外后视镜电路图。如图 2-61 所示为电动室外后视镜电路图：点火开关在 ACC 以上位置时，可使用后视镜开关调整室外后视镜的角度。

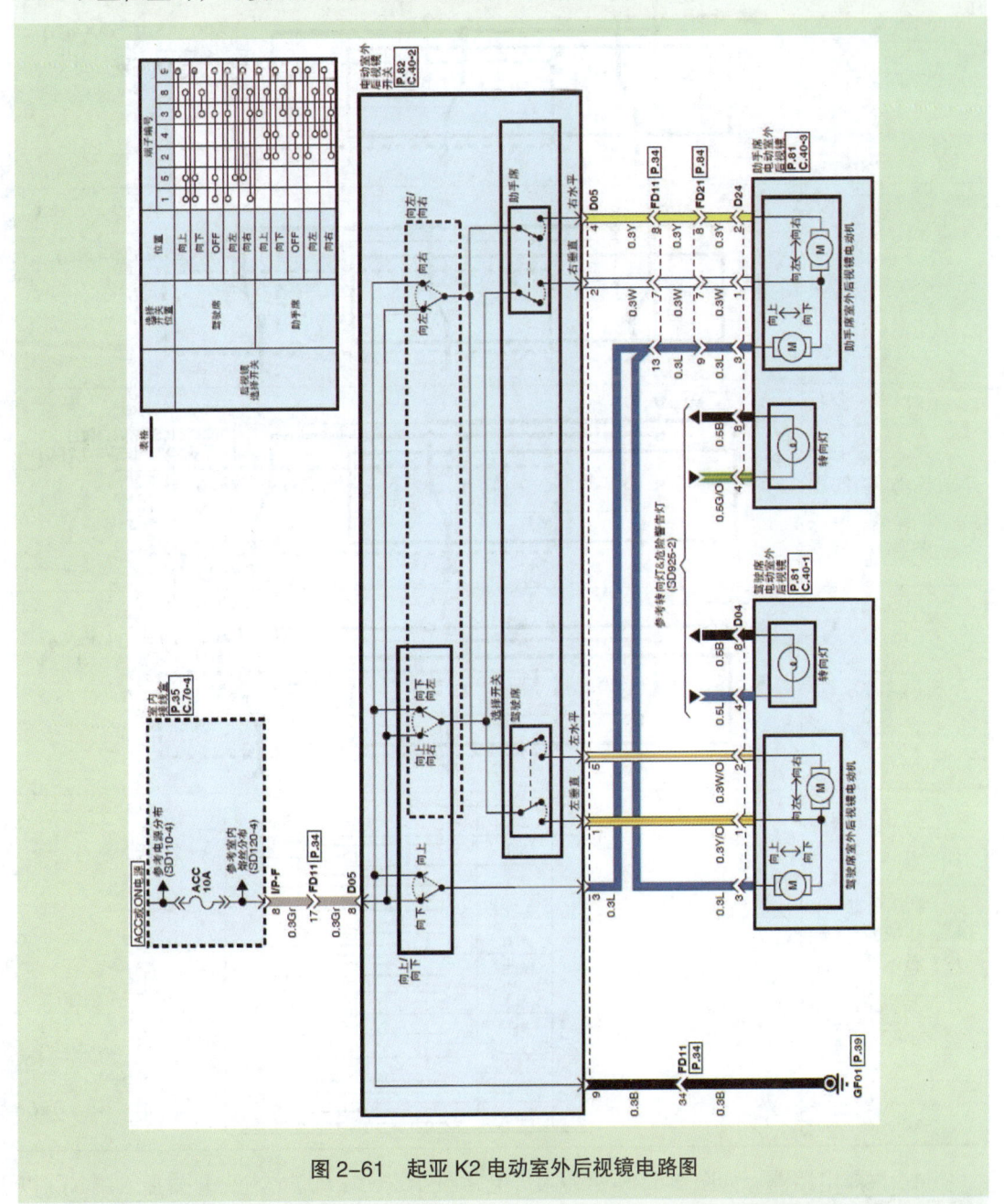

图 2-61　起亚 K2 电动室外后视镜电路图

要调整后视镜，移动选择开关杆到 R（右）或 L（左）位置，并按动向左/向右或向上/向下开关进行调整。按下向上或向下开关时，分别向左或向右连接开关；按下向左或向右开关时，分别向上或向下连接开关。

后视镜调整结束后，移动选择开关杆到中间位置，防止意外调整。

电动室外后视镜内部开关连接方向见表2-8。

表2-8 电动室外后视镜内部开关

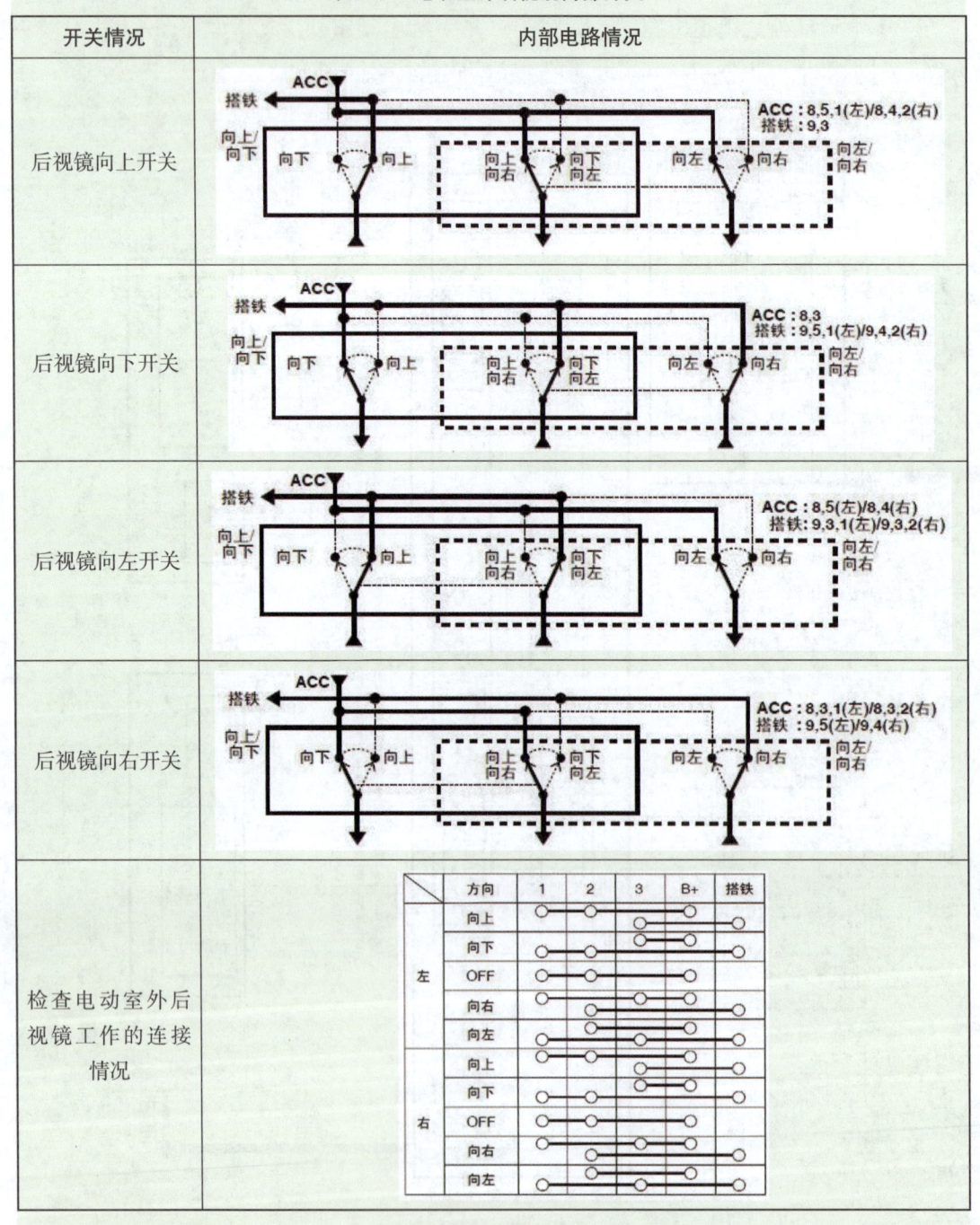

开关情况	内部电路情况
后视镜向上开关	ACC：8,5,1(左)/8,4,2(右) 搭铁：9,3
后视镜向下开关	ACC：8,3 搭铁：9,5,1(左)/9,4,2(右)
后视镜向左开关	ACC：8,5(左)/8,4(右) 搭铁：9,3,1(左)/9,3,2(右)
后视镜向右开关	ACC：8,3,1(左)/8,3,2(右) 搭铁：9,5(左)/9,4(右)
检查电动室外后视镜工作的连接情况	（方向表：左/右 向上、向下、OFF、向左、向右 对应 1、2、3、B+、搭铁）

（4）大灯电路图。如图2-62所示为大灯电路图：要操纵大灯，点火开关必须在IG2以上位置。转动组合开关的灯光开关到HEAD位置，并把变光/超车开关到近光/远光。

通常，将变光/超车开关置于近光位置。

① 变光/超车开关：近光。灯光开关在 HEAD 位置，将变光/超车开关置于近光位置时，提供 IG2 电源并接通大灯近光。

② 变光/超车开关：远光。灯光开关在 HEAD 位置，将变光/超车开关置于远光位置时，接通仪表盘上的远光指示灯，并提供 IG2 电源至大灯。

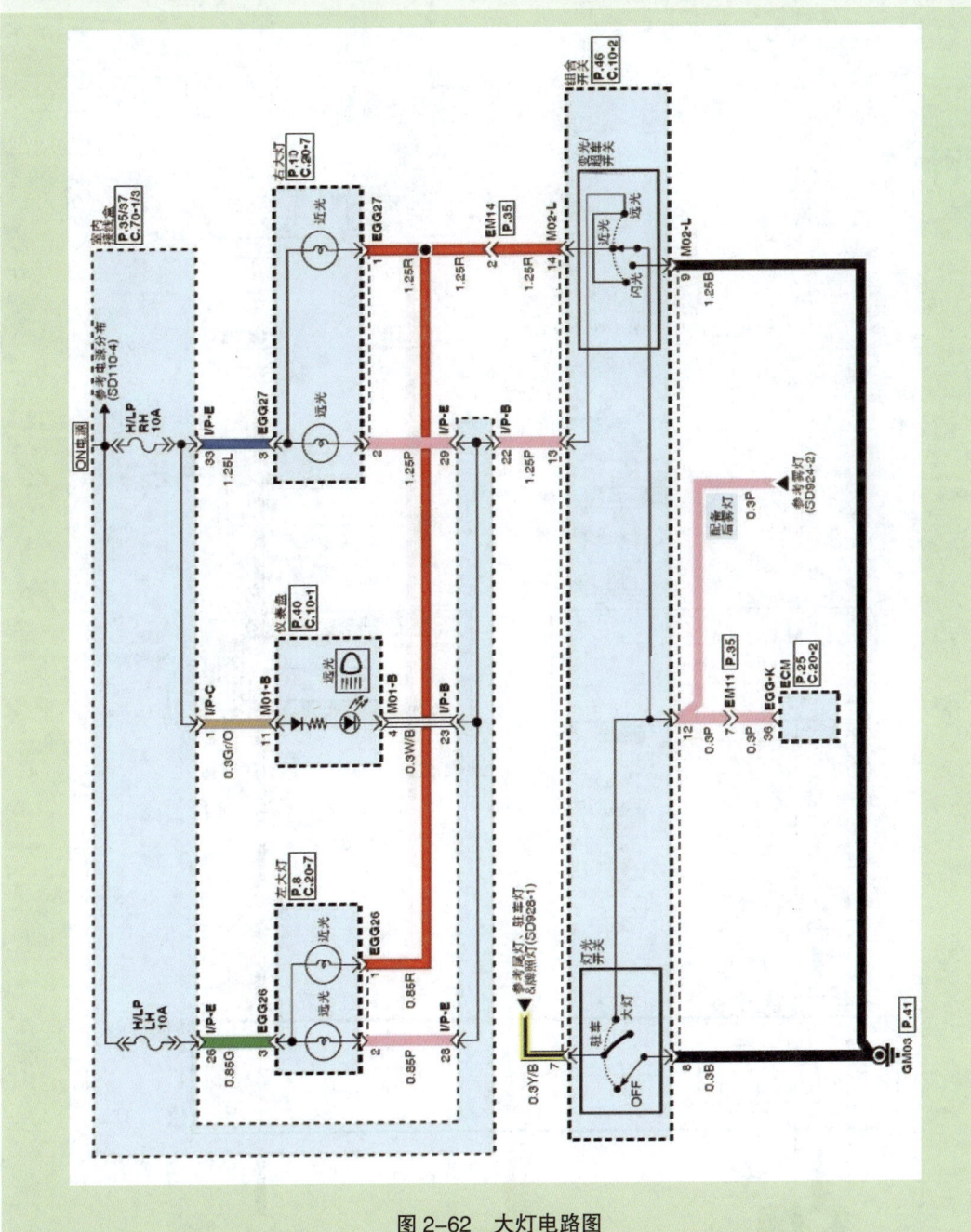

图 2-62　大灯电路图

③ 变光/超车开关：超车。此功能不管灯光开关是否在 HEAD 位置都能工作。朝驾驶员方向拉动变光/超车开关 2～3 次，警告对面车辆驾驶员，并接通仪表盘上的远光指示

63

灯和大灯（远光）。

④ 组合开关检查。检查组合开关各位置处端子之间导通性。如果导通性不良，更换组合开关。

8 举例9：长安汽车电路图

（1）电路图结构（图2-63）。

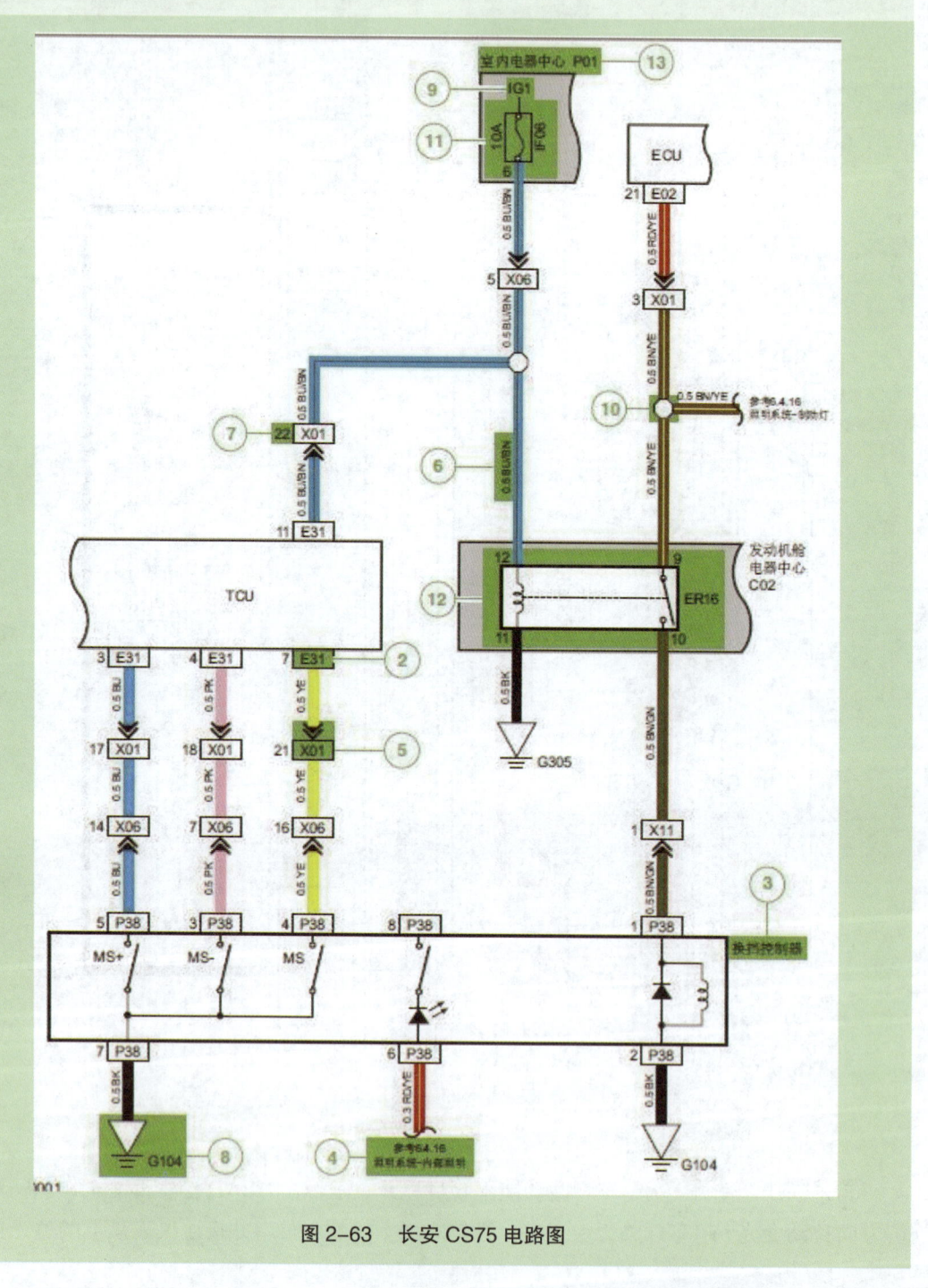

图2-63 长安CS75电路图

电路图上序号	说明/释义
2	线束接头编号。 本电路的线束接头编号规则以线束为基础，例如发动机线束中的 ECM 线束接头编号为 E01，其中 E 为线束代码，01 为接头序列号。 CA——发动机舱线束；C——发动机舱线束插头；EN——发动机线束；E——发动机线束插头；IP——仪表线束；P——仪表线束插头；SO——底盘线束；S——底盘线束插头；DR——车门线束；D——车门线束插头；RF——（室内灯）车顶线束；L——（室内灯）车顶线线束插头；X——线束与线束插头
3	零部件名称
4	显示此电路连接的相关系统信息
5	线束与线束接头，黑色箭头表示该接头的阳极，方框部分表示该接头的阴极，方框内的内容表示该接头的代码
6	显示导线颜色及线径，颜色代码：如果导线为双色线，则第一个字母显示导线底色，第二个字母显示条纹色，中间用"/"分隔。例如：标注为 YE/WH 的导线即为黄色色底白色条纹
7	显示接插件的端子编号，注意相互插接的线束接头端子编号顺序互为镜像
8	接地点编号为以 G 开头的序列编号标识，接地点位置详细参见接地点布置图
9	供给于熔丝上的电源类型，+B——蓄电池电源；ACC——点火开关处于 ACC 时的电源输出；IG1——点火开关处于 ON 时的 4 号端子输出；IG2——点火开关处于 ON 时的 1 号端子输出。 注意：IG1 与 IG2 的区别在于点火开关处于 ST 时 IG1 有电源输出，而 IG2 无电源输出
10	导线节点 — 未连接交叉线路 / 相连接交叉线路
11	熔丝编号由熔丝代码和序列号组成，位于发动机舱的熔丝代码为 EF，室内熔丝代码为 IF。熔丝编号详细参见熔丝列表
12	继电器编号用两个大写英文字母标识。位于发动机舱的继电器代码为 ER，室内继电器代码为 IR。详细参见继电器列表
13	灰色阴影填充表示电器中心，P01 表示电器中心线束接头代码
14	如果由于车型、发动机类型或配置不同而造成相关电路设计不同，在线路图中用虚线标示，并在线路旁添加说明

图 2-63 （续）

续表

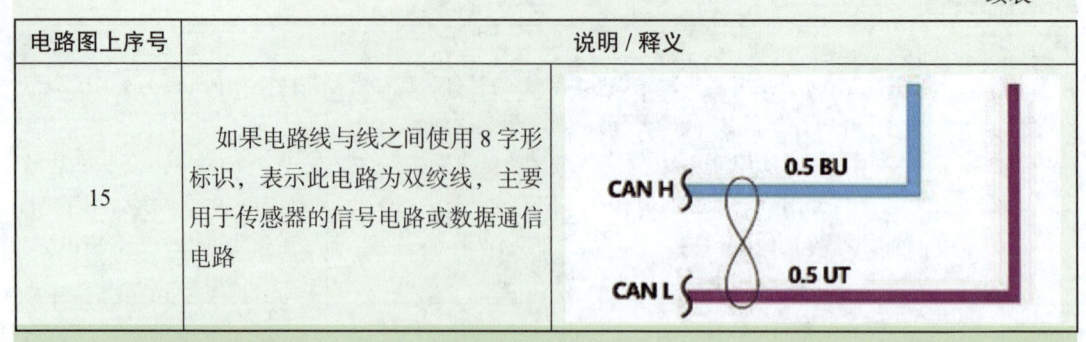

电路图上序号	说明/释义
15	如果电路线与线之间使用8字形标识，表示此电路为双绞线，主要用于传感器的信号电路或数据通信电路

图 2-63 （续）

（2）充电系统电路图（图 2-64）。

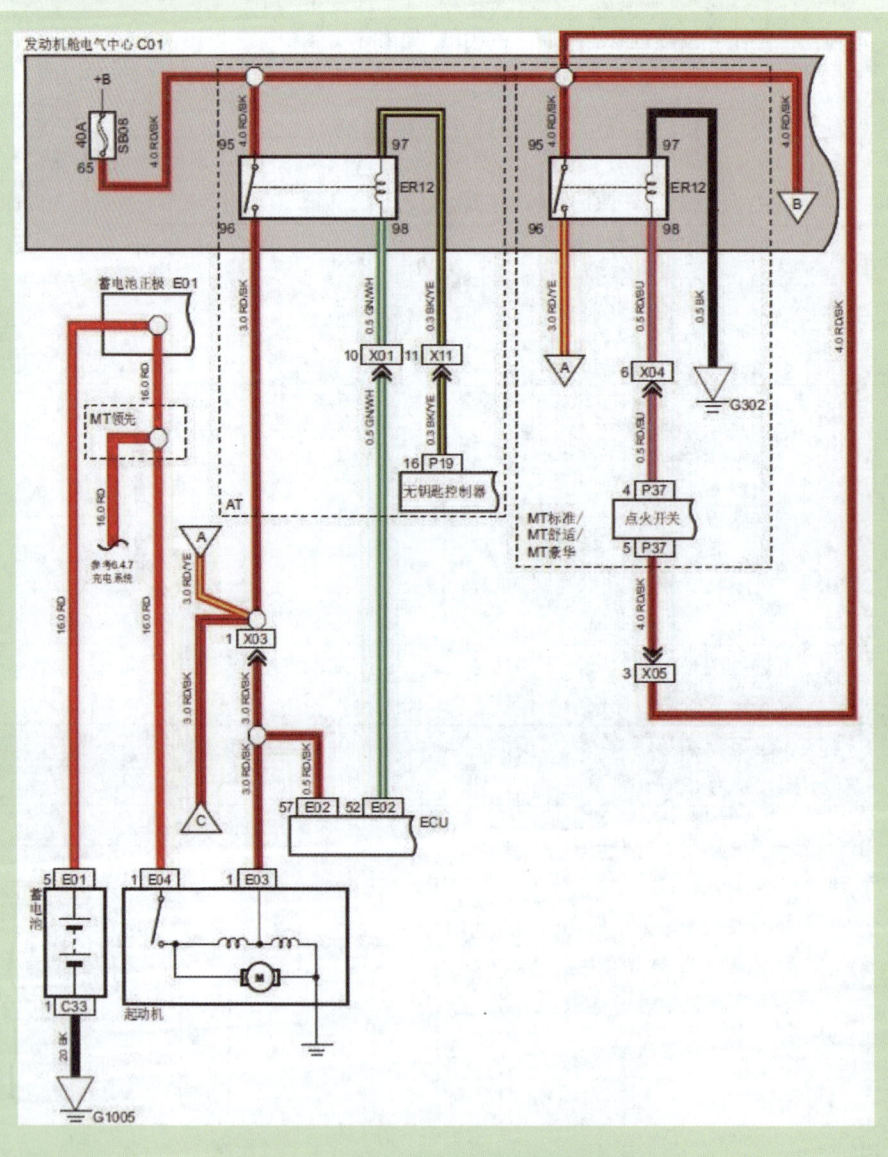

图 2-64　某款长安 CS75 起动系统电路图

（3）喇叭电路图（图2-65）。

图2-65　某款长安CS75喇叭电路图

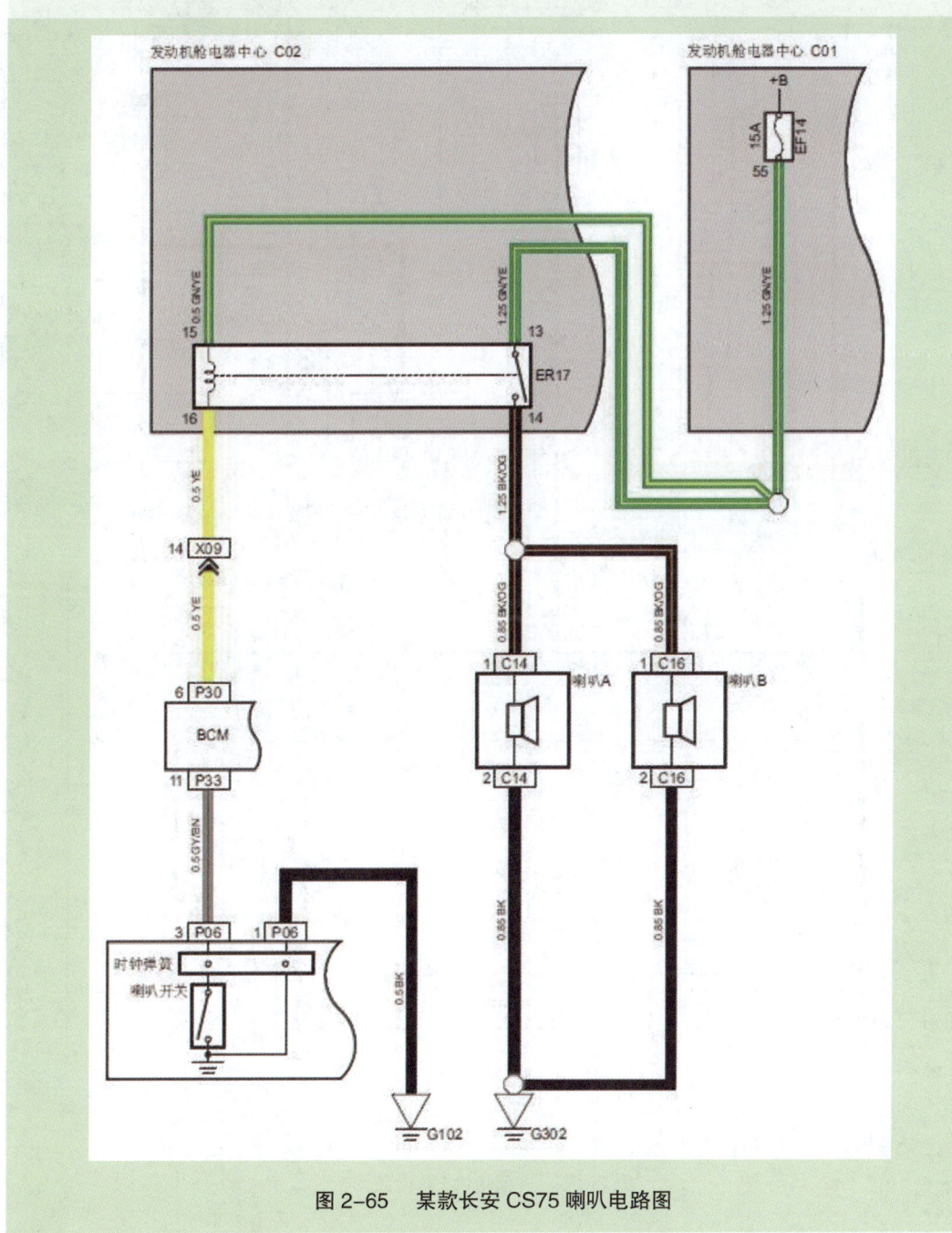

9　举例10：哈佛汽车电路图

电路图如图2-66所示。

在图2-66中符号意义如下。

[A]：熔丝名称及熔丝容量。

[B]：配线颜色及编号配线颜色，用字母表示（表2-9）。

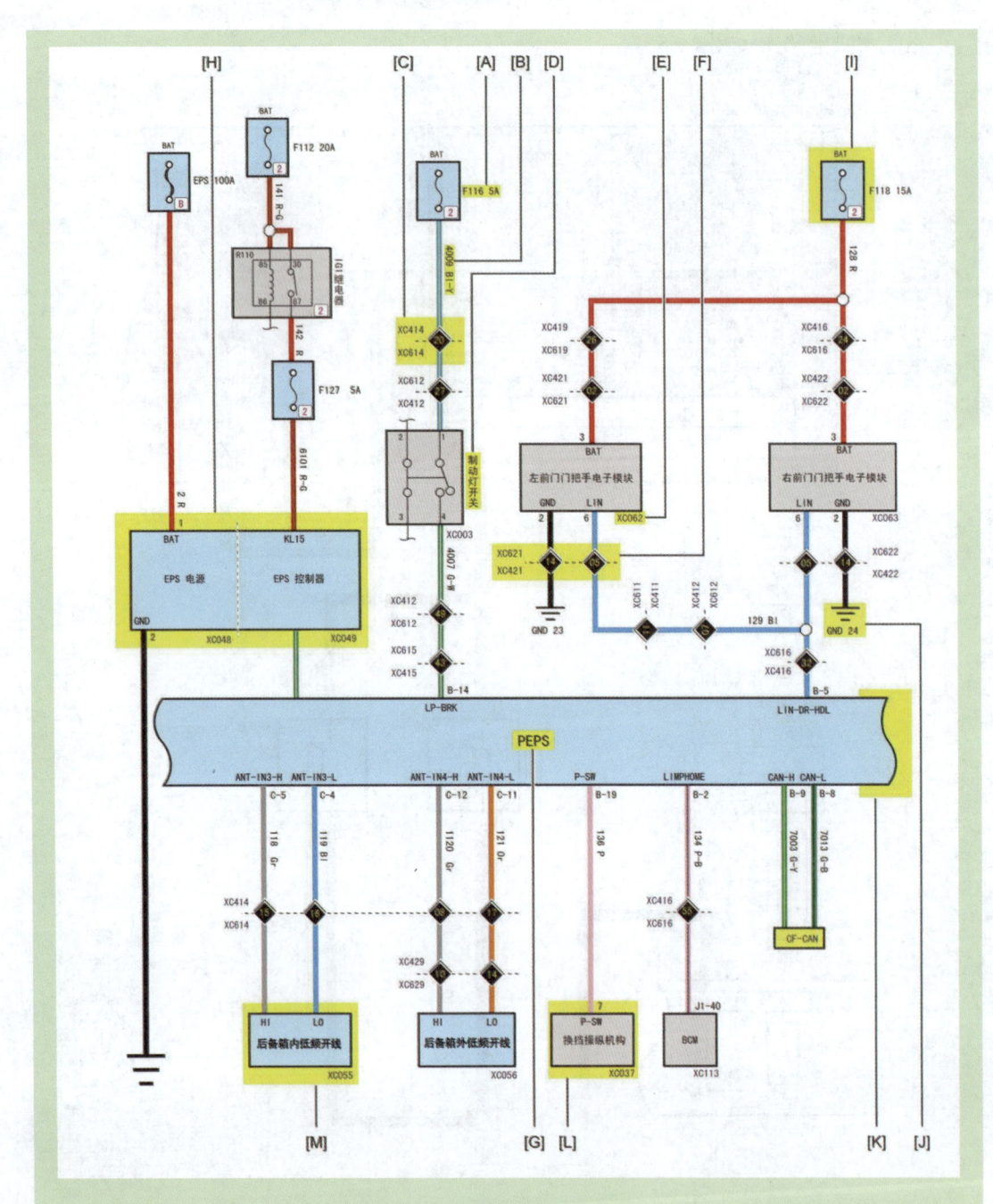

图 2-66　某款哈佛 H6 电路图

表 2-9　导线颜色表示

字母	导线颜色	字母	导线颜色
B	黑色	W	白色
R	红色	G	绿色
Bl	蓝色	Gr	灰色
P	粉色	V	紫色
Y	黄色	Br	棕色
Or	橙色		

单色导线的颜色标注直接使用上述字母；双色导线的颜色标注第一位为主色，第二位为条纹色。例如：单色导线：红色，标注为 R；双色导线：主色为绿色，条纹颜色为黑色，标注为 G-B（图 2-67）。

[C]：表示两根线束插件的连接。XC414 与 XC614 为两根线束的插件编号，20 为插件引脚号。

[D]：表示电器元件的名称。

[E]：表示电器元件与线束连接插件的编号。此插件为线束端插件，如图 2-68 所示。

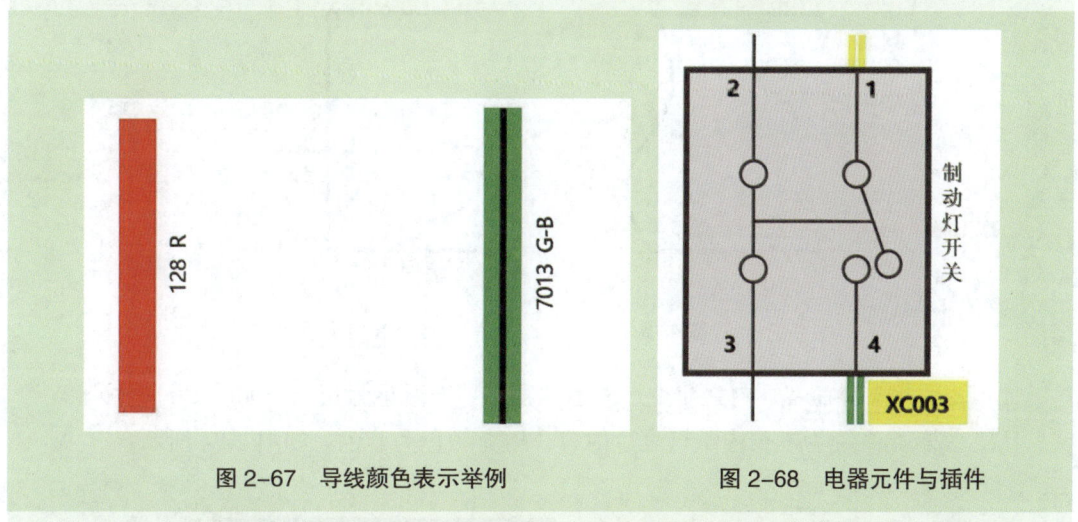

图 2-67　导线颜色表示举例　　　　图 2-68　电器元件与插件

[F]：表示两个引脚在同一插件中。例如：14 与 05 两个引脚同在 XC621/XC421 中。

[G]：表示系统模块名称。

[H]：表示此模块有两个或两个以上插件。例如，图 2-69 中所示为两个插件，分别为 XC048/XC049。

> 补充说明

当模块有两个或两个以上插件时，除上述表现方式外，还可表示为 A-1、B-1，如图 2-70 所示。

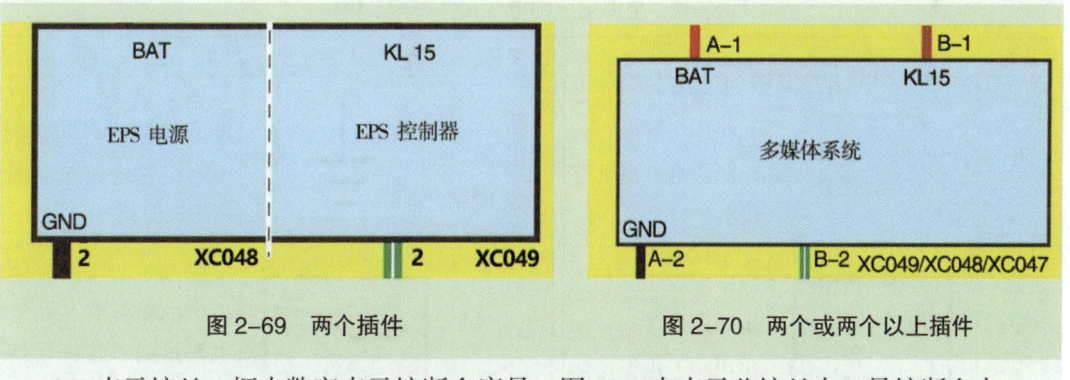

图 2-69　两个插件　　　　图 2-70　两个或两个以上插件

[I]：表示熔丝，框中数字表示熔断盒序号，图 2-66 中表示此熔丝在 2 号熔断盒内。

69

举例说明

例如，哈佛 2017 年款的 H6 有 3 个熔断盒：1 号熔断盒为仪表板熔断盒，2 号熔断盒为机舱熔断盒，3 号熔断盒为蓄电池正极熔断盒。

[J]：表示搭铁点，统一用 GND 加数字表示，图 2-66 所示为第 24 号搭铁点。

[K]：表示系统未展示完如图 2-71 所示，系统已展示完结如图 2-72 所示。

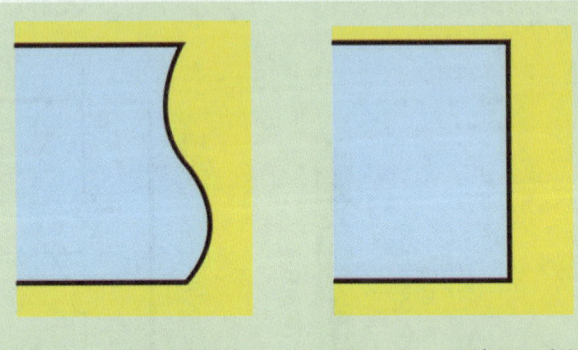

图 2-71　系统未展示完　　图 2-72　系统展示完结

[L]：表示此系统在本页内为非重点表达内容，填充颜色为灰色，如图 2-73 所示。

[M]：表示此系统为本页内重点表达内容，填充颜色为蓝色，如图 2-74 所示。

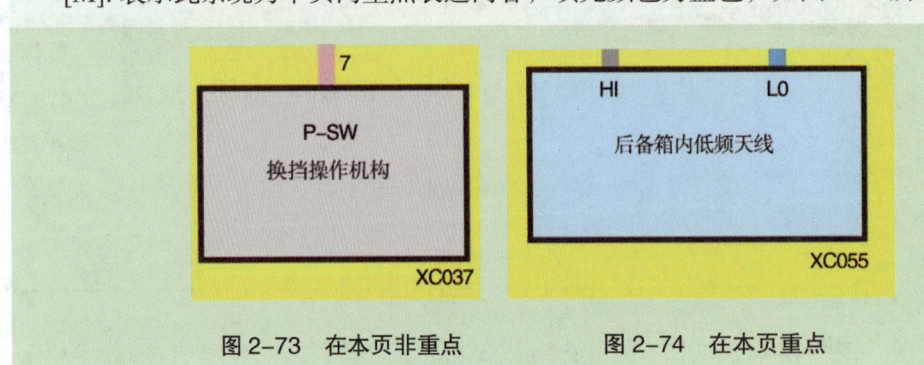

图 2-73　在本页非重点　　图 2-74　在本页重点

电路图上的电气元件符号及说明见表 2-12。

表 2-12　电路图上的电气元件符号及说明

名称	电气元件符号	说　明	名称	电气元件符号	说　明
蓄电池		存储化学能并将其转化为电能，为车辆各电路提供直流电	搭铁		线束连接车身的点，为电路提供回路。没有搭铁电路，电流就无法流动
熔丝		一个金属薄片，如果流经的电流过大，则会熔断，从而切断电流来保护电路免受损坏	熔断丝		这是位于大电流电路中的粗导线，如果电流过大，其将会熔断，从而保护电路

续表

名称	电气元件符号	说明	名称	电气元件符号	说明
手动开关（常闭）		闭合电路，允许电流通过	常开继电器		电子操作开关，一般分常闭与常开两种。流经小线圈的电流可产生磁场，打开或关闭附属的开关
手动开关（常开）		断开闭合电路，以此可阻止电流通过	常闭继电器		
微动开关		微动开关	双掷继电器		使电流流过两组触点中任意一组触点的继电器
温度传感器		电阻值随温度变化而变化的电阻	除霜加热丝		电流通过加热丝时，产生热量，用以除霜
制动灯开关		踩下制动踏板时，开关接通	防盗线圈		防盗线圈
报警蜂鸣器		直流电压供电	扬声器		利用电流产生声波
灯		电流流经灯丝，使灯丝变热并发光	发光二极管		发光二极管中通过电流时发光，但是不会产生热量
屏蔽线		避免干扰信号进入降低传输信号	线束接合		在相交处有八角形标记的代表线束接合
线束未连接		在相交处无八角形标记的代表线束未连接			

71

第 3 章　发动机及其机械系统维修

3.1　发动机认知

3.1.1　发动机运行原理

汽油发动机通过循环燃烧汽油空气混合气产生热能。燃烧在一个封闭的圆柱形空间内进行，这个称为燃烧室的空间可通过活塞的移动改变容积。热能在燃烧室内产生高压，从而向边界面（燃烧室壁、燃烧室顶和活塞）施加作用力；该作用力促使活塞运动，活塞通过连杆将作用力和运动传递到曲轴上。在此过程中，将活塞的直线运动转化为转动。活塞持续进行往复运动，活塞的回复点又称为止点。因此，活塞到达上止点（TDC）时燃烧室容积最小，到达下止点（BDC）时燃烧室容积最大，如图 3-1 所示。

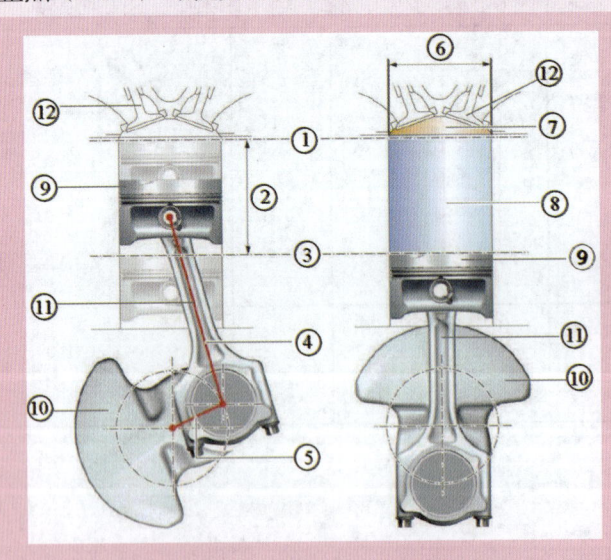

图 3-1　发动机术语示意图

1—上止点（TDC）；2—行程；3—下止点（BDC）；4—连杆长度；5—曲轴半径；
6—缸径；7—压缩室；8—排量；9—活塞；10—曲轴；11—连杆；12—气门

如图 3-2 所示，活塞在气缸内上下运动（往复运动）。连杆通过小连杆头以可转动方式连接在活塞销上，也进行往复式运动。大连杆头连接在曲柄轴颈上并随之转动。连杆轴在曲轴圆周平面内摆动。曲轴围绕自身轴线转动（旋转）。

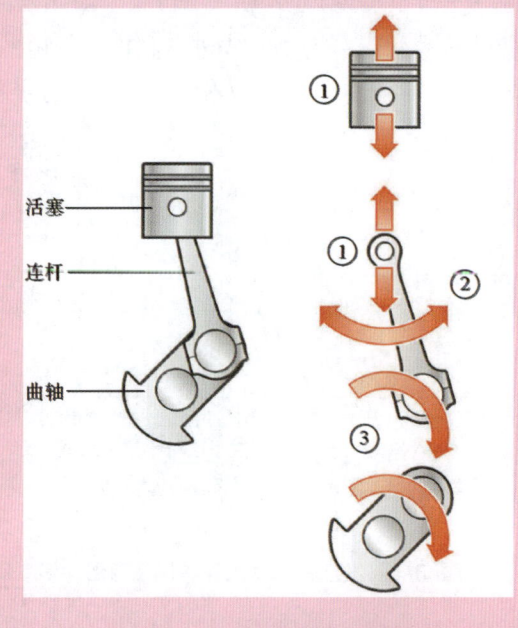

图 3-2 活塞连杆组和曲轴传动

1—往复式运动；2—摆动；3—旋转

补充说明

活塞连杆组将活塞的往复运动变为曲轴的旋转运动，同时将作用于活塞上的力转变为曲轴对外输出转矩，经离合器→变速箱→传动轴→主传动器→差速器→半轴→驱动汽车车轮转动。驱动轮转动时给地面一个力，地面给车轮一个反作用力即牵引力，使汽车行驶，如图 3-3 所示。

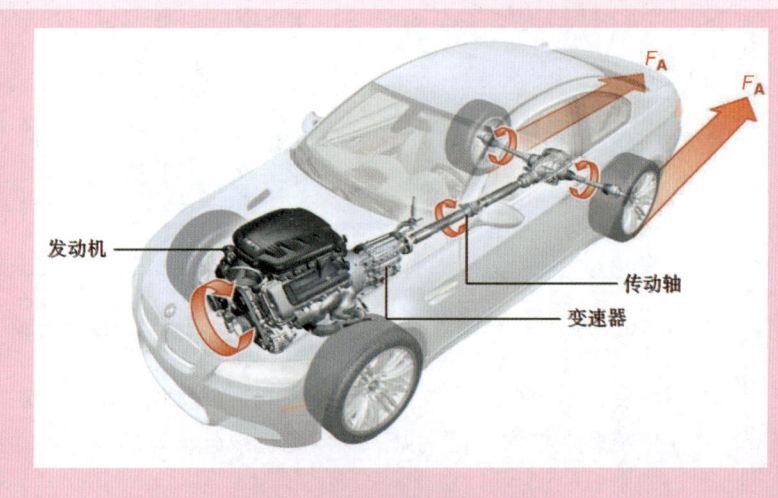

图 3-3 传动系统的动力传动

汽油发动机和柴油发动机的特点都是进行循环燃烧。燃烧的整个过程包括将新鲜空气和燃油输送至燃烧室内直至燃烧后排出废气。这一不断重复的整个过程分为不同冲程，每个冲程都完成一项独立功能。如图3-4所示，汽车用的发动机为四个冲程，每进行一个冲程，曲轴旋转180°，活塞由一个止点移动到另一个止点。因此四冲程发动机完成整个循环时曲轴旋转720°，即曲轴转动两圈。为了完成进气和排气行程，在燃烧室顶装有气门，这些气门根据需要打开或关闭。不同气门的功能不同，进气门负责吸入新鲜空气或汽油空气混合气，排气门负责排出废气。

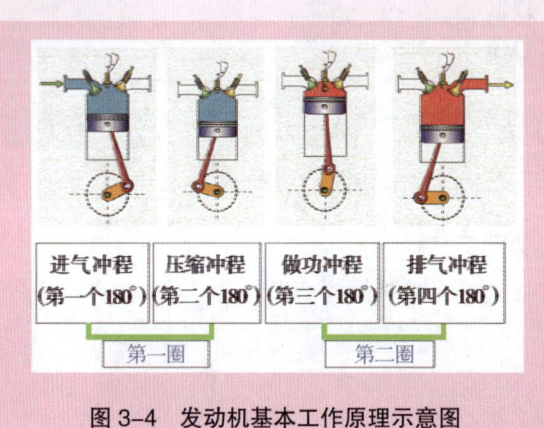

图3-4 发动机基本工作原理示意图

在以前的汽油发动机中（图3-5），汽油和空气的混合气在燃烧室外部混合后进入燃烧室内。

而在现代直喷汽油发动机中，燃油直接喷射到缸内（图3-6），直接在燃烧室内形成燃油混合气，进行均质燃烧（图3-7）或者分层燃烧（图3-8），这就是直喷发动机。

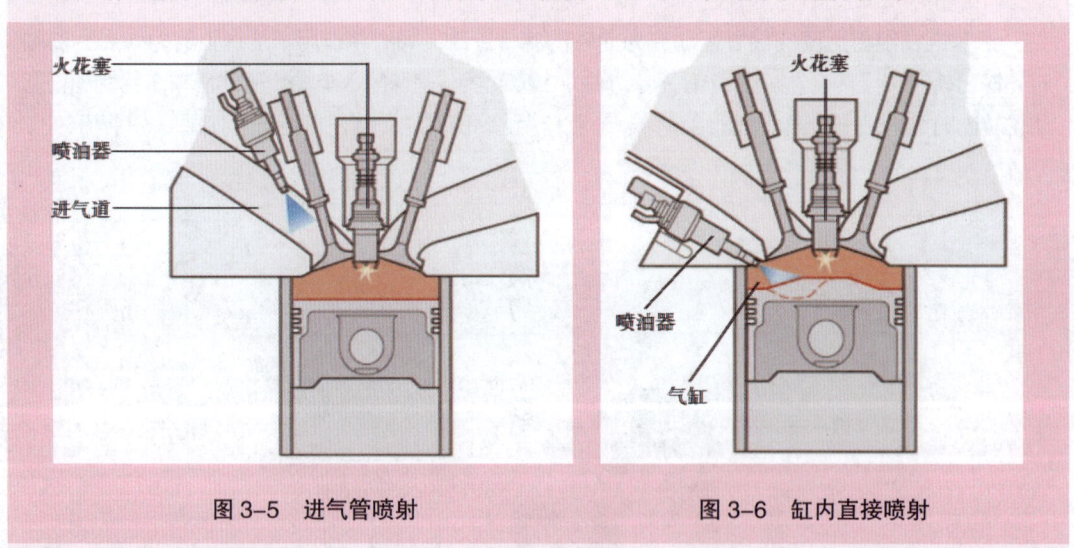

图3-5 进气管喷射　　　　图3-6 缸内直接喷射

均质燃烧也叫均匀燃烧，是一种燃烧技术。它在进气行程时喷入燃油，这样使燃烧发生在整个燃烧室，其在传统燃烧技术中很常见。除发动机冷起动外的其他起动都采用均质燃烧。

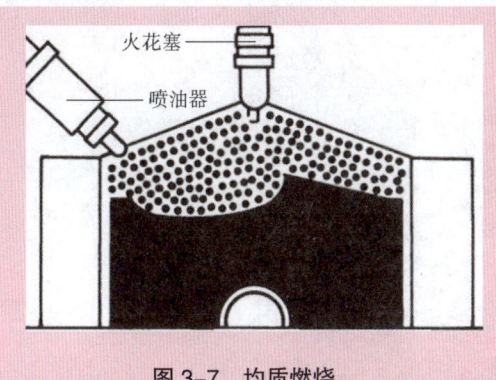

图 3-7　均质燃烧 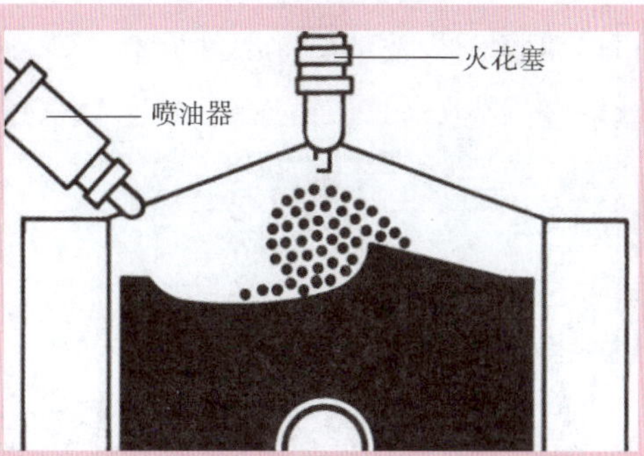　　　　　　　　　图 3-8　分层燃烧

分层燃烧也是一种燃烧技术。它通过在压缩行程的后期喷入燃油，使易燃空气、燃油混合气集中在火花塞周围，并在混合气周围形成无燃油空间，从而达到极其稀薄的燃烧。发动机刚冷起动后，通过分层燃烧加速了催化剂的预热。

3.1.2　发动机主要机械零部件

图 3-9 所示的是带外围附件的发动机总成。

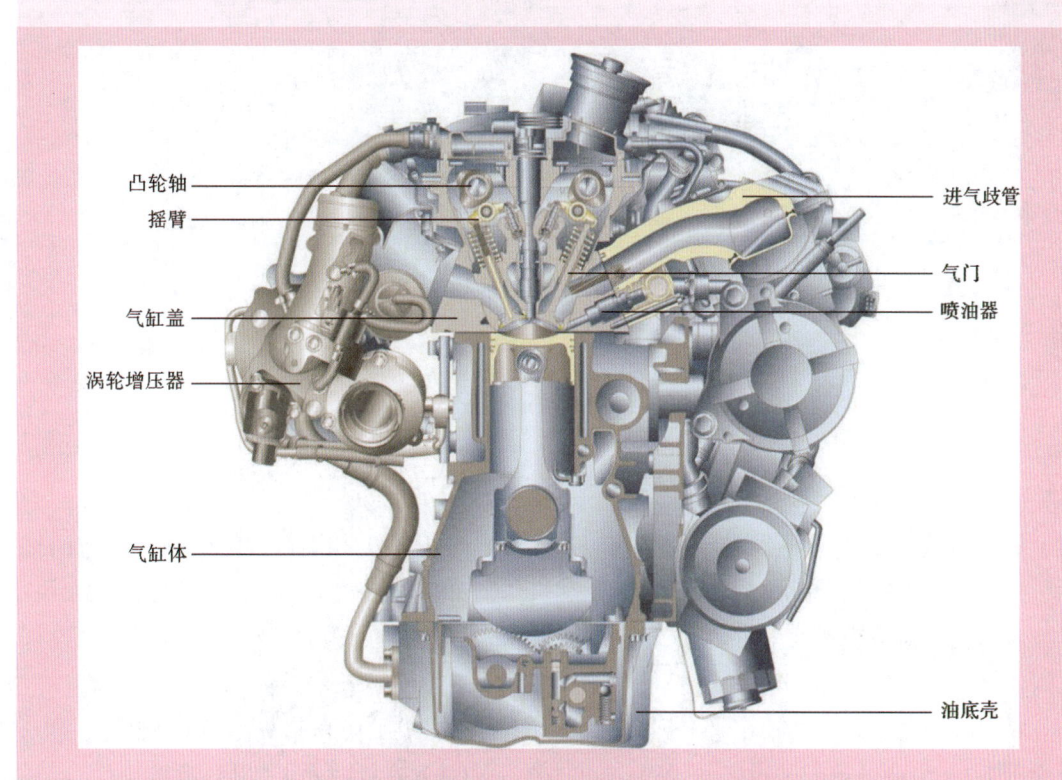

视频：发动机主要机械零部件

图 3-9　发动机总成示意图

图 3-10 所示为发动机零部件分解。

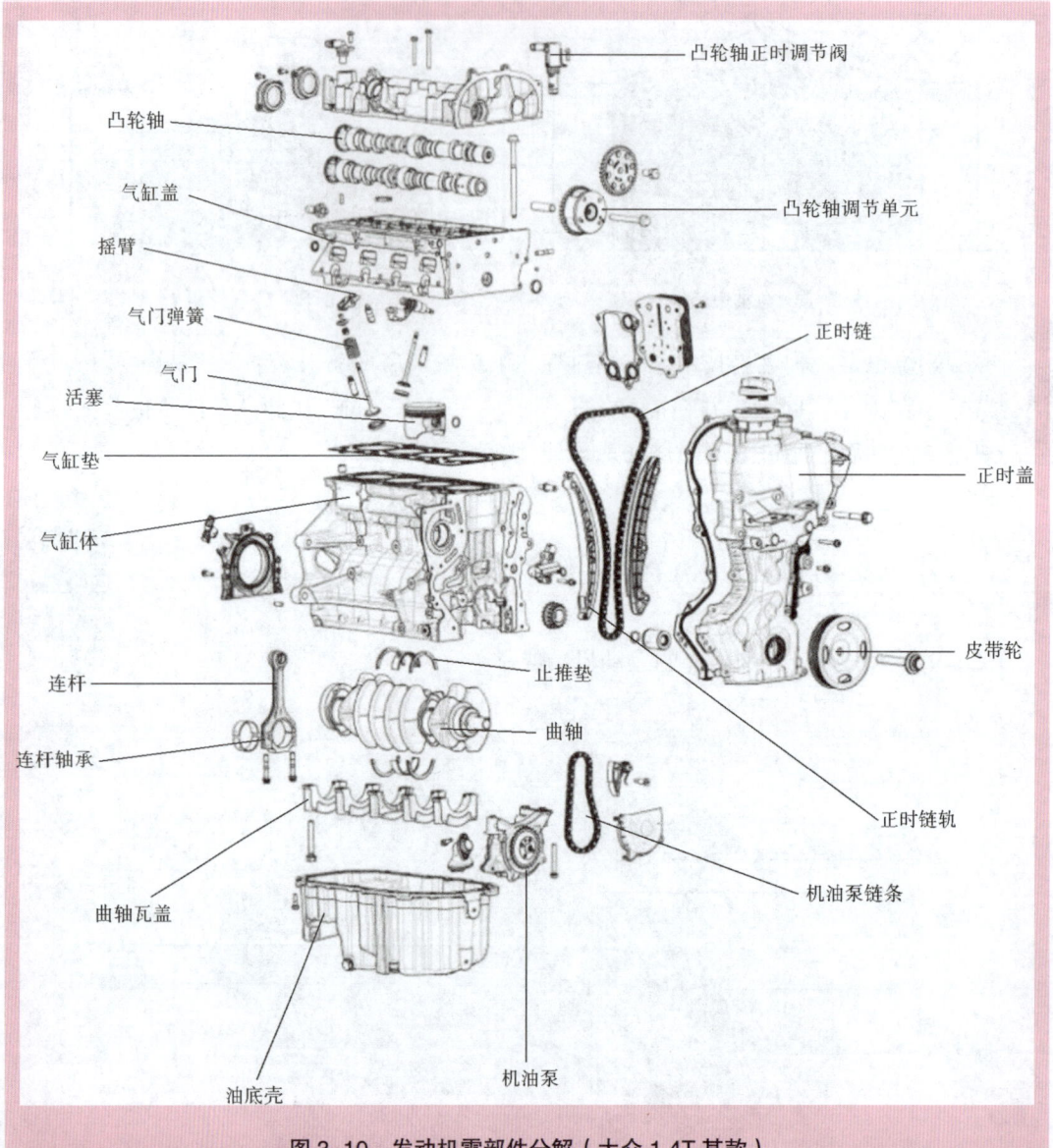

图 3-10　发动机零部件分解（大众 1.4T 某款）

如图 3-11 所示，根据发动机的结构（上、中、下三段）和维修拆解的顺序，我们把不包括外围附件的发动机称为"凸机"；发动机凸机分为气缸盖、气缸体、油底壳三大块。气缸体和气缸盖由链条或皮带传动机构驱动连接，其中包含了重要的配气机构和曲柄连杆机构。

发动机的气缸体（曲轴箱）上标有轴承标记。图 3-11 中代码 K，表示离合器侧；第一个代码（2）为曲轴箱内轴承 5 的代码；第二个代码（3）表示轴承 4，以此类推。

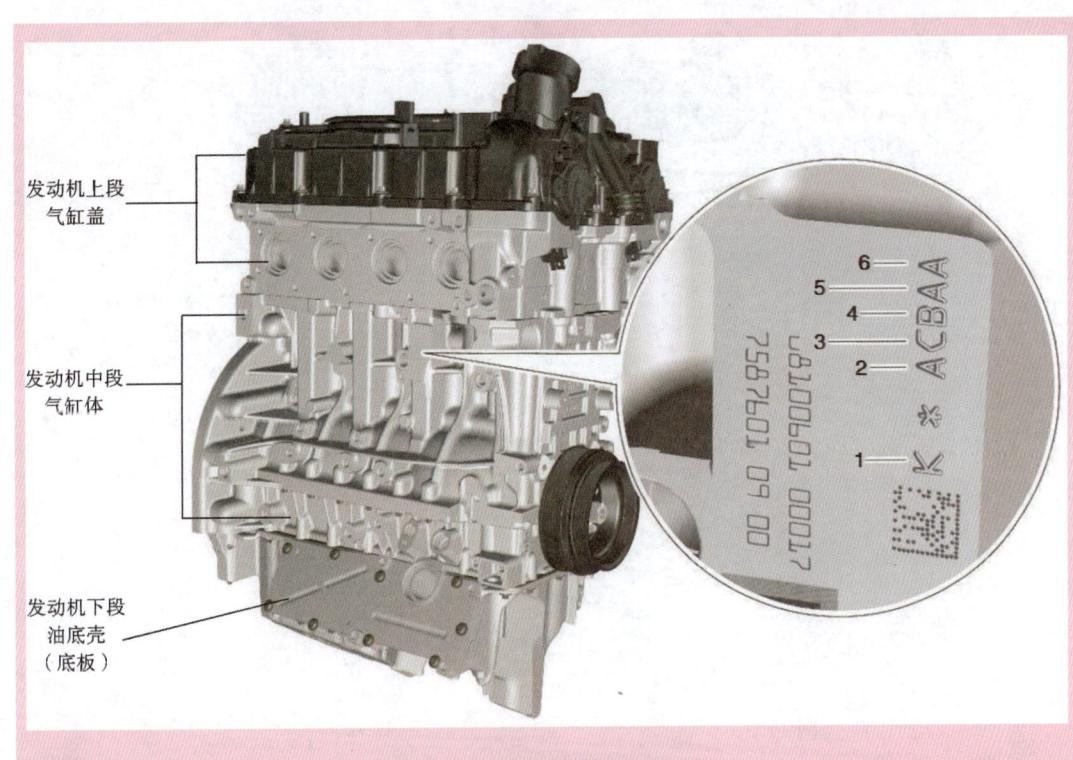

图 3-11 发动机凸机（四缸）

1—离合；2—轴承 5；3—轴承 4；4—轴承 3；5—轴承 2；6—轴承 1

发动机气缸体上还刻印了发动机编号及代码（图 3-12）。

图 3-12 发动机编号及代码

把还未安装各种零部件的发动机称为壳体（图 3-13）。

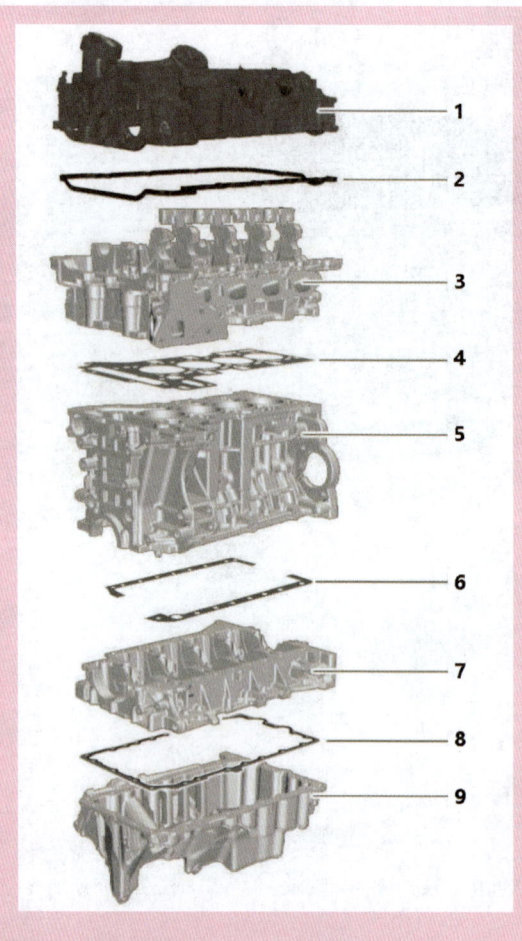

图 3-13 发动机壳体

1—气缸盖罩；2—气缸盖罩密封垫；3—气缸盖；4—气缸盖密封垫；
5—曲轴箱；6—密封剂；7—底板；8—油底壳密封垫；9—油底壳

如图 3-14 所示，气缸垫用于防止空燃混合气、燃烧气体、机油和发动机冷却液泄漏。气缸垫有软材料密封垫和金属密封垫两种，金属密封垫应用于高负荷发动机，这种密封垫主要由多层钢板垫片制成，一般为 4 层型金属衬垫。金属密封垫的主要特点是，密封作用基本由弹簧钢层内的集成式凸起和填充层决定。在液体通道处通过弹性橡胶层增强密封效果。安装在发动机上的气缸垫如图 3-15 所示。

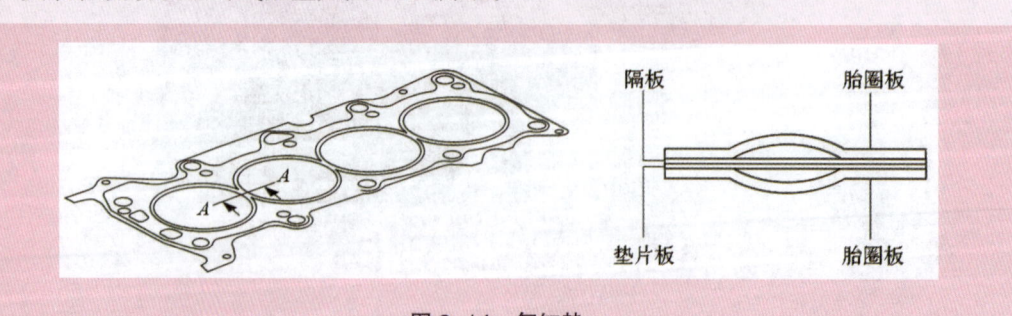

图 3-14 气缸垫

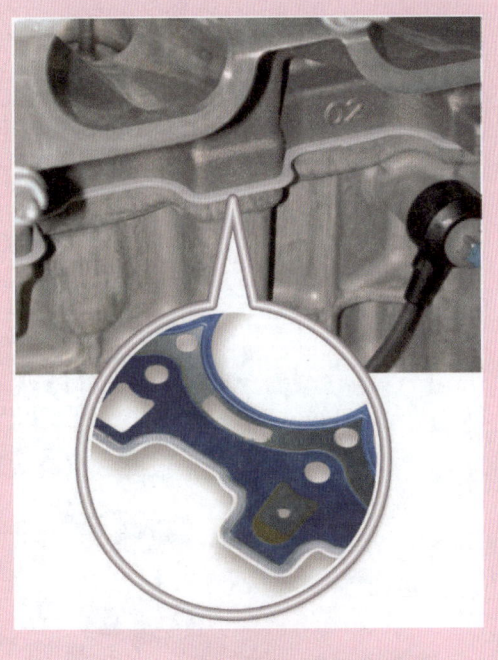

图 3-15　安装在发动机上的气缸垫

3.1.3　气缸盖

1　气缸盖壳体

　　气缸盖壳体由铸铁或铝合金铸制,是气门机构的安装基体,也是气缸的密封盖;气缸盖和活塞顶部组成燃烧室。许多气缸盖壳体已采用把凸轮轴支撑座及挺杆导向孔座与气缸盖铸成一体的结构,如图 3-16 所示。

图 3-16　气缸盖(壳体)

2　气缸盖总成

如图 3-17 所示，气缸盖由气门、气门导管、气门座及气门弹簧，以及凸轮轴、挺柱、推杆和摇臂机构等零部件总成。从气缸盖总成剖视图中可以看到气门机构，如图 3-18 所示。

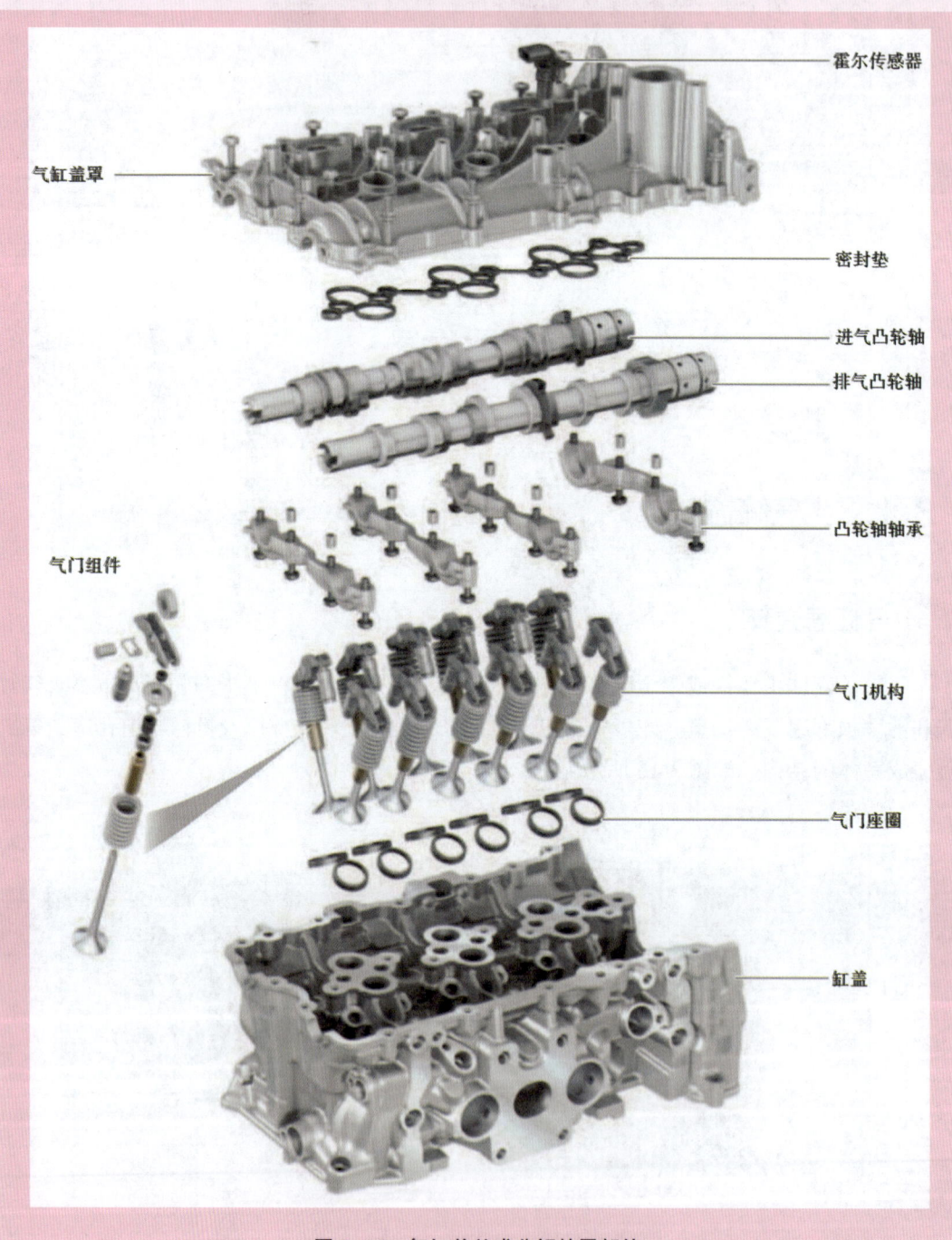

图 3-17　气缸盖总成分解的零部件

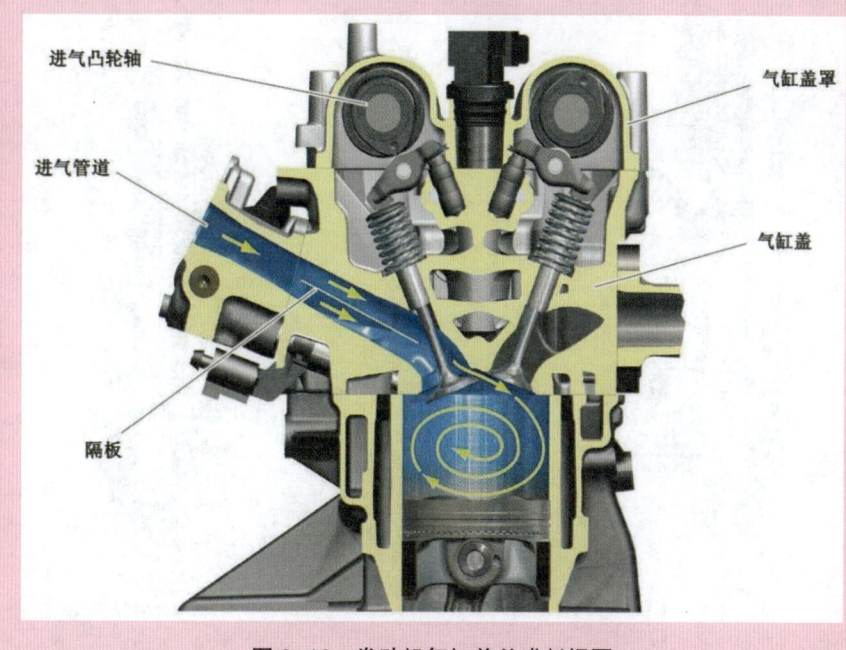

图 3-18 发动机气缸盖总成剖视图

图 3-19 所示为气门传动机构（配气机构），可以清楚地看到气门及凸轮轴等部件。

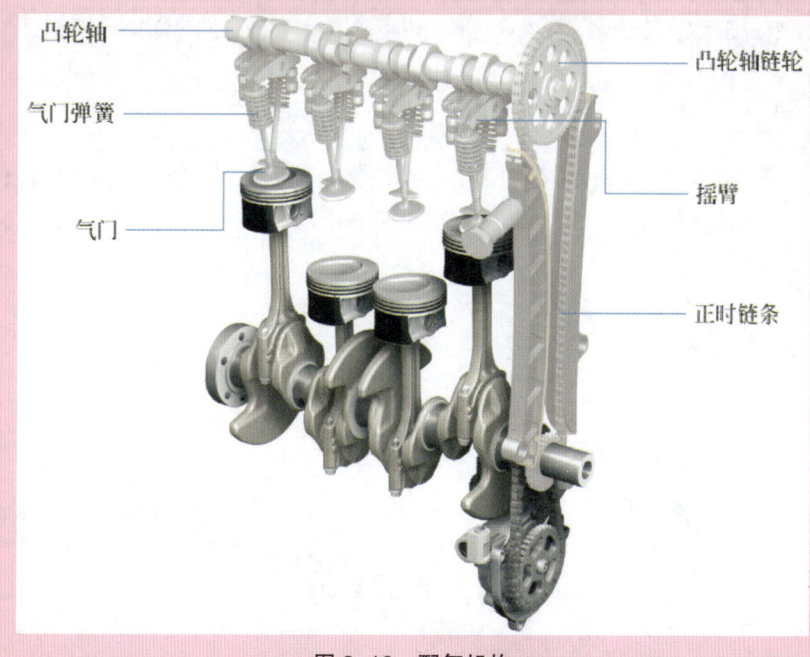

图 3-19 配气机构

> **补充说明**
>
> 　　配气机构由气门组及气门传动组组成，其中包括正时机构；其作用是使可燃混合气及时充入气缸并及时将废气从气缸中排出。

气缸盖中气门组的零部件如图 3-20 所示。

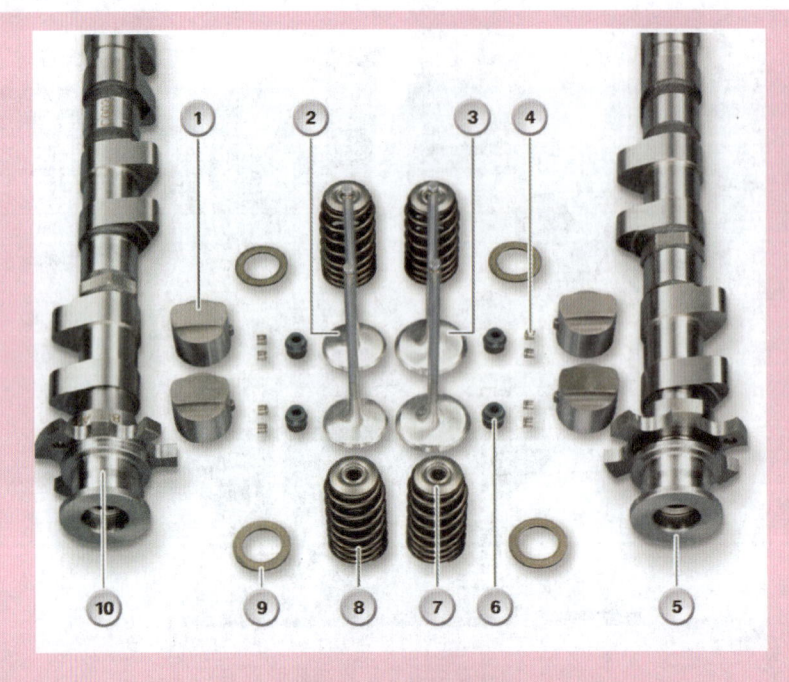

图 3-20 气缸盖零部件

1—挺杆；2，3—排气门；4—气门夹锁；5—进气凸轮轴；
6—气门杆密封件（气门油封）；7—气门弹簧上座；8—气门弹簧；9—气门弹簧垫；10—排气凸轮轴

3 凸轮轴

凸轮轴（图 3-21）的作用是控制换气过程和燃烧过程，其主要任务是开启和关闭进气门和排气门。凸轮轴轴身上带有凸轮，工作作用力由凸轮轴轴承承受。发动机的凸轮轴轴身直接在轴承内运行。

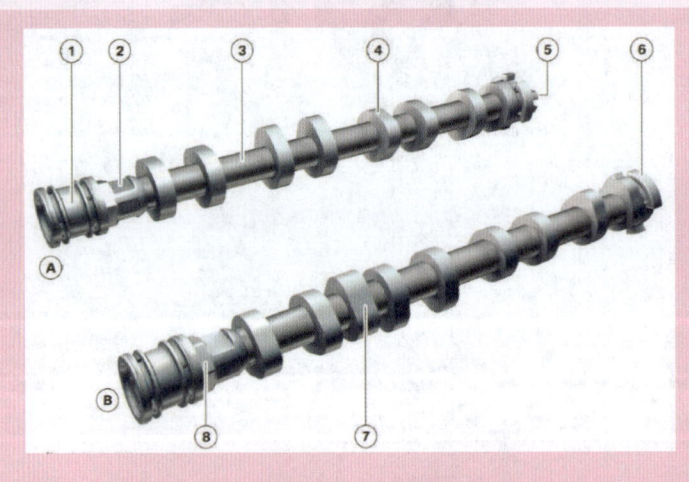

图 3-21 凸轮轴

A—进气凸轮轴；B—排气凸轮轴
1—输入法兰；2—用于专用工具的双平面段；3—轴管；4—凸轮；
5—真空泵的输出法兰；6—凸轮轴传感器的参考基准；7—高压泵传动装置的三段凸轮；8—扳手宽度面

凸轮轴位于发动机顶部。气缸盖的轴颈由凸轮轴盖固定。气缸盖的轴颈上的孔用作油道；发动机油在压力作用下流到凸轮轴，润滑各个凸轮轴轴颈。发动机油通过气缸盖上的回油孔返回油底壳。凸轮凸角经机加工而成，在适合的时间，按合适的量，准确开闭进、排气门。凸轮凸角通过从凸轮轴轴颈溢出的高压发动机油的飞溅作用进行润滑。

> **补充说明**
>
> 　　凸轮形状，即凸轮横截面（图 3-22）轮廓决定了气门行程曲线。凸轮随动件沿凸轮轮廓随其一起移动，并将运动传至气门。
> 　　在基圆区域内时气门处于关闭状态。气门机构带有机械调节装置时，基圆和凸轮随动件之间存在间隙。
> 　　接触到凸轮工作面时，气门开启或关闭。工作面倾斜度越大，气门开启或关闭的速度就越快。工作面也可呈曲线形状。具有直线工作面的凸轮也称作切线凸轮。
> 　　凸轮运动与气门之间的传动比取决于传动部件。例如，桶状挺杆以 1：1 的传动比传动。

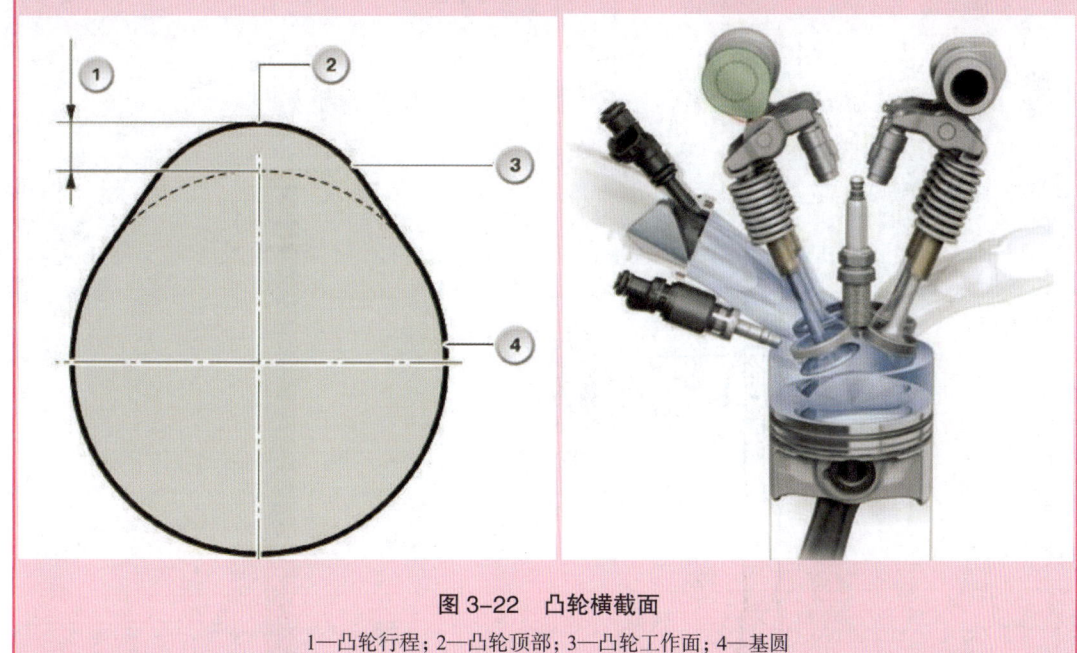

图 3-22　凸轮横截面
1—凸轮行程；2—凸轮顶部；3—凸轮工作面；4—基圆

4　气门

（1）气门结构。气门与气门导管和气门弹簧共同构成一个总成，安装在缸盖上（图 3-23）。气门分为气门头、气门座和气门杆三部分（图 3-24）。气门有单一金属气门、双金属气门和空心气门等类型（图 3-25）。

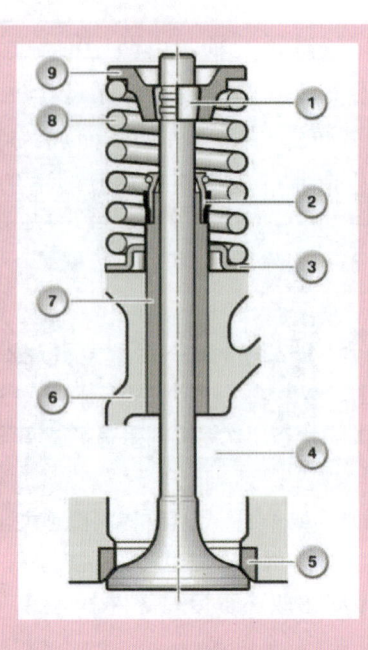

图 3-23 安装状态下的气门

1—气门锁夹；2—气门杆密封件；3—下部气门弹簧座；4—换气通道；
5—气门座圈；6—气缸盖；7—气门导管；8—气门弹簧；9—上部气门弹簧座

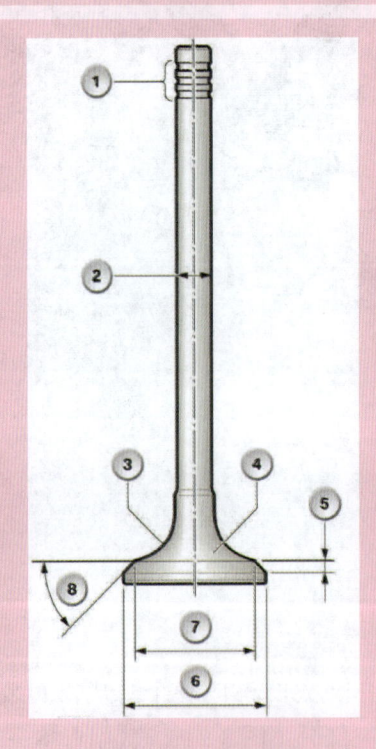

图 3-24 气门结构

1—凹槽；2—气门杆直径；3—内圆角；
4—气门头；5—气门座高；6—气门头直径；
7—气门座直径；8—气门座角度

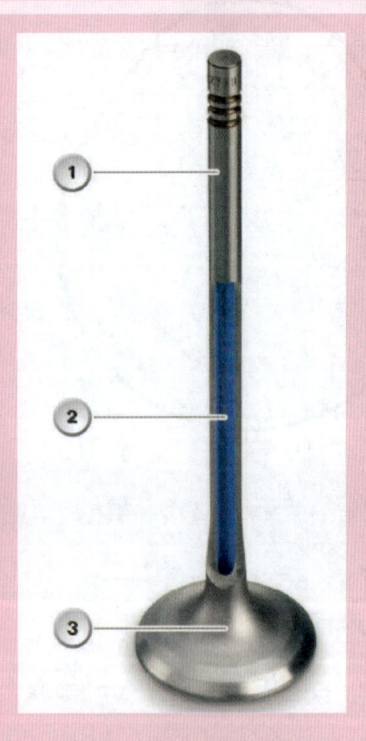

图 3-25 空心气门

1—气门杆；2—空腔；3—气门头

（2）气门座。气门座承担隔开燃烧室与气道的作用；此外，热量也通过此处从气门传至气缸盖。气门处于关闭状态时，气门座表面与气缸盖气门座圈靠在一起。图 3-26 所示为气门座的几个位置。

（a）气门座过于靠外　　（b）气门座过于靠内　　（c）气门座位置正确

图 3-26　气门座位置

1—气门座圈；2—气门座表面

> **补充说明**
>
> 通常情况下，承受较小负荷的进气门座比承受高负荷的排气门座窄。气门座宽度为 1.2～2.0 mm。确保气门座位置正确非常重要。

5　气门导管

气门导管是汽车发动机气门的导向装置，对气门起导向作用，以确保使气门位于气门座的中心，并通过气门杆将气门头处的热量传至气缸盖。气门导管及其安装位置如图 3-27 所示。

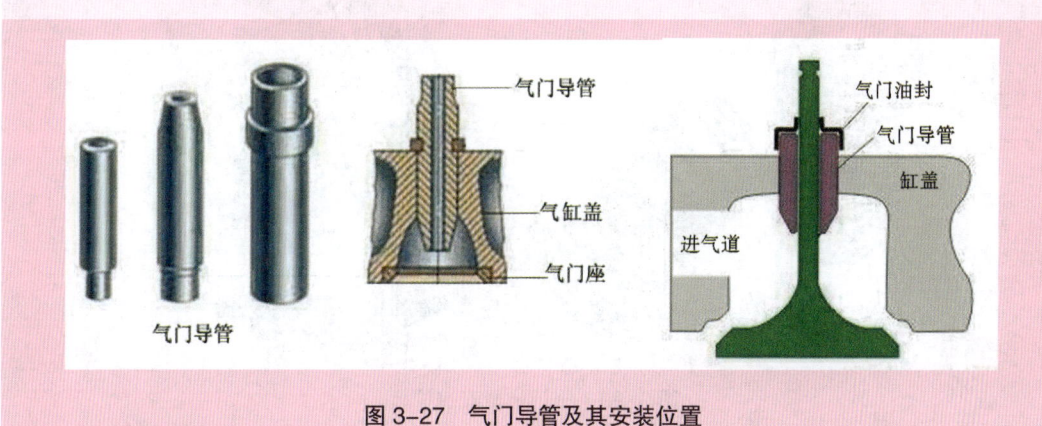

图 3-27　气门导管及其安装位置

6　气门锁夹

如图 3-28 所示，气门锁夹负责连接气门弹簧座和气门。

（a）非夹紧式连接　　　　　　　（b）夹紧式连接

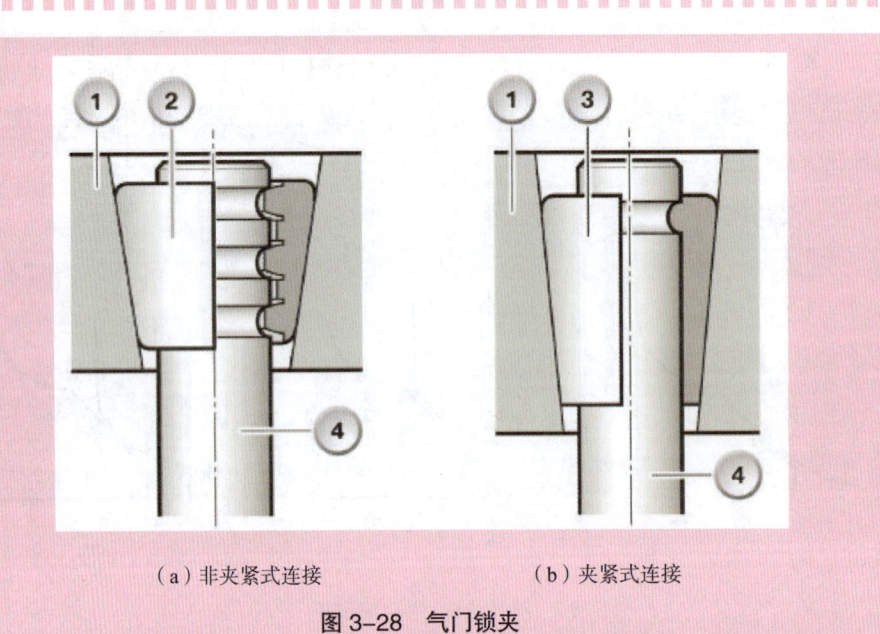

图 3-28　气门锁夹

1—气门弹簧座；2—非夹紧式气门锁夹；3—夹紧式气门锁夹；4—气门杆

7　气门弹簧

气门弹簧标准结构型式为对称圆柱弹簧。气门弹簧负责以可控方式关闭气门，就是说必须确保气门随凸轮一起运动，以使其即使在最高转速时也能及时关闭。气门弹簧安装位置如图 3-29 所示。

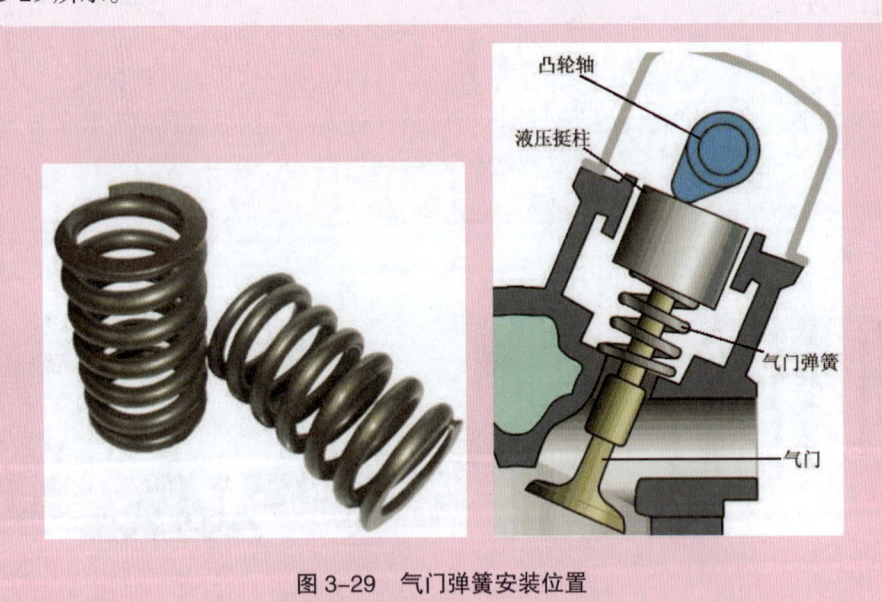

图 3-29　气门弹簧安装位置

> **补充说明**
>
> 气门弹簧类型有图 3-30 所示的几种。

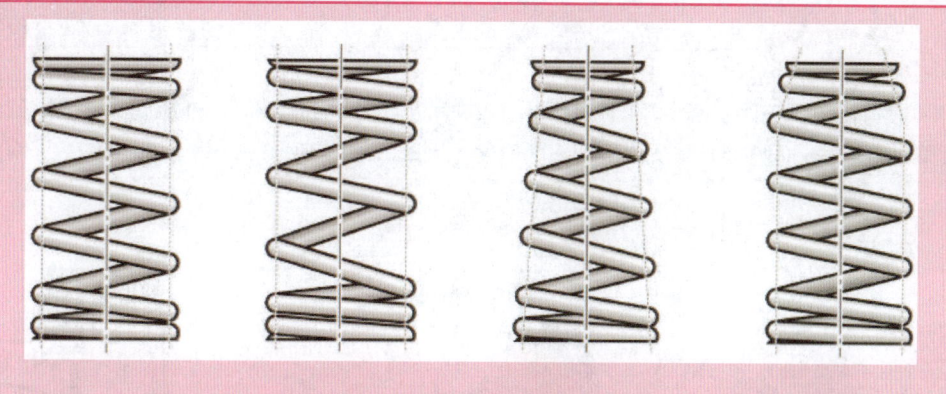

（a）圆柱形、对称式气门弹簧；（b）圆柱形、非对称式气门弹簧；（c）锥形气门弹簧；（d）半锥形气门弹簧

图 3-30 气门弹簧类型

8 气门挺杆

如图 3-31 所示，气门挺杆是进气门和排气门的直接传动装置，因为它不改变凸轮的运动或传动比。这种直接传动装置始终具有很高的刚度，移动质量相对较小且所需安装空间较小。挺杆用于传递直线运动，其导向部件位于气缸盖内。

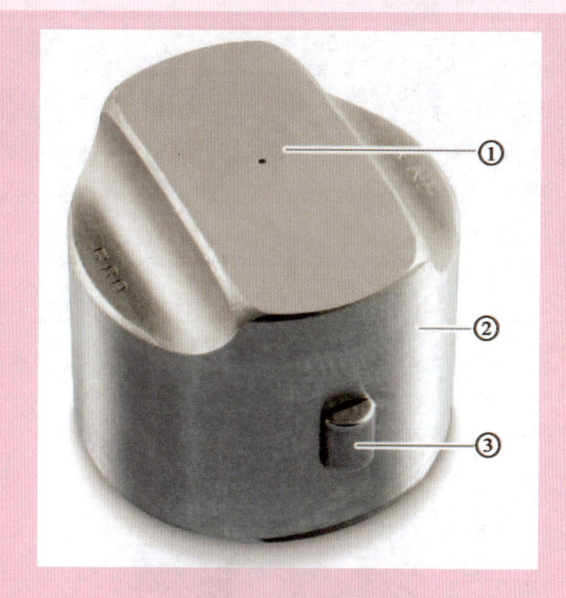

图 3-31 气门挺杆

1—球形接触面；2—室式挺杆；3—导向凸台

9 摇臂

如图 3-32 所示的摇臂是一个以中间轴孔为支点的双臂杠杆，短臂一侧装有气门间隙调整螺钉，长臂一端有一圆弧工作面用来推动气门。摇臂是用来调节气门间隙的机械装置。

摇臂、压杆或挺杆负责将凸轮运动传给气门，因此这些部件也称作传动元件。

> **补充说明**
>
> 只有在气门关闭状态下气门杆与气门操纵装置之间存在间隙时,才能确保所需的气门密封效果。由于气门间隙随发动机温度变化而变化,因此必须将该间隙调节到足够大的合适程度。

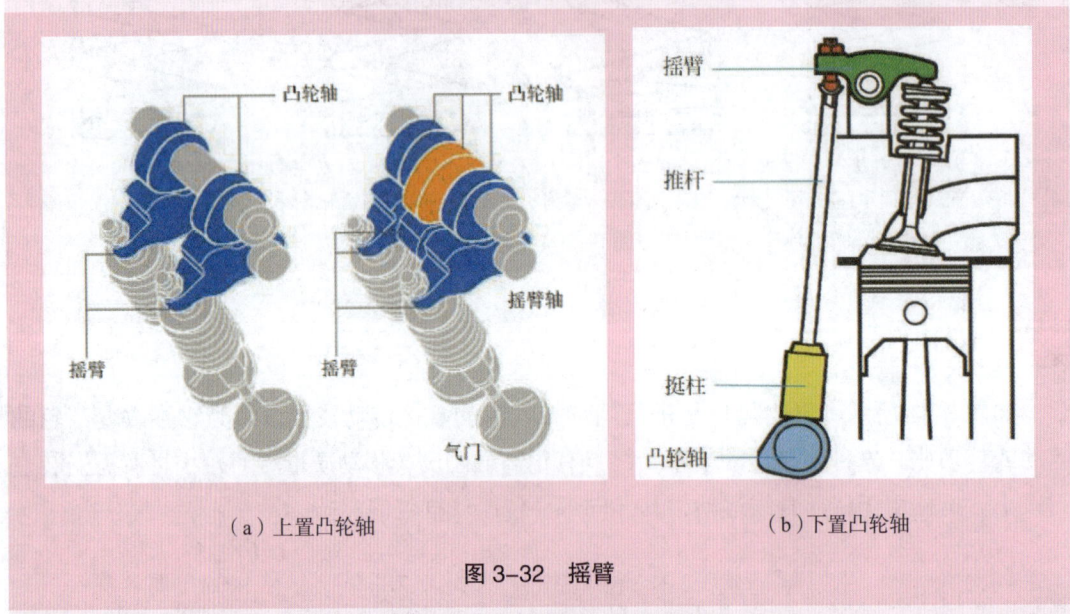

（a）上置凸轮轴　　　（b）下置凸轮轴

图 3-32　摇臂

图 3-33 为带有机油喷嘴的滚子摇臂,所有气门的滚子摇臂都配备了机油喷嘴。机油通过液压气门间隙补偿元件上的一个孔,被送往滚子摇臂,并喷到滚子导轨上。

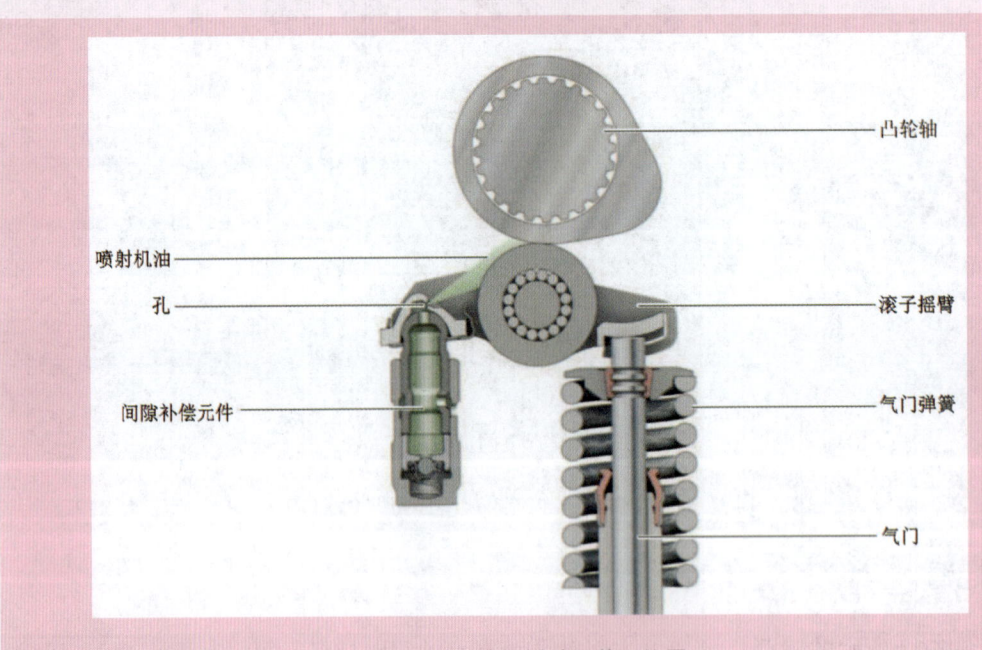

图 3-33　滚子摇臂及装配位置

10 气缸罩盖

（1）结构。图 3-34 所示为气缸罩盖，也称气门室盖。用于曲轴箱通风的所有部件及泄漏通道均采用集成方式，通过调压阀避免在曲轴箱内产生过大真空压力。由于发动机为涡轮增压发动机，因此曲轴箱通风分为两部分，根据发动机处于增压运行模式还是正常运行模式，来通过不同通道进行通风。

> **举例说明**
>
> 宝马 F35,N20 发动机在正常运行模式下通过调压阀进行通风，调压阀可调节出大约 38mPa 真空压力。

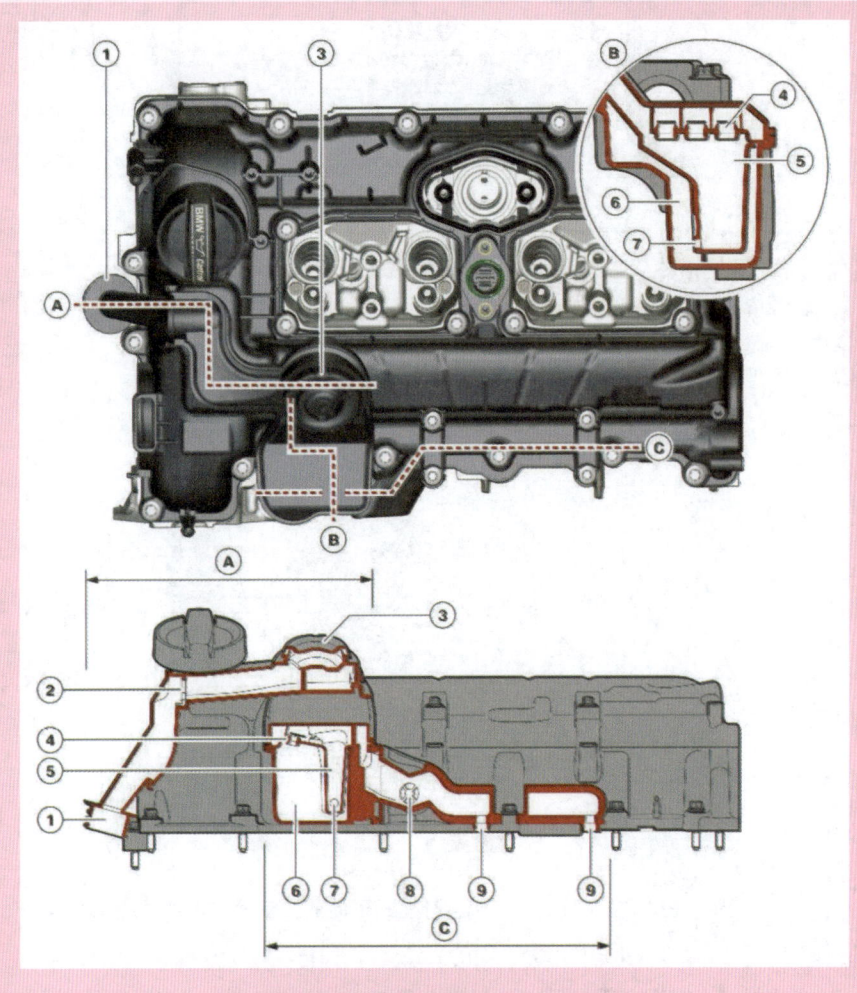

图 3-34 宝马某款发动机气缸罩盖

1—断面图 A；2—断面图 B；3—断面图 C；4—连接废气涡轮增压器前的洁净空气管；5—单向阀；6—调压阀；7—簧片分离器；8—机油分离器；9—集气室

泄漏气体通过气缸进气侧区域的开口到达三个簧片分离器处。附着在泄漏气体上的机油通过簧片分离器分离并沿器壁向下通过单向阀流回气缸盖内。分离出机油后的净化泄漏气体此时根据运行状态进入进气系统内。

（2）功能。只有在进气集气管内通过真空压力使单向阀处于开启状态时，即处于自吸式发动机运行模式时才能使用标准功能。

如图 3-35 所示，在自吸式发动机运行模式下，进气集气管内的真空压力使气缸盖罩泄漏通道内的单向阀打开并通过调压阀抽吸泄漏气体；同时真空压力使增压空气进气管路通道内的第二个单向阀关闭。

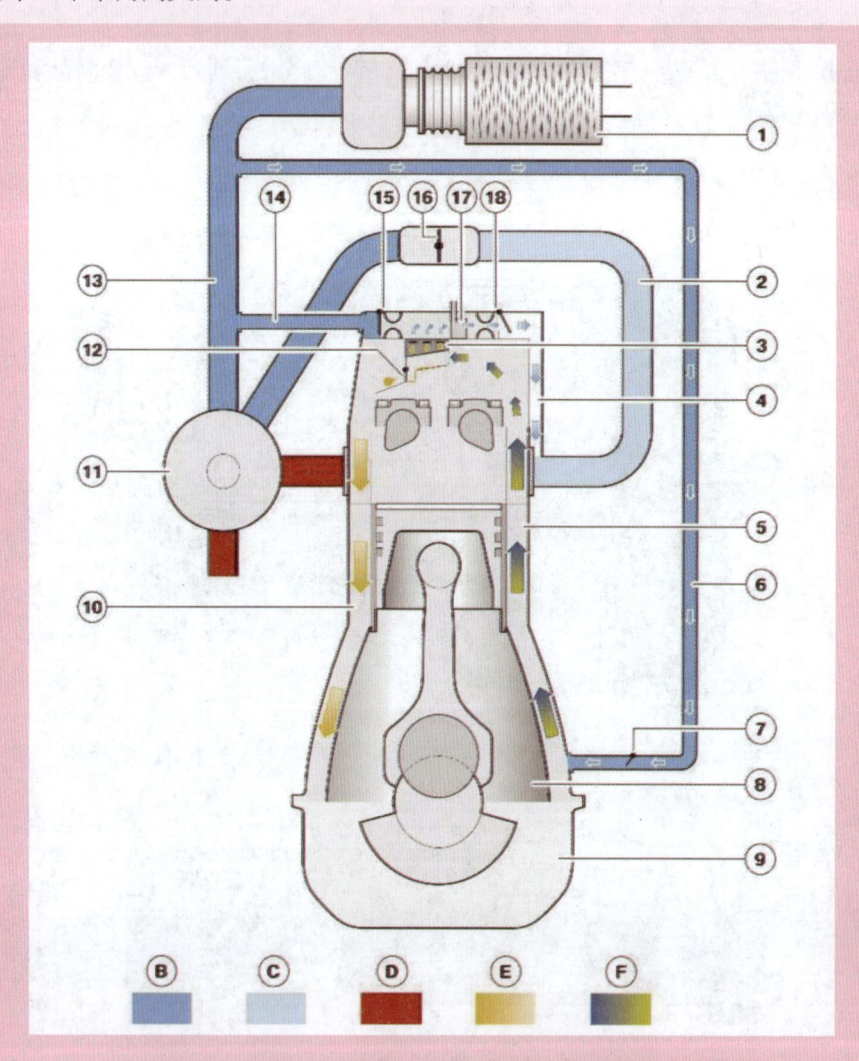

图 3-35 在自吸式发动机运行模式下的曲轴箱通风示意图

B—大气压力；C—真空压力；D—废气；E—机油；F—泄气体
1—空气滤清器；2—进气集气管；3—孔板；4—气缸盖和气缸盖罩内的通道；5，10—机油回流通道；6—清洁空气管路；7—单向阀；8—曲轴空间；9—油底壳；11—废气涡轮增压器；12—机油回流单向阀；13—增压空气进气管路；14—增压空气进气管路通道；15，18—节流单向阀；16—节气门；17—调压阀

泄漏气体通过集成在气缸盖罩内的分配管直接进入气缸盖内的进气通道中。与废气涡轮增压器前的洁净空气管，以及曲轴箱相连的清洁空气管路，通过单向阀直接将新鲜空气

输送至曲轴空间内。曲轴空间内的真空压力越大，进入曲轴箱内的空气量就越大。

只要进气集气管内的压力升高，就无法再通过这种方式引入泄漏气体；否则有可能造成增压压力进入曲轴箱内。气缸盖罩泄漏通道内的单向阀关闭连接进气集气管的通道，从而防止曲轴箱出现过压。

由于此时新鲜空气需求较大，因此废气涡轮增压器与进气消音器之间的洁净空气管内产生真空压力。该真空压力足够用于打开单向风门并在无调节的情况下直接抽吸泄漏气体。由于此时只产生较低真空压力，无须进行限制，因此泄漏气体会绕过调压阀。在涡轮增压器运行模式下的曲轴箱通风示意图如图 3-36 所示。

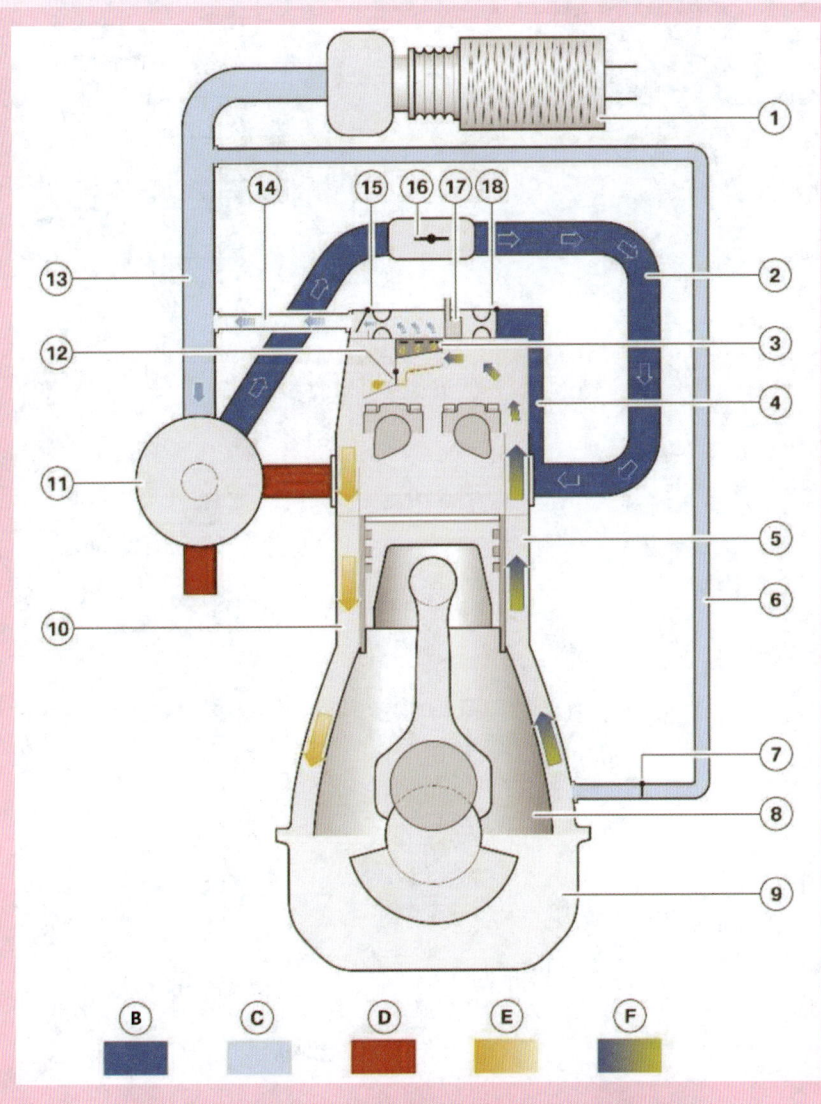

图 3-36 在涡轮增压器运行模式下的曲轴箱通风示意图

B—大气压力；C—真空压力；D—废气；E—机油；F—泄气体
1—空气滤清器；2—进气集气管；3—孔板；4—气缸盖和气缸盖罩内的通道；5—机油回流通道；
6—清洁空气管路；7—单向阀；8—曲轴空间；9—油底壳；10—机油回流通道；11—废气涡轮增压器；12—机油回流单向阀；
13—增压空气进气管路；14—增压空气进气管路通道；15、18—节流单向阀；16—节气门；17—调压阀

3.1.4 气缸体总成

如图 3-37 ~ 图 3-39 所示，气缸体包括曲柄连杆机构中的主要部件，如曲轴传动机构及气缸体壳体（机体组）等。

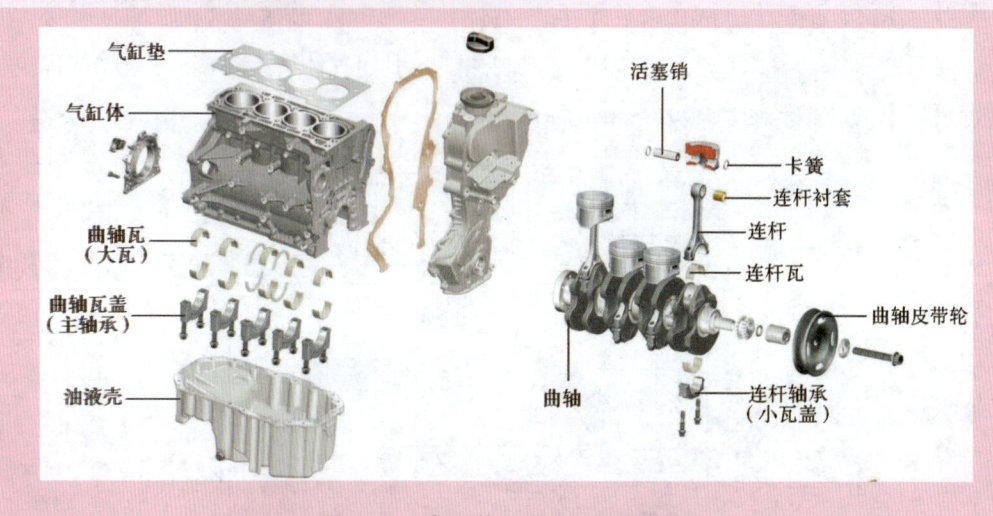

图 3-37　气缸体总成分解的零部件

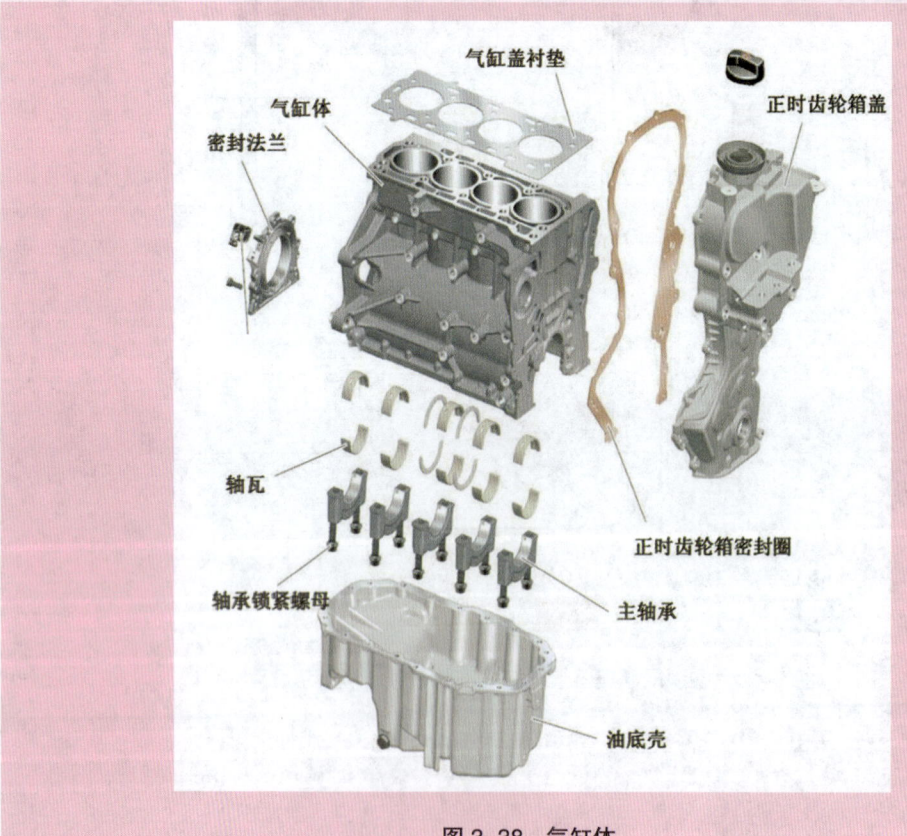

图 3-38　气缸体

图 3-39 曲轴传动机构零部件

> **补充说明**
>
> 曲柄连杆机构由机体组、活塞连杆组、曲轴飞轮组三部分组成，其作用是将燃料燃烧产生的热能转变为活塞往复运动的机械能，再通过连杆将活塞的往复运动转变为曲轴的旋转运动而对外输出动力。曲轴传动机构如图 3-40 所示。

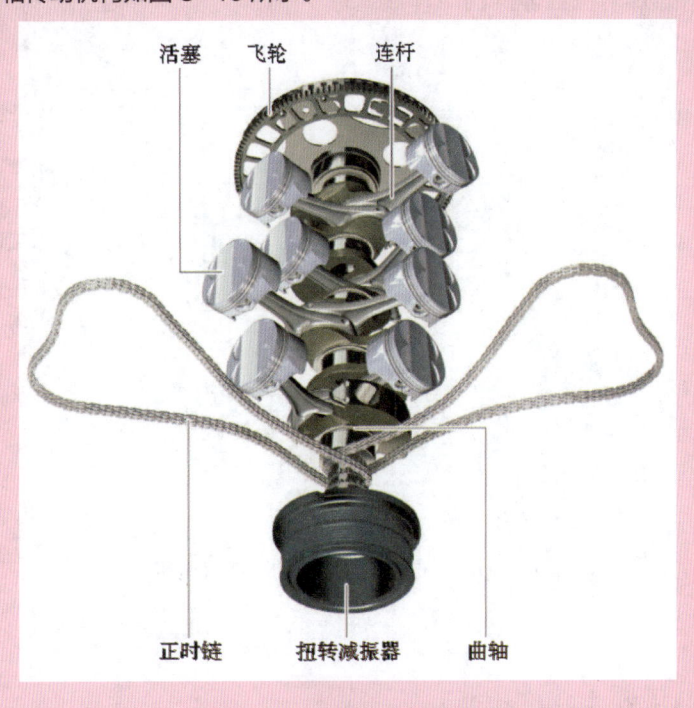

图 3-40 曲轴传动机构

1 机油和冷却通道

图 3-41 所示为发动机缸体内的机油通道。

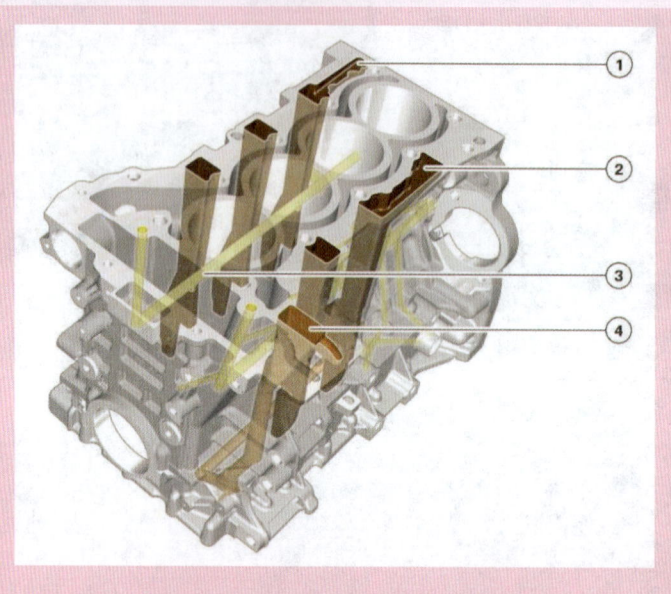

图 3-41 发动机缸体内的机油通道

1—机油回流通道；2—泄漏通道；3—细滤机油通道；4—粗滤机油通道

图 3-42 所示为发动机缸体内的冷却液通道。

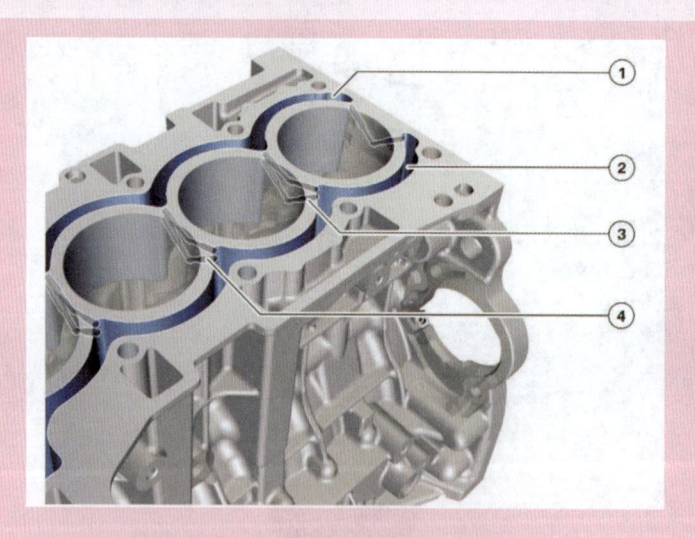

图 3-42 发动机缸体内的冷却液通道

1—排气侧冷却水套；2—进气侧冷却水套；3，4—环岸内的冷却液通道

2 气缸体轴承座上的补偿口

曲轴箱带有较大的铣削纵向通风孔，如图 3-43 所示。这些纵向通风孔可改善活塞上

下运动过程中产生的往复空气柱的压力平衡。位于进气侧气缸之间轴承座上的附加开口可进一步完善优化效果。

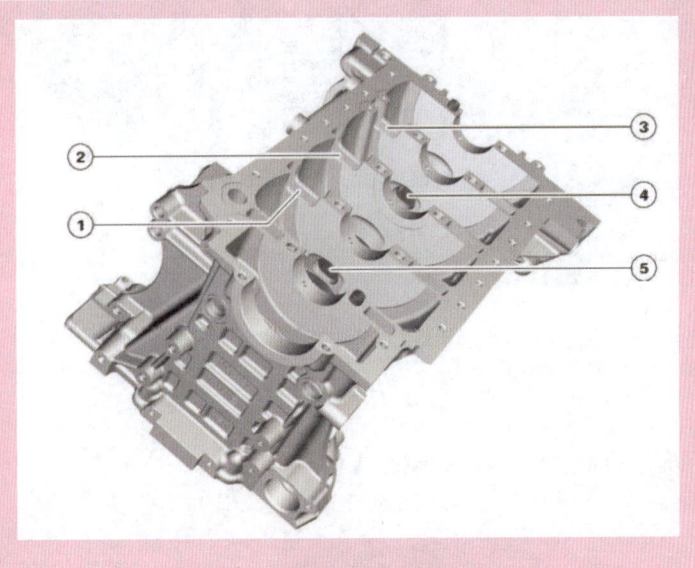

图 3-43 气缸体轴承座上的补偿口

1、2、3—开口；4、5—通风孔

3 曲轴及轴承

曲轴如图 3-44 所示。曲轴承受连杆传来的力，并将其转变为转矩通过曲轴输出并驱动发动机上其他附件工作。

主轴承轴颈位于曲轴箱内的轴承内。连杆轴颈或曲柄轴颈与曲轴通过所谓的曲柄臂连接起来。曲柄轴颈和曲柄臂的这部分也称作曲柄。

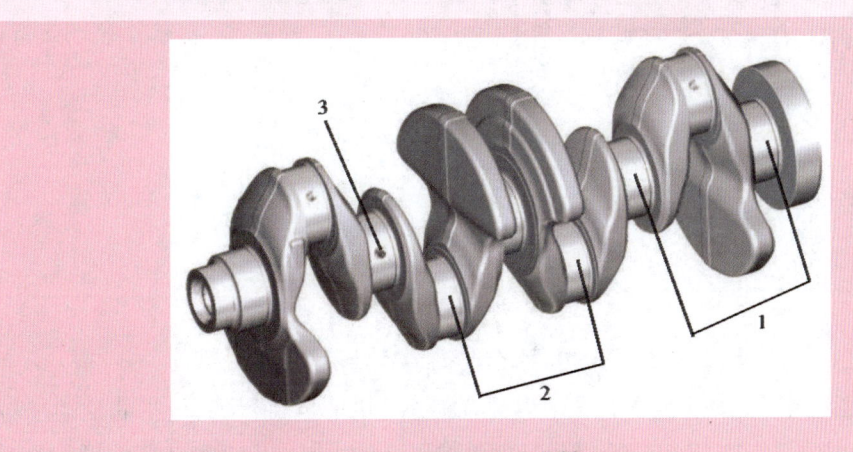

图 3-44 曲轴

1—主轴承轴颈；2—连杆轴承轴颈；3—油孔

如图 3-45 所示，曲轴中有一个油路，用来向曲轴轴颈和曲柄销提供机油。

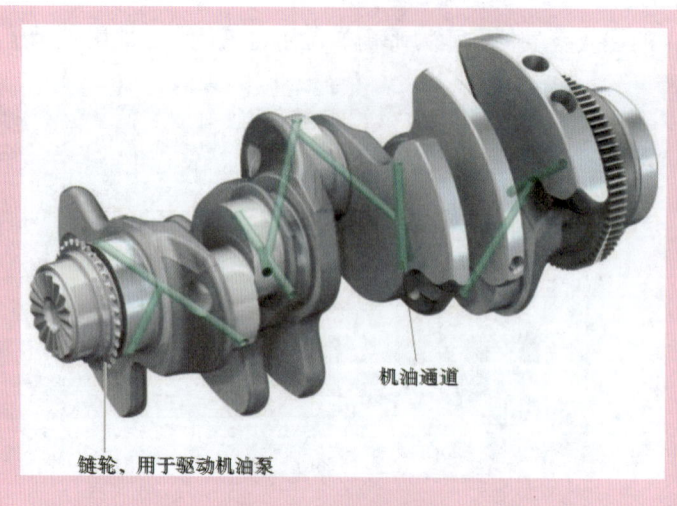

图 3-45　曲轴油路

如图 3-46 所示，曲轴上刻印有轴承标记。

图 3-46　曲轴上的轴承标记

1—曲轴轴承代码；2—连杆轴承代码

现代发动机采用了曲轴偏置的曲轴箱。曲轴偏置如图 3-47 所示，是指曲轴轴线与气缸中心面偏置，既可以在发动机压力侧进行曲轴偏置，也可以在发动机背压侧进行曲轴偏置。曲轴正偏置是指朝压力侧偏移，曲轴负偏置是指朝背压侧偏移。至今为止系统仅朝正偏置方向（A）进行曲轴偏置。

（1）曲轴主轴承。曲轴主轴承也称为大瓦，如图 3-48 所示，曲轴主轴承被安装在曲轴轴颈的外表面。曲轴主轴承上部轴瓦带有凹槽和油孔。

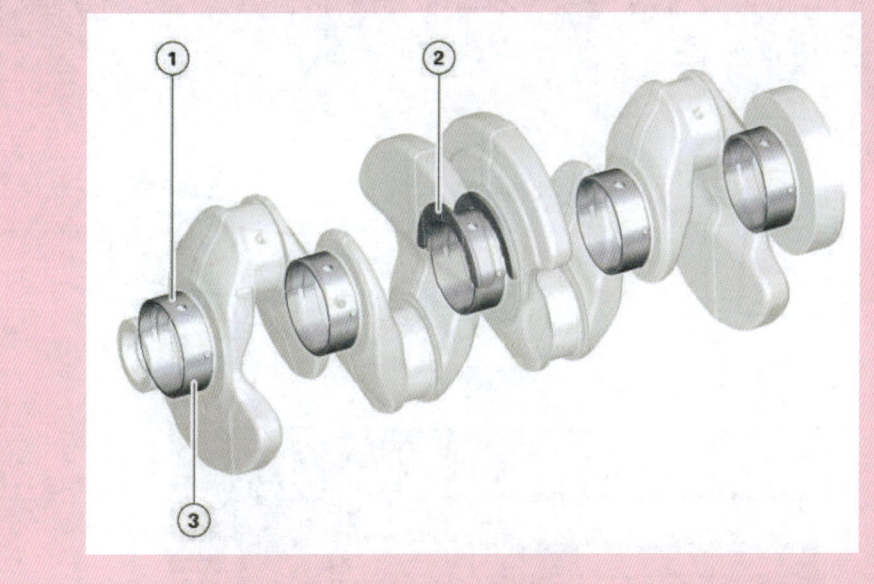

图 3-48 曲轴轴承

1—带有凹槽和油孔的上部轴瓦；2—带有凹槽和油孔的止推轴承；3—没有凹槽的下部轴瓦

（2）推力轴承（止推片）。曲轴的推力轴承也称曲轴止推片，通过 3 号轴颈两侧的推力轴承来抑制轴推力。如图 3-48 所示，曲轴采用五点支撑，止推轴承位于第三轴颈中央。止推轴承采用 180° 设计，安装在轴承座上。

4 活塞连杆组

如图 3-49 所示，活塞连杆组由活塞、活塞环、活塞销、连杆组成。

视频：活塞连杆组

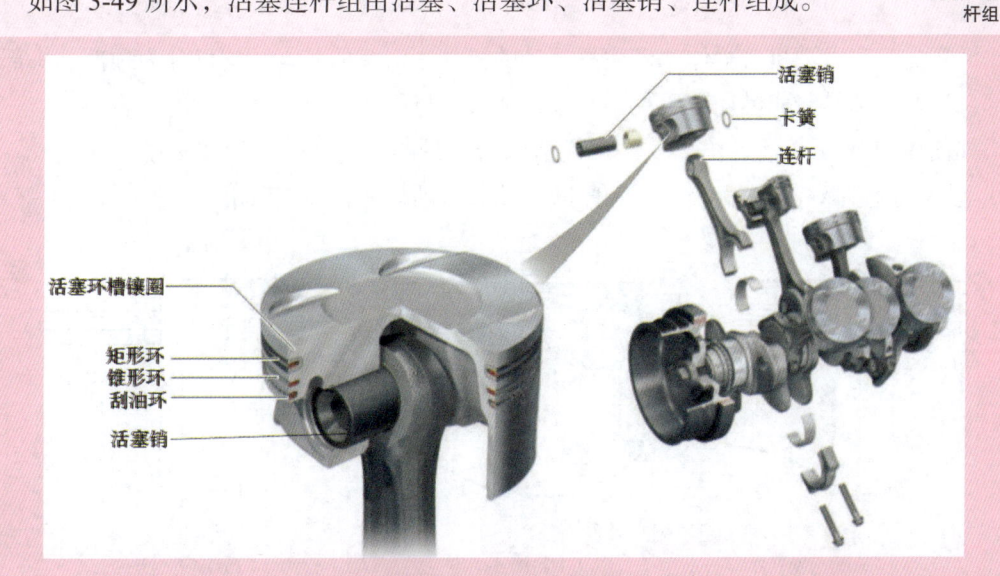

图 3-49 活塞连杆组

（1）活塞及活塞环。图 3-50 所示为活塞上的两个气环和一个油环，第一个活塞环是一个氮化钢矩形环，第二个活塞环是鼻形锥面环。刮油环为带弹簧的钢带环，也称为 MF 系统。

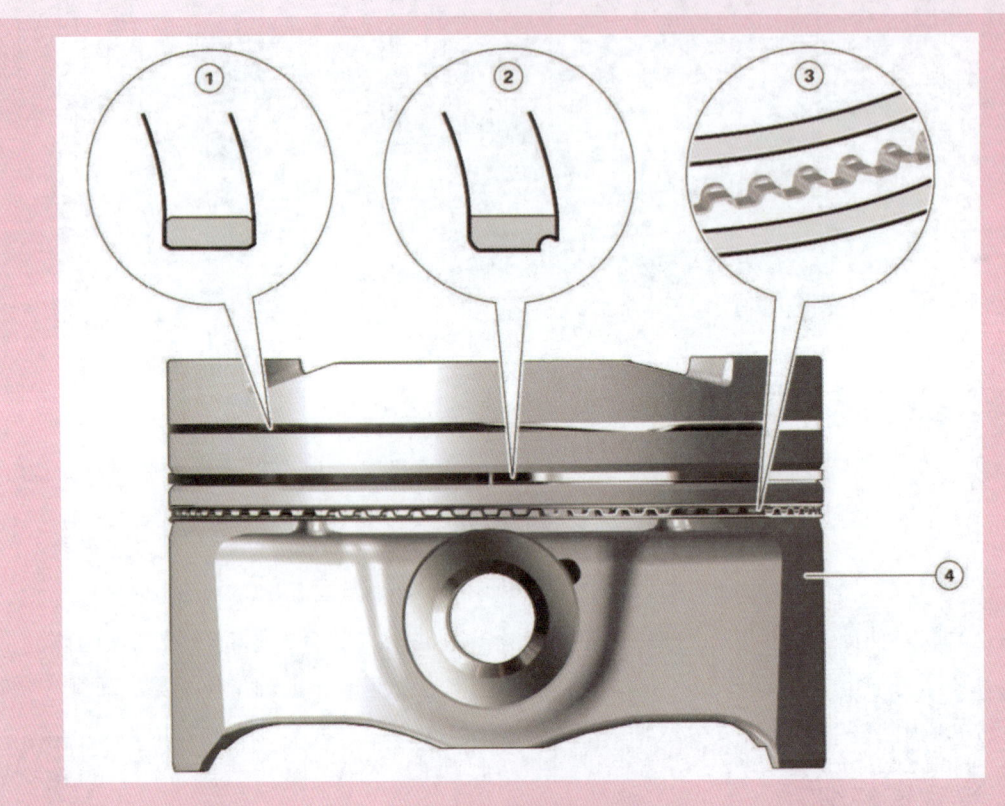

图 3-50　活塞及活塞环

1—矩形环（气环）；2—鼻形锥面环（气环）；3—MF 系统环（油环）；4—活塞

活塞是汽车发动机气缸体中做往复运动的机件。活塞的基本结构可分为顶部、头部和裙部。活塞顶部是组成燃烧室的主要部分，其形状与所选用的燃烧室形式有关。

如图 3-51 所示，活塞裙部分是现代活塞变化最明显的部分。活塞裙使活塞在气缸内直线运行。通过降低活塞裙表面积和厚度，降低滑动阻力和部件质量。

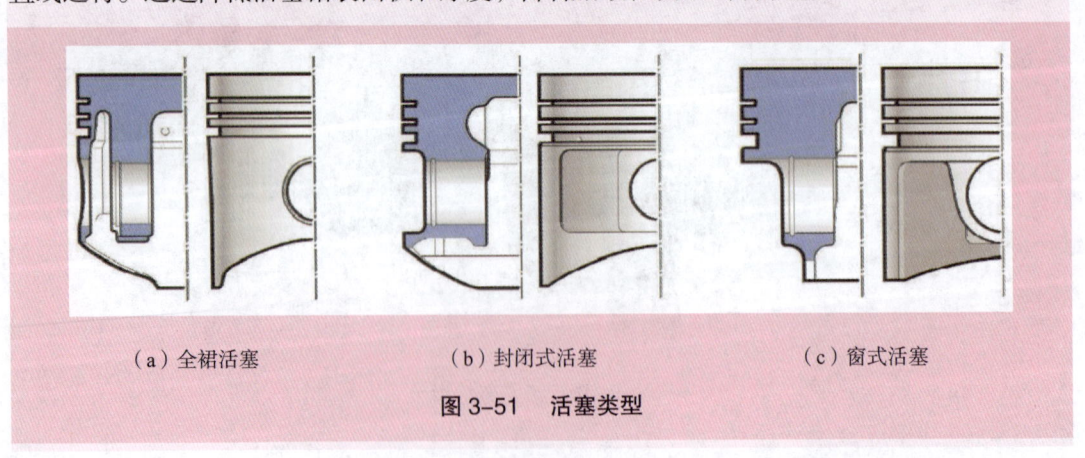

（a）全裙活塞　　　　（b）封闭式活塞　　　　（c）窗式活塞

图 3-51　活塞类型

> **补充说明**
>
> 因为活塞销偏置，所以在活塞上带有一个安装位置箭头，如图 3-52 所示。安装时，该箭头始终沿发动机纵向方向指向皮带传动机构。必须确保活塞安装位置正确，否则根据非对称气门凹坑及进气侧和排气侧的不同强度，会相对较快地造成气门损坏或封闭式活塞壁破裂，从而导致完全损坏。

图 3-52 活塞（朝向）

如图 3-53、图 3-54 所示，活塞上表面有凹坑。这样可避免初始燃烧火焰直接碰到活塞的上表面，以降低冷却损失。

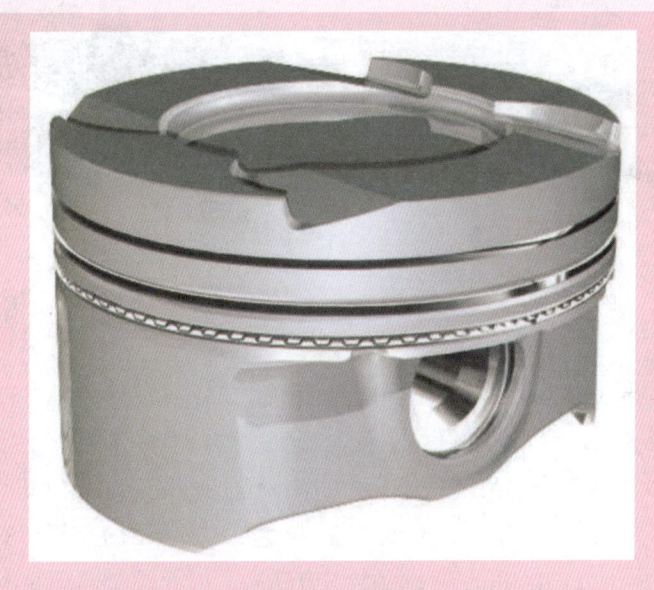

图 3-53 活塞

图 3-54 活塞顶部

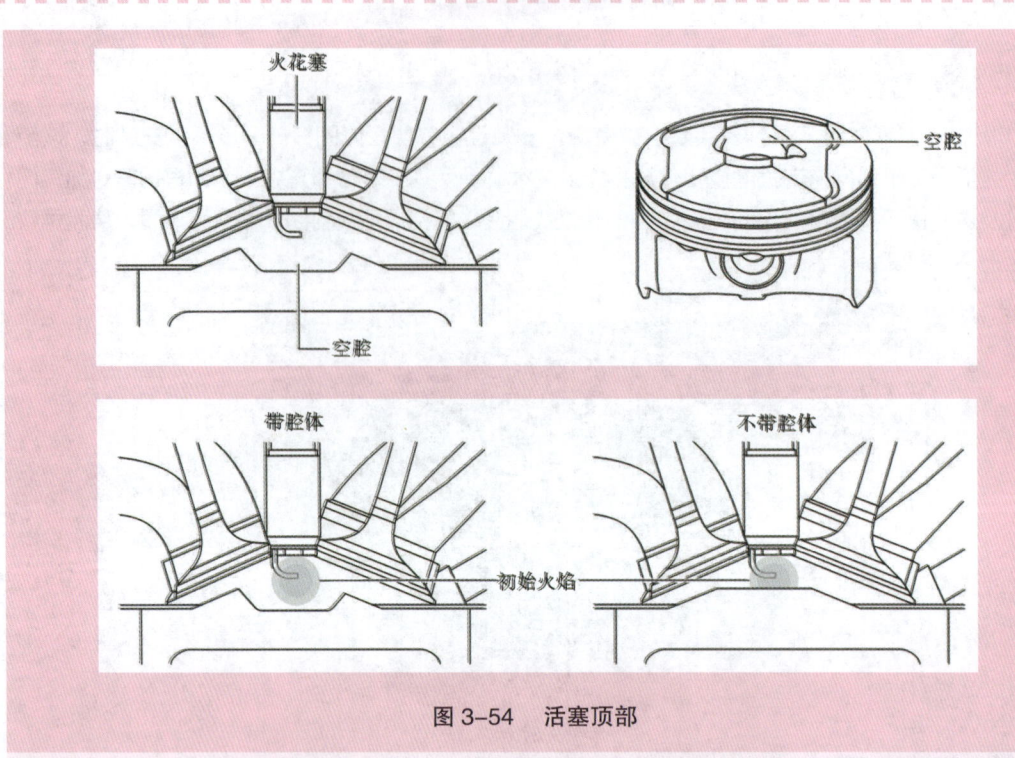

（2）活塞销。如图 3-55 所示，活塞销是装在活塞裙部的圆柱形销子。它的中部穿过连杆小头孔，用于连接活塞和连杆，其作用是把活塞承受的气体作用力传给连杆，或使连杆小头带动活塞一起运动。

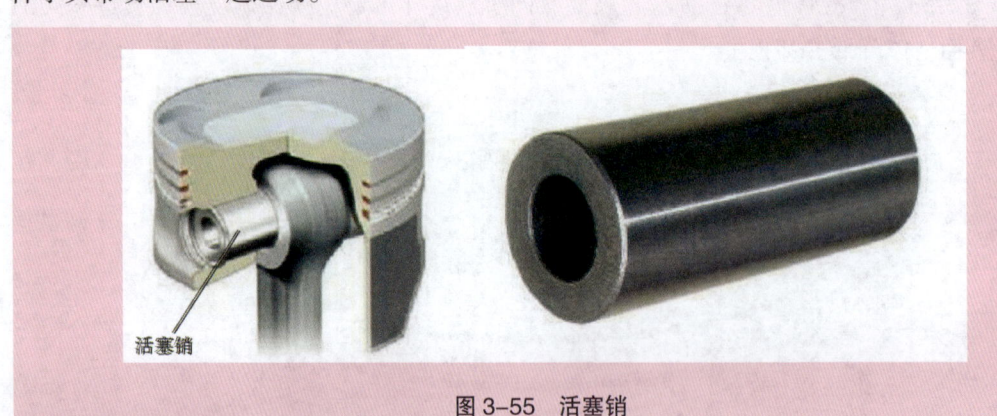

图 3-55 活塞销

活塞销偏置是指活塞销轴线与气缸中心面偏置。活塞销正偏置是指其朝压力侧偏移，活塞销负偏置是指其朝背压侧偏移。压力侧是指在燃烧行程中活塞向下止点移动时支撑活塞的一侧。图 3-56 所示为没有活塞销偏置和曲轴偏置的传统曲轴传动机构。

活塞一般都需要运行间隙。该运行间隙通常会导致活塞由向上移动变为向下移动时发出一定的敲击声；由上方施加在活塞上的作用力越大，以及运行间隙越大，活塞敲击声就越大。

通过活塞销偏置可使活塞在压缩行程与做功行程间的换侧时刻提前到上止点前的较小压力范围内。这样可以减少噪声的形成。

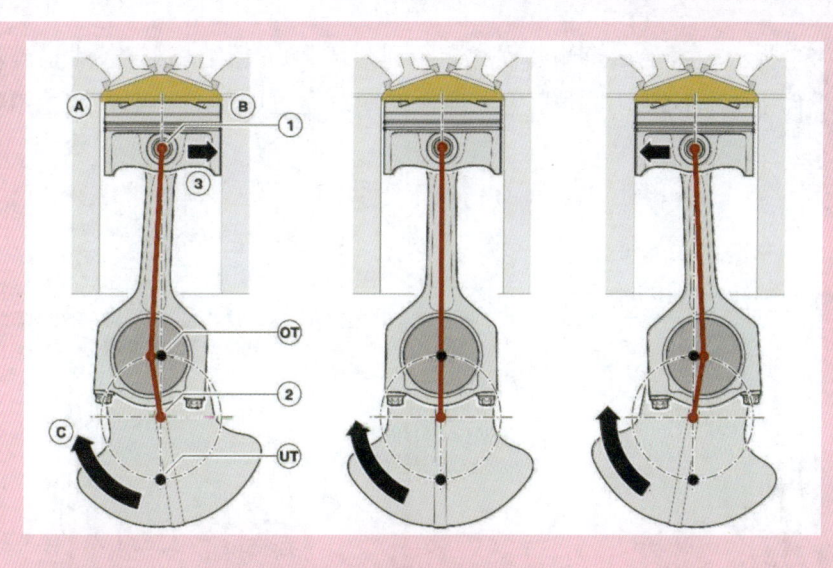

（a）即将到达上止点 TDC 前的活塞位置和曲轴位置　　（b）到达上止点时的活塞位置和曲轴位置　　（c）离开上止点后的活塞位置和曲轴位置

图 3-56　没有活塞销偏置和曲轴偏置的传统曲轴传动机构

A—压力侧；B—背压侧；C—发动机旋转方向
1—活塞销；2—曲轴旋转点；3—压紧力

如图 3-57 所示，传统曲轴传动机构的活塞销孔、连杆和曲轴旋转点在活塞到达上止点 TDC 时位于一条直线上。这种布置方式使活塞在向上移动过程中压向背压侧（B），到达 TDC 位置时处于作用力均衡状态；背压侧压力减小，而随着曲轴旋转离开 TDC，活塞倾斜至压力侧（A）。由于在 TDC 处已产生较高压力，换侧时会发出较大噪声。因此会听到上述活塞敲击声。活塞销既可以朝压力侧（正）也可以朝背压侧（负）方向偏置。压力侧活塞销偏置也称为噪声偏置；背压侧活塞销偏置也称为热偏置，处于该位置时可改善活塞环密封效果。

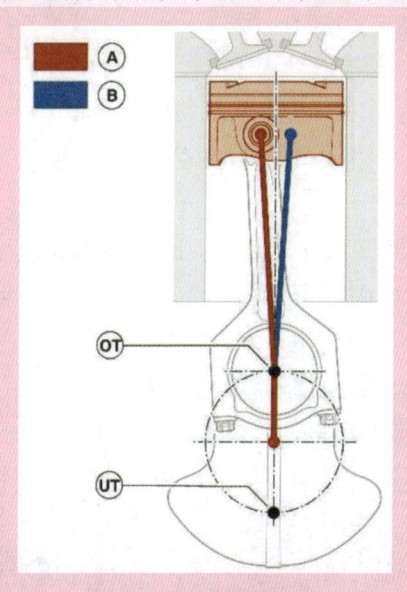

图 3-57　活塞销偏置

A—压力侧活塞销偏置（正）；B—背压侧活塞销偏置（负）
OT—上止点；UT—下止点

如图 3-58 所示，由于在换侧过程中会听到活塞噪声，因此通过技术措施尽可能使换侧推迟到作用力较小的情况下发生。现代发动机通过朝压力侧偏置活塞销实现上述目的。

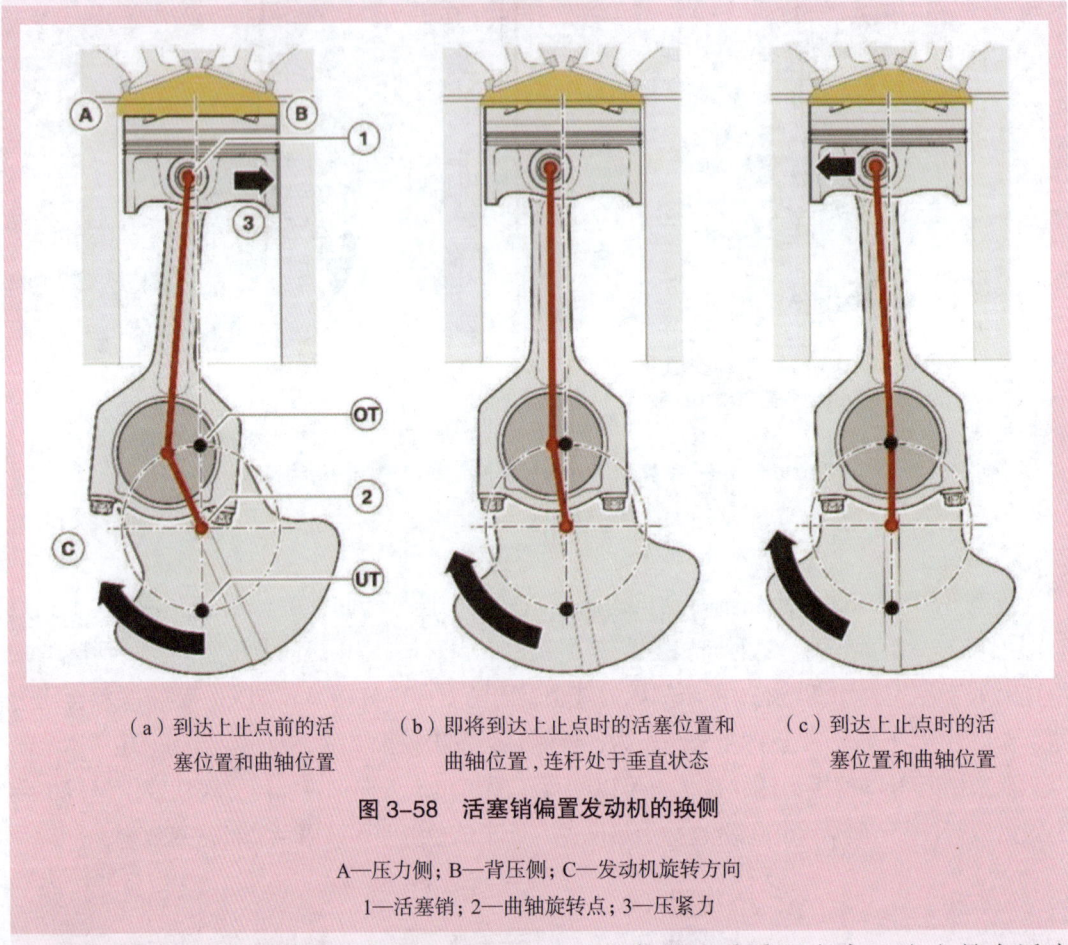

（a）到达上止点前的活塞位置和曲轴位置　（b）即将到达上止点时的活塞位置和曲轴位置，连杆处于垂直状态　（c）到达上止点时的活塞位置和曲轴位置

图 3-58　活塞销偏置发动机的换侧

A—压力侧；B—背压侧；C—发动机旋转方向
1—活塞销；2—曲轴旋转点；3—压紧力

在传统发动机上偏置为 0.3~0.8mm，因此肉眼几乎看不出来。这也是在活塞顶部带有方向标记的原因。错误安装可能会导致类似于活塞损坏时所发出的巨大噪声。

活塞在向上移动过程中也靠在背压侧上。通过活塞销偏置可在即将到达 TDC 前便使活塞到达自然位置。此时气缸中线及大连杆头和小连杆头中线相互平行。因此，在到达 TDC 前活塞便已从背压侧换至压力侧。在此阶段施加在活塞上的作用力仍较小。通过以偏心方式支撑活塞可使从上方施加在活塞上的作用力在活塞一侧的力臂大于另一侧。这样可使活塞在向上移动过程中便开始倾斜且活塞上边缘靠在压力侧上。在继续移动过程中活塞恢复垂直状态并完全靠在压力侧上。换侧过程相对于传统曲轴传动机构而言明显更加安静。

（3）连杆　连杆和连杆轴承如图 3-59 所示。连杆连接活塞和曲轴，并将活塞所受作用力传给曲轴，将活塞的往复运动转变为曲轴的旋转运动。

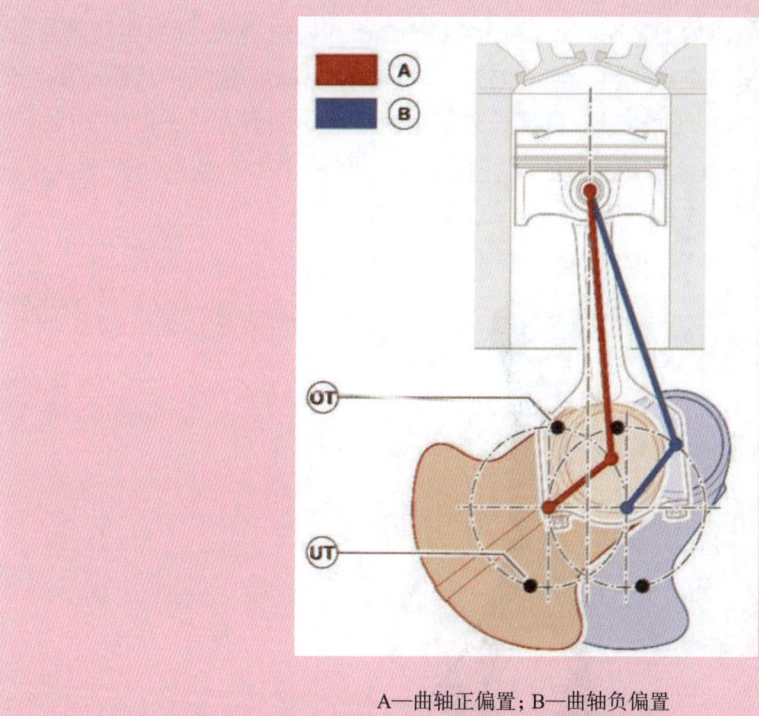

A—曲轴正偏置；B—曲轴负偏置
OT—上止点；UT—下止点

图 3-58　曲轴偏置

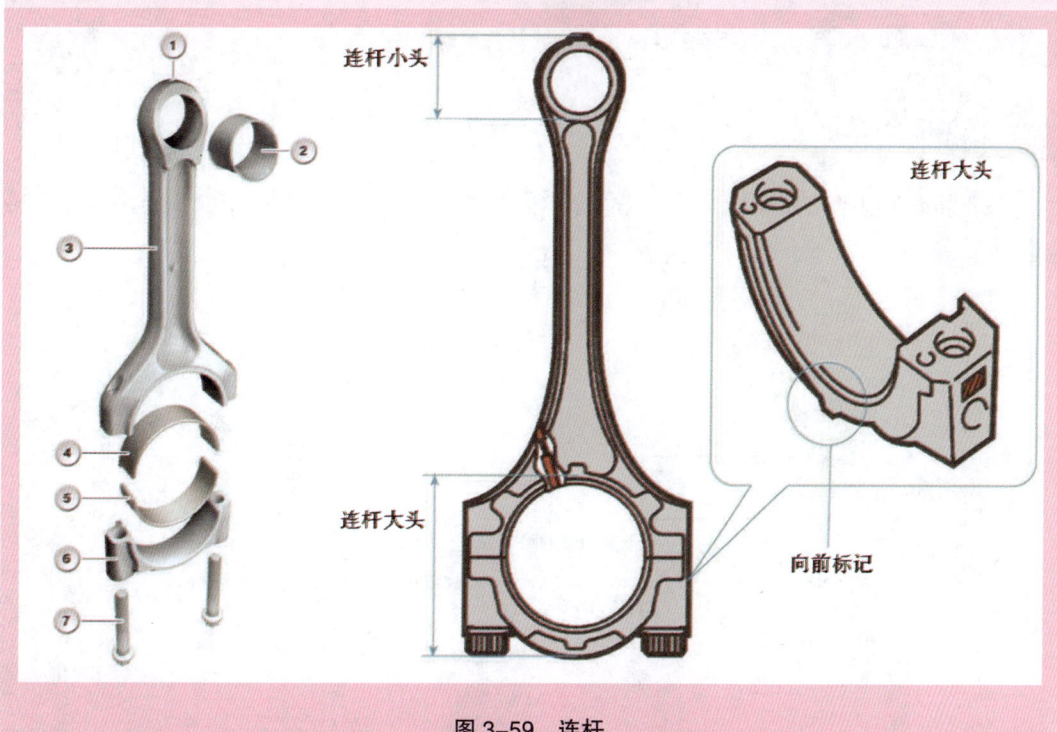

图 3-59　连杆

1—油孔；2—滑动轴承；3—连杆；4，5—轴瓦；6—连杆轴承盖；7—连杆螺栓连杆被安装在活塞销和曲柄销之间。现在一般都采用裂开的方式使连杆与连杆盖分离，以提高精度。活塞的连接采用全浮动型连接，同时进一步加大小端的锥度，从而减小了包括活塞在内的往复运动的惯性。通过对连杆螺栓采用塑性变形紧固的方式，提高了轴向稳定性。连杆轴承在曲柄销外表面形成油膜，防止因滑动而磨损。在V型发动机中大连杆头通常采用斜切式结构，如图3-60所示。

图3-60 斜切式结构发动机连杆

5 机油喷射阀

（1）机油喷射阀的作用。机油喷射阀（喷油嘴）将机油喷射在活塞背面，主要用来冷却活塞。

如图3-61所示，机油喷射阀被安装在气缸体中。

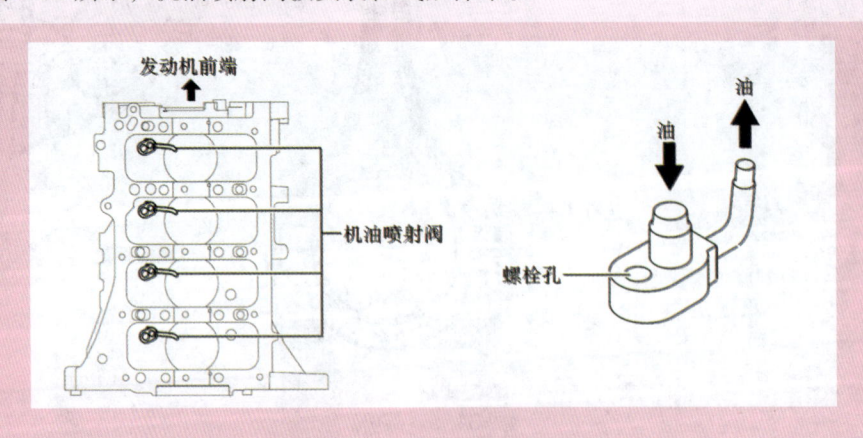

图3-61 机油喷射阀安装位置

（2）机油喷射阀的结构。如图3-62所示，机油喷射阀内置于止回阀球和弹簧中。

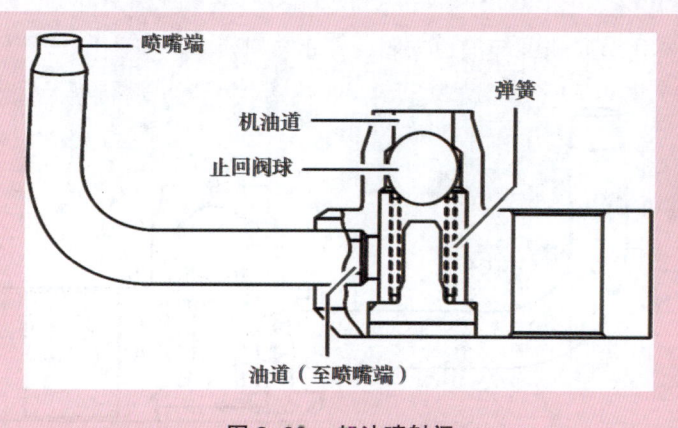

图 3-62 机油喷射阀

（3）喷射阀的机理。如图 3-63 所示，喷油嘴喷射机油进入活塞环状机油槽。

当作用在止回阀球的油压超过弹簧力时，止回阀球和弹簧被压下，通向喷嘴的油道被打开，于是机油被喷射到活塞背面。

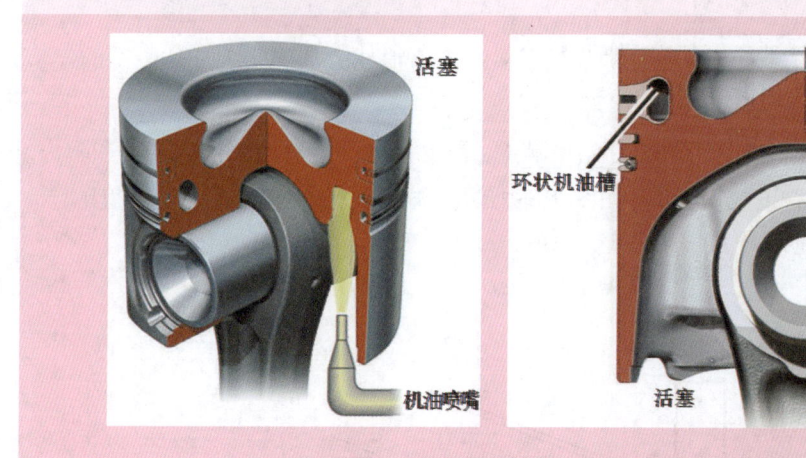

图 3-63 机油喷嘴喷射机油进入活塞环状机油槽

如图 3-64 所示，当作用在止回阀球上的油压低于弹簧力时，弹簧会将止回阀球推回。

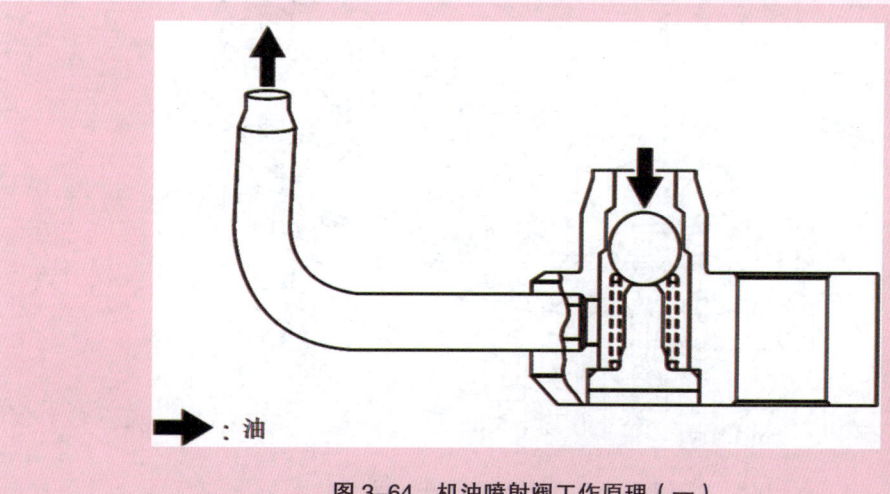

图 3-64 机油喷射阀工作原理（一）

如图 3-65 所示，通向喷嘴的油道关闭，停止喷射机油。

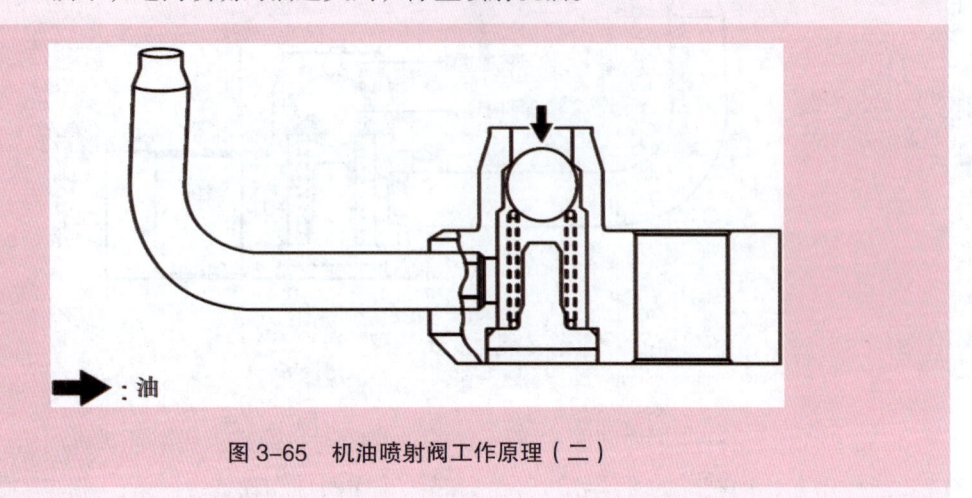

➡：油

图 3-65　机油喷射阀工作原理（二）

6 机油淋管

（1）机油淋管的作用。通过改变结构降低了机械阻力损耗，从而实现最佳燃烧的经济性；采用机油淋管就是这种结构改变的一部分。

机油淋管喷射机油，润滑凸轮和摇杆的接触点，结果是减小了滑动部件的磨损和阻力。

（2）机油淋管的位置和工作原理。如图 3-66 所示，机油淋管被安装在凸轮轴盖中。

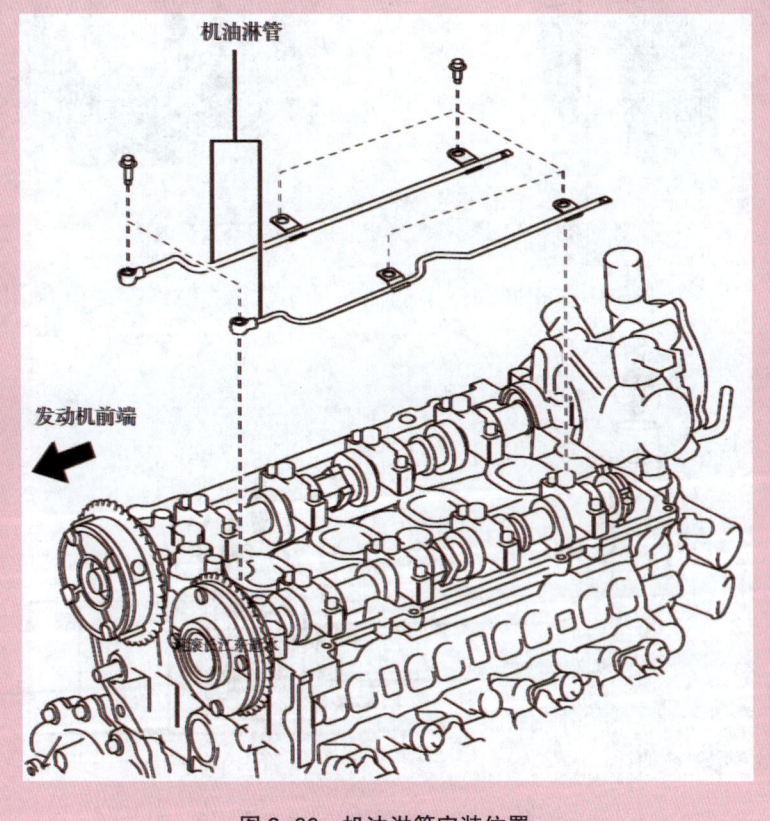

图 3-66　机油淋管安装位置

机油淋管利用液压从位于凸轮轴顶部的机油喷孔喷油。机油喷孔和机油淋管的工作原理如图 3-67、图 3-68 所示。

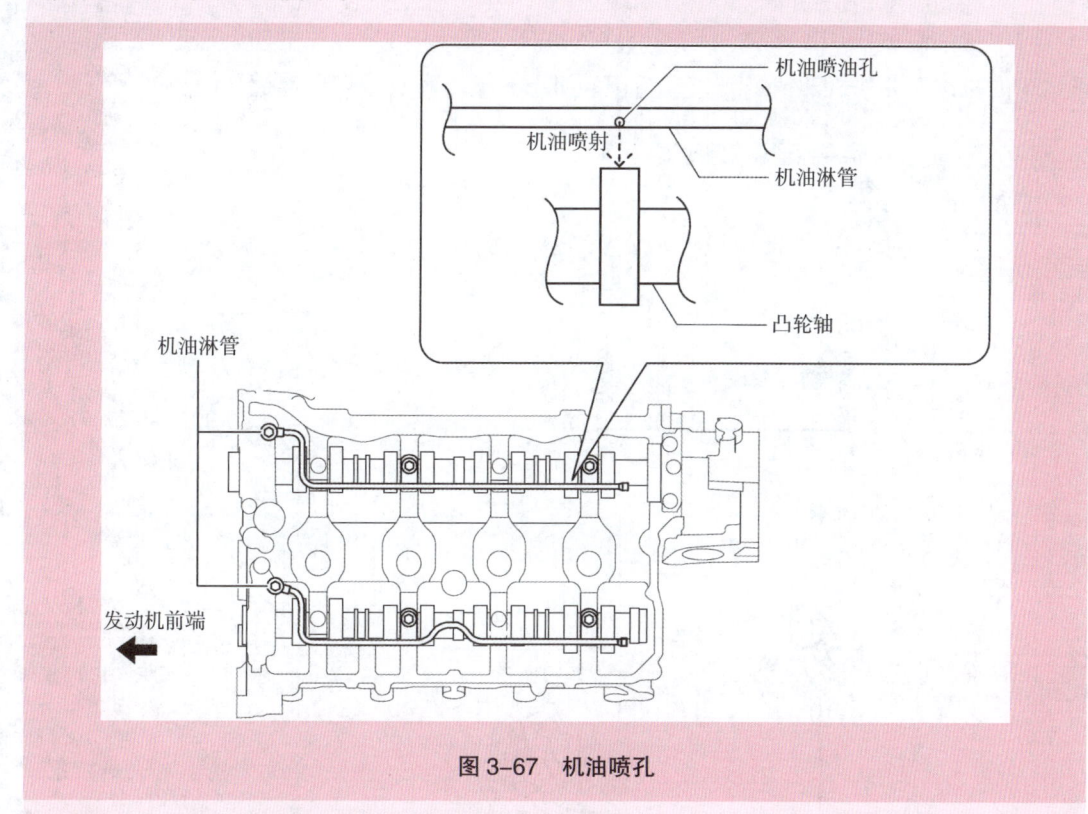

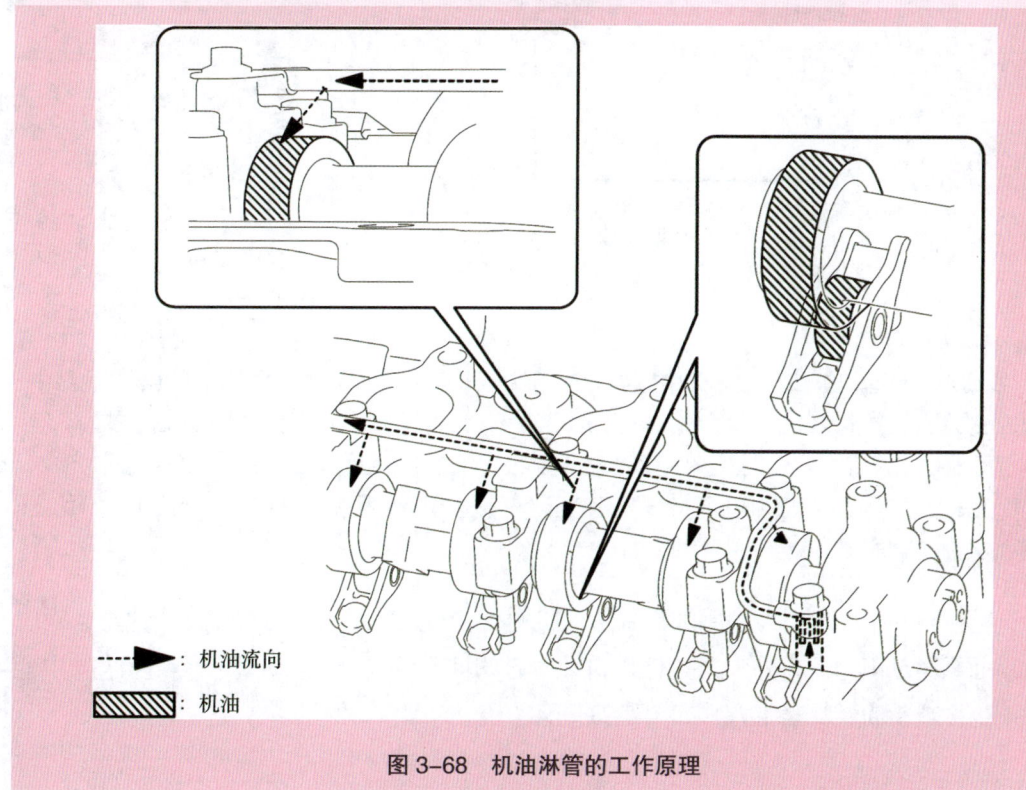

图 3-67　机油喷孔

图 3-68　机油淋管的工作原理

7 机油泵

（1）机油泵的作用。机油泵被安装在气缸体下部（图3-69）。机油泵通过集滤器吸收油盘中的机油，并将机油输送到发动机中。机油泵输出和机油循环通道如图3-70所示。

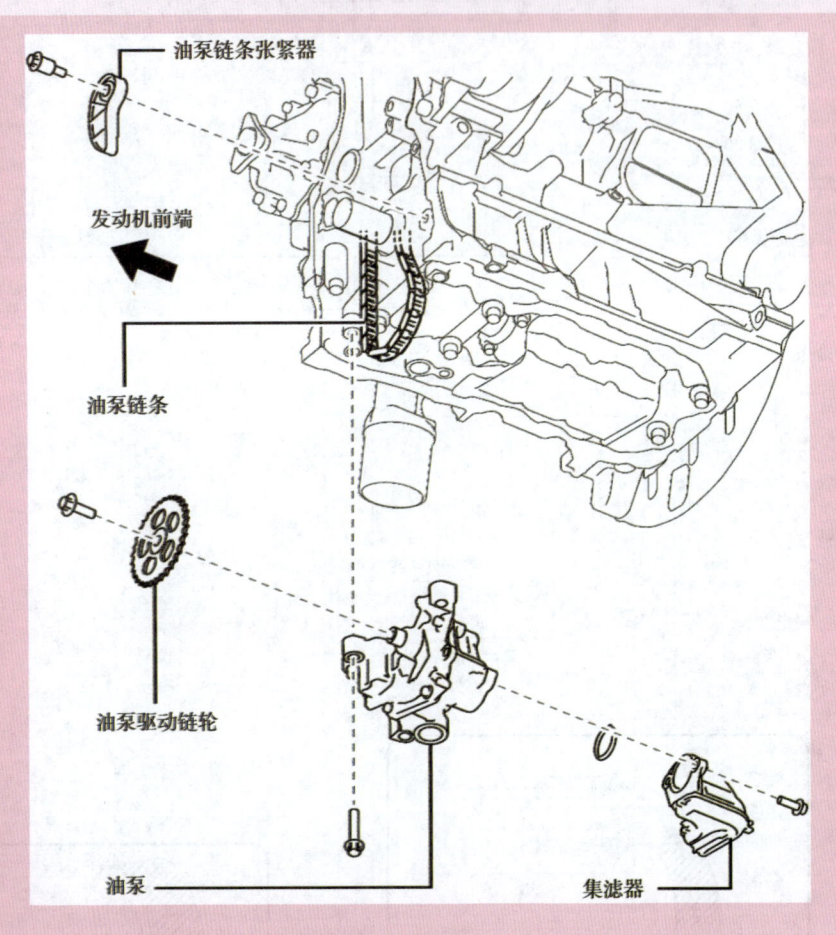

图3-69 机油泵（一）

> **补充说明**
>
> 发动机工作时，机油从油底壳中被机油泵通过集滤器吸入机油滤清器中，从机油滤清器中过滤后的机油经主油道分三个路径输送到发动机的各零部件润滑。第一路径：经曲轴主轴颈、连杆轴颈最终回到油底壳；第二路径：经机油喷嘴最终回到油底壳；第三路径：经气缸盖，同时渗入VVTi、气门挺柱、凸轮轴轴承等部件，最终回到油底壳。润滑系统反复循环，始终不间断地把洁净的机油送到发动机的传动件摩擦表面。

机油泵有一个油压反馈控制的机构，该机构可将油压上升抑制在设定压力之上，同时可减小油泵驱动阻力。另外，通过操作机油电磁阀可改变设定压力，即使在低负荷/中低负荷下也可减小油泵驱动阻力，如图3-71所示。

图 3-70　机油泵输出和机油循环通道

1—气缸盖内的润滑部位；2—排气凸轮轴调节单元；3—进气凸轮轴调节单元；4—粗滤机油通道；
5—发动机油/冷却液热交换器；6—平衡轴和机油泵传动链条张紧器；7—机油泵；8—平衡轴轴润滑部位；
9—曲轴主轴承润滑部位；10—连杆轴承润滑部位；11—用于活塞顶冷却的机油喷嘴；12—正时链链条张紧器

图 3-71　机油泵（二）

（2）机油泵输油原理。通过采用链条驱动型油泵，可减小转子的直径和油泵驱动阻力。

机油泵如图 3-72 所示。

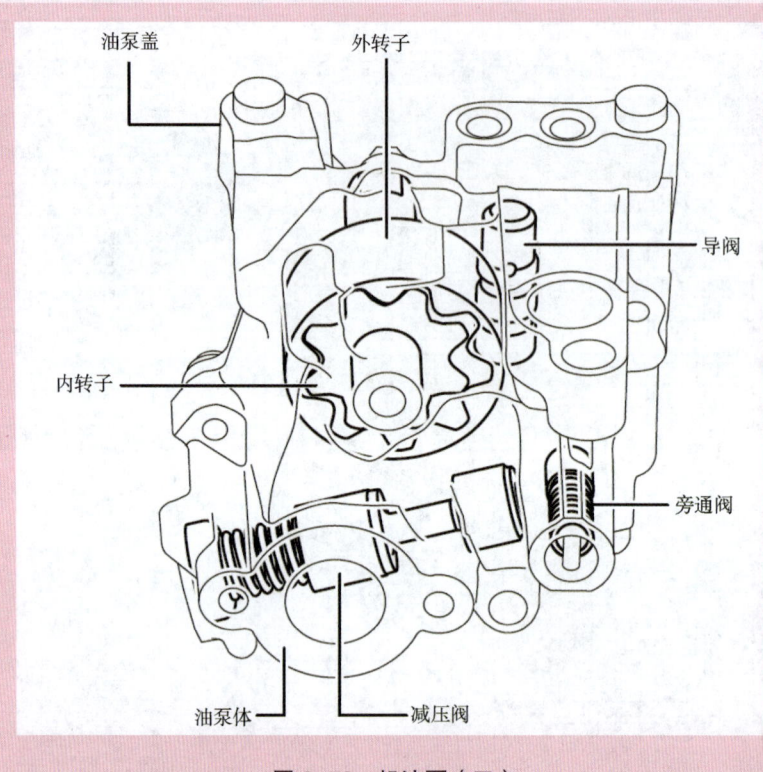

图 3-72　机油泵（三）

如图 3-73 所示，当起动极冷的发动机时，如果油压异常升高，会推动并打开减压阀和旁通阀；结果机油流出，抑制油压的异常升高。

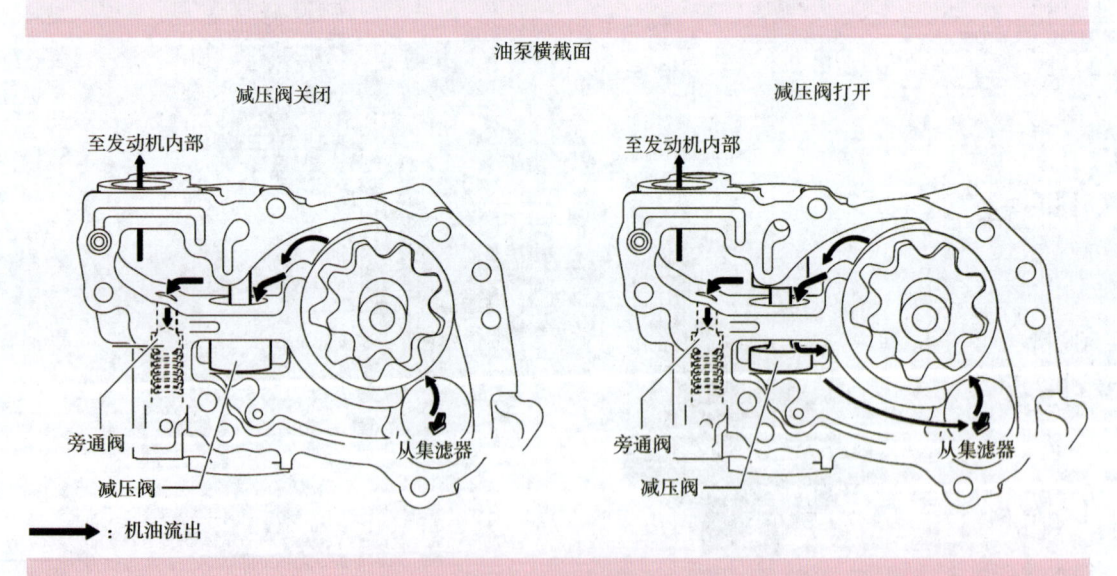

图 3-73　减压阀

在机油电磁阀作用下，通过切换油道，油泵可通过低油压设定和高油压设定调节油压。

1）设定低油压时的机油流量（机油电磁阀打开）：低油压机油流量如图3-74所示。

① 当机油电磁阀打开时，油压也作用在导阀的上部，因为作用在导阀上部和下部的油压几乎相等，导阀被弹簧力压下。

② 油压作用在减压阀的上部。

③ 当油压超过减压阀的开启压力时，减压阀被压下，机油流出（油压下降）。

④ 当油压低于减压阀开启压力时，减压阀关闭；结果，机油停止流出（油压上升）。

⑤ 通过重复步骤③~④调节油压。

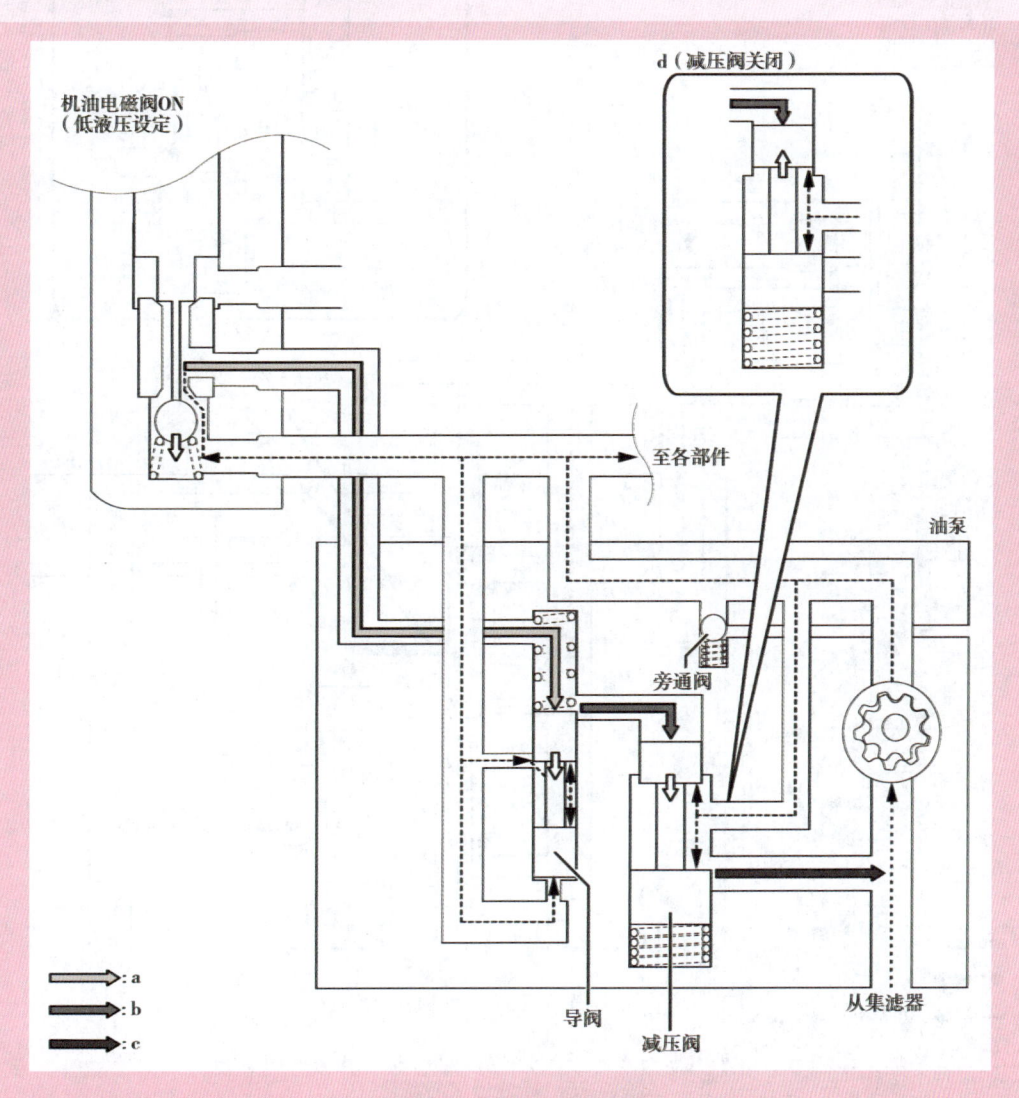

图3-74 低油压机油流量

2）设定高油压时的机油流量（机油电磁阀关闭）：高油压机油流量如图3-75所示。

① 当油压超过导阀开启压力时，导阀被顶起，于是油压被施加在减压阀上部。

② 由于施加在减压阀上部的油压超过减压阀开启压力，减压阀被压下，机油流出（油压下降）。

③ 当油压低于导阀开启压力时,导阀关闭。结果,减压阀关闭,机油停止流出(油压上升)。

④ 通过重复步骤②~③调节油压。

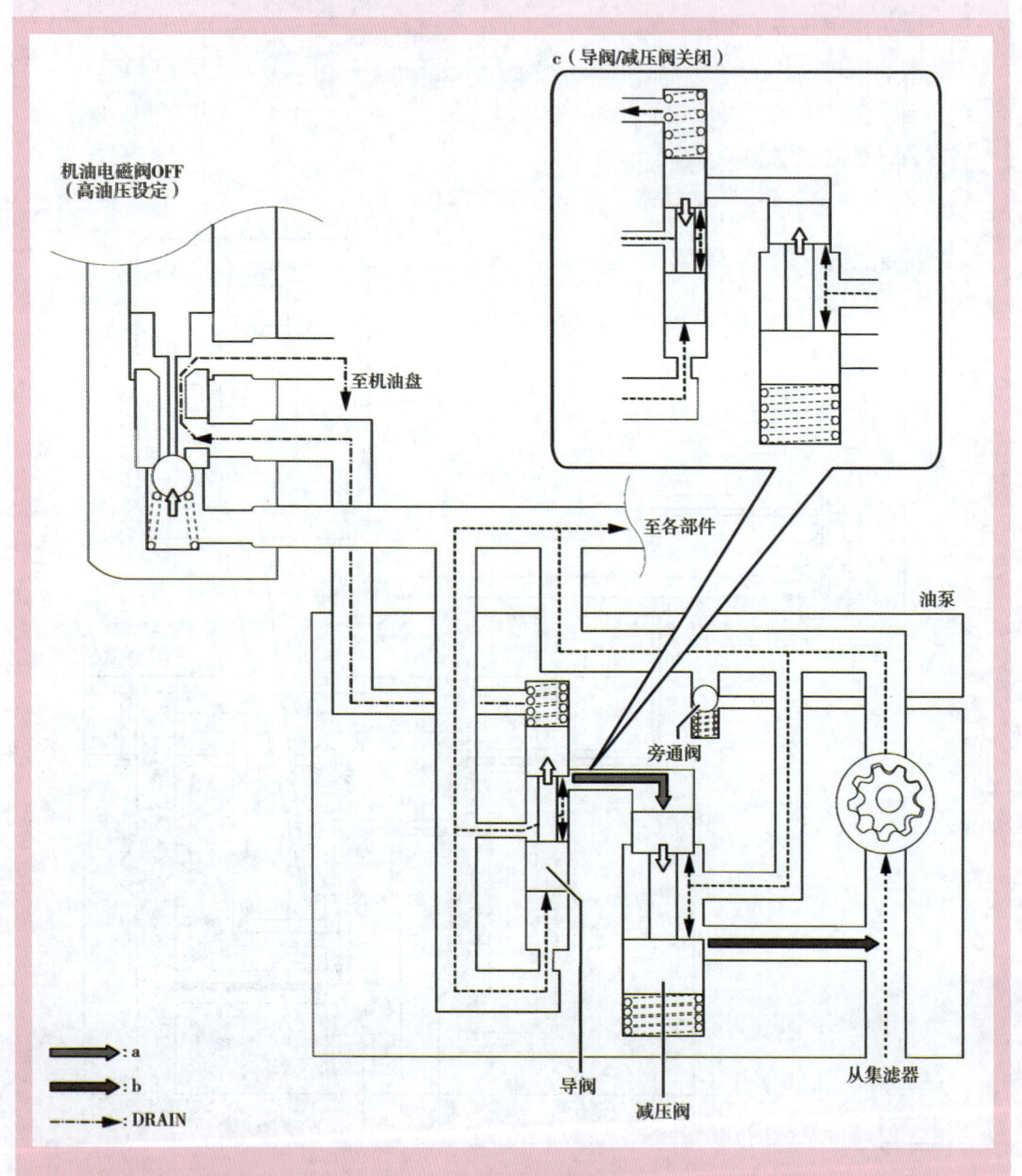

图 3-75 高油压机油流量

> **举例说明**
>
> 宝马 N20 发动机机油泵是与平衡轴集成于一体的。带有平衡轴的机油泵覆盖整个油底壳范围,因此可防止机油飞溅到曲轴上;通过机油回流通道回流的机油被直接输送至油底壳内,因此不会接触到曲轴。平衡轴集成机油泵如图 3-76 和图 3-77 所示。

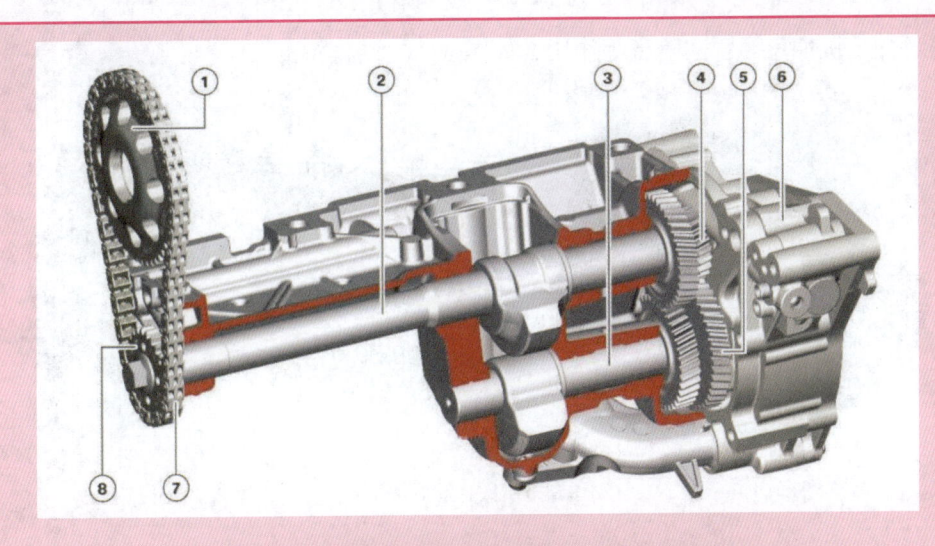

图 3-76 平衡轴集成机油泵（带有平衡轴的机油泵）
1—曲轴链轮；2—上部平衡轴；3—下部平衡轴；4—上部平衡轴齿轮；
5—机油泵齿轮；6—机油泵；7—平衡轴和机油泵传动齿形链；8—平衡轴链轮

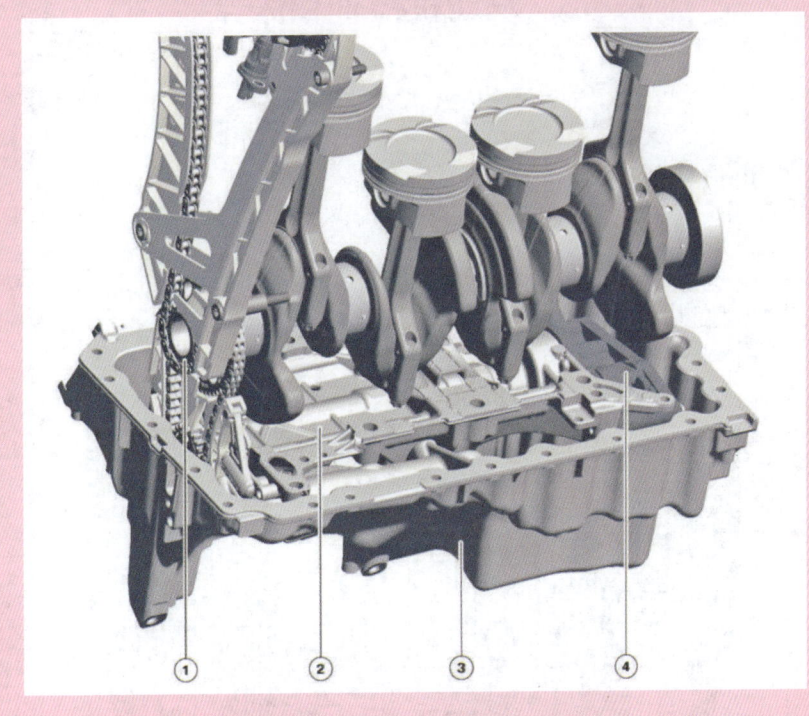

图 3-77 平衡轴集成机油泵的油底壳
1—链条传动机构；2—平衡轴箱；3—油底壳；4—机油泵

3.1.5 油底壳

油底壳在发动机最底部，有收集容器发动机机油、回流发动机机油的收集容器，固定相关传感器，固定机油尺导管、隔音等作用，如图3-78所示。

图3-78 油底壳

3.2 发动机检查和保养

3.2.1 机舱检查

打开机舱盖，检查机舱内是否清洁，油管、水管有无龟裂渗漏的现象。尤其是检查图3-79中所示接口和零部件是否有渗漏油液的部位，以及是否清洁。

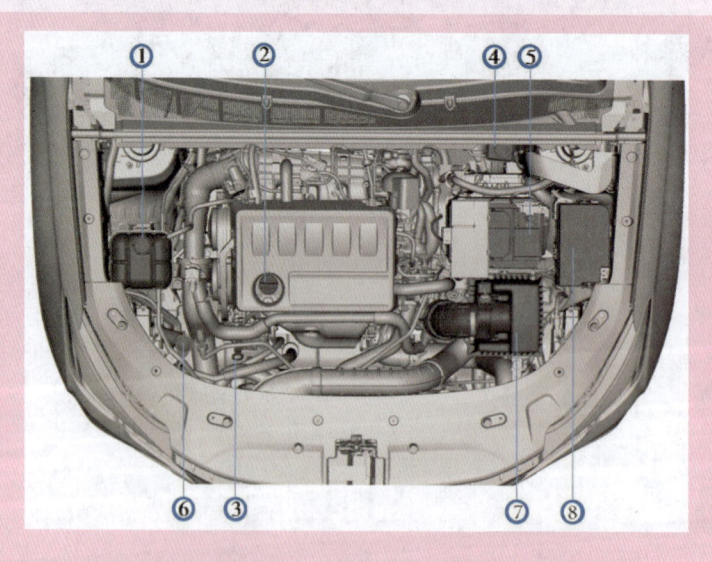

图3-79 发动机机舱内检查

1—冷却液储液罐；2—机油加注口；3—机油尺；4—制动液储液罐；
5—蓄电池；6—车窗玻璃清洗液储液罐；7—空气滤清器；8—熔断盒

3.2.2 皮带检查

奥迪 V6 某款发动机的其多楔皮带有两条，如图 3-80 所示。内侧的皮带用于驱动空调压缩机，外侧的皮带用于驱动发电机。整个皮带传动装置无须保养。皮带传动机构使用自动张紧装置来对皮带实施正确张紧。

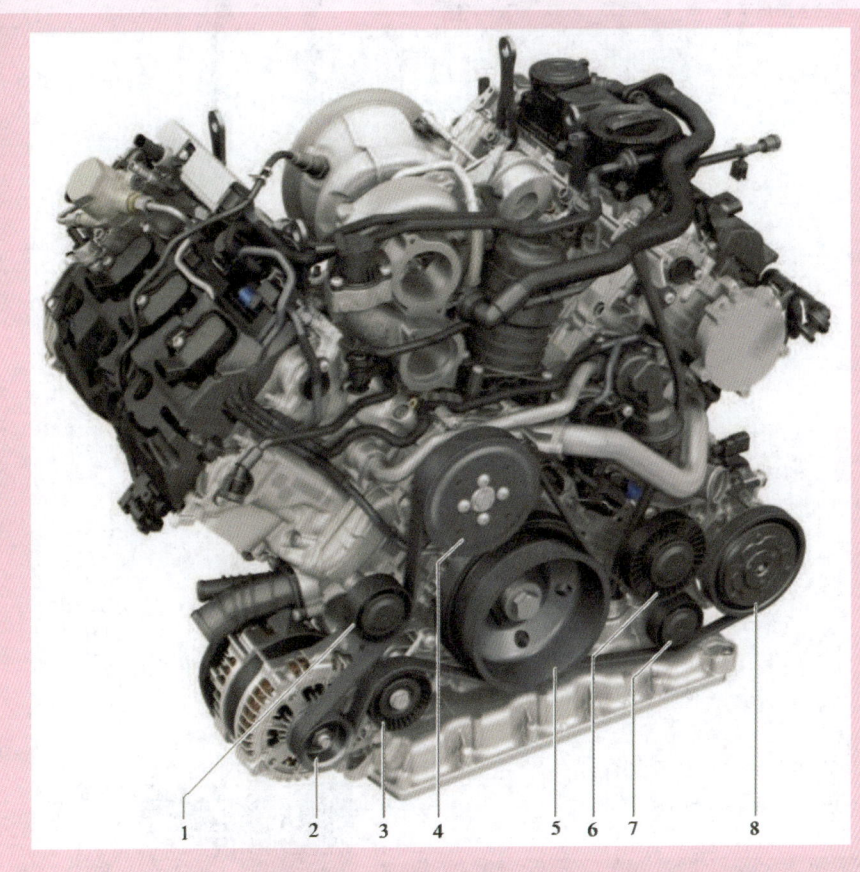

图 3-80　多楔皮带（两条）

1，7—导向轮；2—发电机皮带轮；3，6—张紧轮；4—水泵皮带轮；
5—曲轴皮带轮；8—空调压缩机皮带轮

如图 3-81 所示是传动比较简单的多楔皮带，驱动发电机和空调压缩机，通常习惯称其为发电机皮带。皮带上不能有机油和油脂痕迹；在维修其他作业时，要避免皮带上沾到油污。

检查并发现有以下情况之一，必须更换多楔皮带。

① 检查皮带基层是否有裂纹、中心断裂、截面断裂的情况。

② 检查皮带是否有层离和加强筋散开的情况。

③ 如图 3-82、图 3-83 所示，检查皮带是否有齿面磨损、齿面磨蚀、齿面散开、齿面硬化、玻璃状齿面、表面裂纹等情况；如果有，则需要更换皮带。

图 3-81 多楔皮带

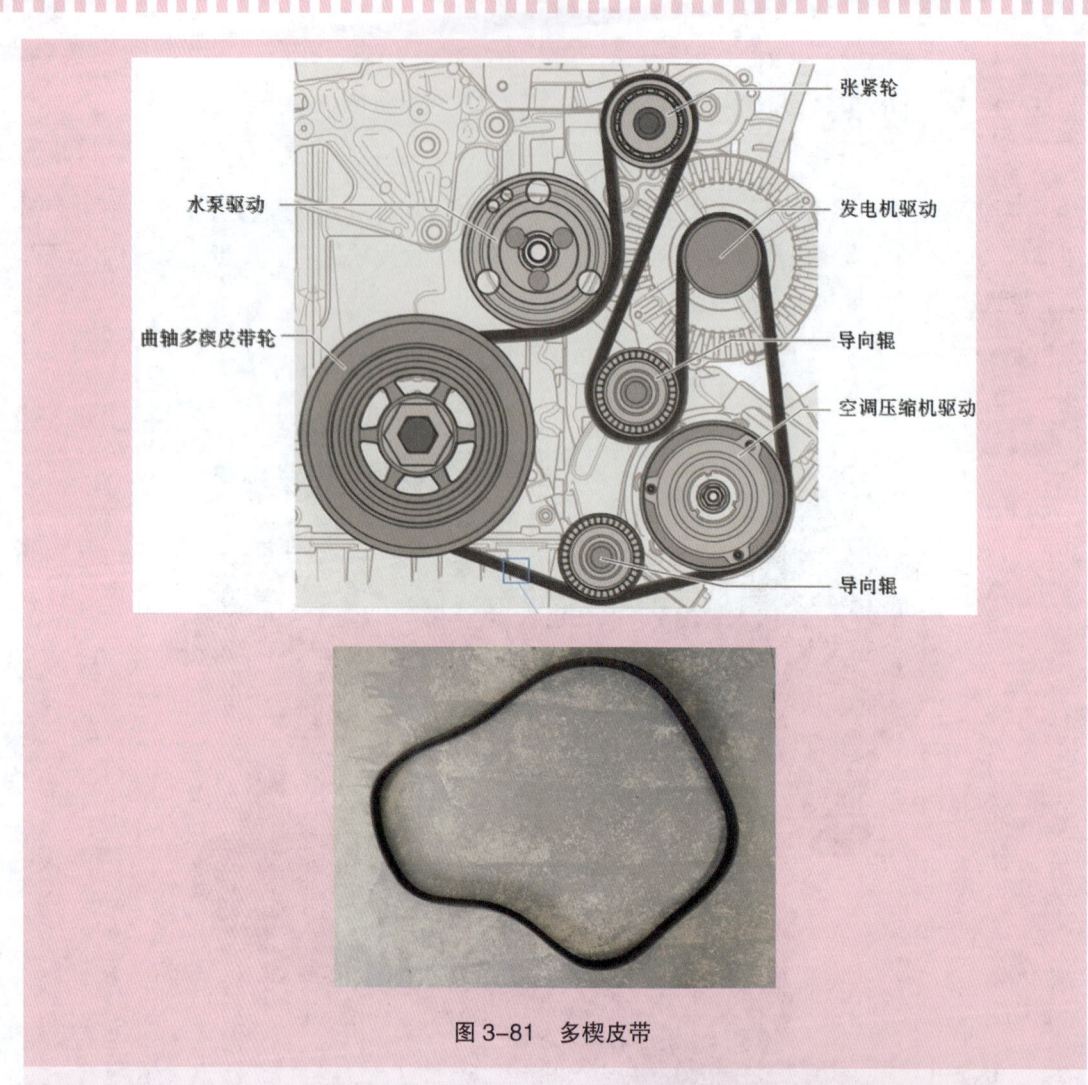

图 3-82 多楔皮带破损　　　　图 3-83 多楔皮带老化

3.2.3　发动机保养

汽车保养项目包括检查项目和更换项目，通常更换所谓的机油"三（四）滤"都在常规的定期保养范围内，也是最为重要的保养项目。保养所用到的专门工具为机油滤芯扳手、抽油机等设备。

1 发动机保养流程

保养可按如图3-84所示的框图流程进行，该流程不一定一成不变，可根据保养项目、双人操作还是单人操作、举起车辆和降下车辆等来安排更优化的保养流程，提高作业效率。

检查保养项目 → 更换机油机滤 → 更换燃油滤清器 → 检查自动变速器油（ATF）→ 更换空气滤清器 → 更换空调滤清器

图 3-84　发动机保养流程

2 发动机保养项目

表3-1为发动机保养项目，根据实际行车情况和更换机油的品质可以调整更换间隔里程。

机油的更换期限一般为5000~7500km或者6个月，以哪个先到为准。即使是最好的全合成机油，也不要超过10000km。建议购买的新车或者刚刚大修完的车辆第一次应该小于5000km更换机油。其他保养项目也可以根据行车环境等，视实际情况而略调整保养里程或时间。

表 3-1　发动机保养项目

保养和检查项目/内容	每隔千米数（到该里程所需要保养的项目）						保养所需配件
	7500km	15000km	30000km	50000km	60000km	120000km	
发动机机油及机油滤清器更换（行驶里程较少的车辆建议每6个月更换）	●	●	●		●	●	机油、机油滤清器
空调滤清器：更换滤芯（行驶里程较少的车辆建议12个月更换）		●	●		●	●	机油"四滤"
空气滤清器：更换滤芯（行驶里程较少的车辆建议每12个月更换）		●	●		●	●	机油"四滤"
火花塞：更换（根据火花塞类别品质、规格、使用情况来确定）			●		●	●	机油"四滤"+火花塞

续表

保养和检查项目/内容	每隔千米数（到该里程所需要保养的项目）						保养所需配件
	7500km	15000km	30000km	50000km	60000km	120000km	
楔形皮带：检查，必要时更换（正常磨损寿命在120 000km左右）						●	机油"四滤"+火花塞+楔形皮带
燃油滤清器（外置）		●	●		●	●	机油"四滤"+火花塞+楔形皮带+前制动片
燃油滤清器（燃油箱内置集成式）					●	●	机油"四滤"+火花塞+楔形皮带+前制动片
防冻液（两年更换一次）							防冻液

注：机油"四滤"为机油滤清器、空气滤清器、空调滤清器和燃油滤清器。

（1）更换机油和机油滤清器。

① 用抽油机抽吸发动机内的旧机油，或者举升机举起车辆，拧开机油底壳的放油螺栓，把旧机油流入废油回收收集器中。

> 📝 **补充说明**
>
> 一定要重视机油保养。发动机机油有润滑、冷却、密封、清洁、防腐这五点重要的作用。

② 用适合的机油滤清器扳手拆下机油滤清器。

③ 安装时在新机油滤清器的橡胶垫圈上涂一点机油（图3-85），拧上新机油滤清器。

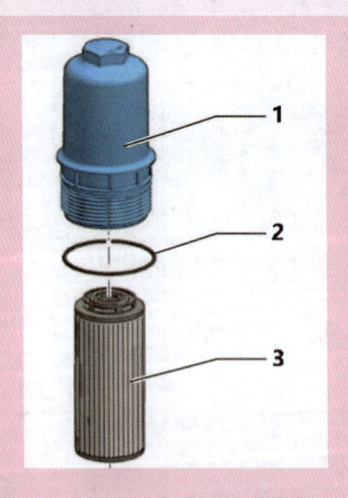

图3-85 机油滤清器（橡胶垫圈涂抹机油）

1—机油滤清器壳；2—橡胶垫圈；3—机油滤清器（机油滤芯）

④ 如图 3-86 所示，用机油滤清器扳手拧紧。

⑤ 加入机油，盖好机油加油盖，并起动发动机，检查机油滤清器和放油螺塞处是否有渗漏现象。

图 3-86 用机油滤清器扳手拧紧

> **补充说明**
>
> 　　机油滤清器非常重要，一定要更换高品质的产品。发动机采用压力和飞溅两种润滑相结合的润滑方式，机油泵输送的全部机油在到达润滑部位前都要通过该滤清器。因此润滑部位只获得经过清洁的机油。

（2）检查机油。

① 保持车辆水平停放，起动发动机至正常工作温度后停机。

② 5min 后拔出机油标尺，观察油面高度和机油状况。如图 3-87 所示，检查应该在 1～2 为机油量正常。

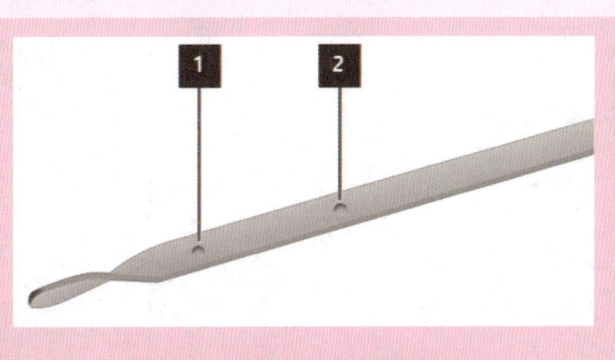

图 3-87 机油标尺（检查机油量）

1—油位下线；2—油位上线

（3）更换燃油滤清器。

1）操作事项。燃油滤清器过滤燃油中的杂质和水分，防止燃油系统堵塞，保证发动机正常工作。

① 拆卸燃油滤清器（汽油滤芯）燃油管接头，如图3-88所示。

② 拆下燃油滤清器。

> **维修提示**
>
> 燃油滤清器上有箭头标记表示燃油流动方向，安装时接头不要混淆。

图3-88 燃油滤清器

2）燃油管路连接接头。我们要了解燃油滤清器与油管使用专门的连接接头的插接情况。连接接头简化了燃油系统部件的安装和连接，这些接头包括一个独特的插座连接器和一个兼容的外螺纹管接头。位于插座连接器内的O形密封圈可密封燃油。位于插座连接器内的整体式锁紧凸舌将接头固定在一起。燃油管路连接接头操作与说明见表3-2。

表3-2 燃油管路连接接头

操作/说明	图 示
在两侧有分离按钮的插入式接头	
先沿箭头 A 方向按压插入式接头1。 按下并保持分离按钮。 再沿箭头 B 方向将插入式接头1从燃油管2上拉出。 燃油管的插入式接头在连接时必须听到啮合的声音。 安装好后拉动一下以保证接头紧固	

续表

操作/说明	图示
带有拉动分离机构的插入式接头	
先沿箭头 A 方向按压插入式接头 1。 沿箭头 B 方向拉动分离机构 2。 再沿箭头 B 方向将插入式接头 1 从燃油管 3 上拉出。 燃油管的插入式接头在连接时必须听到啮合的声音。 安装好后拉动一下以保证接头紧固	
带有前部按钮箭头的插入式接头	
按压分离按钮箭头并拉出插入式接头。 燃油管的插入式接头在连接时必须听到啮合的声音。 安装好后拉动一下以保证接头紧固	
在两侧有分离按钮箭头的插入式接头	
先沿箭头 A 方向按压插入式接头。 再按压分离按钮箭头并沿箭头 A 相反的方向拉出插入式接头。 燃油管的插入式接头在连接时必须听到啮合的声音。 安装好后拉动一下以保证接头紧固	
在两侧有分离按钮箭头的插入式接头	
按压分离按钮箭头并拉出插入式接头。 燃油管的插入式接头在连接时必须听到啮合的声音。 安装好后拉动一下以保证接头紧固	
在两侧有分离按钮箭头的插入式接头	
先沿箭头 A 方向按压插入式接头 1。 再按压分离按钮箭头 B,并沿箭头 A 相反的方向拉出插入式接头。 燃油管的插入式接头在连接时必须听到啮合的声音。 安装好后拉动一下以保证接头紧固	

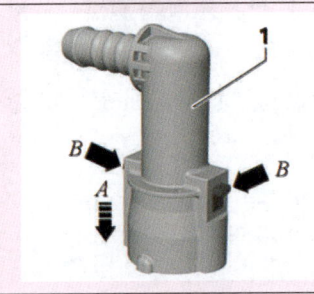

续表

操作/说明	图示
在两侧有分离按钮 2 的插入式接头 1 先沿箭头 A 方向按压插入式接头 1。 再沿箭头 B 方向按压插入式接头 1 的分离按钮 2，并沿箭头 A 相反方向拉出插入式接头 1。 燃油管的插入式接头在连接时必须听到啮合的声音。 安装好后拉动一下以保证接头紧固	

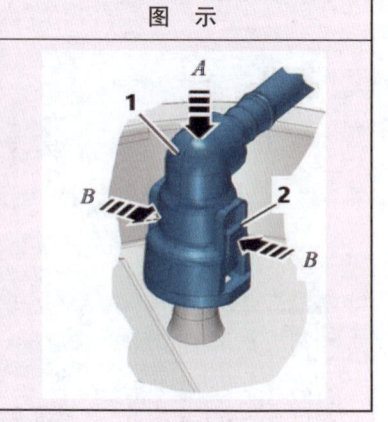

（4）更换空气滤清器。空气滤清器（图 3-89）用于过滤清除空气中的微粒杂质。发动机工作时，如果吸入空气中含有灰尘等杂质将加剧零件的磨损，所以必须安装空气滤清器且要保证质量。

图 3-89 空气滤清器（空气滤芯）

① 更换空气滤清器首先要拆开其壳体盖（图 3-90）。有些空气滤清器上壳是用螺钉锁紧的，但拆装一般比较简单。

② 如图 3-91 所示，通常空气滤清器上壳体盖四周有卡扣，用于将塑料壳体压紧在空气滤清器上方，以保持进气管路的密封。卡扣的结构较为简单，通过向外扳卡扣就能将其拆除。掰开卡扣后打开塑料壳体，取出空气滤清器（空气滤芯）。

③ 安装空气滤清器也比较简单，注意上下壳体合严及卡扣安装到位。

图 3-90 空气滤清器

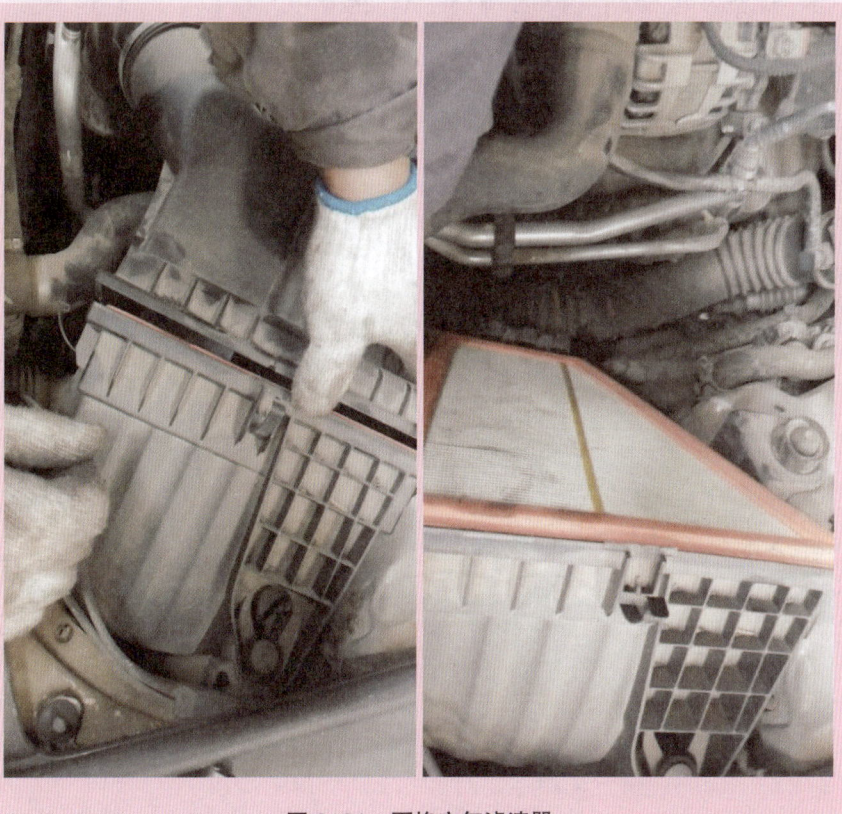

卡扣
空气滤清器外壳

图 3-91 更换空气滤清器

3.3 发动机拆装操作

3.3.1 基本检查和操作

1 密封胶的使用

(1)密封垫的清洁方法。为达到最好的效果,先清除黏附在该部件上的旧密封胶、密封垫。

① 可以使用刮泥器和刷子等清除尘土和旧密封胶、密封垫。
② 用清洗油辅助密封填料的拆卸。
③ 用清洁的汽油去除残留油。

> **维修提示**
> ① 小心不要造成涂有密封剂的表面有任何的弯曲或损坏。
> ② 涂有密封剂的表面上如有任何油或异物,将不利于紧密黏结并导致漏油。

(2)涂抹密封胶(图3-92)。在全部表面均匀地涂抹一层密封胶,不要有任何间隙。密封胶的位置和数量(厚度)有规定值。

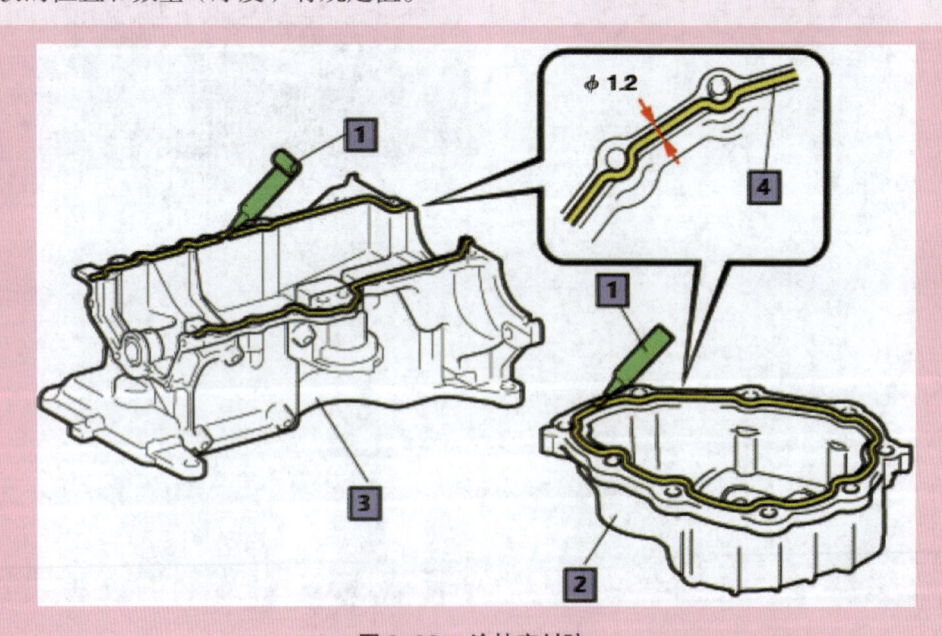

图3-92 涂抹密封胶

1—密封胶;2—变速器壳盖;3—1号油底壳;4—涂抹密封胶

安装前检查表面有无异物。

要注意以下几点。

① 一些密封胶在涂抹后会立即硬化，所以要迅速安装该部件。

② 安装新部件后，至少两个小时内不要加油。

③ 如果零部件在黏上后需移动或分开，要把原有的密封胶全部清除并重新涂抹。

④ 如果密封胶的涂抹位置错误或太少将导致漏油。

⑤ 如果涂抹过多密封胶将堵塞油路和过滤器。

2 拆装螺栓顺序

（1）气缸盖。气缸体这类矩形部件在拆卸时，应从外侧向内侧松动螺栓；安装时应从内侧向外侧紧固螺栓。

（2）离合器壳。对于离合器壳这类圆柱形部件，应在对角线方向每次少许松动或紧固螺栓。螺栓紧固顺序如图3-93所示。

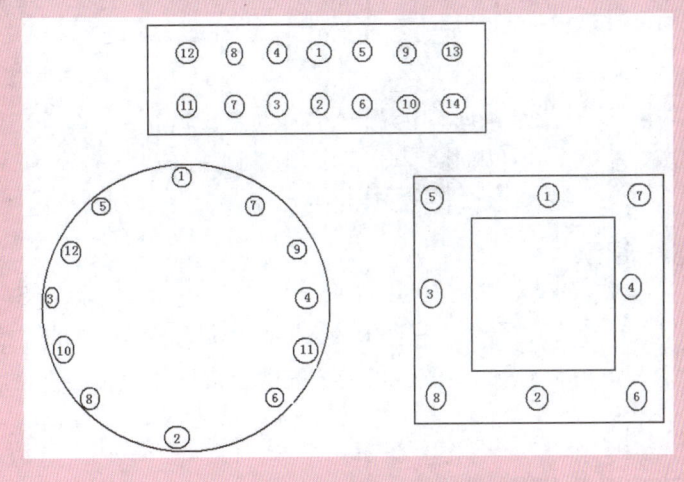

图3-93 螺栓紧固顺序示意图

3 零部件安装位置和方向

某些零件安装时有规定的位置和方向。如未正确地遵守安装要求，这些零件可能会受到损坏，或即使安装上了以后，也会出问题。

这些零件具有特殊的标记、形状、识别号等，例如轴瓦的安装方向。在拆卸这些零件时，应认真记录它们的特征，确保按原样更换。

关于具有规定位置和方向的零件安装，注意事项如下。

（1）做匹配标记/标签。

（2）进行临时安装。

（3）按分解的次序排列零件/做上标识号。

（4）检查方向。

> **举例说明**
>
> 图 3-94 所示为曲轴轴瓦的安装位置和方向。
>
> 图 3-94 曲轴轴瓦的安装位置和方向
> 1—特性标记；2—识别号；3—曲轴轴承盖

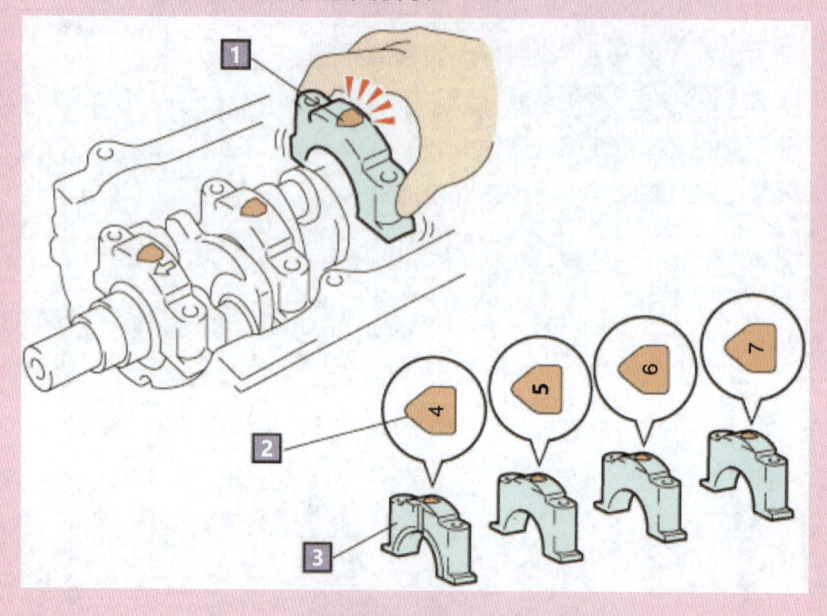

4　检查零部件间隙

间隙是指部件之间适度的空间，机油在这些间隙中进行润滑；而且，保持合适的间隙能防止卡死和噪声。为保持合适的间隙，可调节间隙至规定值或更换部件。

3.3.2　拆下发动机总成

确保举升机有足够的负重能力，以及其在提举和支撑工作时处于水平位置，使用手制动和楔子来固定车轮。不要在只靠一个千斤顶支撑的车顶或底部工作。必须把车支撑在举升机上。

从车上拆下发动机是个比较复杂的作业工程，涉及很多附属零部件的拆卸。首先要拆卸相关油液管路、电器连接件、机械连接件等，然后移出发动机。操作要点如下。

（1）断开蓄电池的接地端。

（2）排空冷却系统。

> **维修提示**
>
> 为了避免给电子元件带来损害，运行电子系统时要先断开蓄电池连接。首先断开且最后接上接地电线。确保蓄电池导线连接正确，不能存在潜在隐患。

（3）给燃油系统泄压。

（4）将冷却液软管从加热装置热交换器上拆下。

（5）松开夹子并从散热器上断开顶部软管的连接，从散热器的保持支架上松开软管。

（6）拿开把顶部软管保持支架固定到散热器上的螺栓并拿开支架。

（7）拧下螺母并从起动机电动机上断开蓄电池导线的连接；从起动机上断开接头；拿开固定发动机接地导线的起动机电动机螺栓并把导线移到旁边；如果熔丝盒在发动机罩下，拿开螺栓并从发动机罩下面的熔丝盒上断开蓄电池导线的连接，从发动机罩下熔丝盒上断开连接器的连接。

（8）从主线束连接器上断开变速器线束的连接。

（9）放松夹子并从燃油导轨上断开软管的连接。

（10）放松夹子并从冷却液导轨上断开软管的连接。

（11）放松夹子并从膨胀箱软管上断开加热器软管。

（12）拆卸起动机。

（13）拆卸影响发动机整体卸出的周围附件，如有的车辆的发电机或者皮带等会影响拆卸作业。

（14）拆卸把发动机下后系杆固定到油底壳和副车架上的螺栓，拿开下后系杆。

（15）拆卸把换挡杆固定到变速器上换挡轴的螺母并从换挡轴上松开变速杆。

（16）从球头侧拆下转向拉杆。

（17）使用专用工具从变速器上松开左内驱动轴接头。往外拉前毂并从变速器上拿开驱动轴和中间轴，把轴放平直了，以防止对变速器内的油封造成损害。

（18）使用举升机并把可调举升支架连到发动机上。

（19）拆下发动机支架螺栓。拆下固定发动机托架的螺母或螺栓并拿开支座，拆卸变速器上的固定支座螺栓。再次检查确认附件都已断开连接，从车上移出发动机总成。

3.3.3 拆下气缸盖

1 拆卸电气连接件

（1）拆卸燃油泵熔丝，起动发动机；在发动机熄火后，转动曲轴10s，以释放燃油系统中的燃油压力。

（2）断开蓄电池负极电缆。

（3）拆下点火线圈，如图3-95所示。

（4）拆卸附件及电气连接件，拆卸出水法兰或水管。

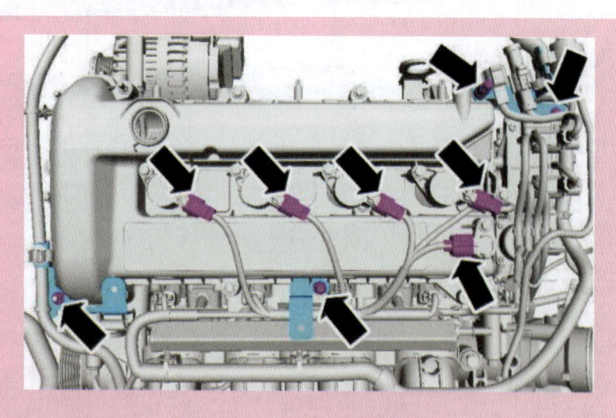

图 3-95 拆下点火线圈

2 拆卸进气歧管

（1）从进气歧管上断开蒸发排放碳罐清污电磁阀并松开托架螺栓。

（2）断开进气歧管空气温度传感器连接器。

（3）从节气门体上断开进气管。

（4）断开怠速空气控制阀连接器。

（5）断开节气门位置传感器连接器。

（6）断开歧管绝对压力传感器连接器。

（7）从节气门体上断开冷却液软管。

（8）断开所有必要的真空软管，包括燃油压力调节器上的真空软管和进气歧管上的制动助力器真空软管。

（9）从节气门体和进气歧管上断开节气门拉线（使用拉线式操作此步骤）。

（10）从进气歧管上拆卸节气门拉线托架螺栓（使用拉线式操作此步骤）。

（11）拆卸发电机至进气歧管管箍带托架螺栓和箍带。

（12）拆卸动力转向机软管卡箍螺栓并将软管从修理部位移开。

（13）从发动机体和进气歧管上拆卸进气歧管支架螺栓。

（14）拆卸进气歧管支架，按顺序拆卸进气歧管固定螺栓。

（15）拆卸进气歧管，拆卸进气歧管衬垫。

3 拆卸排气歧管

（1）从发动机体和排气歧管上拆卸排气歧管支架螺栓；如果有隔热板，一并拆下隔热板。

（2）拆卸排气歧管支架，按顺序拆卸排气歧管固定螺栓。

（3）拆卸排气歧管，拆卸进气歧管衬垫。

4 拆卸气门室罩盖

（1）将气缸盖罩螺栓按对角顺序拧下。

（2）取下气缸盖罩，将气缸盖罩放置在一个干净的软垫层上。

（3）取下气门室罩盖垫，注意保持气门室罩盖垫的完好。

5 拆卸凸轮轴正时机构

就车作业来讲，只拆卸下气缸盖作业，那么拆卸正时传动机构凸轮轴正时链（或齿形带）在缸盖的部分即可，使缸盖与缸体分离。拆装正时链之前要校对正时标记。

6 拆下气缸盖

（1）用力矩扳手将气缸盖螺栓按对角1～10顺序拧松，然后旋出，如图3-96所示。

（2）取下气缸盖，将气缸盖放置在一个软垫层上；注意保持气缸垫的完好。

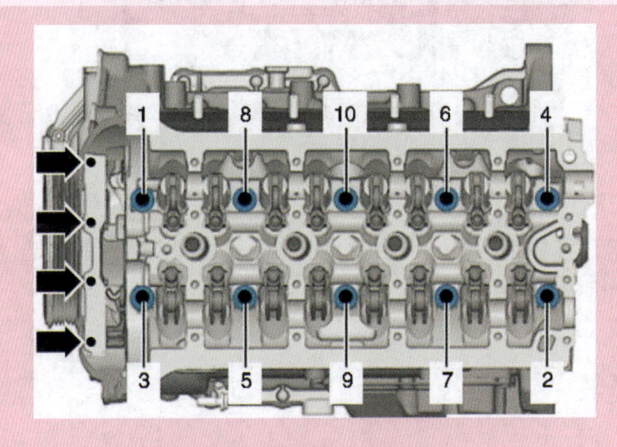

图3-96 拆下气缸盖螺栓的顺序

3.3.4 拆解气缸盖

1 拆卸火花塞

如果火花塞还继续使用，那么要放置好火花塞，以免损伤电极。

2 拆卸凸轮轴

（1）位于每个气缸侧面的双凸轮轴由凸轮轴架支撑，并与气缸盖直线排列。一般凸轮轴由一个安装法兰定位，该安装法兰同时还控制凸轮轴的浮动端。拆卸法兰的螺栓，取下法兰。

（2）按图3-97所示的顺序渐次松开把凸轮轴支架固定到气缸盖上的螺栓，直到气门弹簧压力不再作用到凸轮轴上，同时拿开螺栓。

（3）取下凸轮轴，并废弃凸轮轴油封。油封一定不能再次使用，一旦拆卸，安装时须更换新油封。

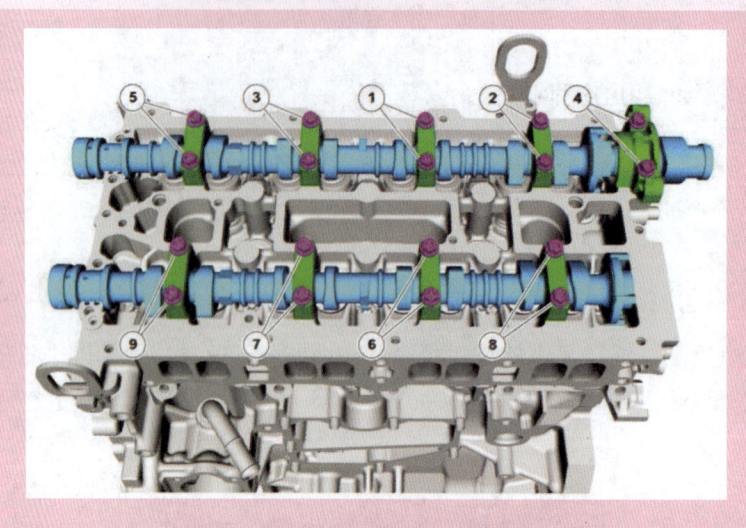

图3-97 按顺序拆卸凸轮轴固定螺栓

> **补充说明**
>
> 按安装顺序把液压挺柱倒置放好，处理液压挺柱时要保持绝对的清洁。如果不能注意这些要点，将会导致发动机故障。

3 取出液压挺柱

自我调节型轻量的液压气门挺柱（图3-98）安装在每个气门的顶部并直接与凸轮轴接触，如图3-97所示。液压气门挺柱由凸轮轴直接驱动。气门挺柱油封是铸在金属上的，它同时也作为气缸盖上的气门弹簧座。

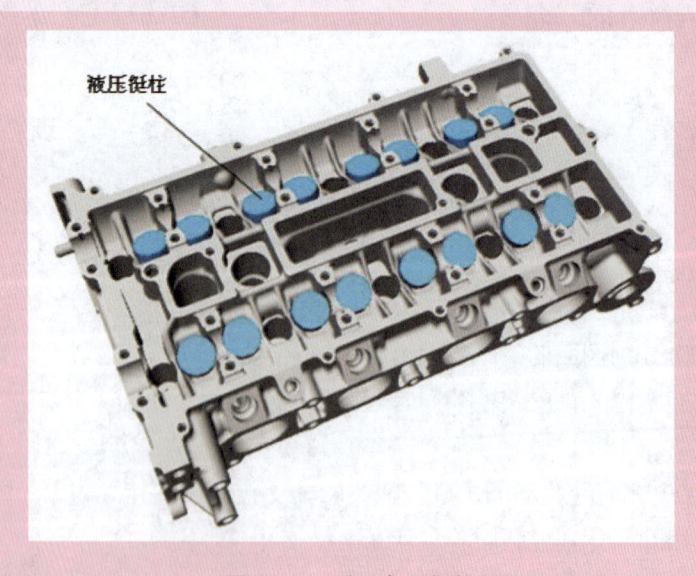

图3-98 液压气门挺柱

4 拆卸气门弹簧

如图 3-99 所示的拆卸气门弹簧工具操作简单方便，购买相对便宜。修理厂和小维修店使用第二种拆卸气门弹簧工具较多，如图 3-100 所示。

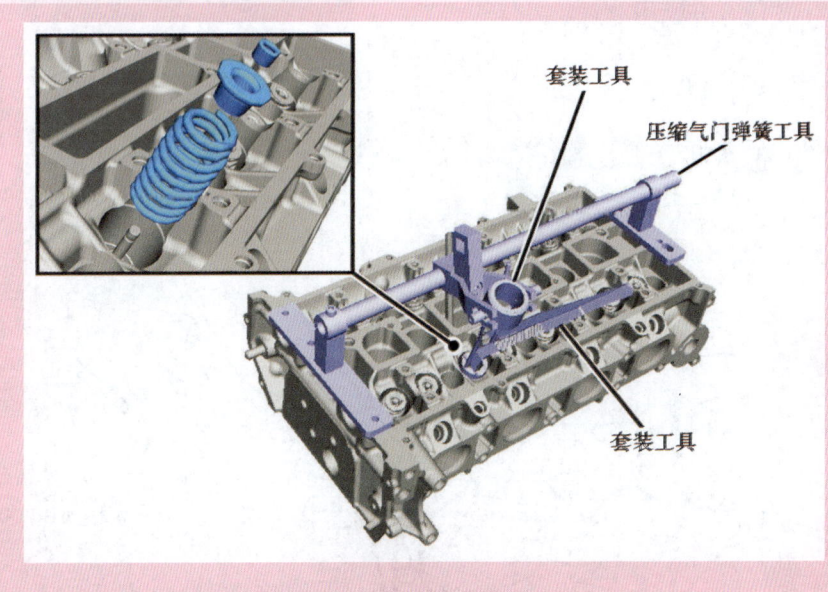

视频：拆卸气门弹簧

图 3-99　拆卸气门弹簧工具（一）

（1）使用专用压簧工具压下气门弹簧。
（2）拿开气门弹簧锁夹，松起压簧工具，松开气门弹簧。
（3）取下气门弹簧。
（4）取下气门弹簧垫片。

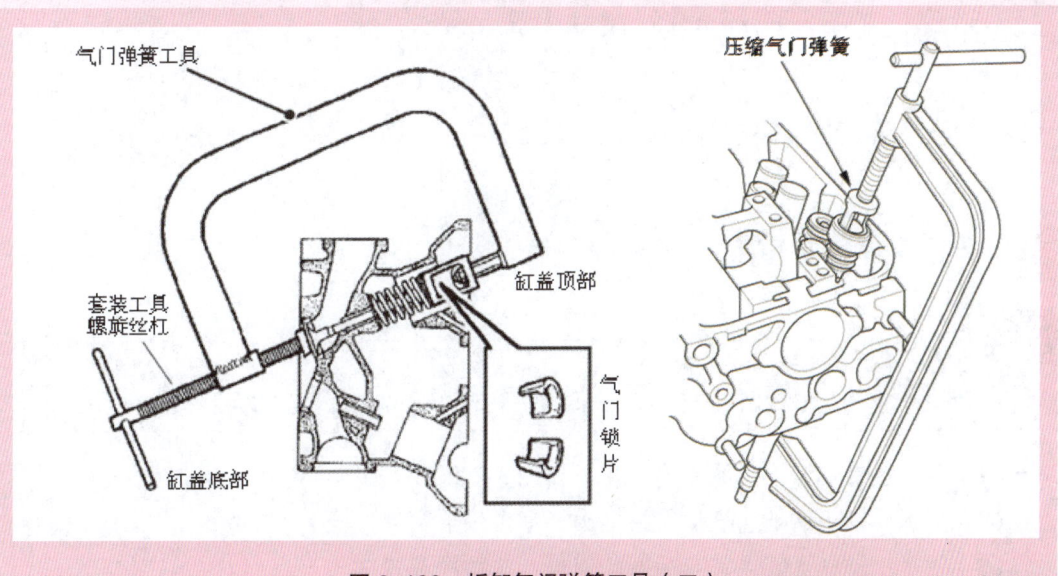

图 3-100　拆卸气门弹簧工具（二）

5 取下气门

每个气门座有 3 个机加工面，提高气门与座之间的密封性能。

（1）在气门底部做好标记，记录气门所属的气缸。

（2）取下气门，并顺序放置。

6 拆下气门油封

气门油封一旦拆卸必须废弃，不能再次使用。如图 3-101 所示，用气门油封专用工具夹出气门油封。

视频：拆下气门油封

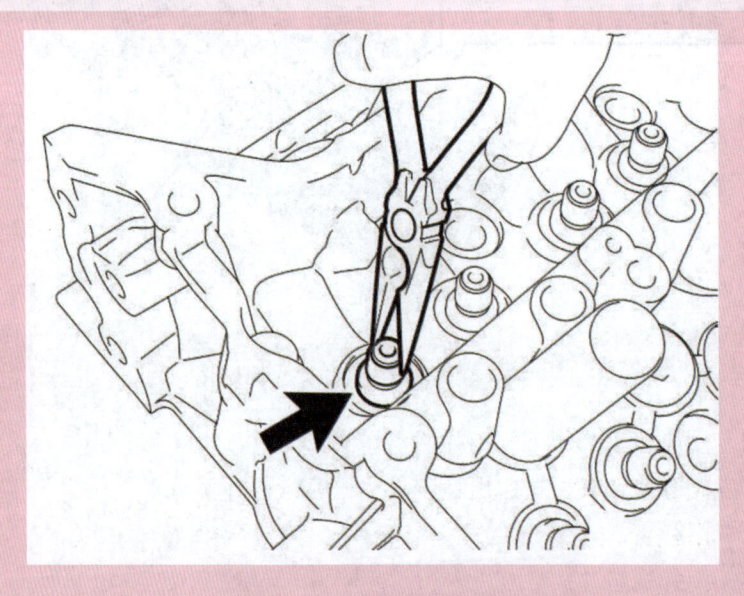

图 3-101 取下气门油封

3.3.5 拆装气缸体部件

1 拆卸连杆和活塞

> **维修提示**
>
> 拆卸之前，注意每个组件的位置，在每个活塞和连杆上做对应气缸的标记。

（1）拆卸连杆瓦螺栓，取下连杆瓦，如图 3-102 所示。

（2）用木质锤子柄把连杆从气缸捅出，拿出带活塞的连杆。

（3）逐个把连杆瓦安入带有活塞的连杆，按顺序放置。

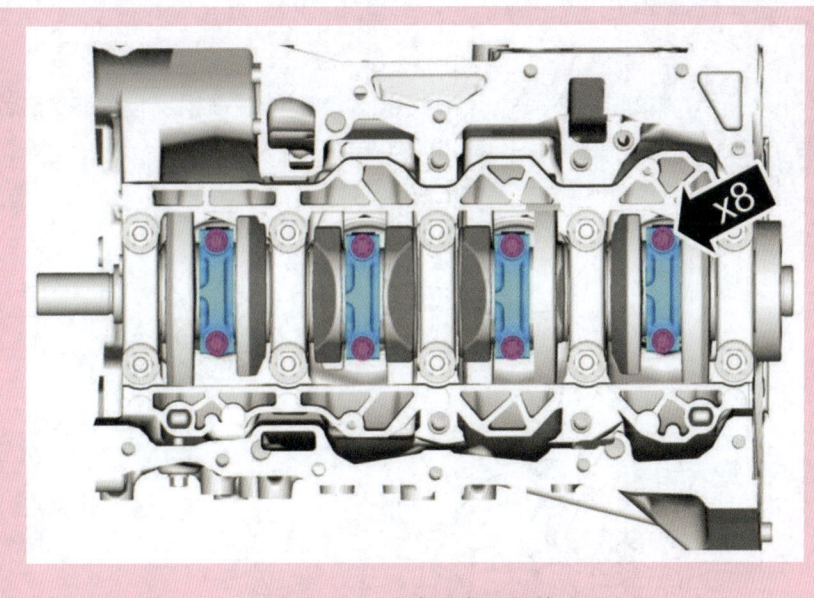

图 3-102 拆卸连杆瓦螺栓

2 拆卸曲轴轴承盖

（1）按顺序每次旋松轴承盖螺栓，重复操作直到所有的螺栓都松动为止，如图 3-103 所示。

图 3-103 拆下曲轴轴承盖（大瓦盖）

（2）拆下曲轴轴承盖并取出曲轴。
① 将轴瓦从轴承盖上拆下，按次序摆放好所有的轴承盖。
用两个拆下的轴承盖定位螺栓做工具，拆下 5 个轴承盖和 5 个下轴承。

> **补充说明**
>
> 如图 3-104 所示,将螺栓插入其中一个轴承盖,轻轻拉起气缸体并向其前侧和后侧施力从而拆下轴承盖。小心不要损坏盖和气缸体的接触面。
>
> 图 3-104 拆下曲轴轴承盖

② 将曲轴抬出发动机气缸体。

(3) 取出轴瓦和止推垫片。取出轴瓦且做好标记,不要混淆运转过的轴瓦。轴承盖上的轴瓦无润滑槽,气缸体上的轴瓦有润滑槽。

3 把新活塞安装在连杆上

(1) 如图 3-105 所示,先在一侧安装活塞销卡环。

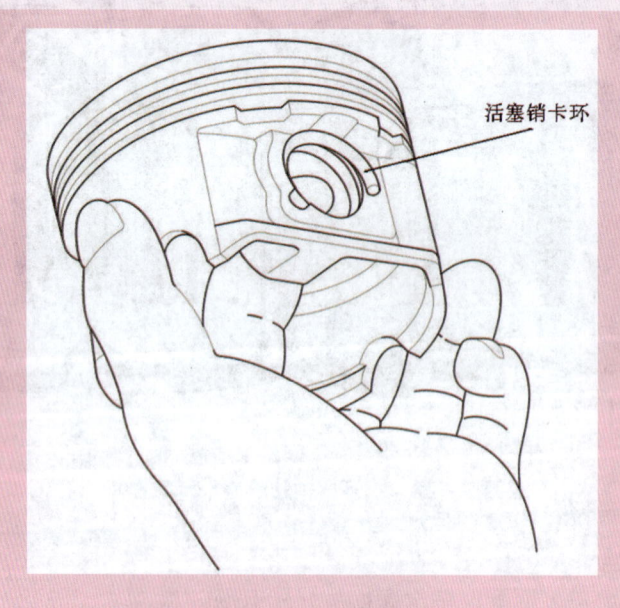

图 3-105 安装活塞

（2）安装活塞和连杆，使压印标记在同一侧。

（3）安装活塞销。

（4）安装另一侧卡环。

用同样的方法重新装配其他的活塞。

传统连杆分离面是平的，所以有安装朝向标记，安装时注意标记，如图3-106所示。

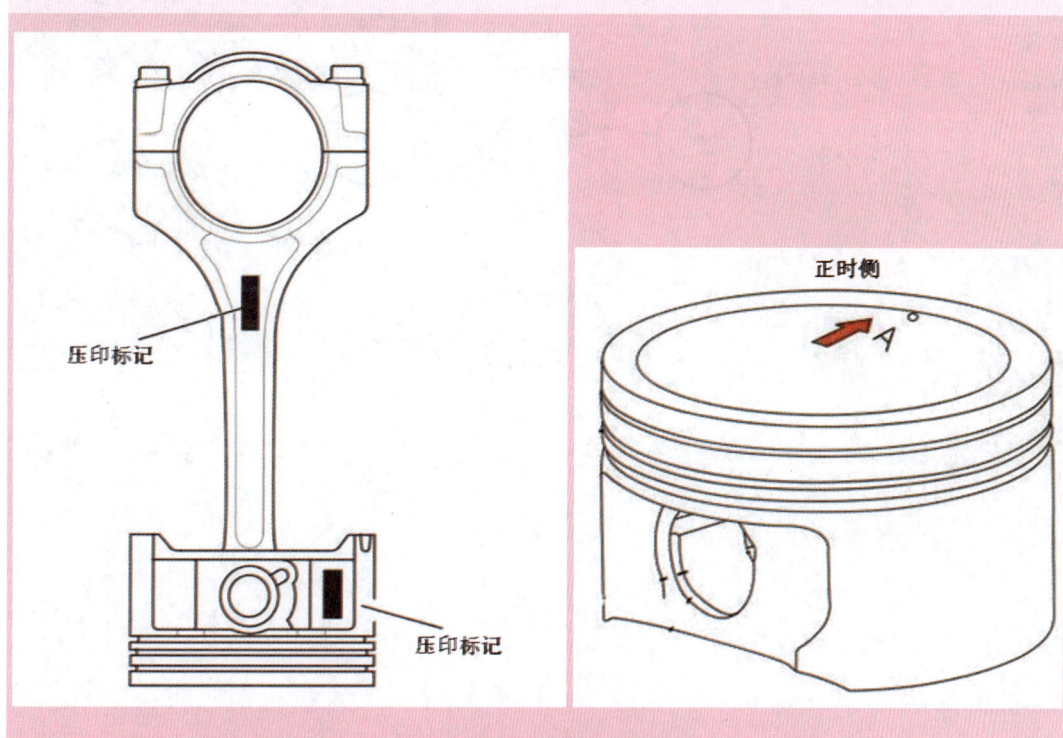

图3-106　活塞和连杆标记

如果是分体式连杆，分离面不是平的，取消了连杆瓦定位凸起。

4 安装活塞环

（1）清理活塞环槽。如果是旧活塞，要清理活塞环槽。用一个直角断裂的环或一个带刮片可适应活塞环槽的环槽清理器彻底清理所有环槽。如有必要，锉平刮片。

（2）安装活塞环。

① 按顺序安装刮油环、第二压缩环、第一压缩环（可使用专门的活塞环扩张器安装活塞环）。使TOP或识别标记朝活塞的上部。

② 在活塞环槽内旋转活塞环，确保活塞环不卡滞。

如图3-107所示，第一道气环有标记，第二道气环有标记，制造标记必须朝上。

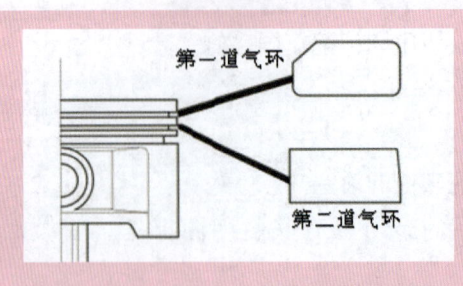

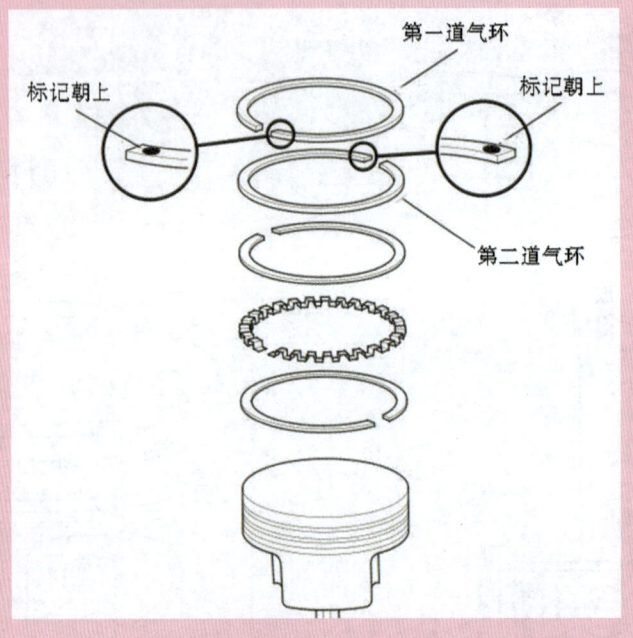

图 3-107 活塞环朝向

（3）安装活塞环的位置如图 3-108 所示。

① 第一道环开口与活塞销轴向成 45°。

② 第二道环开口与第一道环成 180°。

③ 第三道环与二道环成 90°。

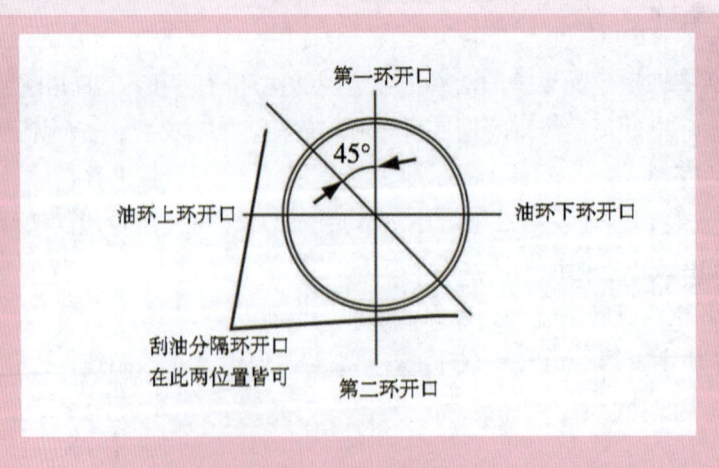

图 3-108 安装活塞环的位置

5 安装曲轴重要注意事项

（1）在曲轴各轴上涂抹少许机油。
（2）确认轴瓦沟槽的方向。
（3）确认气缸体上的机油孔与对应主轴承轴瓦上的机油孔已对正。
（4）在带止推轴瓦槽的一侧涂抹新的发动机机油，将止推轴瓦圈安装到第四轴颈止推槽内，如图3-109所示，沟槽向外。

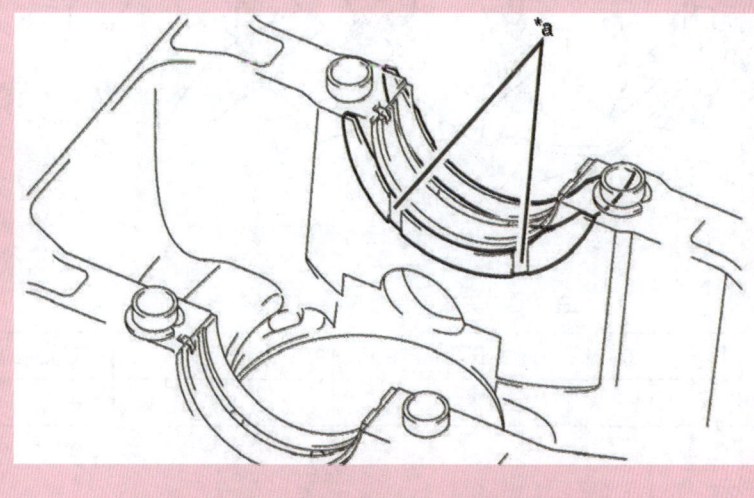

图3-109 安装止推轴瓦（或者叫止推垫圈）

3.4 发动机故障诊断

3.4.1 测量气缸压力

1 测量步骤

（1）关闭点火开关，拔掉燃油泵及喷油器供电熔丝。
（2）拆下所要检测气缸的火花塞。
（3）将气缸压力检测仪连接到火花塞螺纹孔内，并预紧。
（4）将节气门踏板踩到底。
（5）起动发动机直到检测仪不再显示压力上升为止。
（6）读取所检测气缸压力值。

气缸压力测量如图 3-110 所示。某车型气缸压力测量值见表 3-3。

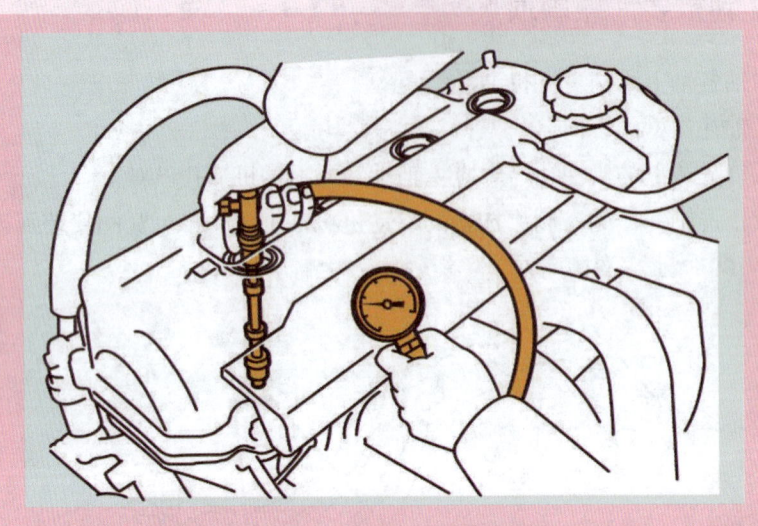

图 3-110 气缸压力测量示意图

表 3-3 某车型气缸压力测量值举例

项　目	标准压力 / kPa	磨损极限	气缸间的压力差 / kPa
数值	12.5 ± 1.5	0.7	3.0

2 判断方法

如果一个或多个气缸中压缩压力较低，则通过火花塞孔向压缩压力低的气缸内倒入少量发动机机油，然后再次检查气缸压缩压力。

如果加注机油能提高压缩压力，那么活塞环和气缸孔可能磨损或损坏。

如果压力仍然较低，那么可能是气门卡住或固定不当，或是垫片有泄漏。

3.4.2 发动机机械故障

1 发动机机油泄漏

首先排除机油油位不当或机油尺读数不正确。车辆停放在水平地面时，使机油回流并检查机油油位是否正确。检查曲轴箱通风系统是否阻塞或有零部件故障，并检查是否为涡轮增压器故障等。机油外漏必要时紧固螺栓或更换衬垫和油封。

（1）密封垫老化，油底壳垫、气门室盖垫、曲轴前后油封、凸轮轴油封，这些部件出现问题时只能更换。

在实际维修中多数须密封的部件表面需要涂抹密封胶，其应用方法如下。

① 从密封胶应用表面和配合面、固定螺栓和螺栓孔上彻底清除附着的旧密封胶。

② 擦拭干净密封胶应用表面和配合面，清除附着的水、润滑脂和异物。

（2）注意机油加油口，每次加机油小心稳当，不要外溢和滴漏。

（3）放机油口的螺栓，每次换完机油锁紧时要切记不能过度用力，尤其是铝制油底壳。过度用力几次后就可能会导致密封不严，渗漏机油。

（4）机油滤清器座密封不严渗漏机油，应更换密封垫圈。

> **举例说明**
>
> 如图3-111所示，发动机底板（油底壳）放油螺栓处渗漏机油，这种故障要视情况更换油底壳螺栓；如果油底壳上的螺纹损坏，则直接更换油底壳。
>
> 图3-111 发动机底板放油螺栓渗漏机油
>
> 如图3-112所示，发动机底板密封垫密封性能失效导致渗漏机油。这种故障应更换密封垫。
>
> 图3-112 发动机底板密封垫渗漏机油

2 发动机冷却液泄漏

（1）判断方法。

① 目测冷却液壶，其液体低于下限位置就需要补充防冻液。

② 仪表盘上的发动机温度指示灯点亮，报警温度升高。例如，捷达电子组合仪表温度指示针在90℃以上，则温度已上升，需检查是否有冷却液泄漏。

（2）原因和处理方法。

① 检查冷却液管路，尤其是散热器上下水管接口处、缸盖上出水法兰及水管接口处，还有暖风水箱接口处、水温传感器接口处及其他管路接口处。

处理方式：一般在接口处涂抹密封胶重新安装水管和更换卡箍即可解决。

② 冷却液系统部件损坏，造成冷却液泄漏和发动机温度过高。一般出现故障的部件有散热器、暖风水箱、水泵、出水法兰、冷却液罐（盖）。

处理方式：通过更换损坏部件来解决此问题，散热器视情况可加以焊补。

3 机械异响故障

（1）直观异响诊断特征。

① 根据声响的大小、发出的部位、声响的特征、振动的程度、故障生成的环境和时间特征及声响变化的规律等因素初步诊断。

② 观察排气、发动机温度、机油压力的变化及使用中的其他相关情况等作全面分析与推断，在诊断中必要时应借助诊断仪器，使异响的诊断更准确。

（2）气门机械异响特征。怠速时，在气门室处发出连续不断的有节奏的"嗒嗒嗒"声，响声清脆，易区分。若有多只气门脚响，则声音杂乱，且断火试验响声无变化。

（3）单一气门挺杆异响。单一气门挺杆异响是单一液压挺杆工作不良或气门杆弯曲造成的，如果响声过大，还会造成发动机怠速工作时运转不平稳。在诊断这种故障时可采用真空表检查发动机怠速运转时进气系统的真空度和用气缸压力表检查发动机气缸的压力。当真空表摆幅大于5kPa或气缸单缸压力过低或过高时，说明该缸进气挺杆或排气挺杆存在故障。

（4）曲轴主轴承异响。在气缸体下部靠近曲轴箱分界面处听见曲轴轴承响声沉重发闷。发动机一般稳定运转不响，突然改变转速时，发出沉重连续的"镗、镗"金属敲击声，严重时发动机发生振动；发动机转速越高，响声越大；发动机有负荷时，响声明显。

4 正时故障

如果正时机构发生机械故障，例如，装配时正时标记没有对准，正时链条张紧器故障等导致正时齿形皮带、正时链条跳齿或调牙错乱，轻则出现加速不良，排气管放炮，不能着车等现象；重则导致发动机顶气门而使气门和活塞机械损坏。

5 发动机进水

　　如果发动机进了水，简单来讲，进水导致发动机缸内压力特别大，顶了气缸。单纯的压缩力（气缸压力）问题是一个纯机械问题，进水会导致活塞损坏、连杆损坏等机械故障，如图 3-113、图 3-114 所示。

图 3-113　发动机进水导致的连杆弯曲

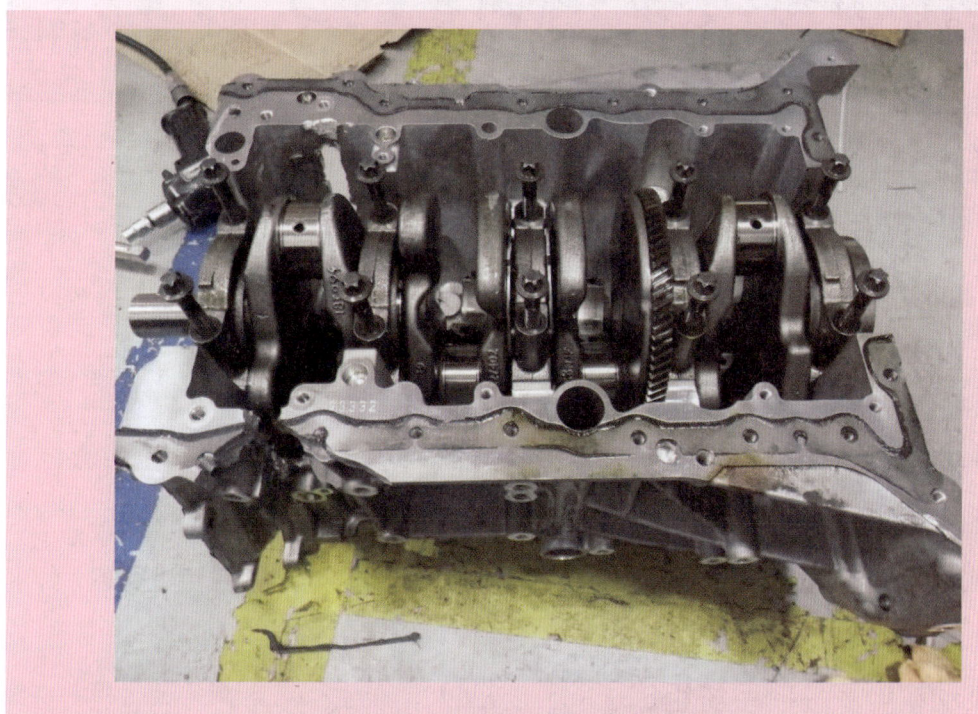

图 3-114　发动机进水导致的气缸体损坏

第4章　发动机控制系统维修

4.1　发动机控制系统认知

4.1.1　发动机控制系统概述

1　发动机动力的基本要素

汽油发动机通过汽油和空气混合气体的爆燃产生动力。汽油发动机产生动力的三个基本要素如图4-1所示。

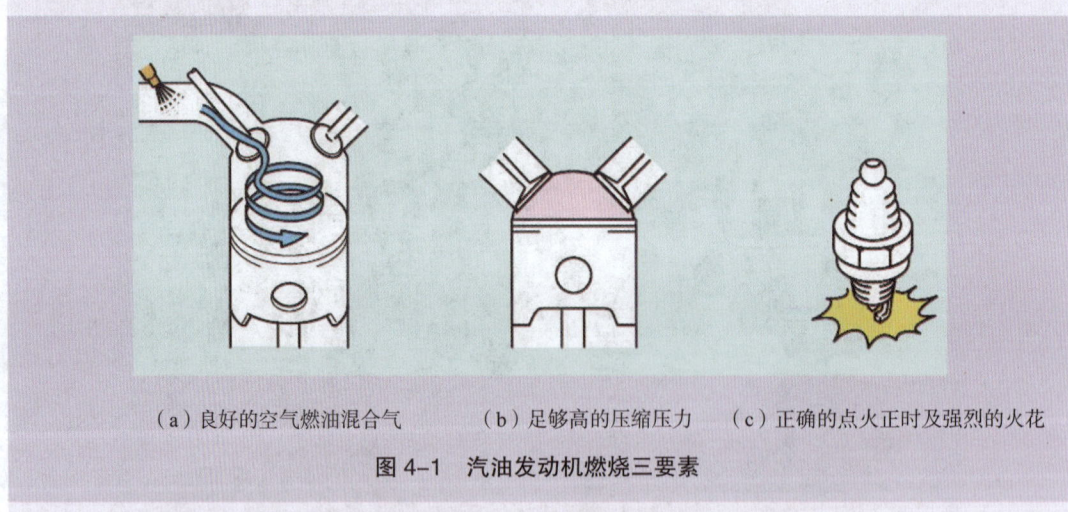

（a）良好的空气燃油混合气　　（b）足够高的压缩压力　　（c）正确的点火正时及强烈的火花

图4-1　汽油发动机燃烧三要素

为了同时满足这三个要素，严格控制空气燃油混合气的比例和点火正时是非常重要的。

2　发动机电子控制系统组成

为了使计算机正常地进行功能控制，要求由各种输出和输入的电气件组成系统，如

图 4-2 所示。

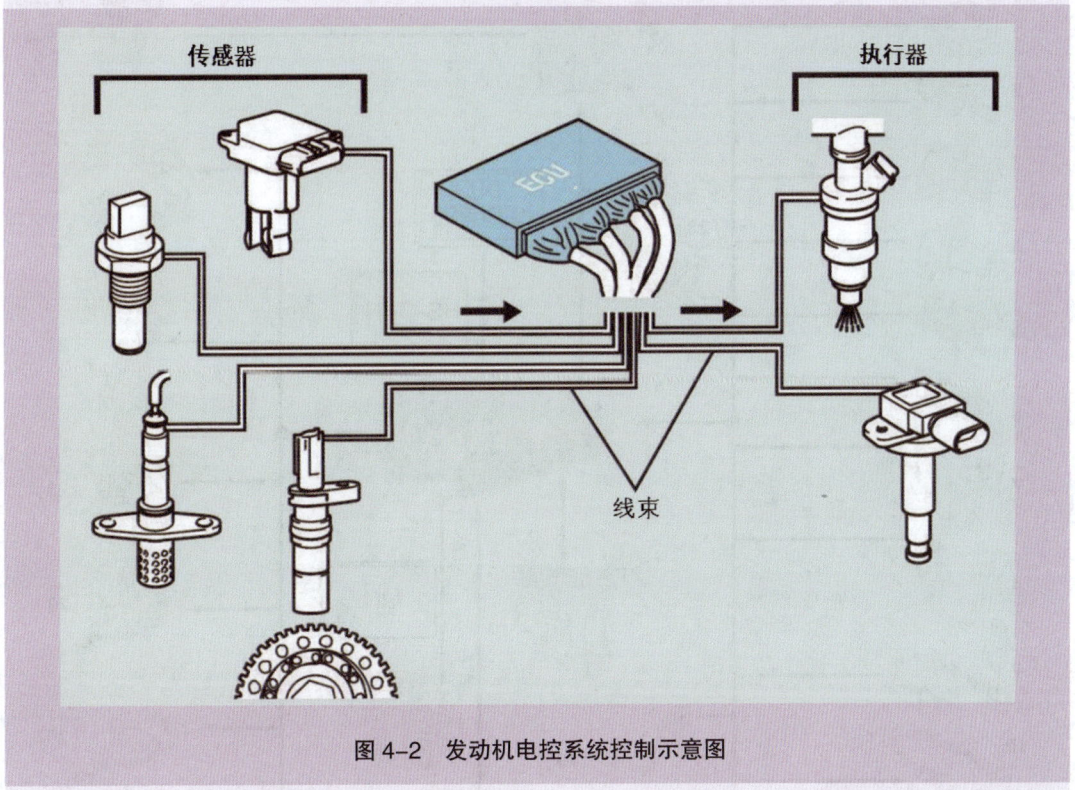

图 4-2 发动机电控系统控制示意图

在汽车上,传感器(例如水温传感器或空气流量计)要与输入元器件对应,而执行器(例如喷油器或点火器)要与输出元器件对应。控制系统的计算机则是所谓的控制模块或控制单元。

如图 4-3 所示,发动机控制系统由传感器、发动机控制模块、执行器三部分组成。

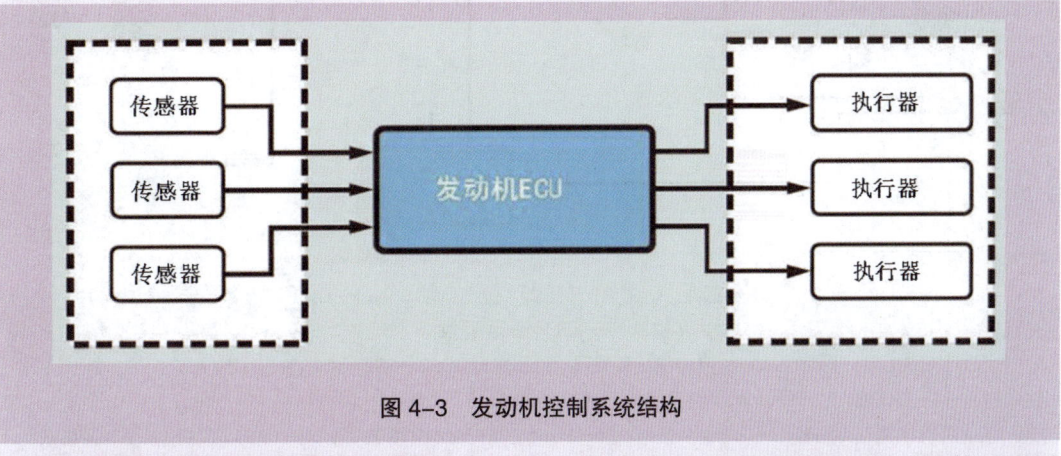

图 4-3 发动机控制系统结构

传感器、执行器和发动机控制模块(ECM 或者 ECU)通过线束线连接,具体组成零部件如图 4-4 所示。当 ECM 处理来自传感器的输入信号并输出控制信号驱动执行器工作时,整个系统作为计算机控制系统运作。

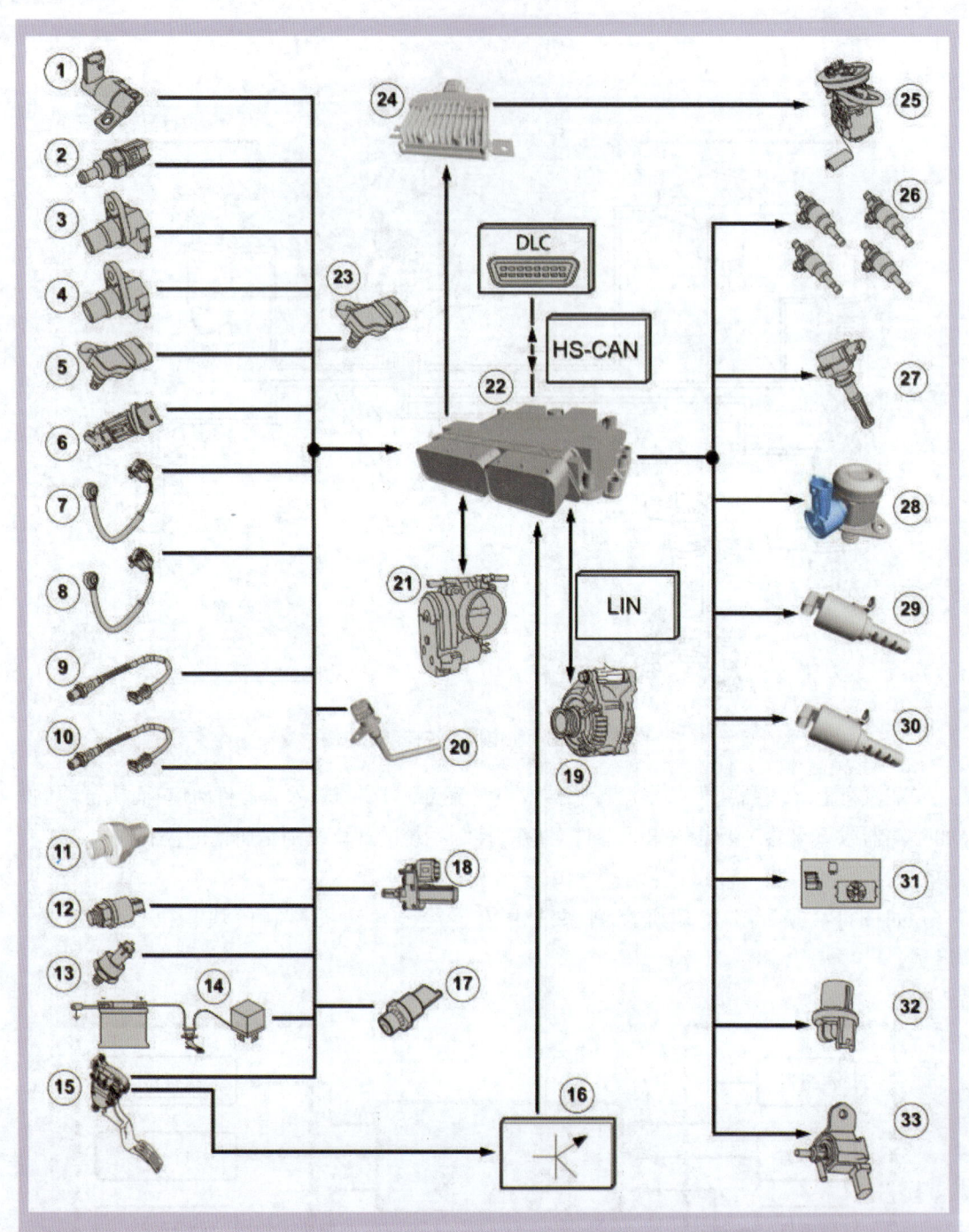

1—CKP 传感器；2—ECT 传感器；3—CMP 传感器（进气凸轮轴）；4—CMP 传感器（排气凸轮轴）；
5—MAP 传感器（进气歧管）；6—MAFT 传感器；7—KS 传感器（气缸 1 和气缸 2）；8—KS 传感器（气缸 3 和气缸 4）；
9—上游的 HO$_2$S；10—下游的 HO$_2$S；11—油压传感器（低压电路）；12—PSP（动力转向压力）开关；13—油压传感器
（高压电路）；14—蓄电池、点火开关和电源继电器；15—APP 传感器；16—网关；17—EOP 开关；18—CPP 开关；19—交流发电机；
20—发动机机油液位传感器；21—电子节气门；22—PCM；23—MAPT 传感器；24—FPDM（燃油泵驱动器模块）；
25—燃油加注液位传感器；26—喷油器；27—点火线圈；28—燃油计量阀；29—电磁阀 VCT（进气可变凸轮轴正时）；
30—电磁阀 VCT（排气凸轮轴）；31—冷却风扇控制和空调压缩机；32—EVAP 电磁阀；33—增压压力控制阀

图 4-4　发动机电控系统组成

> **补充说明**
>
> 传感器（信号）、电源电路和接地电路、传感器端子电压等是发动机控制系统维修中研究的重要内容。发动机 ECU 的作用可以分为 EFI 控制、ESA 控制、ISC 控制、诊断功能、备份功能、失效保护功能及其他功能。

4.1.2 电子燃油喷射控制

1 控制策略

电子燃油喷射系统（EFI）也称连续燃油喷射系统（CIS）。EFI 系统使用各种传感器探测发动机和车辆的运行工况，根据来自这些传感器的信号，ECU 计算喷油量并驱动喷油器以喷射合适的油量。

在正常驾驶中，为达到理论空燃比，保证适当的功率输出、燃油消耗量和废气排放水平，在其他时候，如在暖机、加速、减速或高速驾驶状况下，发动机 ECU 通过各种传感器探测到这些状况并修正喷油量以便随时匹配最佳空气燃油混合气，如图 4-5 所示。

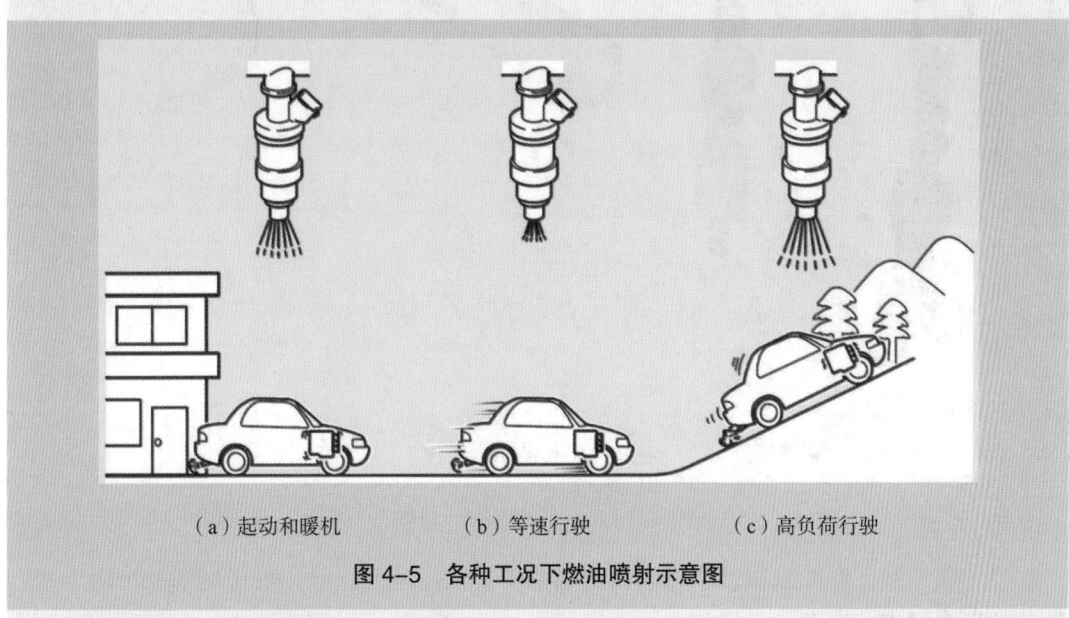

（a）起动和暖机　　　（b）等速行驶　　　（c）高负荷行驶

图 4-5　各种工况下燃油喷射示意图

（1）起动发动机时的喷射。当起动发动机时，ECM 根据诸如发动机冷却液温度等条件决定燃油喷射量，以使起动更平顺；同时根据条件利用分层燃烧来引导起动控制。

（2）正常驾驶时的喷射。正常情况下，ECM 使喷射量达到最佳空燃混合比，以实现均匀燃烧。

（3）加速时的插入喷射。加速时，根据节气门的打开速度，ECM 引导插入喷射添加到正常喷射中，提高加速性能。

2 主要零部件

如图 4-6 所示，电子燃油喷射系统主要零部件有喷油器等，另外还有燃油泵、燃油箱，燃油供给系统如图 4-7 所示。

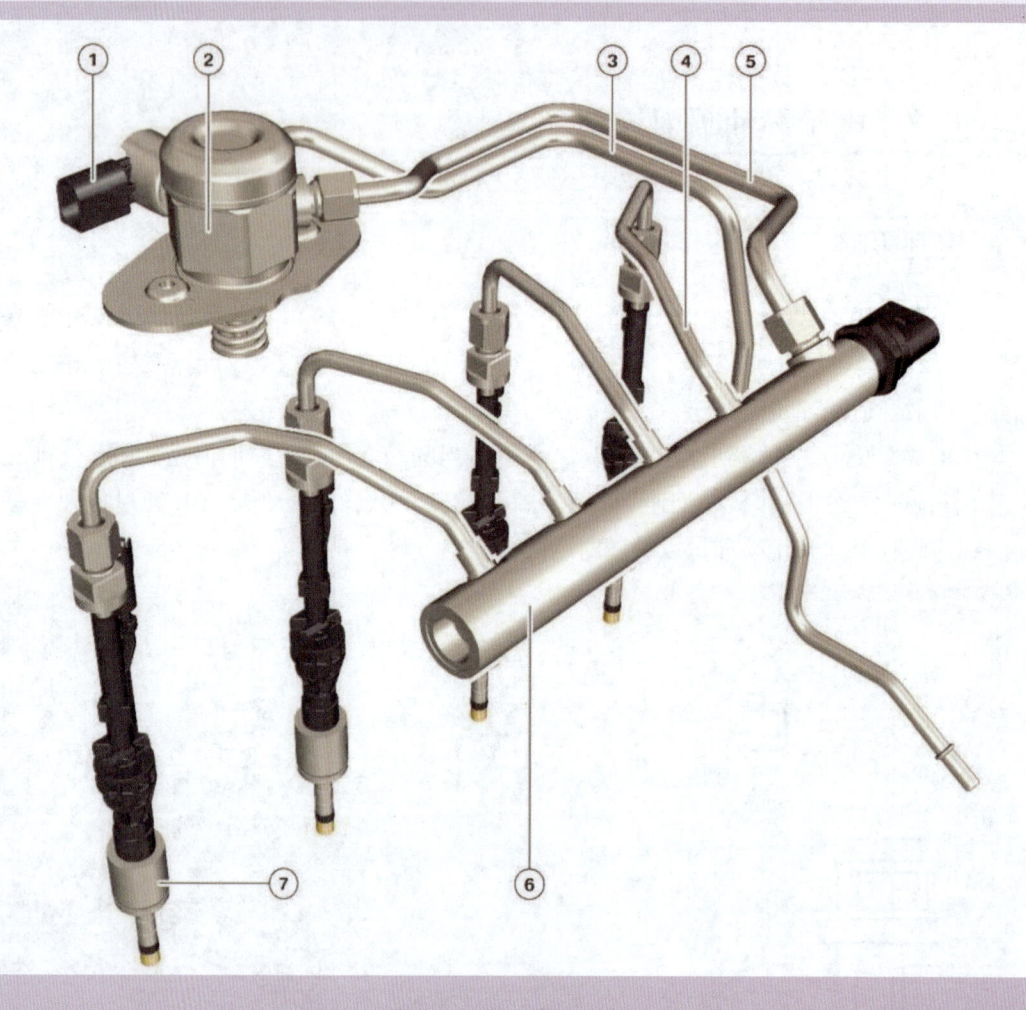

图 4-6 燃油喷射系统

1—燃油调节阀；2—高压泵；3，4，5—油管；6—油轨；7—喷射阀（喷油器）

（1）燃油泵。燃油泵在整个燃油供给系统中是低压系统，输出低压燃油系统用于将燃油从油箱中抽出。这时发动机控制单元通过燃油泵控制单元根据需要来让预供油燃油泵以 200～500kPa 的工作压力进行工作。

① 低燃油压力泵由 ECM 和燃油泵根据驾驶条件控制，泵出的燃油通过燃油过滤器后输送至高压油泵。

② 通过燃油压力调节器调节低燃油压力。

（2）高压油泵。如图4-8所示，高压油泵是通过凸轮轴来驱动的，该泵可产生高达10MPa以上的燃油压力。

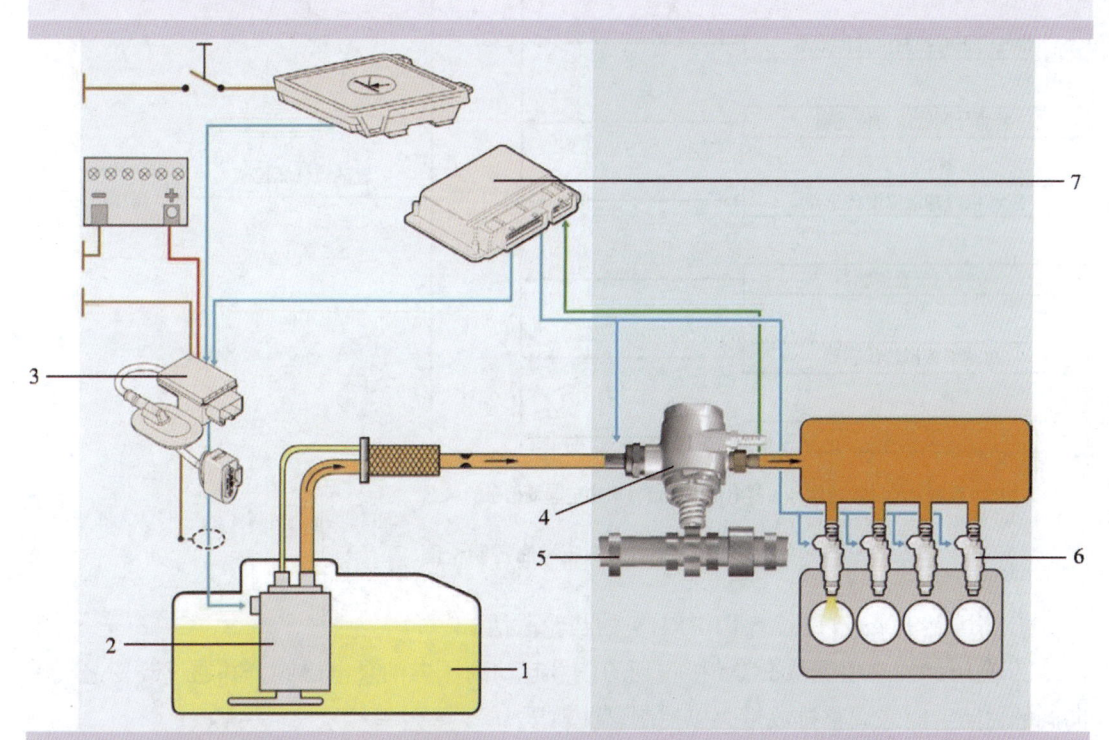

图4-7 燃油供给系统

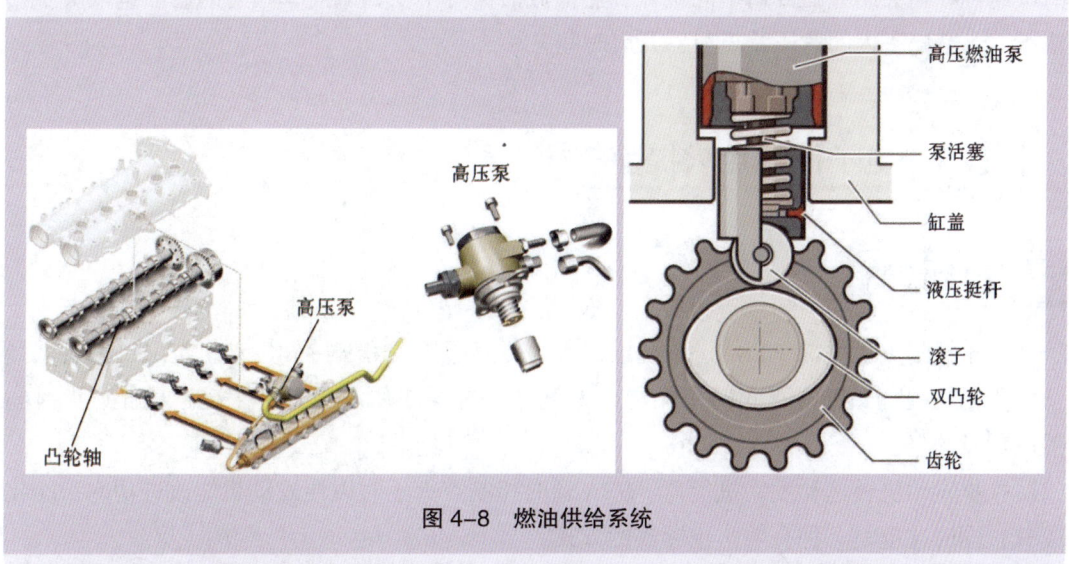

1—燃油箱；2—燃油泵；3—燃油泵控制单元；4—高压油泵；5—凸轮轴；6—喷油器；7—发动机控制单元

图4-8 燃油供给系统

高压燃油泵通过排气凸轮轴激活。ECM控制内置于高压燃油泵的高压燃油泵控制电磁阀，并通过改变低压燃油的吸入定时来调整排出量。高压燃油控制框图如图4-9所示。

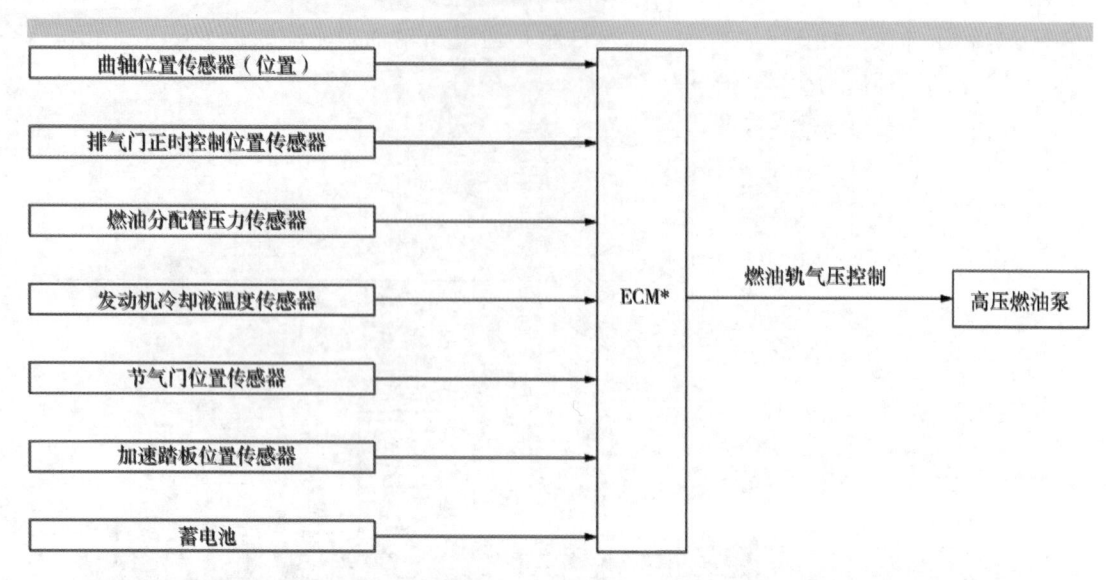

```
曲轴位置传感器（位置）  ─┐
排气门正时控制位置传感器 ─┤
燃油分配管压力传感器    ─┤      ┌─────┐  燃油轨气压控制   ┌────────┐
发动机冷却液温度传感器   ─┼──────┤ECM* ├──────────────→│高压燃油泵│
节气门位置传感器       ─┤      └─────┘                 └────────┘
加速踏板位置传感器      ─┤
蓄电池             ─┘
```

*:ECM根据发动机转速信号和蓄电池电压信号来确定起动信号的状态

图 4-9　高压燃油控制框图

① 高压燃油泵通过凸轮轴（EXH）的凸轮激活。

② 高压燃油泵根据从 ECM 接收到的信号起动高压燃油泵电磁阀，并通过改变进气单向阀的关闭定时来调整排放量，以控制燃油轨压力。

（3）喷油器。图 4-10 所示为喷油器。喷油器的电磁线圈通电时会产生磁场，磁场使喷嘴针克服弹簧力从阀座上抬起并打开喷射器排油孔；共轨内的高压通过排油孔将燃油高速压入气缸内；通过切断供电结束喷射，此时在弹簧力的作用下将喷嘴针压入阀座内。阀门快速打开和关闭并在开启期间确保开启横截面保持不变，因此，喷射的燃油量取决于共轨压力、燃烧室内的背压及喷射器开启时间。

4.1.3　电子控制点火提前

1　控制策略

电子控制点火提前（ESA）系统根据各种传感器的信号，感知发动机工况，通过选择适合当前情况的最佳点火正时来控制点火正时，图 4-11 所示为各种工况下最佳点火时间控制示意图。

根据发动机转速和发动机负荷，ESA 适时控制点火正时以便发动机能改进功率，净化废气，同时这也是一种有效防止爆震的方式。

图 4-10　喷油器

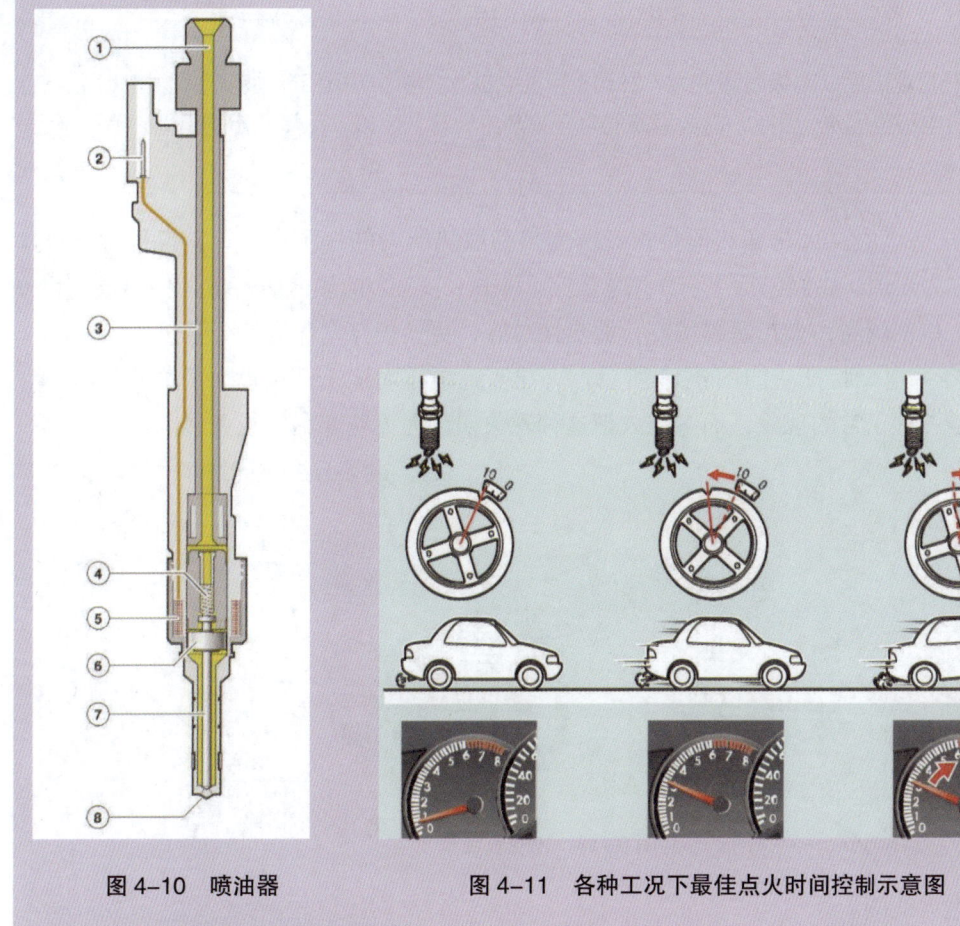

图 4-11　各种工况下最佳点火时间控制示意图

1—燃油接口；2—电气接口；3—喷射器杆；
4—压力弹簧；5—电磁线圈；6—磁铁电枢；
7—喷嘴针；8—多孔喷嘴

2 主要零部件

（1）火花塞。

① 火花塞电极。圆形电极放电困难，方形或尖形的电极放电较容易。火花塞经过长时间的使用，电极成了圆形之后，放电困难。因此，火花塞应定期更换。火花塞的电极越细越尖，越容易产生火花。但是，那样的火花塞耗损较快，使用寿命短。因此，有些火花塞为带白金或铱金的电极火花塞。火花塞电极如图 4-12 所示。

图 4-12　火花塞电极

> 补充说明
>
> 当火花塞耗损后，电极间隙变大，发动机可能会缺火；中心电极和接地电极间隙增大后，使得火花跳过电极更困难；因此，需要更高的电压来产生火花。所以，每隔一定的里程必须更换火花塞。

② 火花塞热值。火花塞热值是火花塞受热和散热能力的一个指标，其自身所受热量的散发量称为热值。热值包括 1~9 九个数字，其中 1~3 为低热值，4~6 为中热值，7~9 为高热值。数字越高，火花塞越偏冷，散热性越好，更换火花塞需要符合其热值。

③ 火花塞电晕特征。如图 4-13 所示，火花塞绝缘体陶瓷下部黄色、茶色的污垢称为电晕，这是一种正常的现象，而多数人把这种现象误认为火花塞漏气或者漏电。

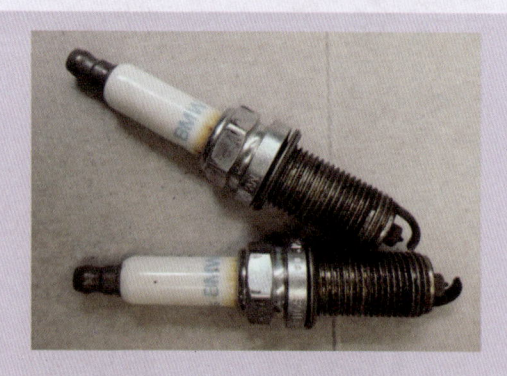

图 4-13 火花塞电晕

（2）点火线圈。

① 点火系统。点火系统部件主要由 ECM、点火线圈、火花塞、曲轴位置传感器、凸轮轴位置传感器、爆震传感器组成，如图 4-14 所示。

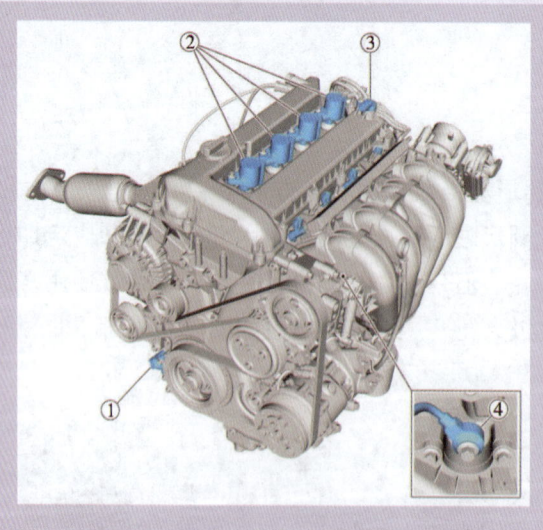

图 4-14 点火线圈和传感器安装位置

1—点火线圈；2—凸轮轴位置传感器；3—曲轴位置传感器；4—爆震传感器

点火系统根据发动机的工作状态，按照发动机的工作顺序在合适的时刻供给火花塞以足够能量的高压电，使火花塞电极间产生火花，确保能点燃混合气，使发动机做功，发动机正常运行。

② 独立点火控制。直接点火式线圈压入到对应的火花塞上，并且通过螺栓或密封紧固到气门盖上。该控制方式是直接通过发动机控制单元（ECU/ECM）（或动力控制模块PCM）起动直接点火系统的每个点火线圈。点火线圈如图4-15所示。

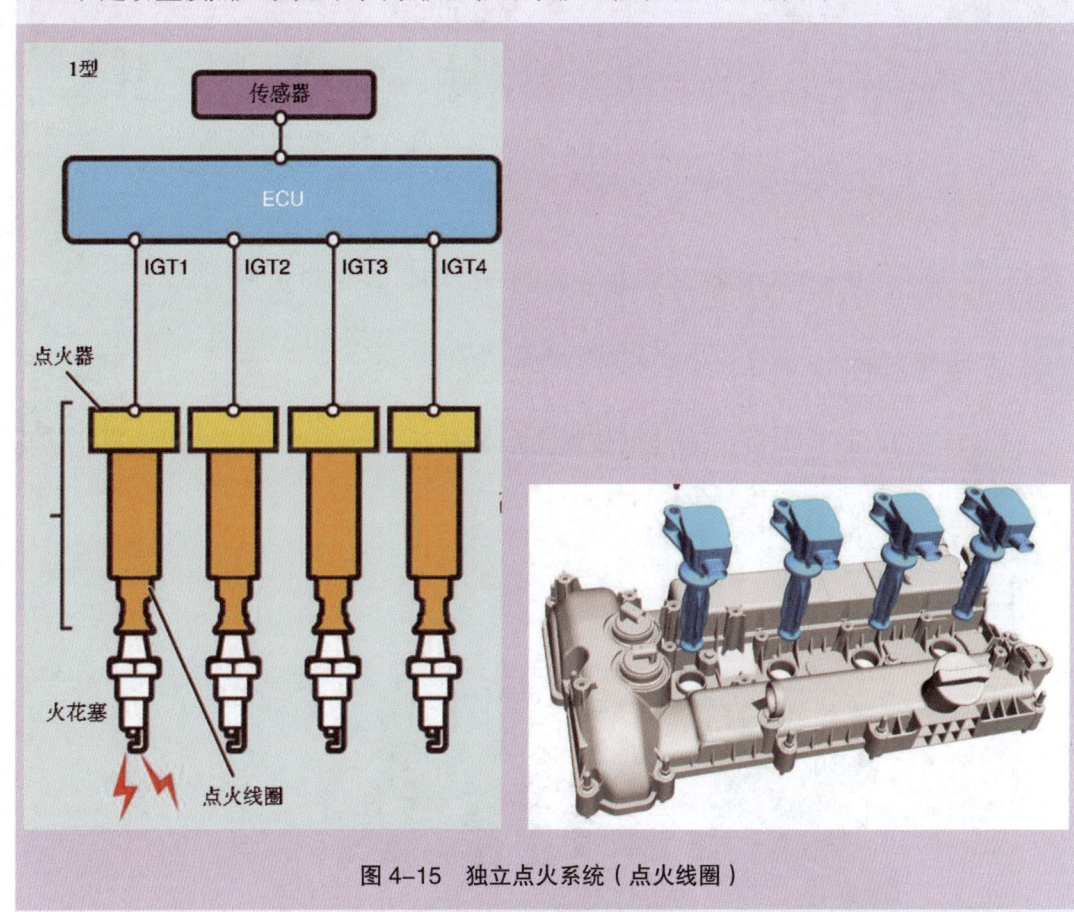

图4-15 独立点火系统（点火线圈）

4.1.4 怠速控制

1 控制策略

怠速控制（ISC）系统通过控制怠速，使发动机可在各种工况下均能正常工作；为使燃油消耗量和噪声减至最小，尽可能使发动机保持低转速，并且是稳定的怠速区域。而且，当发动机冷机时或空调正在使用时，该怠速必须增速以确保适当的暖机性和驾驶性。图4-16所示为开空调和不开空调情况下的发动机怠速控制示意图。

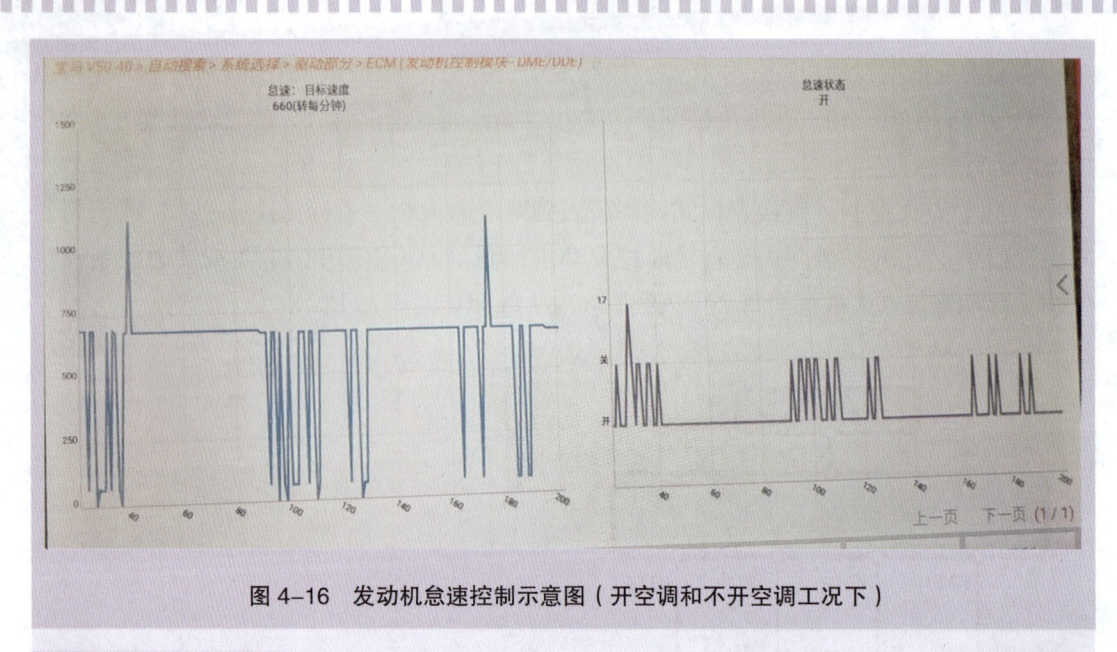

图 4-16 发动机怠速控制示意图（开空调和不开空调工况下）

2 主要零部件

（1）节气门。电子节气门集成电气装置包含节气门位置传感器等元件。电子节气门如图 4-17 和图 4-18 所示。

视频：节气门

图 4-17 电子节气门

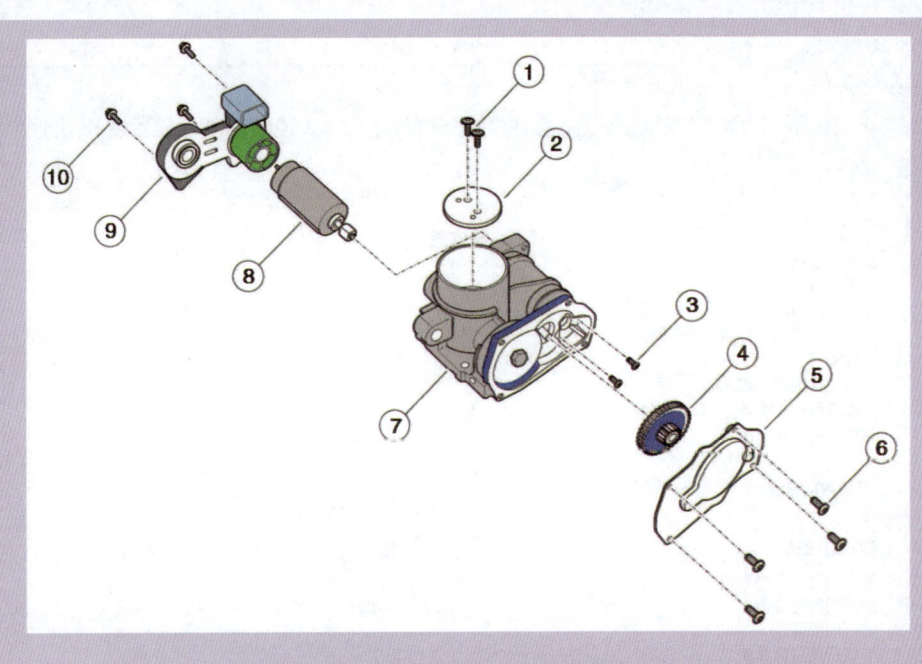

图 4-18 电子节气门（分解）

1—节气门阀固定螺钉；2—节气门阀；3—节气门驱动电动机固定螺钉；4—节气门驱动齿轮；5—密封板；6—密封板固定螺钉；7—节气门体；8—节气门控制电动机；9—节气门位置传感器；10—节气门位置传感器固定螺钉

如图 4-19 所示，电子节气门控制（ETC）可通过驾驶员的控制，使适当的空气量流入进气歧管以供油气与空气混合后的燃烧行程顺利进行。加速踏板位置传感器将节气门踏板行程转为电压值后输入到发动机控制单元（ECM），再通过节气门控制电动机来执行节气门阀开启角度，以精确达到驾驶员对车辆的操控要求。

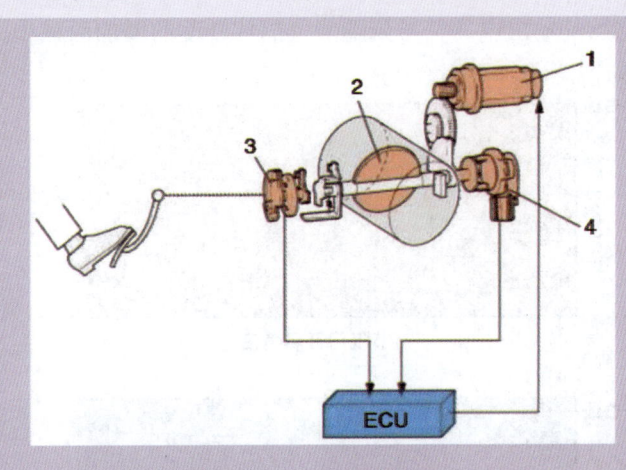

图 4-19 电子节气门系统

1—节气门控制电动机；2—节气门；3—加速踏板传感器；4—节气门位置传感器

电子节气门控制系统有两个位置传感器（TPS1 与 TPS2），这两个传感器是一种电位计，可将电子节气门位置转换成输出电压，并发送电压信号给 ECU；此外，它也会检测节气门的开启与关闭速度并将电压信号提供给 ECU。

举例说明

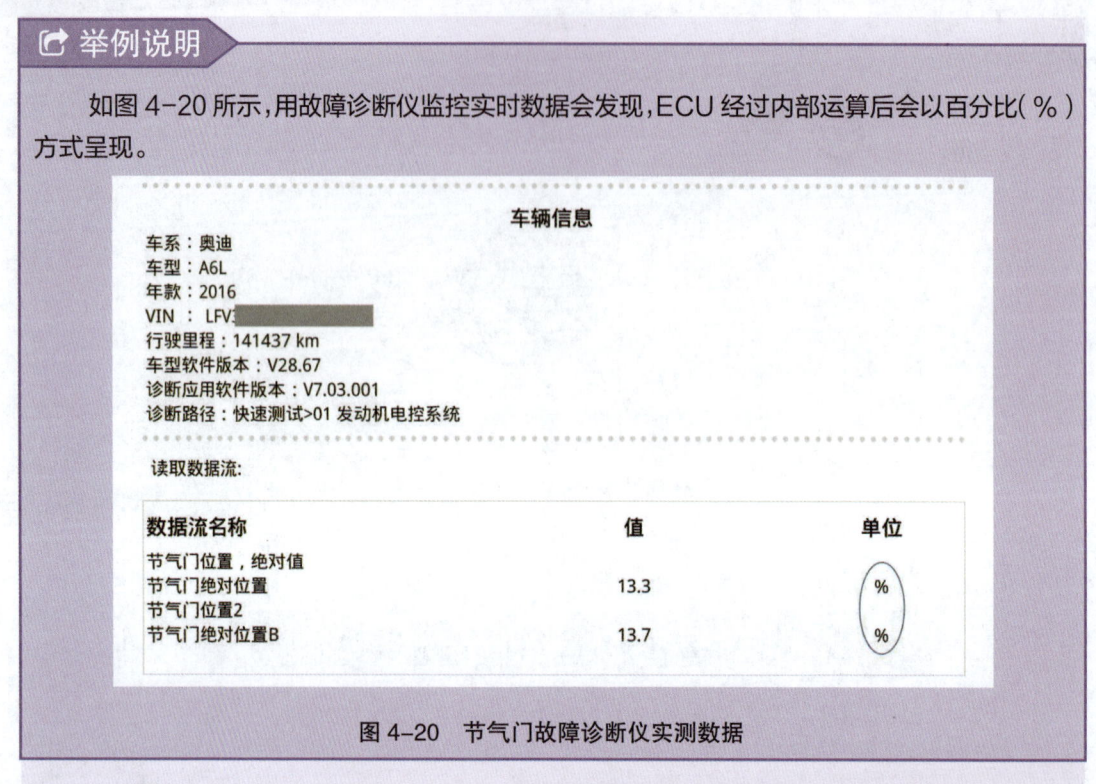

如图 4-20 所示，用故障诊断仪监控实时数据会发现，ECU 经过内部运算后会以百分比（%）方式呈现。

车辆信息

车系：奥迪
车型：A6L
年款：2016
VIN ：LFV3
行驶里程：141437 km
车型软件版本：V28.67
诊断应用软件版本：V7.03.001
诊断路径：快速测试>01 发动机电控系统

读取数据流：

数据流名称	值	单位
节气门位置，绝对值		
节气门绝对位置	13.3	%
节气门位置2		
节气门绝对位置B	13.7	%

图 4-20　节气门故障诊断仪实测数据

电子节气门将加速板操作转换为电气信号，发动机电子控制单元根据驾驶意图来控制节气门的开度。

如图 4-21 所示，节气门位置传感器内部设置为双输出节气门位置传感器（TPS1 与 TPS2），一个节气门位置传感器的输出电压信号随着节气门体的开度增加而增加，而另外一个节气门位置传感器的输出电压信号则随节气门体开度的增加而减小。

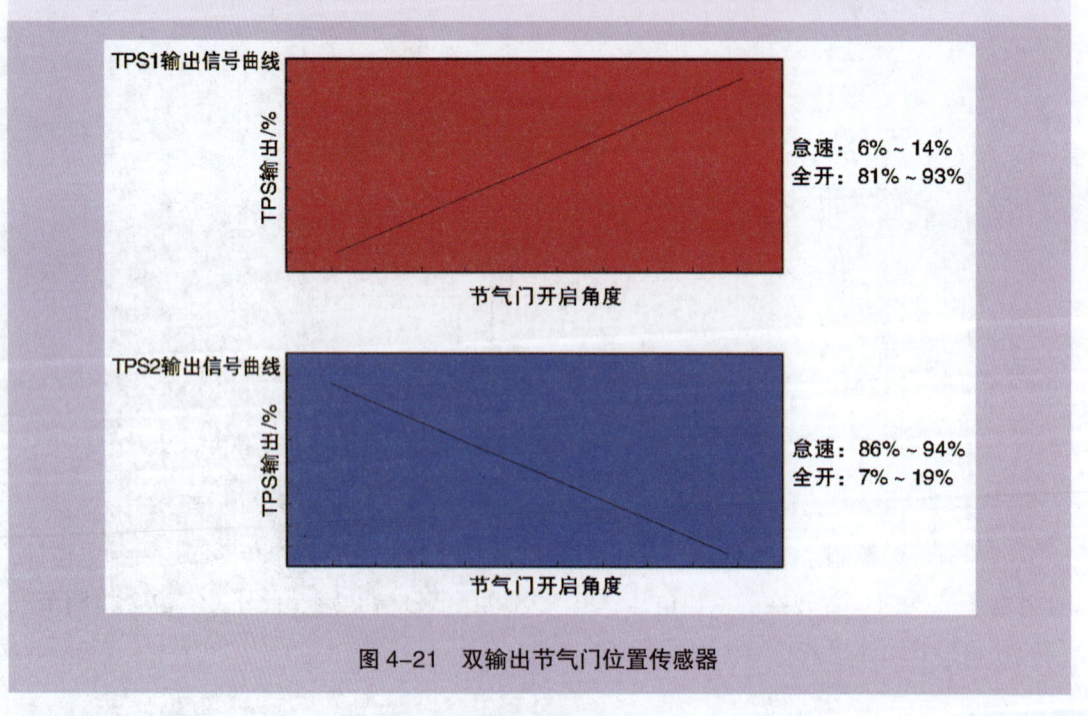

TPS1输出信号曲线
怠速：6%~14%
全开：81%~93%

TPS2输出信号曲线
怠速：86%~94%
全开：7%~19%

图 4-21　双输出节气门位置传感器

如果TPS2号传感器信号丢失，但ECM还能够正常接收TPS1号传感器信号，则ECM控制发动机进入"确定驾驶意图的可靠性下降时或无法输出大功率时模式"，此时发动机随踏板变化的响应也迟缓许多，会明显觉得发动机动力输出变弱，但仍能够在正常的车流中驾驶。

（2）曲轴位置传感器。曲轴位置传感器简称CPS或CKP，通常也称为发动机转速传感器，是发动机控制系统最主要的传感器之一，其功用是采集曲轴转动角度和发动机转速信号，并输入ECU，以便确定喷射顺序、喷射正时、点火顺序、点火正时，然后根据信号监测到的曲轴转角波动大小来判断发动机是否有失火现象。曲轴位置传感器如图4-22所示。

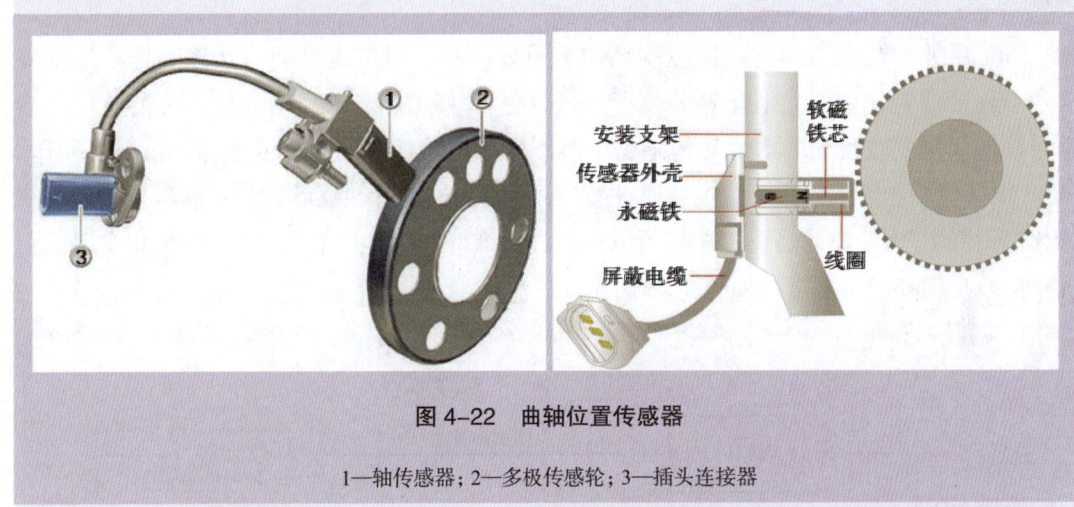

图4-22 曲轴位置传感器

1—轴传感器；2—多极传感轮；3—插头连接器

目前，汽车曲轴位置传感器主流的是磁脉冲式曲轴位置传感器，它一般安装于靠近飞轮的变速器壳体位置。还有一种是霍尔式曲轴位置传感器，一般安装在曲轴前端曲轴皮带轮旁的位置，也有安装在曲轴末端飞轮旁的变速器壳体上的，现在已经不是主流。还有一种是光电式曲轴位置传感器，现在已经基本淘汰。

补充说明

发动机控制单元根据读取的信号计算出发动机转速。为了正常起动发动机，发动机控制单元检查下列条件是否满足：
① 曲轴传感器和凸轮轴传感器发出的信号没有错误。
② 必须按规定的时间顺序识别到这两个信号。
这一步骤称为同步过程，并仅在车辆起动时执行。同步时发动机控制单元能够正确控制燃油喷射，不同步时不能起动车辆。

（3）凸轮轴位置传感器。凸轮轴位置传感器（CMP）在汽车维修中也称为相位传感器。凸轮轴位置传感器固定在气缸盖罩上。凸轮轴位置传感器借助一个固定在凸轮轴上的增量轮（凸轮轴传感器齿盘）探测（进）排气凸轮轴的位置。凸轮轴位置传感器的作用主要是检测凸轮轴位置和转角，从而确定第1缸活塞的压缩上止点位置。在起动时，发动机控制单元根据凸轮轴位置传感器和曲轴位置传感器提供的信号，识别出各个气缸活塞的位置和行程，控制燃油喷射顺序和点火顺序，进行准确的喷油和点火控制。

凸轮轴位置传感器有霍尔式凸轮轴位置传感器、磁阻元件式凸轮轴位置传感器、磁电式凸轮轴位置传感器三种。

4.1.5 空燃比控制

1 控制策略

（1）反馈控制。空燃比反馈控制系统（闭环控制）提供满足动力性能和排放控制要求的最佳的空燃比。三元催化器（歧管）可以更有效地降低 CO、HC 和 NO_x 的排放，这个系统使用排气歧管中的空燃比传感器 1 监测发动机是否在混合气浓或稀的情况下操作。ECM 根据传感器电压信号调整喷射脉冲宽度；而且，控制脉冲宽度的修正因素显示为"空燃比修正"或"短期燃油修正"，这样可以将混合比维持在化学计量比范围内（理想空燃比）。这个阶段是闭环控制状态，如图 4-23 所示。

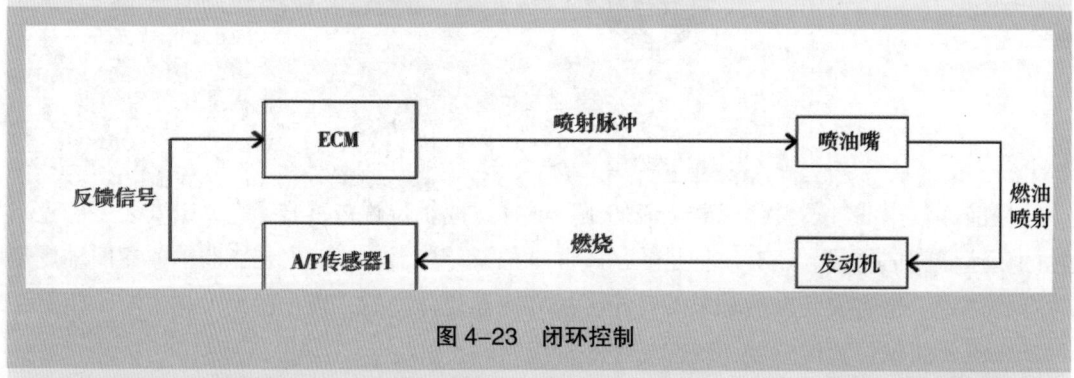

图 4-23 闭环控制

加热型氧传感器 2 位于三元催化器（歧管）的下游位置。即使空燃比传感器 1 的开关特性改变，空燃比仍然可以根据加热型氧传感器 2 发出的信号将其控制在范围内（理想空燃比）。

（2）自学习控制。反馈控制系统监控将加热型氧传感器 1 发出的混合比信号发送至 ECM，ECM 控制将基本混合比尽量靠近理论混合比。

因此，基本混合比和理想混合比之间的差异由该系统进行监测，然后根据"喷射脉冲周期"进行计算，以自动补偿这两个混合比之间的差异。

① 燃油修正。燃油修正是指与基本喷射周期相比的反馈补偿值。燃油修正包括短期燃油修正和长期燃油修正。

② 短期燃油修正。短期燃油修正是使混合比保持在其理论值所进行的短期燃油补偿。加热型氧传感器 1 的信号指示混合比与理论值相比是否过浓或过稀。如果混合比过浓，将发出一个燃油量减少信号；如果混合比过稀，则发出一个燃油量增加信号。

③ 长期燃油修正。长期燃油修正是长期进行综合性燃油补偿，以补偿短期燃油修正与中间值的长期连续偏差。这种偏差将因发动机差别、长期磨损或使用环境的变化而出现。

2 主要零部件

空燃比监控系统主要采用氧传感器，如图 4-24 所示。

图 4-24 氧传感器

1—连接排气管；2—去耦元件；3—氧传感器 2（监测）；
4—氧传感器 1（控制）；5—连接涡轮；6，7—三元催化器

补充说明

氧传感器用来检测废气中氧的浓度并将其转换为电信号，然后将此信号反馈给 ECU，ECU 据此判断可燃混合气的浓度，调节喷油量。可燃混合气的浓度偏稀时增加喷油量，偏浓时减少喷油量，使可燃混合气浓度接近最佳理论值。

4.1.6 燃油蒸气排放控制

燃油蒸气排放系统用于减少燃油系统排放到大气中的碳氢化合物。该碳氢化合物的减少由 EVAP 碳罐内的活性炭来完成。燃油蒸气排放控制系统如图 4-25 所示。

图 4-25 燃油蒸气排放控制系统

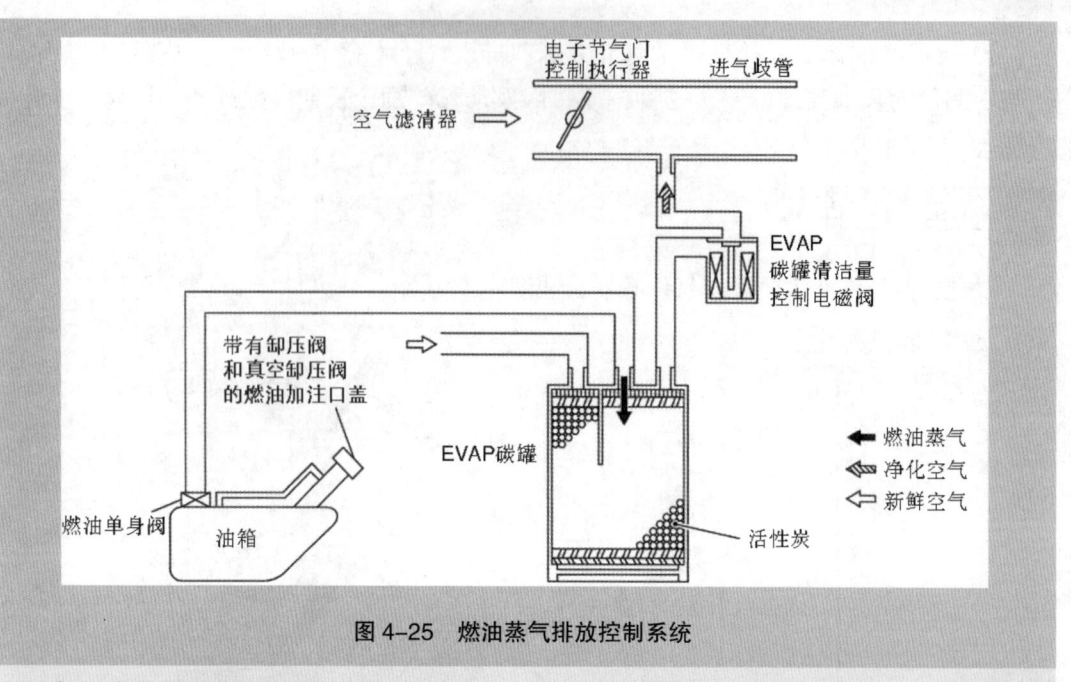

当发动机未运转或向燃油箱加注燃油时，密封燃油箱内的燃油蒸气被导入含活性炭的 EVAP 碳罐中并储存起来。当发动机运转时，EVAP 碳罐中的燃油蒸气通过净化管路被空气带入进气歧管以得到净化。EVAP 碳罐净化量控制电磁阀由 ECM 控制。当发动机运转时，由 EVAP 碳罐净化量控制电磁阀控制的蒸气流量随着空气流量的增加而成规定比例调整。在减速和怠速过程中，EVAP 碳罐净化量控制电磁阀也将关闭蒸气清洁管路。燃油蒸气排放控制框图如图 4-26 所示。

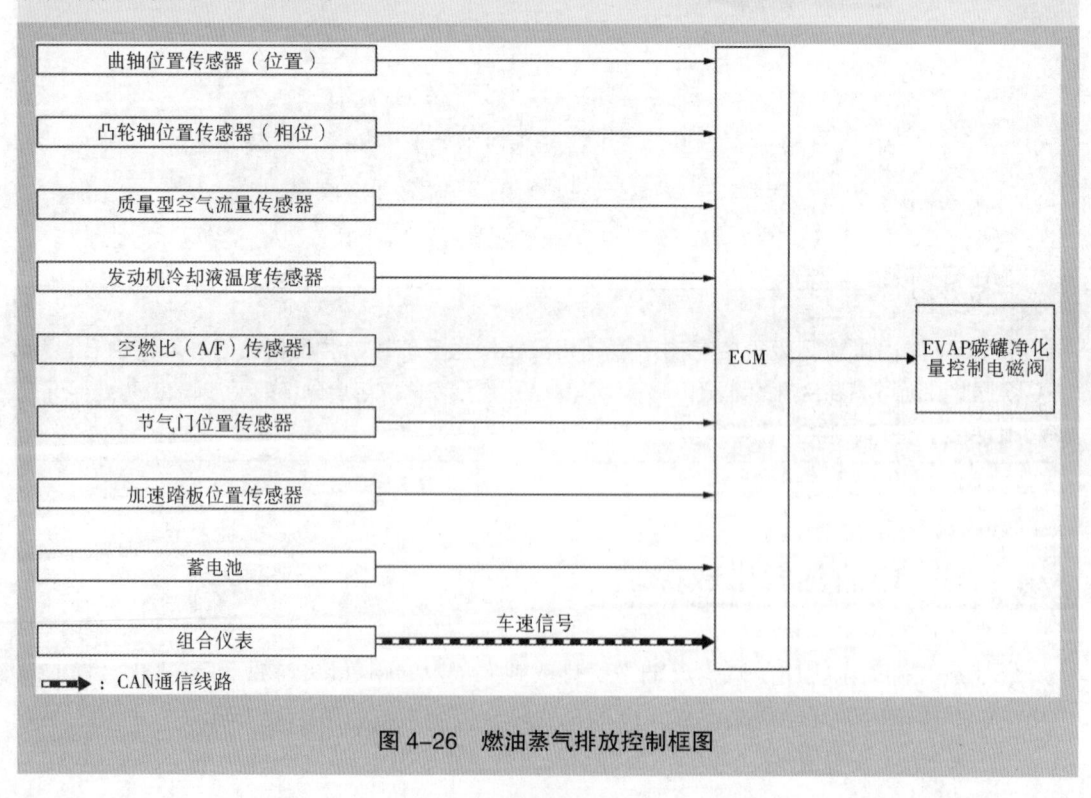

图 4-26 燃油蒸气排放控制框图

4.1.7 发动机保护控制

发动机保护控制框图如图 4-27 所示。

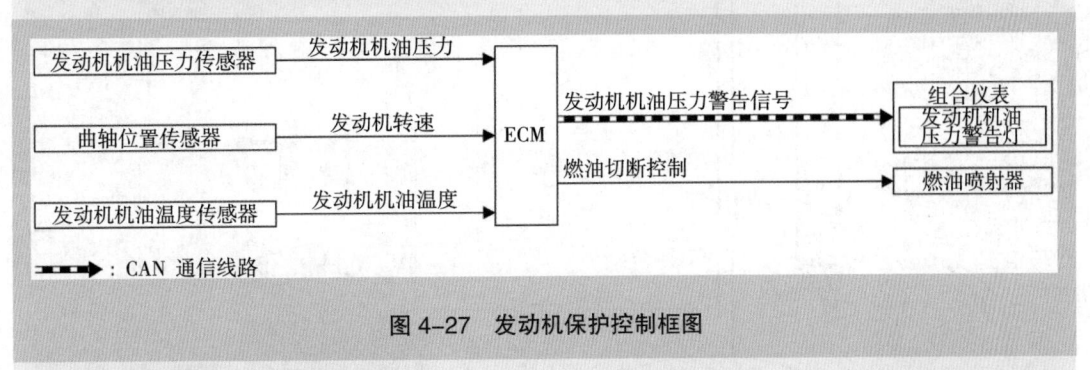

图 4-27 发动机保护控制框图

（1）发动机机油压力低时的发动机保护控制在发动机受损前通过发动机机油压力警告灯警告驾驶员发动机机油压力降低。

（2）当发动机转速低于 1000 r/min 的情况下检测到发动机机油压力降低时，ECM 发送发动机机油压力警告灯信号至组合仪表。根据这个信号，组合仪表点亮发动机机油压力警告灯。

（3）当在发动机转速不小于 1000 r/min 的情况下检测到发动机机油压力降低时，ECM 将发动机机油压力警告灯信号发送至组合仪表。当检测到发动机机油压力降低时，ECM 会在发动机转速超过规定值时切断燃油。

4.1.8 发电电压可变控制

ECM 和发电机通过控制模块子网络（LIN）总线连接。ECM 将通过 LIN 通信接收到的目标发电电压信号发送至发电机。发电电压可变控制系统如图 4-28 所示。

发电机包含一个自诊断功能，可在检测到故障时通过 LIN 通信将诊断信号发送至 ECM。当 ECM 接收诊断信号时，ECM 检测 DTC 并将充电警告灯请求信号发送至组合仪表，以点亮充电警告灯。

如果发电机负荷过高，ECM 可能会提高怠速。

交流发电机在发动机发动过程中会暂时止动，这样发电机的阻力会减小到最低。发动之后它会被重新激活。ECM 通过控制器区域网络（CAN）总线控制组合仪表中的充电控制灯。

当电池电压过低时，非重大耗电功率部件的自动止动功能可以降低当前耗电水平。

当电池电压过高时，非重大耗电功率部件的自动止动功能可以保护对电压增强敏感的零部件。

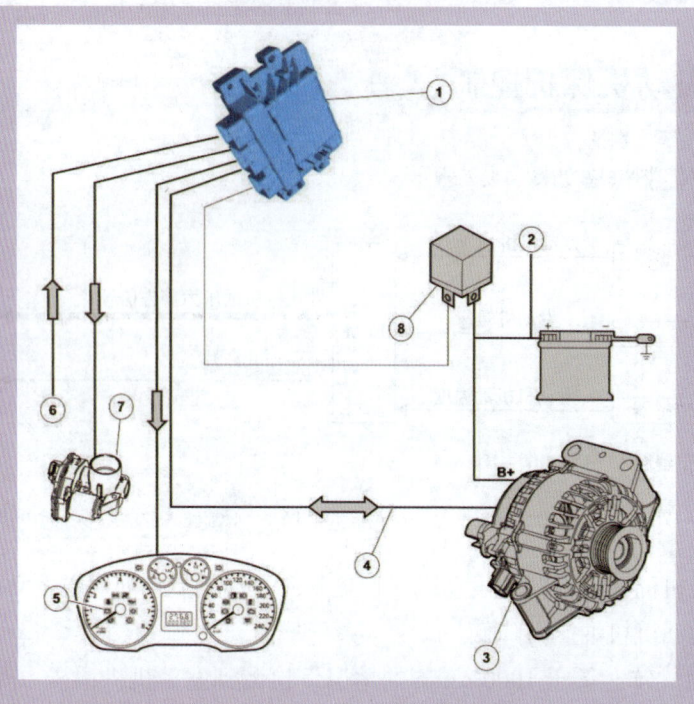

图 4-28 发电电压可变控制系统

1—发电机控制单元；2—蓄电池；3—发电机；4—LIN 总线；5—仪表（充电报警灯）；
6—来自 IAT 传感器的温度信号；7—节气门控制单元；8—控制模块继电器

通过不断地计算电池温度和监测交流发电机的输出电压来优化电池的通电电流。

每当耗电部件被打开或者关闭时，通过接收已发送的发电机负荷信号给 ECM 发出预先警告。这意味着 ECM 接收交流发电机拉伸扭矩即将发生改变的信息。通过评估这些信息，ECM 可以提供一个高水平的怠速稳定性。

4.1.9 正时控制

ECM 接收曲轴位置、凸轮轴位置、发动机转速和发动机冷却液温度之类的信号，然后，ECM 根据行驶状态向进气门正时（IVT）控制电磁阀发送 ON/OFF 脉冲占空比信号；这样就有可能对进气门的开/关正时进行控制，以便在低中速时增加发动机转矩，高速时增加发动机的功率输出。

4.1.10 双散热风扇控制

1 控制策略

发动机控制单元根据车辆速度、发动机冷却液温度、制冷剂压力和空调 ON 信号，对冷却风扇进行控制。控制系统有高速、低速、关闭 3 级。

> **举例说明**
>
> 图 4-29 所示为奥迪某个发动机使用两个电动风扇来执行散热，风扇由发动机控制单元根据需要来控制。发动机控制单元向散热风扇控制单元发出需要风扇工作的信号，于是根据需要的情况来让一个或两个风扇获得供电并工作。控制单元通过供电继电器和供电控制单元来控制供电。
>
> 在发动机熄火后，风扇控制单元也可以通过 30 号线将风扇接通。

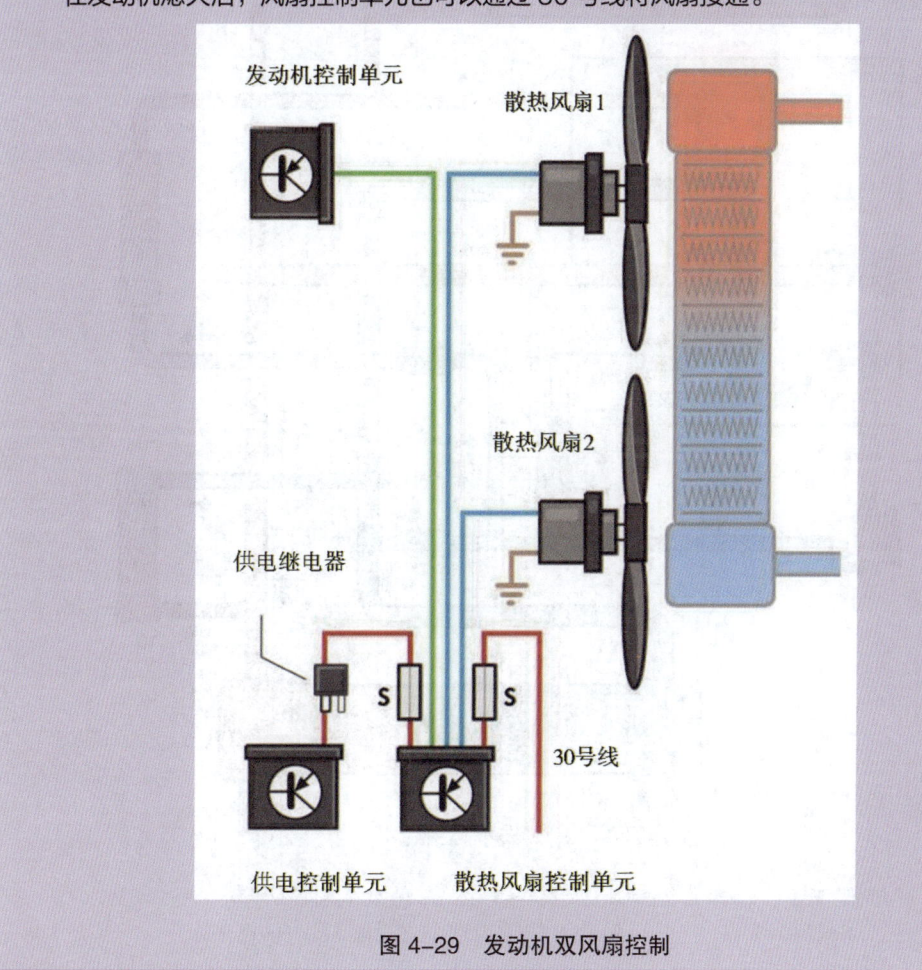

图 4-29　发动机双风扇控制

2　主要零部件

（1）冷却液温度传感器。发动机冷却液温度传感器用来检测发动机冷却液的温度。此传感器会调整一个来自 ECM 的电压信号。调整后的信号作为发动机冷却液温度测量的输入信号返回给 ECM。该传感器利用了一个对温度变化敏感的热敏电阻。热敏电阻的阻值会随温度的升高而减小。

（2）节温器。冷却液由机械式水泵或电子水泵进行循环，水泵由多楔皮带来驱动。循环系统由节温器来调节。冷却循环系统如图 4-30 所示。

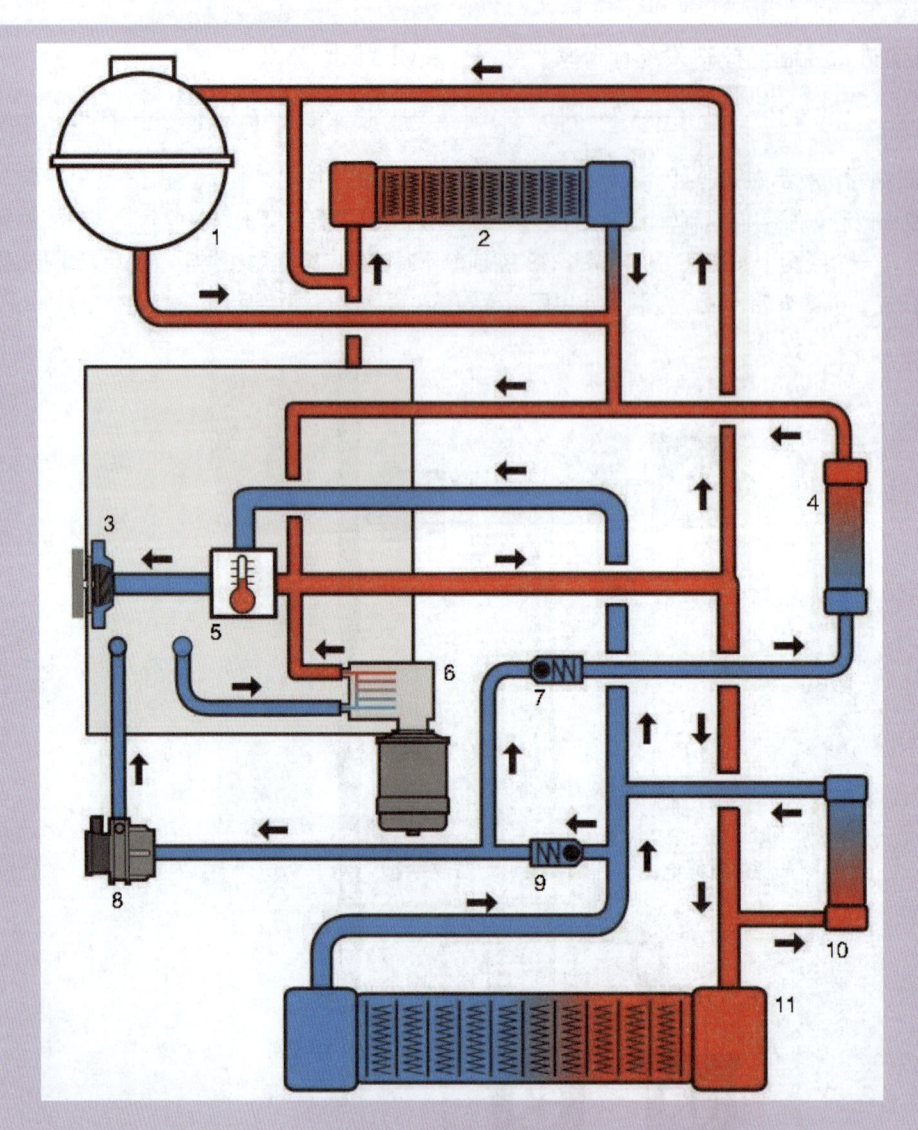

图 4-30 冷却循环系统

1—冷却液膨胀罐（补液罐）；2—暖风热交换器；3—水泵；4—变速器机油冷却器；5—节温器；
6—机油冷却器；7，9—止回阀；8—循环泵；10—辅助散热器；11—散热器

当冷却液温度低于规定值时，节温器感温体内的石蜡呈固态，节温器阀在弹簧的作用下关闭发动机与散热器间的通道，进行小循环。当冷却液温度达到规定值后，石蜡开始熔化并逐渐变成液体，体积随之增大并压迫橡胶管使其收缩，在橡胶管收缩的同时对推杆产生向上的推力，由于推杆上端固定，推杆对橡胶管和感温体产生向下的反推力使阀门开启，这时冷却液经由散热器和节温器阀，再经水泵流回发动机，进行大循环。节温器如图 4-31 所示。

冷却系统通过节温器实现大小循环的切换。如图 4-32 所示，节温器关闭时，冷却液不流经散热器，系统为小循环；如图 4-33 所示，节温器打开时，冷却液流经散热器，系统为大循环。

（a）节温器打开　　　　　　　　　（b）节温器关闭

图 4-31　节温器

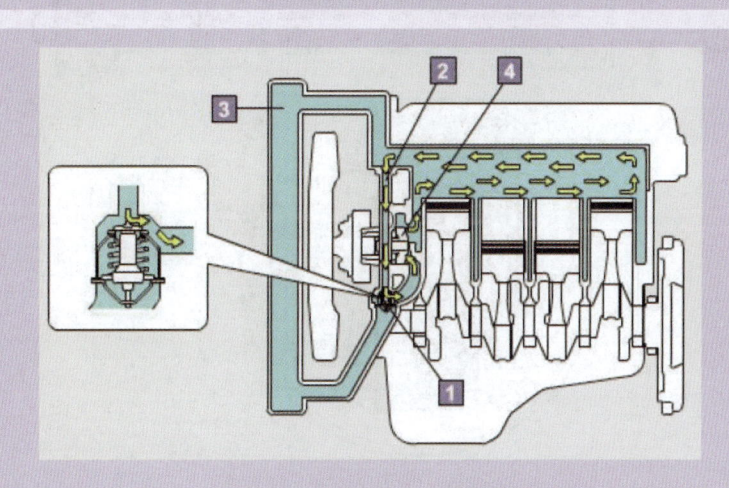

图 4-32　冷却系统小循环

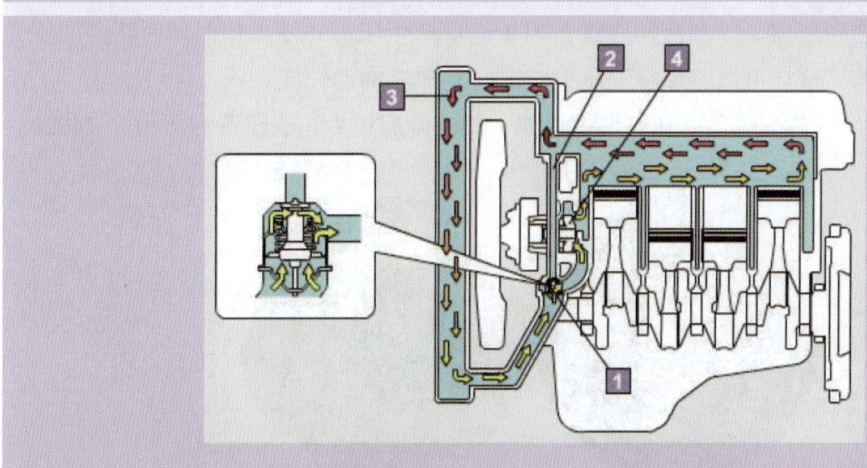

1—节温器；2—旁路；3—散热器；4—水泵

图 4-33　冷却系统大循环

1—节温器；2—旁路；3—散热器；4—水泵

（3）散热器。散热器是换热装置，也就是水箱，通过强制水循环对发动机进行冷却，释放冷却液热量，保证发动机在正常温度范围内连续工作，如图4-34所示。

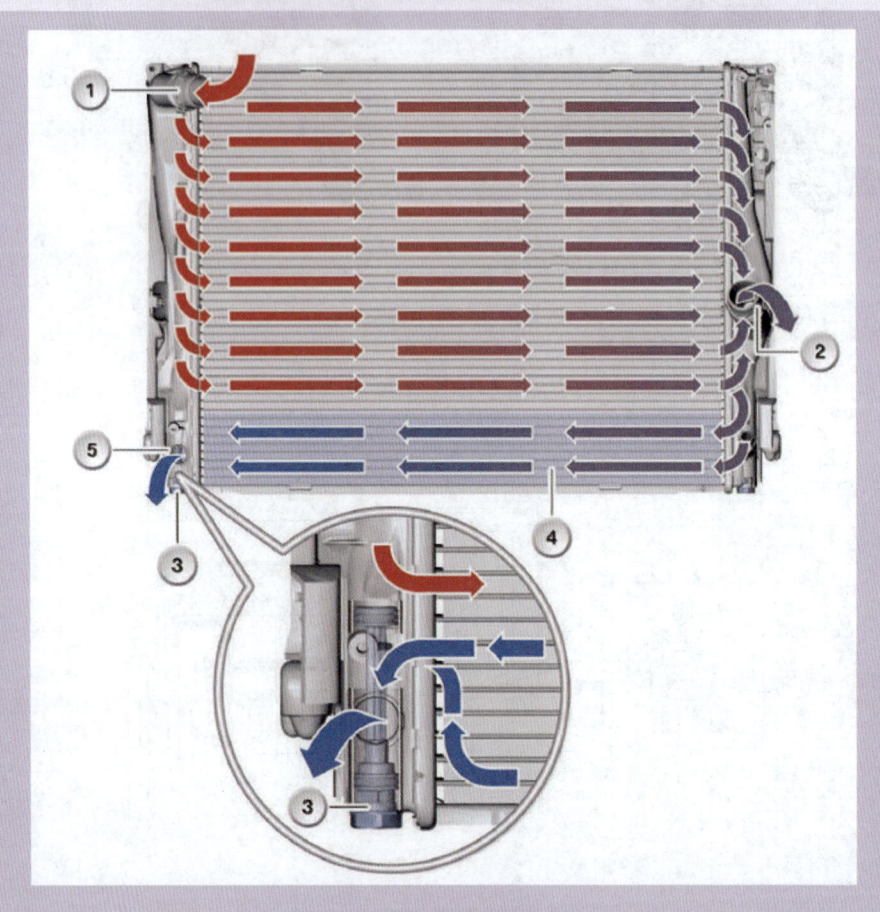

图4-34 散热器

1—冷却液进口；2—冷却液出口；3—调节套管；4—低温区域；5—连接变速箱油/冷却液热交换器

（4）冷却液膨胀罐盖。冷却液膨胀罐盖用于确保产生压力并使冷却循环回路内的压力不受环境压力影响，这样可以避免空气压力较低时冷却液沸点较低。

如图4-35所示，在端盖顶部和底部都标注了相应开启压力，表示开启压力为140kPa。

图4-35 冷却液膨胀罐盖

4.2 发动机系统使用和操控

4.2.1 发动机指示灯

起动发动机后，仪表上的指示灯点亮，表示正在进行系统检查；数秒后，指示灯熄灭。组合仪表上的指示灯见表 4-1。

表 4-1 组合仪表上的警告灯/指示灯

符号及颜色	含 义 解 释
STOP	请勿继续行驶
（冷却液图标）	冷却液温度过高或冷却液液位过低。停车让发动机冷却，检查冷却液液位
（机油壶图标）	发动机机油压力过低。请关闭发动机，然后检查发动机机油油位
（方向盘图标）	电动助力转向失效
（制动踏板图标）	踩下制动踏板
（电瓶图标）	发电机有故障
（发动机图标）	OBD 系统指示灯。表明尾气排放相关的系统或零部件有故障
EPC	电子节气门控制系统故障
（方向盘图标）	电动助力转向作用降低
（油泵图标）	燃油存量过低
（车身图标）	亮起：ESP 有故障 闪烁：电子稳定系统（ESP）正在调节或牵引力控制系统（ASR）已关闭
（车身 OFF 图标）	牵引力控制系统（ASR）已手动关闭

续表

符号及颜色	含 义 解 释
	请踩下制动踏板
Ⓐ	发动机自动起停系统处于可用状态。发动机自动关闭
	发动机自动起停系统处于不可用状态或发动机已自动起动
	保养周期指示器
	当车外温度下降到 +4℃ 以下,显示器会显示一个"冰晶符号"(结冰警告)

4.2.2 无钥匙起动

1 无钥匙起动条件

只有在车内放置一把有效的遥控钥匙时,无钥匙起动开关才起作用,才能起动车辆。无钥匙起动开关如图 4-36 所示。

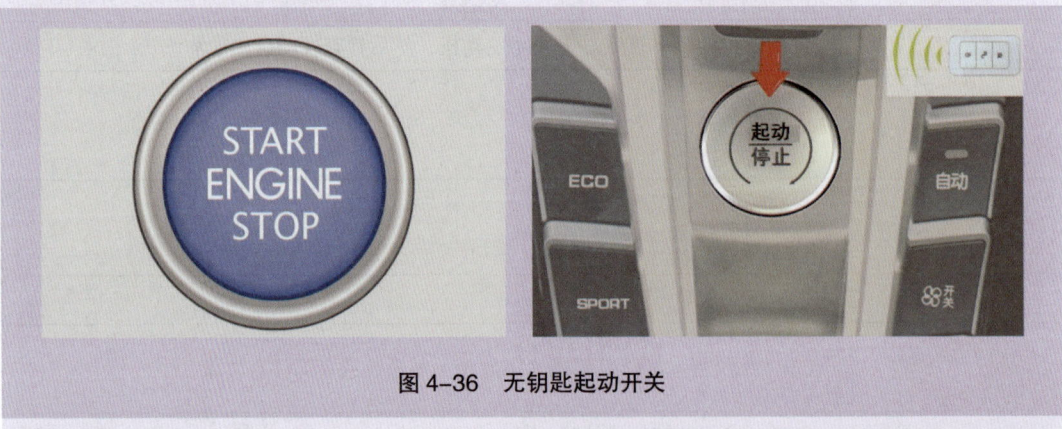

图 4-36 无钥匙起动开关

在离开汽车时,如果点火开关已关闭,那么打开驾驶员侧车门就会激活电子转向柱锁止装置。

2 接通或关闭点火开关

短促按一次起动按钮,且勿踩下制动踏板。

3 自动关闭点火开关

如果驾驶员在点火开关接通状态下从车上取出车钥匙,点火开关在一段时间后会自动关闭。如果此时近光灯已开启,驻车示宽灯会继续亮起大约 30min。可以通过上锁车辆关闭驻车示宽灯或手动关闭驻车示宽灯。

在发动机点火开关功能激活时，当车辆识别到驾驶员不在车内后，在某个特定的时间过后会自动关闭点火开关。

4 发动机重新起动功能

如果在关闭发动机后未在汽车内部空间内识别到有效的遥控钥匙，则在大约 5s 内还可以重新起动发动机。显示屏上会显示一条相应的信息。

超过这段时间后，如果车内没有有效的遥控钥匙，则无法起动发动机。

5 起动发动机

（1）按压点火起动按钮一次，点火开关已接通。
（2）踩下制动踏板并踩住。
（3）将换挡杆置于 N 位置或者挂入驻车锁。
（4）按压起动按钮，并且踩住刹车踏板；当发动机起动时，松开起动按钮。
（5）如果发动机不起动，须取消起动过程并在约 1min 后重复起动过程。必要时进行应急起动。
（6）如果车辆是用车钥匙锁止，则起动按钮会被关闭。如果钥匙在车内且必须起动发动机，要先解锁车辆或执行一次应急起动。

举例说明

应急起动：例如大众途观，如果识别到车内没有有效的遥控钥匙，则将遥控钥匙头靠近图 4-37 所示位置，同时按下起动按钮，可以应急起动发动机。可能在诸如遥控钥匙内的电池电量较少或已耗尽时出现这样的情况。

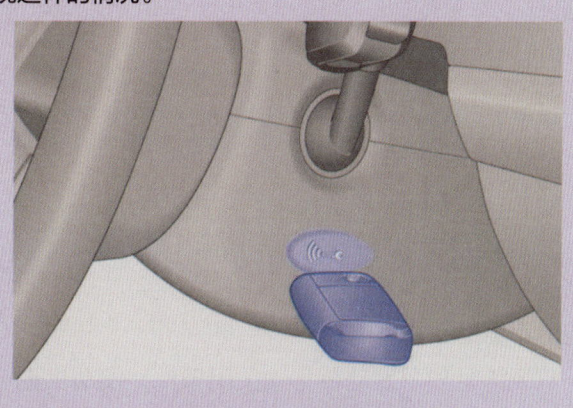

图 4-37　应急起动

6 关闭发动机

（1）将车辆完全停住。
（2）踩下并踩住制动踏板。

（3）接通电子驻车制动器。

（4）将换挡杆置于 P 挡位置。

（5）短触按压起动按钮，如果无法停下发动机，则应执行应急关闭。

7 应急关闭发动机

如果发动机无法通过短触按下起动按钮进行关闭，那么必须执行应急关闭：在 1s 内连按两下起动按钮，或按住起动按钮超过 1s。

4.2.3 起停系统

起停系统正常工作时，发动机将在车辆即将停止时自动关闭，并在车辆起步时自动起动。组合仪表的显示屏中将显示有关起停系统当前状态的信息。

> **维修提示**
>
> 涉水行驶时要关闭发动机自动起停系统。

1 发动机自动关闭的必要前提条件

（1）驾驶员已系好安全带。

（2）驾驶员侧车门处于关闭状态。

（3）发动机舱盖处于关闭状态。

（4）发动机已达最低工作温度。

（5）上次关闭发动机后汽车曾移动过。

（6）汽车蓄电池电量充足。

（7）汽车蓄电池的温度不过高也不过低。

（8）汽车未停在过陡的坡路上。

（9）配备自动变速箱的汽车：前轮转向角度不过大。

（10）未挂入倒挡。

（11）未激活智能泊车辅助系统。

（12）汽车停止，只要满足如下发动机自动关闭条件，发动机也可能自动关闭。

① 驾驶员执行某个操作达到发动机自动关闭的所需条件时，例如，关闭空调除霜功能。

② 按两次起停按钮。

③ 配备自动变速箱的汽车，将变速杆移入位置 P 时。

2 发动机自动重新起动的条件

发生下列情况时发动机可能自动起动。

（1）车内温度大幅度升高或降低。
（2）汽车开始移动时。
（3）汽车蓄电池电压下降时。
（4）转动转向盘时。

3 须手动起动发动机的情况

发生下列情况时必须手动起动发动机。
（1）驾驶员侧车门处于打开状态时。
（2）发动机舱盖处于打开状态时。

4 手动激活和关闭发动机自动起停系统

（1）按下起停按钮。
（2）如果自动起停系统被关闭，按钮里的指示灯点亮。

自动起停系统自动关闭发动机后，手动关闭自动起停系统时如果汽车处于停止模式，则发动机将重新自动起动。

补充说明

通过单击起动/停止按钮可开始车辆起动。起动机如图4-38所示，控制模块通过总线端50将电压接通到起动继电器（磁力开关）。起动继电器工作后通过一个杠杆机构将起动小齿轮推入飞轮齿圈，同时，起动继电器将来自蓄电池的电压接通给起动电动机碳刷，为此，通过总线端30为直流电动机供电，起动电动机开始运转，通过行星齿轮机构减速增扭以后传递给小齿轮，最终带动发动机曲轴旋转。如果发动机已起动，飞轮齿圈转速高于起动电动机小齿轮，此时电动机小齿轮由飞轮齿圈驱动。基于起动电动机小齿轮和齿圈之间的大传动比（约15∶1）可能导致起动电动机损坏。此时，起动电动机小齿轮处的超越离合器可起到抑制作用，防止起动电动机损坏。

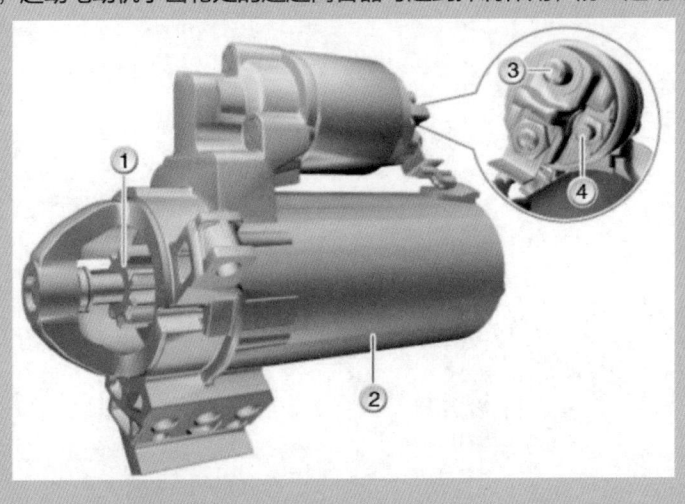

图4-38 起动机
1—起动电动机小齿轮；2—起动机；3—连接总线端50；4—连接总线端30

4.3 发动机控制系统拆装

4.3.1 拆装节气门

1 拆卸节气门

（1）拆下空气滤清器。

（2）图4-39所示为断开节气门电气连接器1。

（3）图4-40所示为拆下节气门体螺栓1。

（4）图4-41所示为拆下节气门体1，并拆下节气门体衬垫2。

视频：拆装节气门

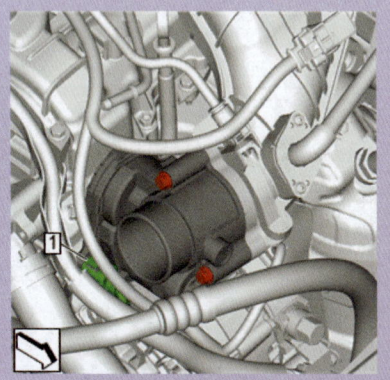

图4-39　拔下插头

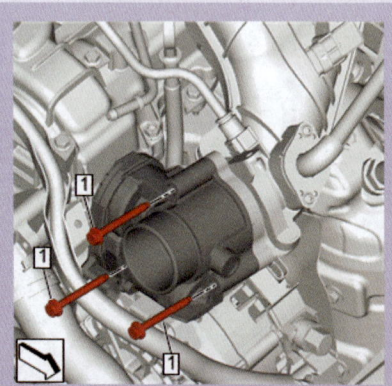

1—节气门电气连接器

图4-40　拧出螺栓

1—节气门螺栓

图4-41　取下节气门体及垫圈

1—节气门体；2—衬垫

2 安装事项

（1）需要安装新的节气门体衬垫。
（2）安装节气门体螺栓应紧固至规定力矩（力矩较小）。
（3）安装完毕后需要用故障诊断仪对节气门进行"自适应学习（匹配）"。

3 清洗节气门

清洗节气门时要注意，节气门的电气盖板一侧朝上。

4.3.2 拆卸火花塞

视频：拆卸火花塞

（1）如图4-42所示，断开点火线圈插头，如果没有固定螺栓，点火线圈可直接拔出；根据车型的不同，有些车点火线圈用螺栓固定在气门室盖上，这样需要拆卸点火线圈螺栓。

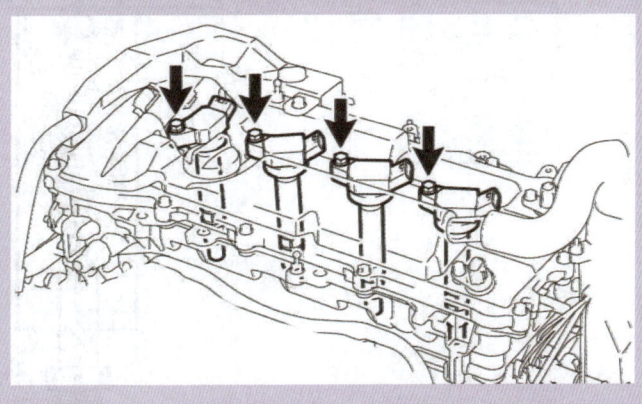

图4-42 拆卸点火线圈螺栓

（2）如图4-43所示，用火花塞扳手拧出火花塞，并取出火花塞。
图4-44所示为更换火花塞需要的专用套筒工具。可根据火花塞的直径选择不同的火

花塞套筒，常用的火花塞套筒工具规格为 14mm 和 16mm。

（3）安装火花塞时，紧固至厂家规定的力矩（火花塞力矩一般在 25N·m 上下，不超过 30N·m）。

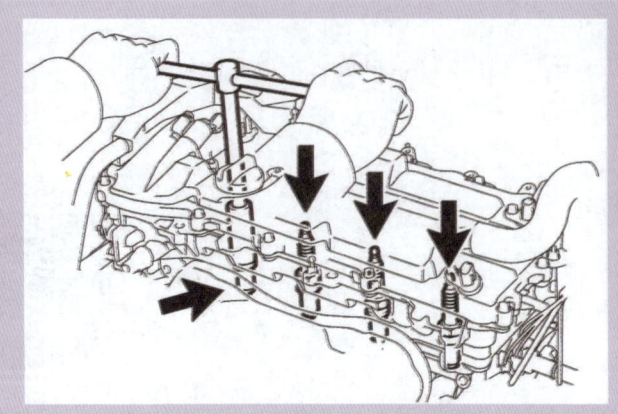

图 4-43　拧出火花塞　　　　　　　　　图 4-44　火花塞套筒

> **补充说明**

从拆卸火花塞中可以直观地看出，每个气缸有一个点火线圈和火花塞连接，这就是前面讲的独立电子点火系统。

如图 4-45 所示，独立电子点火系统中的各气缸由一个点火线圈总成和一个火花塞（连接至各次级线圈尾部）点火。次级线圈中产生的强电压被直接施加于每个火花塞上。火花塞的火花从中央电极传到接地电极。

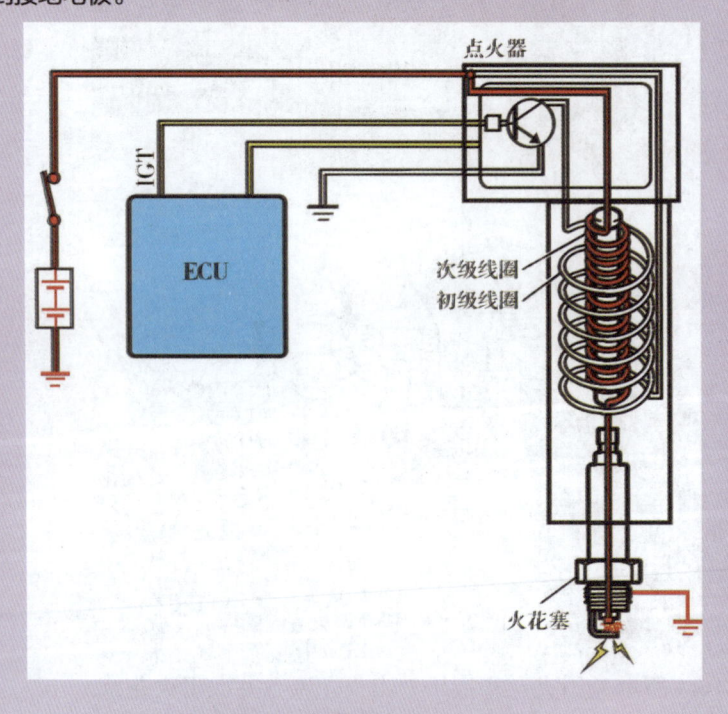

图 4-45　火花塞产生火花放电

4.4 发动机控制系统故障诊断

4.4.1 节气门故障

（1）节气门一般性故障就是产生积碳，也就是所谓的"节气门脏了"。这种情况下只是清洗节气门，清洗完节气门后用故障诊断仪进行"匹配"即可解决问题。

（2）节气门是不可解体维修的，解决节气门问题的方法除了清洗就是更换，但清洗能解决大多数故障。

（3）除了节气门本身故障外，就是电路故障，在这种情况下，检查的对象是节气门电路和发动机控制单元。

（4）节气门所有故障最大的共同特征是"怠速不稳"或包含"怠速不稳"。

（5）节气门的其他表现有：低速熄火、加速不走、汽车操控性差等。

（6）所有诊断报告（如节气门电动机损坏、节气门电动机内部线路故障、节气门位置传感器内部线路故障等），其实只是一个问题，那就是节气门本身损坏。

（7）如果故障显示"节气门位置传感器电路电压超低限值"，那么我们要清晰地熟悉以下几个参数，有了依据，就可以很快地确定故障点。

将实际节气门位置与根据发动机负荷确定的节气门位置进行比较。发动机控制模块根据进气歧管绝对压力传感器（MAP）的信号来确定发动机负荷。通过进一步比较，可判断传感器是否有故障并设置相应的故障诊断码。

> **举例说明**
>
> 图4-46所示为节气门位置传感器的三个端子（说明：图中插接器和端子名称为列举，各种车辆命名不同）。
>
> ① ECM通过ECM线束连接器EN44的39号端子给TPS传感器线束连接器EN58的1号端子提供5V参考电压。
>
> ② TPS传感器通过EN58的3号端子给ECM线束连接器EN44的26号端子提供传感器信号电压。
>
> ③ ECM通过ECM线束连接器EN44的14、18号端子给TPS传感器线束连接器EN58的2号端子提供ECM低参考电压电路。

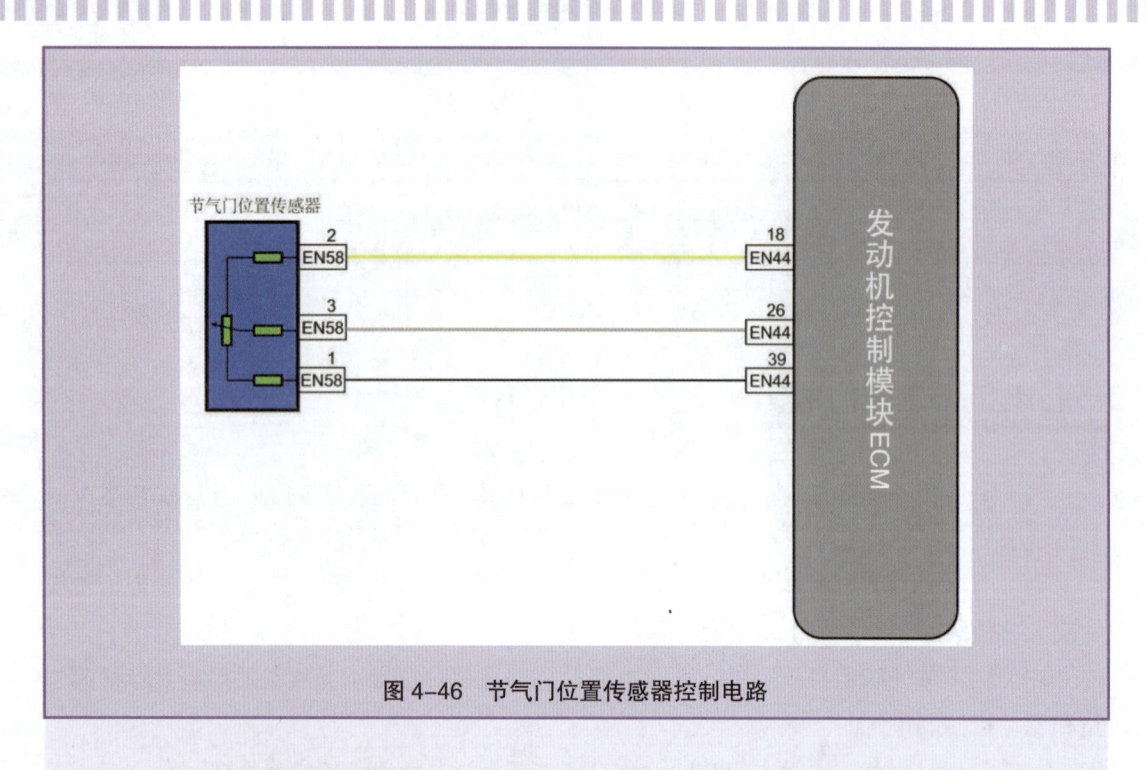

图 4-46 节气门位置传感器控制电路

4.4.2 火花塞故障

1 从火花塞色相判断故障

（1）如图4-47所示为正常燃烧的火花塞。良好品质的燃油正常燃烧时，其火花塞中心电极呈灰色或黄色；侧边为棕色至浅灰褐色；如果略带少量白色粉状沉积物，是含添加剂的燃油在正常燃烧时的少量烧蚀物。

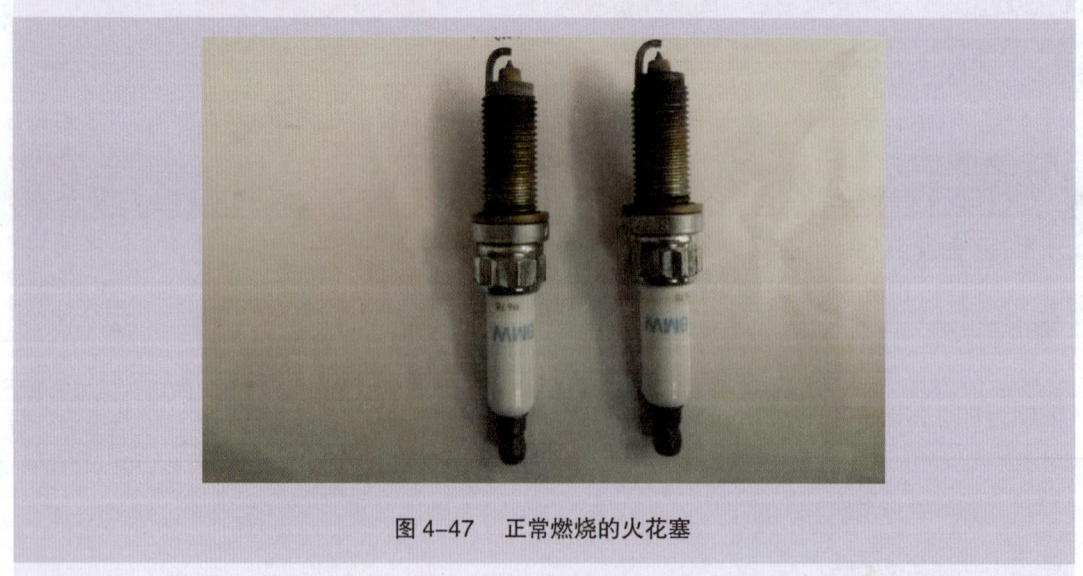

图 4-47 正常燃烧的火花塞

（2）火花塞故障（表4-2）。

表4-2　火花塞故障

故障特征	图　示	说明/故障原因
火花塞呈白色		电极熔化且绝缘体呈白色，表明燃烧室内温度过高。这可能是燃烧室内积碳过多，使气门间隙过小等引起的排气门过热或是冷却装置工作不良，也可能是火花塞未按规定力矩拧紧等
电极结有烧蚀结疤		电极变圆且绝缘体结有烧蚀结疤，表明发动机早燃，可能是点火时间过早或者汽油辛烷值低，火花塞热值过高等原因
黑色沉积物，熏黑污损		火花塞电极和内部有黑色沉积物，表明混合气过浓，可以增高发动机运转速度，并持续几分钟，就可烧掉留在电极上的一层黑色煤烟层。 电流通过附着在火花塞点火部上的碳漏出导致熄火，发动机性能变差
油性沉积物		火花塞上有油性沉积物，表明润滑油进入燃烧室内。如果只是个别火花塞，则可能是气门杆油封损坏。如果各缸火花塞都黏有这种沉积物，表明气缸窜油，应检查空气滤清器和通风装置是否堵塞
添加剂污染		MMT在燃烧后会对汽车零件造成污损，使火花塞点火部呈茶褐色，火花塞被污损后，火花会由绝缘体表面泄漏造成熄火
火花塞绝缘体破裂		火花塞绝缘体破裂多数为劣质火花塞所致。 如果绝缘体顶端碎裂，爆震燃烧是绝缘体破裂的主要原因之一；而点火时间过早、汽油辛烷值低、燃烧室内温度过高，都可能导致发动机爆震燃烧
火花塞漏气。火花塞壳体最薄处被烤得发蓝		安装火花塞时，由于安装力矩不足，造成的人为漏气。 火花塞漏气会造成发动机无力、怠速不稳、抖动变大、高速易熄火、油耗增加，甚至发动机无法起动，情况严重则导致火花塞故障、发动机损坏等后果

火花塞热值不正确或者由于发动机燃油系统故障所导致的故障现象，火花塞中心电极及中极绝缘磁体有非常严重的积碳。

> 补充说明
>
> 在汽车设计生产中，火花塞与点火系统及发动机是经过匹配和测试的；为了最大限度地避免故障发生，在维修中应该使用和发动机匹配规格的火花塞。

2 火花塞不跳火故障

（1）检查点火线圈工作电源。

① 转动点火开关至 OFF 位置。

② 断开点火线圈线束连接器。

③ 转动点火开关至 ON 位置。

④ 测量点火线圈线束连接器端子与可靠接地之间的电压值（如表 4-3 和图 4-48）。

表 4-3　检测端子及标准电压

检查部件	万用表连接插件端子	条件/状态	应测得结果/V
点火线圈连接器	B—接地	起动开关 ON 状态	11～14

如果测量值不符合标准，应进一步检查点火线圈电源电路。

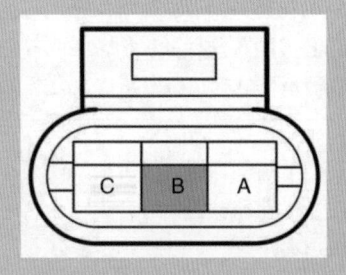

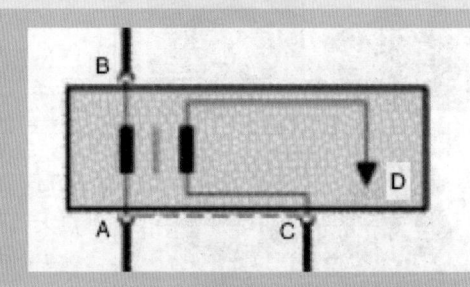

图 4-48　（三线）点火线圈线束连接器及电路

（2）检测点火线圈初级电阻值。

① 转动点火开关至 OFF 位置。

② 断开点火线圈线束连接器。

③ 测量点火线圈端子之间的电阻值（如表 4-4 和图 4-48）。

表 4-4　检测端子及标准电阻

检查部件	万用表连接插件端子	条件/状态	应测得结果/Ω
点火线圈连接器	B—A	起动开关 ON 状态	0.45～0.55

（3）检测点火线圈次级电阻值。

① 转动点火开关至 OFF 位置。

② 断开点火线圈线束连接器。

③ 测量点火线圈次级端子间的电阻值（如表 4-5 和图 4-48）。

表 4-5 检测次级端子及标准电阻

检查部件	万用表连接插件端子	条件/状态	应测得结果/kΩ
点火线圈	C—D（插火花塞处）	起动开关 ON 状态	10～15（大概）

如果测量值不符合标准，应更换点火线圈。

4.4.3 点火线圈故障

某宝马 7 系，起动发动机之后，怠速工况抖动，车辆行驶时发动机加速不良。

1 故障检查

进行故障诊断仪检查，没有发现明显的异常现象。

进行故障诊断仪检查，发现：

（1）气缸 1 出现点火缺失故障，故障当前不存在。

（2）气缸 3 出现点火缺失故障，故障当前存在。

（3）以上故障码均都能清除，但故障无改善；更换火花塞后，故障依旧。

再次检查数据流：气缸 3 运行平稳性数据最大，工作状况也最差；该缸的气缸运行平稳性数据已接近激活气缸切断功能的极限值，存在明显的缺缸现象。

> **补充说明**
>
> 宝马发动机电控系统具有气缸功率监控功能，发动机控制模块根据发动机转速信号识别曲轴在某段相位角度时产生的转速差，从而判断是否存在缺缸故障。理论上的气缸运行平稳性数值为 0，如果该数值超限，则被识别为气缸失火，相关的故障码被储存起来。

2 故障排除

根据上述检查可以判断，故障与点火线圈性能不良有关。更换气缸 3 点火线圈，故障排除。点火线圈如图 4-49 所示。

图 4-49 点火线圈

> **补充说明**
>
> 发动机控制模块通过单独的点火线圈控制电路，控制每个气缸的点火。当发动机控制模块指令点火控制电路通电时，电流将流经点火线圈的初级绕组，形成一个磁场。当点火事件被请求时，发动机控制模块将指令点火控制电路断开，阻止电流流经初级绕组。由初级绕组形成的磁场穿过次级线圈绕组时减弱，产生一个穿过火花塞电极的高压。发动机控制模块使用来自曲轴位置传感器、凸轮轴位置传感器的信息来控制点火事件的顺序及正时。发动机控制模块监测每个点火控制电路上的异常电平。
>
> 点火线圈模块在单个密封部件中集成了4个线圈和点火控制模块。点火线圈模块有一个点火电压电路，一个搭铁，一个低电平参考电压电路，4个点火线圈控制电路。
>
> 发动机控制模块通过将点火线圈控制电路上的正时脉冲发送至各个点火线圈促发点火来控制各个线圈。火花塞通过一个短护套与各个线圈相连。护套包含一个弹簧，此弹簧将点火能量从线圈传递到火花塞。

4.4.4 凸轮轴故障

上汽大众某款轿车，车行驶里程约150 000km。发动机运行期间会突然熄火，再次打火，无法起动。

1 故障检查

检查各缸的点火情况，火花塞跳火强度符合标准。检查配气正时及缸压，均达到要求。

使用诊断仪，进行发动机系统检测。显示故障为霍尔信号发生器对地短路，即凸轮轴位置传感器故障。根据故障诊断引导，拆下凸轮轴位置传感器，发现凸轮轴前端的脉冲环脱落。

2 故障排除

发动机点火顺序是受曲轴位置传感器和凸轮轴位置传感器双重控制的。凸轮轴位置传感器提供了发动机气缸1、气缸4的上止点判断缸信号，如果凸轮轴位置传感器发生损坏，传感器信号就会失真或丢失，导致发动机无法起动。

更换脉冲环，故障排除。

4.4.5 爆震传感器故障

1 爆震传感器功能

爆震传感器（KS）附装在气缸体上（图4-50）。当探测到发动机爆震时，就向发动机

ECU 发出 KNK 信号。发动机 ECU 收到 KNK 信号后，延迟点火正时，抑制爆震。此传感器内有压电元件，当爆震在气缸体内造成振动，使此元件变形时，元件就会产生 AC（交流）电压。

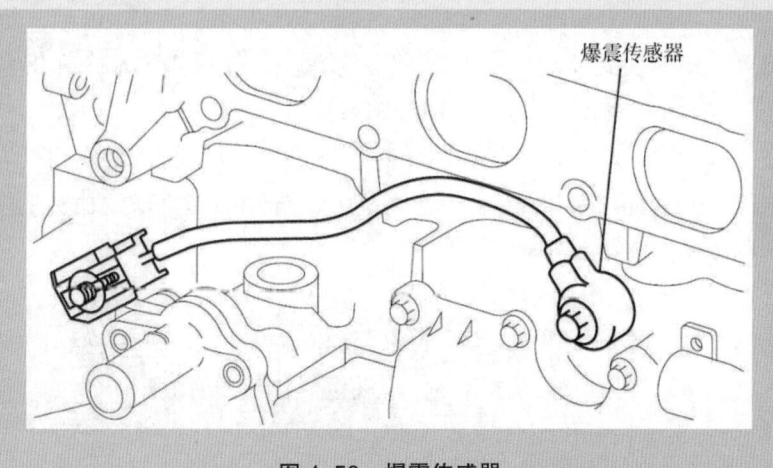

图 4-50　爆震传感器

爆震传感器可使控制模块控制火花正时以尽可能获得最佳性能，同时保护发动机免受潜在的爆震损害，即火花爆震。爆震传感器系统使用 1 个或 2 个平面响应双线传感器。传感器使用压电晶体电动技术，根据发动机振动或噪声水平产生一个振幅和频率变化的交流电压信号，振幅和频率取决于爆震传感器检测到的爆震水平。控制模块通过信号电路接收爆震传感器信号。爆震传感器搭铁由控制模块通过低电平参考电压电路提供。

怠速时，控制模块从爆震传感器读入最小噪声级或背景噪声，并在其余的发动机转速范围内使用标定值。控制模块利用最小噪声级来计算噪声信道。正常的爆震传感器信号将在噪声信道中传送。随着发动机转速和载荷的变化，噪声信道的上下参数将会改变以适应正常的爆震传感器信号，使信号保持在信道中。为确定爆震气缸，当每个气缸接近点火行程的上止点（TDC）时，控制模块仅使用爆震传感器信号信息。如果存在爆震，信号将在噪声信道外。

如果控制模块确定爆震存在，它将延迟点火正时以消除爆震。控制模块将努力返回至零补偿水平或无火花延迟。异常的爆震传感器信号将在噪声信道外或不存在。爆震传感器诊断校准程序可用以检测控制模块内部的爆震传感器电路、爆震传感器线路或爆震传感器电压输出是否有故障。有些诊断校准可以检测由外部影响产生的持续性噪声，如松动/损坏的部件或过大的发动机机械噪声。

2　爆燃传感器检测

下面介绍的压电式爆燃传感器检测，在理论和检测手段上是可行的，但在实际维修中或因汽车结构布局等原因，与实际操作可能有差别。故所介绍的爆震传感器检测只做参考，不作为实际维修的确切依据。

（1）就车检查爆燃传感器。在进行爆燃传感器的检查时，可轻轻敲击该爆燃传感器附件的缸体。当轻轻敲击时，发动机的转速应随之下降，这时还需打开节气门并稳定发动机，以提高发动机的转速，因此点火正时提前并将随之延迟。如果在爆燃传感器附近轻轻敲击，对发动机的点火正时和转速无影响，则应用万用表进行检查。

（2）检查爆燃传感器电源电压。检查时，关闭点火开关，等待10s后，拆下爆燃传感器的插头，打开点火开关（发动机不起动），测量线束上信号输出端子和信号回路端子之间的直流电压，应为1~4V；否则，说明线路有故障。

（3）检查传感器波形。爆燃传感器是否正常，可用示波器检测的发动机工作时爆燃传感器输出的电压波形进行判断。如果没有波形输出或输出波形不随发动机工作状况的变化而变化，则说明爆燃传感器有故障。

（4）检查爆燃传感器功能。

① 发动机运转，连接好爆燃传感器导线，缓慢地提高发动机转速至2000r/min，同时用万用表电压挡测量。如果电压随之升高，说明爆燃传感器有故障。

② 发动机运转，连接好爆燃传感器导线，用锤子轻轻敲击排气歧管，同时用万用表电压挡测量。如果电压指示值发生波动，则说明爆燃传感器有故障，应更换新的传感器。

（5）爆震传感器电阻检测　在爆震传感器与搭铁线之间用欧姆表测量，传感器应有4500Ω上下的电阻值。如果电阻值特别小，需更换传感器。

> **举例说明**
>
> 某别克轿车在行驶中抖动，发动机故障灯点亮。
>
> （1）故障检查。执行故障诊断仪检查，显示故障为爆震传感器系统性能（故障码P0324）。
>
> 针对故障码引导，分析容易产生爆震的情况有：气缸压缩比过高，气缸充气率过高，进气温度和发动机温度过高，燃油辛烷值等级过低，爆震传感器或线束损坏，爆震传感器安装不正确，爆震传感器和发动机安装表面有毛刺、铸造毛边和异物，附件传动皮带、托架、部件松动或断裂。如果存在以上任一故障，发动机会出现爆燃。
>
> 检查爆震传感器，发现导线已经脱落，导线从插头处整齐地断掉。
>
> （2）故障排除。拆下爆震传感器，对线路进行修复。

4.4.6 空气流量计故障

1 空气流量计功能

空气流量计（空气流量传感器）安装在空气滤清器和节气门体之间，是电控系统基本控制参数的来源之一，电控发动机的重要元件。其作用是检测发动机进气量的大小，并将进气量信息通过电路的连接转化为电信号输入给ECU，以供ECU确定喷油量和点火时间。空气流量传感器获得的进气量信号是ECU进行喷油控制的主要依据，如果其损坏或其电路连接出现故障，则会使发动机的进气量测量不准确，使进入气缸的混合气过浓或过稀，从而导致 ECU 无法对喷油量进行准确的控制，导致发动机不能正常运转，尾气排放超标。

2 空燃比

为了使 1kg 燃料充分燃烧，内燃机需要 14.7kg 的空气。这种燃料相对于空气的比例在技术上表示为理想空燃比。为了使发动机控制单元能够在各种运行状态下设定正确的空燃比，需要关于进气的准确信息。在理想状态时，空燃比的 λ 值为 1。只有在理想状态时，废气中的有害物质才可能被三元催化转化器全部清除，如图 4-51 所示。

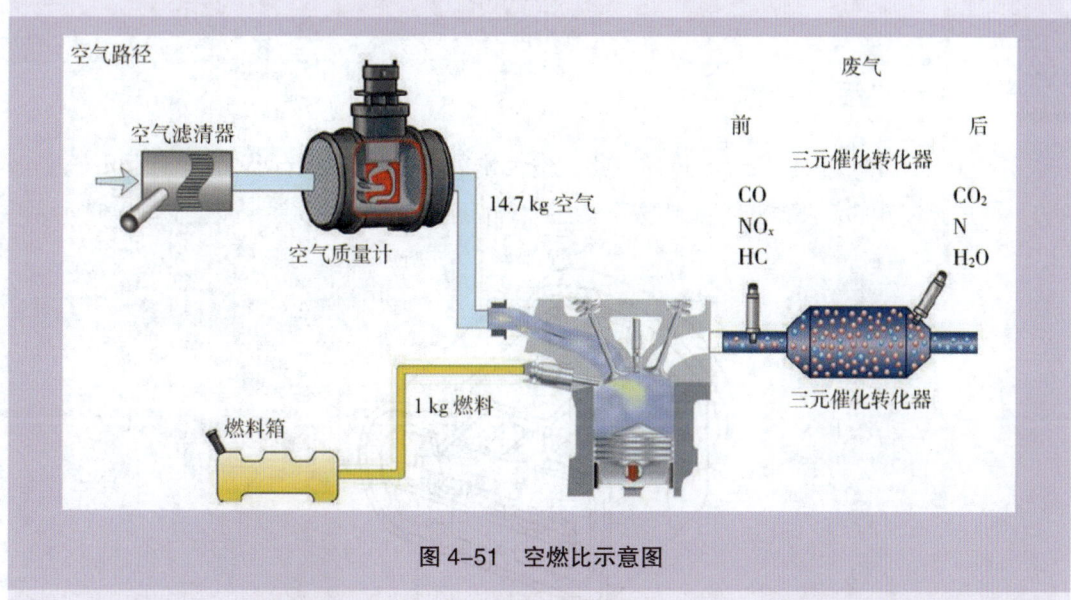

图 4-51 空燃比示意图

（1）浓混合气。在浓混合气（$\lambda<1$）时，例如：1.2kg 燃油：14.7kg 空气，废气中含有过多一氧化碳（CO）和未燃烧的碳氢合化物（HC）。

（2）稀混合气。在稀混合气（$\lambda>1$）时，例如：0.8kg 燃油：14.7kg 空气，废气中含有过多的氮氧化物（NO_x）。

准确测量吸入空气质量的目的在于，将空燃比控制在 $\lambda=1$ 的范围内，并降低和清除废气中所含的有害物质。

3 空气流量计故障诊断

空气流量计故障会导致发动机怠速不稳、加速不良，检查方法如下。

（1）发动机运转时，拔下空气流量计的插头，如果故障消失，说明此空气流量计信号有偏差，并没有损坏，电控单元一直按照有偏差的错误信号进行喷油控制。由于混合比失调，发动机燃烧不正常，将会出现发动机转速不稳或动力不良现象。当拔下空气流量计插头时，电控单元检测不到进气信号便会立即进入失效保护功能，以节气门位置传感器信号替代空气流量计信号，使发动机继续以替代值进行工作。拔下空气流量计插头，故障消失，正说明了拔插头前信号不正确，拔插头后信号正确，因此故障消失。

（2）在插头的信号端测量动态信号电压，怠速工况下，电压接近 1.4V；加速到全负荷时，电压信号可接近4V。如果不在该范围,一般是空气流量计本身损坏。个别也有脏污所导致,清洗即可。

(3)发动机运转时,拔下空气流量计的插头,如果故障依旧,说明主要原因是该空气流量计损坏(相关线路也会导致该故障),造成发动机控制单元无法接收到空气流量计信号,电控单元确认空气流量计信号不良,进入失效保护功能,同时将故障码存入存储器。

(4)发动机运转时,拔下空气流量计的插头,故障现象稍有变化。说明空气流量计是良好的,拔下空气流量计插头前,电控单元根据空气流量计信号进行控制,喷油量准确,发动机各工况均好;当拔下空气流量计插头时,发动机控制单元根据节气门位置传感器信号进行控制,喷油量有微小差异,发动机工况相对稍差。

4 空气流量传感器检测

用万用表检测和识别空气流量计电路。空气流量传感器信号有两种,一种是电压变化的,一种是脉冲式的。测试过程不要拔下传感器插头。空气流量插接器插座如图4-52所示。

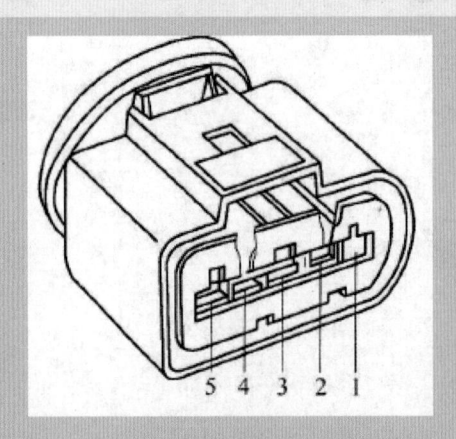

图4-52 热膜式空气流量计插接器插座

(1)传感器负极检测和识别。万用表黑表笔接车身搭铁,红表笔分别接传感器里面的几根线,测得电压最低的那根线,即是传感器的负极。

(2)传感器正极检测和识别。用万用表黑表笔接刚才找到的传感器负极线;用红表笔分别接除传感器负极之外的线,找到一根5V的线,这根线就是传感器的正极。

(3)传感器信号线检测和识别。用万用表黑表笔连接上述找到的传感器负极线;用红表笔分别接除传感器负极之外的线,测试过程中起动汽车,不断地加速、减速;观察在此过程中哪一根线的电压会发生变化,会随加减速而发生电压变化的这根线就是传感器信号线。

如果用以上方法找不到信号线,那就用LED试灯,试灯负极接传感器负极线,试灯另外一端接传感器上除传感器负极外的其他线,看试灯是否会闪烁,闪烁的这根线就是信号线。

> **举例说明**
>
> 某别克君威轿车,采用热线式空气流量计,该传感器使用热线电阻式元件,此元件与温度补偿电阻、精密电阻、电桥电阻及环境温度传感器共同组成惠斯顿电桥。热线式空气流量计为三导线型传感器,安装在空气滤清器的进气管中。

空气流量（MAF）传感器和进气温度（IAT）传感器集成在一起。质量空气流量传感器是一个空气流量计，测量进入发动机的空气量。在所有发动机转速和负载条件下，发动机控制模块（ECM）利用质量空气流量传感器信号提供正确的燃油输送量。空气流量/进气温度传感器具有包括点火1电压、空气流量传感器搭铁、空气流量传感器信号、进气温度传感器信号及进气温度低电平参考电压的电路。发动机控制模块向空气流量传感器信号电路上的空气流量传感器提供5V电压。传感器根据流过传感器孔的进气流量，利用电压产生频率。

空气流量传感器发生故障，会生成故障码P0100：空气流量（MAF）传感器电路、P0102：空气流量（MAF）传感器电路频率过低，以及P0103：空气流量（MAF）传感器电路频率过高。

对热线式空气流量计进行检测时，应主要检测空气流量计的输出信号电压。首先关闭点火开关，拔下传感器插接器；然后将点火开关转至ON位置，但不起动发动机；用万用表电压挡测量空气流量计信号端子和搭铁端子之间的电压，即端子1与端子2间的电压，该电压应为5V；当该空气流量计输出电压正常时，可用电吹风向该空气流量计进气口处吹风，其信号电压应随吹风量大小的变化而变化，而且应在标准规定值范围内，否则说明空气流量计已损坏，需要更换。热线式空气流量计与发动机电控单元的连接电路如图4-53所示。

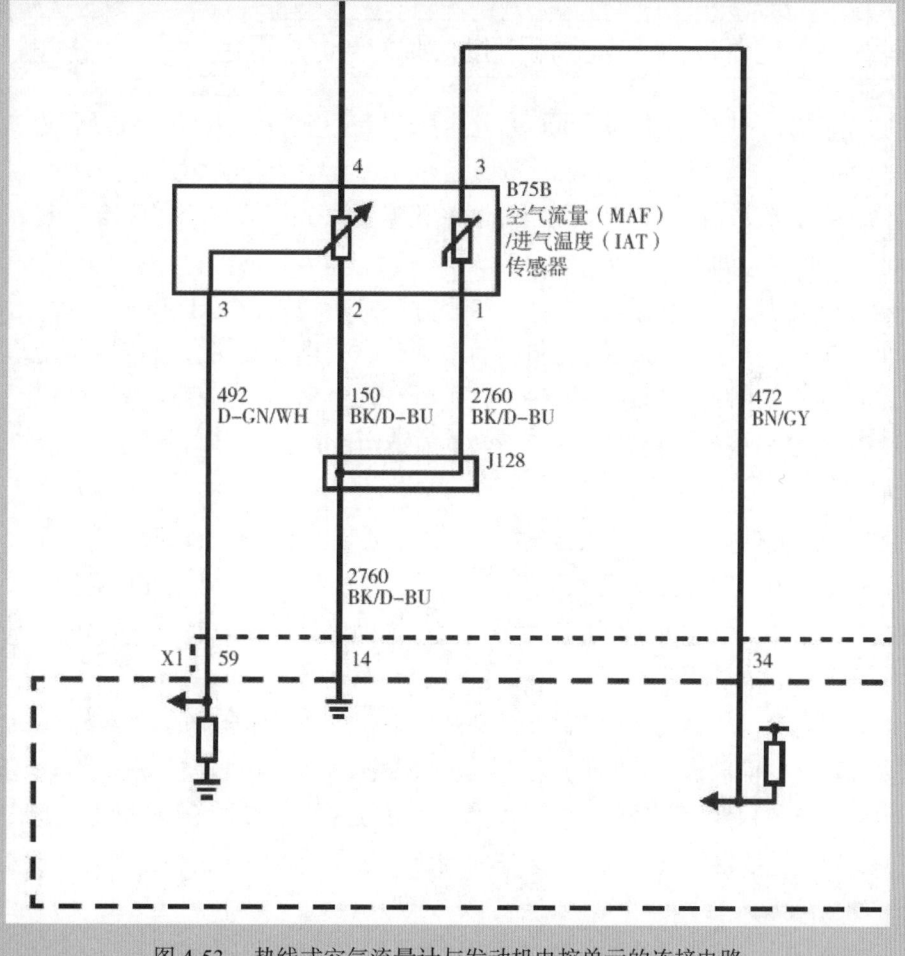

图4-53　热线式空气流量计与发动机电控单元的连接电路

4.4.7 三元催化器故障

1 案例1：雪弗兰科鲁兹发动机故障灯异常点亮

（1）故障现象。故障车辆行驶里程约为16 000km，车辆行驶期间，发动机故障灯有时会点亮。

（2）诊断与检查。使用诊断仪对发动机系统进行诊断检测，故障码为P0133：加热型氧传感器响应迟缓（传感器1）。观察发动机数据流，前氧传感器信号电压能够变化，基本正常；检查该氧传感器线束连接器，均良好；检查进气系统，无真空泄漏现象。

视频：三元催化器故障

氧传感器附近如果存在排气泄漏，则会显示故障码P0133。检测排气歧管，无泄漏；检查三元催化器，发现催化器载体有条裂纹，载体与壳体已脱开，导致漏气。

（3）故障排除。更换三元催化器，故障彻底排除。

2 案例2：帕萨特领驭发动机加速缓慢，动力不足

（1）故障现象。1.8T帕萨特领驭，行驶里程约170 000km，行驶中动力不足。

（2）诊断与检查。首先路试，确认故障。

使用诊断仪对发动机控制模块进行诊断。故障码为16683，内容为涡轮/机械增压器增压不足。观察发动机的数据流，无异常。

车辆在行驶中，当发动机达到一定转速时，涡轮增压器处于工作状态，增压压力传感器将检测到的增压压力转换成相应的电信号传送给发动机控制模块，发动机控制模块根据该信号判断涡轮增压器工作是否正常。如果增压压力传感器检测到的增压压力不足，那么发动机控制模块就会设定故障码为16683。但经检查，增压器系统及线路工况正常。

最后拆卸三元催化器，将前氧传感器拆下来，发现三元催化器堵塞。

（3）故障原因。由于三元催化器堵塞，导致大量的废气积聚在三元催化器前端，造成排气侧的压力增高，发动机工作时产生的废气不能彻底排出；没有完全排出的废气留在气缸内，影响了新鲜空气的进入。

此时只要有少量的空气进入气缸，就会造成空气在进入气缸时的速度降低，也就导致空气流量传感器的信号偏小。发动机控制模块会根据偏小的空气流量传感器信号进行喷油控制。由于气缸内积聚了大量的废气再加上进入气缸内的新鲜空气，实际上气缸内空气是很多的，这就会造成混合气偏稀。如果三元催化器堵塞严重，那么还会出现关于氧传感器和混合气的故障码。

（4）故障排除。更换三元催化器，故障排除。

> **补充说明**
>
> 三元催化器（TWC）（图4-54）是安装在汽车排放控制系统中最重要的机外净化装置，这里的"三元"主要是指CO、HC和NO_x三种有害气体。
>
> 图4-54 三元催化器
>
> 三元催化器可将即将从汽车尾气排出的CO、HC和NO_x等有害气体转变为无害的CO_2、H_2O和N_2排放到车外。

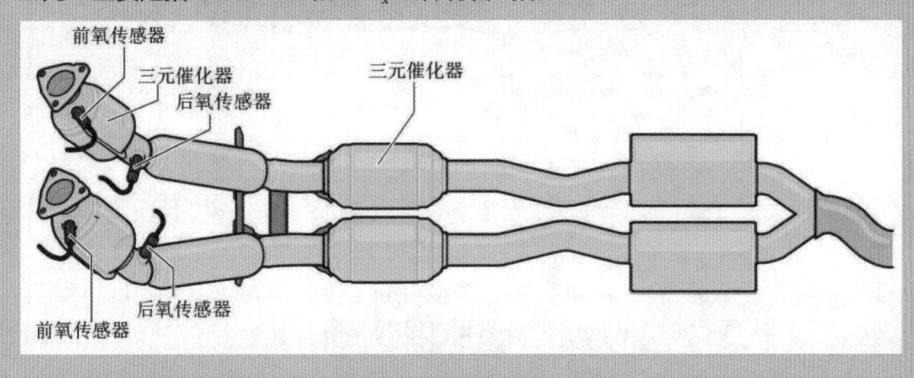

第 5 章　变速器维修

5.1　变速器认知

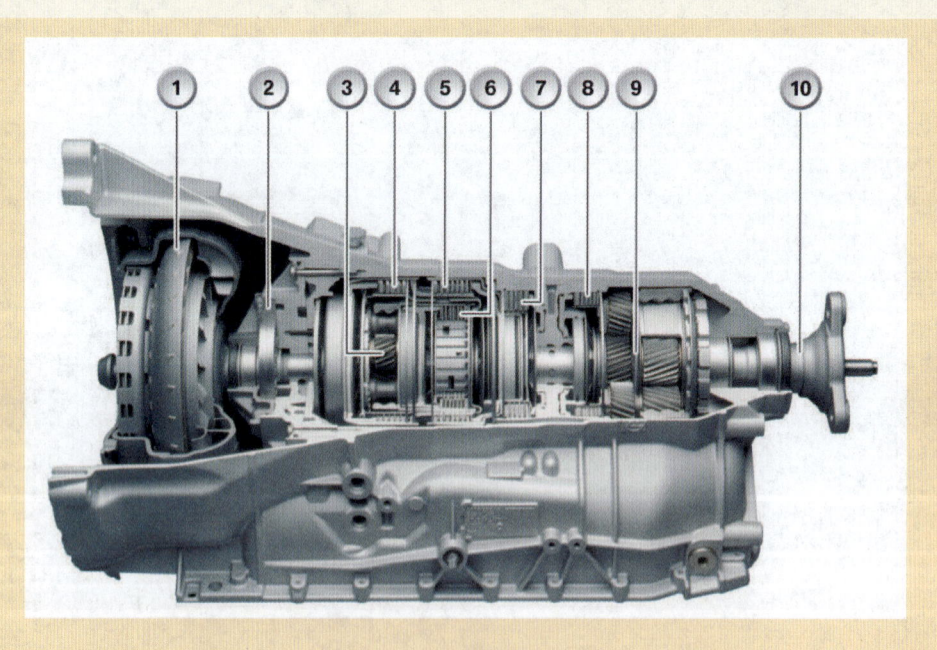

5.1.1　自动变速器（AT）结构

自动变速器（AT）可以分为液控液力自动变速器和电控液力自动变速器，目前轿车上都是采用电控液力自动变速器，如图 5-1 所示。自动变速器由复杂的行星齿轮组和诸多换挡执行元件组成，虽然自动变速器速比变化是自动实现的，但各挡速比也是固定不变的。

图 5-1　自动变速器（AT）

1—带涡轮扭转减振器（TTD）和变矩器锁止离合器的液力变矩器；2—机油泵；3—单行星齿轮组；4—驱动离合器 A；5—驱动离合器 B；6—驱动离合器 E；7—制动离合器 C；8—制动离合器 D；9—双行星齿轮组；10—输出轴法兰

5.1.2 自动变速器（AT）主要部件

1 动力传递系统

动力传递系统（液力变矩器）起到连接发动机与自动变速器的作用。

如图5-2所示，液力变矩器由泵轮、涡轮、导轮等组成。变矩器位于自动变速器的最前端，安装在发动机的飞轮上，其作用与采用手动变速器的汽车中的离合器相似。它利用油液循环流动过程中动能的变化将发动机的动力传递给自动变速器的输入轴，并能根据汽车行驶阻力的变化，在一定范围内自动地、无级地改变传动比和扭矩比，具有一定的减速增扭功能。

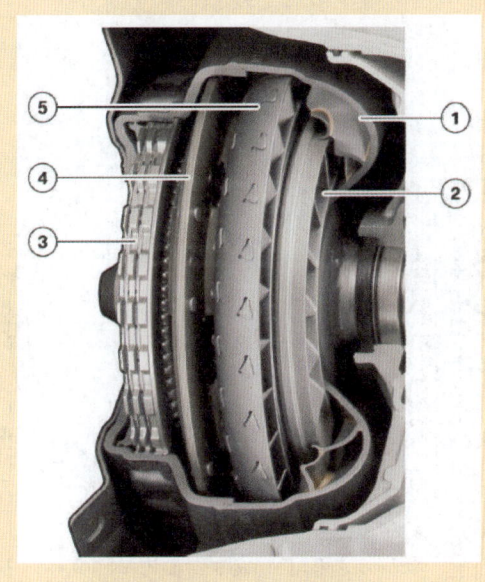

图 5-2 液力变矩器
1—泵轮；2—导轮；3—液力变矩器锁止离合器；4—扭转减振器（涡轮扭转减振器或双减振器系统）；5—涡轮

图 5-3 所示为液力变矩器内部结构以及液力变矩器的传递路径：壳体→泵轮→涡轮→变速器。

如图5-4所示，变矩器锁止离合器分离时，即处于变矩器运行模式时，来自涡轮的动力不像通常那样传输到变速箱输入轴上。涡轮将动力传输到扭转减振器的初级侧。涡轮扭转减振器的次级侧与变速箱输入轴连接在一起。因为液力变矩器不传输振动，所以扭矩减振器不必承担减振功能。在这种情况下其工作方式与一个刚性传动元件非常相似。

变矩器锁止离合器接合时，动力直接从离合器传输到涡轮扭转减振器的初级侧。此时与变矩器涡轮之间为刚性连接，因此提高了初级侧的飞轮质量。动力通过涡轮扭转减振器传输到变速箱输入轴上。扭转振动可以非常有效地被过滤掉。通过这个系统可以在不降低舒适性的情况下，使变矩器锁止离合器的接合时间明显提前。这样可以使变速箱与发动机之间的连接更直接，从而提高了动力性且降低了耗油量和尾气排放量。

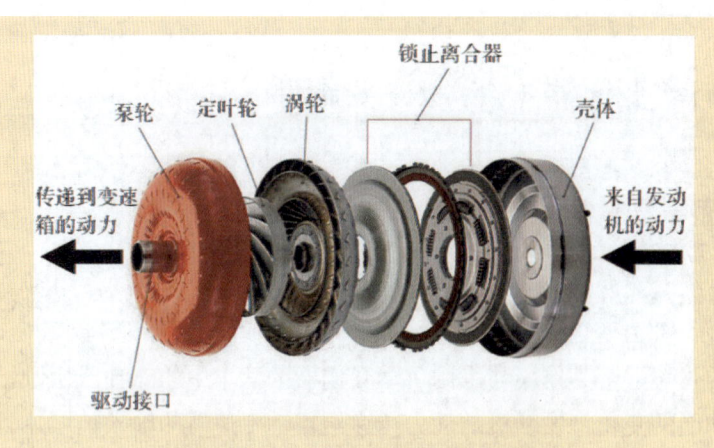

图 5-3 液力变矩器结构及动力传输

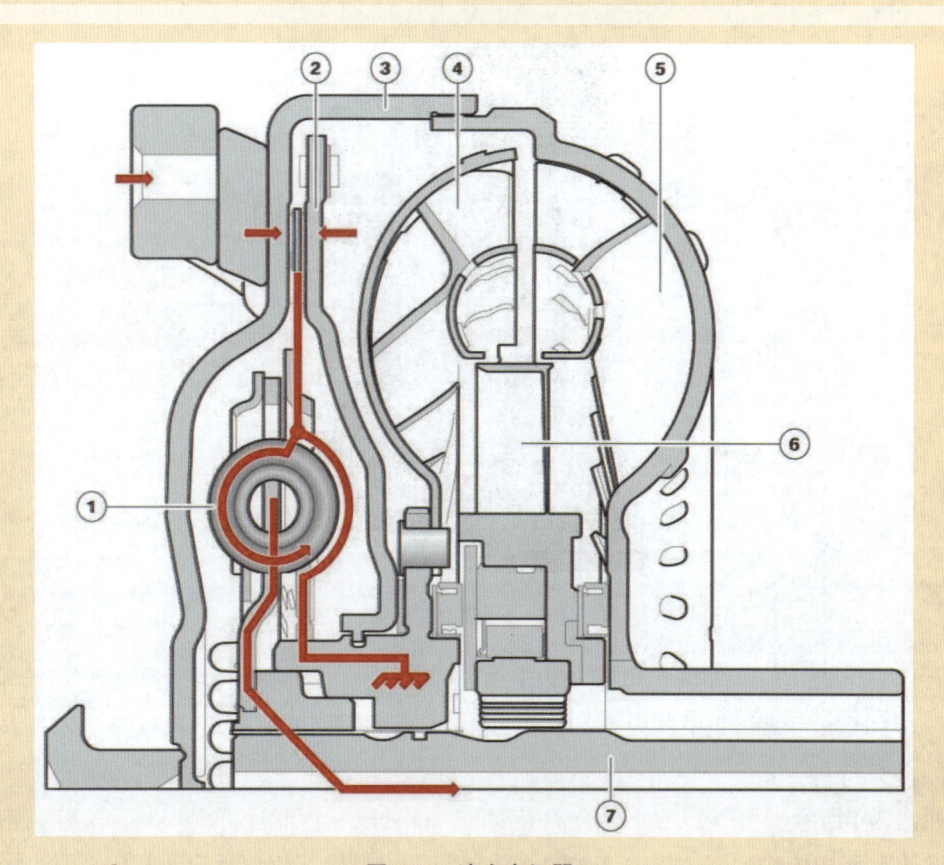

图 5-4 液力变矩器
1—环形弹簧套件；2—变矩器锁止离合器活塞；3—变矩器壳体；4—涡轮；5—泵轮；6—导轮；7—变速箱输入轴

> **举例说明**
>
> 如图 5-5 所示，奥迪 0D5 变速器的变矩器是带有内置离心摆的双减振器变矩器。从外观无法判断，但变矩器会滚动或抖动，可以根据安装的非常松散的离心摆引发的典型嘎吱声来判断。这并不意味着变矩器损坏。一旦开始运行，即使转速较低，离心力也会向外压摆动质量，此时就不会再发出任何噪声了。

4个摆动质量通过根据转速消除发动机旋转振动的减振器进一步扩充双减振器变矩器的传统工作方式。这都是在离心力（F）和轴承座圈形状的共同影响下实现的。因此，在低转速下，只需要一个小离心力就能加强摆动，而在高转速下则需要较大的离心力。摆动质量和轴承座圈形状与发动机相匹配，摆动可以抵消发动机的旋转振动。

　　说明：在图5-5中，蓝色表示在变矩器离合器分离时与内燃机相连的部件（初级侧），粉红色表示在变矩器离合器分离时与变速箱输入轴相连的部件（次级侧）。

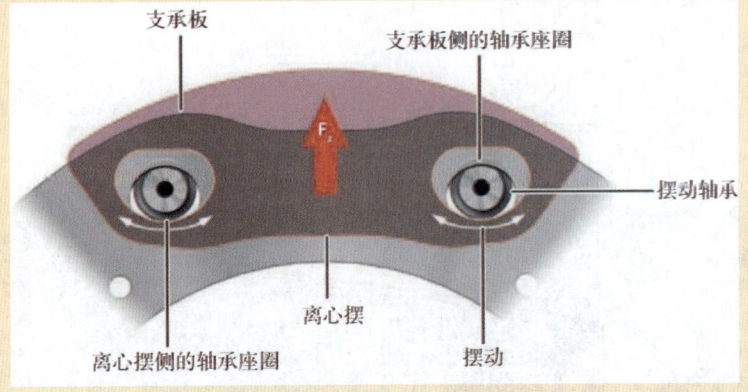

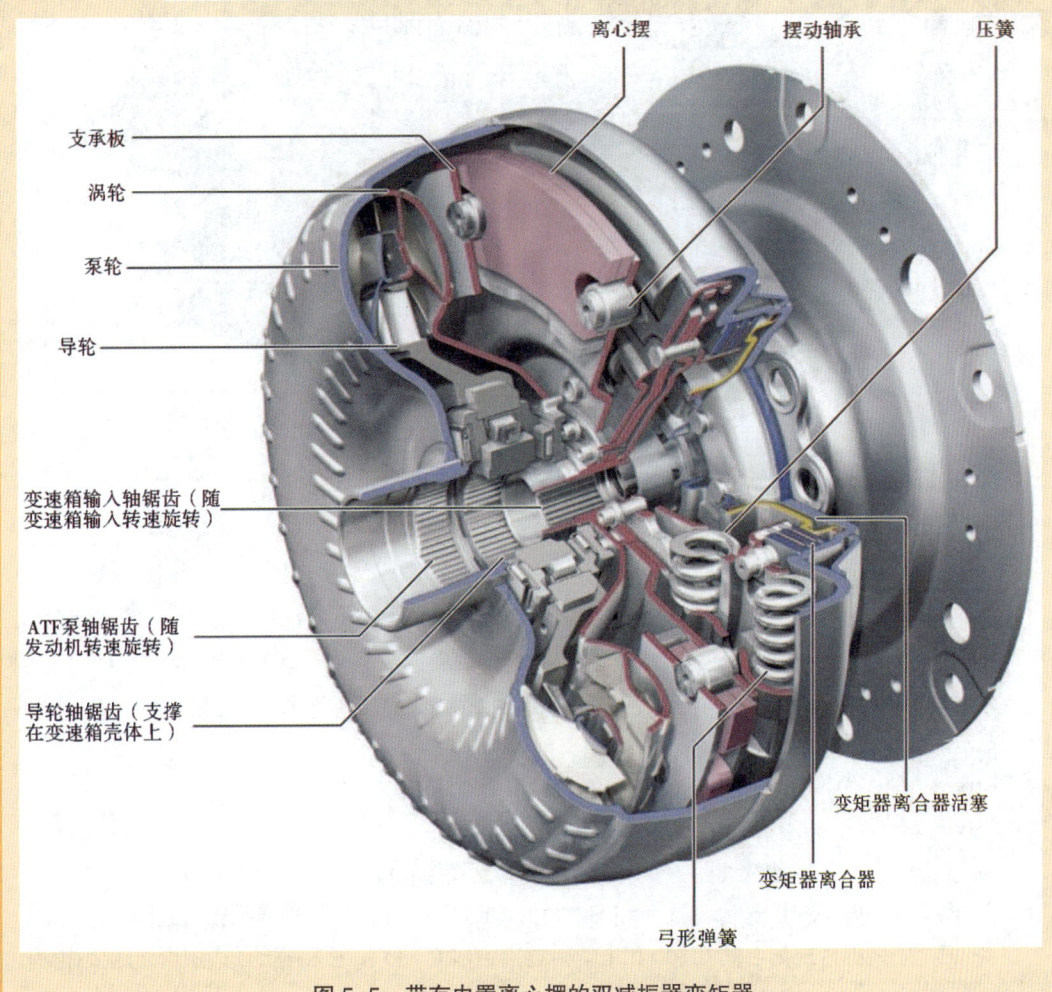

图5-5　带有内置离心摆的双减振器变矩器

2 齿轮变速系统

齿轮变速系统（行星齿轮机构）主要用来改变汽车的行驶速度和行驶方向。

如图 5-6、图 5-7 所示，以 8 速变速器为例，8 个前进挡和倒车挡由 4 个单排单行星架行星齿轮组形成。两个前部齿轮组共用一个太阳轮，另外两个前部齿轮分别有一个太阳轮。

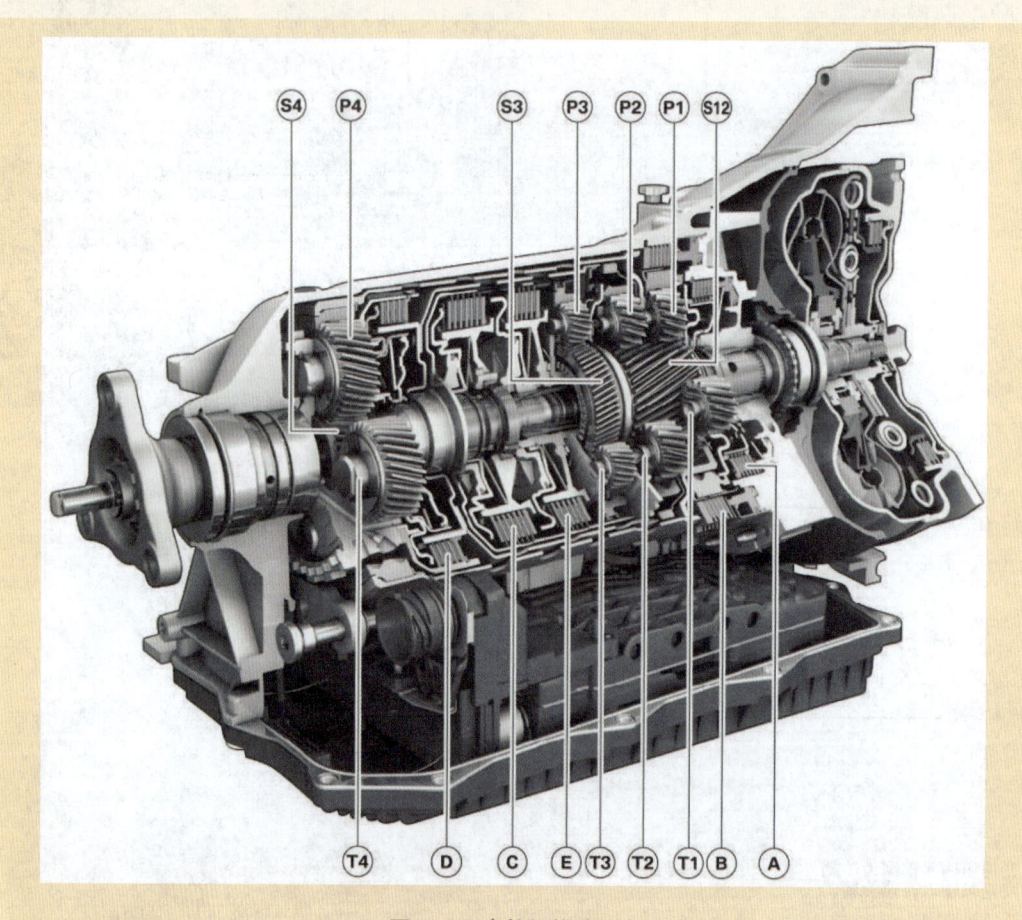

图 5-6　齿轮机构（一）

A，B—片式制动器 A、B；C，D，E—片式离合器 C、D、E；
S12—共用太阳轮 1/2；S3，S4—太阳轮 3、4；P1，P2，P3，P4—行星齿轮 1~4；T1，T2，T3，T4—行星架 1~4

（1）换挡元件。可以切换或改变挡位的制动器和离合器称为换挡元件。自动变速箱只需要 5 个换挡元件来切换 8 个挡位。

举例说明

在宝马 GA8HP 自动变速器中使用以下部件作为换挡元件。
① 两个固定安装的片式制动器 A 和 B。片式制动器 A 和 B 将力矩作用在变速器壳体上。
② 三个旋转的片式离合器 C、D 和 E。片式离合器 C、D 和 E 将驱动力矩传入行星齿轮箱。

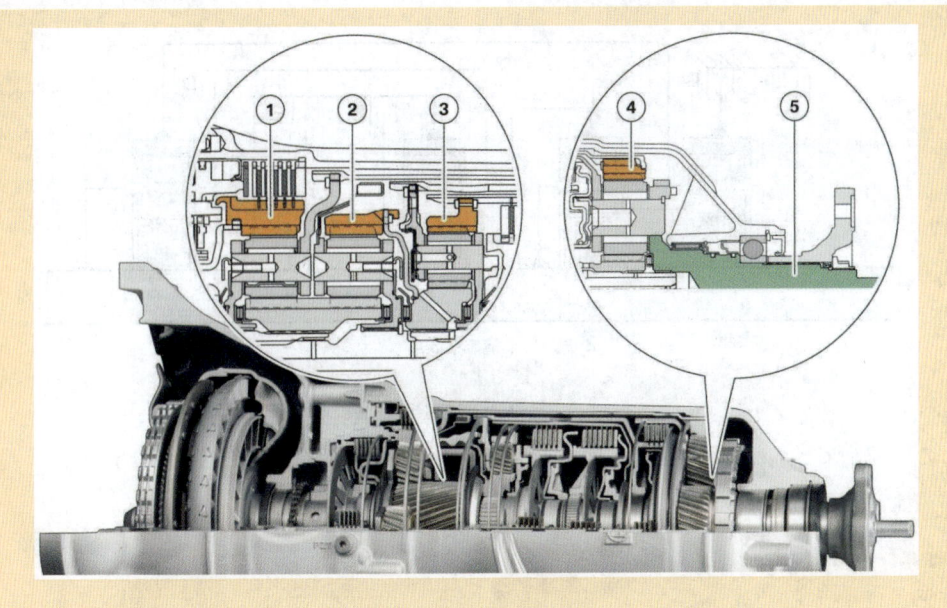

图 5-7　齿轮机构（二）

1～4—齿轮组 1～4；5—输出轴

系统以液压方式使离合器和制动器接合。为此液压油压力施加在活塞上，以便活塞将摩擦片套件压在一起。液压油压力消除时，在除片式制动器 B 外的所有换挡元件中活塞都在盘形弹簧的作用下压回到初始位置，片式离合器 B 在液压系统的作用下分离。

利用换挡元件可以在牵引力不中断的情况下换挡。为此所有换挡（从 1～8 挡及返回）都以重叠换挡方式实现。换挡期间施加在"输出"离合器上的压力减小，直至"接管"离合器能够传输力矩。

（2）变速器挡位。各挡位通过换挡元件切换形成，换挡元件包括片式制动器 A 和 B 及片式离合器 C、D 和 E。

表 5-1 列出了在某一挡位下哪些换挡元件接合。8 速变速器结构如图 5-8 所示。

表 5-1　变速器换挡元件接合

挡位	制动器 A	制动器 B	离合器 C	离合器 D	离合器 E
1 挡	=	=	=		
2 挡	=	=			=
3 挡					
4 挡		=		=	=
5 挡		=		=	=
6 挡			=	=	=
7 挡	=		=	=	
8 挡		=		=	=
倒挡	=	=		=	

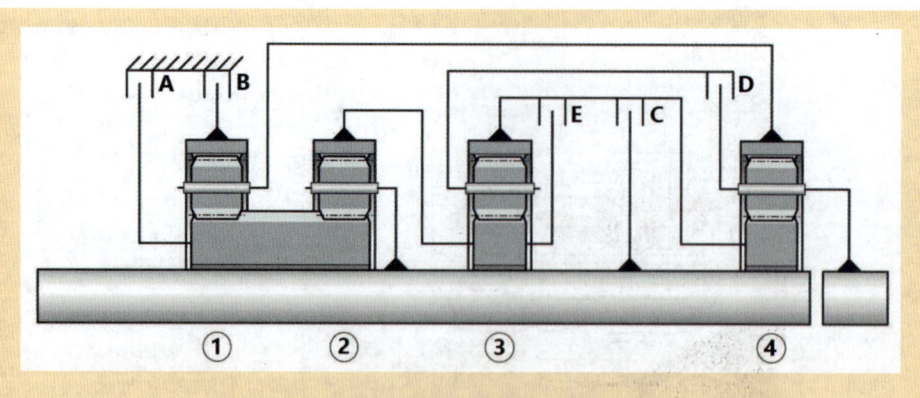

图 5-8　8 速变速器结构示意图

A ~ E—片式制动器 A ~ E
1 ~ 4—齿轮组 1 ~ 4

💡 维修提示

变速器运行时始终有 3 个换挡元件接合，只有两个元件分离，从而保持较低的拖拉阻力。

片式制动器 A 和 B 将某些部件与变速箱壳体连接起来并借此使这些部件停止。片式制动器 A 用于齿轮组 1 和 2 的共用太阳轮（太阳轮 1/2）制动。片式制动器 B 用于齿轮组 1 的齿圈（齿圈 1）制动。

表 5-2 是片式离合器 C、D 和 E 用于不同齿轮组的连接部件情况。

表 5-2　离合器连接部件

离 合 器	连 接 部 件
离合器 C	齿圈 3 和太阳轮 4 与输入轴
离合器 D	行星架 3 与行星架 4
离合器 E	齿圈 3 和太阳轮 4 与太阳轮 3

行星齿轮箱正常运行方式：如果一个齿轮组的两个组件（太阳轮、行星架或齿圈）以相同转速运行，则这个齿轮组处于锁止模式。这意味着各部件彼此相对静止，但是一起围绕中心轴转动。

↪ 举例说明

例如，如果片式离合器 E 接合，则此后齿轮组 3 的太阳轮和齿圈以相同转速转动。行星齿轮不转动，行星架同样以相同转速转动。

齿轮组的太阳轮以自由旋转的方式支撑在输入轴上。此外，还有刚性连接可以通过离合器连接实现：行星架 2 与输入轴，行星架 1 与齿圈 4，齿圈 2 与太阳轮 3，齿圈 3 与太阳轮 4，行星架 4 与输出轴。

通过自动变速器内的换挡元件切换及因此通过不同组件的机械连接可以产生一个或多个传输驱动力矩和形成总传动比的路径。

3 机电一体模块

（1）电子控制系统。如图5-9所示的机械电子一体模块安装在变速器油底壳内，由液压换挡机构和电子控制单元组合而成。液压换挡机构（液压模块）包含变速器控制系统的机械组件，例如阀门、减振器和执行机构。

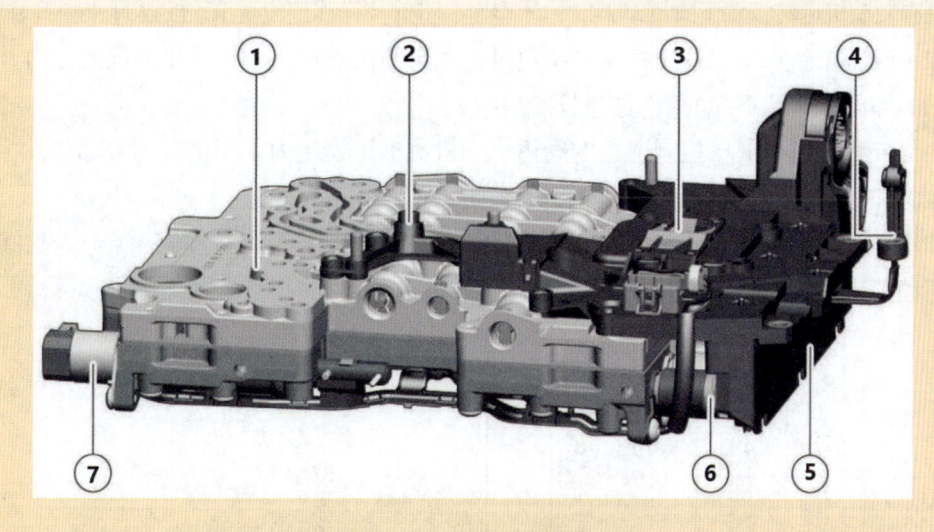

图5-9 机电一体模块

1—液压控制单元；2—输入转速传感器；3—变速箱电子控制系统；4—输出转速传感器；
5—执行机构上的接口；6—电子压力控制阀和电磁阀；7—驻车锁电磁铁

电子控制单元（电子模块）包含变速器的整个电子控制单元。电子模块以密封机油的方式焊接。

变速器电子控制系统处理变速箱、发动机和车辆的信号。系统根据这些信号并结合所存储的数据计算变速箱的标准状态参数，例如：选挡、变矩器锁止离合器的策略、操纵制动器和离合器的控制指令。执行规定指令时，系统通过功率输出级和电流调节电路控制电磁阀和压力调节器，借此控制自动变速器液压系统。

> **补充说明**
>
> 变速器电子控制系统与发动机管理系统之间通过PT-CAN通信。行驶挡位信息同样通过PT-CAN传输给EGS。

电子控制系统通过监控汽车的整体运行工况实现自动变速器不同功能的控制。

电磁阀和驻车锁电磁铁由变速箱电子系统EGS控制。电磁阀位于液压换挡机构内，驻车锁电磁铁位于驻车锁缸上。挂入驻车锁时关闭（断电）驻车锁缸的驻车锁电磁铁，这样即可松开机械锁止机构并释放活塞，换挡机构内的电磁阀也一起关闭（断电）。阀门移到静止位置，驻车锁缸的缸室排气。驻车盘上预紧状态的螺旋弹簧将活塞拉向驻车锁方向并通过固定在驻车盘上的连接杆挂入。

驻车锁以液压方式松开。松开时通过电磁阀2接通驻车锁阀，从而使系统压力传到驻车锁缸的缸室内，以此克服弹簧力将活塞推回并松开驻车锁。此外，还接通驻车锁电磁铁，该电磁铁通过固定机构附带锁住活塞，发动机静止时电磁铁只保持在位置N处。

在某些情况下（例如断电时处于应急模式下）可以通过驻车盘上的一个附加拉线将驻车锁手动开锁。

只有发动机运转且踩下脚制动器时，才能通过将选挡杆移到位置R、D或N来松开驻车锁。

（2）液压控制系统。液压控制系统通过把油泵输出的压力油调节出不同的压力并输送至不同的部位以达到不同的液压控制目的。

内部带有阀门和液压控制通道的阀体位于机械电子模块内。阀体分为下部部件（真正的阀体）和上部部件（通过铝合金隔板隔开的阀盘）。

如图5-10所示，下部阀体内有14个液压阀、7个电子压力控制阀、1个电磁阀和用于驻车锁锁止的驻车锁电磁阀。

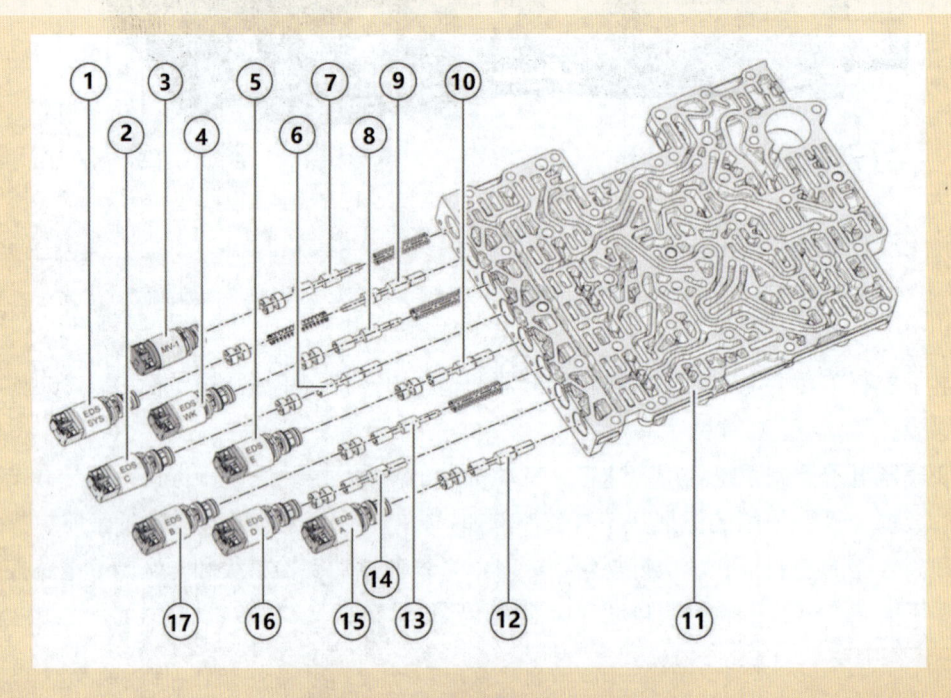

图 5-10 自动变速器阀体下部部件

1—系统电子压力控制阀；2—片式离合器C电子压力控制阀；3—电磁阀1；4—变矩器锁止离合器电子压力控制阀；5—片式离合器E电子压力控制阀；6—片式离合器C离合器阀；7—减压阀；8—片式离合器C保持阀；9—驻车锁阀；10—片式离合器E离合器阀；11—阀体；12—片式制动器A离合器阀；13—片式离合器E保持阀；14—片式离合器D离合器阀；15—片式制动器A电子压力控制阀；16—片式离合器D电子压力控制阀；17—片式制动器B电子压力控制阀

如图5-11所示，上部阀体内有7个液压阀及钢球、滤网和板阀等插入件。上部阀体上装有电子模块（包括变速箱电子控制系统）。上部阀体上边的液压通道连接到变速箱壳体的通道和接口。

自动变速器的阀板如图5-12所示。

图 5-11 自动变速器阀体上部部件

1—阀体；2—驻车锁缸；3—系统压力阀；4—变矩器压力控制阀；
5—变矩器锁止离合器阀；6—片式制动器 B1 离合器阀；7—片式制动器 B1 保持阀

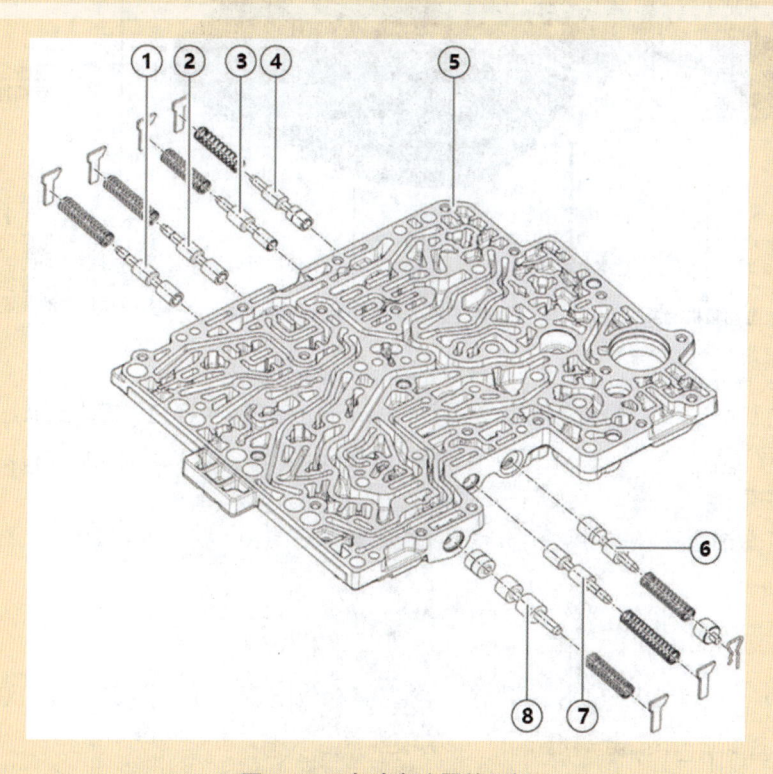

图 5-12 自动变速器的阀板

1—片式离合器 D 保持阀；2—片式离合器 A 保持阀；3—片式离合器 B2 离合器阀；
4—片式离合器 B2 保持阀；5—阀板；6—变矩器压力阀；7—冷却阀；8—位置阀

> **补充说明**
>
> 　　如图 5-13 所示，奥迪 Q7 的 0D5 变速箱有 3 个相互独立的供油装置：用于行星齿轮箱和液压控制系统的 ATF 供油装置；用于分动箱的供油装置及用于前桥主减速器的供油装置。
>
> 图 5-13 ATF 和变速器油的供油装置
>
> 　　ATF 油底壳与 ATF 抽吸滤清器构成了一个单元，在更换机电控制模块或液压式脉冲存储器时必须一同换下。ATF 油底壳通过加强肋实现了充分的稳定性，因而变速箱可以平整地停放在 ATF 油底壳上。
>
> 　　该 ATF 放油螺塞不再采用通用螺纹，而是改用卡口接头，不允许重复使用，在检查机油油位时必须更换。

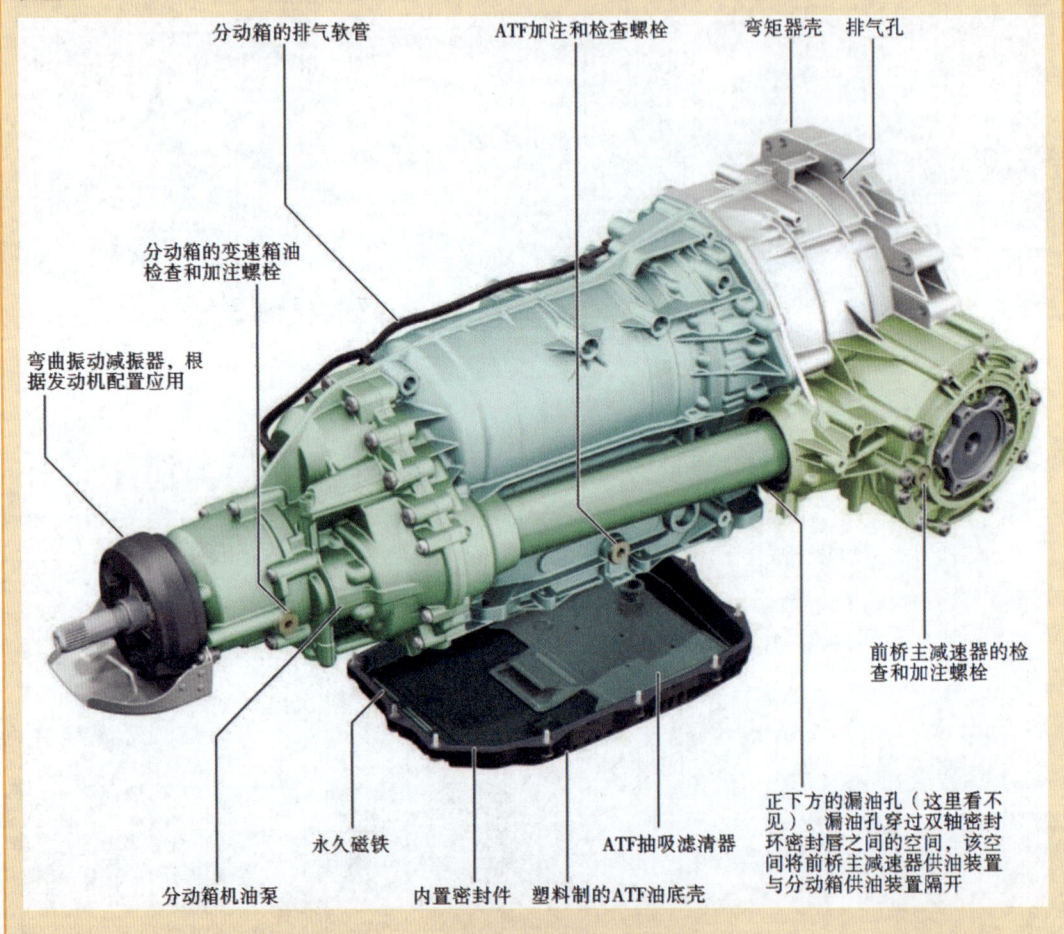

① 电子压力控制阀（EDS）。电子压力控制阀将电流转化为一定比例的液压压力。控制阀由 EGS 控制，用于操纵换挡元件中的液压阀。

② 驻车锁阀。驻车锁阀操纵驻车锁缸，后者则以机械方式松开驻车锁。系统通过电磁阀 1 操纵驻车锁阀，驻车锁阀使驻车锁缸移到空挡或驻车位置，见表 5-3。

表 5-3　驻车锁阀

电磁阀 1 状态	驻车锁缸位置
电磁阀 1 通电	空挡位置
电磁阀 1 断电	驻车位置

③ 离合器阀。离合器阀负责调节范围，即片式制动器和片式离合器分离和接合时的过渡和滑转范围。这些可变减压阀调节作用在片式制动器和片式离合器上的压力。离合器阀由相应的电子压力控制阀控制。

④ 保持阀。与离合器阀一样，保持阀也由相应的电子压力控制阀控制。保持阀将离合器阀切换到完全开启位置，从而结束离合器压力调节。因此，系统压力作用在相应片式制动器或片式离合器上。

与离合器阀一样，每个换挡元件都有一个保持阀，片式制动器 B 除外。这个阀门也有两个保持阀。片式离合器 B 的第二个保持阀负责形成液压油剩余压力，以便将活塞压回。

⑤ 减压阀。电子压力控制阀和电磁阀连接在减压阀上。因为这些阀门需要恒定的供给压力，所以减压阀将系统压力减小到约 0.5MPa。这种情况仅涉及 7 个电子压力控制阀和两个电磁阀，因为这些阀门连接在减压阀后。

⑥ 冷却阀。冷却阀负责冷却片式制动器 B。该阀门由片式制动器 B 活塞室 1 内的压力控制。离合器阀开启时，润滑油从润滑阀送至片式离合器 B，从而按要求润滑和冷却摩擦片套件。

⑦ 润滑溢流阀。润滑溢流阀是一种可变溢流阀，该阀门根据行驶情况将所需润滑压力限制在 100kPa 左右。

⑧ 系统压力阀。系统压力阀紧靠液压油泵后。这个可变溢流阀用于调节系统内的液压油压力。系统处于最低压力时，系统压力阀会打开至液力变矩器的液压油通道；如果油泵供油压力超过所需系统压力，则系统压力阀会排出多余的液压油，多余的液压油送入油泵的抽吸通道。系统压力阀由一个电子压力控制阀控制。

⑨ 变矩器压力阀。变矩器压力阀降低系统压力并确保压力恒定，以便液力变矩器正常运行。此外，该阀门还限制最高压力并防止压力变矩器"充气"。

⑩ 变矩器锁止离合器阀。变矩器锁止离合器阀按需调节作用在变矩器锁止离合器活塞上的油压。此阀门可以从"完全打开"经"过渡"至"完全关闭"位置。变矩器锁止离合器阀与变矩器转换阀一起由变矩器锁止离合器电子压力控制阀控制。

⑪ 变矩器压力转换阀。变矩器压力转换阀根据运行范围调节液力变矩器内的压力，为此，可以在变矩器锁止离合器分离时将经过离合器压力阀调节的压力引入液力变矩器；如果变矩器锁止离合器接合，则变矩器压力转换阀接通且不再将液压油引向液力变矩器，而是直接输送至冷却器和润滑部位。

⑫ 变矩器底阀。变矩器锁止离合器接合时，变矩器底阀可防止液力变矩器内的液压

油压力在某些运行范围内降到约 100kPa 以下。

⑬ 变矩器保持阀。变矩器锁止离合器分离时，变矩器保持阀可防止液力变矩器内的液压油压力在某些运行范围内降到 35kPa 以下。

⑭ 位置阀。位置阀将系统压力引至各离合器阀。位置阀由电磁阀 1（使用电动换挡机构时）控制，由两个离合器 C 和 E 保持在相应挡位。

⑮ 电磁阀 1。电磁阀 1 用于在位置阀与驻车锁阀之间切换。这个 3/2 通阀（三位两通阀）有 3 个接口和两个切换位置。该阀门由变速箱电子控制系统控制，有"打开"和"关闭"两个位置。

> **举例说明**
>
> 奥迪 0D5 变速器的机电控制模块在制造商采埃孚股份公司的名称是 E26/29。图 5-14、图 5-15 所示为机电一体模块 E26/29、液压接口及辅助液压泵的位置。

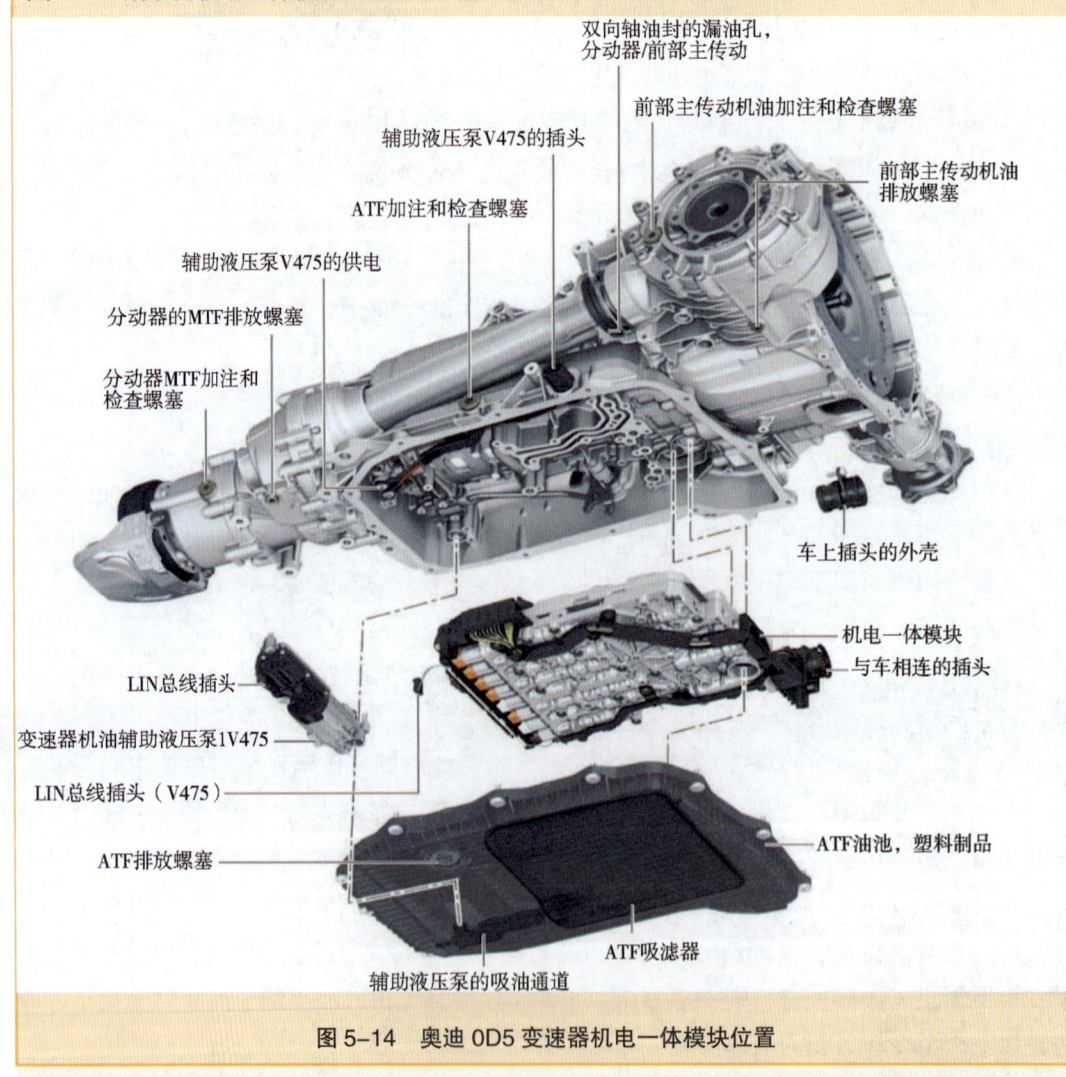

图 5-14 奥迪 0D5 变速器机电一体模块位置

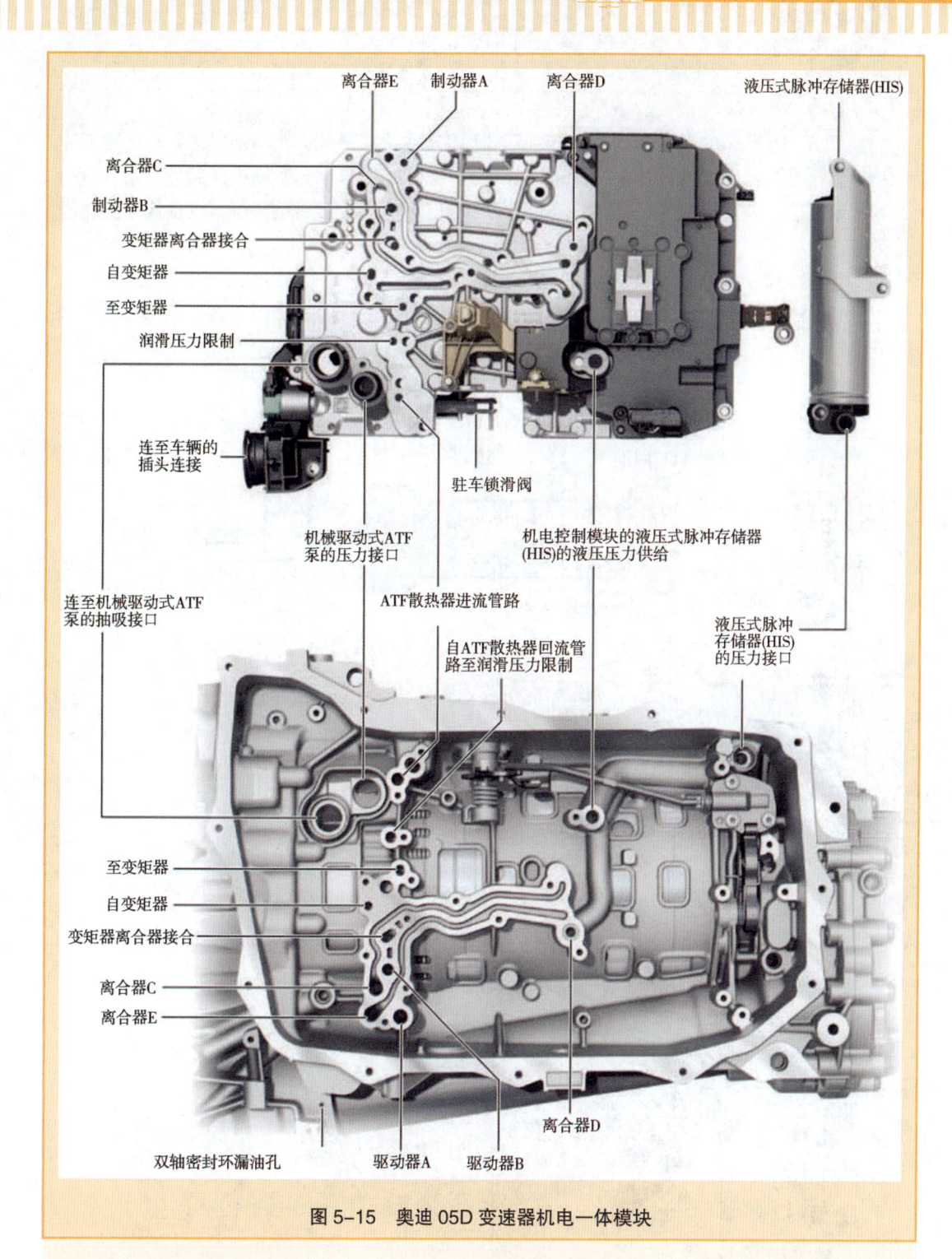

图 5-15 奥迪 05D 变速器机电一体模块

4 冷却控制系统

冷却控制系统作用是使自动变速器始终处在一个合理的工作温度范围内。

举例说明

如图 5-16 所示的是奥迪 A8 自动变速器（0D5）冷却系统。当发动机达到其正常工作温度且有足够热量满足所有要求时，阀 N509 就会打开；于是来自发动机大循环管路的热的冷却液就会流经 ATF 热交换器，那么 ATF 就被加热了，其黏度就会降低，这提高了变速器的效率。

只要发动机冷却液温度比 ATF 温度高，就会对 ATF 进行加热。一旦 ATF 温度高于发动机冷却液温度，ATF 会把热量释放到冷却液中并进行冷却。散热器位置如图 5-17 所示。

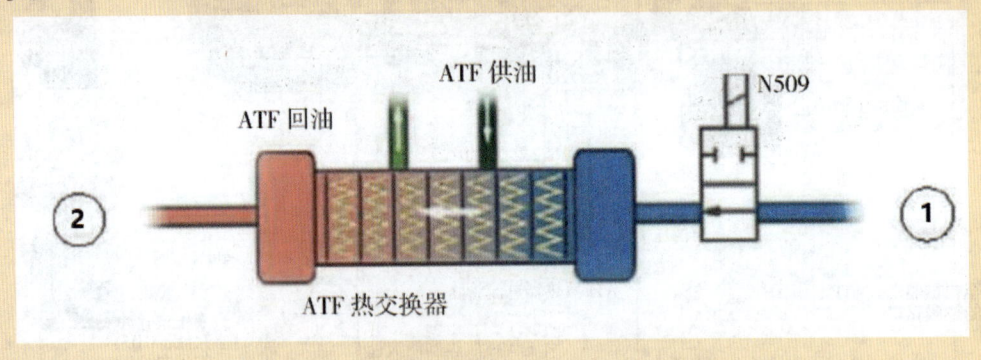

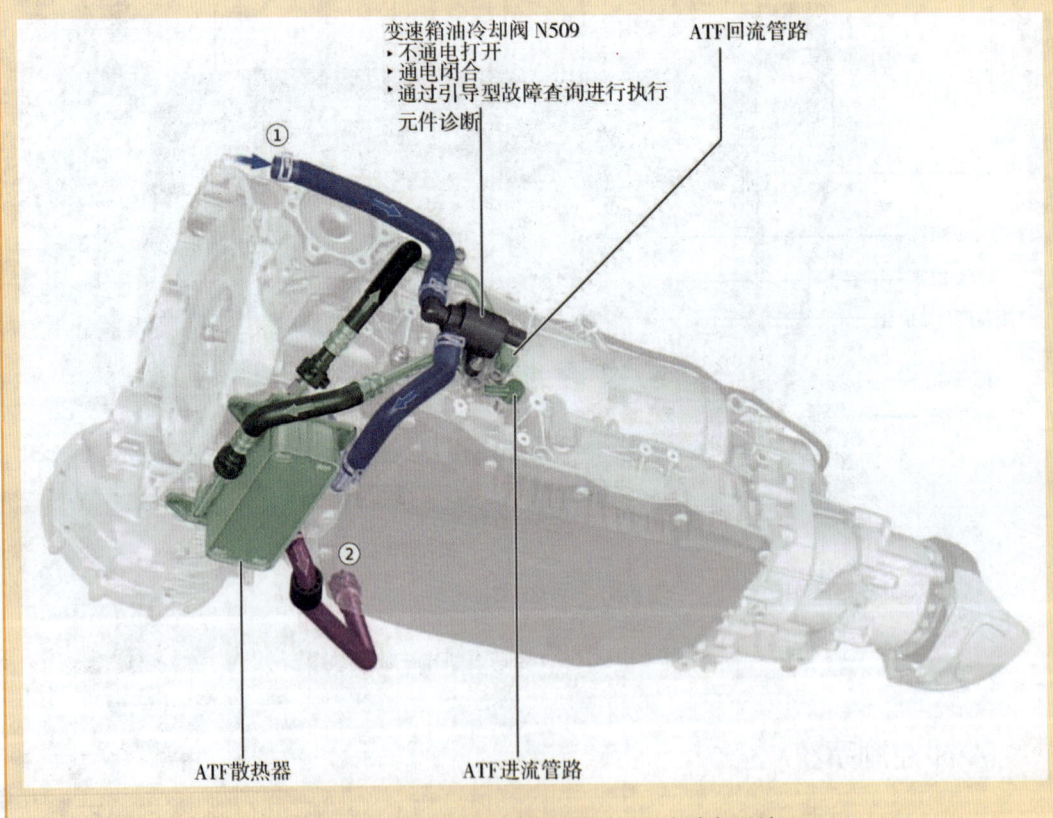

图 5-16 奥迪 A8 自动变速器（0D5）冷却系统

图 5-17 散热器位置

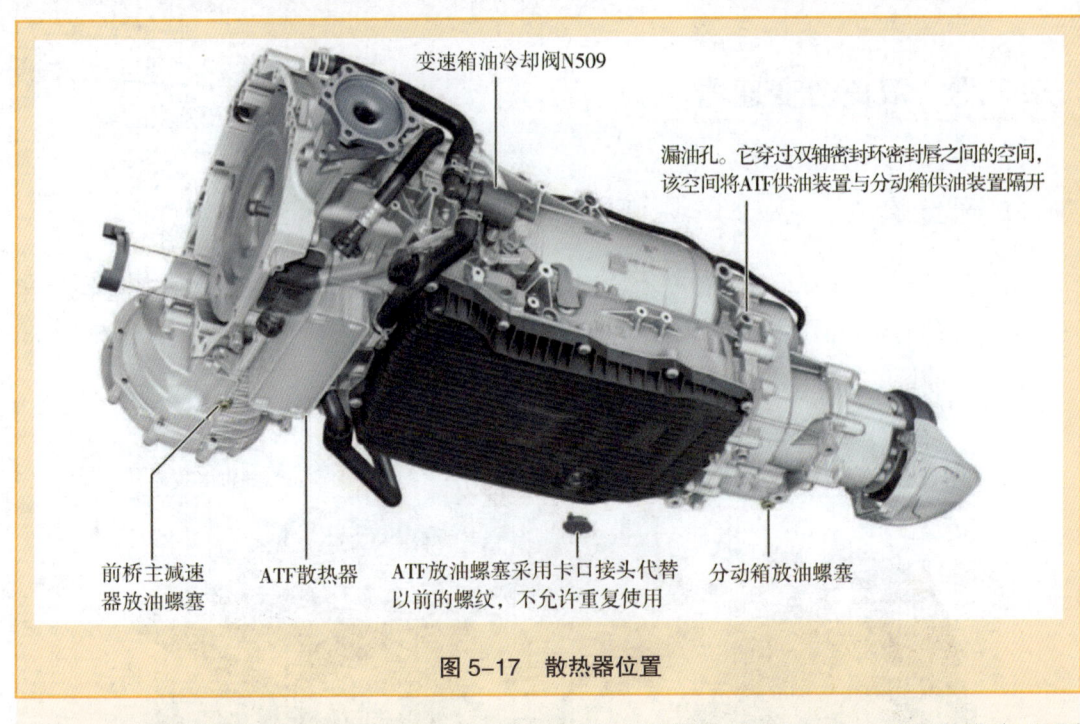

变速器排气装置如图 5-18 所示，插入集气室的排气管用一个 O 形环与集气室隔绝。密封垫可以防止其他油液进入变矩器壳。在加热或冷却变速器时，通过变矩器壳中的排气孔进行必要的压力补偿。为了确保可以正常进行压力补偿，必须保持排气孔畅通。

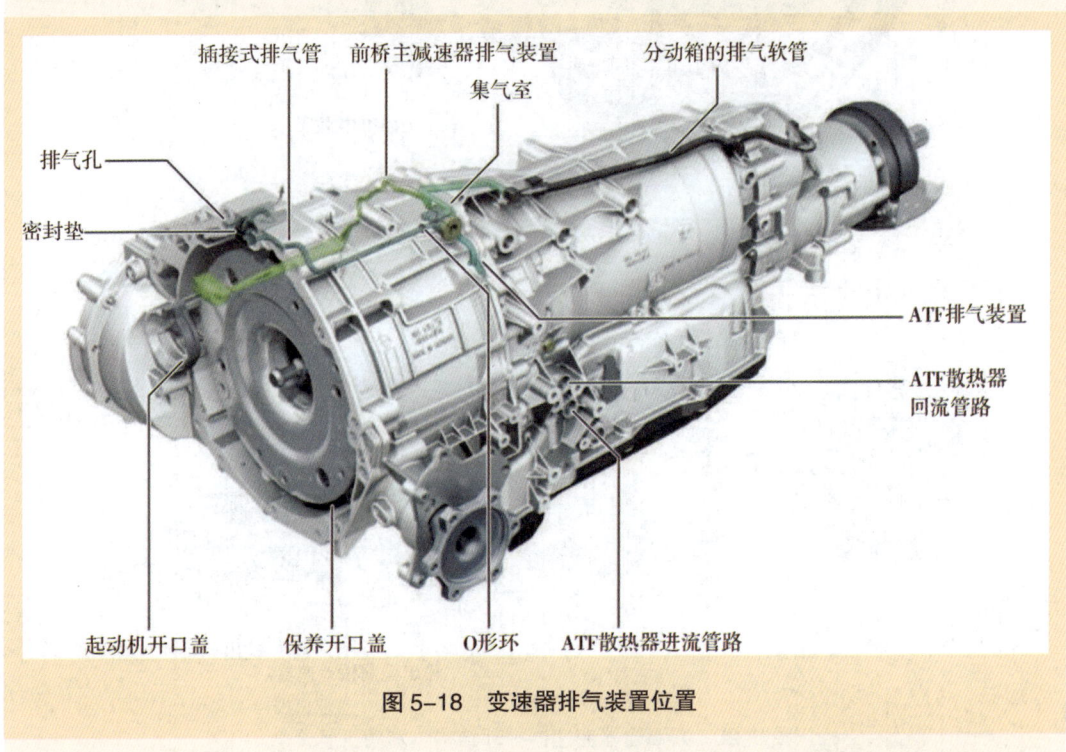

图 5-18 变速器排气装置位置

5.1.3 双离合变速器

1 内部结构

图 5-19、图 5-20 所示的两种变速器均为七速双离合自动变速器。双离合变速器内含两台自动控制的离合器，两个输入轴和两个输出轴。

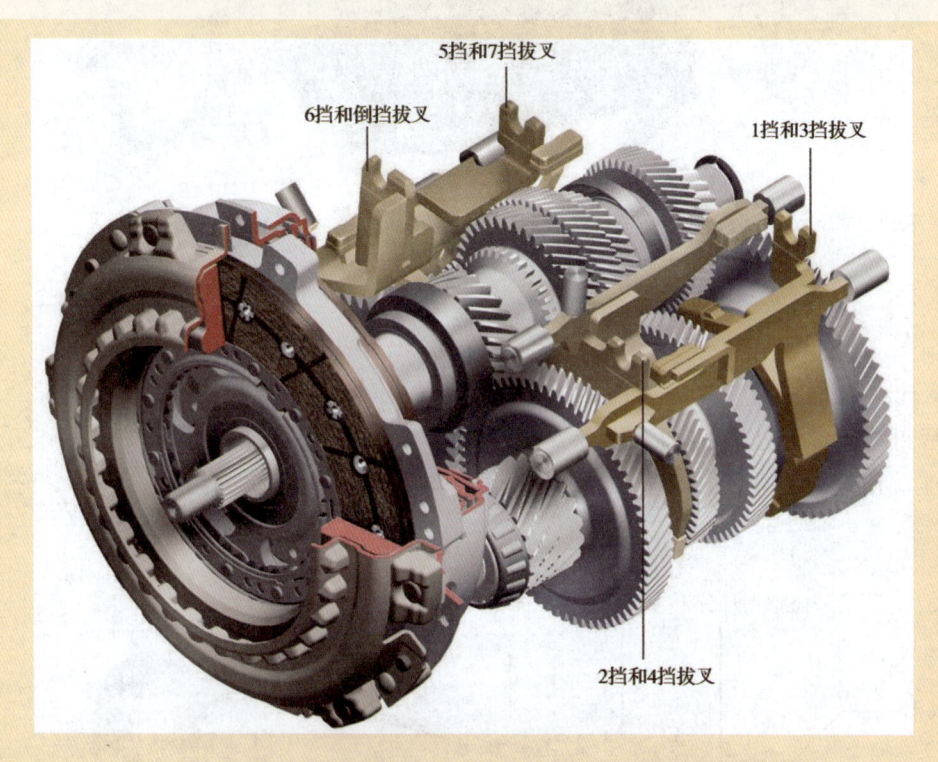

图 5-19 双离合器变速器内部结构（发动机横置）

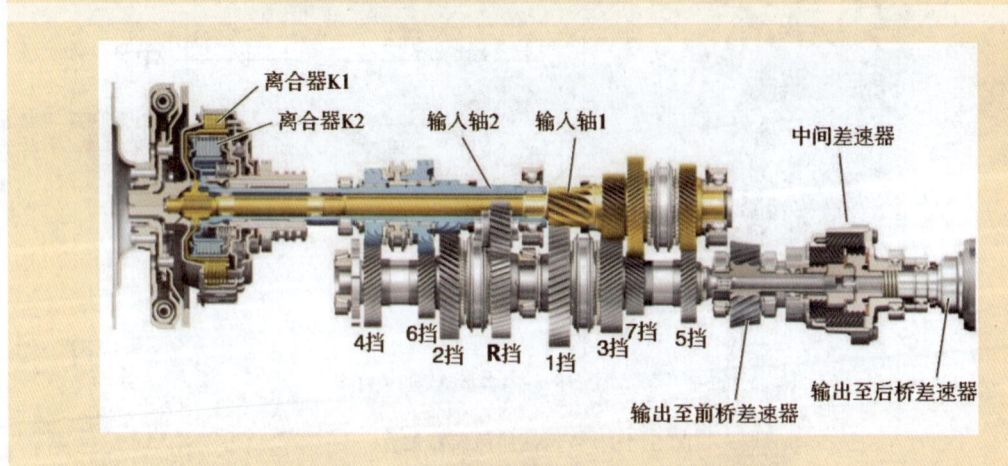

图 5-20 双离合器变速器内部结构（发动机竖置）

2 离合器

双离合变速器的离合器与普通变速器的离合器工作原理和结构一样,如图 5-21 所示。在双离合器中有两个离合器独立工作,它们将扭矩传入相应的传动部分。

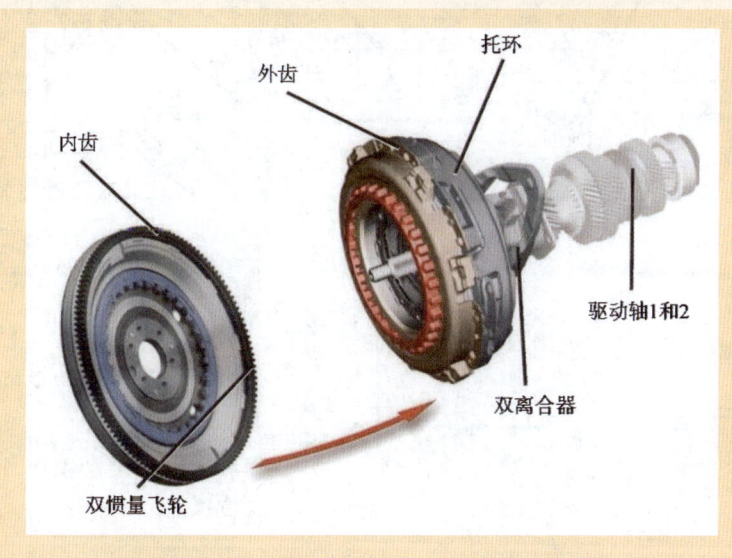

视频:离合器

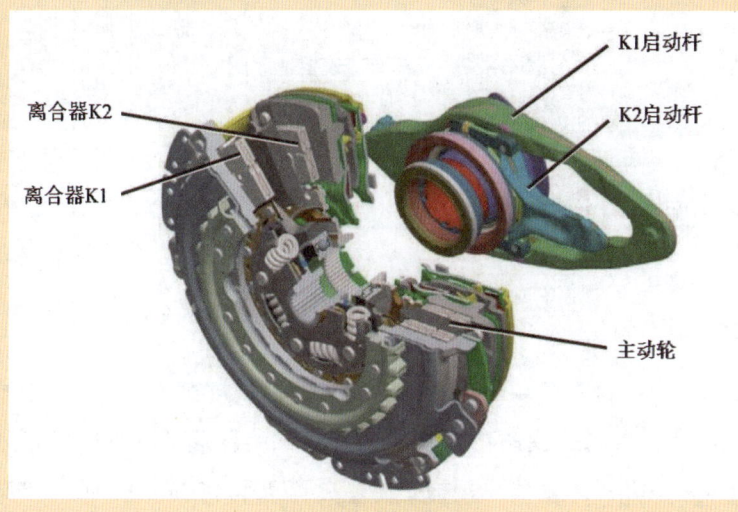

图 5-21 双离合器

3 工作原理

双离合变速器在行车过程中,总是有一个分变速器通过离合器 K1 或者离合器 K2 来传送动力。由电子控制及液压推动,能同时控制两组离合器的运作。当变速箱运作时,一组齿轮啮合;接近换挡之时,下一组挡段的齿轮已被预选,但离合器仍处于分离状态;换挡时一个离合器将使用中的齿轮分离,同时另一个离合器啮合已被预选的齿轮。在整个换挡期间能确保最少有一组齿轮在输出动力，使动力没有出现间断的状况。双离合变速器如图 5-22 所示。

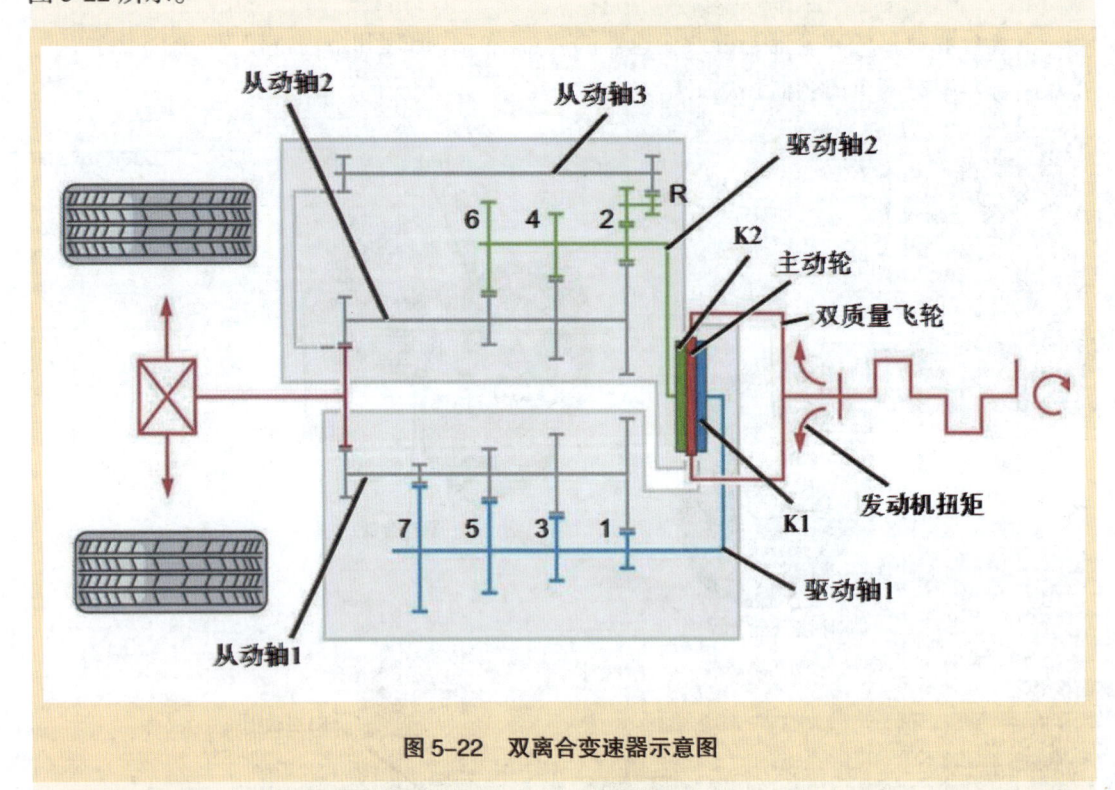

图 5-22 双离合变速器示意图

5.1.4 无级变速器

1 基本原理

无级自动变速器（CVT）是一种采用主动与从动带轮及钢带的电控自动变速器，它具有无级前进挡变速和二级倒挡变速功能。CVT 只需两组变速滑轮就能实现无数个前进挡位的速比变化，允许其在最大速比点到最小速比点之间做无级调节，它的速比变速是连续性的，不是固定不变的，只有倒挡的传动比是固定不变的。无级变速器内部结构如图 5-23、图 5-24 所示。

如图 5-25 所示，无级变速器由两个带锥面的盘组，主链轮装置（链轮装置 1）和副链轮装置（链轮装置 2），以及工作于两个锥形链轮组之间 V 形槽内的专用传动链组成传动链式动力传递装置。

图 5-23 无级变速器内部结构（一）

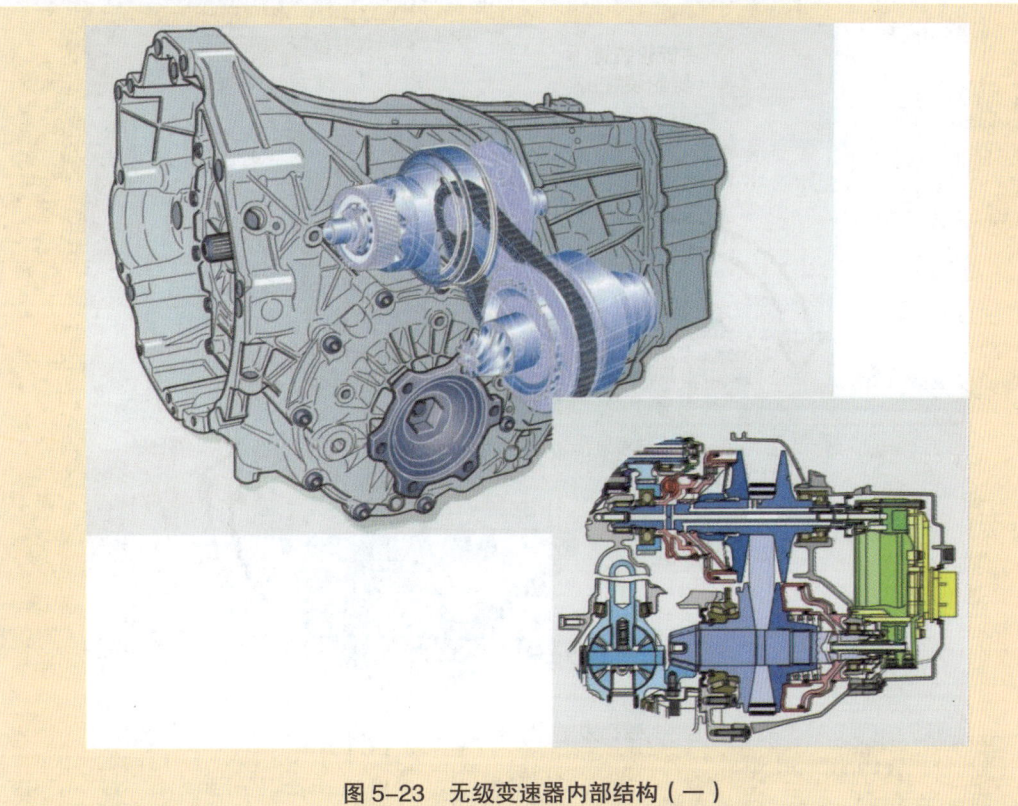

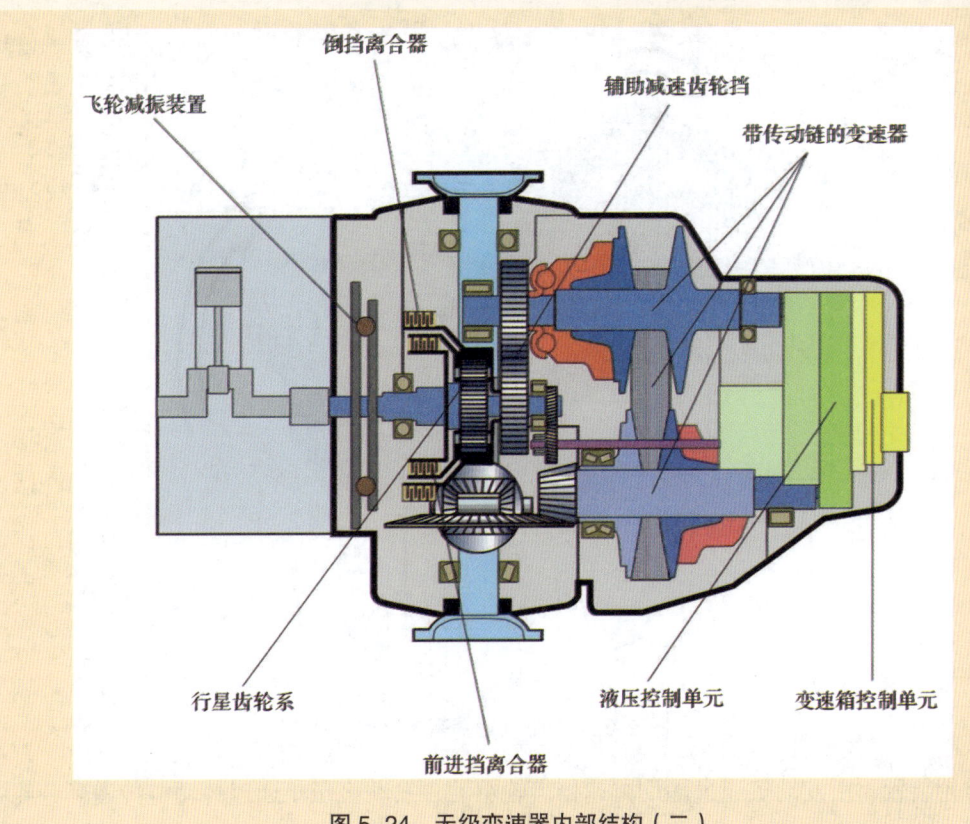

图 5-24 无级变速器内部结构（二）

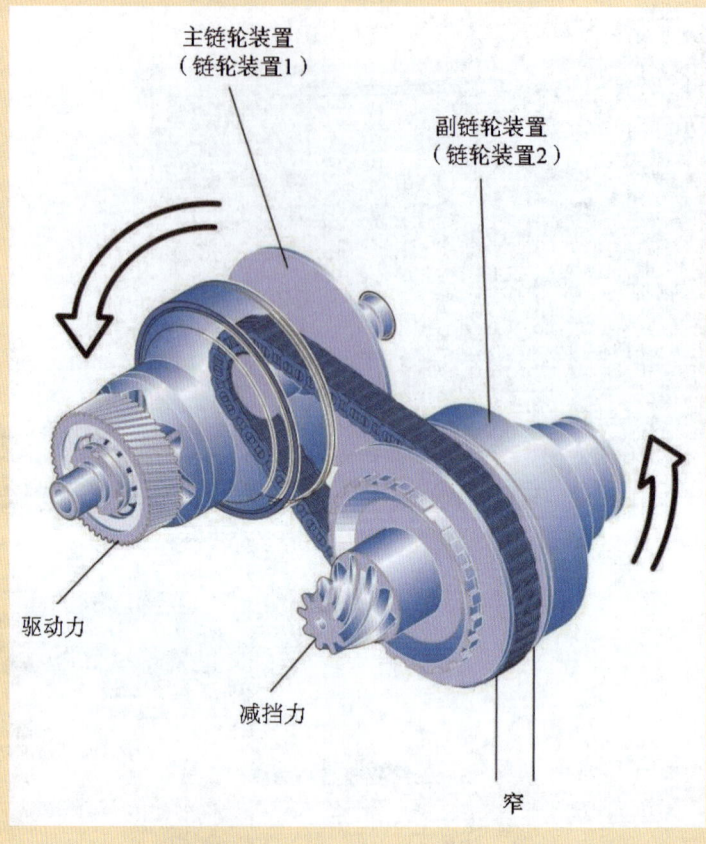

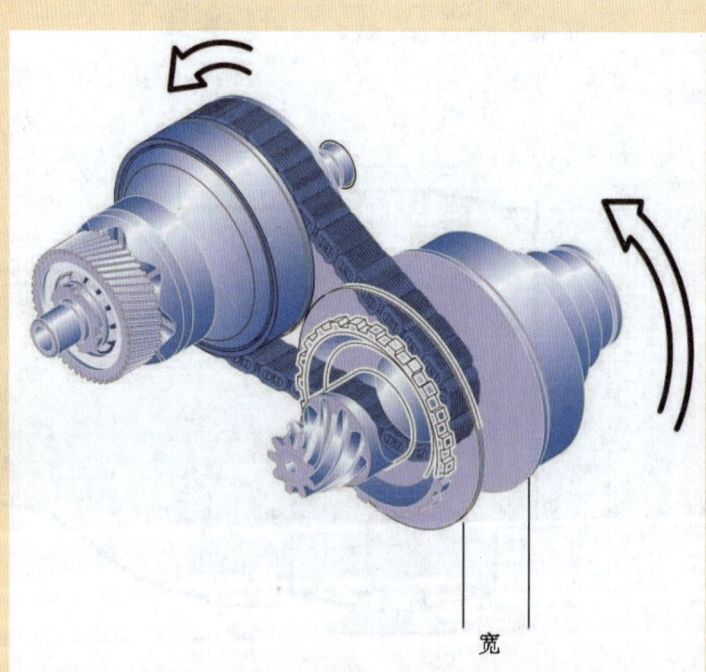

图 5-25 无级变速器基本原理

链轮装置1由发动机通过辅助减速挡齿轮驱动,发动机扭矩通过传动链传递到链轮装置2并由此传给主减速器。每组链轮装置中的一个链轮可沿轴向移动，调整传动链的跨度尺寸和改变传动比。每组链轮装置必须同时进行调整，保证传动链始终处于张紧状态和有足够的盘接触传动压力。

2 齿轮机构

如图5-26所示，离合器用于起步和将扭矩传递给辅助减速齿轮挡。

行星齿轮架被制造成行星反向齿轮装置，其唯一功能是倒挡时改变变速箱输出轴旋转方向。倒挡时，行星齿轮系的变速比为1∶1。

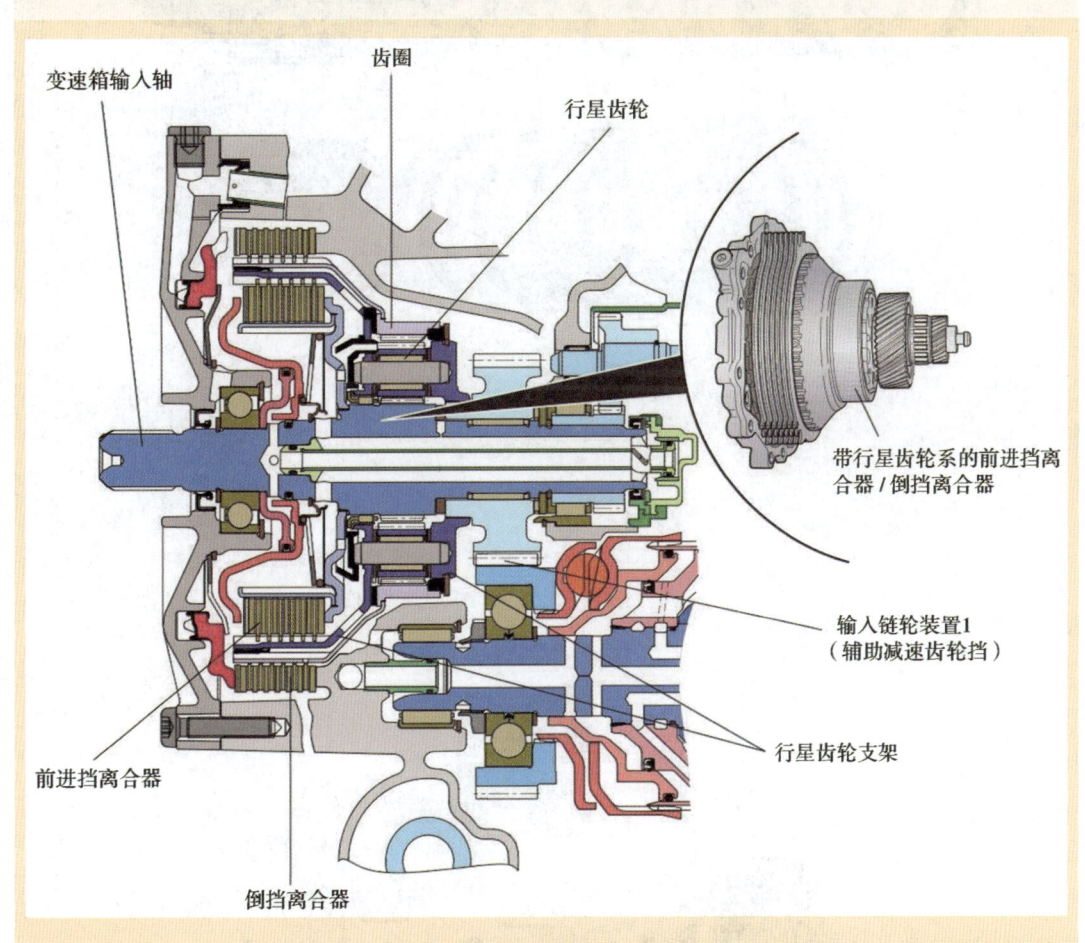

图5-26 前进挡离合器／倒挡离合器及行星齿轮装置

如图5-27所示，太阳轮（输入）与变速箱输入轴和前进挡离合器钢片相连接；行星齿轮支架（输出）与辅助变速齿轮挡主动齿轮和倒挡离合器钢片相连接；齿圈与行星齿轮和倒挡离合器钢片相连接。

如图5-28所示，扭矩通过辅助变速齿轮传递到变速器。辅助变速齿轮有不同的速比以适应发动机到变速箱的变化，使变速器在其最佳扭矩范围内工作。

图 5-27 行星齿轮机构

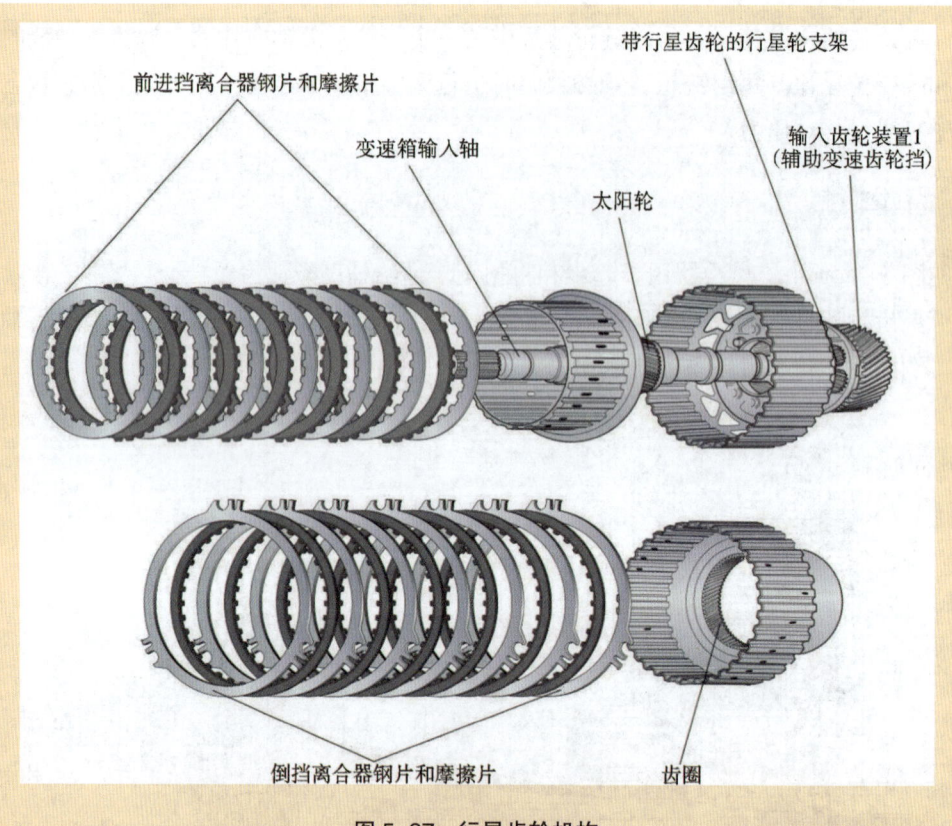

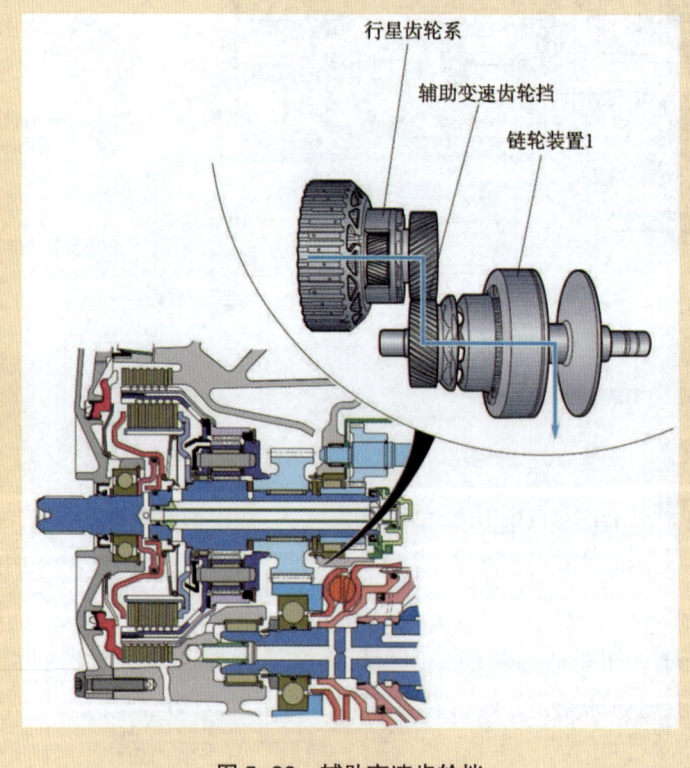

图 5-28 辅助变速齿轮挡

5.2 变速器使用和操控

5.2.1 电子挡位操纵机构

换挡操纵机构和操作方案采用"无机械连接的线控换挡"技术，我们称它为电子挡位。电子挡位操纵机构如图 5-29、图 5-30 所示。

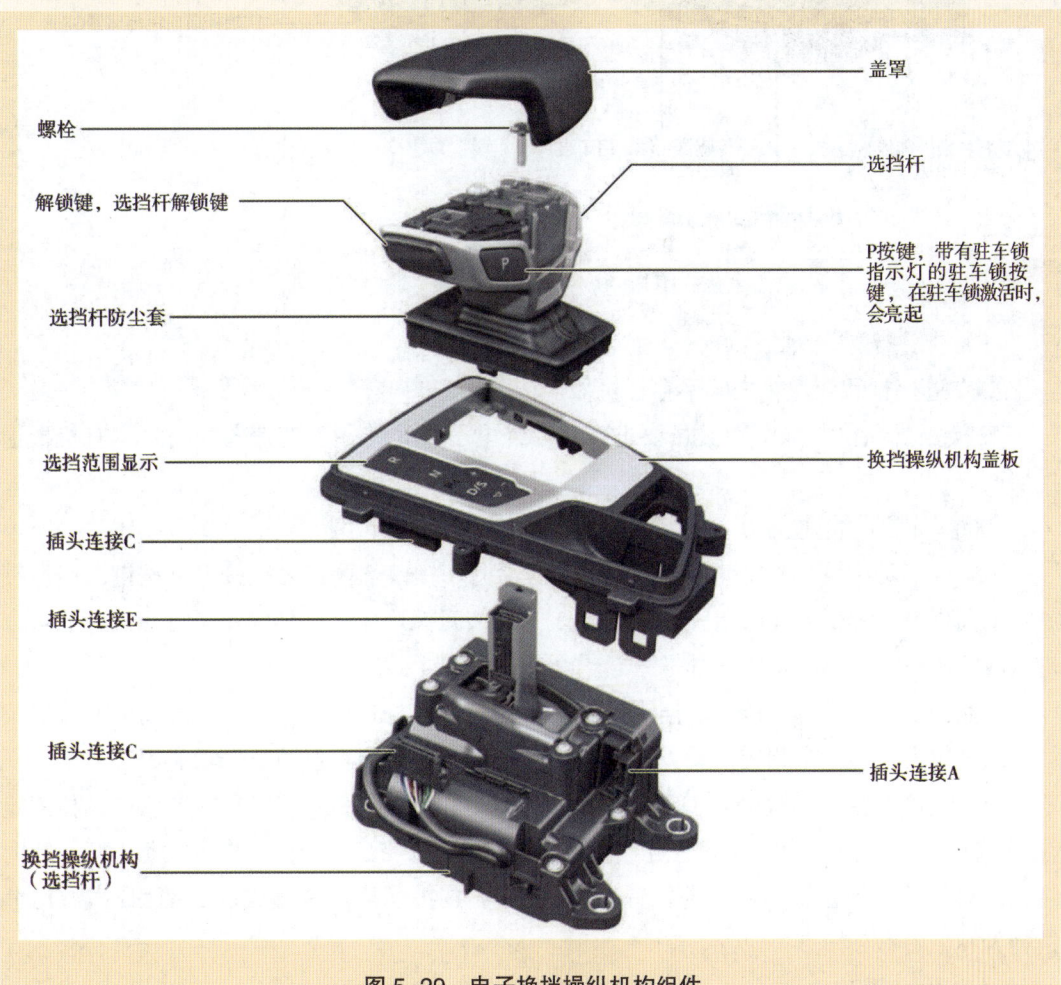

图 5-29 电子换挡操纵机构组件

图 5-30 电子换挡操纵机构

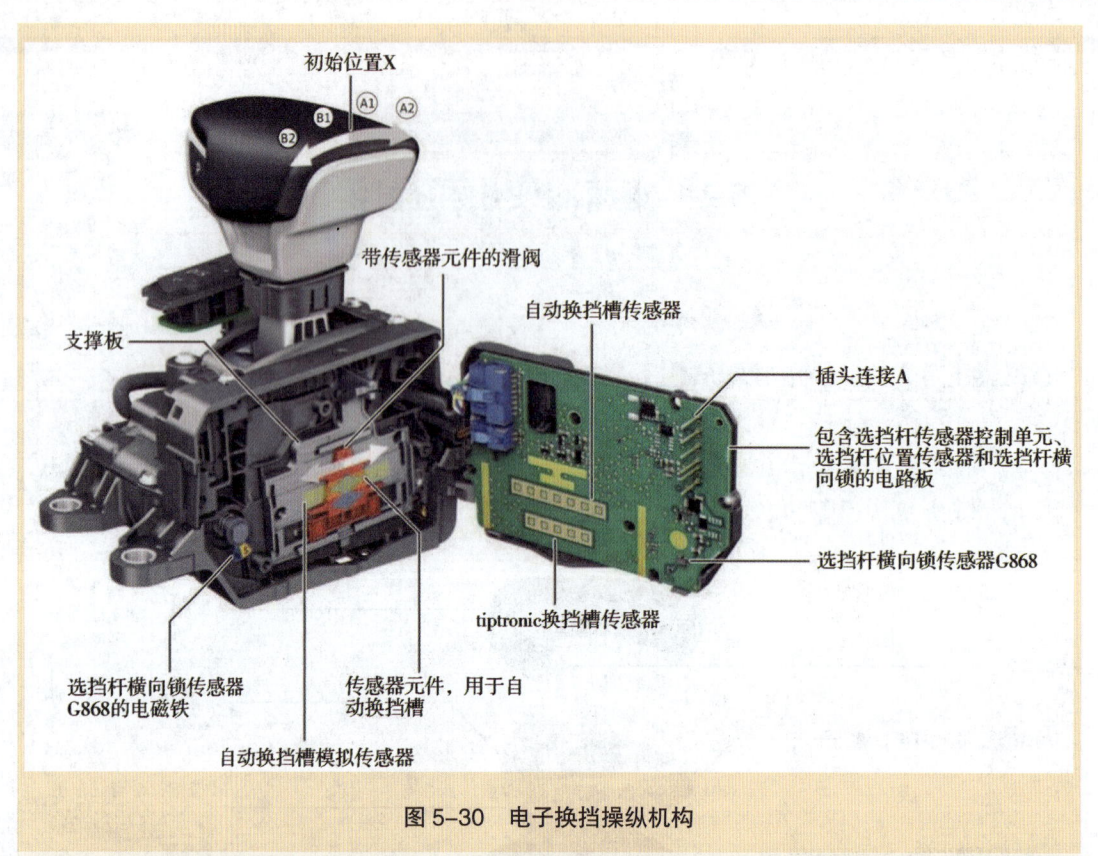

（1）电子挡位操纵的特点。

① 在选挡杆和变速箱之间不存在机械连接。

② 换挡操纵机构探测驾驶员要求，并以纯电子方式传输至变速箱，同时没有机械退挡层面。

③ 驻车锁通过电控液压方式操控并自动激活自动 P 挡功能。

（2）驻车锁按键，P 按键。如果要手动激活驻车锁，驾驶员必须按下 P 按键。驻车锁激活的前提是车速低于 1km/h。P 按键由 3 个换挡元件构成，这样确保了可靠性并且可以进行故障诊断。

其换挡状态通过两个接口、插头连接 E 传输至选挡杆传感器控制单元。如果 P 按键损坏，组合仪表上会显示相应信息，在发动机停止运行后会检查自动 P 挡功能。

（3）选挡杆锁电磁铁。为了避免在操作时不小心移动选挡杆，需要向前将选挡杆锁定在 D 挡和 S 挡。挂入 D/S 挡时，选挡杆锁电磁铁通电，锁止销卡入选挡杆锁止杆。此时选挡杆只能从初始位置向后拉入位置 B1，从而从 D 挡切换至 S 挡或从 S 挡切换至 D 挡。选挡杆锁电磁铁如图 5-31 所示。

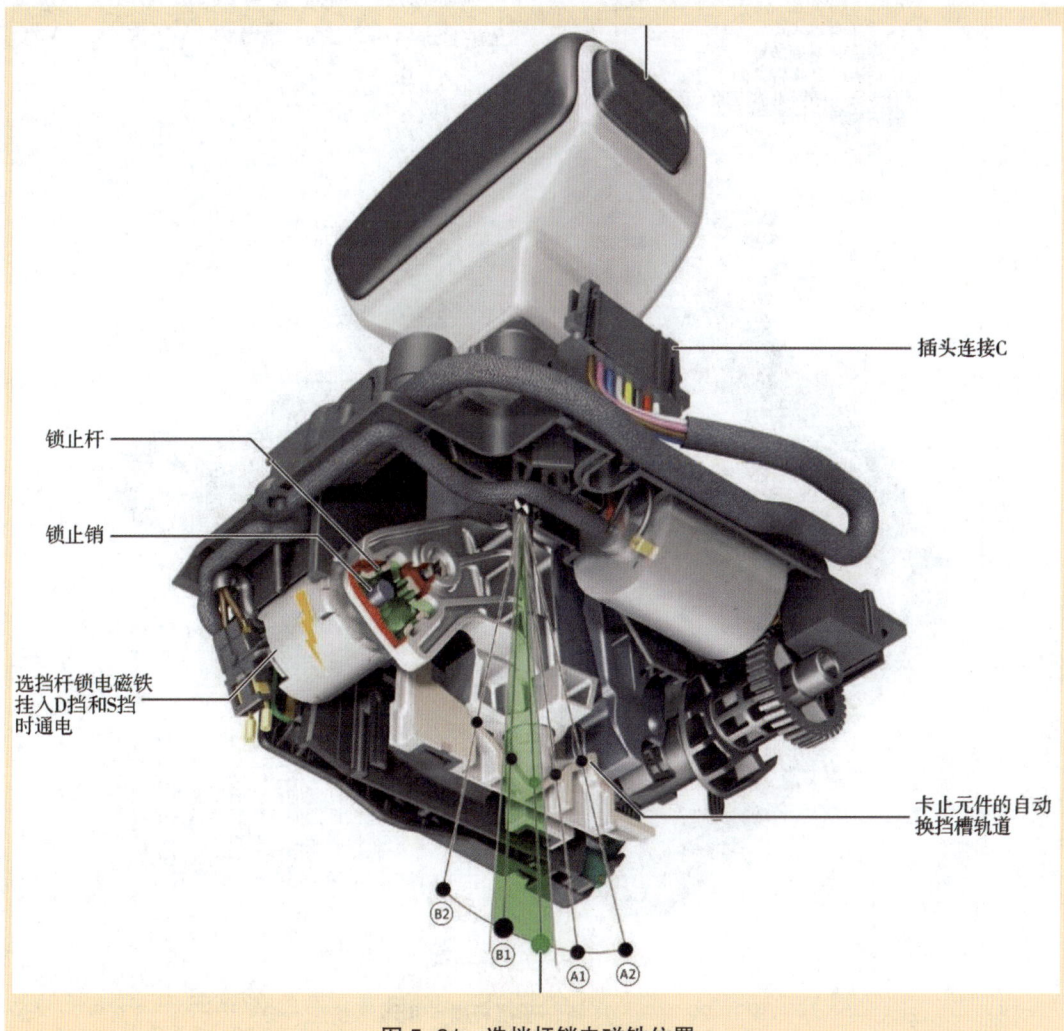

图中标注：
- 插头连接C
- 锁止杆
- 锁止销
- 选挡杆锁电磁铁挂入D挡和S挡时通电
- 卡止元件的自动换挡槽轨道

图 5-31 选挡杆锁电磁铁位置

> **维修提示**
>
> 按下解锁键时，会切断选挡杆锁电磁铁的供电并取消锁定。

（4）P/R/N 挡。选挡杆横向锁激活状态如图 5-32 所示。

（5）驻车锁紧急解锁装置。如果车辆故障时，需要拖车，那么就需要进行驻车锁紧急解锁。

如图 5-33 所示，驻车锁紧急解锁装置通常是借助一根机械（弹簧）拉索实现的，相应的操纵机构通常位于驾驶员侧后地板下方位置的变速器上。

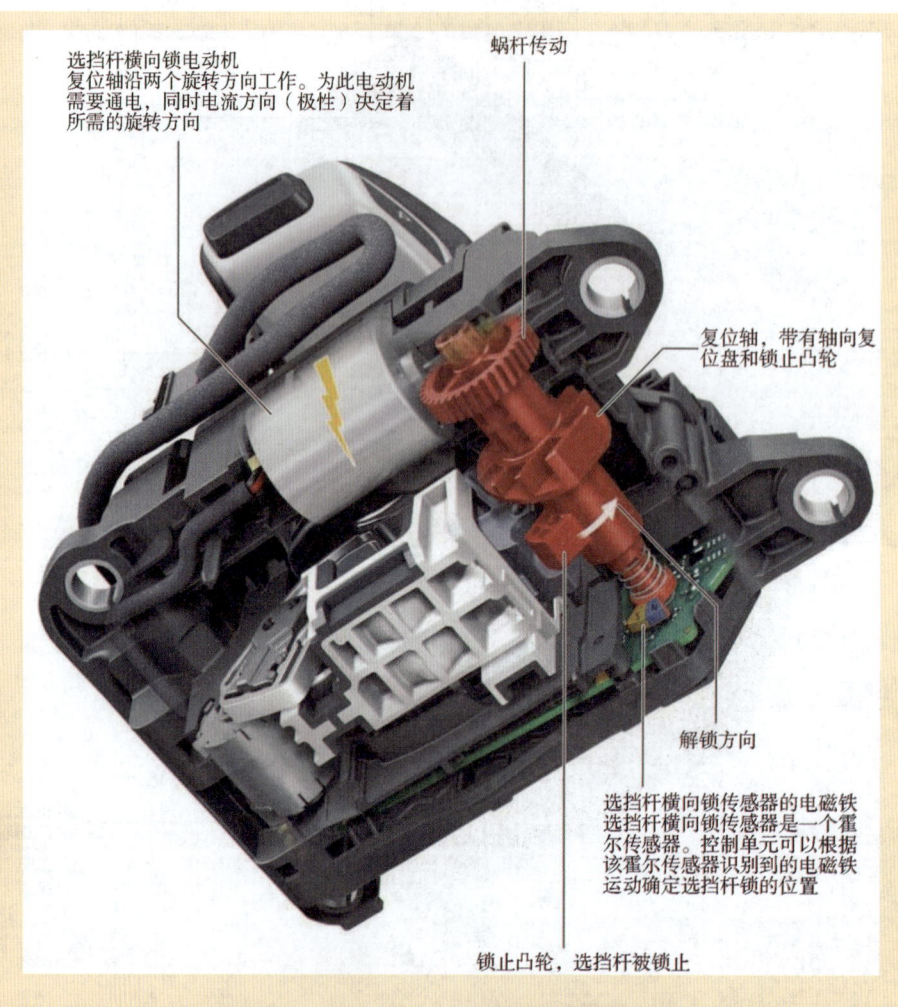

选挡杆横向锁电动机
复位轴沿两个旋转方向工作。为此电动机需要通电，同时电流方向（极性）决定着所需的旋转方向

蜗杆传动

复位轴，带有轴向复位盘和锁止凸轮

解锁方向

选挡杆横向锁传感器的电磁铁
选挡杆横向锁传感器是一个霍尔传感器。控制单元可以根据该霍尔传感器识别到的电磁铁运动确定选挡杆锁的位置

锁止凸轮，选挡杆被锁止

图 5-32　P/R/N 挡，选挡杆横向锁激活状态

变速箱换挡杆相对驻车锁紧急解锁装置

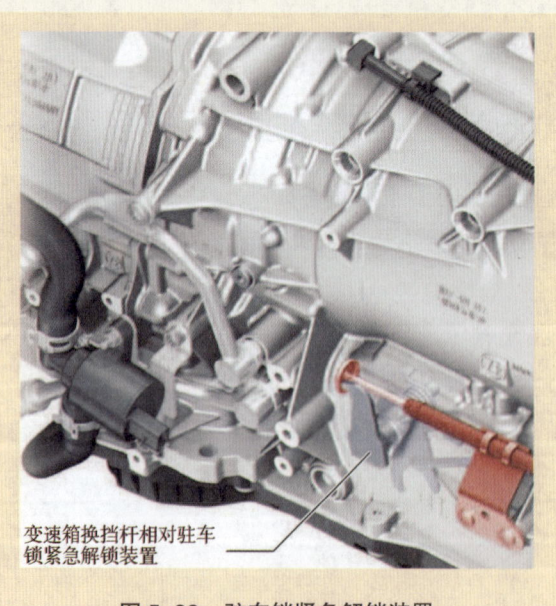

图 5-33　驻车锁紧急解锁装置

5.2.2 自动变速器挡位

1 起动

（1）如图 5-34 所示，必须施加驻车制动以起动发动机。上拉电子驻车制动开关后，驻车制动和制动系统指示灯点亮。

图 5-34 指示灯

（2）如图 5-35 所示，检查并确认换挡杆在 P 挡，然后踩下制动踏板。

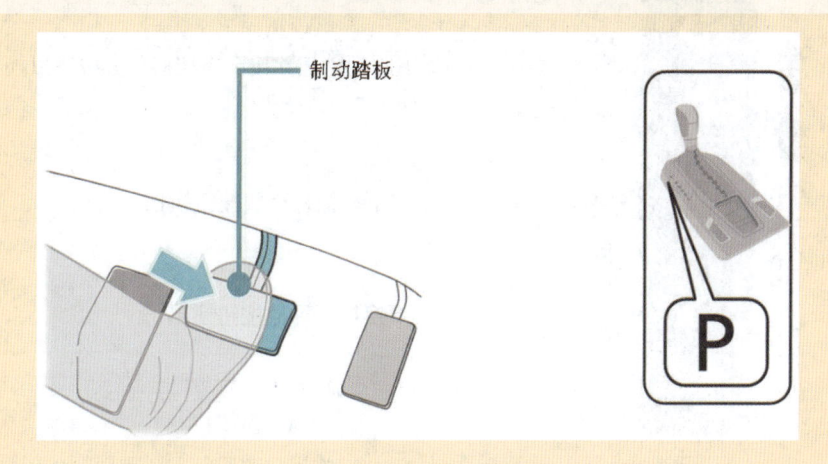

图 5-35 踩下制动踏板

配有电子驻车系统的车辆，务必施加驻车制动。踩节气门行车，电子驻车会自动解除。

（3）按下一键起动按钮（配备智能无钥匙进入系统的车型），或用机械钥匙起动发动机（没有配备智能无钥匙进入系统的车型）。

> **维修提示**
>
> 注意，此时无须踩下加速踏板。

2 换挡杆操作

（1）表5-4所列为自动变速器挡位位置。

表5-4 自动变速器挡位位置

图示	挡位及挡位位置		说明
释放按钮	P	驻车挡	停车或起动发动机时使用
	R	倒车挡	倒车时使用
	N	空挡	变速器未锁止
	D	驾驶挡	用于正常行驶
	S	驾驶挡S	①更好地加速； ②增加发动机制动效果； ③上坡或下坡时使用
	L	低速挡（无级变速器车型）	①进一步增加发动机制动效果； ②上坡或下坡时使用

（2）图5-36所示为自动变速器车辆挡位操控。

踩下制动踏板并按下换挡杆释放按钮以换挡

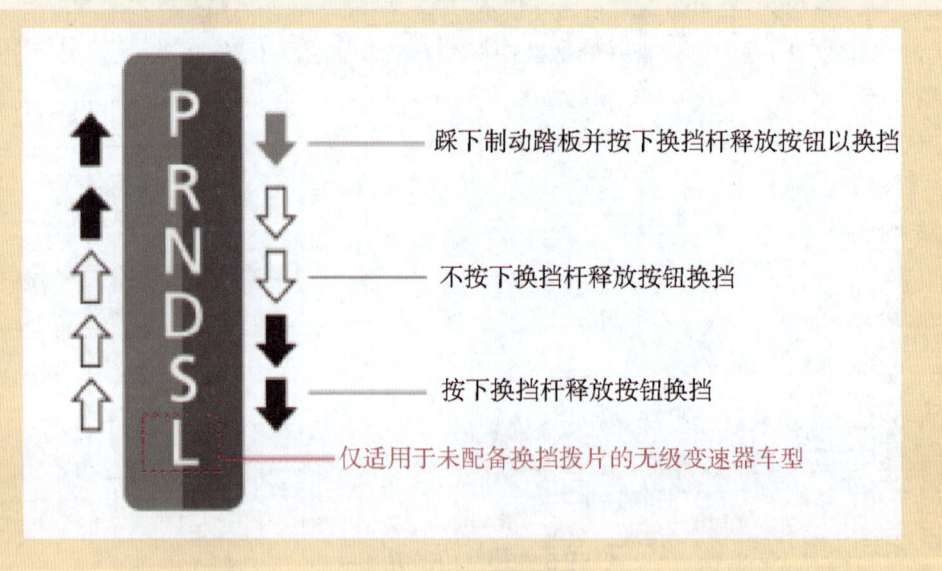

不按下换挡杆释放按钮换挡

按下换挡杆释放按钮换挡

仅适用于未配备换挡拨片的无级变速器车型

图5-36 挡位操控

📝 补充说明

如图5-37所示，以日产D-STEP无级变速器为例：在D挡加速踏板踩下1/2及以上时，变速器执行D-Step换挡模式，以允许车速与发动机转速同时提高，通过防止不必要的发动机转速升高来增加加速感及提高燃油经济性。

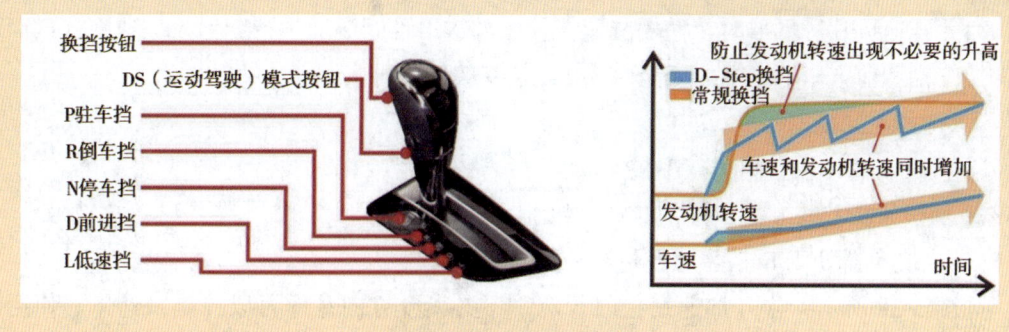

图 5-37　无级变速器

3　电子挡位

（1）混动汽车挡位位置（表 5-5）。

表 5-5　混动汽车挡位位置

图　　示	挡位及挡位位置		说　　明
	P	驻车挡	停车或起动发动机时使用
	R	倒车挡	倒车时使用
	N	空挡	变速器未锁止
	D	驾驶挡	用于正常行驶。 ① 可临时使用减速拨片； ② 当 SPORT 模式打开时，可以使用减速拨片

（2）电子挡位操控（表 5-6）。

表 5-6　电子挡位操控

图　　示	挡位及挡位位置		操　　控
	P	驻车挡	按下 P 按钮
	R	倒车挡	向后扳 R 按钮
	N	空挡	按下 N 按钮
	D	驾驶挡	按下 D 按钮

（3）减速拨片。下坡时，使用减速拨片（如本田雅阁混动）帮助保持减速率，从而可以保持车辆和前方车辆之间的安全距离，以及有效使用再生制动。

1）选择不同减速等级。

① 回拨 + 拨片（右侧）减小减速等级。

② 回拨 – 拨片（左侧）增加减速等级。

2）当变速器处于 D 挡位时，可以使用减速拨片。

如图 5-38 所示，松开加速踏板时，双手不必离开方向盘即可以控制减速率。使用位于方向盘上的减速拨片，可以依次在 4 个减速等级之间切换。

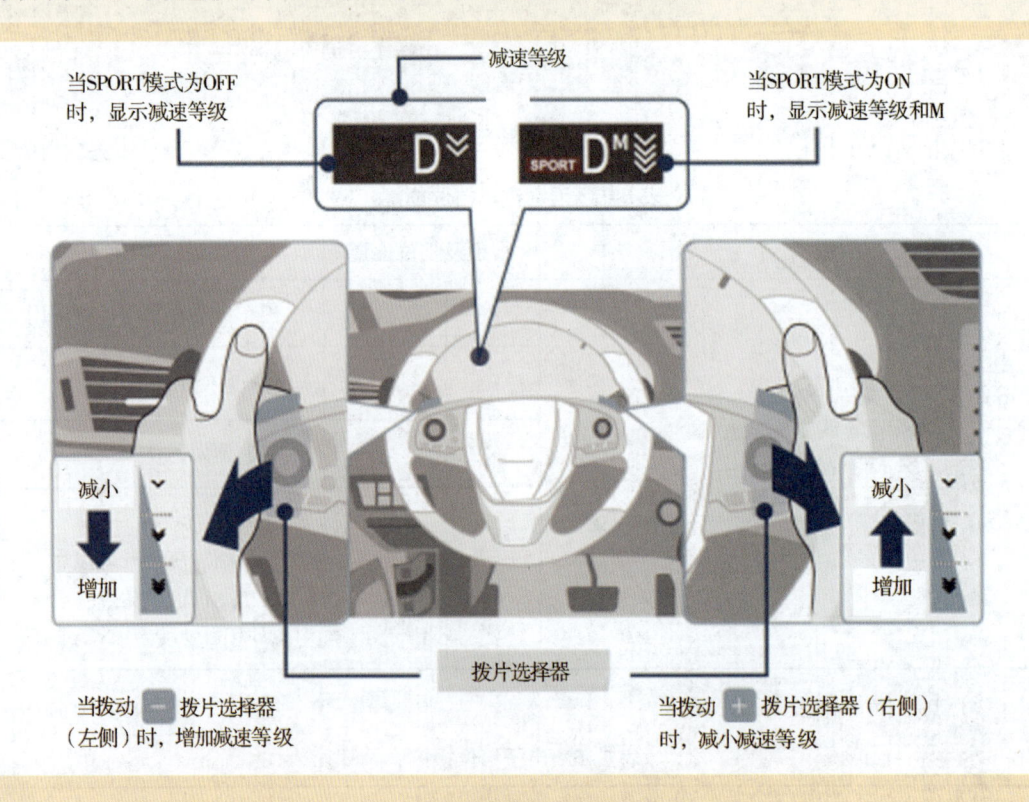

图 5-38 电子换挡减速拨片

① 默认减速等级为 V。每次操作拨片选择器都会改变一级减速。

② 取消减速设置时，扳住 + 拨片数秒钟。

5.2.3 手动变速器挡位

图 5-39 所示为 6 挡和 5 挡手动变速器换挡位置图。踩下离合器踏板，停下几秒钟，然后再换至 R 挡，或换至某个前进挡一段时间，齿轮便停止，不再"咬合"。

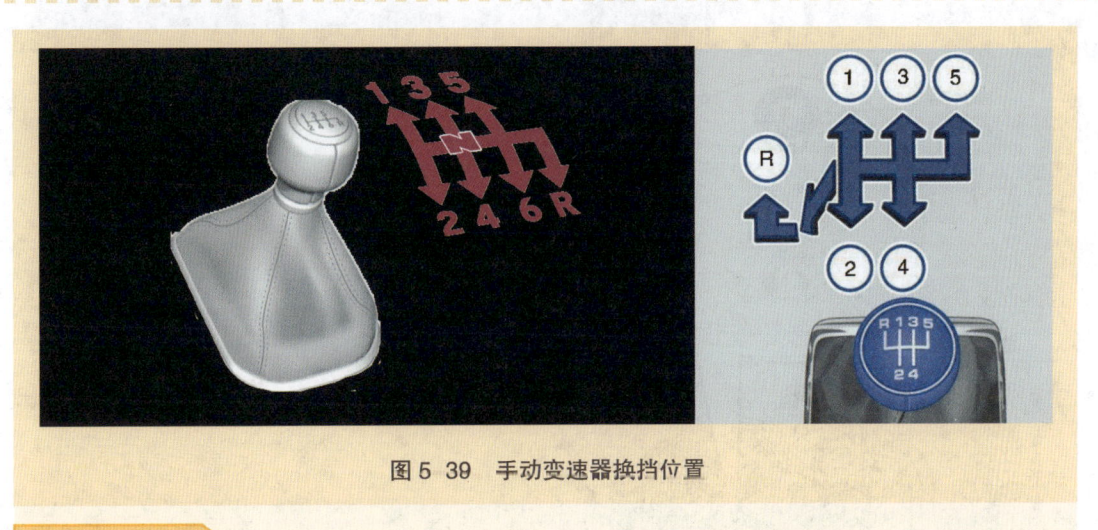

图5-39 手动变速器换挡位置

> **补充说明**
>
> 倒挡锁止,手动变速器带有锁止机构,可防止车辆以一定速度行驶时意外由前进挡换至R挡。

5.3 变速器维护和保养

1 ATF更换周期

任意一款带有液压控制功能并带有湿式摩擦元件的自动变速器,如AT、CVT、DCT等都具有液压循环系统,该系统又称为液压冷却循环系统,通常需要定期更换油液。

自动变速器油ATF对自动变速器的工作、使用性能及使用寿命都有非常重要的影响。汽车自动变速器保养的主要内容就是对ATF的检查和更换。

通常应该每60 000km检查并视情况更换一次AFT,同时更换自动变速器油滤芯。

2 ATF检查

如图5-40所示,检查ATF液状况,从溢流塞处进行检查(这种自动变速器本身不带油尺,也没有油尺导管,可以有加油口螺塞,有的则须从溢流塞孔处加注自动变速器液)。

(1)为了更准确地检查油量,首先读取齿轮油的温度,油温不宜过高,应在45℃附近;如果油温高于50℃应让变速箱冷却。

(2)在发动机不工作的情况下,旋出油位管并排出油,然后重新安装油位管并加注油。

(3)起动发动机,要求齿轮油温度在45℃附近,排放多余的油,直至油位与油位管齐平。

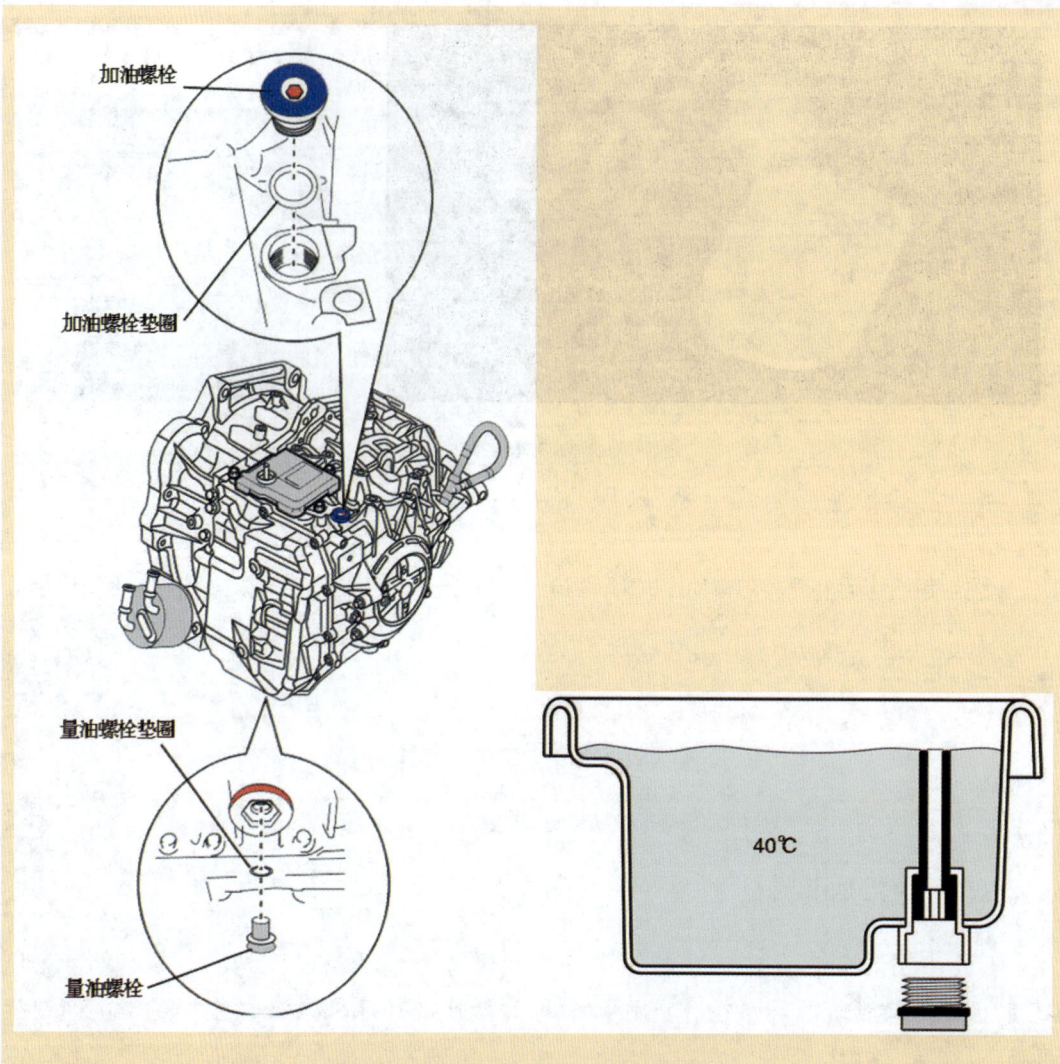

图 5-40　从溢流塞处检查自动变速器油

> 📝 补充说明
>
> 　　检查 ATF 颜色和状态，并检查有无混入微小的金属或粉末、是否闻到烧焦味、是否变成黑色和有无白色的污染物质。
> 　　如果 ATF 油中含有摩擦材料（离合器和制动带）等，需要修理分解自动变速器并更换散热器，并用清洁剂和压缩空气冲洗冷却器管路。

3　ATF 滤芯（图 5-41）

　　自动变速器底部有个滤清器，当滤清器内的滤芯严重堵塞时，会影响液压循环管路的正常工作状态，同时也会影响到变速器内润滑过程。所以在更换 ATF 时滤芯也需要一同更换。

图 5-41　ATF 滤芯

5.4　变速器拆装和检查

5.4.1　拆装双离合器

双离合器如图 5-42 所示。在拆卸或安装双离合器时,变速器必须在垂直位置固定在装配台上。在双离合器中必须将大摩擦片支架插入所有摩擦片中,不允许它从最低位置的摩擦片中滑出。

图 5-42　双离合器之一

1,2—卡环(用于双离合器端盖,拆卸后必须更换);3—驱动盘卡环;4—双离合器;
5—垫片(不同厚度,拆卸后必须更换,厚度以 0.05mm 为单位递增);6—双离合器端盖

（1）如图 5-43 所示，用手转动新的双离合器轴上的 4 个活塞环，它们必须能够灵活转动。

（2）如图 5-44 所示，确保卡环 1～4 正确就位。卡环 2 和卡环 4 的对接处应当对准，并且相对卡环 1 和卡环 3 的对接处偏移 180°。

图 5-43 双离合器之二

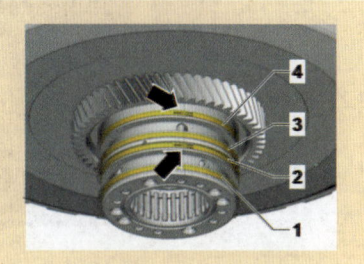

图 5-44 卡环正确

1～4—卡环 1～4

（3）如图 5-45 所示，安装之前，检查离合器上是否存在标记。如果没有标记，用永久性记号笔在驱动盘和外板支架上做彩色标记。

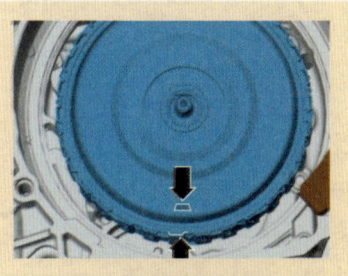

图 5-45 检查标记

（4）确定双离合器垫片，在最终处理卡环之前，必须用千分表进行 3 次测量。如果计算结果不在其范围内，则需要安装一个更厚或更薄的垫片，并再次进行测量和检查。

5.4.2 检查液力变矩器

1 拆下液力变矩器（图 5-46）

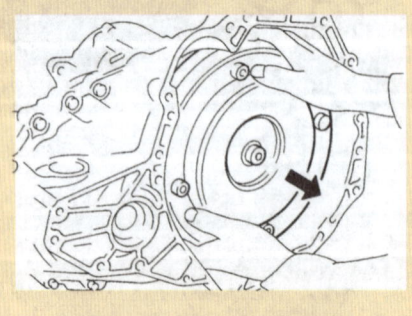

图 5-46 拆下液力变矩器

2 检查液力变矩器

（1）使用如图5-47所示的简单工具检查液力变矩器的单向离合器。

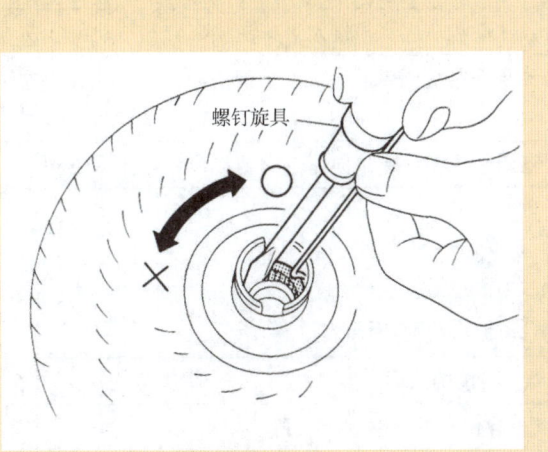

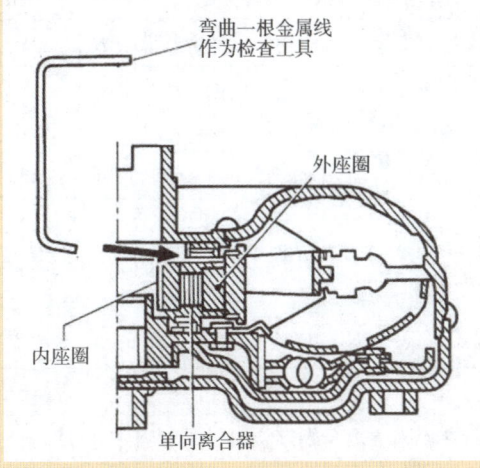

图5-47 检查液力变矩器

（2）将检查工具插入装在单向离合器外座圈的轴承支座凹槽中。
（3）使用检查工具固定轴承支座时，用螺钉旋具旋转单向离合器的花键。
（4）检查内座圈是否只能顺时针转动；如果不能，则更换液力变矩器总成。

5.5 变速器故障

5.5.1 手动变速器故障

手动变速器常见的故障有换挡困难、齿轮卡死、齿轮碰撞和研磨异响等，然而离合器、驱动系统出现故障也可能造成以上现象，所以在维修过程中要仔细分析和区分。

1 变速器和离合器检查

在维修之前，要对变速器及离合器进行必要的检查。
（1）检查变速器、离合器管路是否渗油。
（2）检查变速器油位、变速器油的黏度及颜色，看是否很脏、是否有金属碎粒，从而初步判断变速器内部组件是否有过卡死烧灼或部件碎裂的情况。
（3）进行路试检查，通过换挡行驶确认故障出现时车辆所处的状态，以便进行下一步诊断。

2 离合器打滑故障排除（表5-7）

表5-7 离合器打滑故障排除

检 查	检查结果/可能的原因	解决措施
检查离合器从动盘总成是否摩擦过大	离合器从动盘总成磨损过大	更换离合器从动盘总成
检查离合器盖总成、飞轮、离合器从动盘总成表面是否有油污	离合器从动盘总成表面沾有油污	清洁油污，更换离合器从动盘总成
检查离合器盖总成膜片弹簧是否损坏	离合器盖总成膜片弹簧损坏	更换离合器盖总成

3 离合器有噪声或异响故障排除（表5-8）

表5-8 离合器有噪声或异响故障排除

检 查	检查结果/可能的原因	解决措施
在不踏下离合器踏板时，是否有噪声或异响	① 离合踏板自由行程不够；② 摩擦片过度磨损	更换摩擦片
踏下离合器踏板时有噪声或异响	分离轴承磨损或损坏	更换分离轴承
在起步离合器半离合时，是否有噪声	分离轴承拨叉衬套损坏	更换分离轴承拨叉衬套（分离轴承总成）

4 换挡困难、换挡齿轮有噪声故障排除（表5-9）

表5-9 换挡困难、换挡过程中齿轮有噪声故障排除

检 查	检查结果/可能的原因	解决措施
检查换挡杆拉索是否正常	换挡杆拉索阻力过大	更换换挡杆拉索
检查换挡杆机构是否磨损	换挡杆机构内部球头间隙过大	更换换挡杆机构
检查离合器踏板自由行程	离合器踏板自由行程过大	调整离合器踏板自由行程（不可调整，应检查离合器及摩擦片，更换摩擦片可解决）
检查离合器液压系统是否漏油或产生气阻	离合器液压系统漏油、离合器液压系统产生气堵	更换漏油零件、对液压系统排气
检查离合器从动盘总成是否正常	离合器从动盘总成花键不正常磨损、摩擦片接触面严重不平整	更换离合器从动盘总成、检查飞轮、离合器盖总成平面是否平整，并进行更换
检查同步器、同步环是否损坏	同步器、同步环损坏	更换同步器、同步环
检查换挡拨叉轴内互锁销平面是否损坏，有毛刺	换挡拨叉轴互锁销表面不平，有毛刺	更换互锁销

5 变速器内部噪声过大或异常故障排除（表 5-10）

表 5-10　变速器内部噪声过大或异常故障排除

检　查	检查结果 / 可能的原因	解决措施
检查变速器油位是否正常	变速器液面过低，润滑不够	加注变速器油至规定位置
检查变速器内部是否有异物	变速器内部有铁屑	检查变速器内部壳体及齿轮轴承是否损坏，并更换
检查输入轴、输出轴轴向位置和间隙是否正常	输入、输出轴轴向间隙过大	重新安装输入、输出轴上的齿轮，调整输入、输出轴上调整垫片
检查输入轴、输出轴前后轴承是否正常	输入、输出轴轴承磨损过大	更换输入、输出轴轴承
检查输入轴、输出轴齿面是否磨损过大，齿轮齿面是否有毛刺	输入、输出轴齿轮磨损过大	更换输入、输出轴齿轮

6 轴承非正常磨损故障排除（表 5-11）

表 5-11　变速器内部轴承非正常磨损故障排除

检　查	检查结果 / 可能的原因	解决措施
检查润滑油是否有金属杂质	润滑油内有大量金属杂质	更换优质变速器润滑油
检查润滑油是否符合要求	润滑油黏度过稀、润滑油型号不符	更换优质变速器润滑油
检查输入、输出轴轴承是否压装到位	输入、输出轴轴承未压装到位	更换轴承，重新压装

7 行驶中脱挡故障排除（表 5-12）

表 5-12　行驶中脱挡故障排除

检　查	检查结果 / 可能的原因	解决措施
目视检查换挡杆操纵机构是否正常	换挡杆操纵机构球头间隙过大	更换换挡杆操纵机构球头
检查自锁销内钢球弹力是否正常	自锁销内钢球弹力过小	更换自锁销
检查同步器滑块内弹簧压力是否正常	同步器滑块内弹簧压力过小	更换同步器滑块
检查同步器齿套磨损是否正常	同步器齿套磨损过大	更换同步器齿套

5.5.2 自动变速器故障

自动变速器故障很多,如"挂挡不走",具体来讲,这类故障现象一般表现为挂前进挡或/和倒挡都没反应。故障根源通常是由变速器漏油或者是长时间没有更换变速器油导致的内部磨损。通常的解决手段是分解维修变速器、清洗变速器,更换变矩器、变速箱油泵总成、变速器滤网。再比如不能升挡故障,其原因之一是车速传感器故障,因为车速传感器检测传动油输出的车速信号,并将信号传给自动变速箱控制单元,控制单元根据此控制自动变速器的升挡和降挡;如果车速传感器故障或者相关线路故障,控制单元接收不到可靠信号,会导致无法升挡和降挡。

1 电气故障(表 5-13)

表 5-13 自动变速器外围电气故障

故　障　表　现	可能的原因/部件
不能加挡(一挡→二挡)	ECM
不能加挡(二挡→三挡)	ECM
不能加挡(三挡→四挡)	变速器控制开关电路
	ECM
不能减挡(四挡→三挡)	ECM
不能减挡(三挡→二挡)	ECM
不能减挡(二挡→一挡)	ECM
不能锁止或不能解除锁止	ECM
换挡点过高或过低	ECM
在发动机冷机时,从三挡加挡至四挡	发动机冷却液温度传感器电路
	ECM
换挡杆置于S位置时,将挡位切换到"+"时挡位不改变	变速器控制开关电路
	换挡拨板装置电路
	ECM
将拨板装置切换到"+"或"-"时挡位不改变	换挡拨板装置电路
	变速器控制开关电路
	ECM
接合生硬(N→D)	ECM
接合生硬(锁止)	ECM
接合生硬(任何行驶挡位)	ECM
加速表现不佳	ECM
起动或停车时发动机失速	ECM
换挡故障	驻车/空挡位置开关电路
	ECM

2 内部故障（表5-14）

表5-14 自动变速器内部故障

故障表现	可能的原因/部件
在任一前进挡和倒挡位置时车辆都不移动	手动阀
	阀体总成
	前、后行星齿轮
	行星齿轮
	单向离合器（F2）
	前进挡离合器（C1）
	制动器（B3）
在R位置时车辆无法移动	前、后行星齿轮组
	行星齿轮组
	直接挡离合器（C2）
	制动器（C3）
	一挡和倒挡制动器（B2）
不能加挡（一挡→二挡）	阀体总成
	1号单向离合器（F1）
	二挡制动器（B1）
不能加挡（二挡→三挡）	阀体总成
	直接挡离合器（C2）
不能加挡（三挡→四挡）	阀体总成
	离合器（C3）
不能减挡（四挡→三挡）	阀体总成
不能减挡（三挡→二挡）	阀体总成
不能减挡（二挡→一挡）	阀体总成
不能锁止或不能解除锁止	阀体总成
	变矩器总成
接合生硬（N→D）	阀体总成
	前进挡离合器（C1）
	单向离合器（F2）
	1号单向离合器（F1）
接合生硬（N→R）	阀体总成
	直接挡离合器（C2）
	一挡和倒挡制动器（B2）

续表

故障表现	可能的原因/部件
接合生硬（锁止）	阀体总成
	变矩器总成
接合生硬（二挡→三挡）	阀体总成
接合生硬（三挡→四挡）	阀体总成
接合生硬（四挡→三挡）	阀体总成
侧滑或打颤（前进挡位置）	滤油网
	变矩器总成
	前进挡离合器（C1）
	直接挡离合器（C2）
	制动器（C3）
	1号单向离合器（F1）
	单向离合器（F2）
侧滑或打颤（R位置）	滤油网
	直接挡离合器（C2）
	一挡和倒挡制动器（B2）
侧滑或打颤（一挡）	1号单向离合器（F1）
侧滑或打颤（二挡）	单向离合器（F2）
	二挡制动器（B1）
侧滑或打颤（三挡）	直接挡离合器（C2）
侧滑或打颤（四挡）	离合器（C3）
无发动机制动（一挡至三挡：D位置）	制动器（B3）
无发动机制动（一挡：L位置）	一挡和倒挡制动器（B2）
无发动机制动（二挡：2位置）	二挡制动器（B1）
加速表现不佳（所有换挡杆位置）	变矩器总成
	行星齿轮
加速表现不佳（四挡）	离合器（C3）
	行星齿轮
起动或停车时换挡冲击较大或发动机失速	变矩器总成
不能降挡	阀体总成

第 6 章　制动系统维修

6.1　制动系统认知

6.1.1　制动系统总览

　　制动系主要由制动主缸（制动总泵）、制动轮缸（制动分泵）、真空助力器、前制器、后制器，以及电子控制系统（ABS 泵、传感器等）组成，如图 6-1、图 6-2 所示。

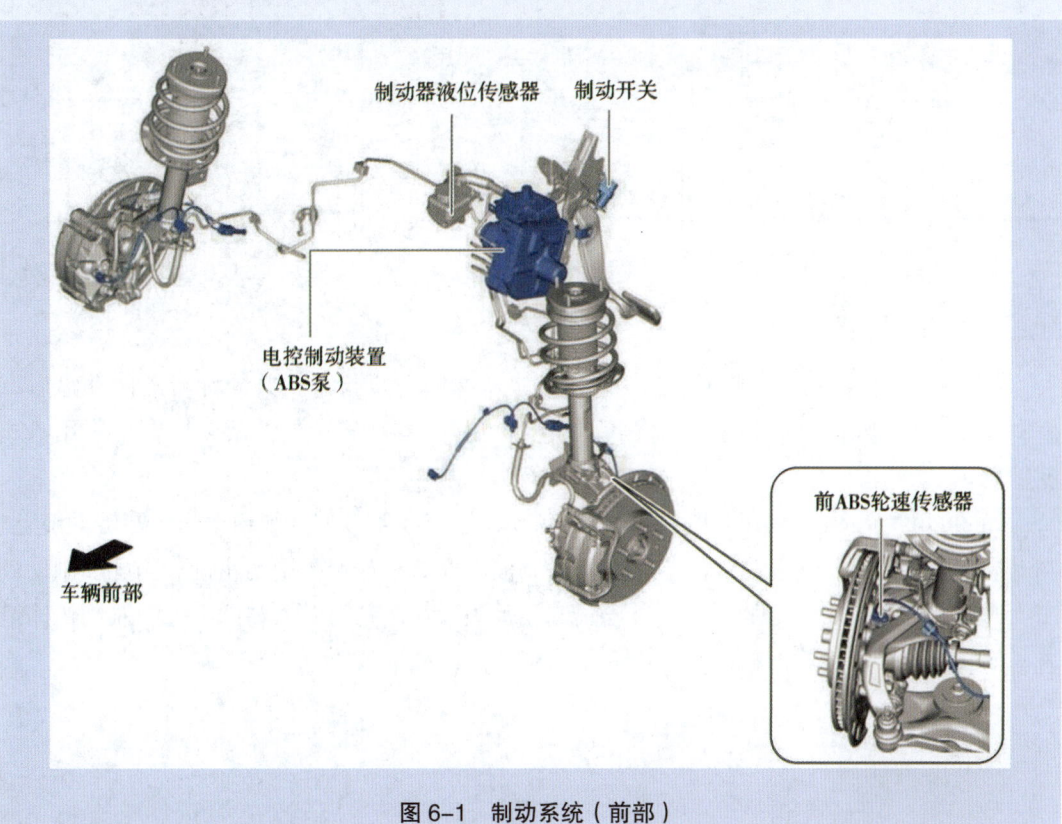

图 6-1　制动系统（前部）

后制动器（盘）

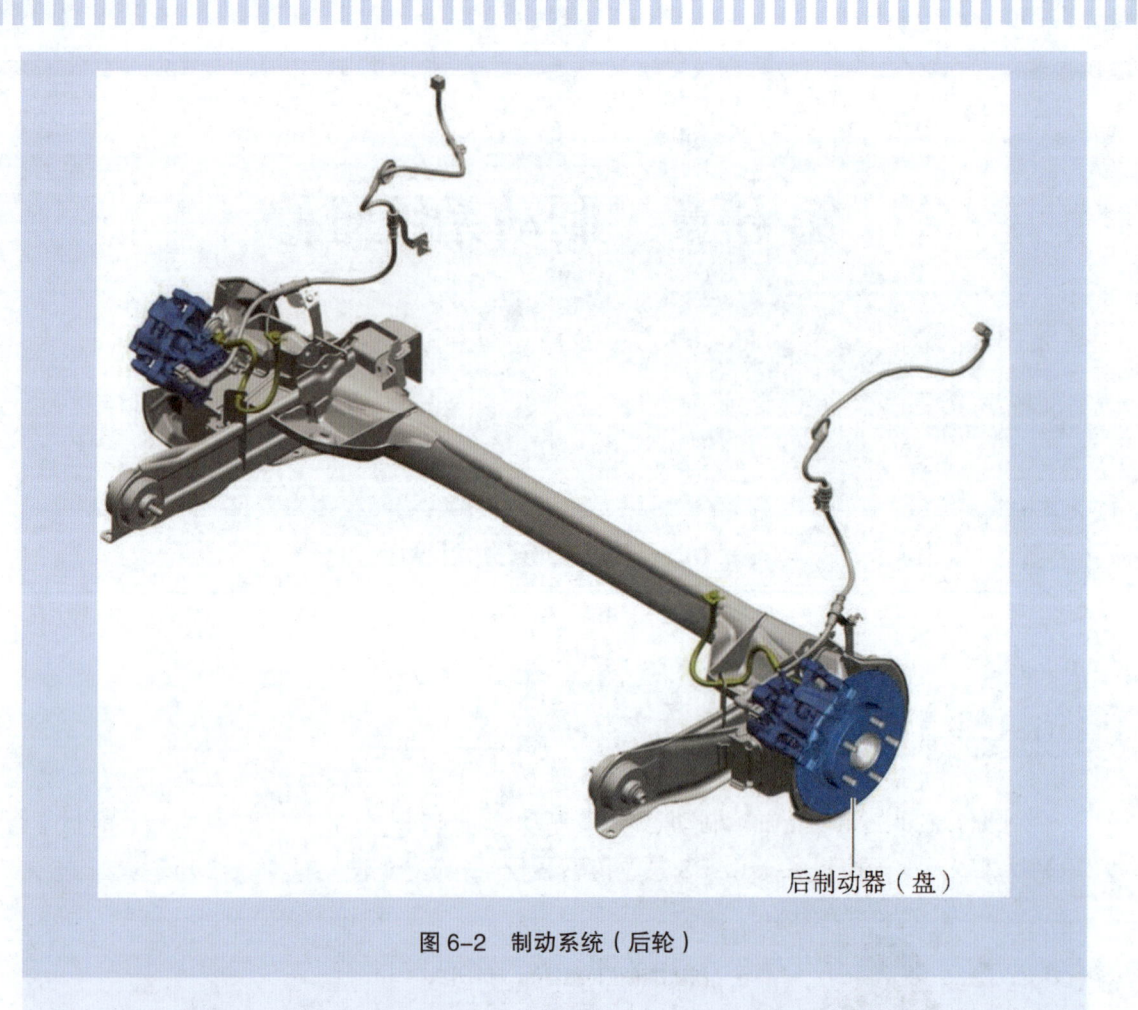

图 6-2 制动系统（后轮）

6.1.2 制动系统主要零部件

1 盘式制动器

如图 6-3 所示的盘式制动器是由摩擦衬块从两侧夹紧与车轮共同旋转的制动盘后产生制动。由于盘式制动器散热能力强，热稳定性好，现在轿车的前后轮通常都采用盘式制动器。

如图 6-4、图 6-5 所示的盘式制动器的制动盘固定在轮毂上，制动钳固定在转向节上。制动钳横跨在制动盘上，内装有活塞，活塞后面有充满制动液的制动轮缸。当施加制动液压力时，装在制动钳一侧的活塞被推出，制动片被顶在制动盘上，与此同时，制动钳体沿着与活塞推出相反的方向移动，推压另一侧制动片，产生制动力。

图 6-3 盘式制动器

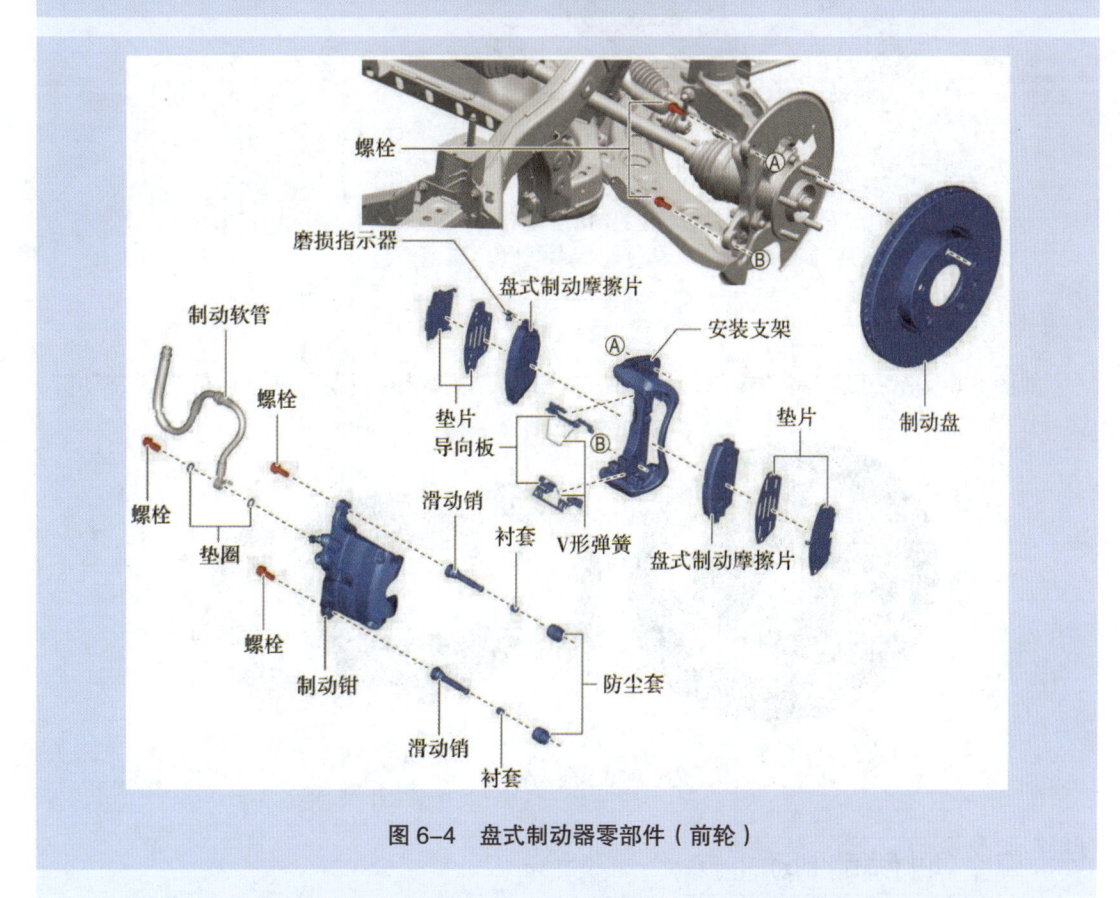

图 6-4 盘式制动器零部件（前轮）

图 6-5 盘式制动器零部件（后轮）

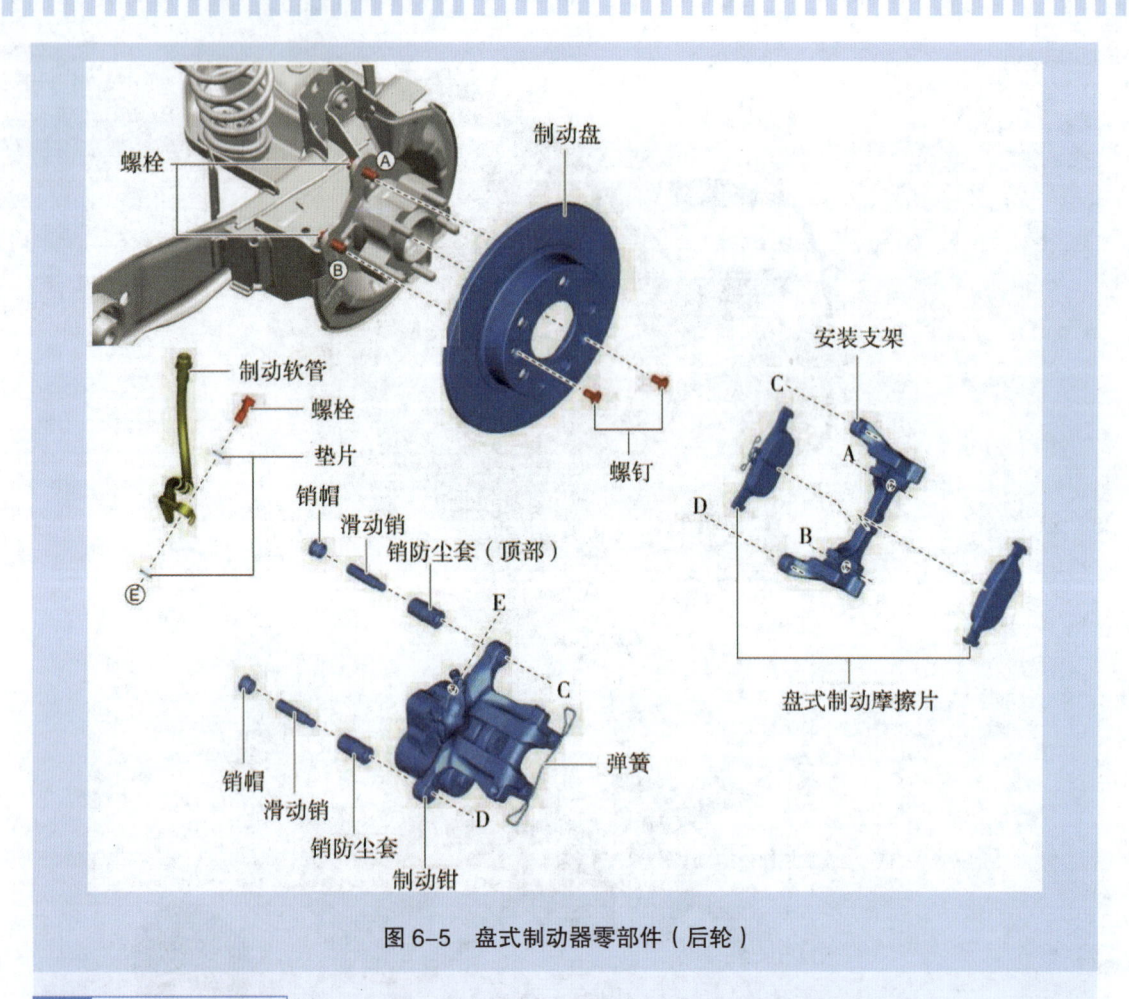

2 鼓式制动器

如图 6-6 所示，鼓式制动器用于后轮制动。鼓式制动器的制动蹄片从内侧压紧制动鼓。

图 6-6 鼓式制动器

3 真空助力泵和制动主缸

如图 6-7 所示，制动助力器（真空助力泵）以气动方式将驾驶员通过制动踏板施加的作用力增大。在制动助力器输出端装有一个压杆，该压杆操纵制动主缸（总泵）内的两个

活塞（分别用于两个制动回路）并由此产生液压系统内的压力。

图 6-7 真空助力泵和制动总泵

> **补充说明**
>
> 传统的制动助力器不带电磁阀，如图 6-8 所示的主动式制动助力器中集成了一个电磁控制阀。阀体通过一个比例电磁阀（按比例无级调节励磁电流）进行操控。电磁阀由 ESP 控制单元进行控制。通过主动式制动助力器中的一个释放开关识别驾驶员是否踩下或松开制动器。释放开关被设计为一个双向开关（打开和关闭）。

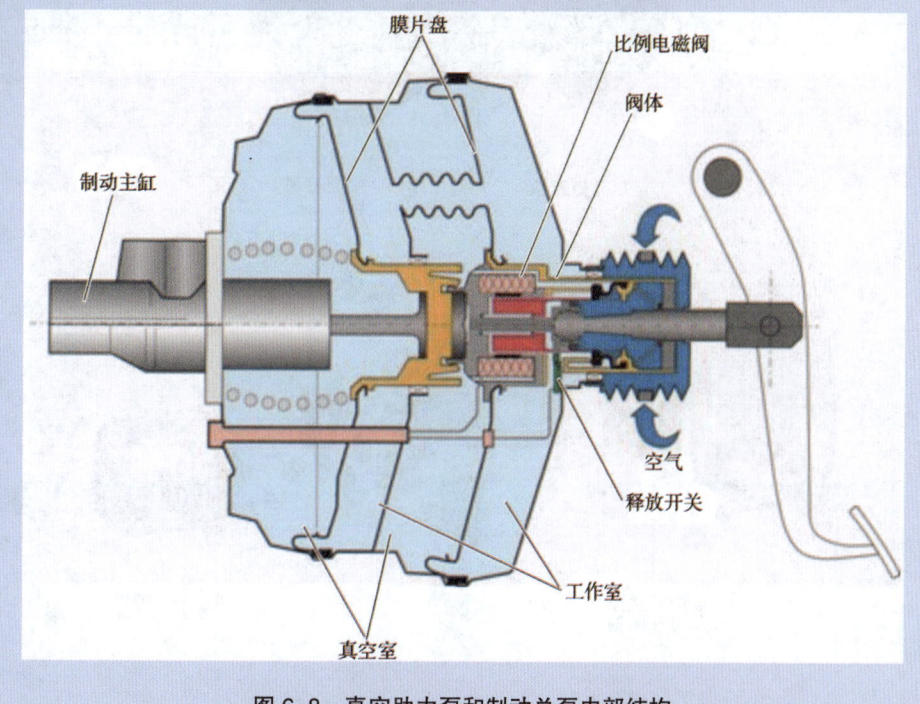

图 6-8 真空助力泵和制动总泵内部结构

4　控制单元

控制单元接收车轮转速传感器送来的信号并进行处理分析，然后向制动压力调节器输出控制信号。根据车辆的配置不同，控制单元的功能扩容不同。

视频：ABS控制单元

> **举例说明**
>
> ABS 是最基本的防抱死制动系统。根据车辆的不同，也有其他安全和稳定的辅助系统配置，例如车身电子稳定控制系统 ESP、ESC 等都是在 ABS 基础上衍生的辅助系统，电子控制系统均由图 6-9 所有的控制单元控制。
>
> 在有些车上，例如奥迪 Q7，相应的传感器属于控制单元的组成部分。对于配备 ACC 的车辆，使用带 3 个压力传感器的液压机组。其中，一个压力传感器测量液压系统内的预压力，另外两个压力传感器测量两个制动回路中的压力。在未配备 ACC 的车辆上，只需测量预压力。车身稳定控制系统 ESC 通过 FlexRay 从安全气囊控制单元中获得调节过程所需的车辆运动性信息（横向和纵向加速度，偏转率）。

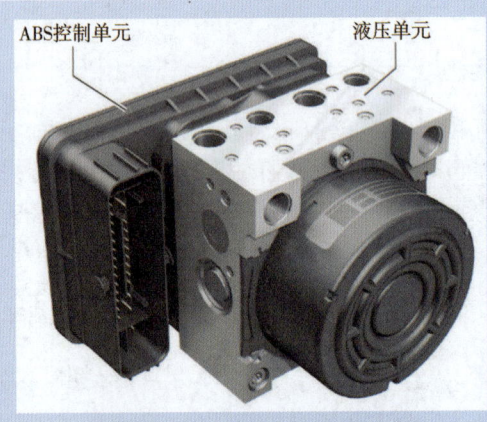

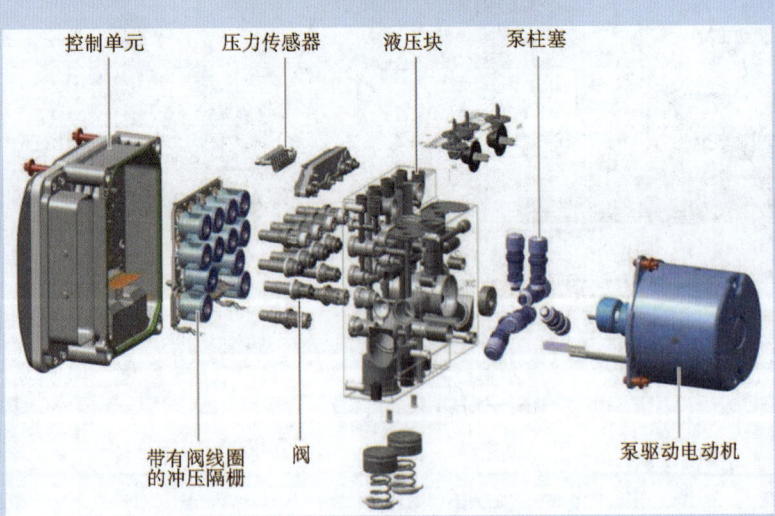

图 6-9　ABS 控制单元

5 驻车制动电动机

驻车制动系统如图6-10所示。制动摩擦衬块的收紧是通过一根螺杆的带动来实现的,这根螺杆上的螺纹是可以自锁的,它由斜轴轮盘机构来驱动。斜轴轮盘机构由一个直流电动机来驱动,它和直流电动机通过法兰固定在制动钳上。驻车制动电动机如图6-11所示。

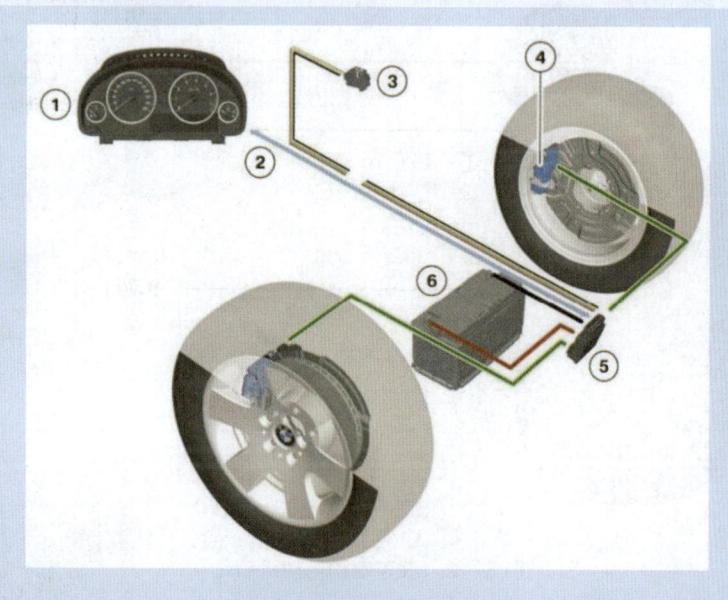

图 6-10 驻车制动系统

1—组合仪表;2—信息传输;3—驻车制动按钮;4—执行机构(电动机);5—控制单元;6—蓄电池

要想实现驻车制动功能,就必须将驱动电动机的旋转运动转换成制动活塞的一个非常小的直线往复运动。这就需要斜轴轮盘机构与螺杆驱动相结合才能实现这个功能。驻车电动机由一个两级蜗轮蜗杆传动装置产生减速比,在第二级能实现所需的自锁效应,如图6-11、图6-12所示。

图 6-11 驻车制动电动机

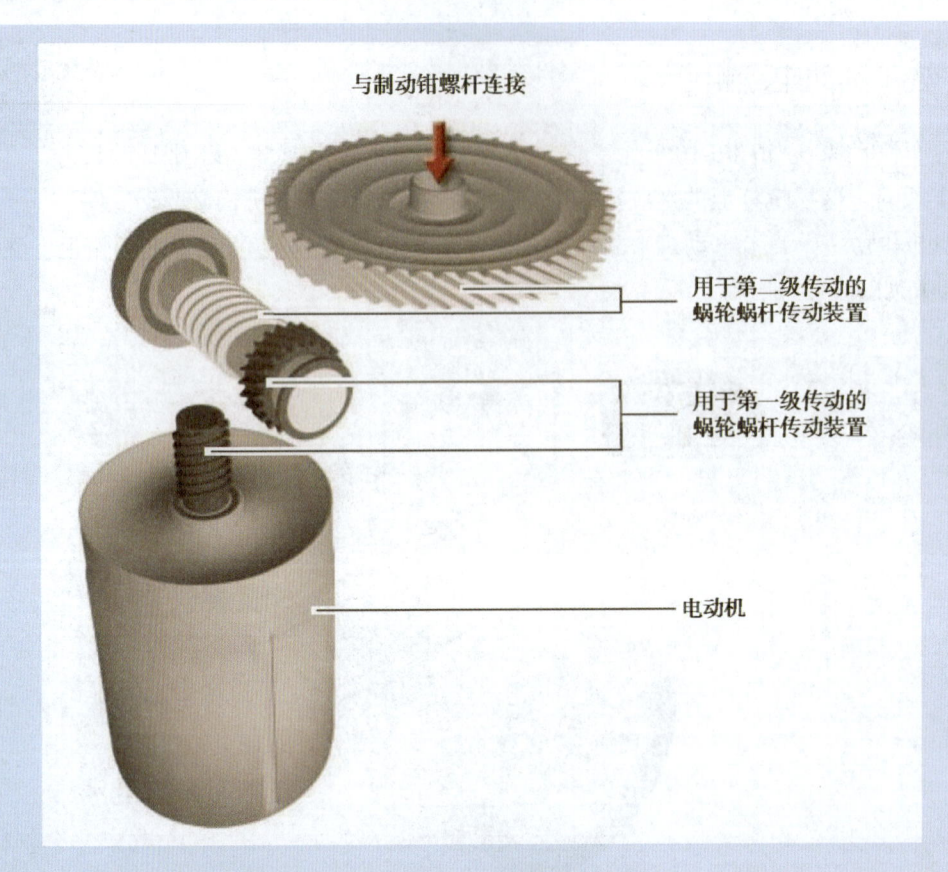

图 6-12　驻车制动电动机动作

> **补充说明**
>
> 　　驻车制动器控制单元内部有一个温控模块，它会在车辆停止的状态下计算出制动盘和制动摩擦片的冷却情况，如图 6-13 所示；并在必要时暂时起动电动机，继续将驻车制动器张紧最多 3 次。

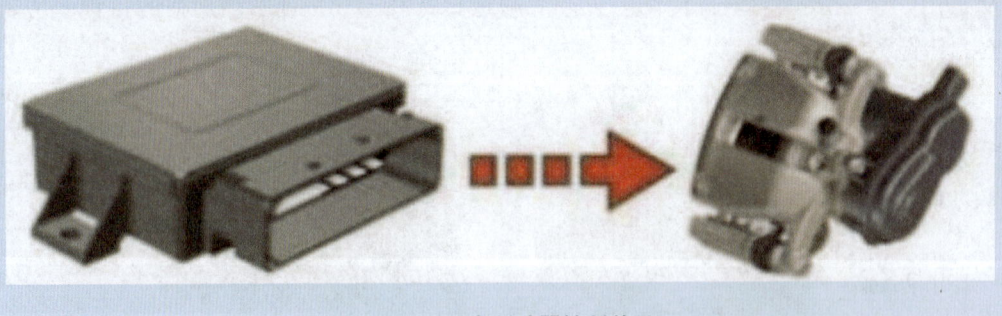

图 6-13　驻车制动器控制单元

6　制动踏板

　　图 6-14 所示为制动踏板，是由驾驶员的脚踏力控制的零件。该力转换成液压，作用在制动系统上。制动力的大小取决于驾驶员踩在制动踏板上的力。

图 6-14　制动踏板

7　制动灯开关

如图 6-15 所示，制动踏板上装有制动灯开关，踩下制动踏板时开关接通。制动灯开关结构如图 6-16 所示。

图 6-15　制动灯开关

图 6-16 制动灯开关结构

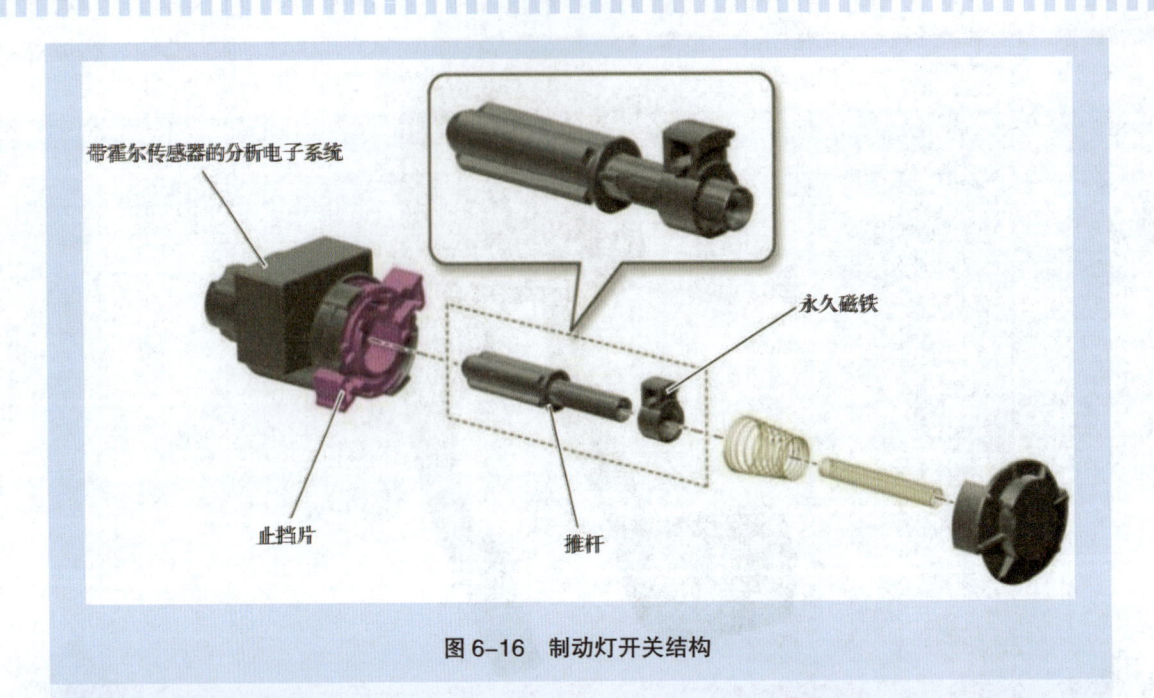

8 制动液位警示灯

如图 6-17 所示，制动液位警示灯的磁簧开关安装在制动液缸的旋盖上。磁簧开关的触点在正常的液位时为关闭状。打开开关触点即发出报警，然后就可以检测并提示开关故障和断路。

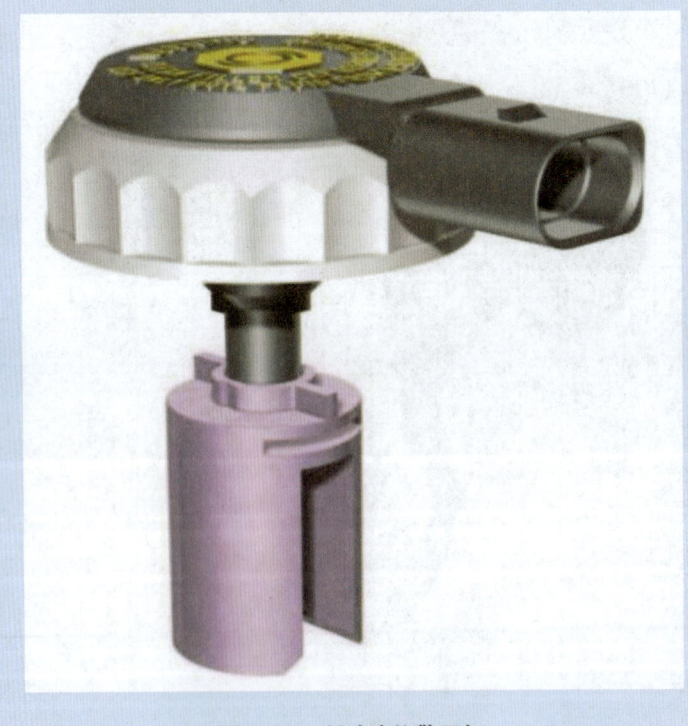

图 6-17 制动液位警示灯

6.2 制动系统使用和操控

6.2.1 制动系统指示灯（表 6-1）

表 6-1 制动系统指示灯

符号及颜色	制动系统指示灯含义解释
(!)	制动液液位过低或制动系统有故障
🚫	踩下制动踏板
(P)	电子驻车制动器已接通
( )	制动摩擦片磨损
🚗	亮起：ESP 有故障
🚗	闪烁：电子稳定系统（ESP）正在调节或牵引力控制系统（ASR）已关闭
🚗OFF	牵引力控制系统（ASR）已手动关闭
(ABS)	防抱死制动系统（ABS）有故障
(P)	驻车制动装置故障
🔧	OBD 系统指示灯，表明尾气排放相关的系统或者零部件有故障
🚫	请踩下制动踏板

6.2.2 电动驻车制动操作

1 施加驻车制动

发动机关闭后，驻车制动自动施加。此时，组合仪表上的指示灯点亮。如果不需要施加驻车制动时，按住电动驻车制动（EPB）开关的同时关闭发动机即可。

车辆静止后，拉起 EPB 开关，即可施加驻车制动。此时，组合仪表上的指示灯点亮。

2 紧急制动

紧急情况下，拉起 EPB 开关并保持住，即可使用 EPB 系统制动车辆。只要松开 EPB

开关或踩下节气门踏板,即可取消紧急制动。

> 💡 维修提示
>
> 只有在遇到紧急情况时(如制动踏板受到阻塞),才可使用 EPB 系统的紧急制动功能。

3 释放驻车制动

点火开关处于 ON 模式时,踩下制动踏板,按压 EPB 开关,即可释放驻车制动。

> 💡 维修提示
>
> 如遇车辆异常断电,再次上电后,组合仪表上的警告灯会出现点亮的情况。此时系统需要自学习,应先拉起 EPB 开关,再踩下制动踏板并按压 EPB 开关,方可正常释放 EPB。

4 自动驻车制动

当车辆在坡上、遇见红灯或行驶走走停停时,自动驻车(AVH)可使驾驶员无须长时间踩下制动踏板,或频繁施加电动驻车制动,使驾驶员驾车更舒适,还能降低车辆溜车的风险。

发动机工作状态下,关闭驾驶员侧车门,系好驾驶员安全带,按压 AVH 开关,可以开启或关闭自动驻车功能。

(1)开启自动驻车功能时,自动驻车功能处于准备状态,组合仪表上的指示灯显示为黄色。

(2)踩下制动踏板使车辆静止,车辆将自动施加驻车制动。此时,自动驻车功能处于工作状态,组合仪表上的指示灯显示为绿色。

(3)踩下节气门踏板,驻车制动自动解除。如果长时间未踩下节气门踏板,自动驻车功能关闭,车辆自动切换为电动驻车施加制动力。

(4)以下情况将强制退出自动驻车功能。

① 松开驾驶员安全带。

② 打开驾驶员侧车门。

③ 关闭发动机。

④ 工作超过 3min 后。

5 自动驶离功能

车辆在施加驻车制动的情况下,当驾驶员系好安全带,踩下节气门踏板,系统检测到驾驶员的驶离意图后,驻车制动会自动释放。在坡道上为了避免出现溜车现象,需要更大的发动机牵引力来完成。

6.3 制动系统检查

6.3.1 制动钳和制动片检查

1 前制动片检查

（1）检查制动摩擦片的摩擦面是否损坏。
（2）检查制动摩擦片的厚度，如果超过制动摩擦片的极限值，则更换制动摩擦片。

视频：检查前制动片

2 制动钳检查

（1）检查制动钳壳体是否开裂、严重磨损和损坏；如果出现上述状况，则需要更换制动钳。
（2）检查制动钳活塞防尘罩密封圈是否开裂、破裂、有缺口、老化，检查制动钳活塞防尘罩密封圈是否在制动钳体内正确安装；如果出现上述任何状况，则更换制动钳。
（3）检查制动钳活塞防尘罩密封圈周围和制动衬块上是否有制动液泄漏；如果出现制动液泄漏迹象，则更换制动钳。
（4）检查制动钳活塞是否能顺畅进入制动钳缸内且行程完整，制动钳两侧的制动钳活塞运动应顺畅且均匀；如果其中一侧的制动钳活塞卡滞或者难以到达底部，则需要更换制动钳。

6.3.2 制动盘检查

1 测量制动盘厚度

（1）清洗制动盘摩擦面。
（2）如图 6-18 所示，使用外径千分尺测量并记录沿制动盘圆周均匀分布的 4 个或 4 个以上位置点最小厚度，务必确保仅在制动衬块衬面接触区域内进行测量，且每次测量时外径千分尺与制动盘外边缘的距离必须相等。
（3）如果制动盘厚度超过规格，则制动盘需要进行表面修整或更换。

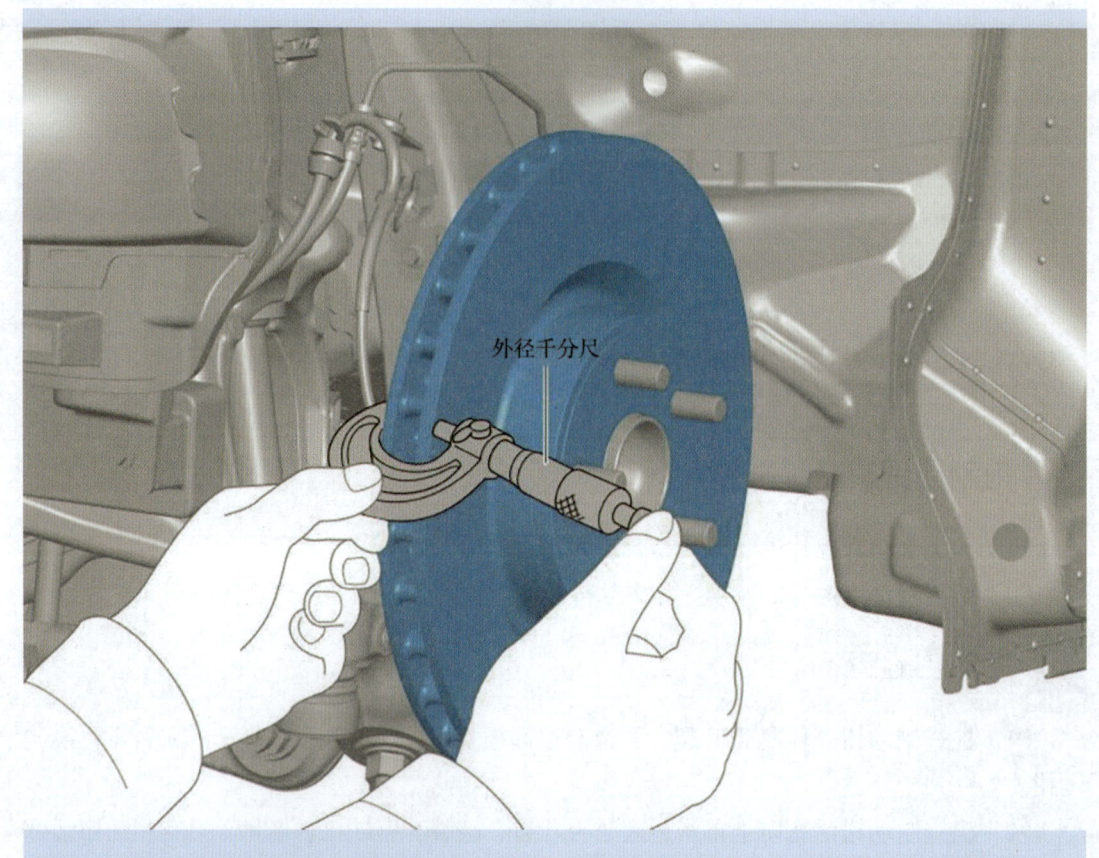

图 6-18 测量制动盘厚度

2 测量制动盘装配后端面圆跳动

（1）清洗制动盘摩擦面。

（2）安装车轮螺母并使用扳手紧固螺母。

（3）如图 6-19 所示，将百分表底座安装在较平整的面上并调整好百分表测量头，使其与制动盘 3 摩擦面成 90°接触，且距离制动盘外边缘 10mm。

（4）沿箭头方向转动制动盘，直到百分表读数达到最小，然后将百分表归零。

（5）沿箭头方向转动制动盘，直到百分表上读数达到最大。

（6）标记并记录端面圆跳动量。

（7）将制动盘装配后端面圆跳动量与规格值相比较。跳动量规格值：0.08mm。

（8）如果制动盘装配后端面圆跳动量超过规格值，应检查轴承轴向间隙和车桥轮毂端面圆跳动；若轴承轴向间隙和车桥轮毂端面圆跳动正常，制动盘厚度在规定的范围内，则对制动盘进行表面修整以确保正确的平整度。

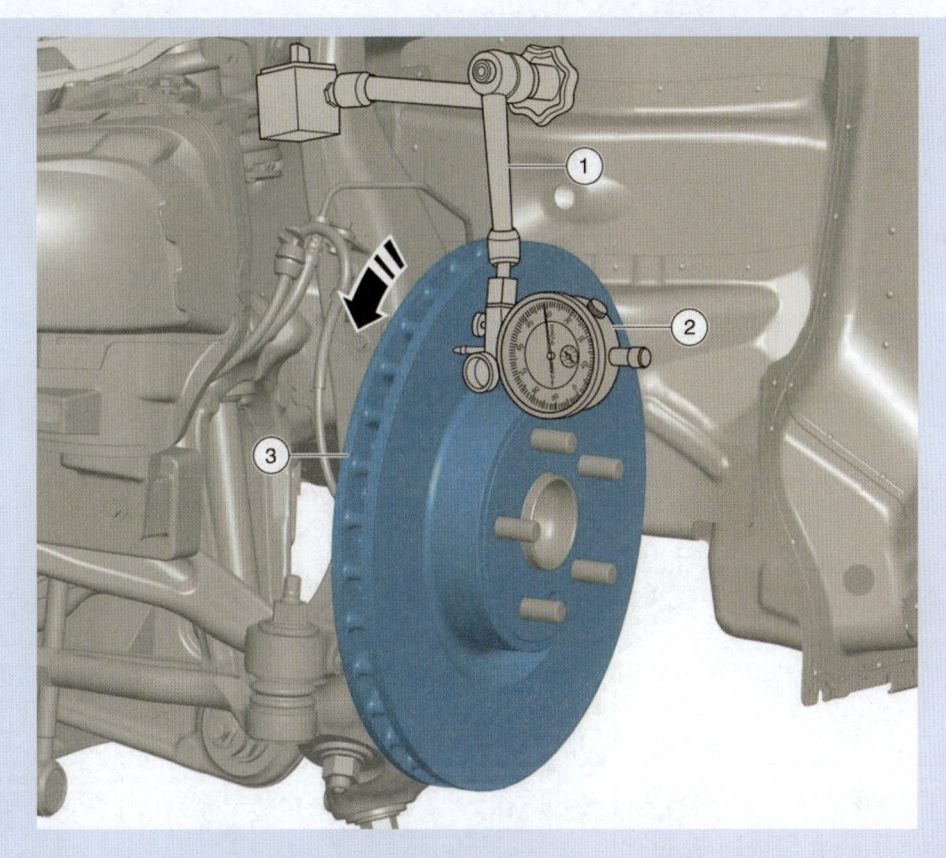

图 6-19 测量制动盘装配后端面跳动量

1—百分表底座；2—百分表测量头；3—制动盘

> **补充说明**
>
> 当将制动盘从轮毂拆离时，应清除轮毂和制动盘配合面上的铁锈或污物；否则，可能会导致制动盘装配后端面圆跳动量过大，从而导致制动器跳动。

6.3.3 制动液检查

建议制动液应在首次新车 3 年、后续每 2 年更换一次。制动液随着时间流逝会吸收周围空气中的水分，制动液的含水量过高会导致制动装置损坏。水会显著降低制动液的沸点，如果含水量过高，则在制动器负荷高和全制动时会在制动装置中形成气泡；气泡会降低制动效果、显著延长制动距离，甚至可能导致制动装置失灵。

> **维修提示**
>
> 如图 6-20 所示，一般在制动液储液罐的盖子上会标记制动液规格（DOT4）。务必使用与储液罐相同规格的制动液，而且不同型号的制动液不能混合使用。

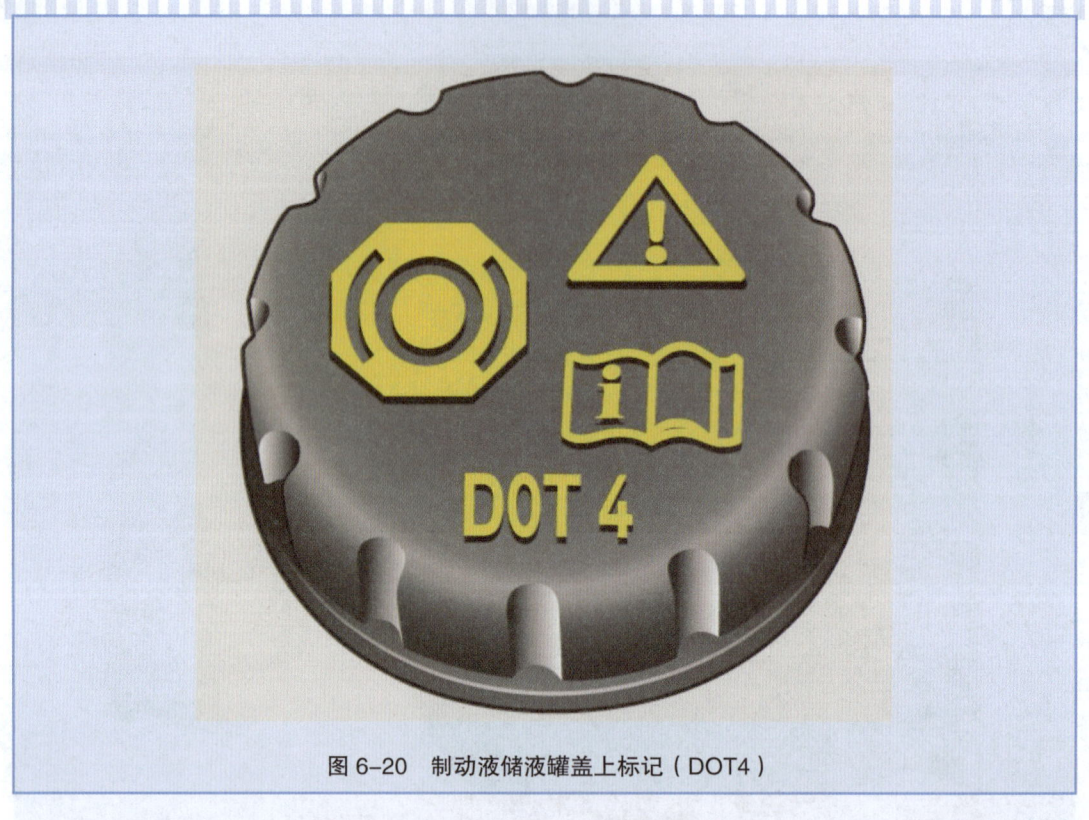

图 6-20 制动液储液罐盖上标记（DOT4）

（1）如图 6-21 所示，液位在储液罐 MAX（最高刻度线液位）和 MIN（最低刻度线液位）标记线之间，则符合要求。

（2）如果液位处于或者低于下限（MIN）标记，则需要检查制动系统是否有渗漏及制动摩擦片是否磨损。

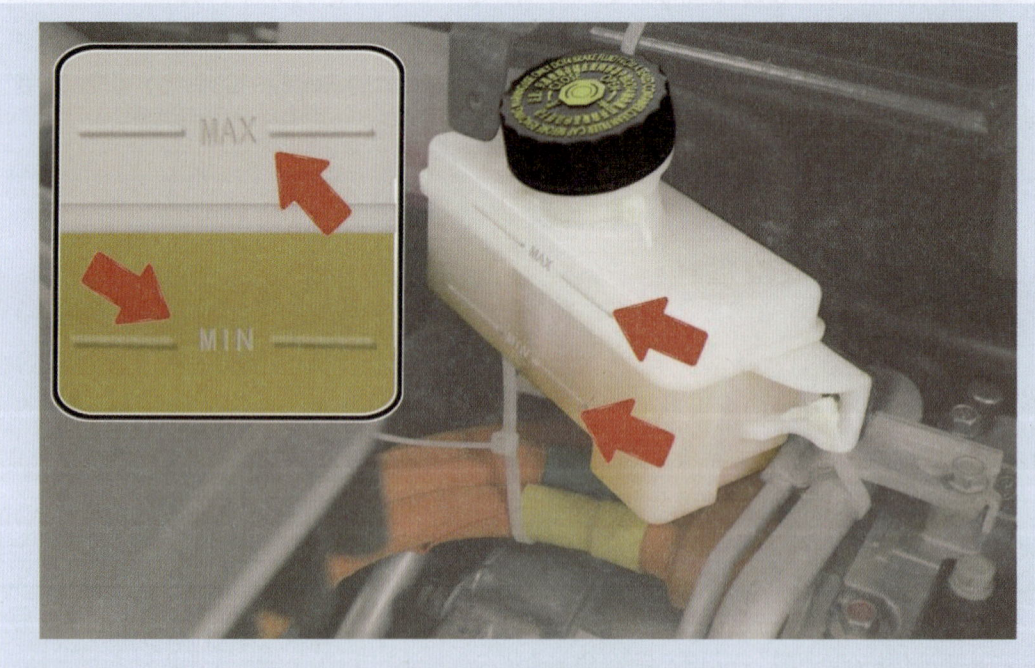

图 6-21 制动液液位

6.3.4 制动系统排气

连接故障诊断仪，根据诊断仪显示说明选择和操作。

（1）储液罐内的油面必须在 MAX 油位线。

（2）缓慢踏下制动踏板几次，然后施加压力。

（3）拧下右后排放螺钉，排放系统中的空气，然后牢固拧紧排放螺钉。

（4）如图 6-22 所示，按顺序在车轮上重复这个操作直到制动油中不再有气泡为止。

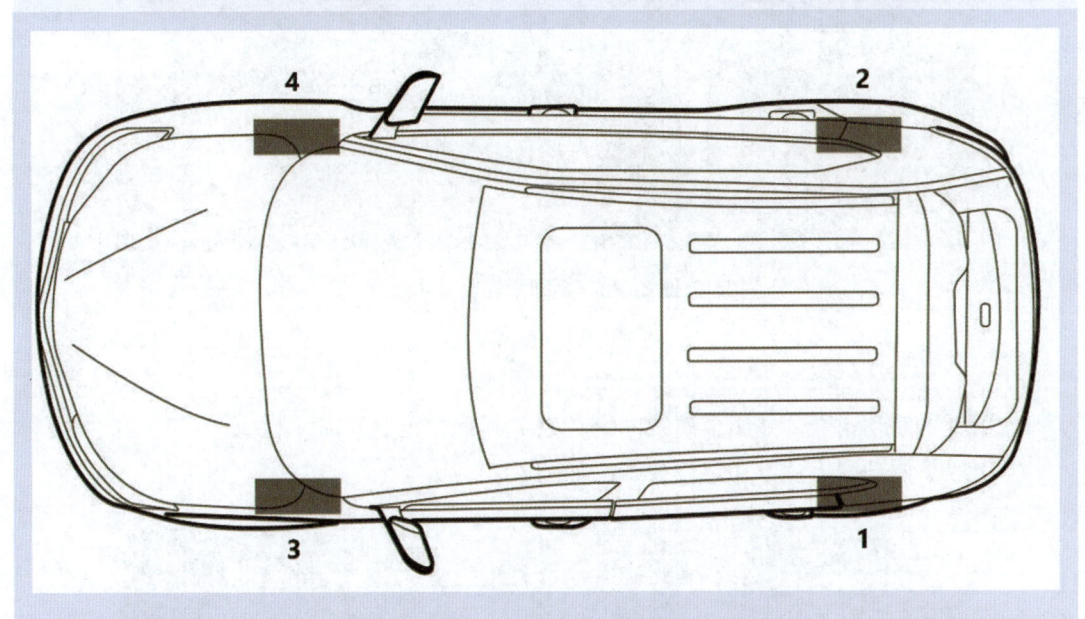

图 6-22　制动系统排气顺序（1～4）

（5）检查储液罐添加的制动液，应达到 MIN 油位线之上，同时不高于 MAX 液位线。

> **补充说明**
>
> 确保在整个排空气过程中，新的制动液在制动液罐中的液位处于最低位和最高位之间。

6.4　制动系统拆装

1 拆卸后轮制动片要点

（1）如图 6-23 所示，使用扳手固定导向螺母 A，旋出后制动钳带电子驻车总成固定螺栓 B。脱开后制动钳带电子驻车总成。

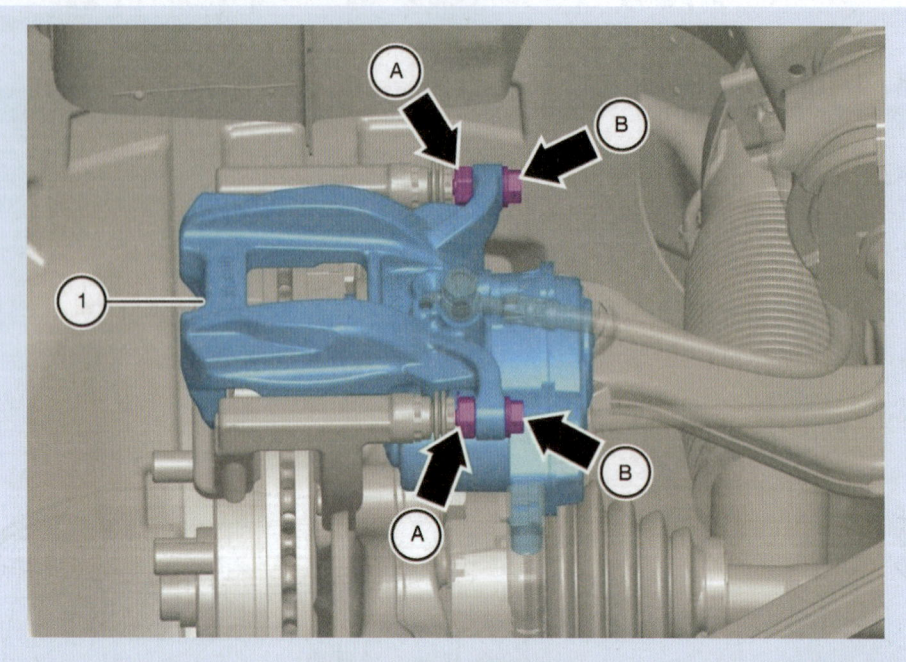

图 6-23 拆卸后轮制动钳

A—导向螺母；B—固定螺栓
1—制动摩擦片

（2）拆下制动钳壳体并用金属线固定，以免其重力压迫或损坏制动管。

（3）取下制动摩擦片 1 和定位弹簧，如图 6-24 所示。

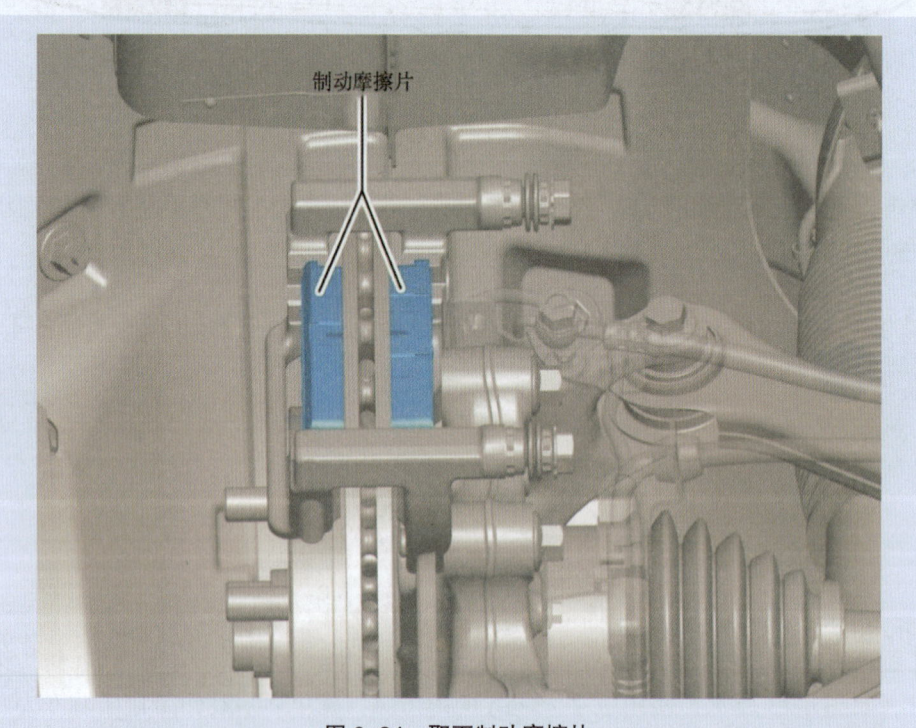

图 6-24 取下制动摩擦片

2 安装后轮制动片要点

（1）如图 6-25 所示，需要专用工具安装在制动钳上，顺时针方向旋转调整专用工具（制动分泵回位调节器），并拧入活塞。

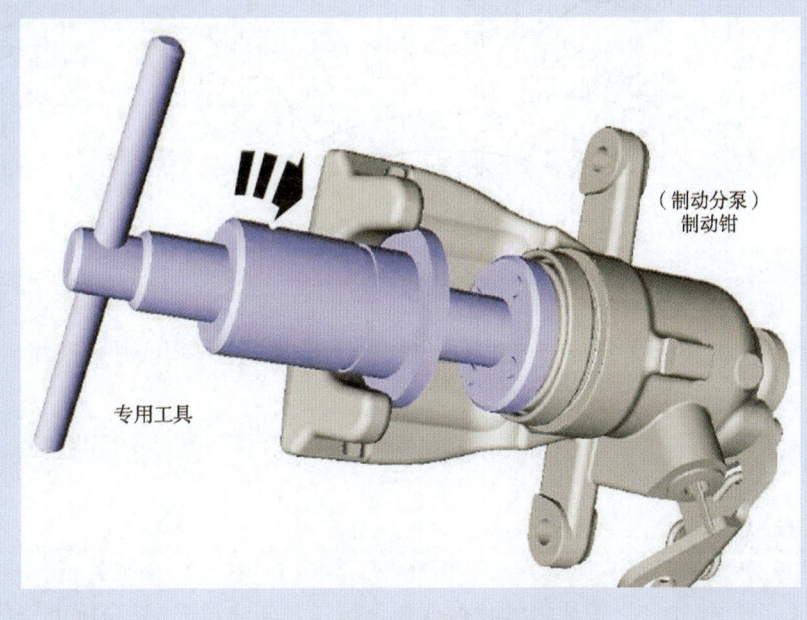

图 6-25 制动分泵回位调节器的使用

（2）将制动摩擦片和制动摩擦片定位弹簧插入制动钳。
（3）撕下外侧制动摩擦片背面的保护膜。
（4）用新的自锁螺栓固定好制动钳。

6.5 制动系统故障诊断

6.5.1 轮速传感器故障

1 信号电压

轮速传感器为霍尔效应类型，分别安装在前转向节与后轮毂总成上。当车轮旋转时，轮速传感器会产生交变的方波信号，如图 6-26 所示。轮速传感器的信号电压值为 1.1～1.9V。

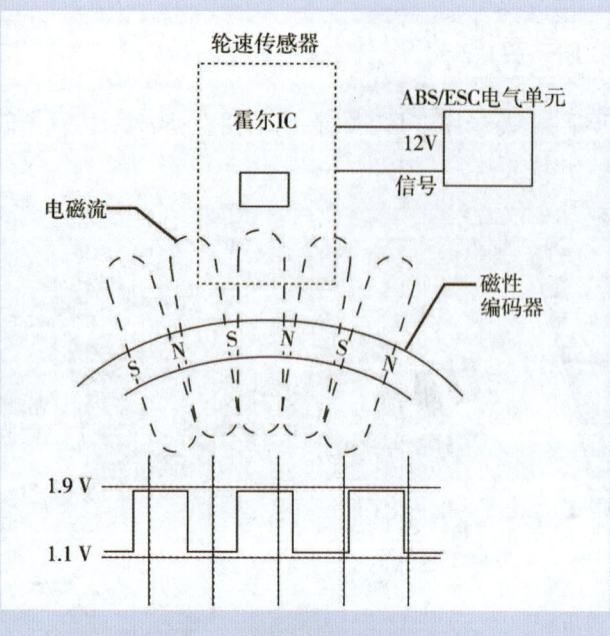

图 6-26 轮速传感器信号电压

2 传输方式

ABS/ESC 电气单元会将轮速信号转换成车速信号，并通过 CAN 系统电路传输至其他控制模块。

3 传感器故障

如果故障诊断仪检查结果为轮速差异过大，那么故障原因可能是制动灯开关内部接点无法接合或电路开路，轮速传感器本身故障，轮速传感器电源、信号侧电路间歇性互相短路，轮毂损坏，以及 ABS/ESC 电气单元内部故障；还有，理论上讲，轮速传感器电路受到电磁干扰也会出现这个故障。

6.5.2 真空助力器故障

1 电压参数

真空助力器压力传感器的供应电源由 ABS/ESC 电气单元提供，传感器的电源供应电压为 5V。

2 故障异响

ABS/ESC 电气单元会监控传感器的电源供应电压；当传感器的电源供应电压异常时，

将会影响系统的正常运作。

3 故障判断

如果检测结果为真空助力器或管泄漏，那么首先直观地检查是否泄漏，再检测空气压力传感器，然后检查是否为 ABS/ESC 电气单元故障。

> **补充说明**
>
> 空气压力传感器由 ABS/ESC 电气单元接收空气压力传感器所检测到的真空压力值。当 ABS/ESC 电气单元检测到制动助力器的真空压力不足时，ABS/ESC 电气单元会发送动作信号至液压控制单元，使其主动建立制动液压，以提升制动效率。当系统主动建立制动液压时，制动踏板可能会有轻微的振动，并且会听到机械噪声，此为正常现象。

6.5.3 电磁阀故障

1 电磁阀安装位置

电磁阀位于 ABS/ESC 电气单元内部。主要为液压控制单元（HCU）内部的机械控制阀体，用于降低或维持各车轮制动分泵内的制动压力。

2 故障判断

如果故障诊断仪显示为电磁阀故障，例如某个释放电磁阀故障、左后释放电磁阀故障（4回路）、后作用电磁阀故障（3回路）等；那么，通常故障在 ABS/ESC 电气单元内部，唯一方案就是更换 ABS 泵。

6.5.4 制动开关故障

制动灯开关位于制动踏板总成上方，可提供 ABS/ESC 电气单元制动状态信号，或控制车辆的制动灯。

如果故障诊断仪显示为制动开关回路故障，那么通常是制动开关本身故障，或是 ABS/ESC 电气单元内部故障。

> **举例说明**
>
> 某汽车在行驶过程中 ABS 灯、熄火后重新起动发动机，故障灯会自动熄灭，但行驶一段时间又会点亮。

故障检查：用故障诊断仪进行故障诊断，显示故障码 C1116，为 ABS 故障内容（制动灯开关）。顺着这个线索，先检查制动灯开关。

生成 C1116 的故障码有两种情况。

① 踩下制动踏板的情况下无法输入制动灯开关信号时。

② 制动灯继电器工作的情况下无法输入制动灯开关信号时。

导致这样的故障原因可能有：制动灯开关本身故障、线束和连接器故障、制动灯继电器故障、ABS 执行器和控制单元故障、蓄电池电源系统故障。

在进行故障诊断时发现制动灯开关和制动灯开关 2 信号不同步。正常情况下，踩下制动踏板时同为 ON 状态，松开制动踏板时均为 OFF 状态的同步信号状态，制动灯开关电路如图 6-27 所示。

故障排除：检查插接器正常，更换制动灯开关，故障问题解决。

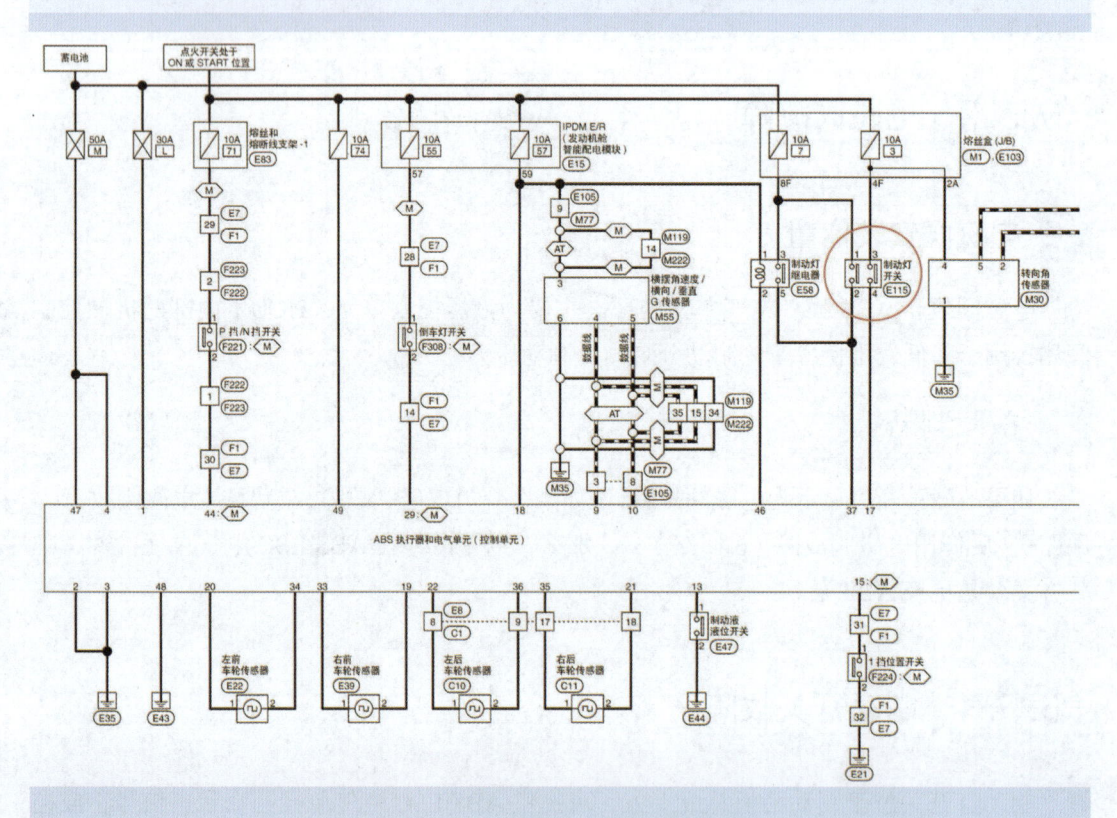

图 6-27 日产途乐制动控制系统电路图

第 7 章 转向系统维修

7.1 转向系统认知

7.1.1 机械部件

没有助力的转向系统已经成为历史，现在汽车上配置的助力转向系统有三种：机械式液压助力转向系统、电子液压助力转向系统和电动助力转向系统。乘用车通常采用齿轮齿条式助力的电动助力转向机，该转向系统的转向助力会根据车速、转向力矩和车轮转向角度自动调整。转向系统由转向操纵机构、转向机和转向传动机构三个基本部分组成，具体的零部件如图 7-1、图 7-2 所示。

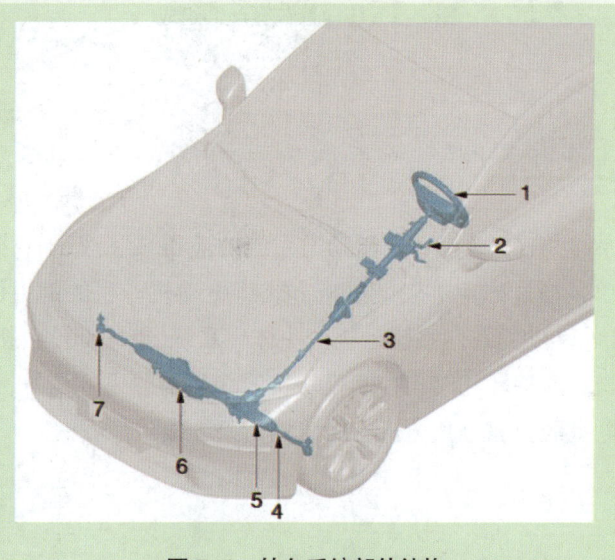

图 7-1 转向系统部件结构

1—转向盘；2—转向柱总成；3—转向中间轴；4—转向机横拉杆；
5—转向机横拉杆防尘罩；6—转向机；7—转向机横拉杆外球头

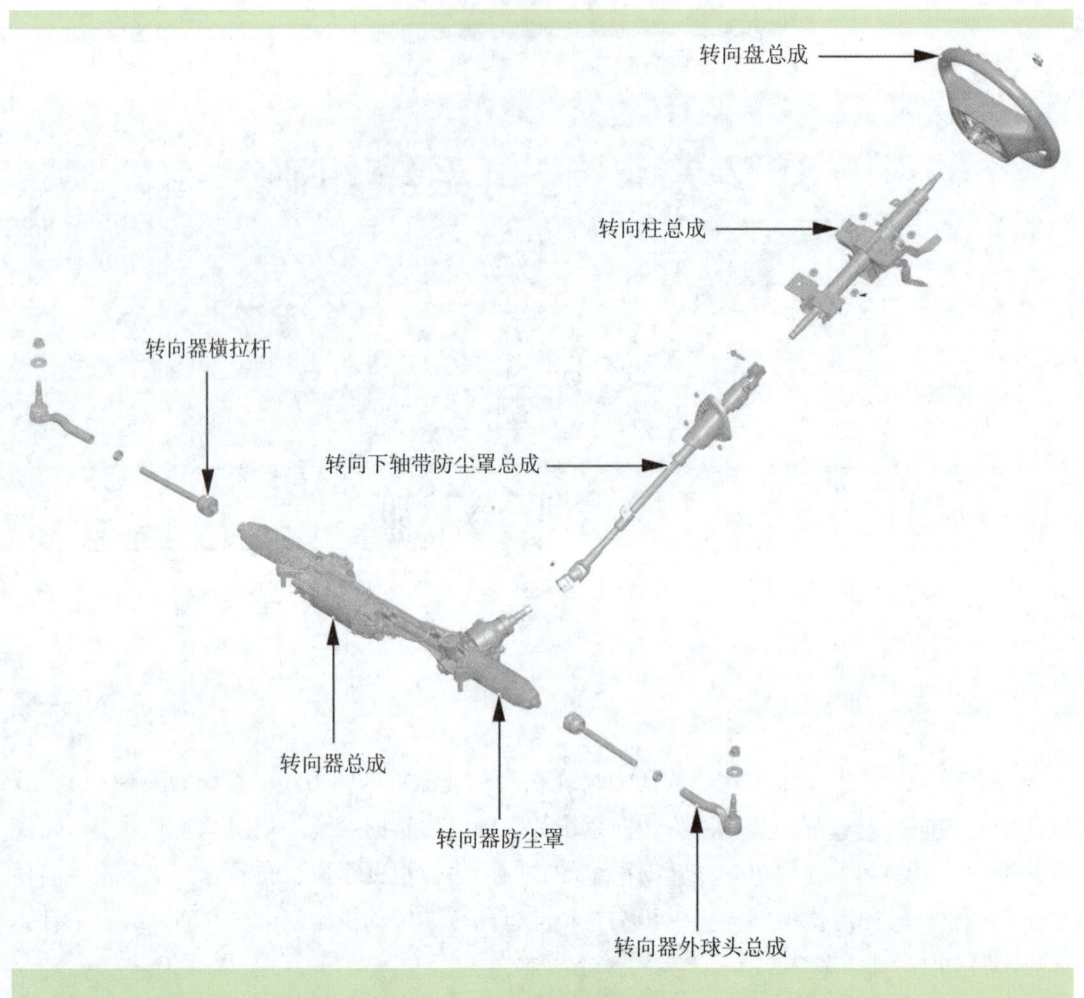

图 7-2 转向系统零部件组成

7.1.2 电气部件

电动助力转向系统（EPS）没有液压助力系统的液压泵、液压管路、转向柱阀体等结构，其结构非常简单，通过减速器以纯机械方式将电动机产生的助力传递到转向系统上，如图 7-3 所示。EPS 电动助力转向系统是机电一体化系统，电气部件由扭矩传感器、电动机、控制模块等组成，当转向轴转动时，控制模块接收传感器输入的信号，根据计算得出的结果控制电动机，将电机助力通过减速机构输出到齿条上。

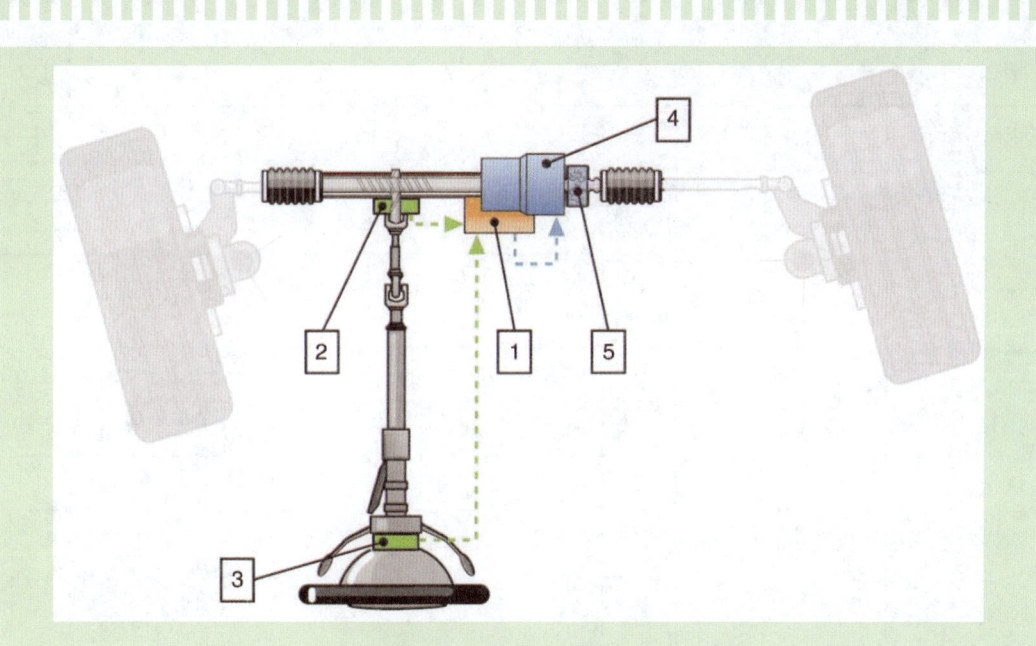

图 7-3 电动助力转向系统

1—电动助力系统控制单元；2—转向力矩传感器；3—转向角传感器；4—转向助力电动机；5—球循环螺母

7.2 转向系统使用和操控

7.2.1 转向盘上的组合开关

转向盘上的功能按键和开关分布在转向盘的左右两侧，如图 7-4 所示，其功能和使用操作见表 7-1。

表 7-1 转向盘上的按钮和开关的操作

按钮或开关	模　式	操　作
巡航开关	+/复位	激活 ACC 系统并调用上一次系统设置参数
	-/设置	将当前车速设置为目标巡航车速
车距	车距 -	ACC 巡航跟车功能中调整与前车的时距，减小一挡，共四挡
	车距 +	ACC 巡航跟车功能中调整与前车的时距，增加一挡，共四挡
取消按键	取消巡航激活	取消巡航激活状态，系统由激活状态转为待机状态
旋转按键	旋转显示屏	按下旋转按键，可旋转多媒体显示屏
全景影像	打开和关闭	全景模式下，关闭全景；非全景模式下，打开全景

251

续表

按钮或开关	模　式	操　作
滚轮	多媒体	向上转动滚轮：单步增大音量，直至音量最大值停止（一周12挡）
		向下转动滚轮：单步降低音量，直至音量最小值停止（一周12挡）
		向下按动滚轮：静音功能
	仪表	向上转动滚轮：仪表菜单模式时，向上选择二/三级菜单项
		向下转动滚轮：仪表菜单模式时，向下选择二/三级菜单
		按下滚轮： ① 仪表菜单模式时，进入当前选项的下一级菜单或确定当前设置； ② 预约充电设置时，确定当前设置
左/右按键	收音机模式下	① 长按◁按键，自动搜寻上一强信号电台（调低频率）； ② 短按◁按键，向上选择预存电台； ③ 长按▷按键，自动搜寻下一强信号电台（调高频率）； ④ 短按▷按键，向下选择预存电台
	USB/蓝牙音乐/第三方音乐APP等模式下	① 短按◁按键，播放上一首（曲目号-1）； ② 短按◁按键，蓝牙通话记录，电话簿界面，短按向上选择； ③ 短按▷按键，播放下一首（曲目号+1）； ④ 短按▷按键，蓝牙通话记录，电话簿界面，短按向下选择
	仪表菜单模式时	① 按下◁按键，向左切换一级菜单及其子菜单； ② 按下▷按键，向右切换一级菜单及其子菜单
电话按键	拨打和接听	拨打和接听（按下此按键后音响系统将进入静音状态）
语音识别	语音识别	按下此按键，多媒体屏幕切换到语音识别页面，可实现语音功能；再次按下，重新录入语音指令
仪表/返回	仪表/返回	① 仪表非菜单模式时，按下仪表/返回按键，弹出仪表菜单； ② 仪表菜单模式时，按下仪表/返回按键，返回上一级界面，无上一级界面则退出菜单； ③ 充电中界面时，按下仪表/返回按键，进入预约充电设置界面； ④ 预约充电界面时，按下仪表/返回按键，退出预约充电； ⑤ 蓝牙通话界面时，短按结束通话
模式按键	选择模式	选择模式，可按 FM→AM→USB（USB接口已插入U盘）→SD（SD卡槽插入SD卡）→FM之间切换循环
	关闭音响	长按关闭音响系统

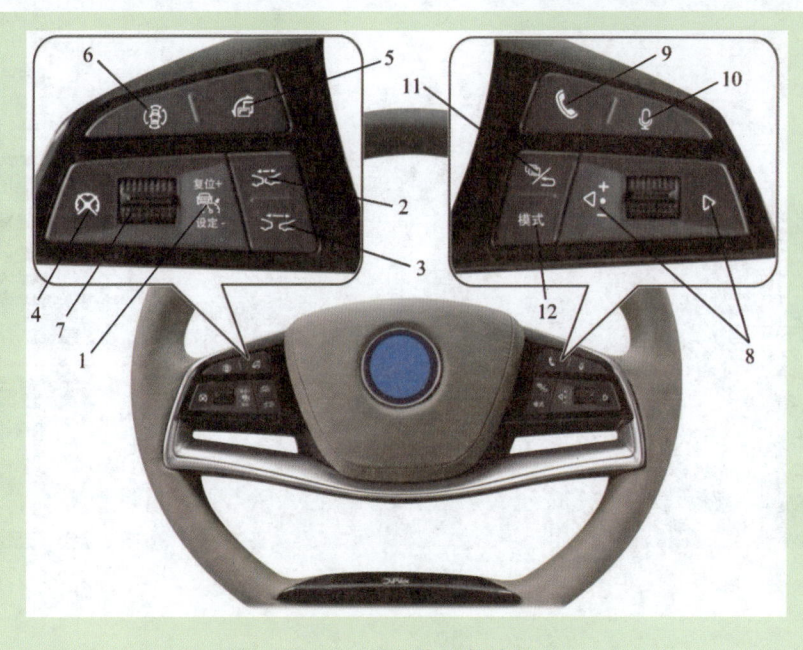

图 7-4 方向盘上的按键

1—巡航开关（+/复位、-/设置）；2—车距-；3—车距+；4—取消按键；5—旋转按键；6—全景影像；7—滚轮；8—左/右按键；9—电话按键；10—语音识别；11—返回（仪表）；12—模式按键

7.2.2 调整转向盘

1 手动调节转向盘位置

手动调节转向盘，如图 7-5 所示。

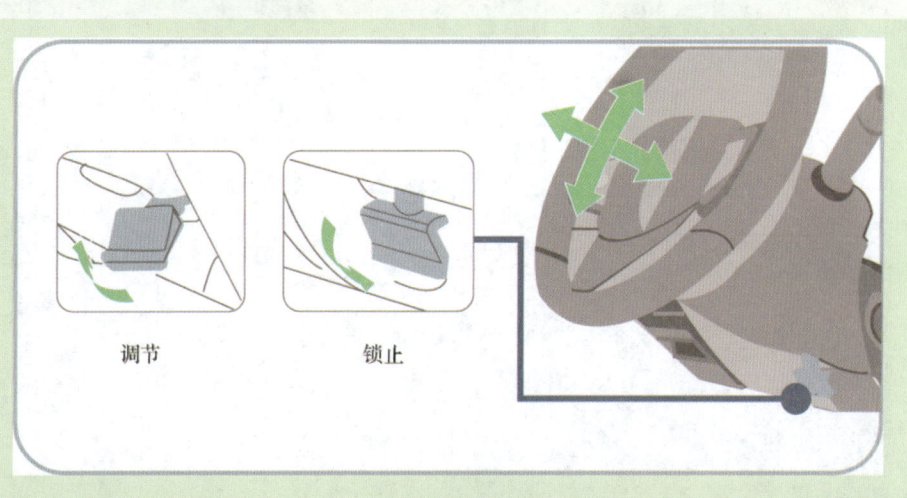

（a）手动调节转向盘操作

图 7-5 手动调节转向盘

253

(b）手动调节转向盘实物图

图 7-5 （续）

（1）调节转向盘高度和距身体的距离，可以通过上移、下移、前推、后拉，将转向盘调整到合适位置。

（2）调节后，向下推转向盘调节杆，锁止转向盘。

2 电动调节转向盘

电源挡位处于 ON 挡时，方可调节转向盘。

如图 7-6 所示，向上、下、前、后操作电动开关，可调节转向盘的角度或轴向位置。

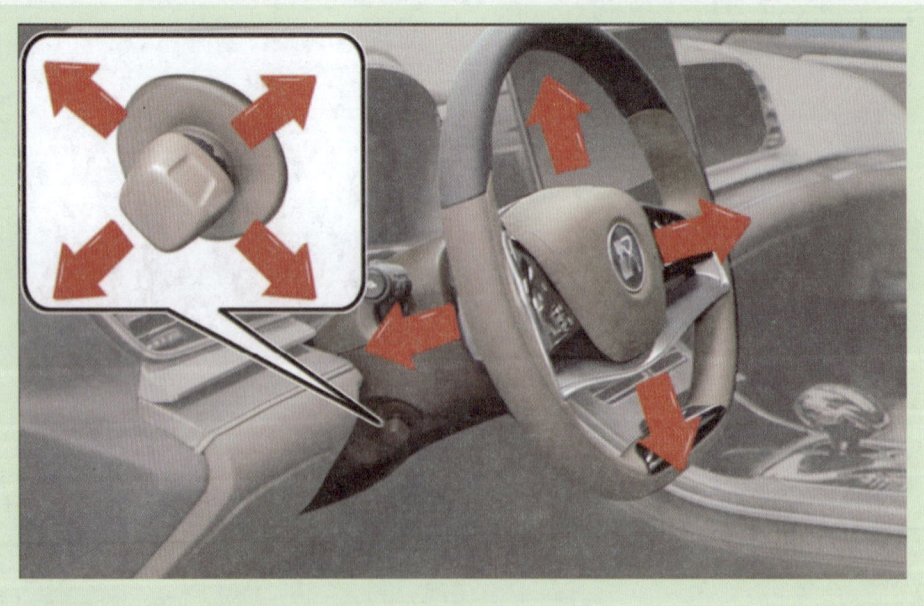

图 7-6　电手动调节转向盘

> **维修提示**
>
> 调节转向盘之后，需上下移动以确认转向盘被牢固锁定。仅可在车辆停止时调节转向盘，切勿在驾驶过程中调节转向盘位置，否则可能会导致车辆失控。

7.3 转向系统检查

液压助力转向系统如图 7-7 所示。液压助力转向的车辆，其油泵产生油压，是第一个要检查的部件。在整个转向范围，如果存在部分或间歇动力转向损失，通常是由于油泵动力不足造成的，这很可能是由于转向助力油的问题所导致；所以，必须定期检查转向助力油。

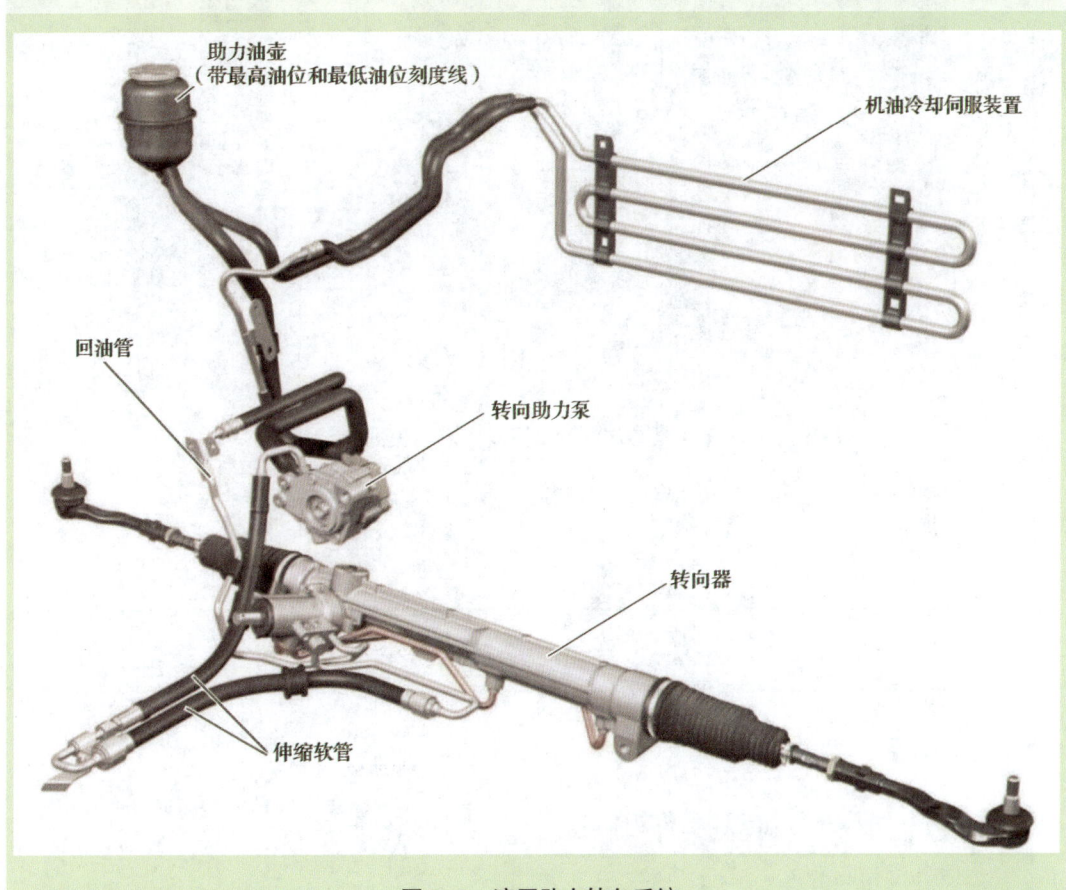

图 7-7 液压助力转向系统

（1）测量储液罐油位，必须在规定油位。

（2）储液罐油位必须在车辆冷时测量；在车辆和动力转向操作后，不能正确测量；如果车辆在静止情况下或车辆在重载下行驶过，更是如此。

（3）使用储液罐油位表测量油位，如果油位低，将其补充到规定油位。

（4）要使用车辆及其装备规定使用的油液，使用不符合规定的油液会导致故障。

（5）如果测量的油位低，仔细检查油液是否泄漏。

（6）检查油液的质量和状况，如果变脏或烧蚀，进行更换。

> **补充说明**
>
> 纯液压动力转向系统的转向助力泵由多楔皮带驱动，也要定期检查。多楔皮带的检查见"3.2.2 皮带检查"。

如果油尺最下端处有一点点液压油（图7-8中3的位置），则表示油位在MIN（最低）标记处。

图7-8 转向助力油油位上下限标记（油壶盖带油尺）

1—储油罐（油壶）；2—MAX（最高）标记；3—液压油

7.4 转向系统拆装

7.4.1 拆装转向盘操作事项

拆卸转向盘时，将转向盘转到中间位置（车轮处于直线行驶位置）。如图7-9所示，断开转向盘上的连接插头A、B。

如图7-10所示，有些转向盘上会有个三角标记，须在正对的转向管柱上做位置标记。安装时，转向盘上的三角标记与转向管柱上的标记必须对齐。

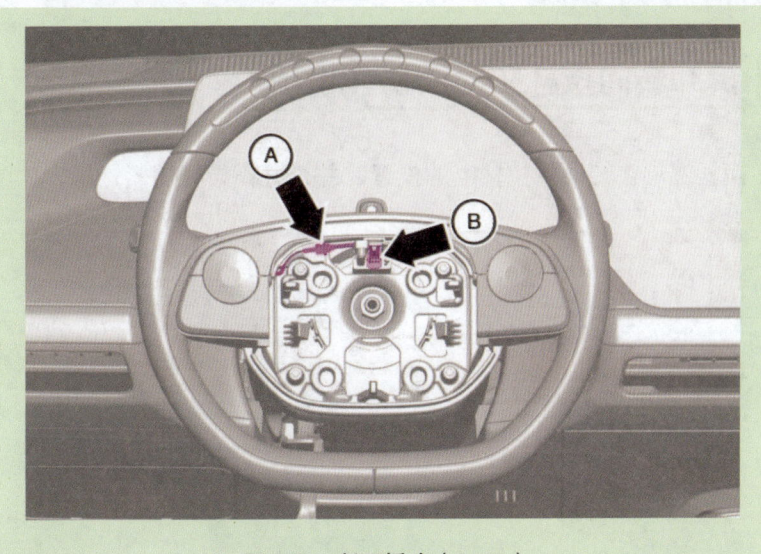

图 7-9 断开插头（A、B）

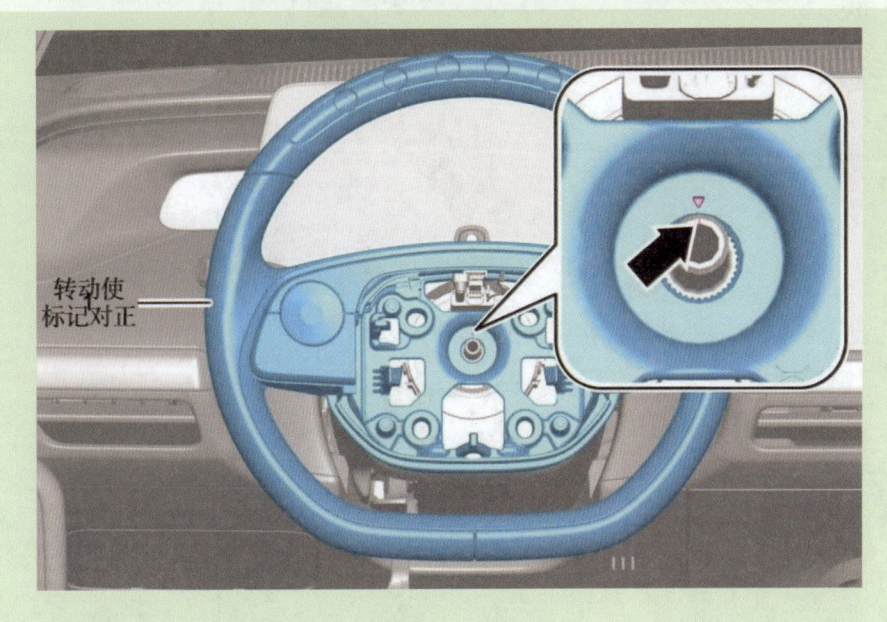

转动使标记对正

图 7-10 标记

维修提示

切勿转动转向盘上的时钟弹簧。

补充说明

时钟弹簧俗称气囊游丝、转向盘游丝、螺旋弹簧，其实就是一根导线，下面和上面各带一个插头。多功能转向盘的导线通常都是通过气囊游丝连接的。这个游丝安装在转向盘下边。

7.4.2 拆卸转向拉杆防尘套操作事项

（1）记住锁紧螺母在转向横拉杆上的位置，并松开横拉杆锁紧螺母，如图 7-11 所示。

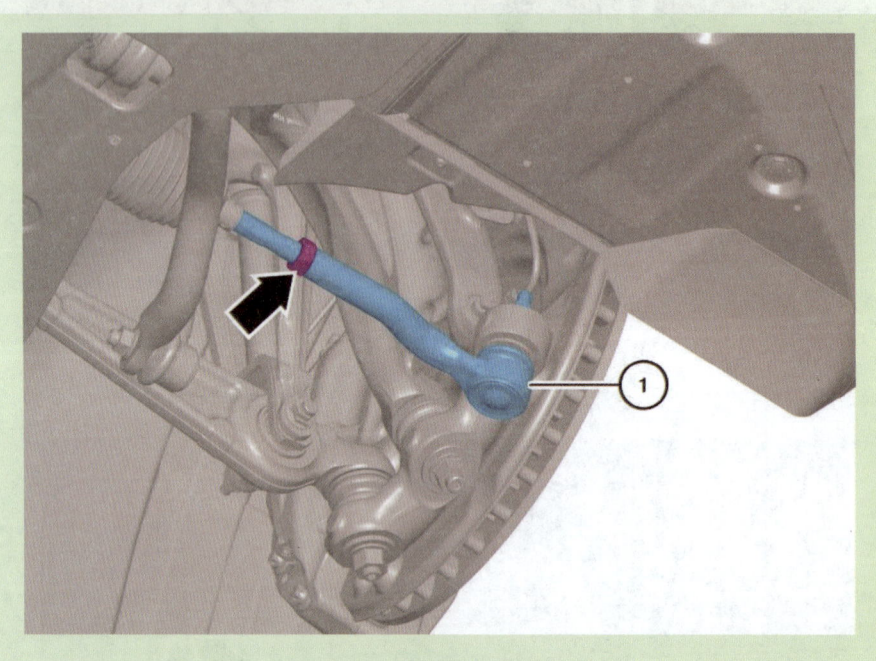

图 7-11　横拉杆锁紧螺母

（2）拧下转向拉杆外球头固定螺母，如图 7-12 所示。

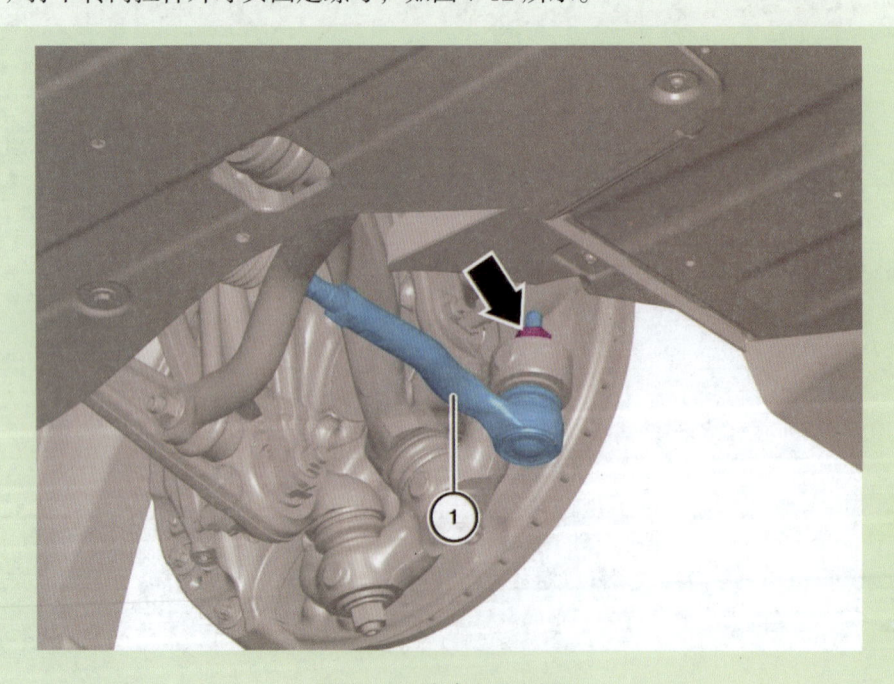

图 7-12　外球头固定螺母

（3）如果转向拉杆外球头不能脱离，需要使用如图 7-13 所示的专用工具，将外球头从前转向节上压出，并脱离，然后可以旋出外球头。

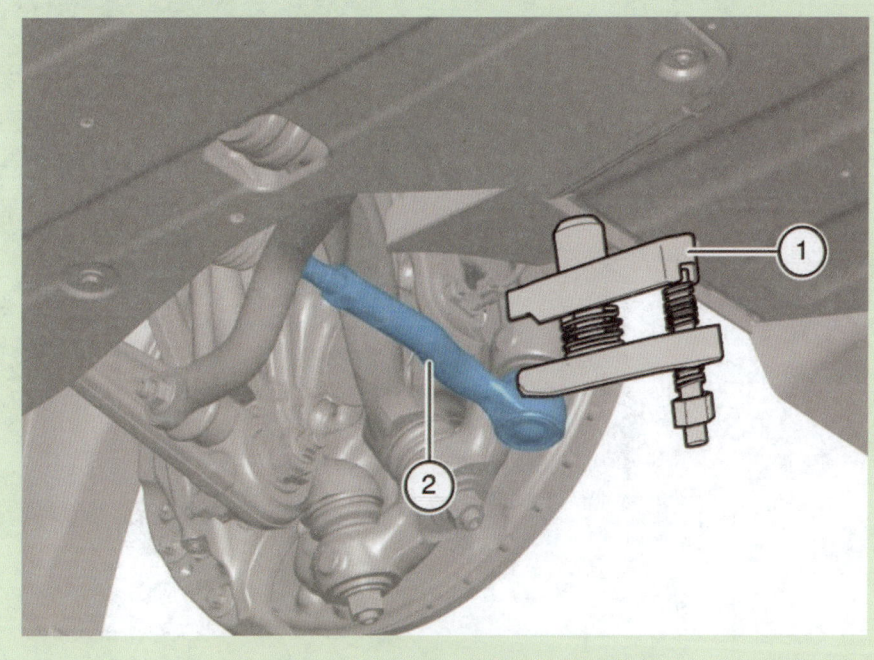

图 7-13　借助专用工具拆下拉杆外球头

（4）如图 7-14 所示，拧下锁紧螺母，拆卸转向拉杆防尘罩卡箍和防尘套。如图 7-15 所示为拆下防尘套时的转向横拉杆。

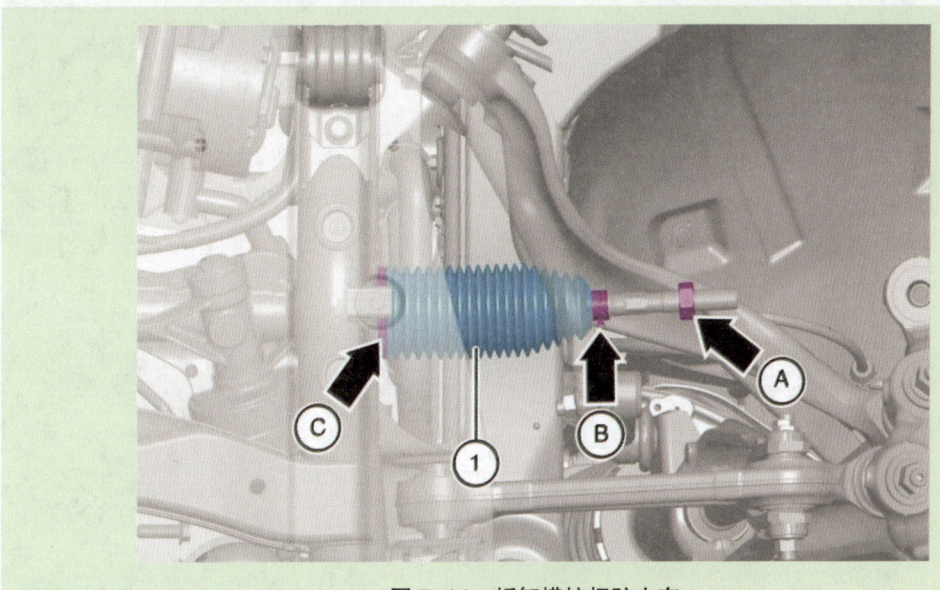

图 7-14　拆卸横拉杆防尘套

A—锁紧螺母；B、C—卡箍
1—转向横拉杆防尘套

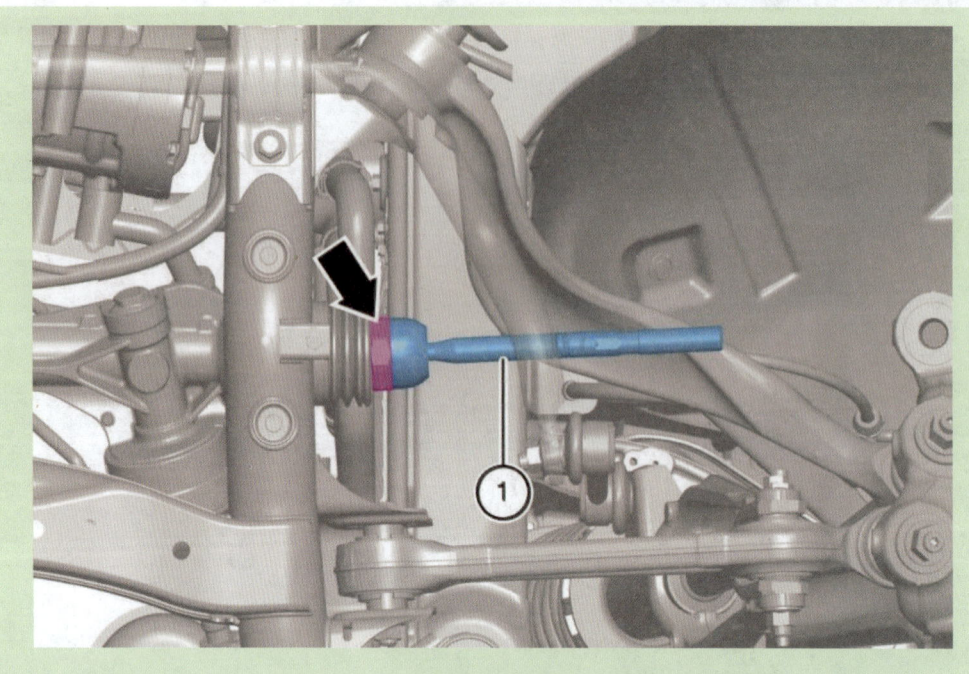

图 7-15　拆卸横拉杆防尘套后的横拉杆

7.5　转向系统故障诊断

7.5.1　诊断前检查

在维修之前，先要确认故障。检查胎压是否正常，是否有明显的机械或电气损坏的痕迹，机械转向管柱总成轴活动连接头上的加紧螺栓是否松动，机械转向管柱总成安装支架上固定螺栓是否松动等。

1　轮胎和车轮

（1）检查轮胎气压是否合适，磨损是否均匀。
（2）轮胎是否失圆。
（3）轮胎是否失去平衡。
（4）车轮轴承是否松动或有噪声。

2　悬架系统

前悬架、后悬架、连杆部件是否松动或损坏。

3 转向系统

① 机械转向管柱总成与转向器之间的接合处是否连接松动或磨损。
② 动力转向泵总成、转向器及管路是否泄漏。
③ 动力转向液液面是否正确。
④ 转向拉杆及球头是否松旷，护罩是否开裂。

7.5.2 机械故障（表7-2）

表7-2 与转向系统关联的机械故障

故障表现	故障可能的部位	故障可能的原因	故障排除／措施
转向困难	轮胎	充气不足或胎面损坏	充气或更换轮胎
	动力转向液液位	动力转向液液位低	添加转向液
	传动皮带	传动皮带松动	预紧或更换传动皮带
	前车轮定位	前车轮定位不正确	调整前轮定位
	动力转向器横拉杆球头	动力转向器横拉杆球头磨损	更换横拉杆球头
	下摆臂球头	下摆臂球头磨损	更换下摆臂球头
	前减振器上支座总成	前减振器上支座总成磨损	更换前减振器上支座总成
	转向管柱内轴	转向管柱内轴卡滞	维修或更换转向管柱
	上、下中间轴总成万向节	万向节磨损锈蚀	润滑或更换机械转向管柱总成中间轴
	动力转向泵总成	动力转向泵总成内部泄压或堵塞、泵叶片损坏	更换动力转向泵总成
	动力转向器	动力转向器内部泄压、控制阀或齿条卡滞或损坏	更换动力转向器
转向盘复位不良	轮胎	充气不足	充气或更换轮胎
	前车轮定位	前车轮定位不正确	调整前车轮定位
	下摆臂球头	下摆臂球头卡滞	修理或更换下摆臂球头
	万向节	万向节锈蚀或卡滞	润滑或更换上、下中间轴总成
	转向管柱内轴	转向管柱内轴卡滞	修理润滑或更换转向管柱
	动力转向器	动力转向器控制阀黏滞或齿条轴承预紧力过高、卡滞	清洗转向液压系统或修理、更换动力转向器
	前减振器上支座总成	前减振器上支座总成磨损	更换前减振器上支座总成

续表

故障表现	故障可能的部位	故障可能的原因	故障排除/措施
转向系统行程过大	转向器横拉杆	转向器横拉杆松动	紧固或更换转向器横拉杆
	下摆臂球头	下摆臂球头磨损或松动	更换下摆臂球头
	前轮轴承	前轮轴承磨损或松动	更换前轮轴承
	动力转向器转向横拉杆总成	动力转向器转向横拉杆总成固定螺栓松动	紧固固定螺栓
	前减振器上支座总成	前减振器上支座总成磨损	更换前减振器上支座总成
噪声	动力转向液位	动力转向液位低	添加转向液
	转向管柱	转向管柱内轴、轴承松动	修理或更换转向管柱
	万向节	万向节松旷	紧固或更换上、下中间轴总成
	动力转向器转向横拉杆总成	动力转向器转向横拉杆总成固定螺栓松动	紧固固定螺母
	转向器横拉杆	转向器横拉杆松动	紧固固定螺母或更换横拉杆球头
	动力转向器	动力转向器齿条轴承预紧力过松	更换动力转向器
	动力转向泵总成	动力转向泵总成流量控制阀或泵叶片损坏	更换动力转向泵总成
转向盘反弹过大或转向器过松	动力转向系统	动力转向系统有空气	对转向系统进行排空气
	动力转向器转向横拉杆总成的连接	动力转向器转向横拉杆总成的连接松旷	紧固连接螺母
	转向横拉杆球头	转向横拉杆球头松动	紧固或更换转向横拉杆球头
	前轮轴承	前轮轴承磨损	更换前轮轴承
	动力转向器	动力转向器内部松动	修理或更换动力转向器转向横拉杆总成
甩尾或转向不稳	前轮定位	前轮定位不正确	调整前轮定位
	前悬架	前悬架定位不准确	调整紧固前悬架部件
	车轮与轮胎	车轮与轮胎失衡	轮胎动平衡或更换轮胎、轮辋
	前轮轴承	前轮轴承磨损松旷	更换前轮轴承
	减振弹簧	减振弹簧断裂/或疲软	更换减振弹簧
	前减震器	减振器座或轴承松旷	紧固或更换前支柱
	制动系统	制动系统松动或工作不正常	检修制动系统
	后悬架	后悬架定位不准确或松动	调整紧固后悬架部件

续表

故障表现	故障可能的部位	故障可能的原因	故障排除／措施
制动时转向不稳定	前悬架	前悬架主销纵倾不均匀、不正确	检查、调整前悬架定位
	下摆臂	下摆臂松旷	紧固或更换下摆臂衬套
	制动盘	制动盘变形	更换制动盘
	减振弹簧	减振弹簧断裂或疲软	更换减振弹簧
	前或后轮轴承	前或后轮轴承磨损松旷	更换前或后轮轴承
	制动系统	制动系统制动力不均匀、不正确	检修制动系统
左或右偏移	不良车辆姿态（前部或后部过高或过低）		检查是否存在异常载荷，螺旋弹簧弯度或非标准型弹簧
	不正确的车轮定位		检查车轮定位，必要时予以调整
	前副车架错误定位		使用专用工具和合适的垫圈，检查调整前副车架定位
	前轮轴承磨损		必要时检查并安装新的前轮轴承
	制动系统		检查制动系统
	转向连杆		进行转向连杆组件测试
	转向齿轮		进行转向连杆组件测试
	车轮与轮胎		检查车轮和轮胎
转向盘偏心	不良车辆姿态（前部或后部过高或过低）		检查是否存在异常载荷，螺旋弹簧弯度或非标准型弹簧
	不正确的车轮定位		检查车轮定位，必要时进行调整
	前悬挂下控制臂球接头		进行球头检查组件测试
	转向连杆		进行转向连杆组件测试
	转向齿轮		进行转向齿轮组件测试
振动	不正确的车轮定位		检查车轮定位，必要时进行调整
	车轮与轮胎		检查车轮与轮胎。如有必要，平衡或安装新车轮和轮胎
	前轮轴承损坏或磨损		必要时检查并安装新的车轮轴承
	前支柱和弹簧总成		如有必要，检查并安装新悬架部件
	前悬挂下控制臂损坏		如有必要，检查并安装新悬架部件

续表

故障表现	故障可能的部位	故障可能的原因	故障排除／措施
转向力过高/低	动力转向软管限制		检查动力转向软管是否损坏、纽结或受限制；如有必要，安装新部件
	动力转向液压油受到污染		冲洗动力转向系统
	动力转向油充气		为动力转向系统放气
	转向齿轮底板密封接触情况		检查底板密封安装是否正确
	转向管柱		① 检查底板护盖是否妨碍转向小齿轮；② 检查底板密封安装是否正确；③ 进行转向管柱万向接头组件测试
	转向连杆		进行转向连杆组件测试
	转向齿轮		进行转向齿轮组件测试
	动力转向泵磨损		更换动力转向泵
噪声过度	动力转向操作噪声		进行动力转向操作噪声检查
	动力转向油充气		为动力转向系统放气
	动力转向盘线		① 检查动力转向盘线夹是否固定；② 检查动力转向盘线与车身、前轴横梁及转向齿轮之间的间隙；③ 检查转向齿轮传输管路与转向齿轮是否有间隙
	转向齿轮固定螺栓松动		必要时检查并安装新螺栓
	动力转向泵		安装一个新的动力转向泵
	拉杆		进行拉杆组件测试
转向不随轮速增加而变化	拉杆端磨损		如有必要，安装新部件
	前悬挂轴衬磨损		如有必要，检查并安装新部件
	悬挂球接头磨损		进行球头检查组件测试
	转向齿轮绝缘衬套磨损或毁坏		如有必要，检查并安装新部件
	转向齿轮固定螺栓松动		必要时检查并安装新的螺栓
	转向管柱固定螺栓松动		必要时检查并安装新的螺栓
	转向小齿轮固定螺栓与转向管柱的连接松动		必要时检查并安装新的螺栓

7.5.3 电动助力转向系统故障

EPS控制模块根据接收来自每一传感器和CAN通信（控制区或网络）的信息控制电动机工作，转向辅助的控制比传统的发动机驱动液压系统更精确、准时。

1 故障检查注意事项

EPS系统的扭矩传感器、失效保护继电器等，一般置于转向柱和EPS总成内。不能通过分解转向柱和EPS总成来检查或更换部件。电力助力转向系统故障检查注意事项见表7-3。

表7-3 电动助力转向系统故障检查注意事项

故障因素	检查项目	现象	说明	注意事项/措施
掉落、碰撞和超负荷	电动机	噪声异常	① 能出现可见或不可见损坏。使用曾掉落的部件会导致转向盘跑偏；② 电动机的精确部件/ECU感测振动和碰撞	① 不要使用碰撞过的EPS；② 不要超负荷使用每个部件
	ECU	电路损坏！① 焊接点损坏；② PCB损坏；③ 精确部件损坏		
	扭矩传感器	转向力不足	输入轴超负荷导致扭矩传感器故障	① 不要碰撞连接器部件（插入和扭转时）；② 使用专用工具拆卸转向盘（不要敲击）；③ 不要使用碰撞过的EPS
	轴	转向力不足(左右之间不均匀)		不要使用碰撞过的EPS
拔出/凹进	线束	① 可能是电源工作故障；② EPS故障	线束连接部分和线束之间分离	禁止线束超负荷
存储温度异常	电动机/ECU	电动机/ECU工作不正常，转向力异常	① 正常情况下防水；② 即使有少量的湿气，也可以导致电动机/ECU精确部件故障	① 存储时，保持正常温度和适当湿气；② 避免浸湿

2 一般性检查

检查和维修EPS系统前后，按表7-4进行故障检修，检查程序。根据表7-4中的正常情况，比较系统状态；如果检查有异常现象，根据情况维修和更换。

表 7-4 电动动力转向一般性检查

测试条件	症　状	可能原因	措　施
点火开关 OFF	正常状态：电动机提供转向助力		
	电动机处理的提供转向助力	点火开关电源	检查点火开关电源电路
点火开关 ON/发动机 OFF	正常条件：电动机提供转向助力，警告灯亮		
	电动机处理的提供转向助力	没有接收到 EMSCAN 信号	检查 CAN 线路
	警告灯不亮	仪表盘故障	检查仪表盘和仪表盘线束
点火开关 ON/发动机 ON	正常状态：电动机提供转向助力，警告灯不亮		
	警告灯亮，电动机不提供转向助力	EPS（常时电源）和点火开关电源	检查 EPS（常时电源）的连接器和线束及点火开关电源电路
		检测出 DTC	使用诊断仪完成自我检测，维修或更换
	警告灯亮，电动机提供转向助力	EPS 和仪表盘之间 CAN 通信故障	检查 CAN 线路

> **举例说明**
>
> 对某款日产途乐，检查转向系统电源和接地电路。
> ① 将点火开关按至 OFF。
> ② 断开动力转向控制单元线束接头。
> ③ 检查动力转向控制单元线束接头和接地之间的电压，也就是该车动力转向控制单元插头 M108 的端子 3 和接地之间电压，正常应该是蓄电池电压。

第 8 章　悬架和轮胎维修

8.1　悬架和轮胎认知

8.1.1　前悬架

前悬架主要有前转向节（俗称羊角）、前减震器、前减上支座及双叉臂悬架。双叉臂悬架采用分体式下叉臂，较普通双叉臂悬架提升稳定性及响应性。前悬架如图 8-1～图 8-3 所示。

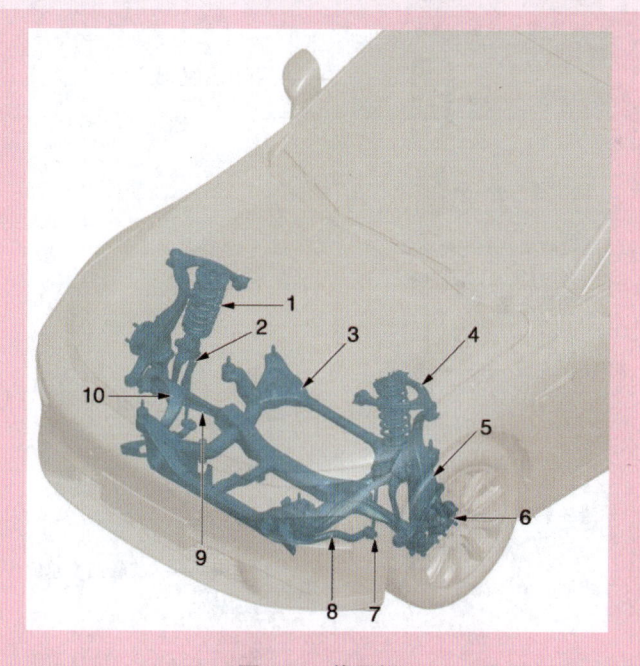

图 8-1　前悬架

1—前减震器总成；2—前减震下叉臂；3—前副车架；4—前上控制臂；5—前转向节；
6—驱动轮毂轴承；7—前横向稳定杆连接杆；8—前横向稳定杆；9—前横下臂；10—前下纵下臂

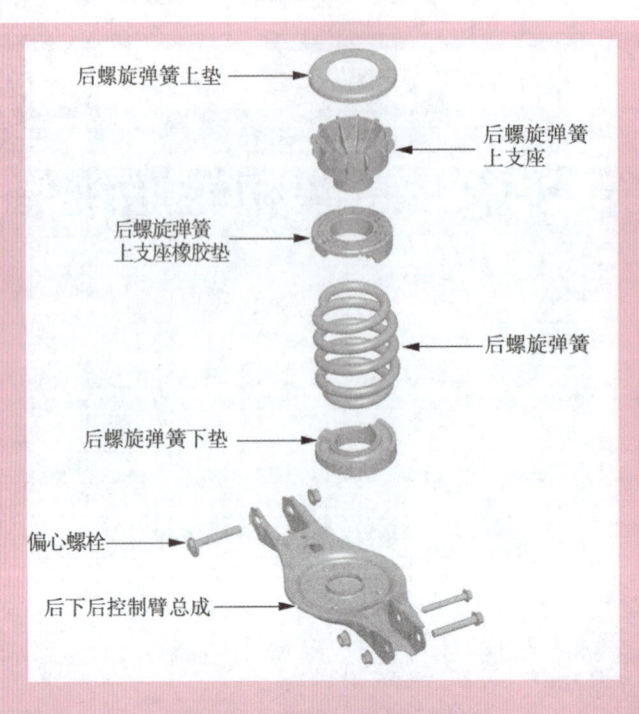

图 8-2　前悬架分解图（一）

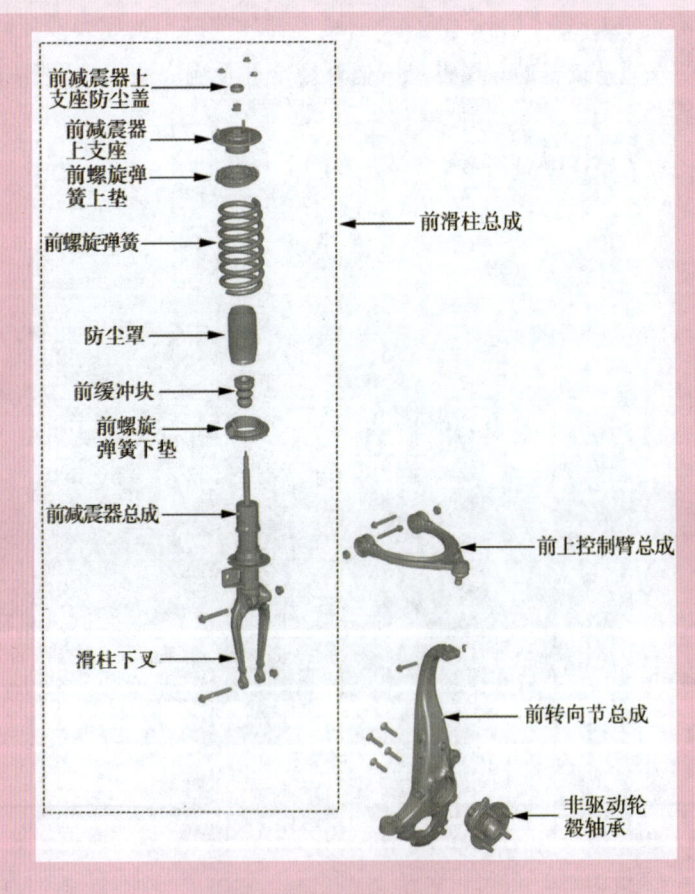

图 8-3　前悬架分解图（二）

8.1.2 后悬架

1 螺旋弹簧非独立悬架

如图 8-4 所示的是螺旋弹簧非独立悬架，一般只用于轿车的后悬架。两根纵向推力杆的中部与后桥焊接为一体，前端通过带橡胶的支承座与车身做铰链连接，后端与轮毂相连接。螺旋弹簧的上端装在弹簧上座中，下端则支承在减震器外壳上的弹簧下座上，它只承受垂直力。减震器的上端与弹簧上座一起装在车身底部的悬架支座中，下端则与纵向推力杆相连接。

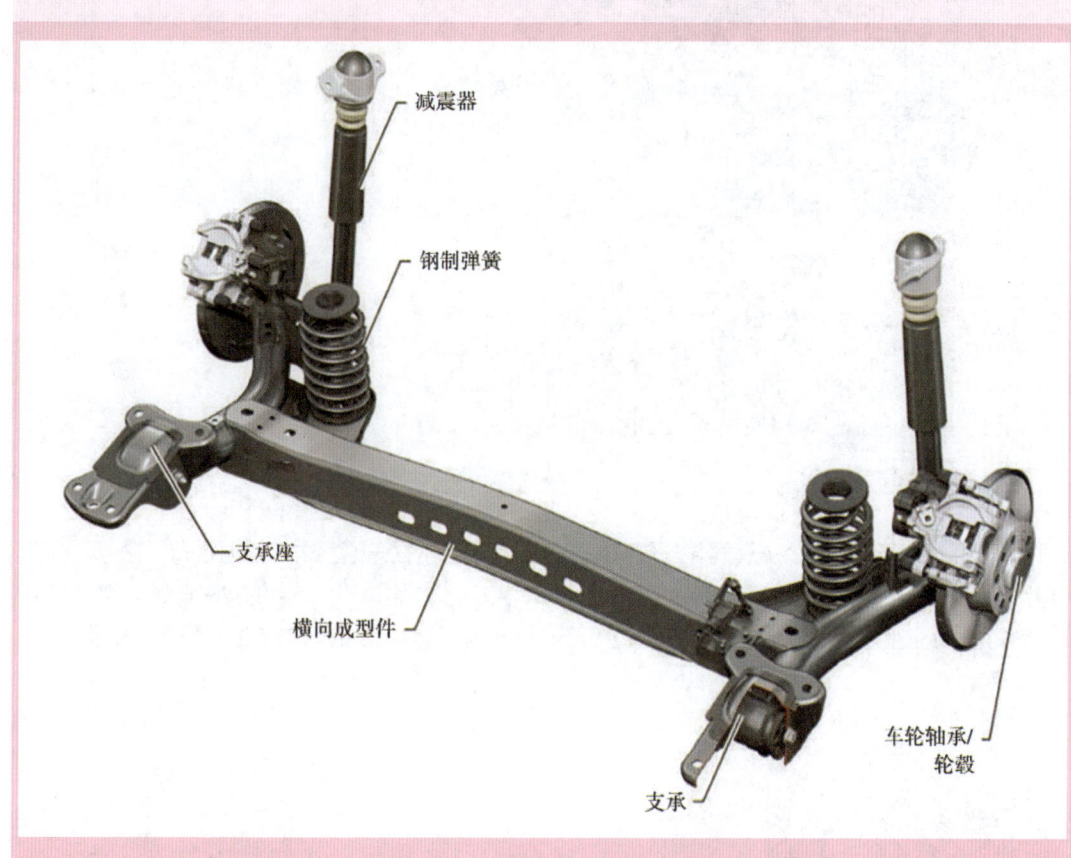

图 8-4 螺旋弹簧式非独立悬架

2 多连杆悬架

如图 8-5 和图 8-6 所示的后悬架主要有减震器总成、五连杆后悬架等组成。五连杆后悬架是多连杆后悬架中很高级别的悬架系统，具备很好的操控及舒适性。

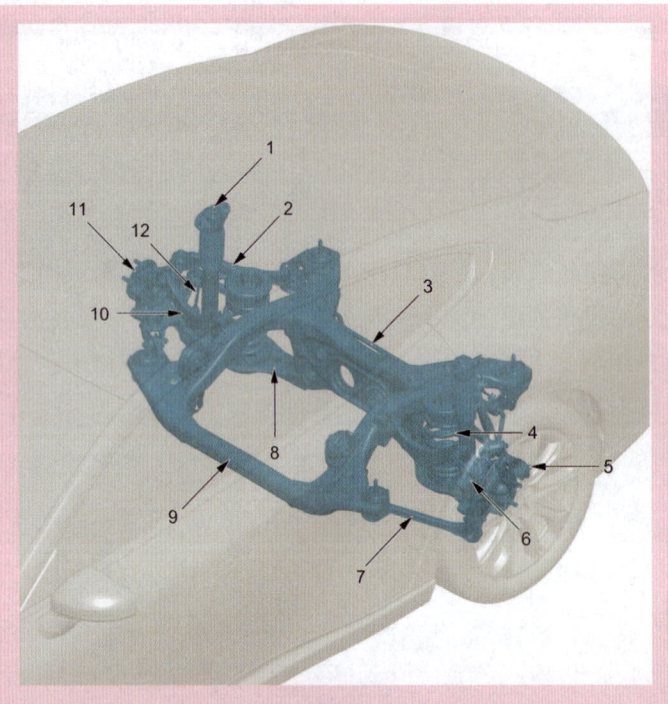

图 8-5　多连杆后悬架

图 8-6　后减震器总成分解

1—后减震器总成；2—后上后控制臂总成；3—后横向稳定杆总成；
4—后螺旋弹簧；5—后下拉杆总成；6—后转向节总成；7—后下前控制臂总成；
8—后下后控制臂总成；9—后副车架总成；10—后上前控制臂总成；
11—后驱动轮毂轴承；12—后横向稳定杆连接杆

> **补充说明**
>
> 图 8-7 所示为 CDC 减震器，与传统减震器最大的区别在于活塞末端的电磁阀，它可以根据控制器输入的电流信号（0～1.8A）调整阀片开闭大小，从而实现阻尼力的实时调整，整个闭环控制的循环周期仅为 2ms，即 1s 内可以进行 500 次阻尼调节，及时响应各种复杂路况要求。

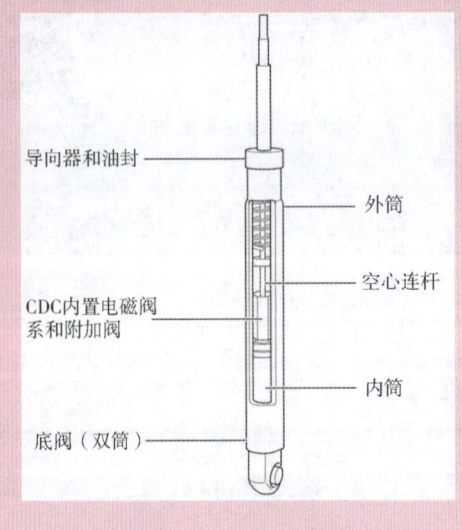

图 8-7　CDC 减震器

CDC 减震器的全称为连续阻尼控制减震器（Continuous Damping Control），是一种可以根据运动模式和实时路况进行自动阻尼条件的减震器，与传统的被动减震器相比有提高安全性、提高车辆动态性能等较为突出的优点。

8.1.3 轮胎

1 轮胎结构

如图 8-8 所示的是子午线轮胎。

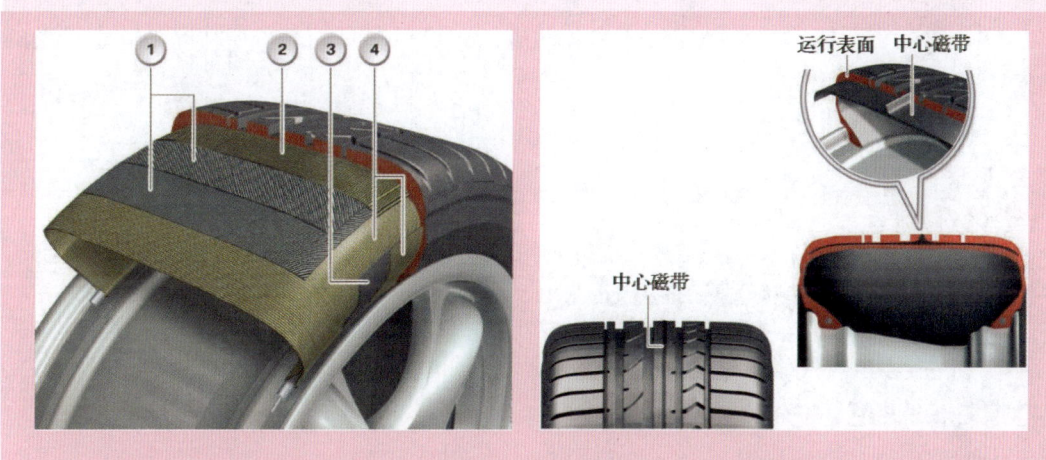

图 8-8 轮胎结构

1—钢带束组件（由两个约 25° 角重叠布置的钢丝带束层组成，下层比上层宽约 10mm）；2—尼龙（以缠绕方式布置在四周的尼龙覆盖层盖住整个钢带束组件，改善最高速度特性）；3—胎圈（用于优化行驶特性的胎圈加强部分）；4—织物（子午线织物胎体可以在内部压力较高时，使轮胎保持形状不变）

2 轮胎规格和日期

轮胎上的四位数字表示生成日期：例如，3913，则表示 2013 年第 39 周生产。

轮胎上"XXX/XXRXX"这样的标定格式，表示轮胎规格。例如：225/45R17，表示的规格见表 8-1。

表 8-1 轮胎规格

规 格	说 明
225	轮胎（胎冠）宽度：225mm，也叫断面宽度
45	扁平率：轮胎侧壁相对轮胎宽度的比例（45%）
R	子午线轮胎
17	轮辋（轮胎内径）直径（17in）

8.2 悬架系统维护和保养

1 检查气压

（1）气压的作用。

① 轮胎气压对于轮胎的磨损、故障、损坏方面都有决定性的影响；因此，为了安全行驶，必须维持标准气压并定期检查气压。

② 轮胎的负荷能力与它的充气压力相对应，必须根据车辆的负荷情况来确定轮胎的合理气压。

③ 长时间高速行驶时应将轮胎气压提高 10% ~ 15%。

视频：空气悬架检修

> **补充说明**
>
> 如果胎压过低，带轮胎气压监控系统车辆中的仪表指示灯 ⚠ 就会显示。某个车轮的轮胎充气压力过低，或者系统有其他故障，应及时检修。

（2）气压不足　气压不足会导致轮胎胎侧变形加剧，生热增加，极大地降低轮胎寿命，并会带来以下问题及安全隐患。

① 胎肩位置过度磨损。

② 增大轮胎发生撞击起鼓的可能。

③ 轮胎各部件间黏合力下降导致脱层。

④ 气压严重不足导致胎侧碾压损坏。

⑤ 轮胎跳动过大，造成胎圈部与轮辋间的异常磨损，损伤轮辋。

⑥ 滚动阻力增加，油耗/电耗升高。

（3）气压过高　气压过高会导致轮胎胎面接地面积减小，胎体刚性增加，缓冲性降低，并会带来以下问题及安全隐患。

① 胎面中央位置过度磨损。

② 增大轮胎受外力冲击时破裂甚至爆胎的危险。

③ 接地面积减小导致操控性下降，易发生甩尾、滑行等危险。

④ 乘车舒适感下降。

⑤ 行驶平顺性差，长期气压过足行驶，易对车辆底盘造成伤害。

（4）气压不均　同一悬架上的轮胎气压不均可导致：

① 制动力左右不均匀。

② 转向跑偏。

③ 操纵性降低。
④ 提速时偏向。
⑤ 行驶时车辆跑偏。

2 轮胎的换位

车辆前后轮由于运转时所承受的负荷各不相同，磨损的情况也会大不相同，所以为避免轮胎受单一方向的磨损，定期适时地换位才能使轮胎磨损均匀，进而延长轮胎的寿命。建议每两次常规保养时可换位一次，轮胎换位可保证轮胎磨损的均匀及疲劳度平均化，确保稳定性与经济性。换位时检查轮胎的状况，及时发现损伤，预防事故发生。

建议轮胎的换位方式如图8-9所示。

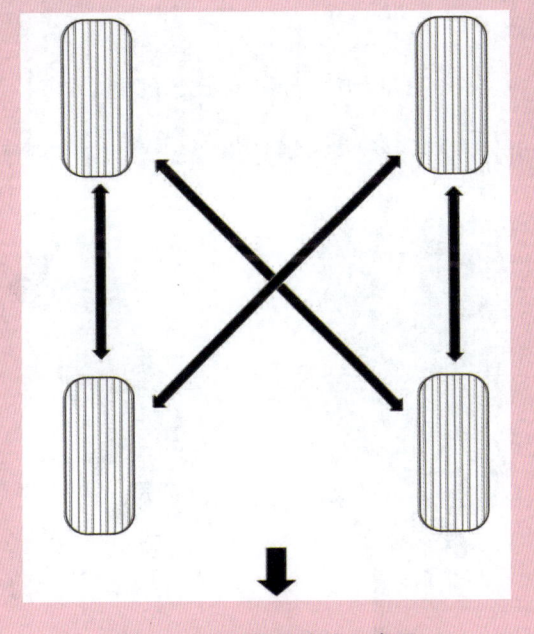

图8-9　轮胎换位方式示意图

（1）后驱或前驱车型车轮换位方式：将左前调至右后、右前调至左后、左后调至左前、右后调至右前。

（2）四驱车型车轮换位方式：前后左右车轮全部交叉对调，即左前调至右后、右前调至左后、左后调至右前、右后调至左前。

8.3　悬架系统拆装

拆卸和安装分离前减震器支柱与螺旋弹簧，需要在台钳上固定减震器总成，使用如图8-10所示的专用工具配合作业，注意螺旋弹簧是否位于弹簧支架的正确位置上。紧压螺旋弹簧，直至上盖轴承上部露出。拆下的减震器再安装时，如图8-11所示，注意减震器弹簧安装位置。

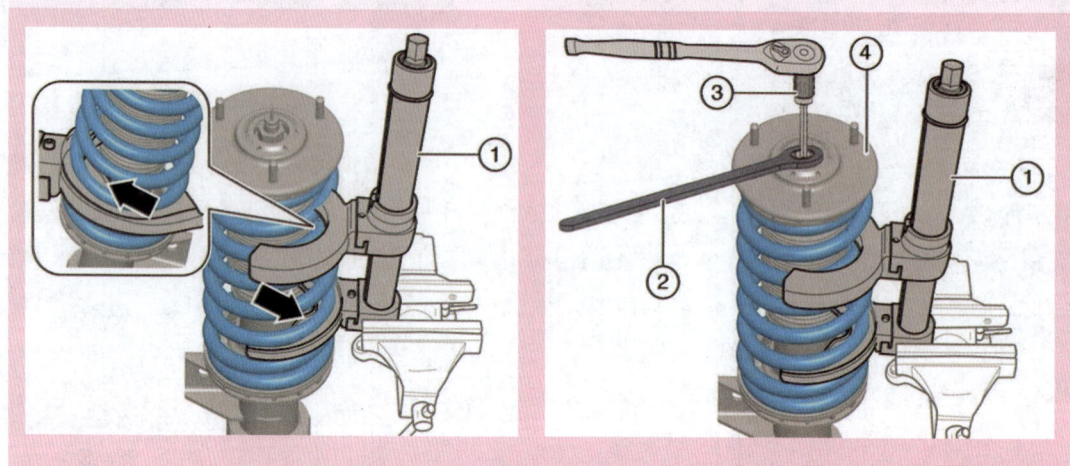

图8-10 专用工具拆装减震器

1—弹簧张紧装置（专用工具）；2，3—扳手；4—减震器座

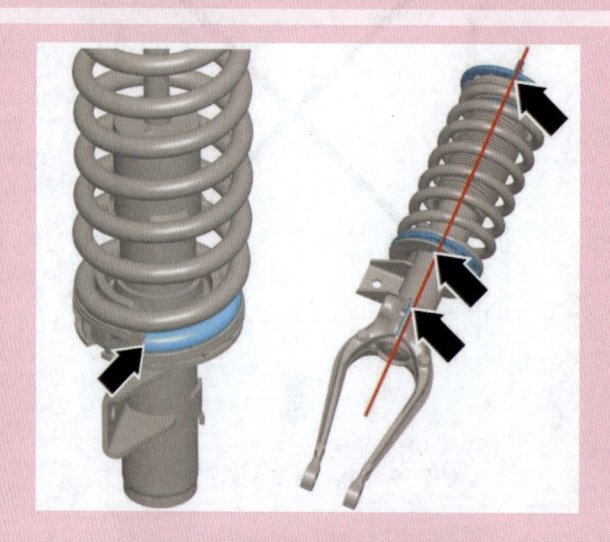

图8-11 减震器弹簧安装正确位置

8.4 悬架系统故障诊断

8.4.1 减震器检查

（1）检查减震器压缩、拉伸至全行程时，动作是否平顺，如图8-12所示。

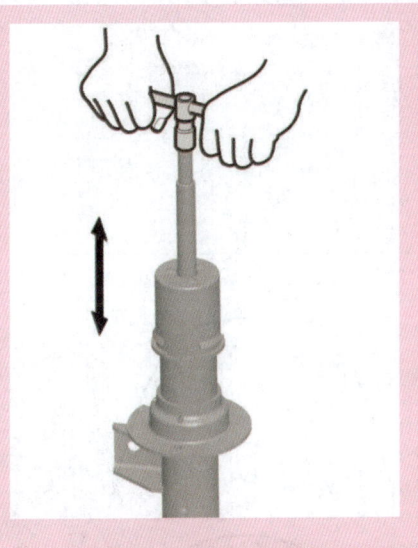

图 8-12 检查减震器

① 将减震器安装螺母安装在减震器轴端,并固定套筒扳手。

② 用手压缩减震器,并检查它是否能够在一个完整的行程中平稳地压缩和伸展。释放压缩时,减震器应能平稳持续地伸展;如果不能,应更换减震器。

③ 在测试中,如果有漏油、异常噪声和卡滞,则更换减震器。

(2) 图 8-13 所示为检查减震器柱密封部位有无漏油。

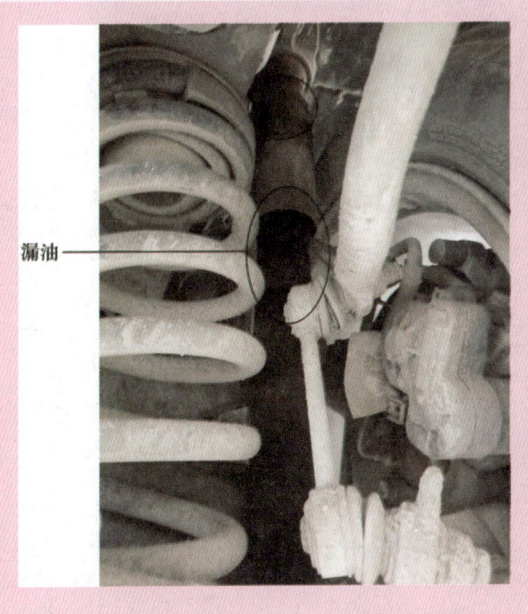

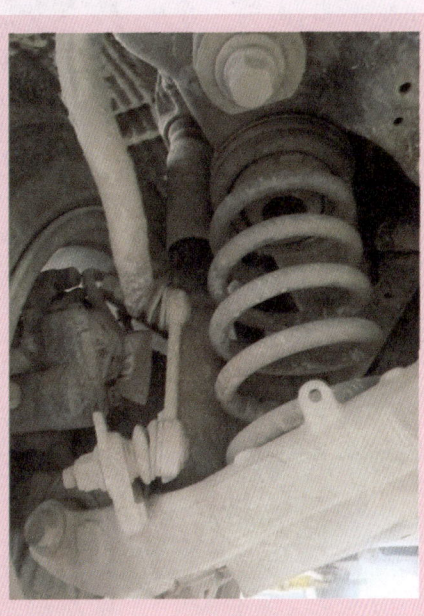

漏油

(a) 减震器有油污,已经渗漏　　(b) 减震器正常

图 8-13 检查减震器漏油情况

(3) 检查减震器是否变形或损坏,视需要予以更换。

8.4.2 轮胎检查

观察轮胎磨损情况，参考表8-2可有效帮助查找和判定轮胎磨损原因。

表8-2 轮胎故障

故障表现（位置特点）	故障图示	故障主要原因
胎面中央磨损		① 由于轮胎过度膨胀，中央轮胎磨损至露出纤维； ② 缺乏转动； ③ 主动轮的轮胎缘距过大； ④ 主动轮的加速度过大
两个胎肩迅速磨损		① 轮胎充气压力小； ② 悬架部件磨损； ③ 转向速度过大； ④ 缺乏转动
一个胎肩磨损		① 前束调整超出标准值； ② 车轮外倾超出标准值； ③ 支柱损坏； ④ 下臂损坏
部分磨损		由制动鼓上的不规则毛边导致的磨损
车轮边缘有羽毛边		① 前束调整超出标准值； ② 横拉杆损坏或磨损； ③ 转向节损坏
磨损花纹		非主动轮的前束过大

第 9 章　空调系统维修

9.1　空调系统认知

9.1.1　空调系统总览

空调系统分为 5 个功能系统：制冷系统、制热采暖系统、通风系统、控制系统和空气净化系统（有些配置较高的车装配不同的空气改善装置，如离子净化、香氛装置等）。其主要部件有压缩机、储液干燥器、蒸发器和冷凝器及空调硬管、软管等组成，如图 9-1 ~ 图 9-5 所示。

视频：空调系统总览

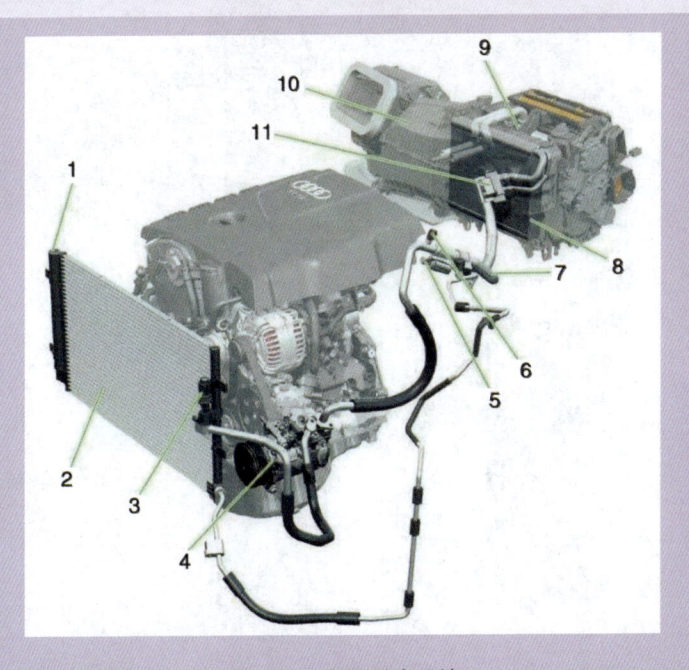

图 9-1　空调制冷系统

1—储液罐（干燥罐）；2—冷凝器；3—制冷剂压力和温度传感器；4—压缩机；
5—快速接头；6—维保接头；7—制冷剂管；8—蒸发器；9—暖风和空调器；10—空气进气箱；11—膨胀阀

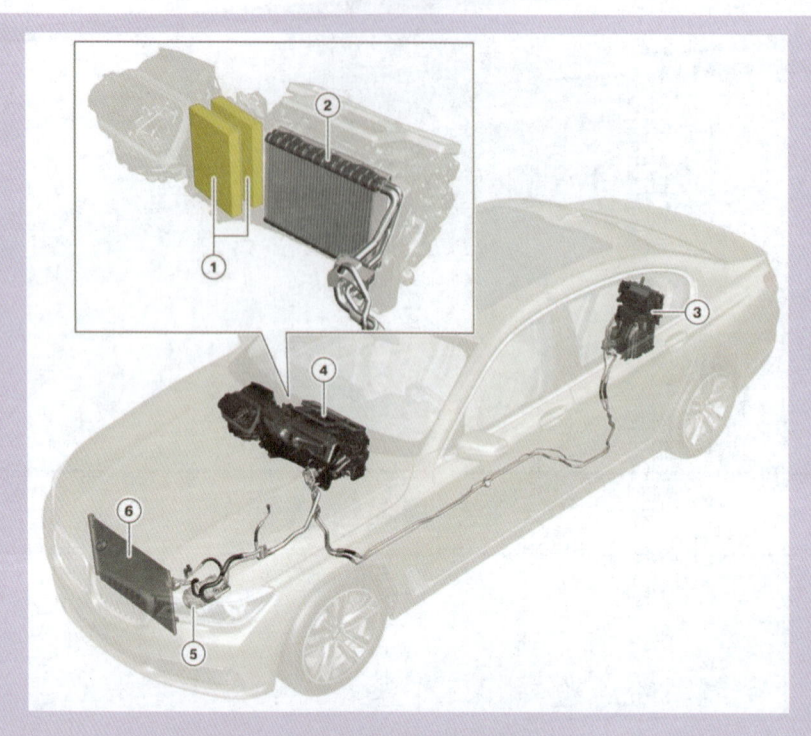

图 9-2 空调制冷系统（带后部空调）

1—空调滤清器；2—蒸发器；3—后部空调系统；4—暖风和空调器；5—制冷剂压缩机；6—冷凝器

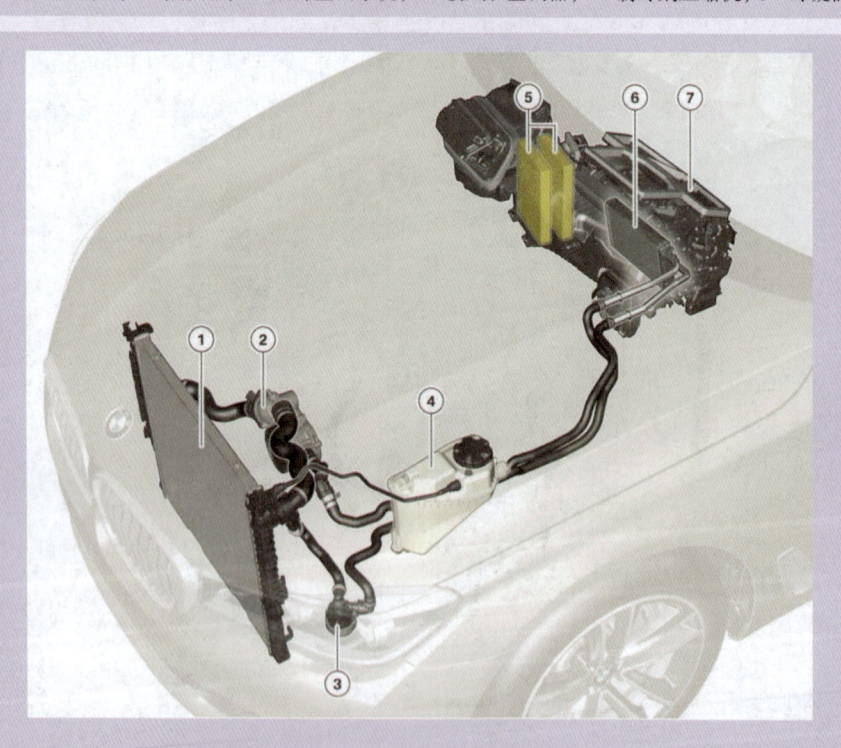

图 9-3 制热采暖系统

1—冷却液散热器；2—发动机水泵；3—电动冷却液泵（循环泵）；
4—补液罐；5—空调滤清器；6—暖风热交换器（暖风水箱）；7—暖风和空调器

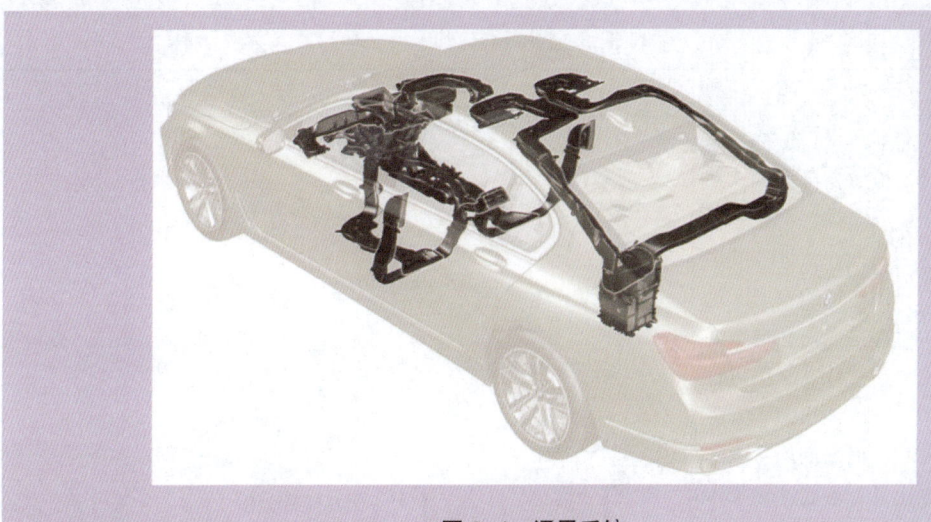

图 9-4 通风系统

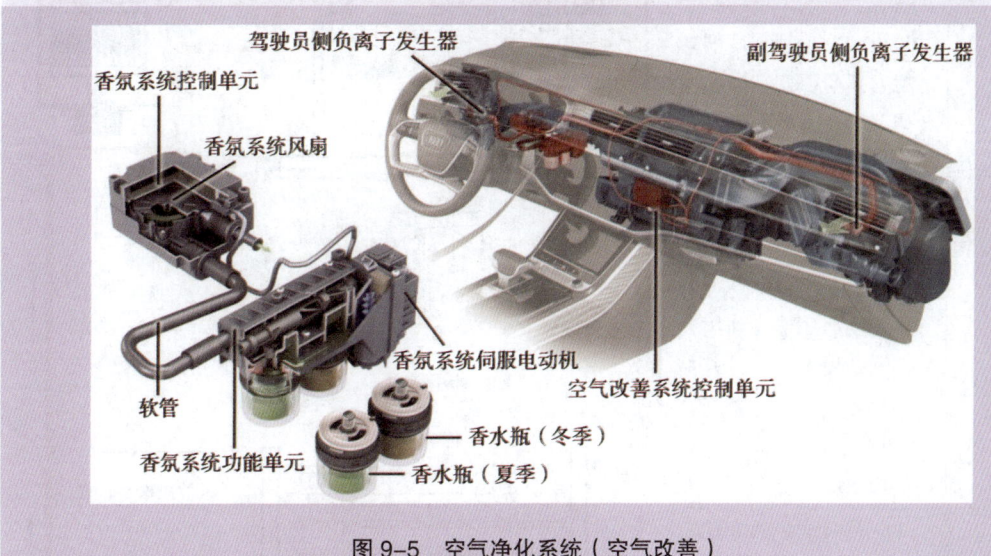

图 9-5 空气净化系统（空气改善）

9.1.2 空调制冷循环

空调制冷剂的沸点很低，空调制冷剂经过膨胀阀后在蒸发器内膨胀，汽化吸热，蒸发器温度降低。鼓风机将空气从蒸发器表面吹过，蒸发器吸收空气的热量，空气温度降低后吹入驾驶室，制冷循环过程见表9-1。这一工作原理过程中，制冷剂由低压-气态形式→高压-气态形式→高压-液态形式→低压-液态形式，这样的形态在空调系统内循环。

> 📝 补充说明
>
> 空调系统的基本原理就是利用制冷剂由液态转变为气态或气态转变为液态的过程来吸收或释放热量。

表 9-1 制冷循环过程

工作过程	说　明	图　示
压缩过程	低温低压的气态制冷剂被压缩机吸入，并压缩成高温高压的制冷剂气体。该过程的主要作用是压缩增压，这一过程是以消耗机械功作为补偿。在压缩过程中，制冷剂状态不发生变化，而温度、压力不断上升，形成过热气体	
冷凝过程	制冷剂气体由压缩机排出后进入冷凝器。此过程的特点是制冷剂的状态发生改变，即在压力和温度不变的情况下，由气态逐渐向液态转变。冷凝后的制冷剂液体呈高温高压状态	
膨胀过程	高温高压的制冷剂液体经膨胀阀节流降压后进入蒸发器。该过程的作用是制冷剂降温降压、调节流量、控制制冷能力	
蒸发过程	制冷剂液体经过膨胀阀降温降压后进入蒸发器，吸热制冷后从蒸发器出口被压缩机吸入。此过程的特点是制冷剂状态由液态变化成气态，此时压力不变。节流后，低温低压液态制冷剂在蒸发器中不断吸收汽化潜热，即吸收车内的热量又变成低温低压的气体，该气体又被压缩机吸入再进行压缩	

> **补充说明**
>
> 膨胀过程中，制冷剂经过膨胀阀时，压力、温度急剧下降，由高温高压液体变成低温低压液体。

9.2 空调系统使用和操控

9.2.1 空调面板

如图 9-6 所示空调操控面板，按下 CLEAN AIR 按钮，接通净化空气全自动空调的车内空气循环运行模式，此时按钮中的指示灯亮起。工作时，在保证最大化降低因车内空气湿度和车外温度所引起结雾风险的情况下，空调将自动切换车内空气循环运行模式，由此调整并持续适配车内空气循环成分，以防止汽车乘员产生疲劳感。

图 9-6 全自动空调的操控面板

对于全自动空调，使用按钮 REST 打开和关闭余热功能。在发动机处于热态且点火开关已关闭的情况下，可以利用发动机的余热给车内保温。在 30min 后或汽车蓄电池电量较低时，该功能关闭。

全自动空调系统中，利用控制面板外侧旋转调节器调整驾驶员侧和副驾驶员侧的温度。外侧旋转调节器上方的显示屏显示设定的温度。

9.2.2 气流分配

通过按压空调面板上的气流位置按钮或利用右侧旋转调节器来调整气流分配。气流可通过仪表板中的出风口分配到上身、脚部空间、上身和脚部空间、前窗玻璃和脚部空间。空气气流通道如图 9-7 所示。

图 9-7 空气气流通道

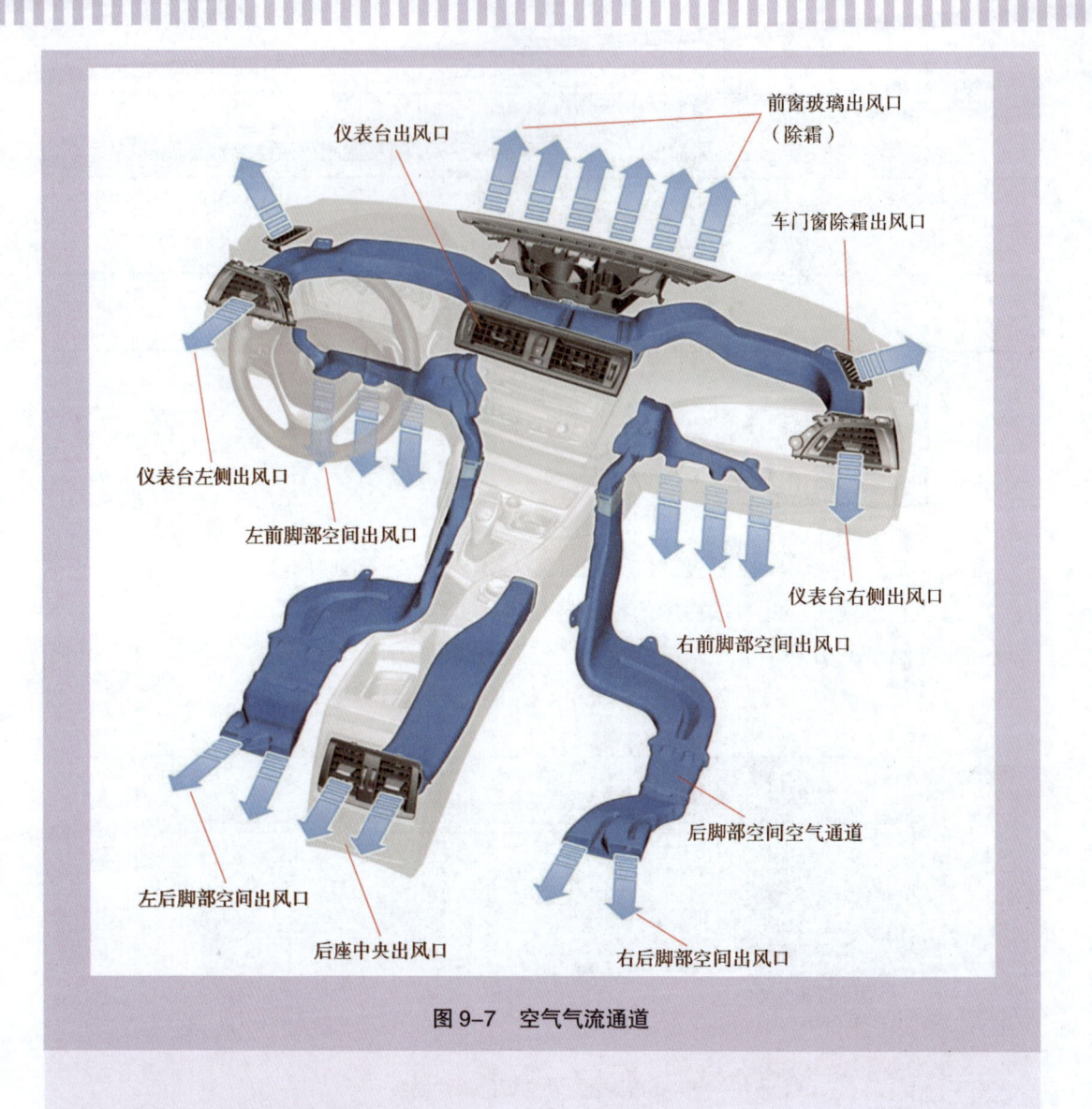

9.2.3 空气内循环

在空气内循环模式下，车外空气不会进入车内，空气仅在车内循环运行。因此，开启空气内循环模式可防止车外不好的空气进入车内。在车外温度较低时，开启空气内循环模式可以改善加热效率，因为此时只对车内的空气进行加热。在车外温度较高时，开启空气内循环模式可以改善制冷效率，因为此时只对车内的空气进行制冷。

> **补充说明**
>
> 在空气内循环模式下，新鲜空气不会进入车内。关闭制冷系统后，在空气内循环模式下车窗玻璃会很快结有水雾并严重影响向外的视线。不需要使用空气内循环模式时，务必将其关闭。

内循环开关是自动空调控制的一部分。所选的内循环开关位置通过 LIN 总线发送到暖风、通风与空调系统控制模块。暖风、通风与空调系统控制模块通过进气执行器和内循环执行器控制进气。在内循环模式下，进气风门关闭而内循环风门打开，以便在车内循环空气。在外循环模式下，进气风门打开，然后内循环风门再次关闭，以将车外空气引入车内。只有在除霜模式未激活时，才能启用内循环。激活除霜模式时，内循环执行器打开内循环风门，进气执行器打开进气风门，外部空气循环至挡风玻璃以防止结雾。

9.2.4 自动模式

在自动模式操作状态下，空调系统控制模块将通过控制空调压缩机离合器、鼓风机电动机、空气温度执行器、模式执行器和内循环执行器来保持车内的舒适度。

（1）为了将自动空调系统设置到自动模式，需要满足以下要求。

① 自动开关必须开启。

② 空气温度开关必须在除最热或最冷位置以外的位置。

一旦达到期望的温度值，鼓风机电动机、模式执行器、内循环执行器和空气温度执行器会自动调节，以保持选定的温度。

（2）自动空调系统控制模块可执行以下功能以保持期望空气温度。

① 监测以下传感器：环境空气温度传感器、空气温度传感器、挡风玻璃温度和车内湿度传感器、环境光照/日照传感器、空气质量传感器。

② 调节鼓风机电动机转速。

③ 调整空气温度执行器的位置。

④ 定位模式执行器的位置。

⑤ 定位内循环执行器的位置。

⑥ 请求空调运行。

当在自动操作中选定了最暖位置时，鼓风机速度等级将逐渐提高直至车辆达到正常工作温度。在达到正常工作温度之后，鼓风机保持高速，空气温度执行器保持在最热位置。

当在自动操作中选定了最冷位置时，鼓风机保持高速，空气温度执行器保持在最冷位置；模式执行器保持在面板位置；内循环执行器保持在内循环位置。

在环境低温下，自动空调系统在最有效的方式下进行加热。乘驾人员可以选择一个极高的温度设置，但是这样并不能加快车辆升温的速度。在较暖的环境温度下，自动空调系统也会以最有效的方式进行空调控制。选择一个极低的温度并不能加快车辆降温的速度。

在自动模式下，挡风玻璃温度和车内湿度传感器的数值被用作空调系统控制模块应用程序的控制输入，计算乘客舱侧的挡风玻璃上结雾的风险度，并能够通过将空调压缩机电源降到最低来减少燃油消耗，从而避免结雾。起动空调压缩机和除霜模式，以防止结雾或除去挡风玻璃乘客舱侧的凝雾。传感器也能在环境温度寒冷的条件下起动部分内循环模式提高乘客厢的加热性能，而不会引起挡风玻璃出现雾气积聚的风险。

9.2.5 双模式操控（图9-8）

（1）当双模式打开时，驾驶员和乘客侧空气混合执行器根据温度控制盘操作或气候控制单元的自动控制独立操作。

（2）驾驶员和乘客侧空气混合门根据空气混合执行器（空气翻板）动作独立移动。

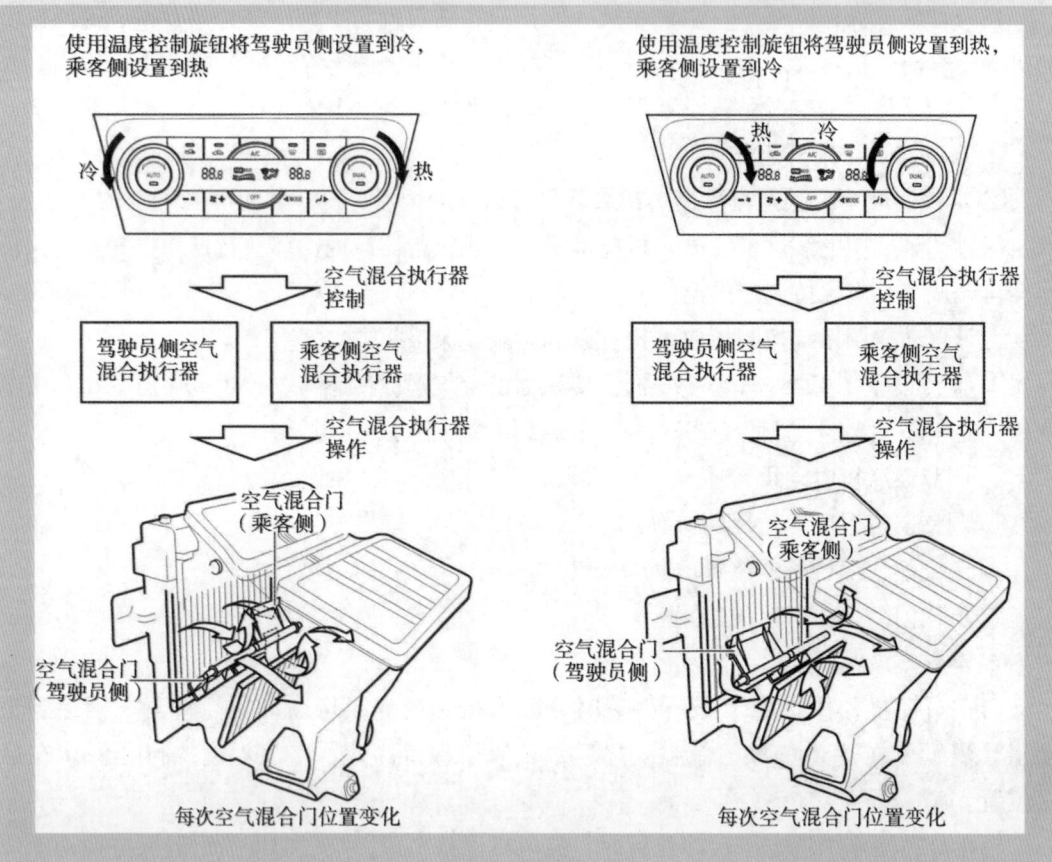

图9-8 双模式

补充说明

空气混合门的自动控制如图9-9所示。
① 空气混合执行器（空气翻板）根据温度控制盘操作或者气候控制单元的自动控制进行操作。
② 空气混合门根据空气混合执行器的动作，沿着"冷"或"热"方向移动。
③ 通过空气混合门的移动可改变从蒸发器吹向加热器芯的空气流量，同时调节通过的空气温度。

（a）冷　　　　　　　　　　　　　　　（b）热

图 9-9　空气混合门的自动控制

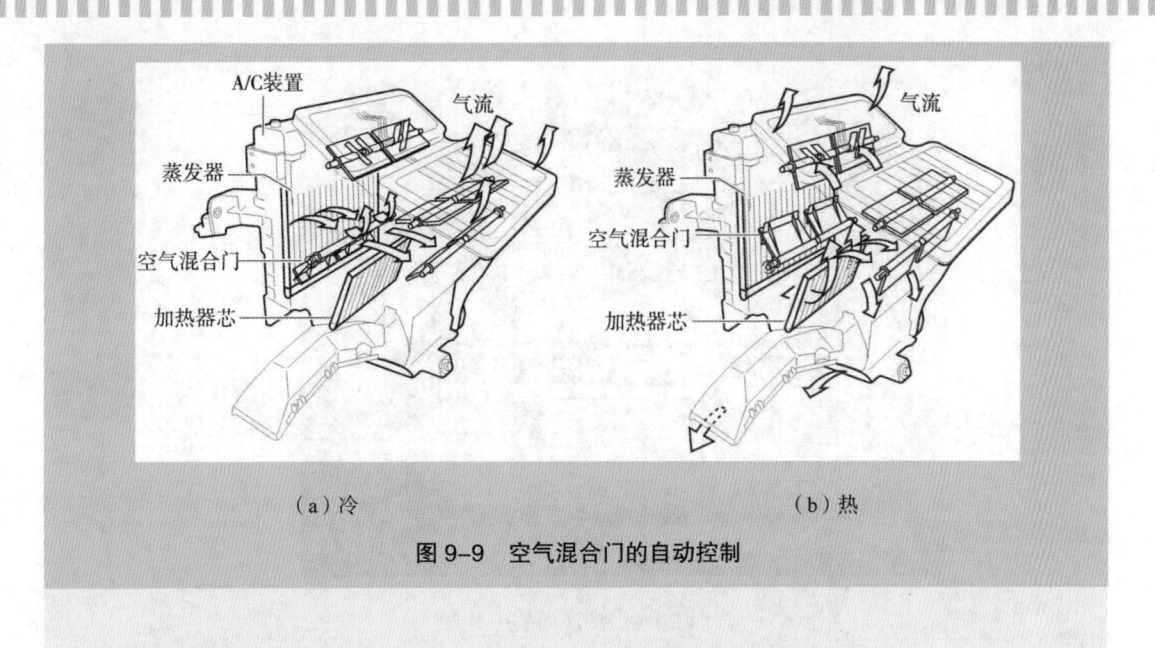

9.3　空调系统维护和保养

9.3.1　清洗空调系统

使用空调养护的专用空调外循环清洗剂，其主要目的是杀菌和去除异味。具体操作如下。

（1）在外循环的状态下，冷热区间置在中间，打开空调冷风且风量开到最大，风向置于头部和脚部。

（2）把专用清洗剂配套的软管从空调外循环进气口（空调滤芯处）旁边的小孔插入空调进气口，或者直接打开空调滤芯把软管伸进去，进行喷洗。

（3）清洗时，不要连续喷很多，进行间隔性喷洗，以便让清洗剂很好地进入空调外循环系统。

清洗的污垢会从空调排水口排出 10min 左右，关闭空调，清洗完成。

9.3.2　清洗冷凝器和散热器

空调的冷凝器和散热器一起安装在保险杠后的格栅，这样能让在行驶中的气流加强热量的散发。

由于行车环境和行车时间等因素，散热器和冷凝器上会附着一些杂物，导致流通性不好，影响其散热效果。比如在石家庄，建议每年春天过后对散热器和冷凝器进行一次清洗。拆卸后用较低压的高压水枪进行清洗，这样比较彻底。图 9-10 所示是清洗后的冷凝器。

图 9-10　清洗后的冷凝器

9.3.3　更换空调滤清器

　　空调滤清器可降低车外空气带入汽车内部空间的污染物。滤清器必须定期更换，以免影响空调的功率和身体健康。如果汽车经常在有害物污染严重的环境中行驶，必要时必须在两次保养项目之间更换空调滤清器。

　　空调滤芯主要有两个安装位置，一是在副驾驶座位的手套箱后面，二是在挡风玻璃右下侧。图 9-11 所示为空调滤清器在暖风和空调器内部的安装位置。

图 9-11　空调滤芯位置

（1）如图9-12所示，拆卸安装在副驾驶侧的空调滤芯，将杂物箱拆卸下来，便可取出空调滤芯了。

图9-12 空调滤芯（副驾驶侧）

（2）如图9-13所示，空调滤芯在发动机舱内（挡风玻璃边下侧）副驾驶室对应一侧的雨刮器下方，用螺纹旋具拆下罩盖即可取出，拆卸非常简单。

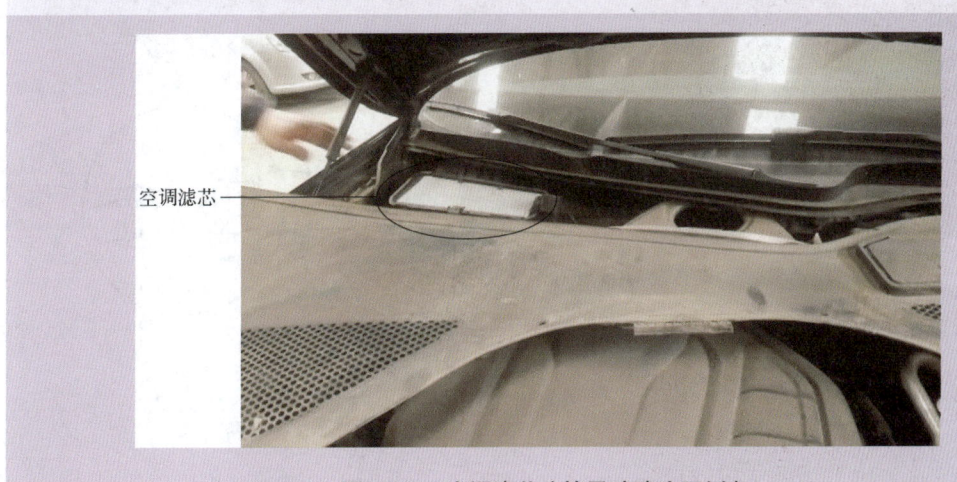

图9-13 空调滤芯（挡风玻璃边下侧）

9.3.4 检查空调性能

如果怀疑制冷系统发生故障，应该先检查是否存在以下情况。

（1）检查散热器和冷凝器芯的外表面，确保气流没有被灰尘、落叶或其他异物堵塞；

检查冷凝器和散热器之间和所有外表面。

（2）检查冷凝器、软管和管内是否阻塞或扭结，检查空调系统压力。

（3）检查鼓风机风扇的工作情况。

（4）检查所有风管是否泄漏或阻塞。空气流量过低可能表明蒸发器芯阻塞。

（5）检查压缩机离合器是否滑动。

（6）检查传动皮带张紧器。

9.4 空调系统维修和操作

9.4.1 加注制冷剂

加注制冷剂需要如图9-14所示的歧管压力表组（空调压力表），该表由高压侧（H）和低压侧（L）压力表、软管及切断阀组成。

顺时针方向旋拧切断阀，空调系统压力管上的空调检修阀开启；逆时针方向旋拧，空调检修阀开启关闭。

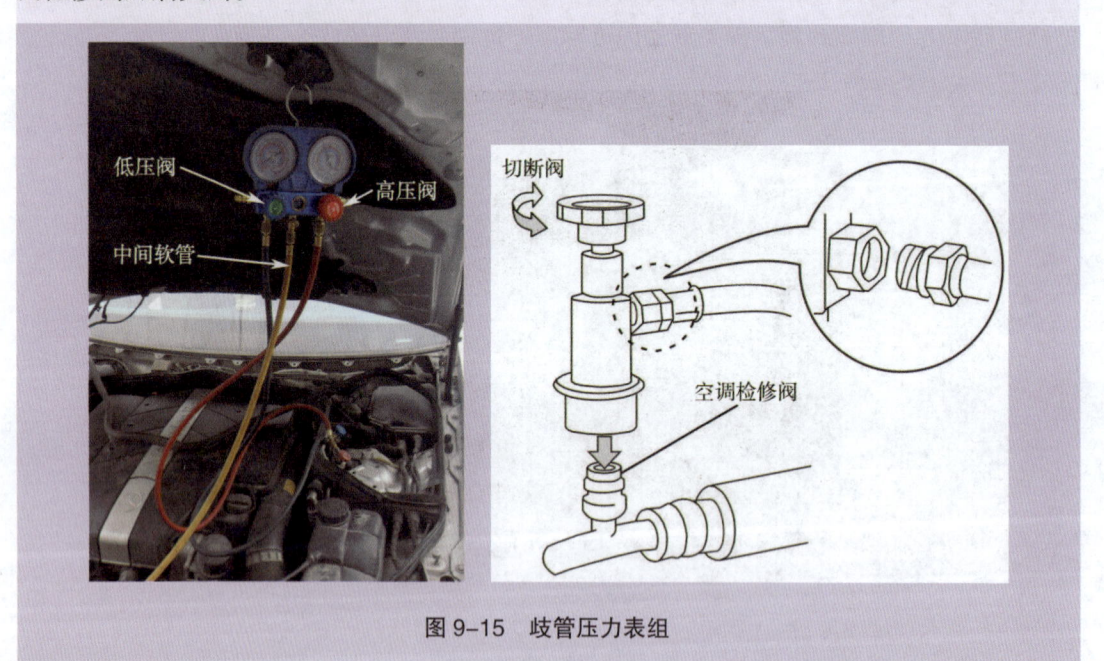

图 9-15　歧管压力表组

1　高压端加注制冷剂

高压端加注制冷剂方便并且快。高压端加注制冷剂适用于制冷系统的第一次加注，经过检漏、抽真空后的系统加注。注意，从高压侧向系统加注制冷剂时，发动机处于不起动状态（压缩机停转），不要拧开歧管压力计上的低压手动阀，以防产生液压冲击。高压端加注制冷剂主要流程事项见表9-2。

表9-2 高压端加注制冷剂主要流程事项

操作及程序		操作方法/说明	操 作 图 示
1	抽真空	把绿色软管连接到歧管气压表的中部，中间软管的另一端和真空泵连接，进行抽真空操作。关闭歧管压力计上的高、低压手动阀，观察压力表，几分钟后，歧管气压计的读数应该不变	
2	加注制冷剂	将中间软管的一端与制冷剂瓶注入阀的接头连接，拧开高压侧手动阀至全开位置，从高压侧注入规定量的制冷剂（各种车型加注制冷剂量有所差别，一般在水箱框架贴有加注制冷剂量的标签）	

2 低压端加注制冷剂

通过歧管压力计上的低压手动阀，可向制冷系统的低压侧加注气态制冷剂。

（1）连接好歧管压力表，抽真空后加制冷剂。

（2）接入制冷剂罐，拧松中间注入软管在歧管压力计上的螺母，直到听见有制冷剂流动声，然后拧紧螺母。从而排出注入软管中的空气。

（3）手动关闭高压阀，将制冷剂瓶直立，起动发动机，使空调压缩机运转，打开低压手动阀，使制冷剂从低压侧注入，当系统的压力值达到1.5MPa附近（要<1.5MPa），关闭低压手动阀和制冷剂罐开关阀，如图9-16所示。

（4）将鼓风机开关和温控开关都调至最大。

（5）再次打开歧管压力计上的手动阀，让制冷剂继续进入制冷系统，直至加注量达到规定值。

（6）在向系统中加注规定量制冷剂之后，从如图9-17所示的视液孔观察，确认系统内无气泡、无过量制冷剂。

（7）加注完毕，关闭歧管压力计上的低压手动阀，关闭装在制冷剂罐上的注入阀，使发动机停止运转，拆卸歧管压力表。

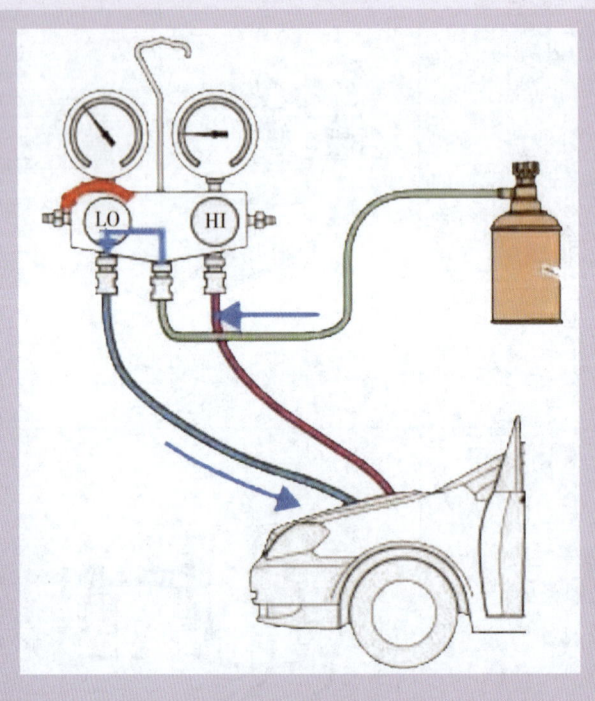

图9-16　加注制冷剂

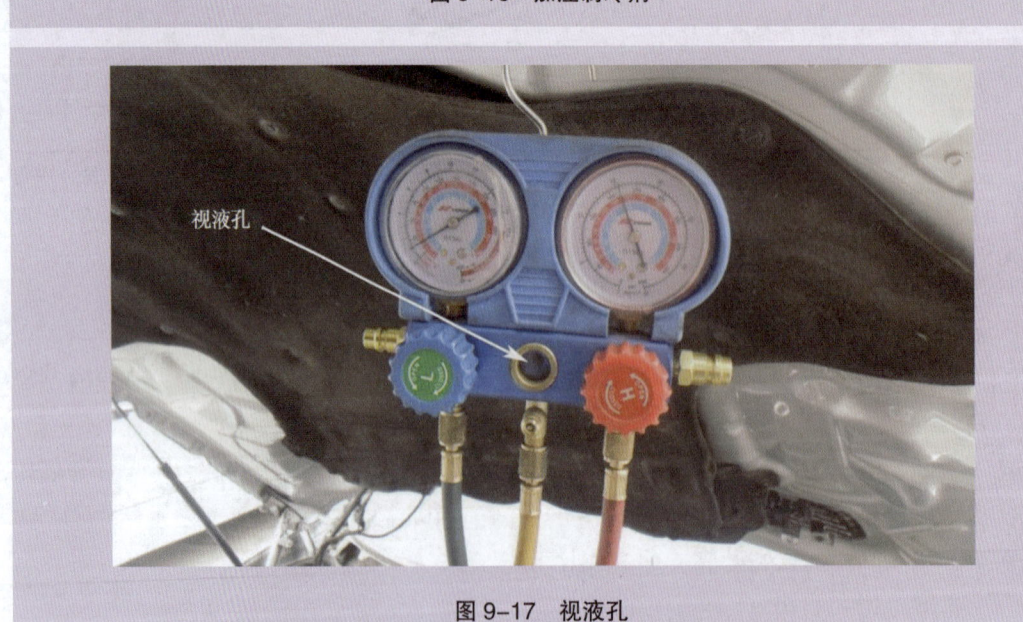

图9-17　视液孔

3 加注冷冻油

更换压缩机、蒸发器、冷凝器空调系统零部件，或发现空调系统严重泄漏后，根据规定量加注冷冻油。

（1）按抽真空的方法先对制冷系统抽真空。

（2）选用一个有刻度的量杯，加入比要补充的冷冻润滑油还要多的冷冻润滑油。

（3）将低压软管从表组一端卸下并伸进冷冻油中，高压软管仍接高压检修阀，中间软管仍接真空泵。

（4）开启真空泵，打开高压手动阀，冷冻油便被徐徐吸入压缩机中。

（5）按抽真空法加注冷冻润滑油后，再对制冷系统抽真空、加注制冷剂。

9.4.2 更换膨胀阀

膨胀阀与蒸发器相连，安装于蒸发器的一端，位于蒸发器进口。膨胀阀的一侧连接着空调压缩机的进、排气管，另一侧连接着蒸发器的进、排气管；在液体管路内对高压液体制冷剂形成限制，使制冷剂流向蒸发器时成为低压液体。

> **补充说明**
>
> 膨胀阀作为制冷剂循环回路中高压和低压部分的一个分隔点安装在蒸发器前。为了使蒸发器达到最佳制冷能力，系统根据温度和压力调节经过膨胀阀的制冷剂流量。

1 拆卸膨胀阀

（1）回收空调制冷剂。

（2）拆卸膨胀阀与蒸发器接口的空调管，细管为高压管，粗管为低压管。

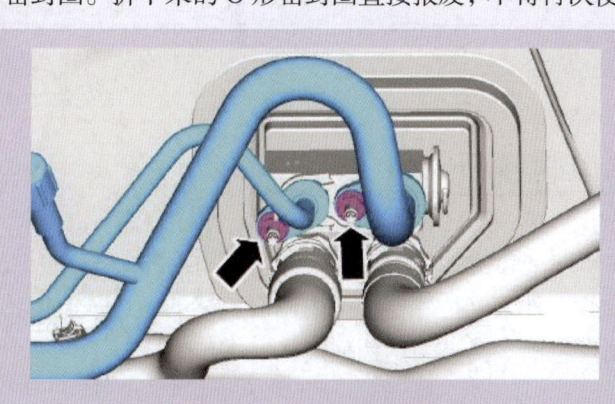

（3）拆卸热膨胀阀至蒸发器紧固螺栓。将热膨胀阀从蒸发器芯上拆下，如图9-18所示。

（4）拆下O形密封圈。拆下来的O形密封圈直接报废，不得再次使用，如图9-19所示。

视频：拆卸膨胀阀

图9-18　拆卸膨胀阀

图 9-19 拆下密封圈

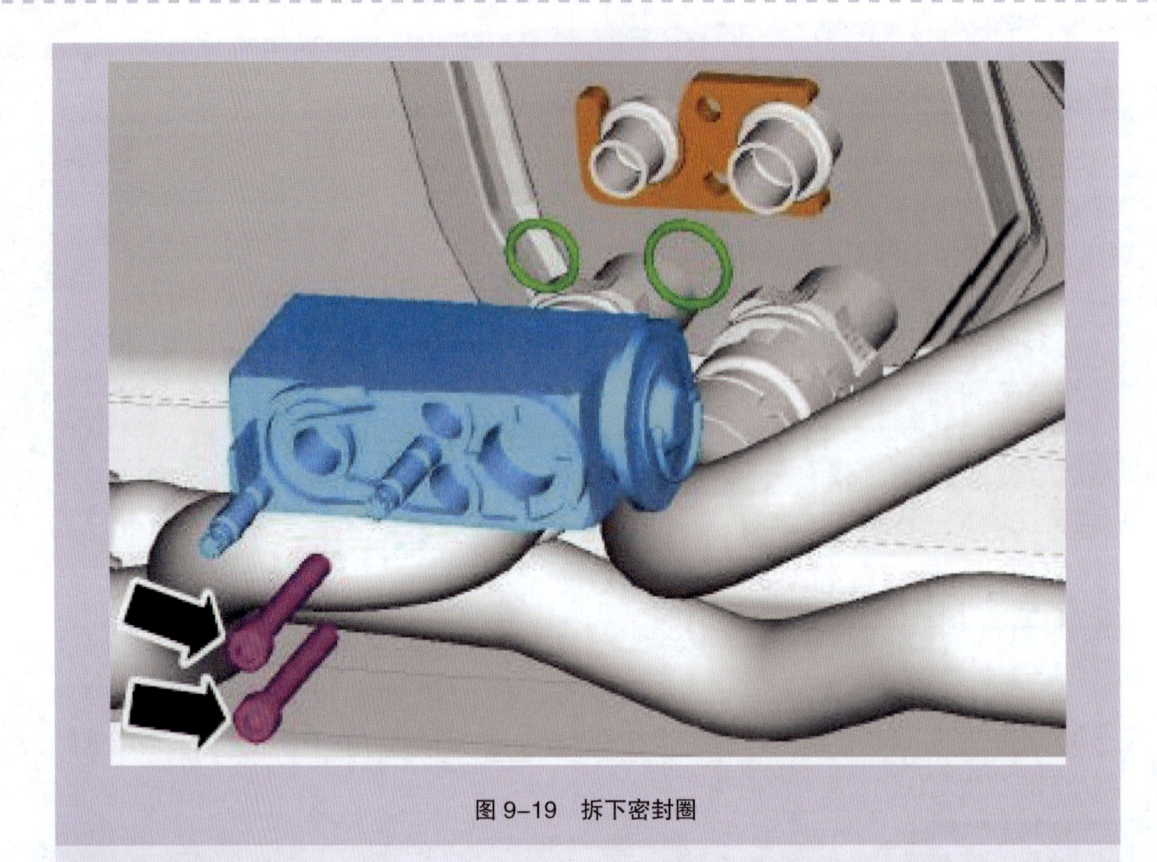

2 安装膨胀阀

（1）更换新的 O 形密封圈，并将其安装到蒸发器芯管上。
（2）安装热膨胀阀到蒸发器芯上。
（3）安装热膨胀阀至蒸发器芯紧固螺栓，并将其紧固至 5N·m。
（4）安装膨胀阀与蒸发器接口的空调管。

9.5　空调系统故障诊断

9.5.1　空调控制诊断

　　自动空调系统会依照乘驾所选择的"温度"来控制车内温度，而不受车外温度的影响，自动调节通过分别接收车外温度传感器、车内温度传感器、进气温度传感器、日照传感器等的输入信号来控制。自动空调控制结构如图 9-20 所示。

图 9-20 自动空调控制结构

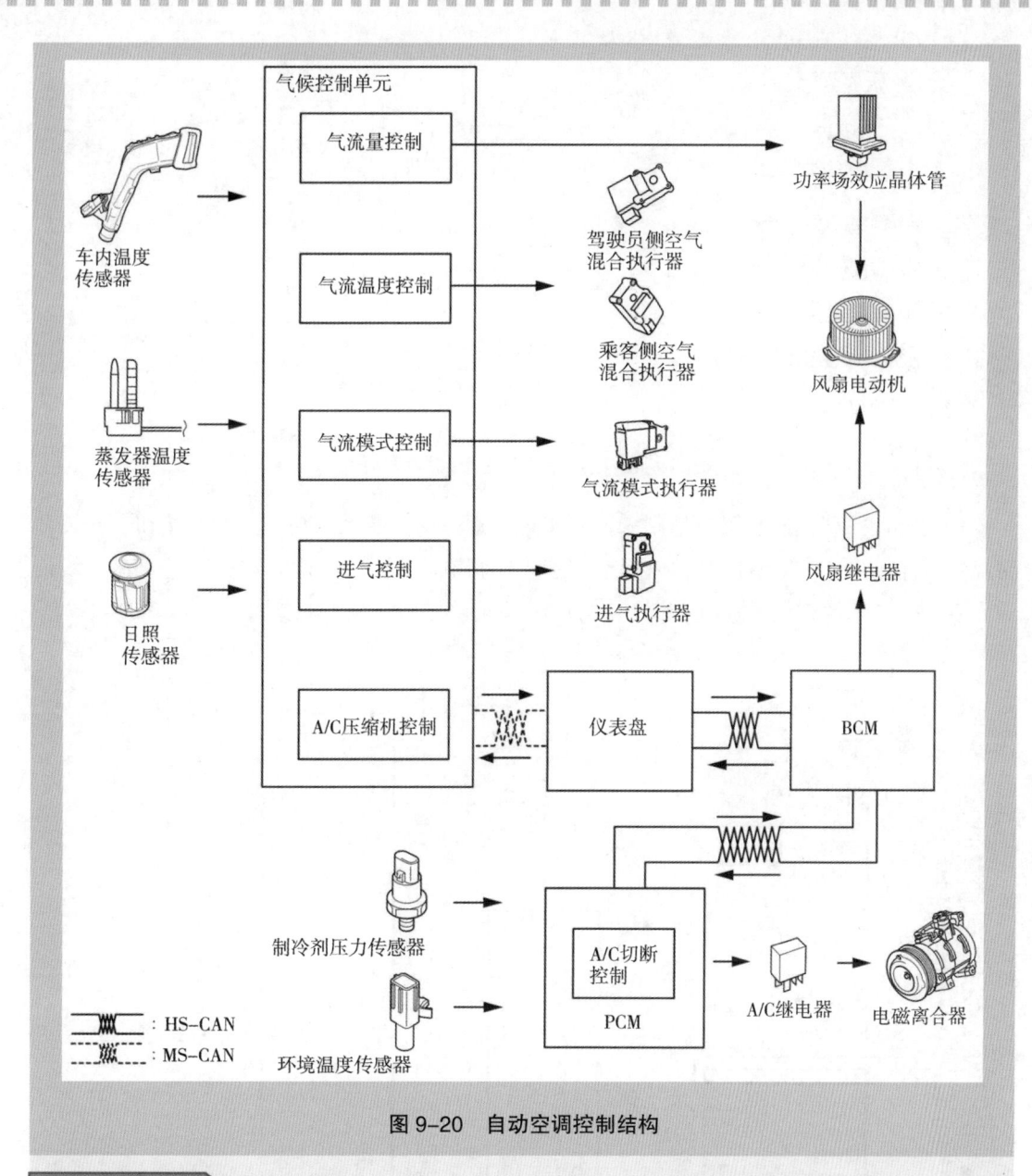

> 📢 **举例说明**

　　例如，风扇速度会根据设定的温度、车外温度、车内温度、蒸发器温度与日照量来进行风扇速度的自动控制。按下 AUTO 开关后，（如有需要）风扇电动机会开始渐渐地增加气流容量。

　　按下 A/C 开关时，空调控制输入压缩机 ON 信号会传送至 ECM。ECM 会再根据其他传感器所传来的信号（例如，制冷剂压力、节气门位置、发动机冷却水温度、发动机转速等信号）来判断是否可以开启压缩机。如果它判断压缩机可以开启，则 ECM 会传送压缩机 ON 信号来开启 A/C 继电器以操作压缩机。自动空调系统控制原理简图如图 9-21 所示。

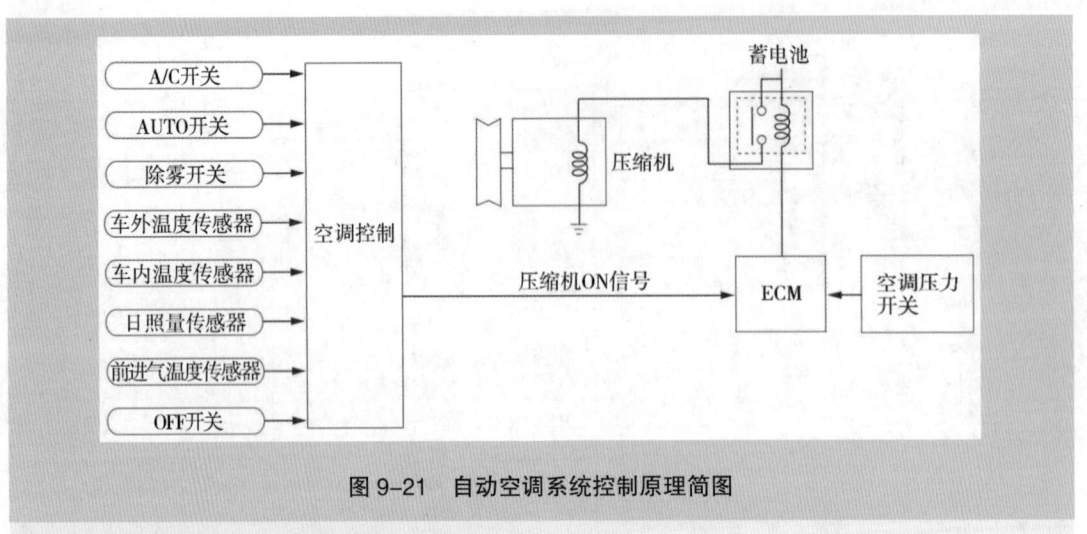

图 9-21 自动空调系统控制原理简图

自动空调系统控制装置包括用来控制暖风、通风与空调系统功能的所有按钮、开关和转盘并且作为操作者和暖风、通风与空调系统控制模块之间的界面。数据通过 LIN 总线传送到自动空调系统控制模块，如图 9-22 所示。

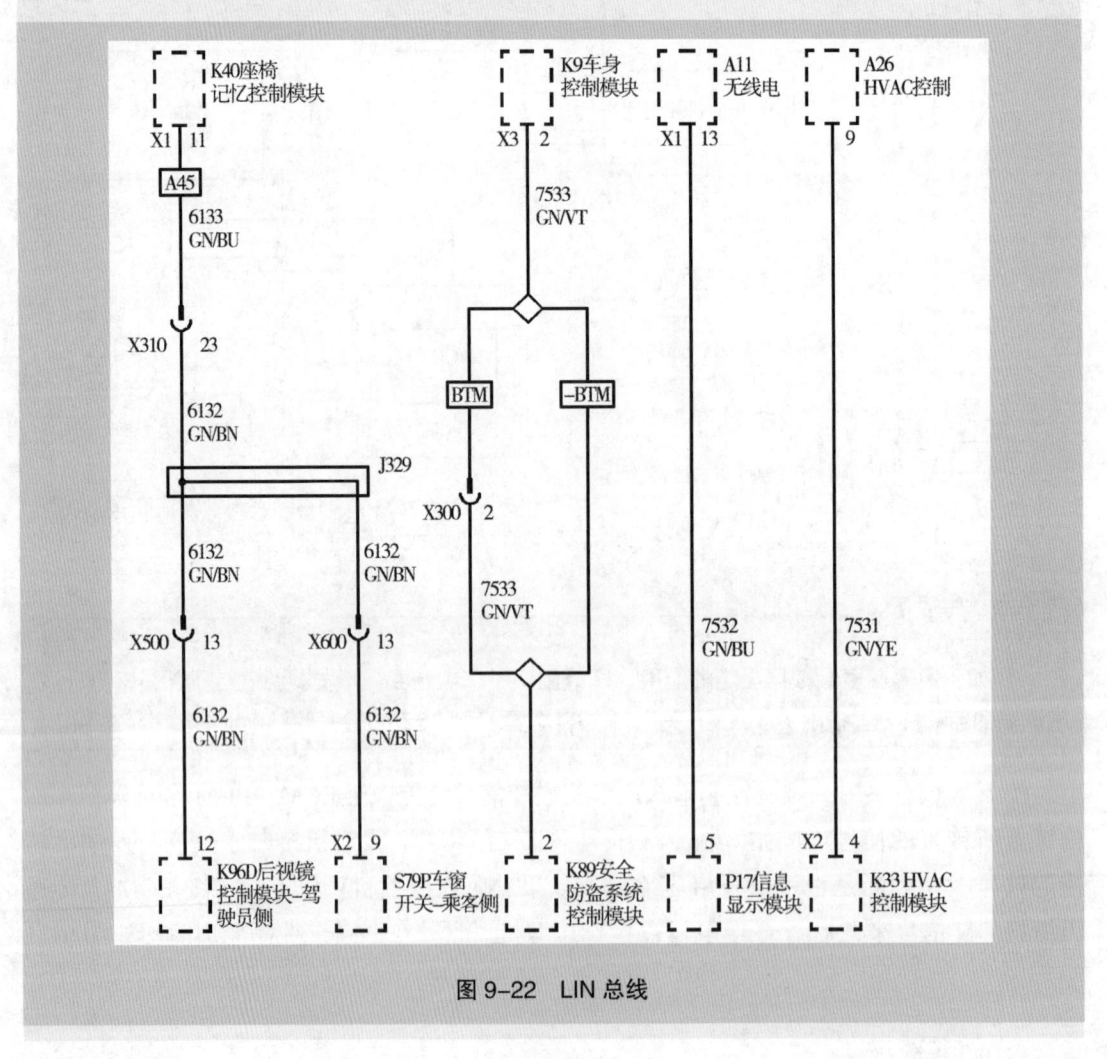

图 9-22 LIN 总线

1 空调系统控制模块

暖风、通风与空调系统控制模块作为操控与暖风、通风与空调系统之间的接口，以保持并控制期望的空气温度和空气分配设置。蓄电池正极电压电路向暖风、通风与空调系统控制模块提供用于保持活性存储器的电源。如果蓄电池正极电压电路断电，则所有暖风、通风与空调系统故障码和设置将从保持活性存储器中擦除。车体控制模块作为车辆模式的总控设备，提供设备打开信号。暖风、通风与空调系统控制模块提供鼓风机、送风模式和空气温度设置。

2 模式执行器

模式执行器是 5 线步进电动机。暖风、通风与空调系统控制模块向步进电动机提供 12V 参考电压，并用脉冲搭铁信号向 4 个步进电动机线圈供电。步进电动机将调节门移动至计算位置，以到达所选位置。如果是新的步进电动机，则应对其零点进行校准。步进电动机校准后，暖风、通风与空调系统控制模块能够驱动相应的线圈，以正确到达期望的调节门位置。

3 空气温度执行器

空气温度执行器是 5 线步进电动机。暖风、通风与空调系统控制模块向步进电动机提供 12V 参考电压，并用脉冲搭铁信号向 4 个步进电动机线圈供电。空气温度执行器将混合空气风门移动至计算位置，以达到所选的温度控制装置的温度。如果是新的步进电动机，则应对其零点进行校准。步进电动机校准后，暖风、通风与空调系统控制模块能够驱动相应的线圈，以正确到达期望的空气温度门位置。

4 内循环执行器

内循环执行器是 5 线步进电动机。暖风、通风与空调系统控制模块向步进电动机提供 12V 参考电压，并用脉冲搭铁信号向 4 个步进电动机线圈供电。步进电动机将循环风门移动至计算位置，以到达所需位置。如果是新的步进电动机，则应对其零点进行校准。步进电动机校准后，暖风、通风与空调系统控制模块能够驱动相应的线圈，以正确到达期望的循环风门位置。

5 蒸发器温度传感器

蒸发器温度传感器为 2 线负温度系数热敏电阻。传感器在 $-40 \sim +85°C$ 的温度范围内工作。传感器安装在蒸发器处，测量蒸发器的温度。如果温度降至低于 3°C，则将关闭压缩机以防止蒸发器冻结。

6 挡风玻璃温度和车内湿度传感器

挡风玻璃温度和车内湿度传感器总成提供下列信息：挡风玻璃相对湿度水平，车内挡风玻璃温度，湿度传感器元件的温度。

相对湿度传感器测量挡风玻璃乘客厢侧的相对湿度，它也检测乘客厢侧挡风玻璃表面的温度。两个数值被用作暖风、通风与空调系统控制模块应用程序的控制输入，计算乘客厢侧挡风玻璃结雾的风险系数，并能够通过将空调压缩机电源降到最低来减少燃油消耗，从而避免结雾。传感器也能在环境温度寒冷的条件下起动部分内循环模式提高乘客厢的加热性能，而不会引起挡风玻璃出现雾气积聚的风险。湿度传感器元件温度传感器提供湿度传感器元件的温度，该温度值仅在湿度传感元件和车内挡风玻璃表面的热接触不佳时才需要。

7 空气分配模式

可以通过自动空调系统控制上的空气分配开关选择期望的空气分配模式。自动空调系统控制通过 LIN 总线将数值发送到空调控制模块。自动空调系统控制模块控制空气分配执行器，将风门驱动至计算位置。根据风门的位置，空气通过不同的风管分配至仪表板出风口。将模式风门转至除霜位置，暖风、通风与空调系统控制模块将移动内循环执行器至车外空气模式，以避免车窗起雾。选择除霜后，无论冷却液温度为多少，鼓风机电动机都将起动。暖风、通风与空调系统控制模块将大量空气传送到前除霜器通风口，空调可以在所有模式下使用。

8 鼓风机电动机和模块

（1）控制单元控制（芯片控制）转速　鼓风机电动机控制处理器（也就是芯片）通过增大或减小鼓风机电动机搭铁侧电压值来控制鼓风机电动机的转速。暖风、通风与空调系统控制模块通过鼓风机电动机转速控制电路向鼓风机电动机控制处理器提供低压侧脉宽调制（PWM）信号。当所需的鼓风机转速增大时，暖风、通风与空调系统控制模块增加转速信号调节至搭铁的时间；当所需的鼓风机转速降低时，暖风、通风与空调系统控制模块将减少转速信号调制至搭铁的时间。

鼓风机控制开关是自动空调控制的一部分。鼓风机开关通过 LIN 总线发送到暖风、通风与空调系统控制模块。暖风、通风与空调系统控制模块向鼓风机电动机控制模块提供脉宽调制信号以指令期望的鼓风机电动机转速。

（2）功率场效应晶体管控制鼓风机转速　鼓风机控制电路原理简图如图 9-23 所示。

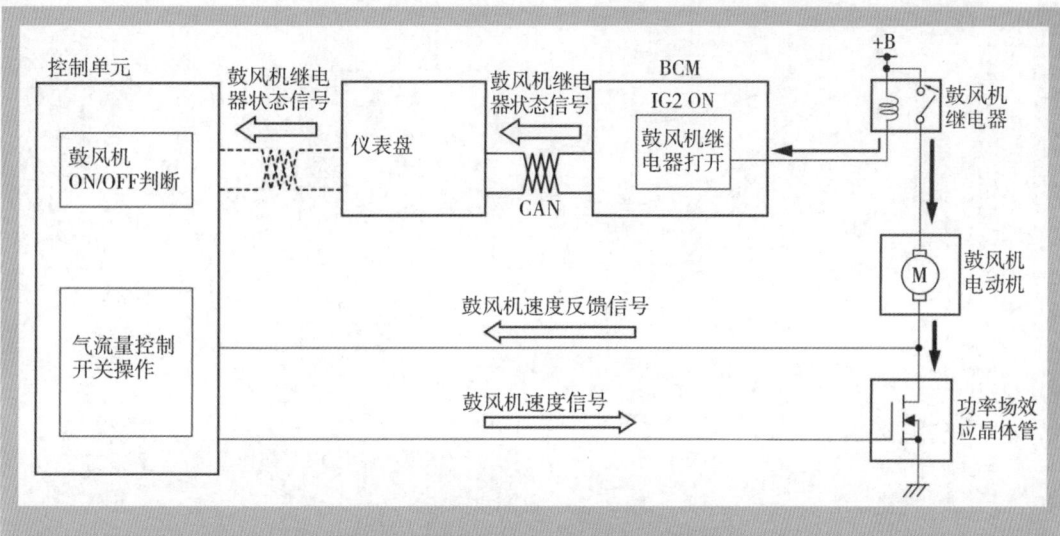

图 9-23 鼓风机控制电路原理简图

① 点火开关打开时，车身控制模块（BCM）打开鼓风机继电器。

② 控制单元上的气流量控制旋钮打开时，鼓风机电动机开始旋转。

③ 鼓风机风扇的转速由功率场效应晶体管（内有半导体元件）决定。当流经该半导体元件的电流值较高时，转速升高；反之，如果电流值较低则转速下降。功率场效应晶体管安装位置如图 9-24 所示。

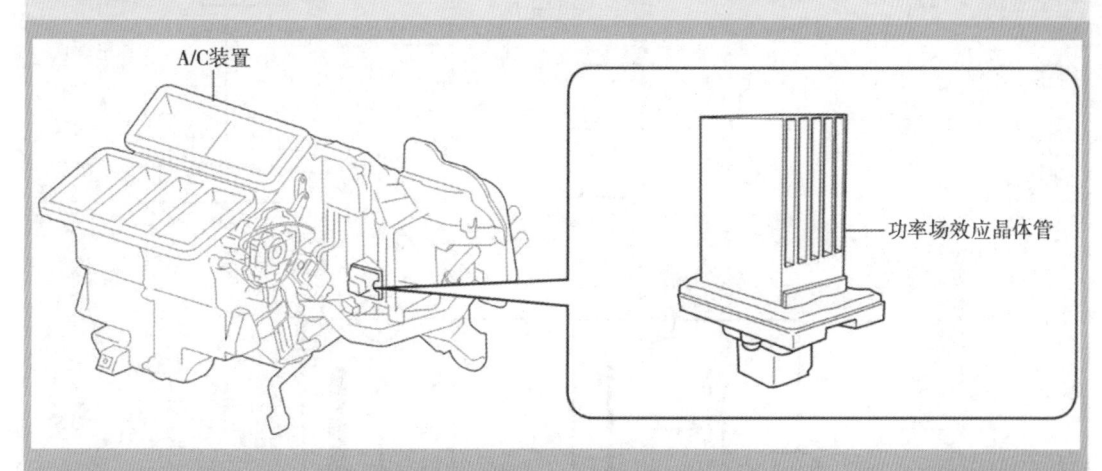

图 9-24 功率场效应晶体管安装位置

④ 当鼓风机电动机旋转时，将从车外或车厢内吸入空气，如图 9-25 所示。

⑤ 根据进气连杆的动作，吸入空气将沿着外循环或内循环的方向流动。进气口随着进气门的运动而改变。

(a) 内循环　　　　　　　　　　　　　　(b) 外循环

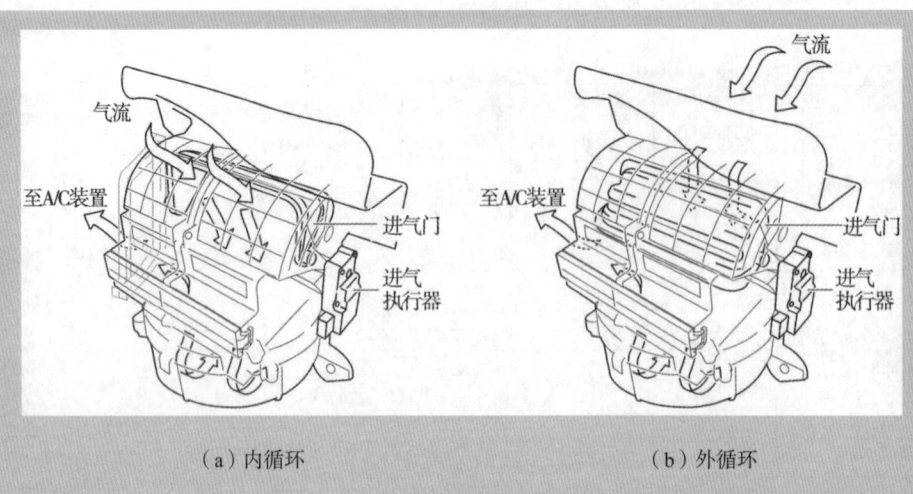

图 9-25　鼓风机运转

> 补充说明

功率场效应晶体管控制电路如图 9-26 所示。

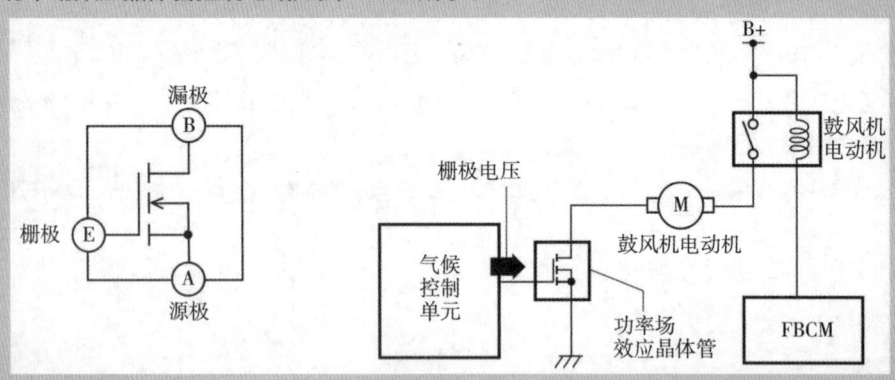

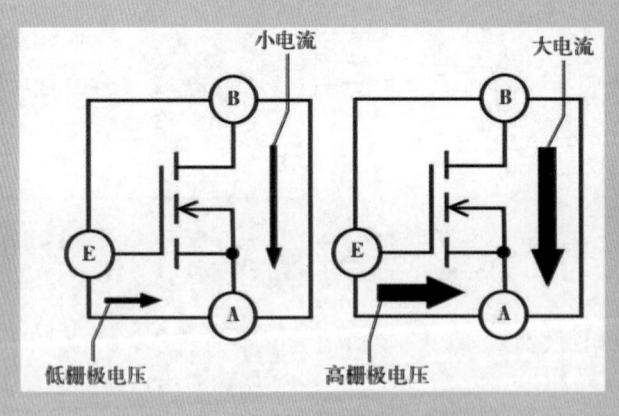

图 9-26　功率场效应晶体管控制电路

① 接线端 B 和 A 之间（漏极和源极）的电阻随加在接线端 E（栅极）的电压（栅极电压）变化而变化。

② 当栅电压增大时，接线端 B 和 A 之间的电阻降低，使电流容易流过，于是鼓风机电动机转速上升。

③ 当门电压降低时，接线柱 B 和 A 之间的电阻变大，使电流难以流过，于是鼓风机电动机转速下降。

9 空调压缩机

（1）空调压缩机控制　自动空调压缩机控制如图 9-27 所示。自动空调控制电路如图 9-28 所示。

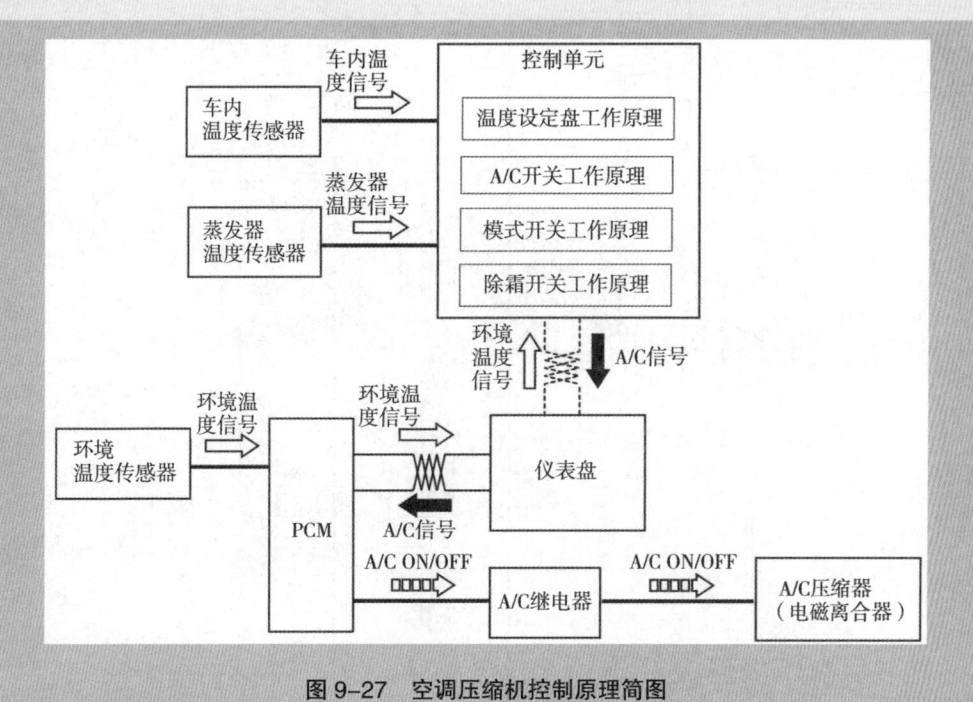

图 9-27　空调压缩机控制原理简图

① 空调控制单元根据各开关 / 旋钮的操作及随车辆环境而变化的各传感器信号来决定 A/C 的开 / 关。

② 控制单元利用 A/C 的开 / 关决定和修正结果向 PCM 发送 A/C 信号。

③ 当 PCM 根据空调信号打开空调继电器时，空调压缩机的电磁离合器打开。

（2）空调压缩机的自动控制。

① 控制单元根据环境温度决定 A/C 的开 / 关模式。

② 控制单元根据空调的工作状态，如 A/C 开启模式（A/C 开关位于 ON）或自动模式（自动开关位于 ON）来决定 A/C 信号的开 / 关。

③ 在空调开启模式中，根据环境温度和通过蒸发器的空气温度来确定空调信号（电磁离合器）的开 / 关，在自动模式中，根据环境温度计算值和通过蒸发器的空气温度来确定空调信号（电磁离合器）的开 / 关。

④ 环境温度计算值根据环境温度、车内温度和设定温度来计算。当环境温度较低时，将空调信号（电磁离合器）关闭温度设为较低的值以防止车窗起雾。

（3）空调压缩机的手动控制　控制单元利用空调开关的操作来切换空调的开 / 关模式。

299

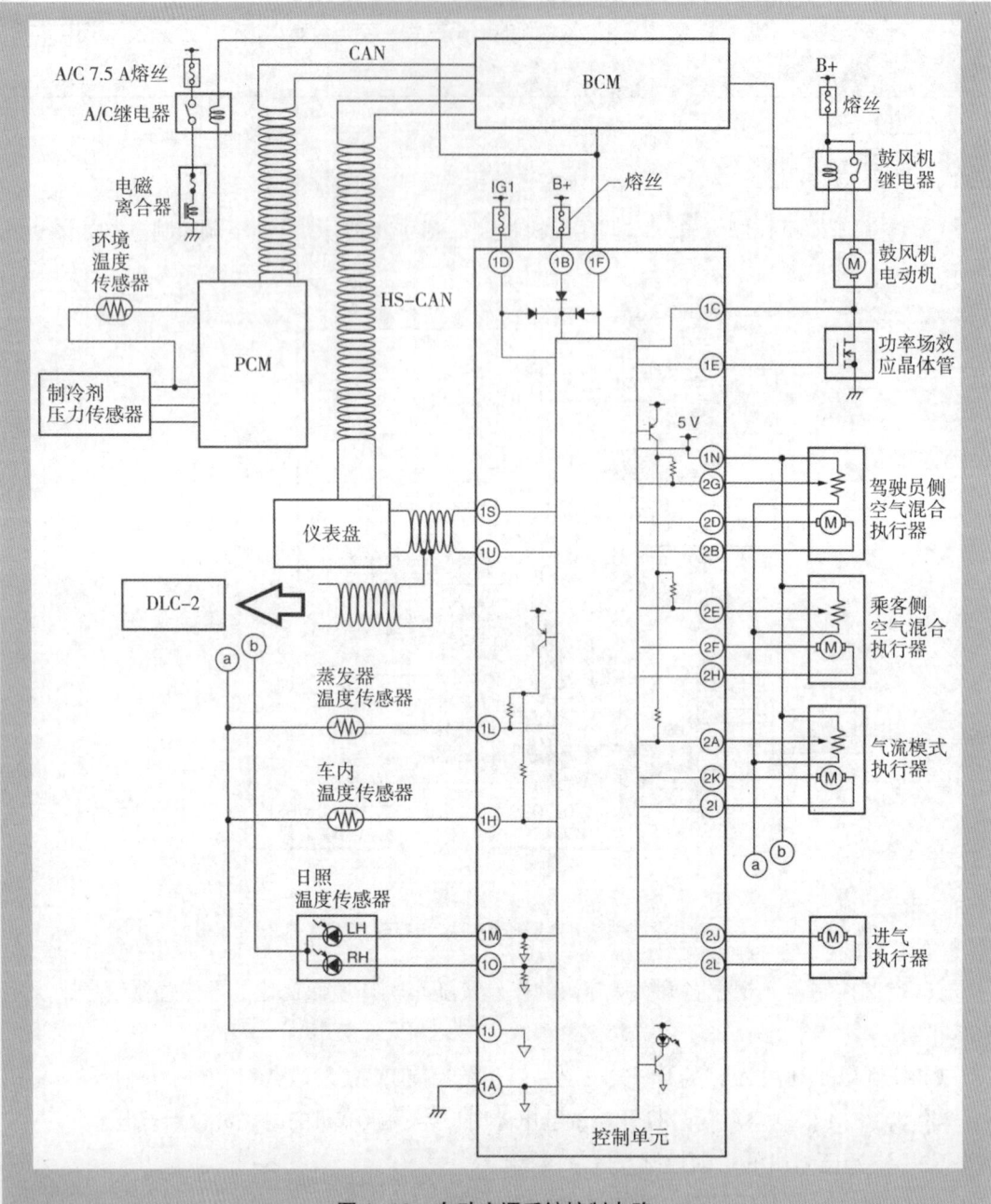

图 9-28 自动空调系统控制电路

10 空调压力传感器

（1）结构 制冷剂压力传感器被安装在冷却管上，检测制冷剂循环中的制冷剂压力。采用一种电容式制冷剂压力传感器，将制冷剂压力转换为线性电信号，包括压力检测部分和信号处理部分。压力检测部分是一个可变容量的电容器，可以根据压力改变容量；信号处理部分检测压力检测部分的容量，并将其转变为电压，然后将电压输出到气候控制单元。空调压力传感器如图 9-29 所示。

（2）控制逻辑　空调压力传感器是一个3线压电式压力传感器，该传感器依靠5V参考电压、低电平参考电压和信号电路进行工作，空调压力信号为0.2~4.8V。空调制冷剂压力过低时，信号值接近0V；空调制冷剂压力过高时，信号值接近5V。发动机控制模块（ECM）将电压信号转换为压力值，当压力太高或太低时，发动机控制模块将不允许空调压缩机离合器接合。

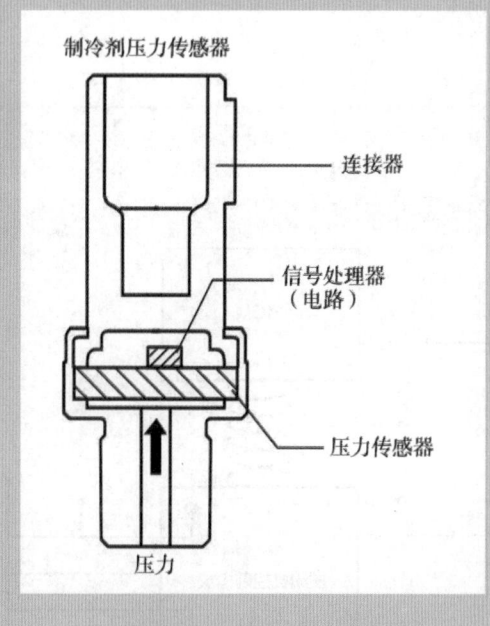

图9-29　空调压力传感器

（3）故障举例　空调压力传感器问题会导致发动机不能正常工作和出现空调故障，举例如下。

① 故障检查。别克凯越某款，发动机故障灯点亮，且加速无力，空调系统不能制冷。行车时，发动机故障灯亮，踩下加速踏板时加速无力。

使用诊断仪对发动机系统执行故障诊断，显示故障内容为节气门位置传感器电路低电压（P0122）。故障码无法清除掉。

读取数据流，再踩下加速踏板，节气门位置数据不变化。

用万用表测量节气门位置传感器线束侧的插头端子，测量结果为搭铁正常，而传感器的供电线上只有0.65V的电压，正常情况是5V电压。

> **补充说明**
>
> 节气门体总成包含两个节气门体位置传感器。节气门体位置传感器安装在节气门体总成上且不可维修，节气门位置传感器将提供一个相对节气门叶片角度变化的信号电压。发动机控制模块（ECM）向节气门位置传感器提供1个通用5V参考电压电路、1个通用低电平参考电压电路和两个独立的信号电路。
>
> 两个节气门位置传感器的功能相反。当踩下加速踏板至节气门全开（WOT）位置时，节气门位置传感器1信号电压降低，节气门位置传感器2信号电压升高。

根据上述检测，ECM 到节气门位置传感器的供电线路存在短路、ECM 本身故障不能给节气门位置传感器提供 5V 的电压。

② 检查空调压力传感器。检查 ECM 插接器各端子，均良好。检测空调压力传感器，该传感器有 3 根导线，分别用于 5V 基准电压、搭铁和输入至发动机控制模块 ECM 信号。经过测试，节气门位置传感器的 5V 电源线与空调压力传感器电源线相互导通，其连接点在 ECM 内部。回顾故障特征，该车故障现象伴有空调不制冷，可判断为空调压力传感器内部搭铁。

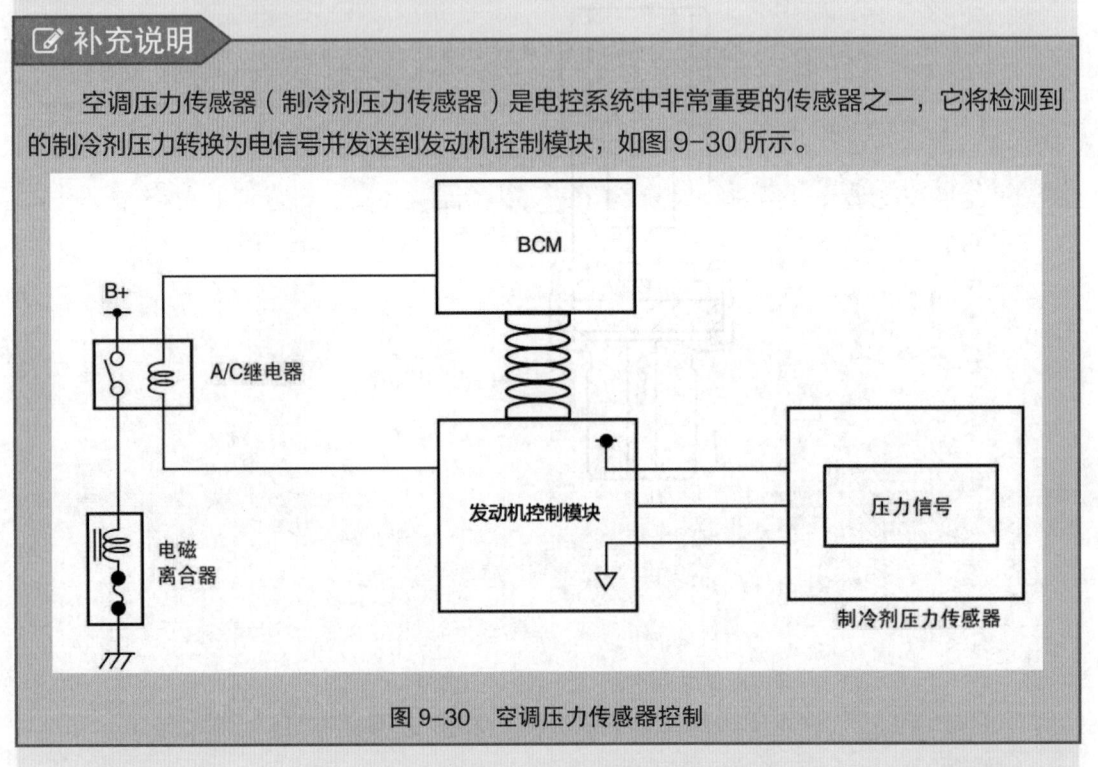

> **补充说明**
>
> 空调压力传感器（制冷剂压力传感器）是电控系统中非常重要的传感器之一，它将检测到的制冷剂压力转换为电信号并发送到发动机控制模块，如图 9-30 所示。

图 9-30 空调压力传感器控制

③ 故障和排除。经检测判断，确定空调压力传感器内部短路造成搭铁，导致节气门位置传感器始终处于低电位，ECM 因此设置故障码 P0122，并点亮故障灯。

又由于空调压力传感器反馈给 ECM 的信号电压也是低电压，ECM 以此断定空调制冷系统压力太低，因此开空调后，虽有 A/C 请求信号，但 ECM 认为其不具备空调工作的条件，不给空调压缩机继电器控制线圈搭铁信号，空调压缩机不工作，空调系统不能制冷。更换空调压力传感器，故障排除。

9.5.2 空调系统异常压力诊断

不论空调系统的高压还是低压的压力异常，使用歧管压力表都可以进行诊断排查。在表 9-3 ~ 表 9-8 中，歧管压力表刻度上的红色和蓝色记号表示正常压力范围。

1 高压与低压侧都太高（表9-3）

表9-3 高压与低压侧均太高故障诊断

歧管压力表表现	制冷剂循环	可能原因	排除措施
高压与低压侧都太高	在泼水到冷凝器上之后压力很快下降	制冷剂回路中过度加注制冷剂	减少制冷剂量直到达到规定的压力
	冷却风扇吸气不足	冷凝器冷却性能不足；冷凝器和散热器鳍片阻塞；冷却风扇转动不正常	清洁冷凝器和散热器；检查并修理或更换冷却风扇
	低压管不冷；压缩机停止后，高压值快速下降，之后接着再缓缓下降	冷凝器热交换不良（在压缩机停止运转后，高压下降太慢）；制冷剂循环回路中有空气	重复抽真空并重新加注制冷剂
	发动机容易过热	发动机冷却系统发生故障	检查发动机冷却系统
	低压管部分会比靠近蒸发器出口还要冷，管面有时会结霜	低压侧有过多的液体制冷剂；制冷剂输出量过大；膨胀阀调整不当，开度比大	更换膨胀阀

2 高压侧太高而低压侧太低（表9-4）

表9-4 高压侧太高而低压侧太低故障诊断

歧管压力表表现	制冷剂循环	可能原因	排除措施
高压侧太高而低压侧太低	冷凝器上侧与高压侧极热，但储液罐没那么热	高压管或位于压缩机与冷凝器之间的零件阻塞或压扁	检修或更换故障的零件；检查空调系统油是否污染

3 高压侧太低而低压侧太高（表9-5）

表9-5 高压侧太低而低压侧太高故障诊断

歧管压力表表现	制冷剂循环	可能原因	排除措施
高压侧太低而低压侧太高	高压侧与低压侧在压缩机停止作用后太快均压	压缩机故障	更换压缩机
	高压侧与低压侧之间没有温度差	压缩机故障	更换压缩机

4 高压侧与低压侧都太低（表9-6）

表9-6 高压侧与低压侧都太低故障诊断

歧管压力表表现	制冷剂循环	可能原因	排除措施
高压侧与低压侧都太低	干燥器出口与入口端之间的温差太大，出口端温度极低；储液罐入口端与膨胀阀结霜	储液罐内部稍微阻塞	更换储液罐；检查空调系统油是否污染
	膨胀阀入口端的温度相较于靠近储液罐的部位极度过低；膨胀阀入口端可能结霜；高压侧有些地方有温度差	储存干燥器与膨胀阀之间的高压管阻塞	检查并修理故障的零件；检查空调系统油是否污染
	膨胀阀与储液罐温热或只有在碰触时才感觉冰凉	制冷剂加注不足；配件或组件发生泄漏	检查制冷剂系统是否泄漏
	阀本身结霜时，膨胀阀入口端与出口端之间的温差极大	膨胀阀故障；出口端与入口端可能阻塞	使用压缩空气清除异物；检查空调系统油是否污染
	低压管部分会比靠近蒸发器出口还要冷	低压管阻塞或压扁	检查并修理故障的零件；检查空调系统油是否污染
	气流量太低	蒸发器结冰	检查前进气温度传感器电路；更换压缩机

5 低压侧有时变成负压（表9-7）

表9-7 异常压力故障诊断

歧管压力表表现	制冷剂循环	可能原因	排除措施
低压侧有时候变成负压	空调系统没有发挥正常功能且没有循环冷却座舱内的空气；在压缩机停止与重新起动后系统会稳定作用一段时间	制冷剂没有循环输出；膨胀阀出口端与入口端有水分冻结；水分混入制冷剂中	从制冷剂中排出水分或更换制冷剂；更换储液罐

6 低压侧变成负压（表9-8）

表9-8 低压侧变成负压故障诊断

歧管压力表表现	制冷剂循环	可能原因	排除措施
低压侧变成负压	储液罐或膨胀阀管的前后侧结霜或有凝结水	高压侧堵死制冷剂无法流通；膨胀阀或储液罐结霜	更换膨胀阀；更换储液罐；检查空调系统油是否污染

第 10 章 车窗系统维修

10.1 车窗系统认知和使用

10.1.1 玻璃升降器

电动车窗（电动玻璃升降系统）由左前车窗开关、右前车窗开关、左后车窗开关、右后车窗开关、各车门中的玻璃升降器电动机及控制电路组成，如图10-1～图10-3所示。

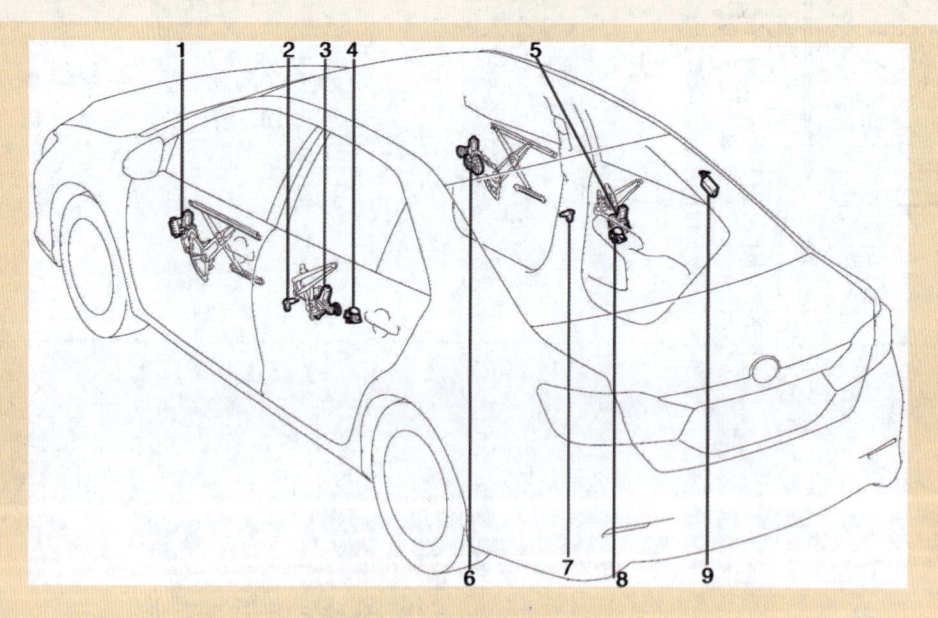

图10-1 电动玻璃升降系统

1, 3, 5, 6—电动玻璃升降器电动机；2, 7—门控灯开关；4, 8—车窗开关；9—控制单元

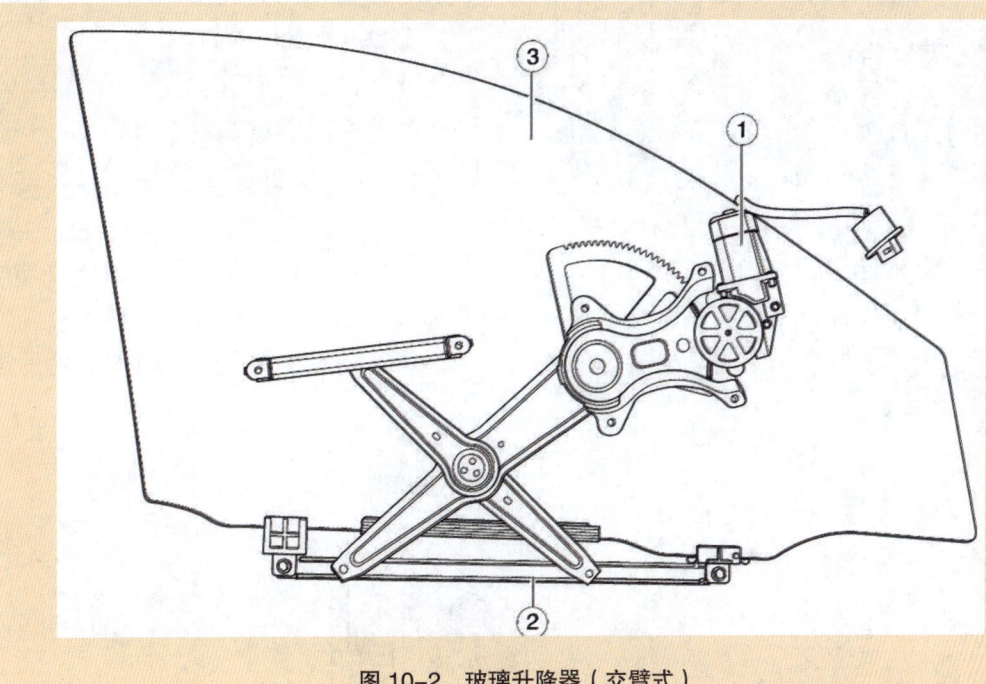

图 10-2 玻璃升降器（交臂式）

1—玻璃升降器电动机；2—玻璃器升降导轨；3—门窗玻璃

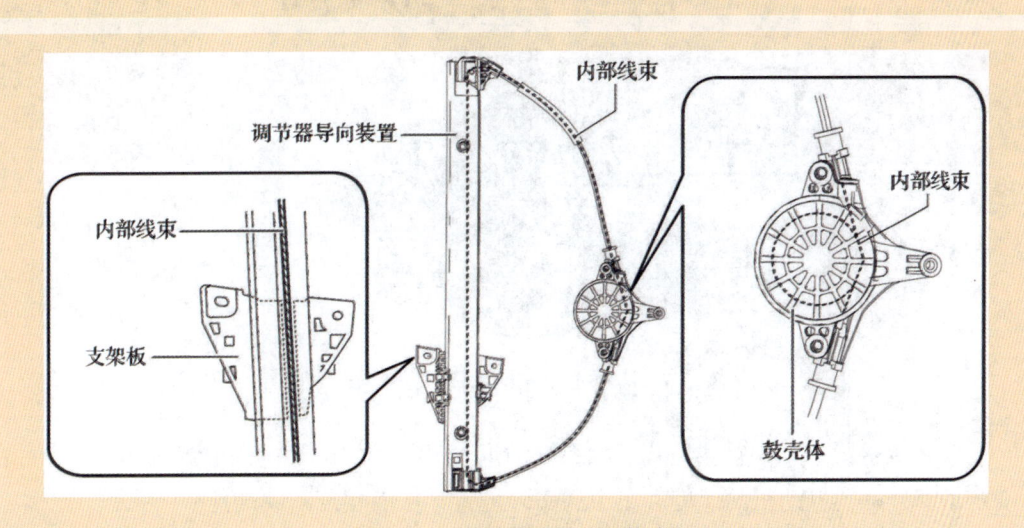

图 10-3 玻璃升降器（绳轮式）

  主驾驶员侧电动车窗开关总成有 4 个开关，副驾驶员侧车门和两后车门拥有各自独立的车窗开关。当主驾驶员侧操作每一个车窗开关挡位时，电动车窗开关通过逻辑电路驱动玻璃升降器执行电动机转动方向的改变来实现车窗玻璃的上升、下降。当副驾驶员侧、两后车门各自独立操作电动车窗开关挡位时，电动车窗开关通过逻辑电路驱动玻璃升降器执行电动机转动方向的改变来实现车窗玻璃的上升、下降。当开关切换车窗上升、下降动作时，需要在上升、下降之间暂停（200±20）ms。

1 防夹功能

电动窗自动上升时可能会夹到障碍物，这个功能允许电动窗在安全区域（车窗框顶部向下 4～200mm）夹到物体后反转。电动窗会反转至少 200mm 或回到起始位置以下。

（1）霍尔传感器　如图 10-4 所示，玻璃升降器电动机上带霍尔传感器。通过一个闭合力限制装置控制。霍尔传感器测量获得电动机轴的转速。如果车门玻璃遇到障碍物，霍尔传感器会确定电动机转速的变化。然后，车门控制单元控制改变玻璃的运动方向。

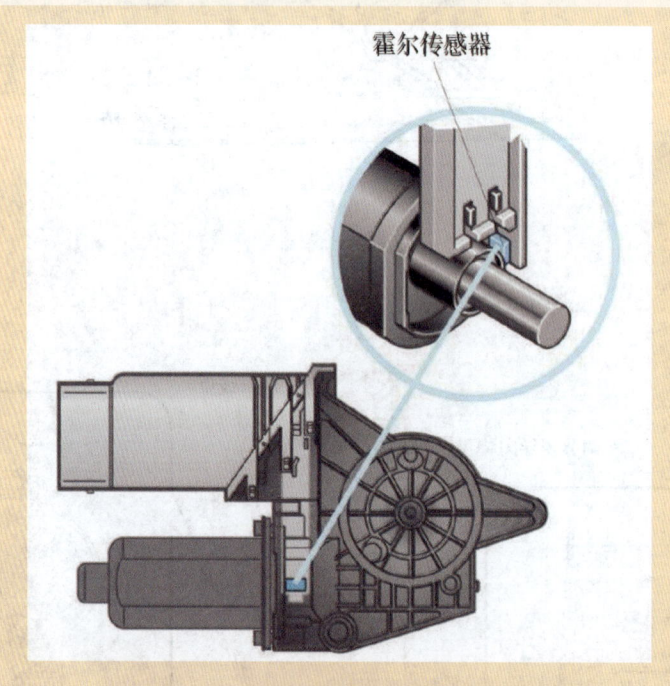

图 10-4　玻璃升降器电动机上带霍尔传感器

（2）无传感器　无传感器位置识别系统测量车窗升降器电动机的电流谐波含量，并由此确定车窗升降器电动机的速度和车窗的实际位置，从而实现防夹功能。

2 车窗锁止功能

按压车窗锁止开关，可以开启或关闭车窗锁止功能。开启车窗锁止功能后，将无法使用后排车门上的车窗开关，仅可以使用前排车门上的车窗开关控制相应车窗。

3 车窗热保护

连续多次反复操作车窗开关，为保护玻璃升降器总成，可能会触发热保护功能，玻璃升降开关出现失效的情况。此时待电动机冷却后，该功能便恢复正常。

10.1.2 车窗组合开关（表10-1）

表10-1 车窗开关操作

车窗和电动后视镜组合开关	类　型	操　作
(图示) 1—左前电动车窗按键； 2—右前电动车窗按键； 3—左后电动车窗按键； 4—右后电动车窗按键； 5—乘员车窗锁止按键	车窗开关（带自动功能）	① 自动操作：用力按下或拉起开关，可完全打开或关闭车窗； ② 手动操作：轻轻按下或拉起开关并保持，直至车窗到达所需位置
	车窗开关（不带自动功能）	按下/拉起开关，直至车窗到达所需位置
	电动车窗锁止按钮	① 锁止：指示灯点亮，锁止起动； ② 解锁：指示灯熄灭，锁止取消
(图示) 翻折按钮 调节开关 L/R选择器开关	调节开关	当电源模式处于ON时，可调节车门后视镜； 按此按键，可调节外后视镜镜片至合适位置
	电动外后视镜折叠开关	按下此按键，左右外后视镜同时折叠，再次按下此按键，外后视镜再次展开
(图示)	中控开关锁止	点火开关开启状态，车门关闭时，按下车内的中控门锁锁止按键，四车门锁止。 ① 当车速大于20km/h，四门自动锁止； ② 当车速在5~20km/h，30s后四门自动锁止

10.2 车窗系统维护和保养

10.2.1 天窗排水保养周期

1 排水维护

天窗排水保养随整车定期维护保养进行。恶劣条件下，应适当缩短排水保养间隔。天窗排水管出水口位置易堵塞淤泥、异物等导致排水不畅，时间久可能导致天窗排水孔堵塞，需要定期检查天窗排水管是否畅通，并经常清洗车辆，天窗如图10-5所示。

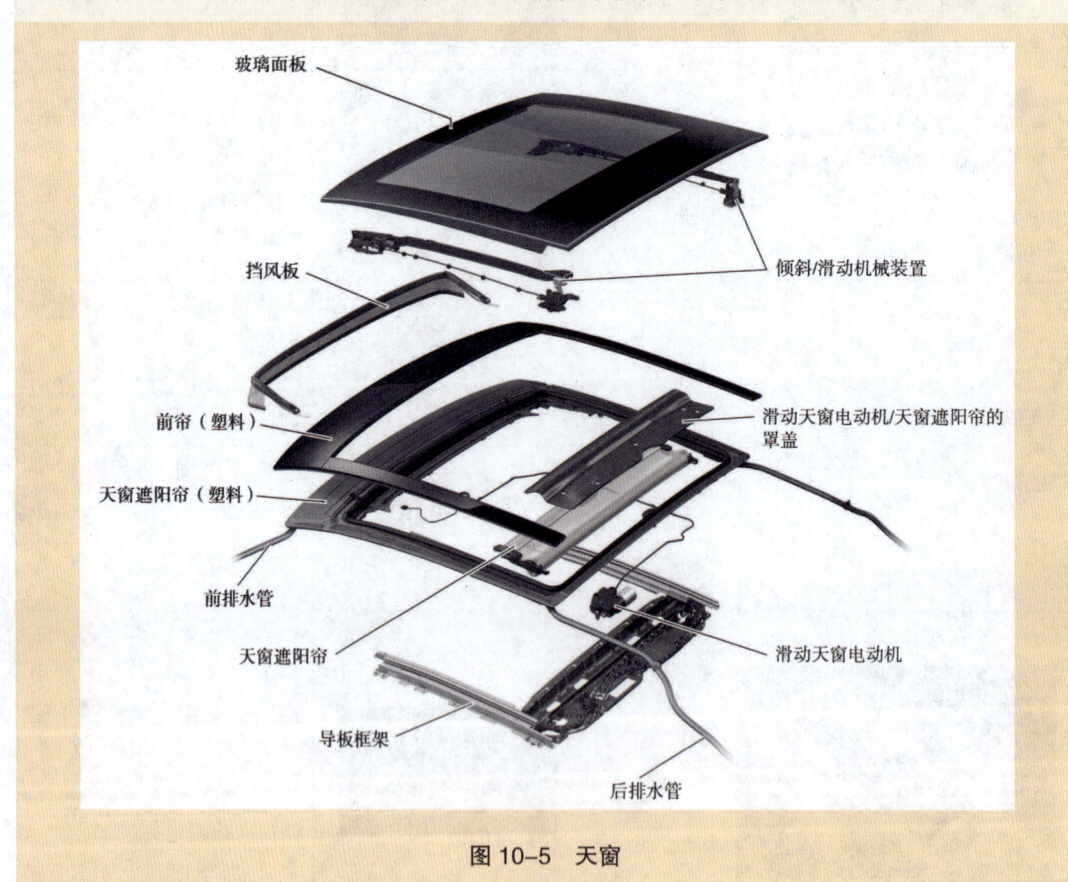

图10-5 天窗

2 检查轨道

（1）检查密封胶条是否完好，天窗是否平整。

（2）检查玻璃轨道是否清洁顺畅，并清洁轨道，必要时适当涂抹润滑脂。

10.2.2 天窗排水维护事项

（1）目视检查天窗排水孔是否有异物堵塞，如果排水孔堵塞，需要使用吹气枪、疏通刷等工具进行清理，并清洁导轨，疏通排水孔。

（2）向天窗排水孔位置灌水，确认水是否快速排出，如果排水缓慢，则需使用天窗排水管疏通刷对排水管进行疏通。小天窗和全景天窗排水通道示意图如图 10-6 所示。

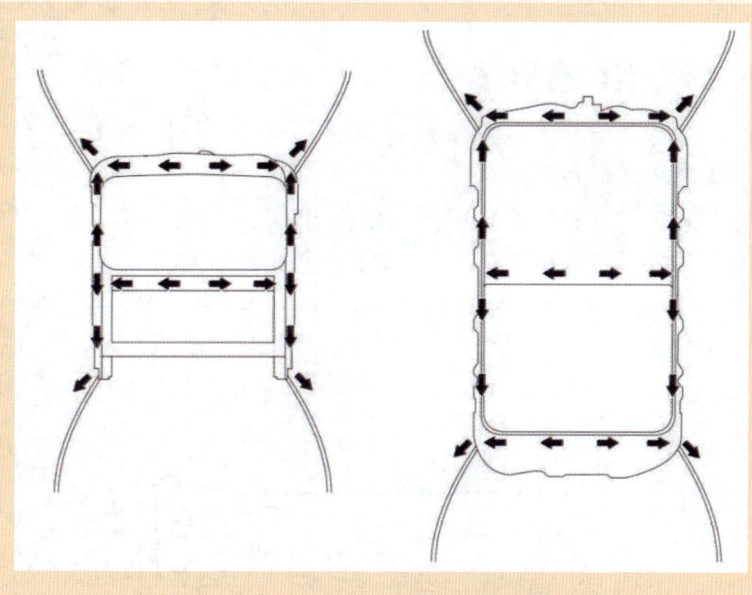

图 10-6　两种不同天窗排水通道示意图

10.3　车窗系统拆装

10.3.1 拆装玻璃升降器开关

（1）拆装主驾玻璃升降器开关，在如图 10-7 所示的箭头位置插入塑料板，拆下玻璃升降器开关。

（2）断开如图 10-8 所示的连接插头，取出主驾玻璃升降器开关。

（3）安装程序以倒序进行。

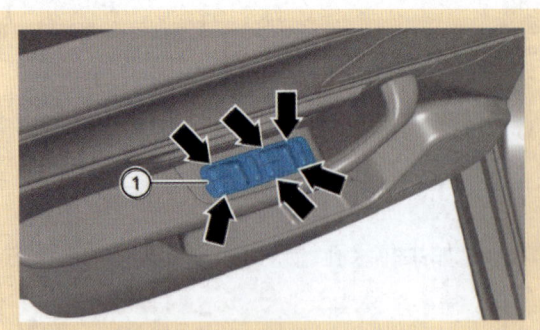

图 10-7　拆卸玻璃升降器开关　　　　　　　　图 10-8　断开连接插头

10.3.2 拆装玻璃升降器

（1）拆卸门窗升降器总成。

（2）拆卸车门饰，注意卡扣如图 10-9、图 10-10 所示。

（3）拆卸前门维修板，断开各连接器，脱开夹箍，拆下前门维修板。

（4）拆卸电动窗升降器总成，取出升降器总成，拆下升降器电动机，如图 10-11、图 10-12 所示。

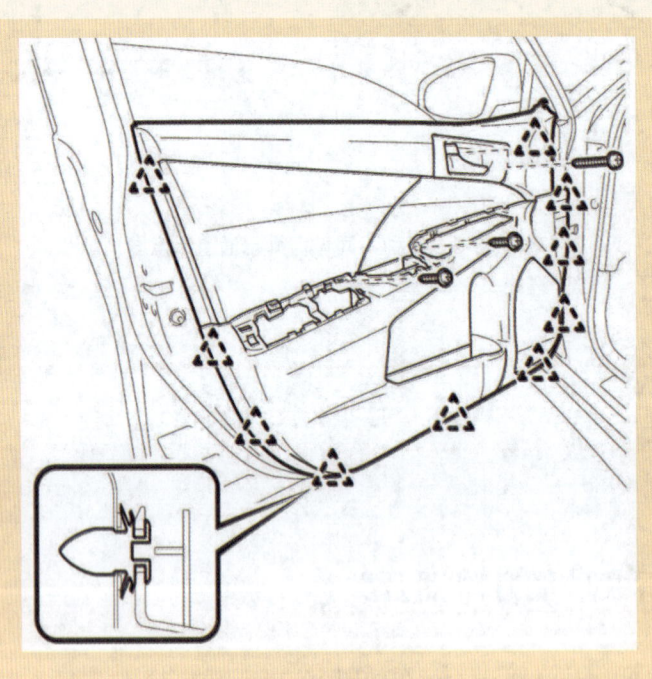

图 10-9　拆卸车门饰板

补充说明

拆卸车门内饰需要使用如图 10-10 所示的专用工具（拔起钳）来拆下，这种工具多用于内饰、表面塑料件的卡扣、塑料铆钉等的拆卸和拔取。

图 10-10　专用工具拆卸车门内饰卡扣

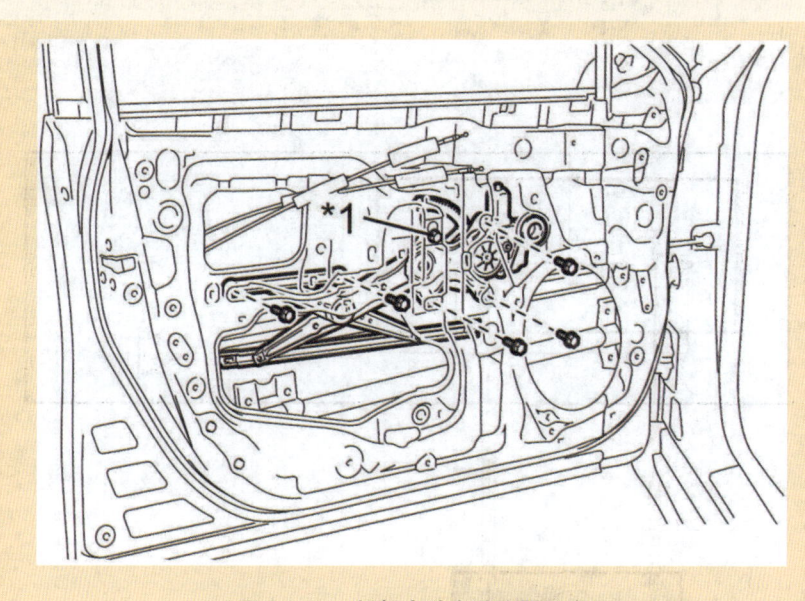

图 10-11　拆卸电动窗升降器总成

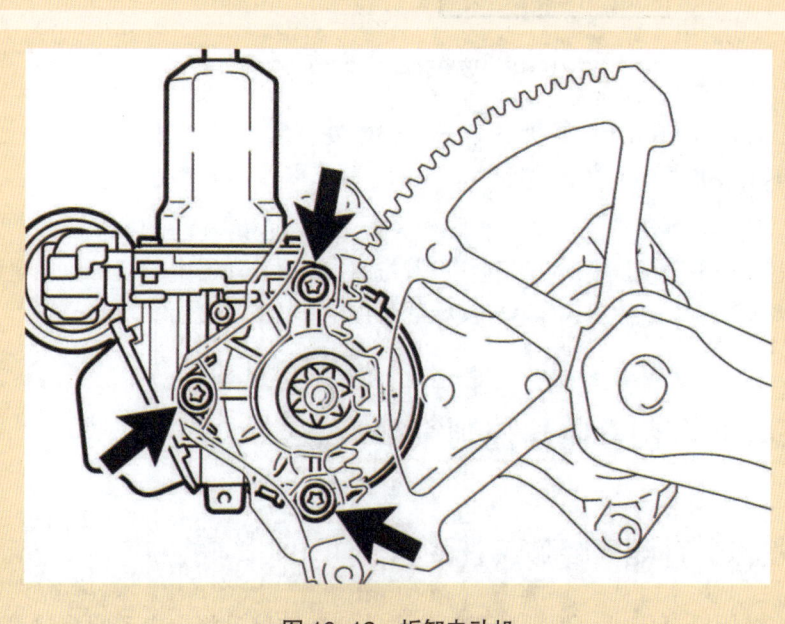

图 10-12　拆卸电动机

10.4 车窗系统故障诊断

10.4.1 玻璃升降的基本控制

简单讲，玻璃升降器电动机是利用两个开关来实现电动机的正转和反转的，如图 10-13 所示。

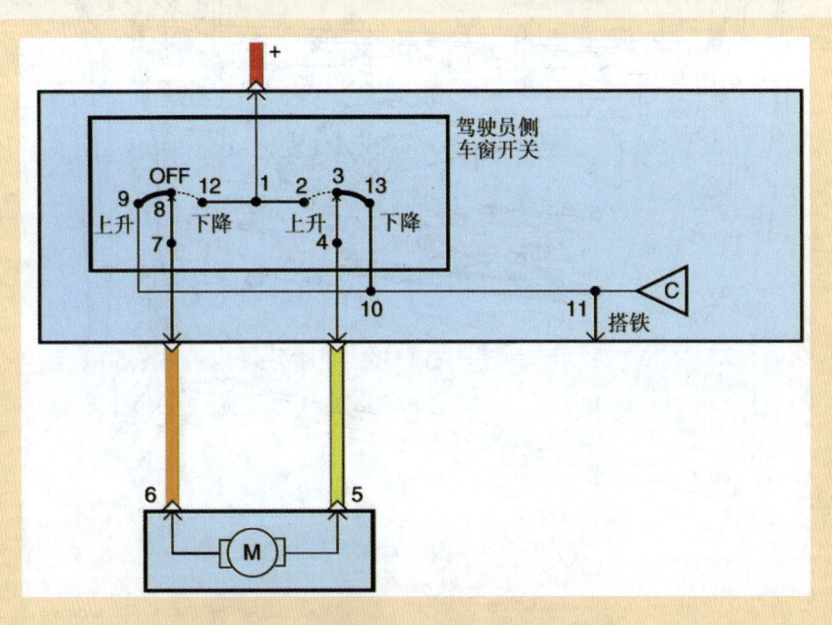

图 10-13 玻璃升降器电动机升降控制

升降器上升，电动机正转：正极→1→2→3→4→5→6→7→8→9→10→11→搭铁；

升降器下降，电动机反转：正极→1→12→8→7→6→5→4→3→13→10→11→搭铁。

升降器上升和下降的路径中我们会发现，通过玻璃升降器电动机的路径是两个相反的方向，正转为 5→6；反转为 6→5。这样就实现了对车窗升降的控制。

10.4.2 各车门升降器控制策略

1　主驾驶侧上升和下降玻璃升降器

在执行快速上升功能时，驾驶员车门包含的智能玻璃升降器电动机将检测电阻是否过大并自动反转方向以避免乘客夹在正在关闭的车窗和门框之间造成伤害。通过拉起和按住车窗开关可以操控自动反向安全功能。

玻璃升降器电动机内的逻辑电路监测通常等于 B+ 电压的上升、下降和快速信号电路。使用驾驶员车窗开关的一个开关时，触点闭合导致相应信号电路内的电压下降。玻璃升降器电动机将检测该压降并指令车窗玻璃按要求的方向移动。

举例说明

电动车窗升降（玻璃升降器升降）分为上升、快速上升、下降、快速下降这四种状态，图 10-14 ～图 10-16 所示为列举 2012 年款的大众迈腾 B7L 车窗升降系统电路图，对应该电路图说明车窗升降器动作电路。

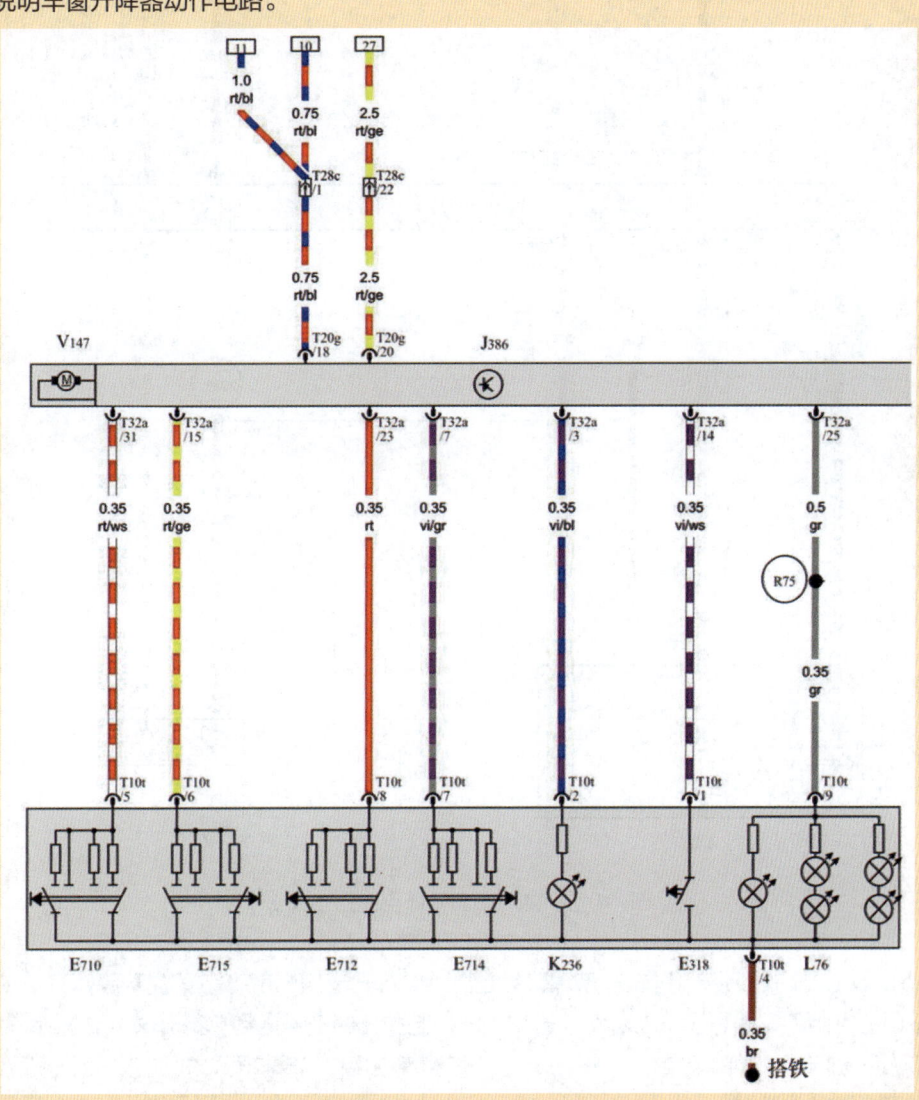

图 10-14 电动车窗升降电路图（一）
E710—驾驶员侧前部车窗升降器按钮；E712—驾驶员侧后部车窗升降器按钮；E714—副驾驶员侧后部车窗升降器按钮；E715—副驾驶员侧车窗升降器按钮；J386—驾驶员侧车门控制单元；V147—车窗升降器电动机

打开点火开关后，舒适便捷系统的中央控制单元工作，通过 CAN 总线向车门控制单元发送信息，来自熔体给接通的车门控制单元的供电，将驾驶员侧左前车窗开关提升（下降也如此），车窗开关将来自驾驶员侧车门控制单元的信号经过电阻接地，驾驶员侧车门控制单元通过舒适 CAN 总线向舒适便捷系统的中央控制单元传送请求信号，中央控制单元经计算后，通过 CAN 总线向驾驶员侧车门控制单元传输信号，驾驶员侧车门控制单元控制内部工作，实施车窗电动机动作。

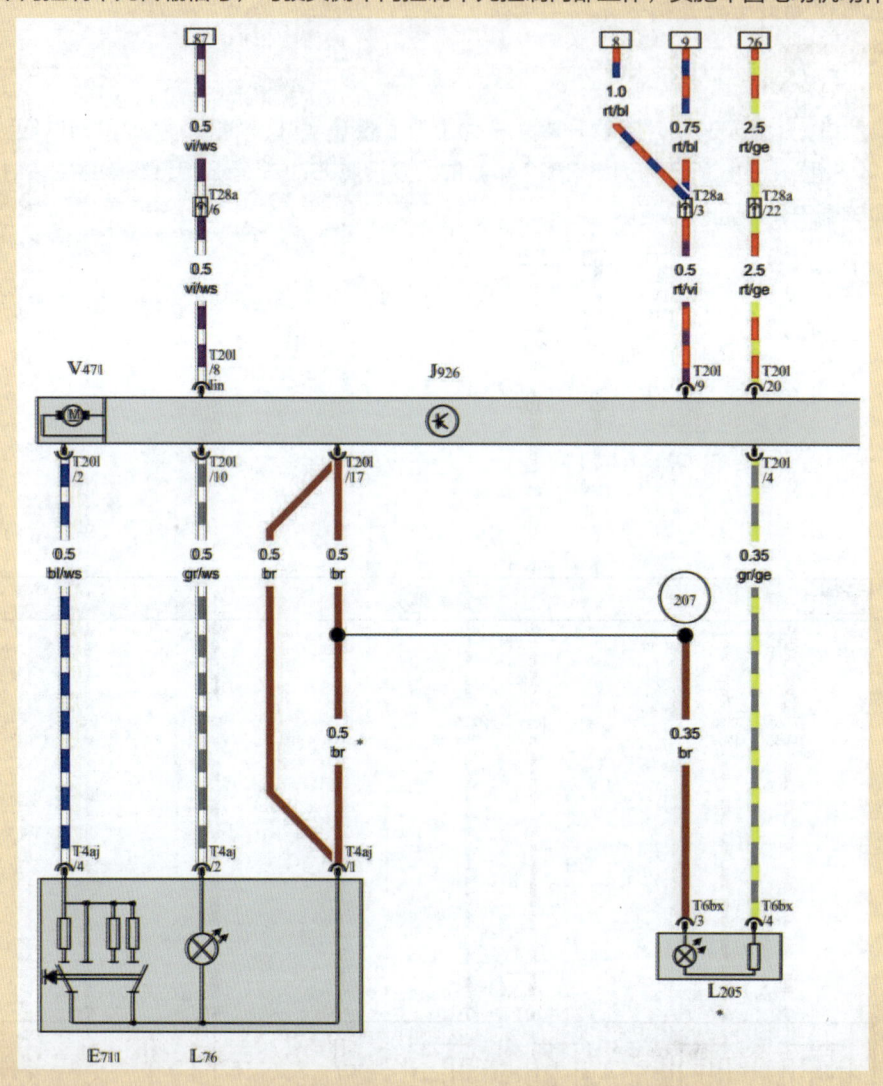

图 10-15 电动车窗升降电路图（二）

E_{711}—左后车窗升降器按钮；J_{926}—左后车门控制单元；V_{471}—左后车窗升降器电动机

（1）玻璃升降器上升　以左前玻璃升降器为例：驾驶员侧左前电动车窗升降器开关内部有 3 个不同的电阻和 1 根导线，来自驾驶员侧车门控制单元的信号送到车窗开关处，图 10-14 中开关向右移动与第 1 个电阻接触，电阻接地后，信号产生变化，驾驶员侧车门控制单元获取信号，左前车窗升降器上升。

（2）玻璃升降器快速上升　驾驶员侧左前电动车窗开关全部上升时，图 10-14 中开关向右移动，与第 2 个电阻接触，电阻接地，信号产生变化，传输给驾驶员侧车门控制单元升降器上升信号，左前车窗升降器快速上升。

（3）左前玻璃升降器下降和快速下降　与上升和快速上升的道理一样，下降也如此。左前车窗下降是图 10-16 中开关与第 3 个电阻接触，来控制升降器下降。

图 10-14 中开关与第 3 个导线接触，无电阻，信号产生变化，传输给驾驶员侧车门控制单元升降器下降信号，左前车窗升降器快速下降。

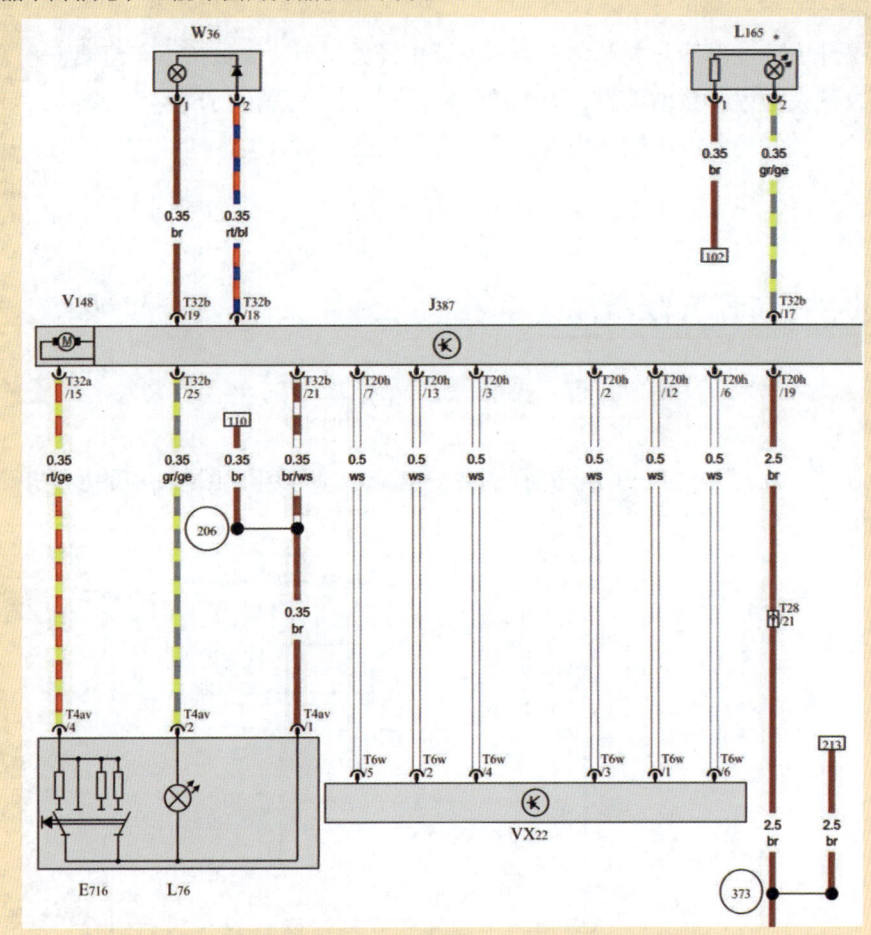

图 10-16　电动车窗升降电路图（三）

E_{716}—副驾驶员侧前部车升降器按钮；J_{387}—副驾驶员侧车门控制单元；
VX_{22}—副驾驶员车门关闭单元；V_{148}—副驾驶员侧车窗升降器电动机

2　其他车门玻璃升降器下降

对于乘客侧、右后和左后车门，当它们的车窗开关按至下降位置时，蓄电池正极电压施加至各自的玻璃升降器电动机控制电路，搭铁则施加至其他玻璃升降器电动机控制电路使得车窗打开。各个车窗开关拉至上升位置时，相反方向的电压和搭铁提供至玻璃升降器电动机，使得该车窗关闭。搭铁的返回路径通过未激活的控制电路提供，该控制电路通过车窗开关正常搭铁。

各乘客侧和后窗开关通过串行数据电路与车身控制模块通信。当驾驶员想要控制乘客侧、左后或右后车窗时，驾驶员将使用驾驶员车窗开关的相应开关。使用此开关后，请求车窗电动机指令的串行数据信息将发送至车身控制模块，随后车身控制模块将向相应车窗开关发送串行数据信息，指令车窗按要求的方向移动。

3 锁止开关功能

驾驶员侧玻璃升降器开关包含一个车窗锁止开关，当驾驶员按下车窗锁止开关时，向车身控制模块发送串行数据信息，该模块将向后窗开关发送停用指令，后窗开关将忽略乘客使用后窗开关时的所有功能。当驾驶员使用驾驶员车窗开关上的相应开关时，后窗电动机指令仍将正常工作。

10.4.3 车窗升降故障

> 举例说明

图 10-17 所示是列举两开门的车窗升降系统电路图，以该电路图为对应参考来执行下述的故障诊断。

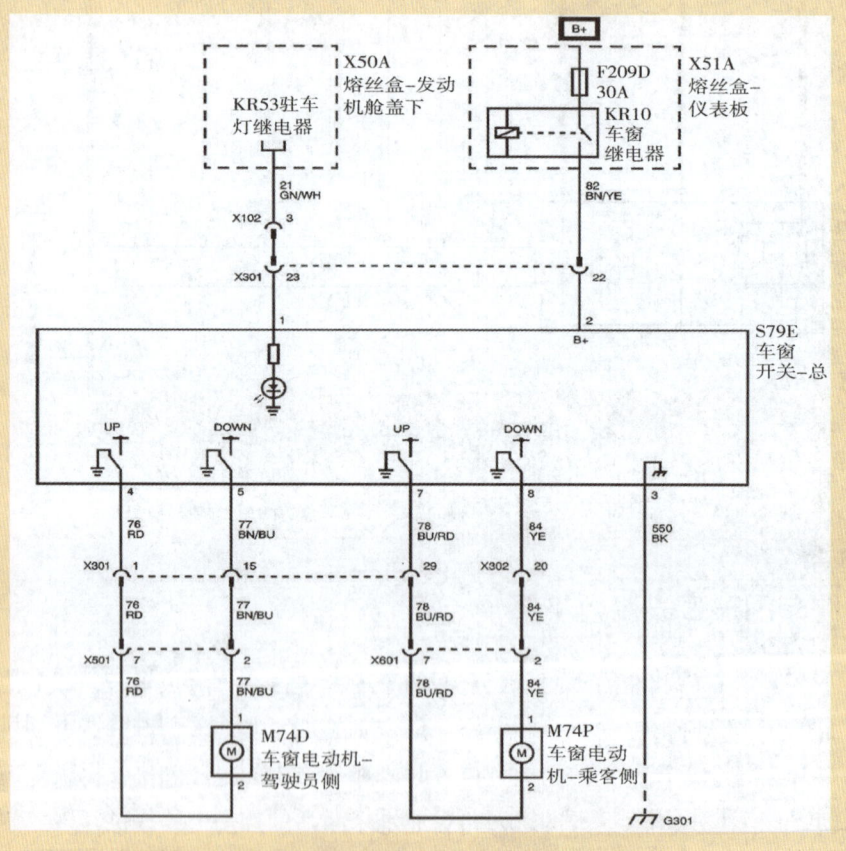

图 10-17 车窗升降电路图（通用车系电路图形式）

1 驾驶员车窗故障

驾驶员电动车窗开关包括每个电动车窗单独的车窗开关。所有车窗的上升和下降均可由驾驶员电动车窗开关进行控制。

（1）将点火开关置于 OFF 位置，断开 S79E 驾驶员车窗开关的线束连接器。

（2）测试搭铁电路端子和搭铁之间的电阻是否 < 10Ω；如果大于规定范围，则测试搭铁电路是否开路/电阻过大。

（3）将点火开关置于 ON 位置，确认点火电路端子 4 和搭铁之间的测试灯点亮；如果测试灯不点亮，则测试点火电路是否对搭铁短路或开路/电阻过大。

（4）将点火开关置于 OFF 位置，连接 S79E 驾驶员车窗开关上的线束连接器，并断开驾驶员车窗电动机上的线束连接器。

（5）测试控制电路端子和搭铁之间的电阻是否 < 10Ω；如果大于规定范围，则测试控制电路是否对电压短路或开路/电阻过大；如果电路测试结果正常，则更换 S79E 驾驶员车窗开关。

（6）测试控制电路端子和搭铁之间的电阻是否 < 2Ω；如果大于规定范围，则测试控制电路是否对电压短路或开路/电阻过大；如果电路测试结果正常，则更换 S79E 驾驶员车窗开关。

（7）在控制电路端子和控制电路端子之间连接一个测试灯。

（8）使用 S79E 驾驶员车窗开关指令驾驶员车窗上升和下降状态时，测试灯应点亮。如果在任一指令期间测试灯始终熄灭，则测试任一控制电路是否对搭铁短路；如果电路测试正常，则更换 S79E 驾驶员车窗开关。

（9）如果所有电路测试都正常，则测试或更换 M74D 驾驶员车窗电动机。

2 乘客车窗故障

每个电动车窗包含一个双向电动车窗电动机。电动车窗电动机控制电路通过正常闭合电动车窗开关的上升和下降触点以连接至搭铁。当电源开关放置于下降位置时，电动车窗电动机下降控制电路切换至 12V 电源，且电源提供至电动车窗电动机的下降侧。由于电动机的另一侧已过正常闭合上升开关的触点连接至搭铁，所以车窗向下运动。将电动车窗开关置于上升位置，电动车窗电动机的极性反转，车窗向上运动。

（1）将点火开关置于 OFF 位置，断开相应乘客侧/后车窗开关上的线束连接器。

（2）将点火开关置于 ON 位置，确认控制电路端子 4 和搭铁之间的测试灯点亮；如果测试灯不点亮，则测试控制电路是否开路/电阻过大。

（3）将点火开关置于 OFF 位置，测试搭铁电路端子 8 和搭铁之间的电阻是否 < 10Ω；如果超过规定范围，则测试搭铁电路是否对电压短路或开路/电阻过大；如果电路测试正常，则更换驾驶员车窗开关。

（4）测试信号电路端子和搭铁之间的电阻是否 < 10Ω；如果超过规定范围，则测试

信号电路是否对电压短路或开路/电阻过大；如果电路测试正常，则更换驾驶员车窗开关。

（5）在信号电路端子4和搭铁之间连接一个测试灯。

（6）将点火开关置于ON位置，使用驾驶员主控制开关上相应的车窗开关指令相应的乘客侧/后车窗上升和下降；在上升和下降指令期间，测试灯应点亮。如果在执行指令上升或下降期间测试灯未点亮，则测试任一控制电路是否对搭铁短路；如果电路测试正常，则测试或更换驾驶员车窗开关。

（7）将点火开关置于OFF位置，连接车窗开关，断开相应乘客侧/后车窗电动机的线束连接器。

（8）测试控制电路端子和搭铁之间的电阻是否<10Ω。如果大于规定范围，则测试控制电路是否对电压短路或开路/电阻过大；如果电路测试正常，则更换乘客侧/后车窗开关。

（9）测试控制电路端子和搭铁之间的电阻是否<10Ω。如果大于规定范围，则测试控制电路是否对电压短路或开路/电阻过大；如果电路测试正常，则更换乘客侧/后车窗开关。

（10）在控制电路端子和控制电路端子之间连接一个测试灯。

（11）将点火开关置于ON位置，使用车窗开关指令车窗上升和下降；当指令为上升和下降状态时，测试灯应点亮。如果在执行指令上升或下降期间测试灯未点亮，则测试任一控制电路是否对搭铁短路；如果电路测试正常，则测试或更换乘客侧/后车窗开关。

（12）如果所有电路测试都正常，则测试或更换乘客侧车窗电动机。

3 锁止开关故障

（1）将点火开关置于OFF位置，断开相应乘客侧车窗开关上的线束连接器。

（2）在控制电路端子和搭铁之间连接一个测试灯。

（3）按下和释放驾驶员主控制开关上的锁止开关，指令车窗锁止接通或关闭；在指令状态之间切换时，测试灯应点亮和熄灭。

如果测试灯始终点亮，则测试控制电路是否对电压短路；如果电路测试正常，则测试或更换驾驶员车窗开关。

如果测试灯始终熄灭，则测试控制电路是否对搭铁短路或开路/电阻过大；如果电路测试正常，则测试或更换驾驶员车窗开关。

（4）如果所有电路测试正常，则测试或更换乘客/后车窗开关。

4 检查玻璃升降器电动机

（1）将点火开关置于OFF位置，断开相应的M74车窗电动机上的线束连接器。

（2）在其中一个控制端子和12V电压之间安装一条带25A熔丝的跨接线，在其他控制端子和搭铁之间暂时安装一条跨接线。反接跨接线至少两次，M74车窗电动机应执行上升、下降功能。

第 11 章　灯光系统维修

11.1　灯光系统认知

11.1.1　卤素大灯

因受白炽灯的局限性，白炽灯不能直接用到汽车上来，所以就在白炽灯里充入卤元素气体，可以有效提高钨丝熔点，亮度和寿命也大幅度提高。卤素大灯如图 11-1 所示。

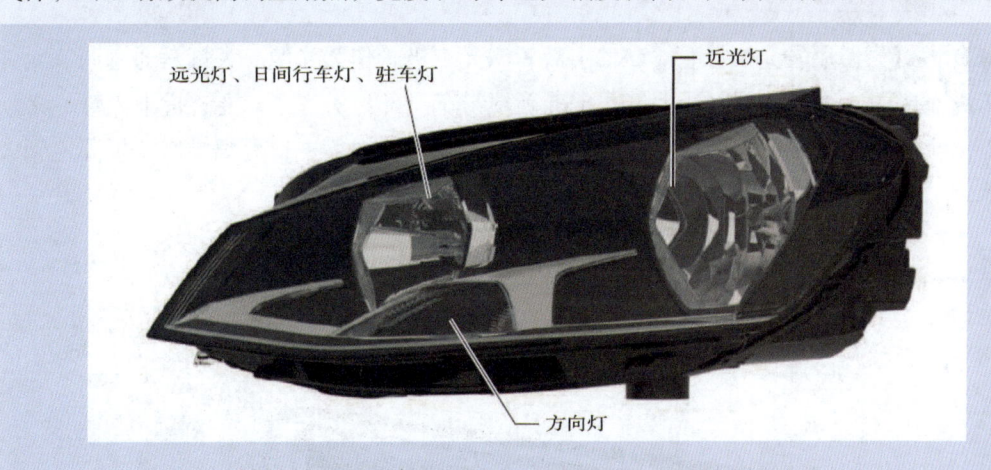

图 11-1　卤素大灯

11.1.2　气体放电大灯

这里说的气体放电大灯指氙气大灯，如图 11-2 所示。氙气大灯的发光原理是通过对两个电极施以高电压，使充斥在两个电极之间的高压气体放电，从而发出微呈蓝色的光源。

图 11-2 氙气大灯

氙气大灯通过"远光灯接通"信号控制近光灯盖板，从而使远光灯发光。远光灯也用于执行瞬时接通功能，因此很多车现在不再使用以前的卤素大灯。

11.1.3 LED 大灯

1 LED 大灯特点

LED 大灯只使用发光二极管（LED）或者激光二极管作为光源。大灯是通过调节元件来与车身连接的，这样就可以让大灯非常准确地与车身部件对齐了。要想拆下大灯，必须先拆下保险杠外壳。如果大灯的上部固定件和内部固定件损坏了，可把维修压板固定到大灯壳体上。LED 大灯如图 11-3、图 11-4 所示。

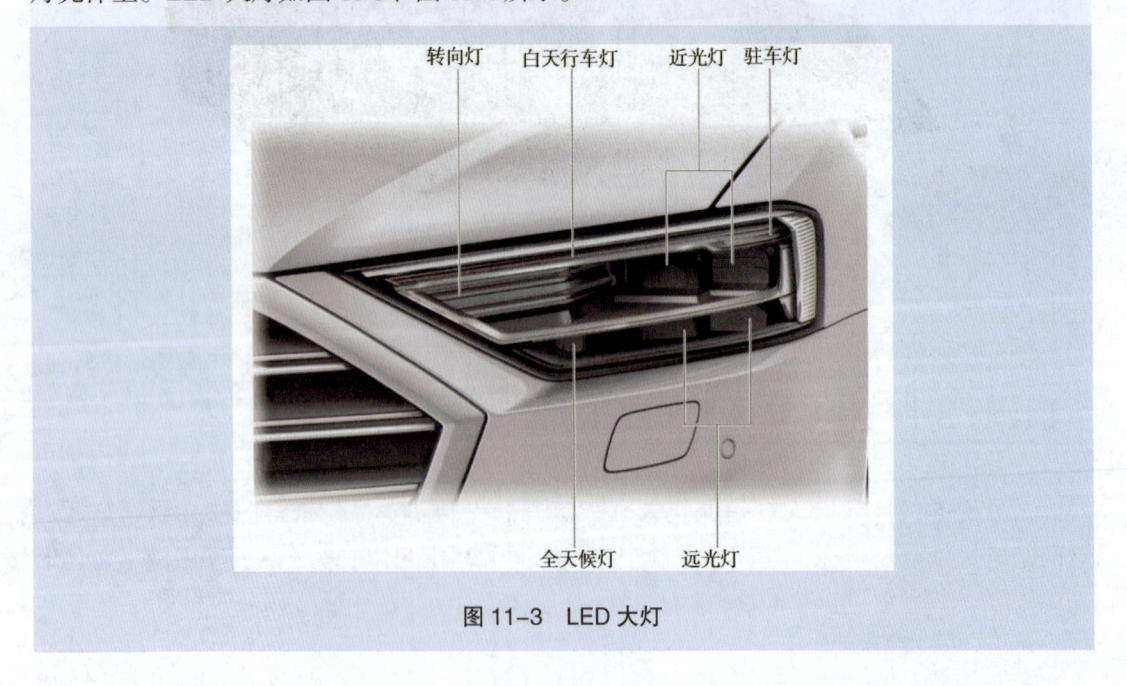

图 11-3 LED 大灯

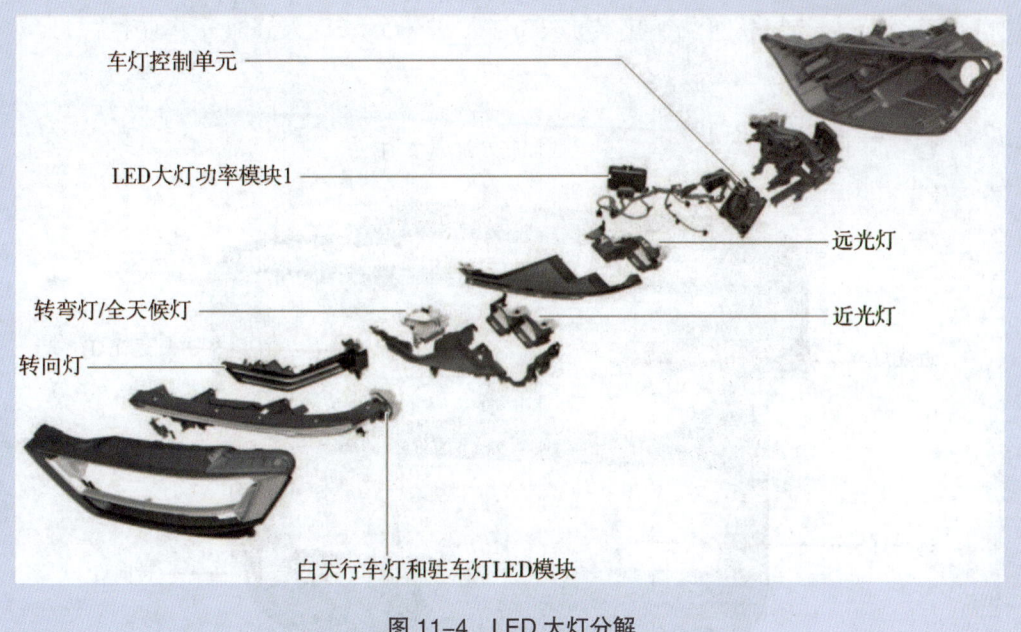

图 11-4　LED 大灯分解

装配 LED 大灯的优势如下。
（1）LED 大灯响应速度比卤素大灯和氙气大灯快。
（2）LED 大灯功率比卤素大灯、氙气大灯小，节能省电（表 11-1）。
（3）LED 大灯的亮度远高于卤素大灯，照射距离更远，但整体光线柔和不刺眼。
（4）LED 大灯光源采用一体化、模块化设计，增加整体感和视觉感效果。
（5）LED 大灯光源使用寿命长，是氙气大灯的 20～30 倍，卤素大灯的 100 倍。

表 11-1　列举某款车型 LED 大灯（单灯）功率

功能灯	光源	额定工作电流 /A	额定工作电压 /V	额定工作功率 /W
远光灯	LED	1.92	13.5	25.9
近光灯		1.48		20
角灯		0.95		12.8
位置灯	LED	0.24	13.5	3.2
日行灯		0.21		16.3
转向灯		0.86		11.6

2　LED 基本版大灯

如图 11-5 所示的是 2017 款大众途昂的基本型 LED 大灯。

LED 基本版大灯使用的是反射技术，也就是 LED 灯泡发出光线再通过反光片反射到路面上。日间行车灯和驻车灯功能是由在大灯反光片上部的两颗 LED 灯泡来实现的，这两颗 LED 灯泡变暗之后就实现了驻车灯的功能。基本版 LED 大灯配备了动态大灯照射范围（上、下）调整功能。

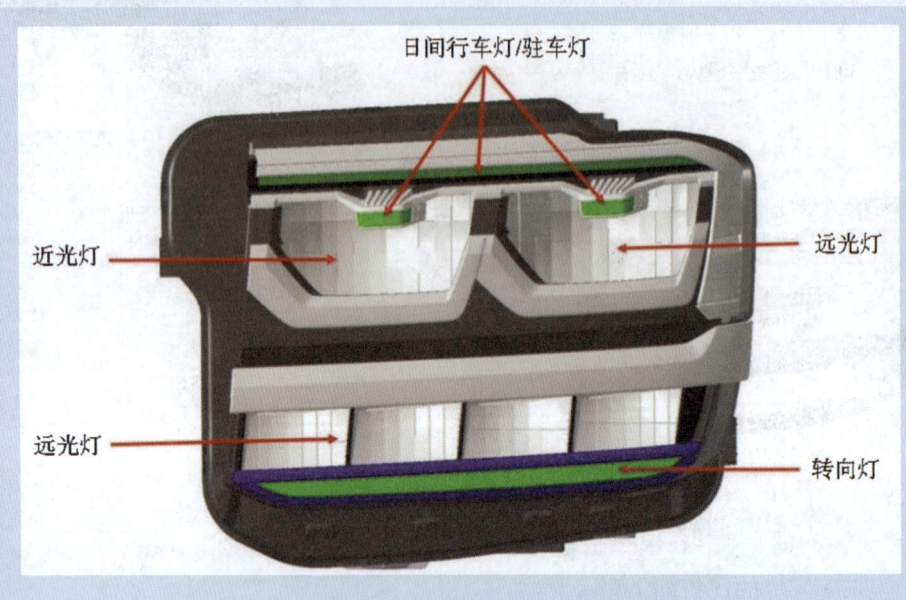

图 11-5 基本型 LED 大灯

3 高级版 LED 大灯

如图 11-6 所示的是 2017 款大众途昂的高级版 LED 大灯。

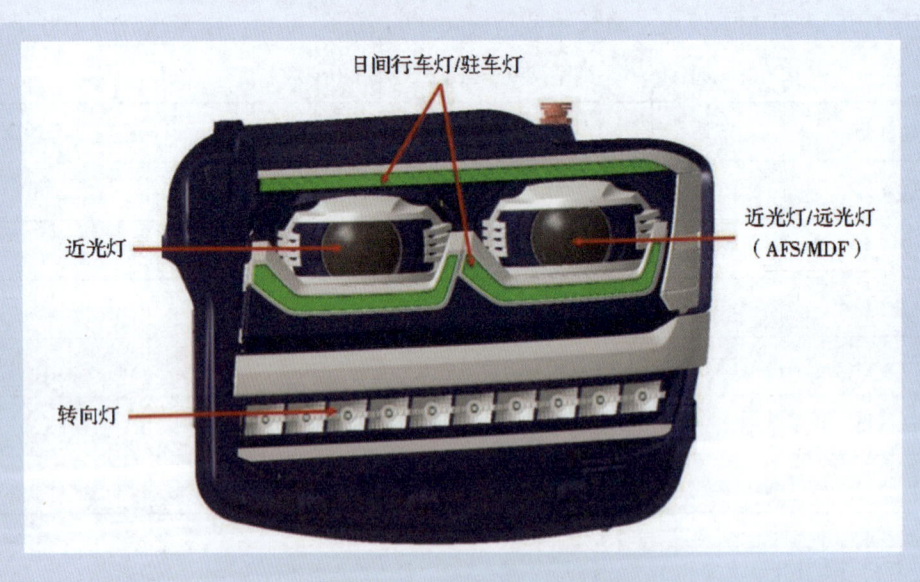

图 11-6 高级 LED 大灯

高级版 LED 大灯具有两个 LED 单元，第一个为附加近光灯 LED 单元，第二个为近光/远光 LED 单元。附加近光、近光/远光 LED 单元发出的光是通过透镜投射的。

DLA 动态大灯辅助具备自适应前部照明系统 AFS 和遮光式持续远光灯 MDF 两个功

能。早期的 DLA 功能主要是指 MDF 的功能，因此也有把 DLA 直接称为 MDF。实际 AFS 为偏近光功能模式，MDF 为远光功能模式，合在一起为 DLA 智能动态大灯辅助。

（1）自适应前部照明系统 AFS　自适应前部照明系统又包含下列 3 个子功能。

① 通过采集实时速度与雨刮信号，自动调整大灯光型；自动输出各种近光模式：乡村模式、城镇模式、高速模式、雨天模式。

② 动态转角辅助照明，又称弯道照明或随动转向大灯。

③ 大灯高度自动调节。

（2）遮光式持续远光灯 MDF　MDF 通过前置摄像头采集前方道路的照明及车辆灯光信息，自动调节大灯光型（遮蔽部分远光光线），在不照射前方车辆目的同时，提供给驾驶员比近光灯更远、更宽的灯光范围，可提升夜间行车的安全性。

11.2　灯光控制系统使用和操控

11.2.1　指示灯和警告灯

灯光控制有些警告灯和指示灯在点火接通时亮起，在发动机运转时或在行驶过程中必须熄灭。视车型而定，组合仪表的显示屏中还可能显示提供其他信息或要求进行操作的文字信息。视汽车配置而定，可能在显示屏上显示一个图示符号来代替警告灯。灯光系统警告灯和指示灯见表 11-2。

表 11-2　灯光系统警告灯和指示灯

显示符号及颜色	警告灯 / 指示灯含义解释
	后雾灯已打开
	前雾灯指示灯
	远光灯已打开
	灯泡故障
	自动远光指示灯
	左侧转向信号灯已打开
	右侧转向信号灯已打开

11.2.2 按钮模块开关

1 标配按钮模块开关

图 11-7 所示为奥迪 A8 某款车型的标配型灯按键模块，上面有 3 个机械按键。

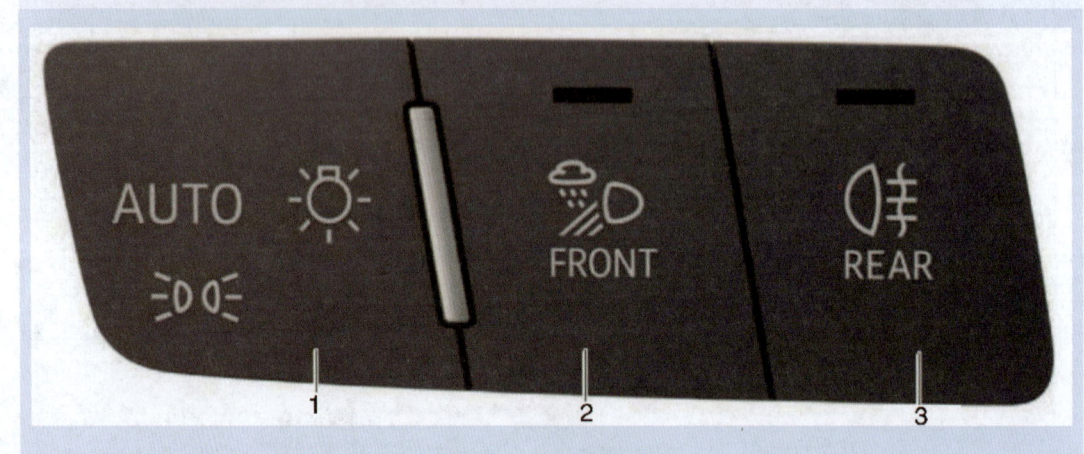

图 11-7 按钮模块开关

1—AUTO、近光灯、驻车灯、OFF；2—全天候灯（用于尽量降低自炫，比如在被雨淋湿的路上）；3—后雾灯

灯按键模块的默认 3 位置是 AUTO。也就是说，在端子 15 切换后，就选定了 AUTO 位置。只有在这个位置时，才能使用远光灯辅助系统、矩阵灯光和激光灯。如果按压按键 1 一次，那么近光灯就接通了。当然，前提条件是端子 15 已接通。

再按压一次该按键，那么驻车灯就接通了，前提条件是车速 < 10km/h。如果再按压一次该按键，那么所有灯功能都关闭了，前提条件是车速 < 10km/h。

如果选择了"驻车灯"或者"OFF 位置"且车速超过了 10km/h，那么就会自动切换到 AUTO 位置。

2 带有箔式传感器的灯按键模块

带有箔式传感器的灯按键模块的外观光泽，如图 11-8 所示，各个操作界面之间无接缝，很容易识别出来。在触感式操作界面的后面，有压感箔式传感器。如果这个箔式传感器感觉出了一定的压力，那么它就会接通或者关闭相应的功能。灯按键模块内集成了一个小扬声器和一个电动机，这个扬声器会产生一个声响，用于声音反馈。

这个小电动机负责让操作界面向旁边轻微偏移，以便形成触觉反馈。如果这样，使用者听到的和感觉到的就像在按压一个开关似的。驾驶员可以在中控屏相应的菜单上关闭声音反馈和触觉反馈，但是无法关闭灯按键模块上的声音反馈和触觉反馈。

图 11-8 带有箔式传感器的灯按键模块

11.2.3 旋转式车灯开关

1 车灯开关功能配置

组合车灯开关根据车型的配置而定，转向、大灯、小灯等基本功能开关都一样，但根据车辆配置的高低，同时配有相应功能的开关。如图 11-9 和图 11-10 所示是不同车系的两款不同功能的开关。

如图 11-9 所示，灯光开关末端旋钮转到 OFF 挡，所有灯光都关闭；如图 11-10 所示，灯光开关末端旋钮转到"0"挡，所有灯光都关闭。

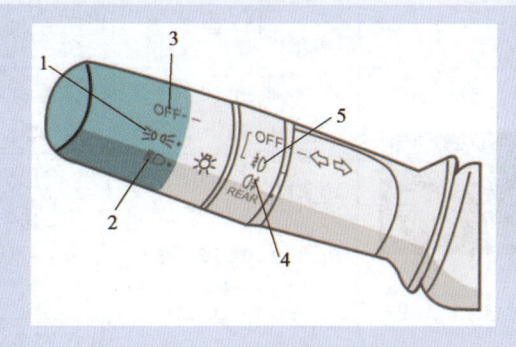

图 11-9 车灯组合开关（一）

1—小灯开关；2—大灯开关；3—关闭；4—前雾灯开关；5—后雾灯开关

图 11-10 车灯组合开关（二）

1—关闭；2—自动灯开关；3—全天候灯

2 车灯开关操控

表 11-3 中是根据驾驶环境需要，按组合开关上的各种模式，打开或关闭相应车灯。

表 11-3　车灯开关操作

图示	功能模式	操控说明
	自动灯	AUTO 或	灯光开关末端旋钮转到 AUTO 位置，控制单元采集光照强度传感器的亮度值，自动控制小灯和近光灯的开启或关闭
	小灯		灯光开关末端旋钮转到 位置，小灯开启，即打开位置灯、尾灯和后牌照灯
	前大灯的近光灯		灯光开关末端旋钮转到 位置，近光灯开启；同时，打开前大灯、位置灯、尾灯和后牌照灯
	前大灯的远光灯		灯光开关末端旋钮转到 位置，灯光开关手柄往下推压（远离转向盘），远光灯开；再次往下推压灯光手柄，远光灯关闭
	远光闪烁		将控制杆向后拉，然后松开
	转向灯		向上推组合开关灯光手柄，右转向灯及仪表转向指示灯同时开始闪烁 向下拉组合开关灯光手柄，左转向灯及仪表转向指示灯同时开始闪烁。 轻轻地向上或向下推动控制杆并松开时，转向信号将闪烁 3 次
	后雾灯	REAR	灯光开关末端旋钮转到 位置，将雾灯旋钮转到 REAR 位置，后雾灯开启。如果要关闭后雾灯，请将 转至 OFF 位置
	前雾灯		灯光开关末端旋钮转到 位置，前雾灯打开
	同时打开前后雾灯		将开关从 位置向上转动一个位置， 和 指示灯点亮 OFF ➡ ➡ REAR

续表

图示	功能模式	操控说明
	打开远近光智能切换	当车灯开关位于 AUTO 时，向身体方向拉动控制杆并保持至少 30s，远近光智能切换系统指示灯闪烁一次后，松开控制杆
	关闭远近光智能切换	当车灯开关位于 AUTO 时，向身体方向拉动控制杆并保持至少 40s，远近光智能切换系统指示灯闪烁两次后，松开控制杆

11.2.4 智能远光灯

智能远光灯系统是指通过车辆前向摄像头来检测前方车辆的光强信息，在满足一定条件时，打开或者关闭车辆的远光灯。当智能远光灯系统启用时，组合仪表上的智能远光灯指示灯点亮。

> **补充说明**
>
> 前向摄像头位于挡风玻璃上方中心位置，能够控制智能远光灯系统。应保持此区域的挡风玻璃没有残留物，从而使系统保持最佳的性能。

在自动控制情况下，当周围黑暗且没有其他车辆时，系统自动打开远光灯；当周围环境足够明亮或系统检测到前方车辆的前照灯或尾灯时，系统自动关闭远光灯。

1 启用条件

要启用智能远光灯系统，需同时满足以下条件。

①灯光拨杆控制：灯光拨杆开关位于 AUTO 位置且近光灯自动开启。

如果是中控屏控制：点击功能控制屏主界面上的"灯光控制"图标，选择"智能远光灯"选项，可设置智能远光控制的开启和关闭。

②满足车速，一般在 40km/h（如理想、上汽 R 等车速超过 40km/h）。

2 退出条件

满足以下条件，车辆会自动退出智能远光灯系统。如果系统退出，向仪表盘方向快速推动两次远光灯开启开关可再次进入智能远光灯系统。一个启动循环内只能退出 3 次，若超过 3 次，则当前启动循环内无法再次启用此功能。

（1）智能远光灯系统启用且近光灯自动开启时，手动切换至远光灯。

（2）智能远光灯系统启用且远光灯自动开启时，手动切换至近光灯。

（3）智能远光灯系统启用且远光灯自动开启时，拨动远光灯闪烁开关。

11.2.5 智能像素大灯

智能像素大灯可根据当前车辆状态、驾驶环境或交通状况等因素自动调节车灯，实现近光灯自动开启及关闭、交互投影、车辆和行人防眩目等功能。

如果欲正常使用智能像素大灯的各项功能，需确保灯光总开关位于自动灯光挡位，且周围环境的光线强度满足近光灯自动点亮的需求。

通过中控屏上的"灯光设置"，可以开启或关闭智能像素大灯的各项功能。

1 弯道自适应照明

车辆转弯且转向盘转角超过 60° 时，灯光可以随转向盘转角进行有限的角度偏移，以获得更好的照明效果。

2 行人防眩目提醒

手动开启远光灯后，当探测到车辆前方有行人时，自动改变远光灯的照射范围及灯光强度，同时控制照射到行人处的灯光闪烁，以达到行人防眩目及提醒注意避让行人的效果。

3 车辆防眩目

手动开启远光灯后，当探测到车辆前方同向行驶车辆的尾灯或对向行驶车辆的前灯时，自动改变远光灯的照射范围及灯光强度，以达到车辆防眩目的效果。

4 隧道车灯自动开启

当探测到车辆前方为隧道时，在进入隧道之前自动开启近光灯；驶出隧道后，近光灯根据车外光照强度自动熄灭或继续保持开启。

5 限速标志投影

限速标志投影功能可将探测到的车辆限速标识信息投射在车辆前方的路面上，并闪烁 3 次以提醒驾驶员。

6 车距保持投影

夜间跟车行驶时，若与前车距离过近，可将保持车距图标投射在车辆前方的路面上，以提醒驾驶员增加与前车的距离。

7 车辆示宽投影

车辆示宽投影功能可在近光灯显示区域投射出两条与车辆宽度（包含左右外后视镜宽

度）相同的光带，以帮助驾驶员在夜间行驶时顺利通过窄道、桥梁或闹市区等极端情况，提高驾驶员对潜在危险的判断能力，进而提升夜间行车安全。车辆示宽投影功能处于开启状态时，按压"相关按钮"可以显示或隐藏车辆示宽投影的光带。

8 动态斑马线

夜间行车时，将车辆减速至静止状态，若此时探测到车辆前方（13～25m 范围内）有行人欲通过马路，可在车辆前方区域投射出动态斑马线图标，以提醒行人先行。

9 转向标识投影

如果当前车速低于 60km/h 且近光灯显示区域内没有其他车辆，在夜间开启转向信号灯后，可将转向图标投射到车辆前方的路面上，并闪烁 3 次以提醒路口附近的交通参与者，提升夜间行车和行人的安全性。

11.2.6 自适应前大灯

自适应前大灯可根据光线传感器探测车辆周围环境的光照情况，自动点亮或熄灭位置灯、近光灯，也可通过中控屏控制灯光。

如图 11-11 所示，在中控屏控制灯光：通过在中控屏点击"车辆控制→车外灯"进入灯光控制界面，点击各灯光按钮控制灯光。

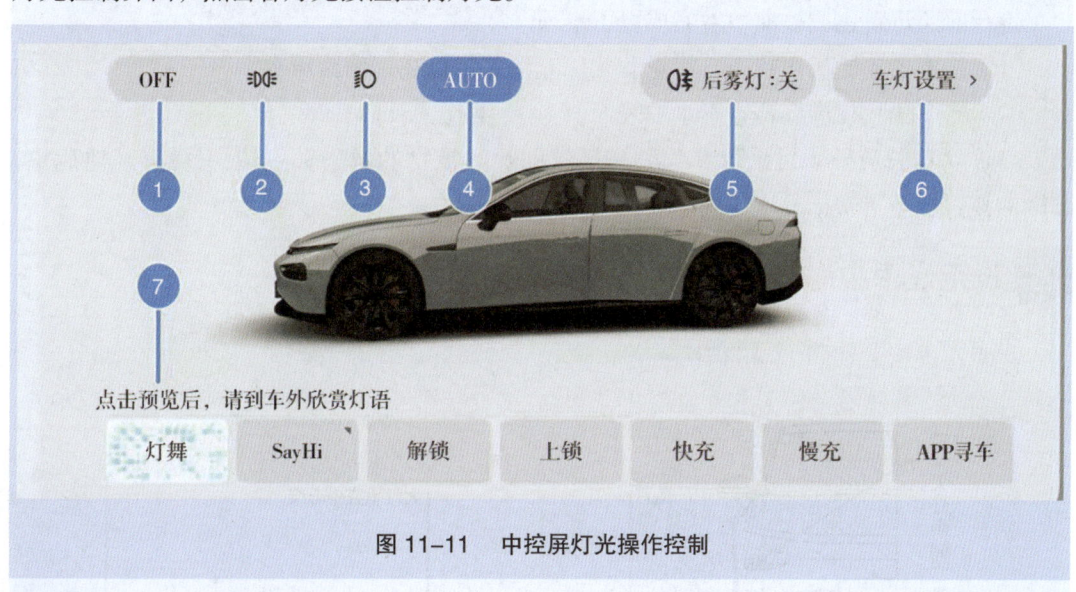

图 11-11 中控屏灯光操作控制

1 关闭所有车外灯光

点击后，所有车外灯光熄灭；如需点亮，重新点击各灯光按钮。

2 示宽灯

点击可控制位置灯、牌照灯等灯光点亮或熄灭。

3 近光灯

位置灯未开启情况下，点击可控制位置灯、近光灯等灯光点亮或熄灭。

4 自动控制

点击可开启或关闭自动控制。

11.3 灯光系统调节和拆装

11.3.1 手动调节前大灯光束

1 调整前检查

进行前照灯对焦调整前，须完成以下事项。
（1）检查各轮胎气压状态，将轮胎气压充注并保持在正确胎压水平。
（2）将车辆和校准屏幕置于水平表面。
（3）除驾驶员外（可采取在驾驶座摆放同等的重物的做法），车上不得有其他荷重，车辆油液添加至正常标准液位高度。

2 设定光束中心

设定光束中心如图 11-12 所示。

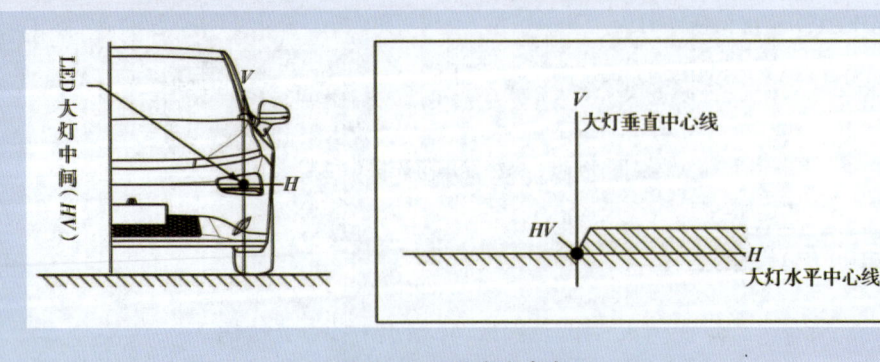

图 11-12　设定光束中心

（1）将车辆进行四轮定位调整，确保底盘部件悬架系统整体处于标准状态。

（2）开启近光灯，确保车辆与测试屏幕（测试屏幕可以是墙体等物体）之间距离10m，进行灯光照明光束对焦测试。

> **维修提示**
>
> Z，Y 为本调整操作方法的列举车型数据。各车型数据可能有所不同，维修时应依据所维修车型的《维修手册》标准来执行具体数据调整。

两侧灯光远近光中心坐标相同，范围参考数值如下。

① 左灯：$Z=594mm$，$Y=-782mm$。

② 右灯：$Z=594mm$，$Y=+782mm$。

（3）两侧灯光照射墙上后，检测限值范围数值参考如下。

① 灯光高度方向 Z/10m 距离：上限 $-100mm$，下限 $-150mm$。

② 灯光左右方向 Y/10m 距离：左限 $-170mm$，右限 $+350mm$。

（4）如果实际照明光线已超出屏幕上限值范围，则必须对前照灯重新进行调整。

车辆灯光高度检测一般在 10m 墙上进行，如果场地限制，将 10m 墙标准等值转换为 1~9m 墙标准，根据实际情况进行检测。

3 大灯高度调节操作（图 11-3）

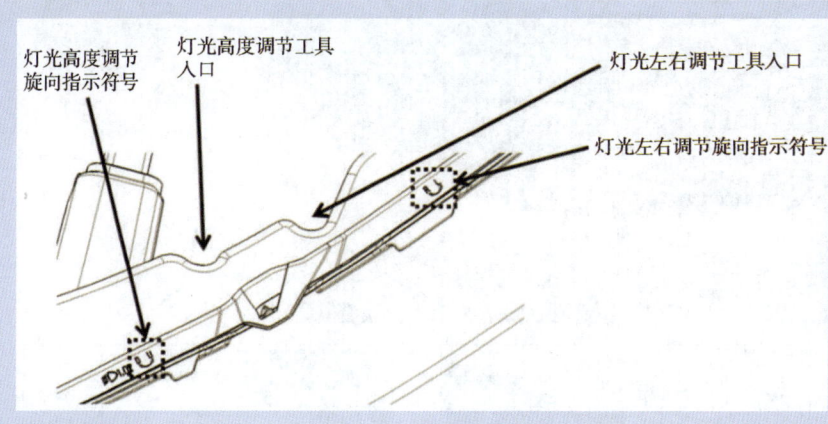

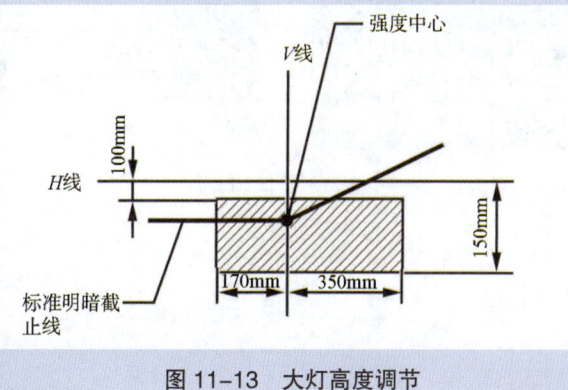

图 11-13 大灯高度调节

（1）打开前舱盖。

（2）伸入十字螺钉旋具到引导槽中，按照指示符号进行上、下、左、右的调节。

（3）两侧灯光照射在墙上后，检测限值范围数值参考如下。

① 灯光高度方向 Z/10m 距离：上限 –100mm，下限 –150mm。

② 灯光左右方向 Y/10m 距离：左限 –170mm，右限 + 350mm。

11.3.2 拆装大灯（图11-14）

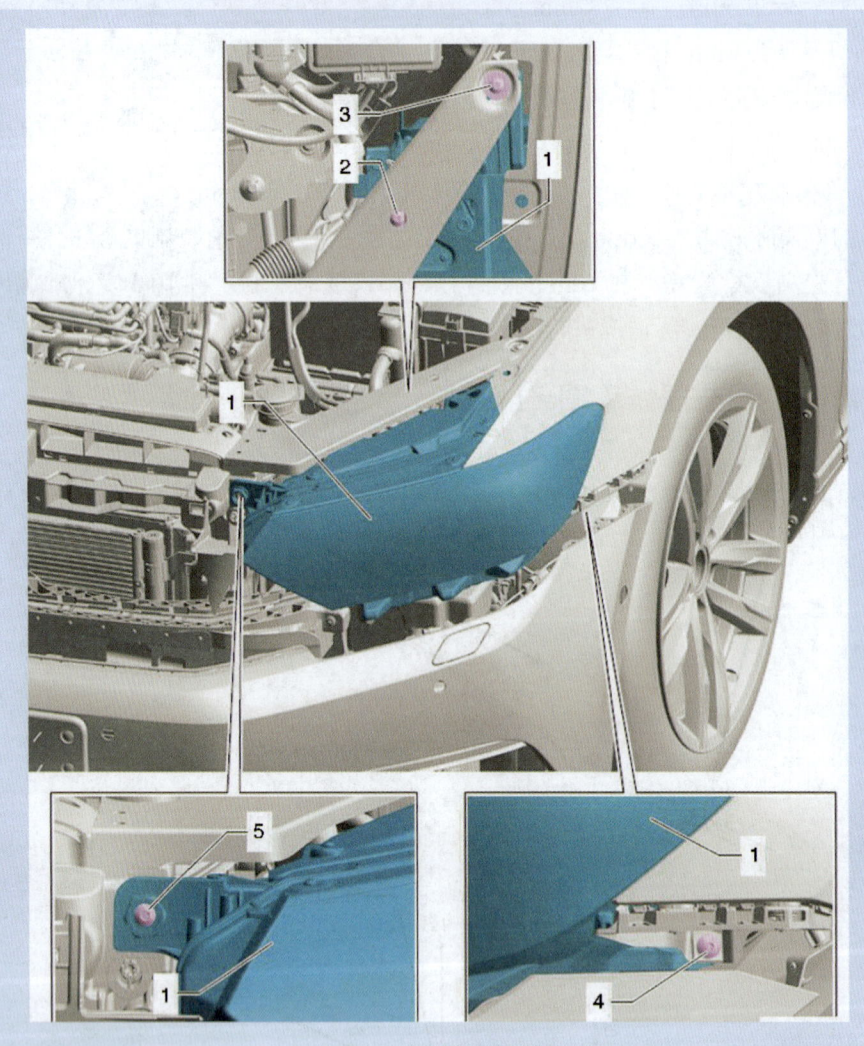

图 11-14　拆卸大灯

2 ~ 5—螺栓 2 ~ 5

1 拆卸前大灯

（1）拆卸散热器格栅。

（2）拧出前轮罩内板的螺栓。

（3）拧下翼子板与保险杠盖板的螺栓。

（4）从下面拧出前保险杠盖板和锁支架之间的螺栓。

（5）从下面拧出前保险杠盖板和轮罩内板之间的螺栓。

（6）松开翼子板上的保险杠并沿图中箭头方向拔下。

（7）拧下螺栓3，取下大灯上部支架。

（8）将螺栓2拧松几圈，但不要拧出。

（9）旋出螺栓4和5。

（10）解锁并脱开大灯的电气连接插头。

（11）向前取出大灯。

2 LED 大灯分解／装配图（图 11-15）

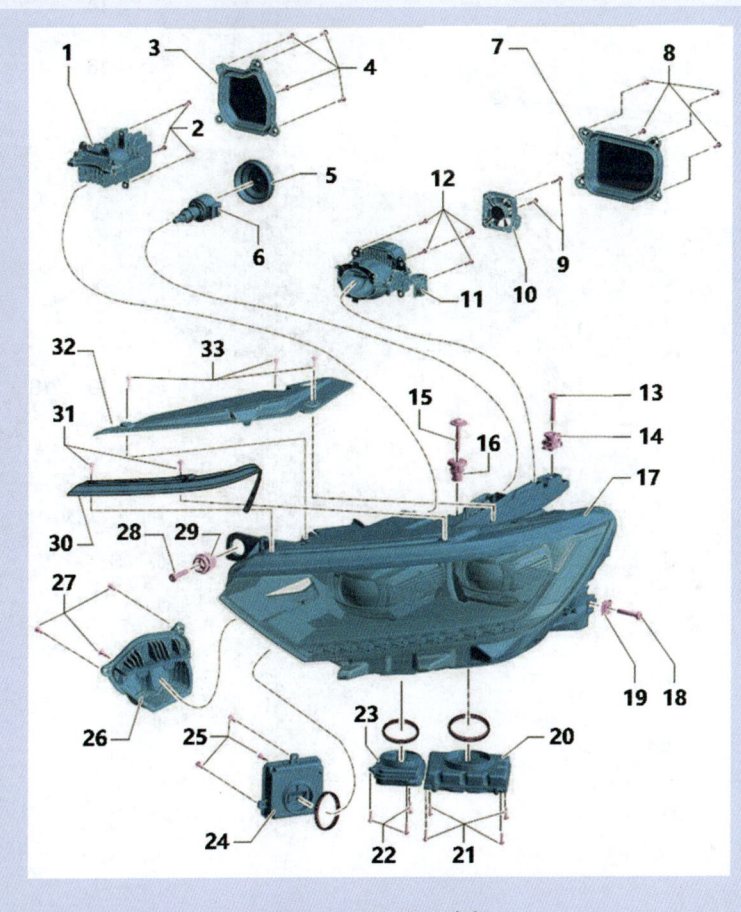

图 11-15 LED 大灯

1—近光灯灯泡的 LED 模块；2，4，8，9，12，13，15，18，21，22，25，27，28，31，33—螺栓；3，5，7—罩盖；6—大灯照明距离调节装置伺服电动机；10—大灯风扇；11—远光灯灯泡的 LED 模块；14—调节元件；16—补偿元件；17—大灯；19—锁紧螺母；20—LED 大灯电源模块；23—大灯电源模块；24—日间行车灯和驻车示宽灯控制单元；26—大灯随动转向灯泡；29—空心螺栓；30—挡板；32—盖板

3 双卤素大灯分解/装配图（图11-16）

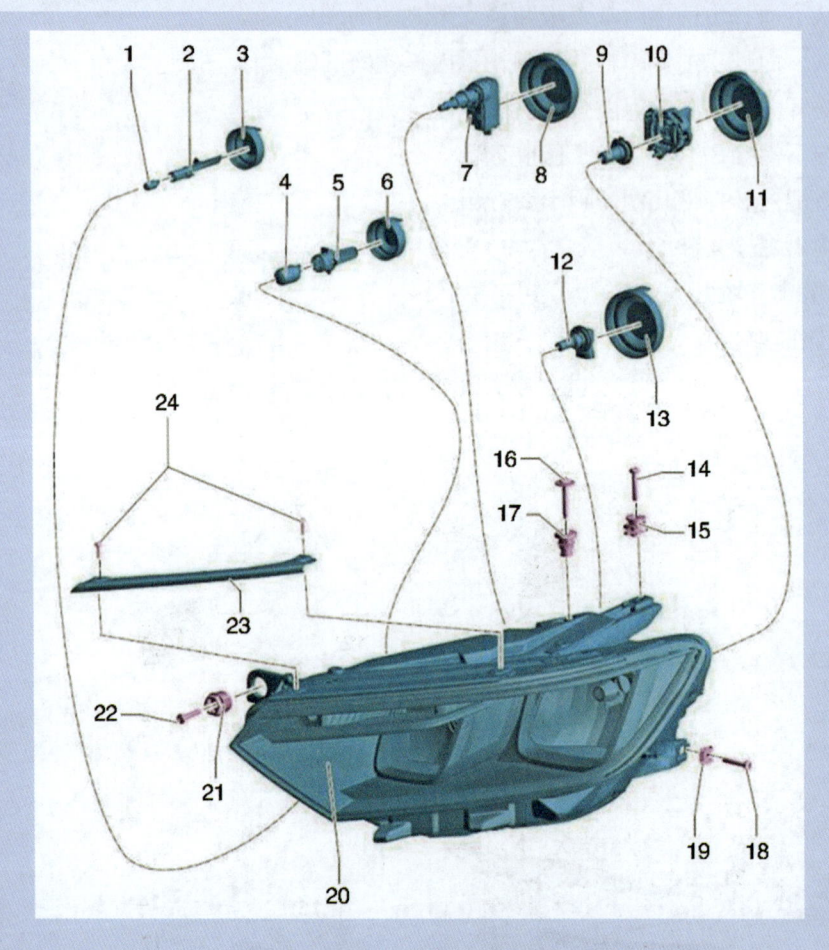

图11-16 双卤素大灯

1—驻车示宽灯灯泡；2—手柄；3、6、8、11、13—罩盖；4—前部转向信号灯灯泡；5—手柄；7—大灯照明距离调节装置伺服电动机；9—近光灯灯泡；10—灯泡座；12—远光灯灯泡；14、16、18、22、24—螺栓；15—调节元件；17—补偿元件；19—锁紧螺母；20—大灯；21—空心螺栓；23—挡板

11.3.3 拆卸后尾灯

（1）将车灯开关转至位置0。
（2）脱开固定卡。
（3）拆卸行李箱侧面饰板的保养盖。
（4）如图11-17所示，拧出紧固元件1。
（5）脱开电气连接插头。
（6）沿图11-17所示箭头A方向取下尾灯2。

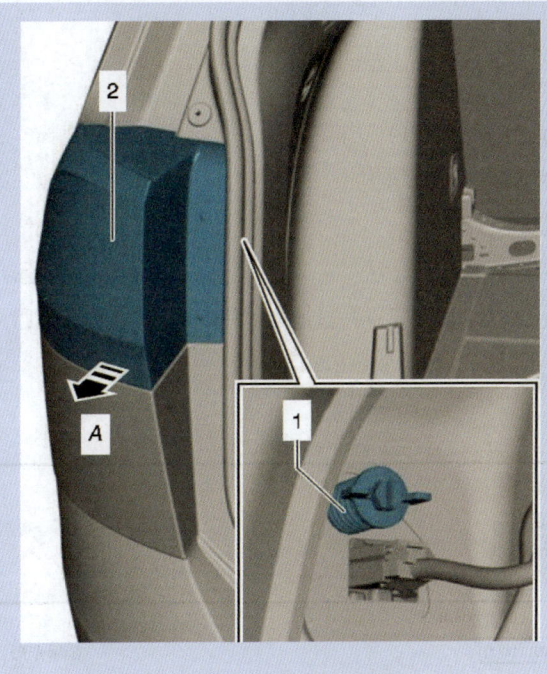

图 11-17 拆卸后尾灯

1—紧固元件；2—尾灯

11.4 灯光控制系统故障诊断

11.4.1 自适应远光

　　自适应远光功能可根据当前车速及周围环境亮度自动切换远近光灯。此外，当车辆前方有其他道路使用者（如跟车或会车）时，自适应远光功能会自动捕捉其他道路使用者的位置，并调暗或熄灭远光灯照射到该位置的灯光，以避免对其造成炫目。

11.4.2 自适应大灯调节

1 自动大灯高度调节系统

　　车辆处于静止状态时，该系统能够根据车辆负载状态变化，自动感应和调节灯光高度；车辆运动过程中，同样能够动态修正感应的车身姿态数据，避免车头下沉时视野太近和车头上翘时对来车造成炫目，同时获得最佳的前方照射范围，使行车更加安全，驾乘更舒适。

2 自动大灯高度调节系统控制策略

远近光配备先进的自动高度调节功能，可以根据车辆负载状态变化，自动感应和调节灯光高度，以获得最佳的前方照射范围。前灯配备了角灯功能，可以扩大车辆转弯时的弯道内照射范围，行车更加安全。

自动高度调节控制器内置姿态传感器，姿态传感器感应车身姿态变化，算出车辆倾斜角和路面倾斜角，从而根据车辆倾斜角大小调节近光灯截止线高度，如图11-18所示。

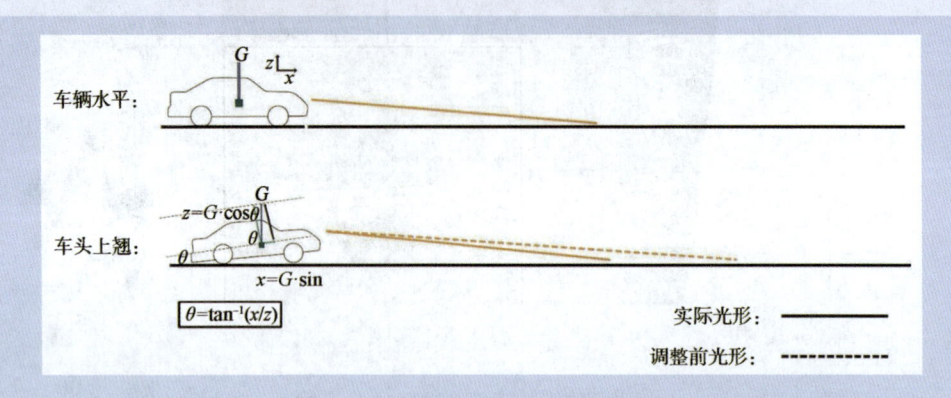

图11-18 自动高度调节控制示意图

公式：感应角（Sensor Angle）=路面倾斜角（Road Angle）+车辆倾斜角（Pitch Angle）

（1）打开点火开关时，自动高度调节控制器把当前路面倾斜角和车辆倾斜角记录到存储器；关闭点火开关时，从存储器读取上次记录的车辆倾斜角和路面倾斜角。

（2）车辆行驶前后（车开动到停下）感应角的变化量为路面角的变化量。

（3）车辆静止时感应角的变化量为车身姿态角的变化量。

（4）车辆行驶中，自动高度调节控制器收集姿态传感器输出的 x 轴和 z 轴的加速度矢量方向，可计算出车辆与路面的倾斜角，从而修正静态调节的误差和路面角丢失的故障。

（5）拖车或车辆返修等情况，会导致自动高度调节控制系统功能暂时丢失，驾驶车辆一段时间后自动高度调节控制系统可通过策略③的功能自动恢复。

（6）自动高度调节控制器初始化后，需要进行动态的初始化学习标定，从而修正自动高度调节控制器内部姿态传感器的输出精度。初始化和初始化学习完成后，自动高度调节控制系统方可正常使用。

11.4.3 自动大灯高度调节的检测

1 诊断说明

检查前，首先用故障诊断仪执行诊断，检查是否有故障码，利用前大灯自动调节系统的参考故障码和数据流能帮助我们更快、更准确地判断故障；然后进行目测电气检查，包括一些简单的检查项目，例如熔丝的通断。进而进行故障确认。

（1）自动大灯高度调节系统控制电路如图 11-19 所示。

（2）自动大灯高度调节系统（模块）线束连接器见表 11-4。

（3）自动大灯高度调节系统电路图如图 11-20 所示。

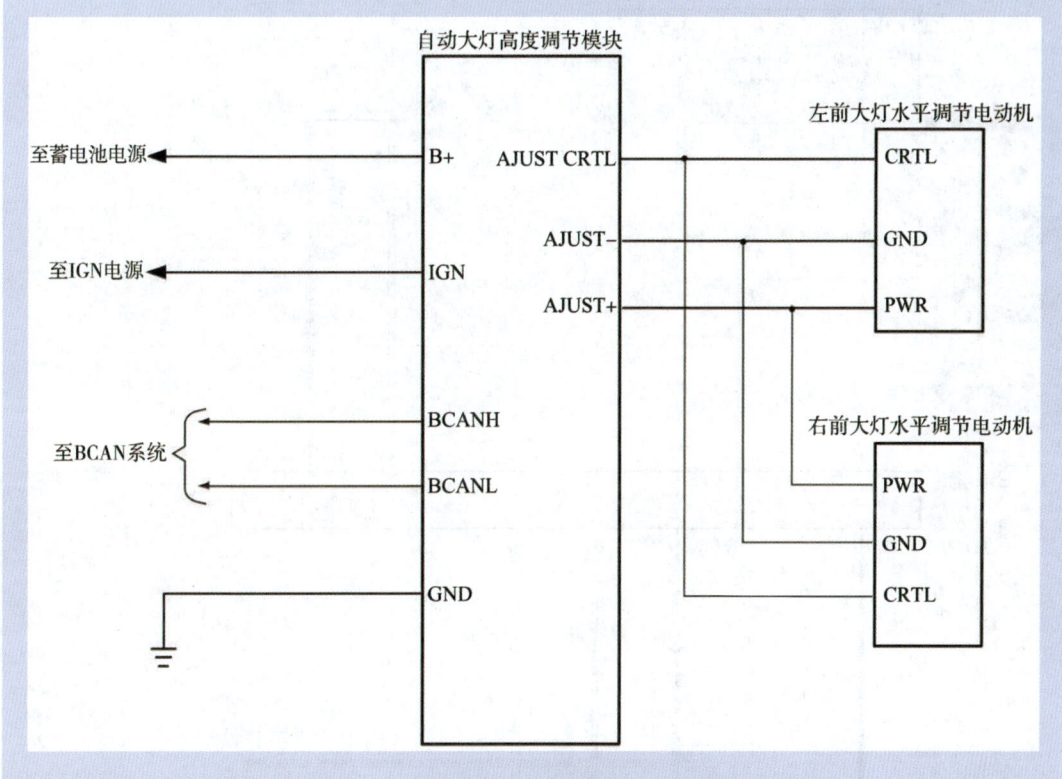

图 11-19 自动大灯高度调节系统控制电路

表 11-4 自动大灯高度调节系统（模块）线束连接器

自动大灯高度调节模块线束连接器	端子	线别作用（端子定义）
	1	供电
	2	接地
	3	IG1 电源
	6	前大灯水平调节电动机电源
	7	前大灯水平调节电动机接地
	9	前大灯水平调节电动机控制信号
	15	B-CAN H
	16	B-CAN L

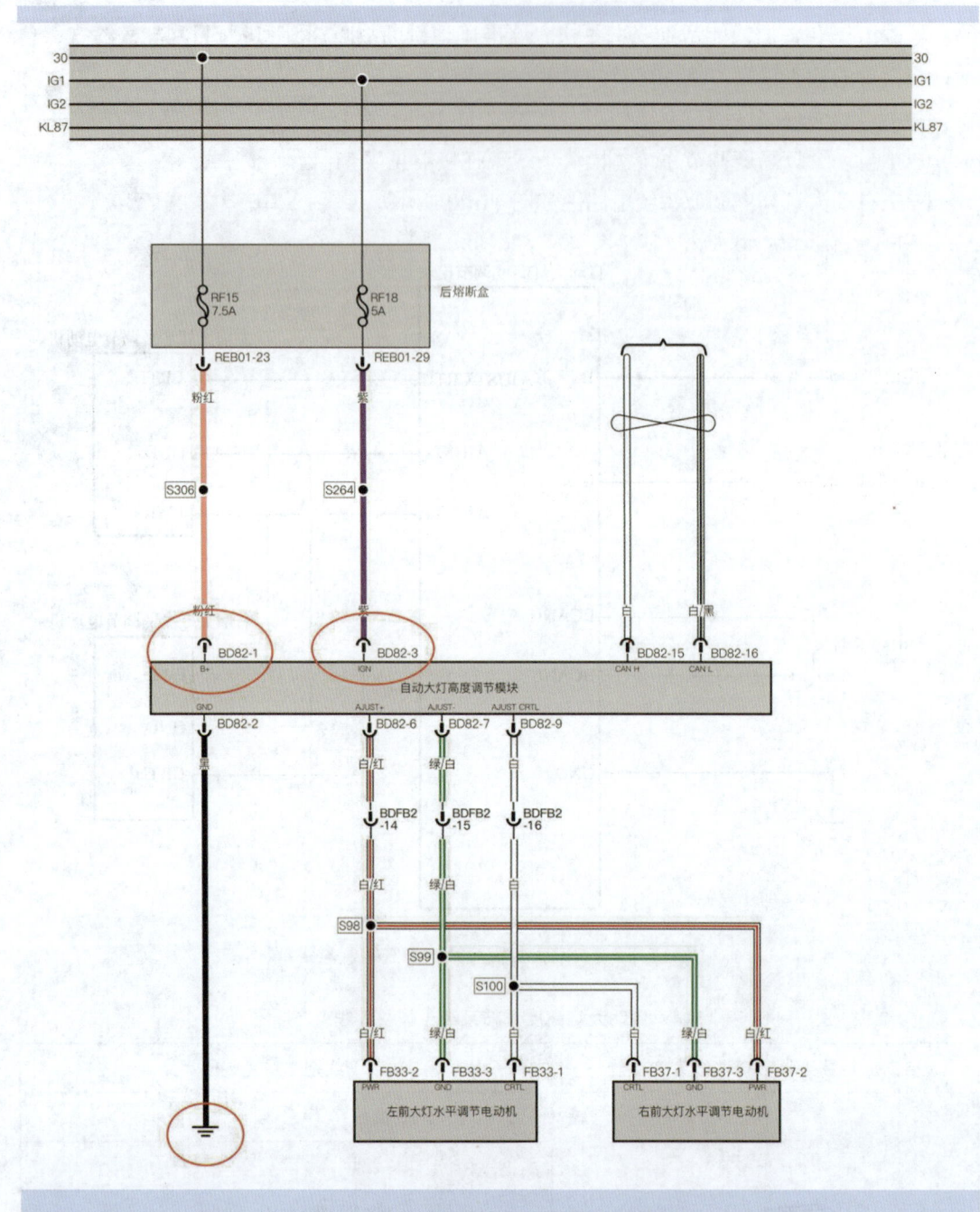

图 11-20 自动大灯高度调节系统电路图

2 自动大灯高度调节模块电源电路的检测

执行车辆下电程序，断开自动大灯高度调节模块线束连接器，然后再执行车辆上电程序。按照表 11-5 所示检测其电源电路，如果不符合表内应测得结果，那么应该维修线束及线束插接器，或更换线束。

表 11-5　自动大灯高度调节模块电源电路的检测

检查部件			万用表检测的两端子		检测条件	状态	应测得结果
部件名称	代号	图示	红色表笔连接	黑色表笔连接			
自动大灯高度调节模块线束连接器	BD82	见表 11-4	BD82-1	车身接地	上电	电压	14V 左右
			BD82-3	车身接地			

3　自动大灯高度调节模块接地电路的检测

执行车辆下电程序，断开自动大灯高度调节模块线束连接器。按照表 11-6 检测其电路；如果不符合表 11-6 应测得结果，那么应该维修线束及线束插接器，或更换线束。

表 11-6　自动大灯高度调节模块接地电路的检测

检查部件			万用表检测的两端子		检测条件	状态	应测得结果
部件名称	代号	图示	红色表笔连接	黑色表笔连接			
自动大灯高度调节模块线束连接器	BD82	见表 11-4	BD82-2	车身接地	下电	电阻	< 1Ω

4　中央网关控制器 GW 与自动大灯高度调节模块之间的 CAN 总线检测

（1）中央网关控制器 GW 与自动大灯高度调节电路图如图 11-21 所示。

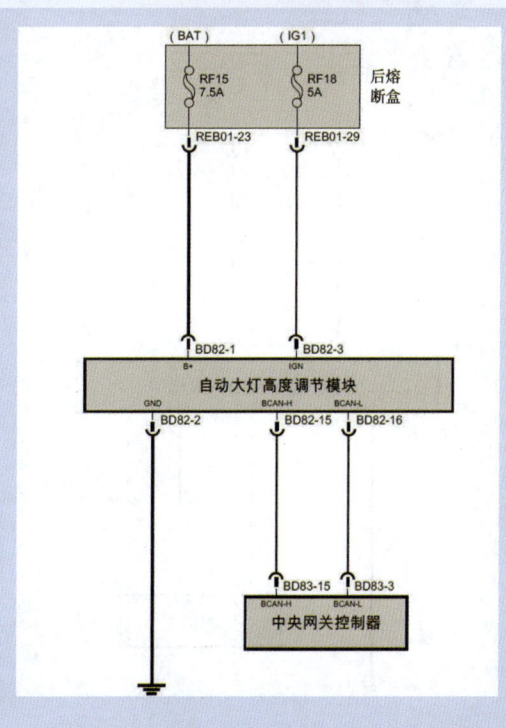

图 11-21　中央网关控制器 GW 与自动大灯高度调节电路图

（2）电路诊断和检测要点：执行车辆下电程序，断开中央网关控制器线束连接器和自动大灯高度调节模块线束连接器。按照表11-7检测其电路；如果不符合表11-7应测得结果，那么应该维修线束及线束插接器，或更换线束。

表 11-7 中央网关控制器与自动大灯高度调节模块之间的 CAN 总线检测

检查部件			万用表检测的两端子		检测条件	状态	应测得结果
部件名称	代号	图示	红色表笔连接	黑色表笔连接			
自动大灯高度调节模块线束连接器	BD82	见表11-4	BD82-15	BD83-15	下电	电阻	< 1Ω
中央网关控制器线束连接器	BD83	—	BD82-16	BD83-3			

📝 补充说明

如果故障显示"与 CGW 丢失通信"，那么故障检查的方向可以判定为：一是中央网关控制器（CGW）本身故障；二是 CAN 的线路问题。如果按照表 11-7 检测后没有问题，那么应该接着检查中央网关控制器的供电接地导线。如果中央网关控制器的供电接地导线正常，那么问题就出在了 CGW，应更换网关控制器。

5 BCM 与自动大灯高度调节模块间的 CAN 总线检测

（1）车身控制器 BCM 与自动大灯高度调节电路图如图 11-22 所示。

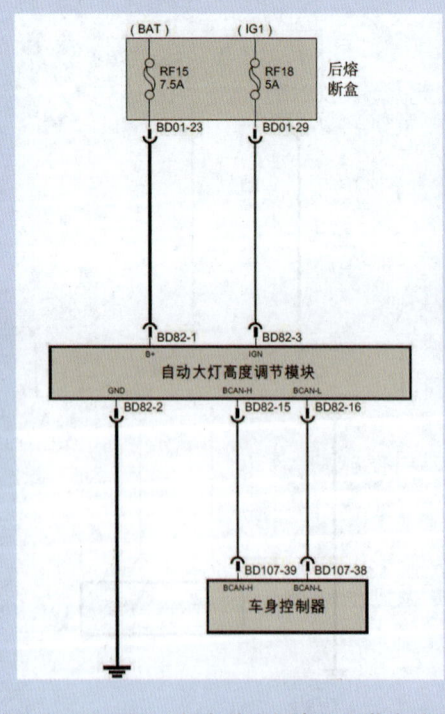

图 11-22 BCM 与自动大灯高度调节电路图

（2）电路诊断和检测要点：执行车辆下电程序，断开 BCM 线束连接器和自动大灯高度调节模块线束连接器。按照表 11-8 检测其电路；如果不符合表 11-8 应测得结果，那么应该维修线束及线束插接器，或更换线束。

表 11-8　BCM 与自动大灯高度调节模块之间的 CAN 总线检测

检查部件			万用表检测的两端子		检测条件	状态	应测得结果
部件名称	代号	图示	红色表笔连接	黑色表笔连接			
自动大灯高度调节模块线束连接器	BD82	见表 11-4	BD82-15	BD107-39	下电	电阻	< 1Ω
BCM 线束连接器	BD107	—	BD82-16	BD107-38			

> **补充说明**
>
> 　　如果故障显示"与 BCM 丢失通信"，那么故障检查的方向可以判定为：一是 BCM 故障；二是 CAN 的线路问题。如果按照表 11-8 检测后没有问题，那么应该接着检查 BCM 的供电接地导线；如果检查 BCM 的供电接地导线正常，那么问题就出在了 BCM，应更换。

11.4.4　放电型大灯诊断

1 大灯控制电路

（1）大灯近光（LO）　在列举的电路图中，放电大灯近光工作路径是图 11-23 中标注的（1）→（2）→（3）→（4）→（5）→图 11-24 中的（6）。

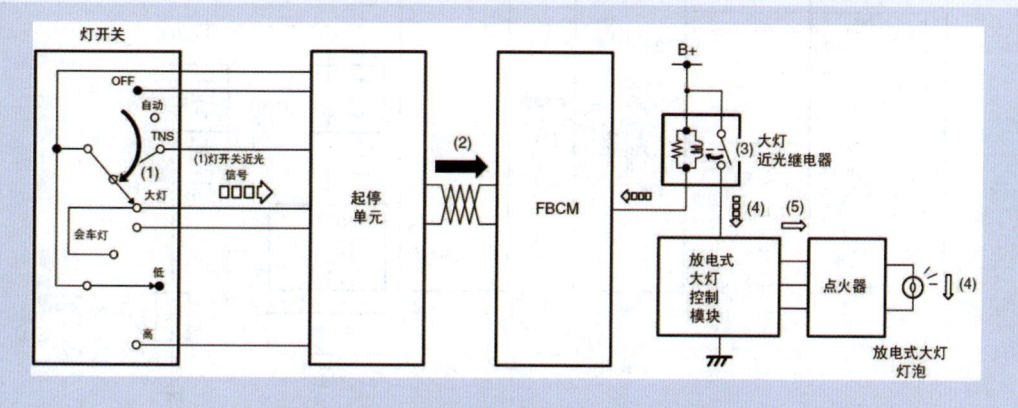

图 11-23　放电型大灯近光工作电路简图

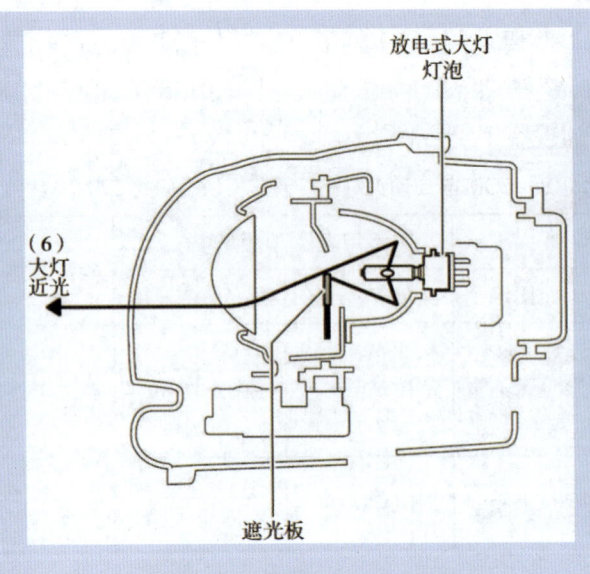

图 11-24 大灯剖面示意图

① 将灯开关切换到 HEAD 位置时，启停单元检测灯开关近光 LO 信号。
② 启停单元将以 CAN 信号的形式向车身控制模块（BCM）发送灯开关近光 LO 信号。
③ 当车身控制模块（BCM）接收到灯开关 LO 信号时，它将打开大灯近光 LO 继电器。
④ 当大灯近光 LO 继电器打开时，点火器利用蓄电池电源将直流电压提高并将输出到放电式大灯灯泡，从而发出氙气灯光。
⑤ 当放电式大灯氙气灯泡发光时，放电式大灯控制模块将蓄电池的直流电压转换成交流电压（约 42V）并输出到放电式大灯灯泡使之发光。
⑥ 遮光板挡住大灯远光，仅大灯近光射向前方。

（2）大灯远光（HI） 在列举的电路图中，放电大灯远光工作路径是图 11-25 中标注的（1）→（2）→（3）→（4）→图 11-26 中的（4）、（5）。

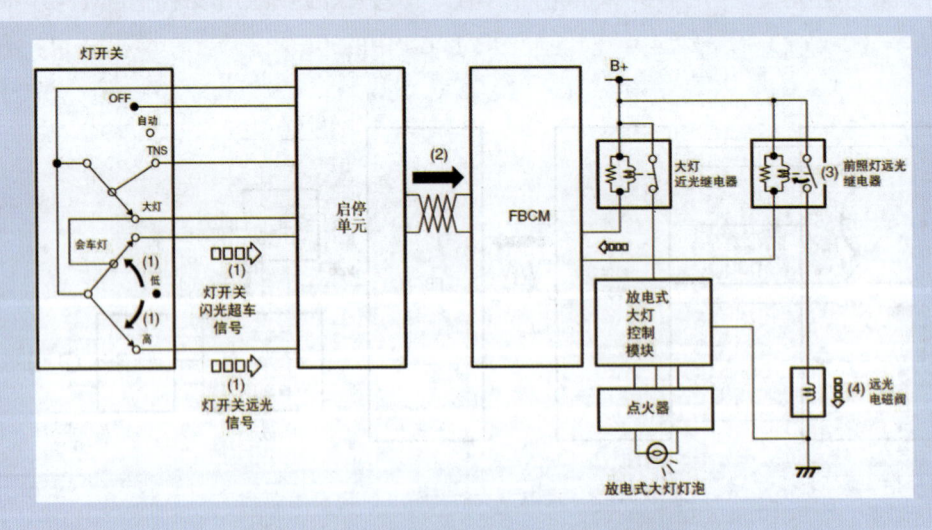

图 11-25 放电型大灯远光工作电路简图

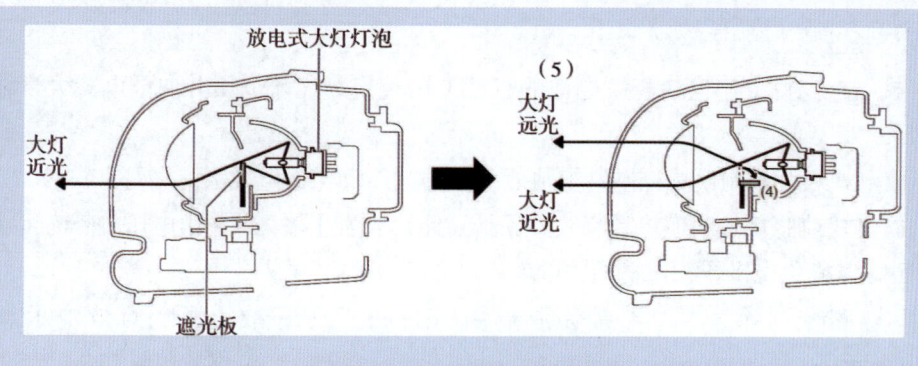

图 11-26 大灯断面示意图

①大灯近光打开状态下将灯开关切换到 HI 位置或切换到闪光超车位置时，启停单元检测灯开关 HI 或闪光超车信号。

②启停单元将以 CAN 信号的形式向车身控制模块（BCM）发送灯开关远光或闪光超车信号。

③当车身控制模块（BCM）接收到灯开关远光或闪光超车信号时，它将打开大灯 HI 继电器。

④大灯远光 HI 继电器打开时，远光电磁阀通电且遮光板转动。

⑤遮光板转动时，被遮光板挡住的大灯远光射向前方。

2 放电式大灯控制模块

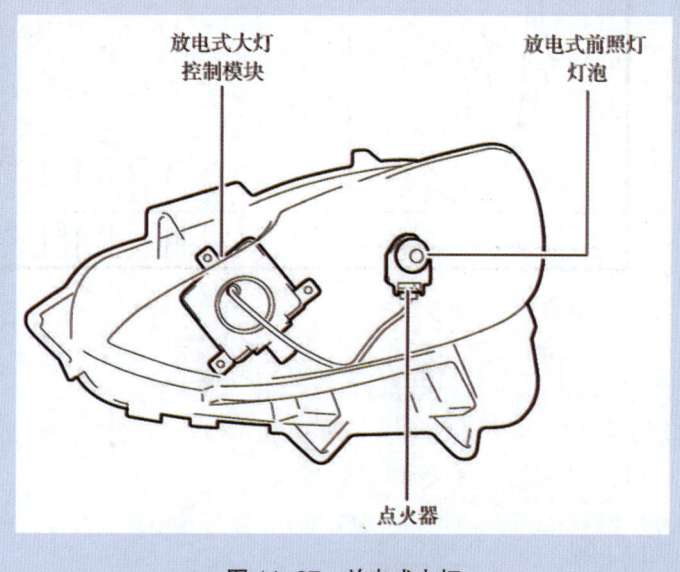

（1）结构（图 11-27） 放电式大灯控制模块由点火器和转换器构成，点火器可将蓄电池电压提高，转换器可将蓄电池直流电压转换为交流电压。转换器集成在放电式大灯控制模块中，点火器安装在放电式大灯灯泡中。

图 11-27 放电式大灯

（2）功能。

① 放电式大灯控制模块将蓄电池的直流电压转换为交流电压并向放电式大灯输出稳定的电压。

② 放电式大灯控制模块控制蓄电池所提供的电压确保放电式大灯亮灯。

③ 放电式前照灯控制模块具有故障保护功能，当发生输入/输出电压故障时可关闭放电式前照灯以避免误操作和保护相关部件。

（3）电路控制原理　电路控制原理如图 11-28 所示，放电式大灯放电示意图如图 11-29 所示。

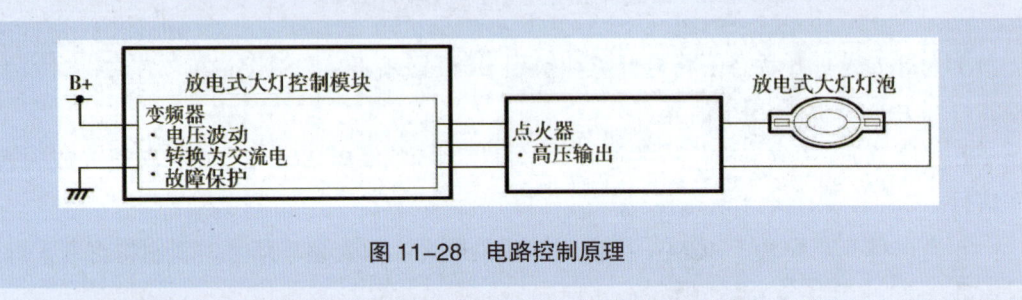

图 11-28　电路控制原理

① 当大灯近光 LO 继电器打开时，放电式大灯控制模块利用点火器将约 12V 的蓄电池直流电压提高到瞬间约 25 000V，并输出到放电式大灯灯泡。

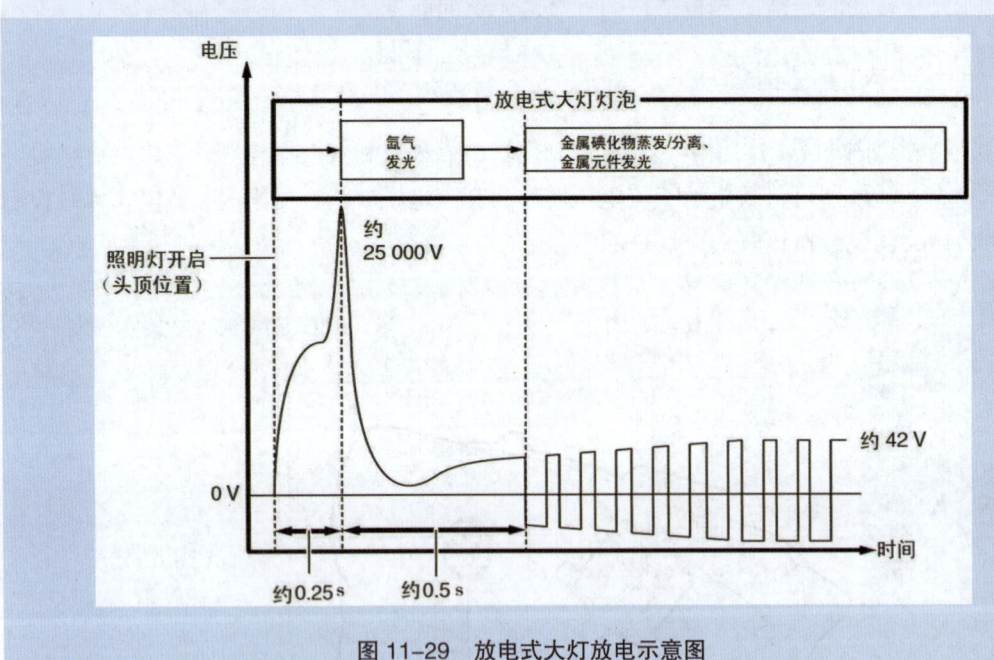

图 11-29　放电式大灯放电示意图

② 放电式大灯亮灯后，放电式大灯控制模块利用转换器将蓄电池的直流电压转换成交流电压（约 42V）并输出到放电式大灯灯泡。

3　放电式大灯灯泡

（1）结构　放电式大灯灯泡由氙气、封装有金属碘的发光灯泡、导线、通电电极及外灯泡组成。放电式大灯灯泡如图 11-30 所示。

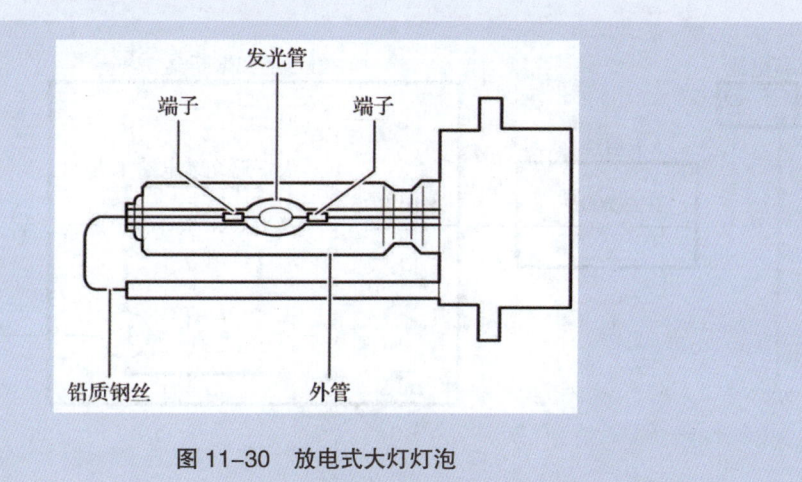

图 11-30　放电式大灯灯泡

（2）电路控制原理　电路控制原理如图 11-31 所示。

① 当从放电式大灯控制模块向电极输入高直流电压时，电极间的绝缘被击穿，在电极间形成电流。

② 当电流流过放电式大灯灯泡的电极时，氙气被通电而发光。

③ 当氙气发光时，放电式前照灯灯泡内温度上升，金属碘蒸发/分离，于是金属元件放电并发光。

④ 金属元件的亮度由放电式前照灯控制模块的直流电压维持。

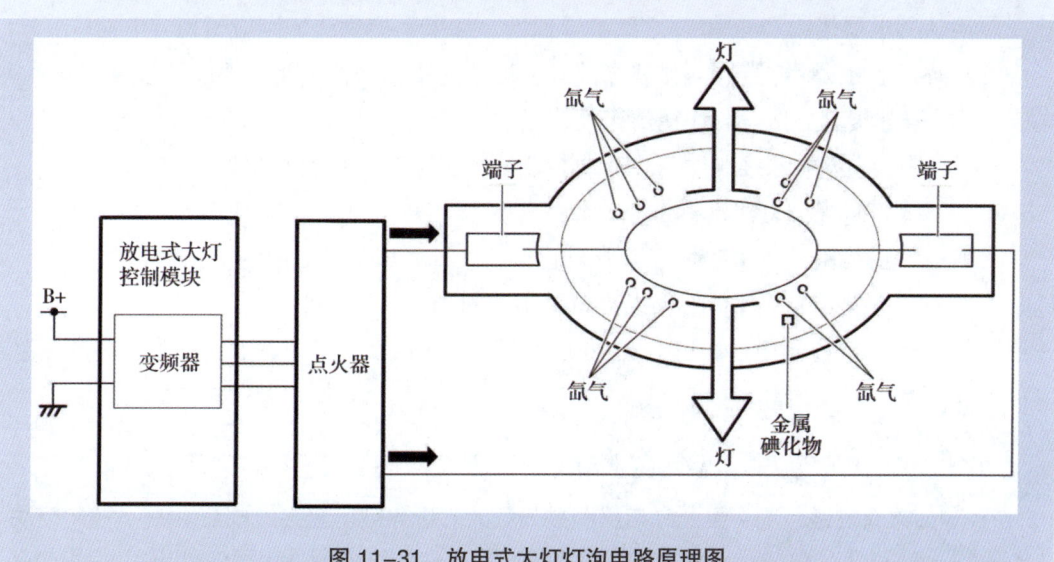

图 11-31　放电式大灯灯泡电路原理图

4　大灯继电器线路故障

下面以大灯近光继电器为例，检查其线路。如果执行故障诊断仪检测，车身控制模块（BCM）检测到大灯近光继电器（RH）电路对电源短路，那么应该着重对以下几点进行检查。大灯近光继电器和车身模块连接线路如图11-32所示。

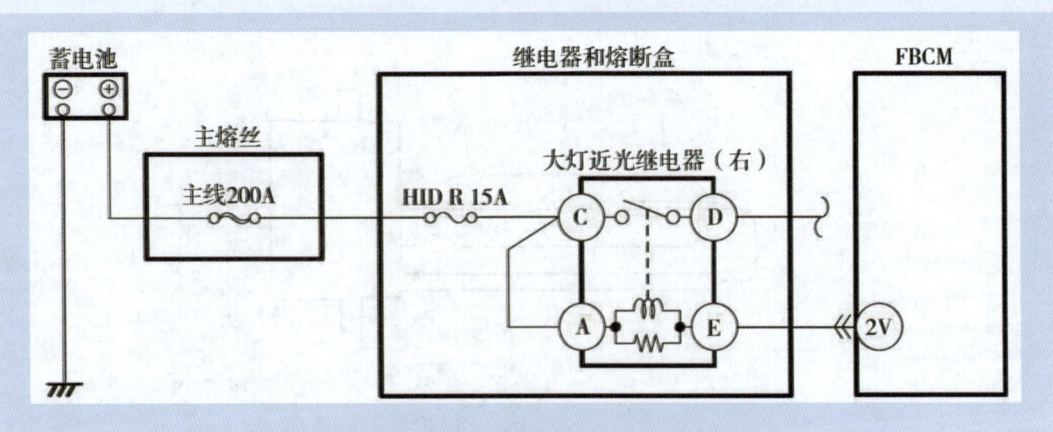

图11-32 大灯近光继电器和车身模块连接线路

（1）大灯近光继电器本身故障。

① 拆下继电器。

② 用万用表检测确认继电器接线端C和D之间的导通性；如果导通，那么继电器有故障，则应更换。

③ 用万用表检测确认继电器接线端E和A之间的导通性，正常应该是导通的；如果不能导通，则应更换继电器。

④ 对继电器接线端E施加电池电压，并把接线端A接地。

⑤ 确认继电器接线端C和D之间的导通性。如果不能确认，则应更换继电器。

（2）车身控制模块连接器或接线端故障 检查连接器是否正常，要断开车身控制模块连接器，检查连接器的接合与连接情况及接线端的损坏、变形、腐蚀或断开情况。

（3）大灯近光继电器接线端E和车身控制模块接线端2V之间的线束对电源短路。

① 确认大灯近光继电器已拆下。

② 确认车身控制模块（BCM）连接器已断开。

③ 将点火开关转至ON位置（发动机关闭或起动）。

④ 测量前车身控制模块（FBCM）接线端2V（线束侧）的电压；电压无对电源短路，应该为0V。

> 📝 补充说明
>
> 检测如果有短路情况，要参考电路图并确认大灯近光继电器接线端E和车身控制模块（BCM）接线端2V之间是否有共用的连接器。如果存在共用的连接器，那么通过检查共用的连接器和接线端有无腐蚀、损坏和针脚断开现象，并检查共用线束是否有电源短路，确定存在故障的部件。
>
> 如果不存在共用的连接器的情况，那么应该修理或更换存在电源短路的线束。

（4）车身控制模块（BCM）本身故障。

11.4.5 转向灯系统控制电路

1 功能

转向灯系统将根据转向开关操作来控制转向灯闪烁。车身控制模块（BCM）控制转向灯系统的故障保护功能。转向灯系统电路连接如图 11-33 所示。

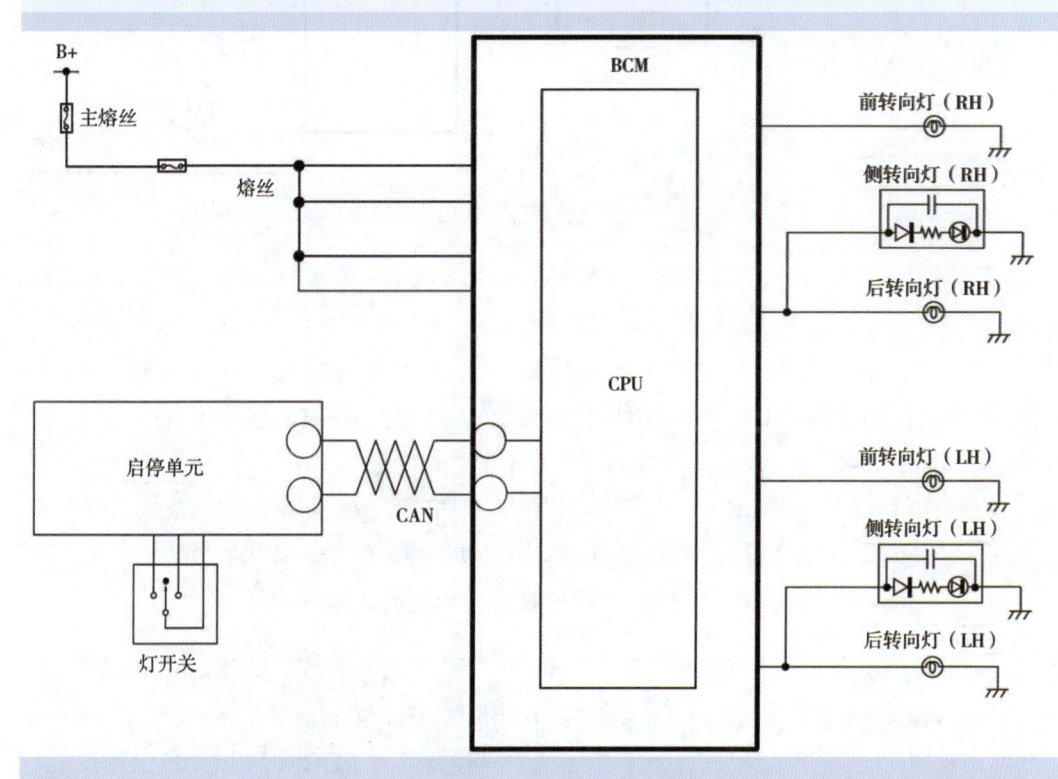

图 11-33 转向灯电路连接

转向系统根据从启停单元通过 CAN 通信发来的转向开关左 LH 或右 RH 信号，车身控制模块（BCM）将执行以下控制。

（1）接收到的转向开关 ON 信号持续时间少于 0.7s：控制转向灯自动闪烁 3 次。

（2）接收到的转向开关 ON 信号持续时间 ≥ 0.7s：根据接收信号的持续时间控制转向灯的闪烁。

2 电路控制原理

在列举的电路图中，转向灯工作路径为图 11-34 中标注的（1）→（2）→（3）。

（1）当将转向开关切换到 LH 或 RH 位置时，将向启停单元输入转向开关 LH 或 RH 信号。

（2）启停单元将以 CAN 信号的形式向前车身控制模块（FBCM）发送转向开关 LH 或 RH 信号。

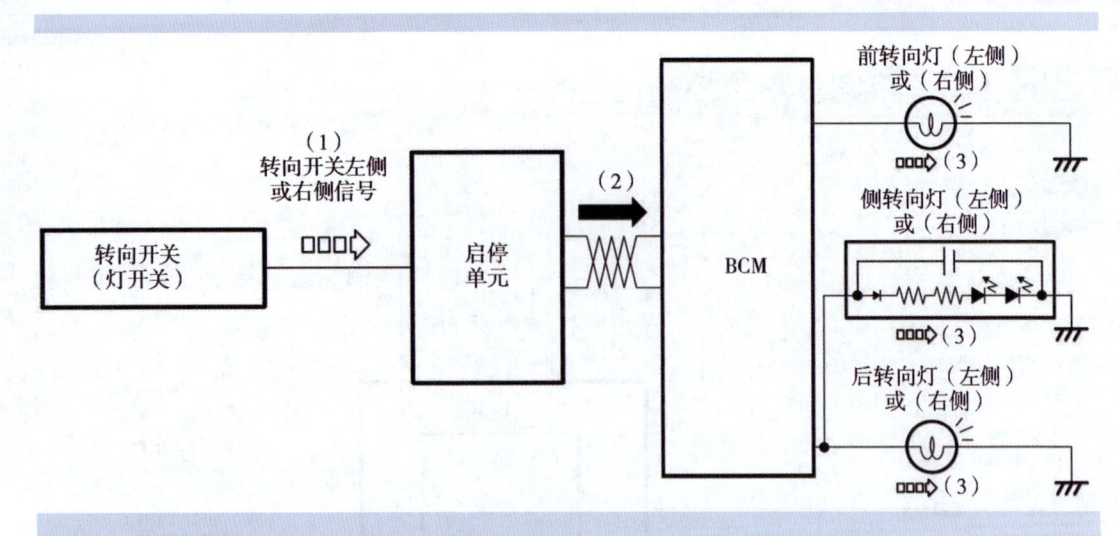

图 11-34　转向灯工作电路

（3）当前车身控制模块（BCM）接收到转向开关 LH 或 RH 信号时，转向灯（LH）或（RH）将闪烁。

① 在发动机开关切换（发动机关闭或打开）时，如果车身控制模块（BCM）从启停单元接收转向开关 LH 或 RH 信号的持续时间短于 0.7s，则会控制转向灯（LH）或（RH）自动闪烁 3 次。

② 在转向灯（LH）或（RH）正在自动闪烁 3 次期间，如果前车身控制模块（FBCM）收到对侧的转向开关开启信号，则会取消当前的自动闪烁；但是，如果收到的对侧转向开关开启信号持续时间 ≥ 0.2s，则会控制与所接收信号同侧的转向灯闪烁。

> **补充说明**
>
> ① 当打开危险报警开关时，启停单元检测到危险报警开关打开信号。
> ② 启停单元检测到危险报警开关打开信号，向车身控制模块（BCM）以 CAN 信号形式发送一个危险报警信号。
> ③ 当车身控制模块（BCM）接收到危险报警信号时，侧转向灯（LH）和（RH）将闪烁。

11.4.6 倒车灯控制电路

1 自动挡汽车的倒车灯

在列举的自动挡汽车倒车灯电路图中，倒车灯工作路径为图 11-35 中标注的（1）→（2）→（3）→（4）。

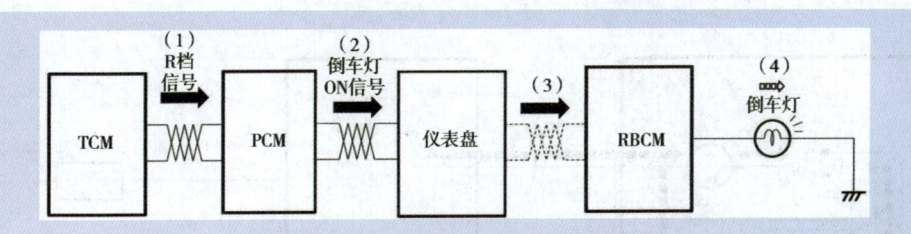

图 11-35　自动挡汽车的倒车灯工作路径

（1）当将选挡杆置于 R 挡时，TCM 将以 CAN 信号形式向 PCM 发送 R 挡信号。

（2）当 PCM 接收到 R 挡信号时，将向仪表盘发送倒车灯打开信号。

（3）仪表组向车身控制模块（BCM）发送倒车灯打开信号。

（4）当车身控制模块（BCM）接收到倒车灯打开信号时，倒车灯亮灯。

2　手动挡汽车的倒车灯

在列举的手动挡汽车倒车灯电路图中，其倒车灯工作路径为图 11-36 中标注的（1）→（2）→（3）→（4）→（5）。

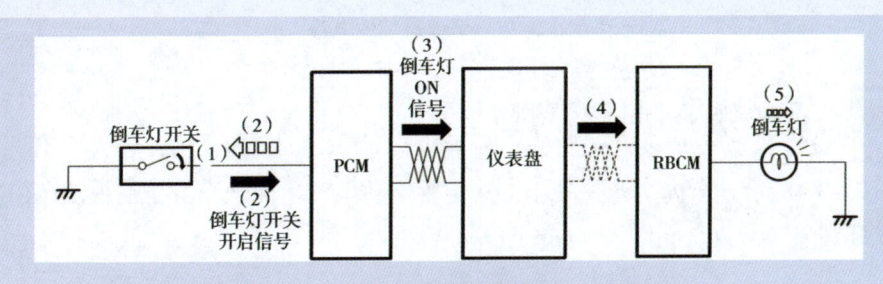

图 11-36　手动挡汽车的倒车灯工作路径

（1）将换挡杆换至倒挡位置时，倒车灯开关打开。

（2）当倒车灯开关打开时，PCM 检测到倒车灯打开信号。

（3）当 PCM 检测到倒车灯开关打开信号时，将以 CAN 信号形式向仪表盘发送倒车灯打开信号。

（4）仪表组向车身控制模块（BCM）发送倒车灯打开信号。

（5）当车身控制模块（BCM）接收到倒车灯打开信号时，倒车灯亮灯。

11.4.7　阅读灯控制电路

前阅读灯将光线照射在车内前部。当前阅读灯开关打开时或者车内灯开关在 ON 位置时，前阅读灯亮；当车内灯开关在 DOOR 位置时，前阅读灯根据驾驶室车门的锁定情况和各车门在车身控制模块（BCM）控制下的打开 / 关闭情况亮灯。

如图 11-37 所示，打开前阅读灯开关→蓄电池电流从后车身控制模块（RBCM）流向前阅读灯灯泡→前阅读灯亮灯。

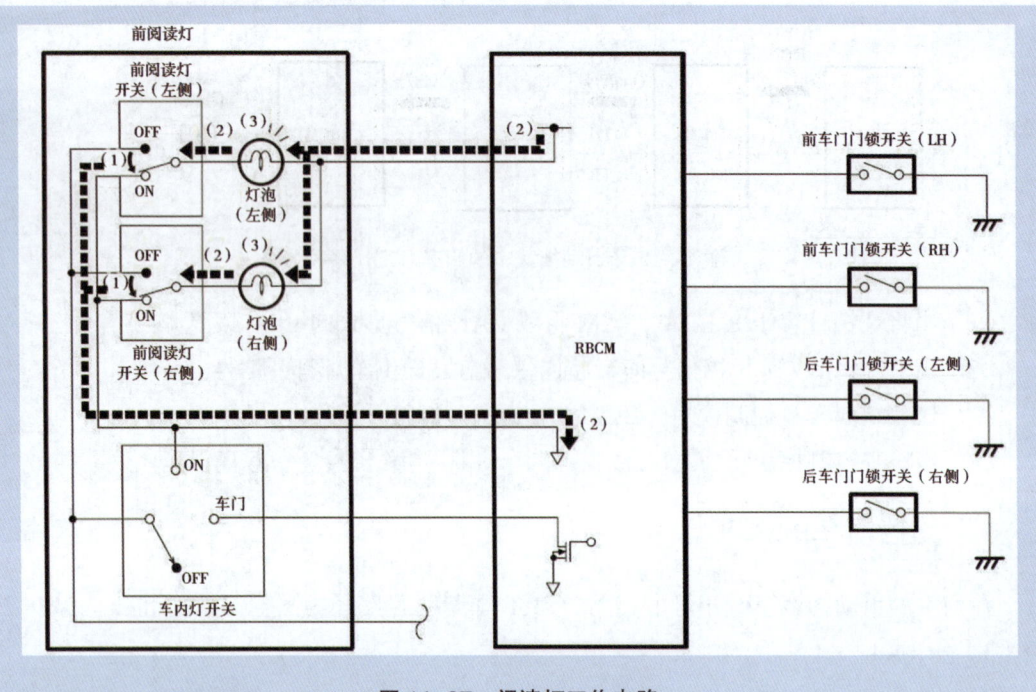

图 11-37　阅读灯工作电路

1　车内灯开关处于 ON 位置时

如图 11-38 所示，车内灯开关处于 ON 位置→蓄电池电流从车身控制模块（BCM）流向前阅读灯灯泡→阅读灯亮灯。

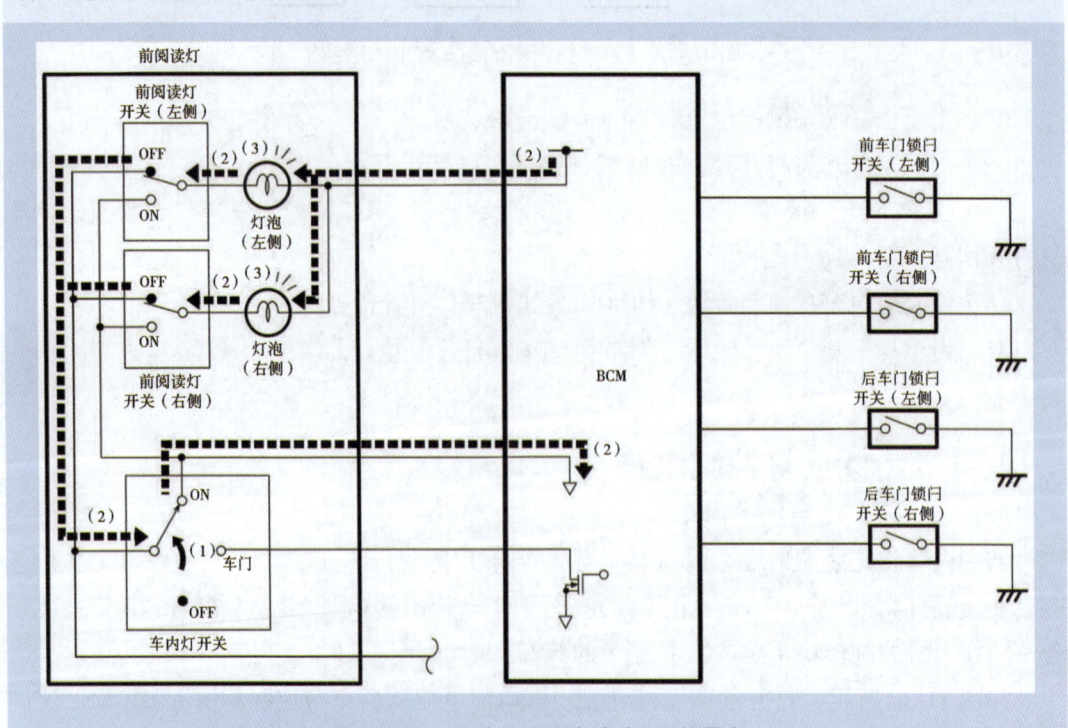

图 11-38　阅读灯工作电路（ON 位置）

2 车内灯开关处于 DOOR 位置时

车内灯开关处于 DOOR 位置时，工作电路图如图 11-39 所示。

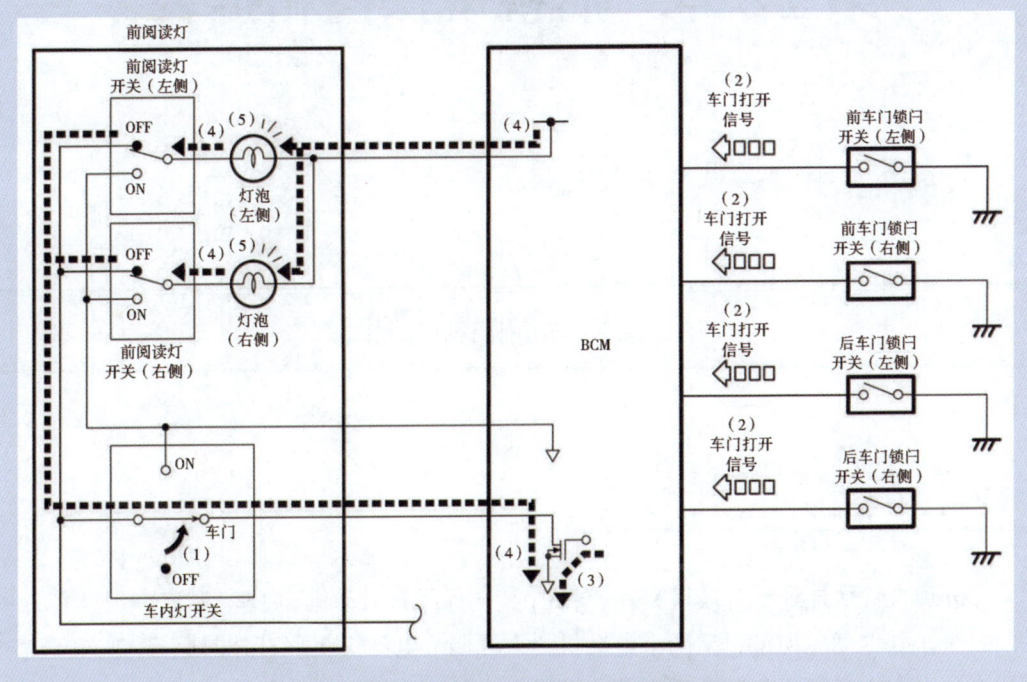

图 11-39 阅读灯工作电路（DOOR 位置）

（1）车内灯开关处于 DOOR 挡，当任何车门打开时，将向车身控制模块（BCM）发送车门打开信号。

（2）当车身控制模块（BCM）接收到车门打开信号时，将打开晶体管。

（3）晶体管打开时，蓄电池电流从车身控制模块（BCM）流向前阅读灯灯泡，前阅读灯亮灯。

第 12 章 后视镜操控和拆装

12.1 后视镜认知

12.1.1 车外电动后视镜

车外后视镜从外观看有玻璃镜片、外壳,其内部还有电动机、底座、调节单元等零部件。

每个车外电动后视镜包括两个电动机,上下调节电动机在垂直方向运行,左右调节电动机在水平方向运行。各电动后视镜电动机由内部断路器保护。车外后视镜可折叠轴旋转至锁死位置,如图 12-1 所示。

图 12-1 车外后视镜(一)

车外后视镜开关配有一个后视镜选择开关和一个 4 位后视镜方向开关,开关与车窗开关组合在一起,安装在车门饰板上。

后视镜选择开关允许驾驶员选择欲移动的后视镜,将开关转至 L(左侧)位置起动左侧车外后视镜，或将开关转至 R（右侧）位置起动右侧车外后视镜。

后视镜方向开关是一个 4 位开关，使操作者将所选择的后视镜向上、向下、向左或向右移动，如图 12-2 所示。

图 12-2　车外后视镜（二）

12.1.2　车内后视镜

车内后视镜是自动防眩晕后视镜，可防止后面车辆灯光造成驾驶员眩晕。车内自动明暗调节后视镜使用两个光传感器，如图 12-3 所示。一个是前大灯传感器，位于后视镜的镜面侧，用来确定后视镜镜面的光照情况；另一个是环境光照传感器，位于后视镜后部或挡风玻璃侧，用于确定车外光照情况。前大灯传感器检测到车外光照较弱且来自车辆后部的光照较强时，车内后视镜将自动使车内后视镜镜面变暗。

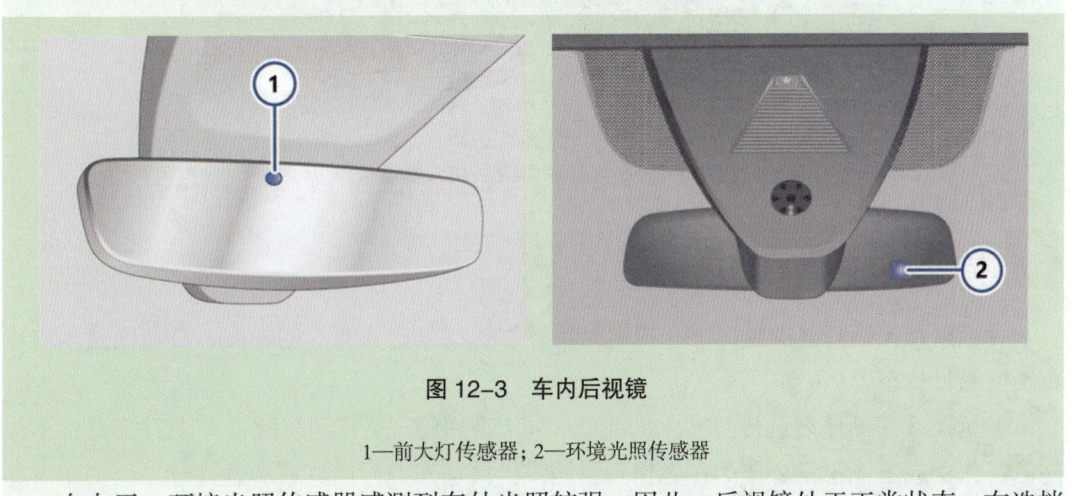

图 12-3　车内后视镜

1—前大灯传感器；2—环境光照传感器

在白天，环境光照传感器感测到车外光照较强，因此，后视镜处于正常状态。在选挡杆处于倒挡位置时，倒车灯电源电压作为输入电压被提供至车内后视镜。后视镜监测此输入电压，停用自动明暗调节功能，这使驾驶员在倒车时能清楚地在后视镜上看到物体，即使在夜间。

12.2　后视镜使用和操控

12.2.1　车内防眩目后视镜调节

1　手动防眩车内后视镜调节

夜间行驶时，夜间位置将帮助减弱来自后方车辆前大灯的眩光。行车时必须调整车内后视镜，保证通过后窗玻璃向后有足够的视野。

手动防眩车内后视镜基本位置为调整到如图12-4所示的后视镜下缘的操作杆向前指向车窗玻璃。

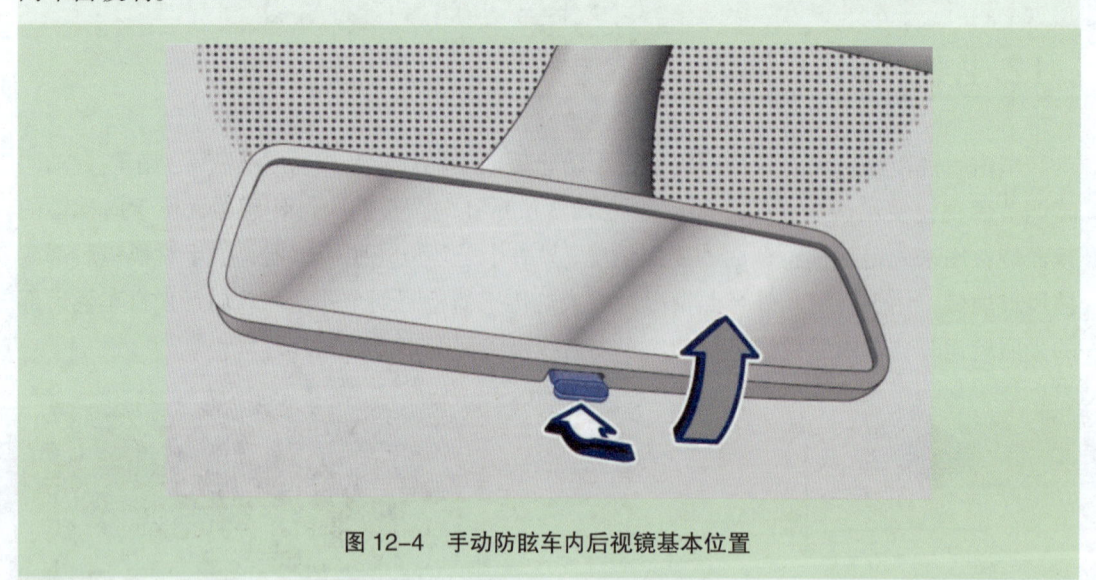

图12-4　手动防眩车内后视镜基本位置

2　自动防眩车内后视镜调节

在点火开关已打开的情况下，根据光传感器探测到射入光线的强度，自动调整车内后视镜防眩目状态。

如遮挡或阻断照射到传感器上的光线（如遮阳帘），则自动防眩目车内后视镜将不起防眩目作用或不能正常工作。在已挂入倒挡或已接通车内照明灯或阅读灯时，会关闭自动防眩功能。自动防眩车内后视镜如图12-5所示。

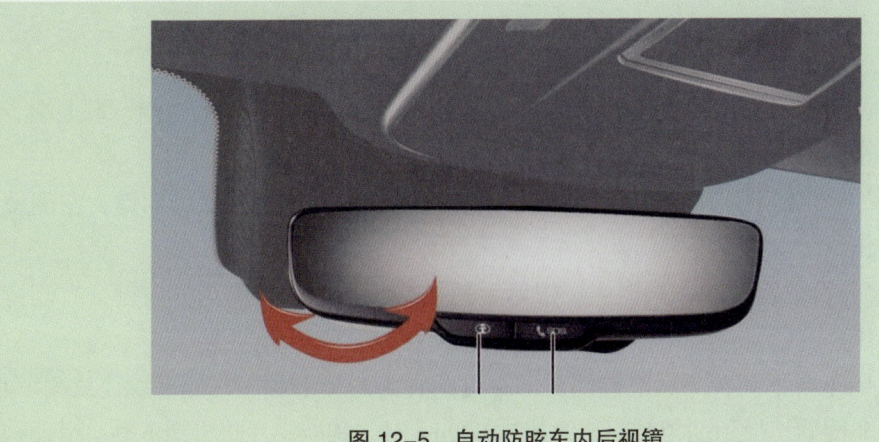

图12-5 自动防眩车内后视镜

12.2.2 车外后视镜调节

1 旋钮调整车外后视镜

将旋钮转到如图12-6所示位置进行调整。

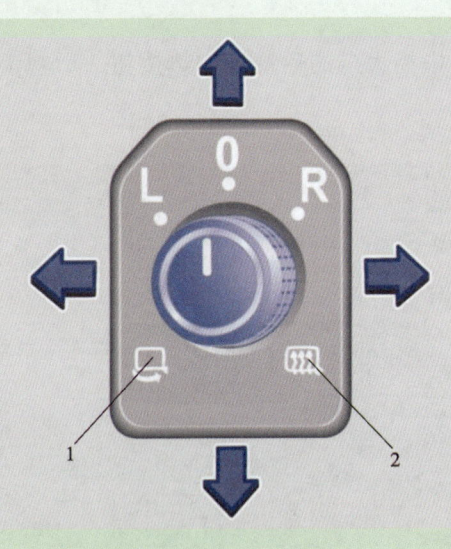

图12-6 后视镜调节旋钮

1—以电动方式将车外后视镜折叠；2—接通车外后视镜加热装置
L—通过向上、向下、向右或向左转动旋钮调节左侧车外后视镜；
R—通过向上、向下、向右或向左转动旋钮调节右侧车外后视镜；
0—零位，无法调节车外后视镜并已关闭所有功能

357

2 中控屏调整

也可以通过信息娱乐系统（中控屏）上的菜单来调整车外后视镜。

（1）镜片调节　镜片位置通过机械结构限位，当调节至最左侧、最右侧、最上端、最下端时，镜片将不再运动。

① 点击大屏后视镜控制，根据大屏提示，短按或长按左侧转向盘方向键，左侧镜片向相应方向动作。

② 点击大屏后视镜控制，根据大屏提示，短按或长按右侧转向盘方向键，右侧镜片向相应方向动作。

（2）镜片倒车向下翻转　后视镜倒车下翻可配置为左侧下翻、右侧下翻、双侧下翻、不下翻。当由非倒挡切换到倒挡时间连续超过500ms时，相应镜片将自动下翻。由倒挡切换到非倒挡后，镜片回到下翻前的位置。

（3）手动折叠展开　点击大屏后视镜折叠或展开按键，两侧后视镜执行折叠或者展开动作。

（4）自动折叠展开。

① 车辆静止，整车从解防状态到预设防状态，或从解防状态到设防状态，两侧后视镜自动折叠。

② 整车从预设防状态到解防状态，或从设防状态到解防状态，两侧后视镜自动展开。

（5）镜片加热　点击中控大屏的后视镜加热按钮，后视镜镜片开始加热，如图12-7中1所示。

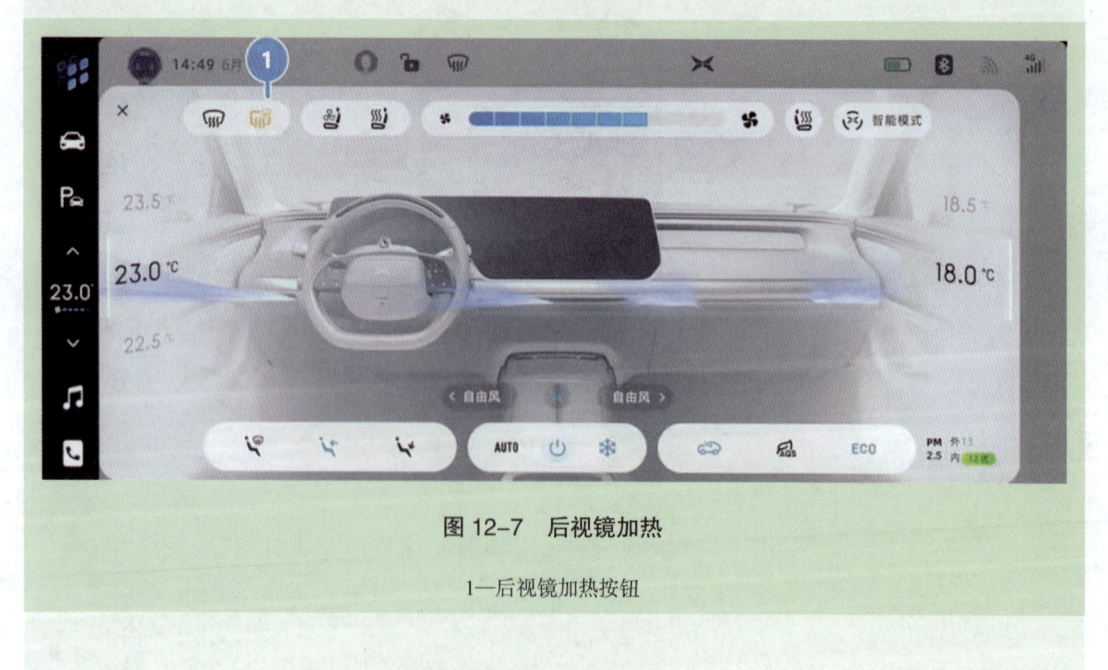

图12-7　后视镜加热

1—后视镜加热按钮

12.3 后视镜各部分拆装

12.3.1 拆装后视镜

1 后视镜分解装配图（图12-8）

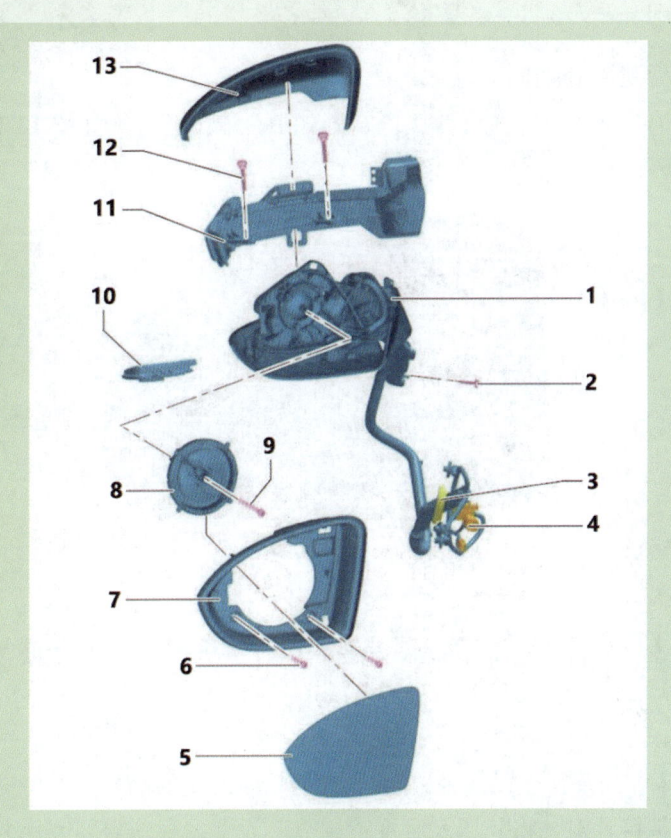

1—后视镜底座；2，6，9，12—螺栓；3—套管；4—连接插头；5—后视镜玻璃；7—后视镜框架；8—调节单元；10—车外后视镜中的登车照明灯；11—转向信号灯；13—后视镜盖罩

图12-8　后视镜分解装配图

2 拆装后视镜片

（1）拆卸程序。

① 用塑料起子小心脱开里面的固定卡扣，如图12-9所示。

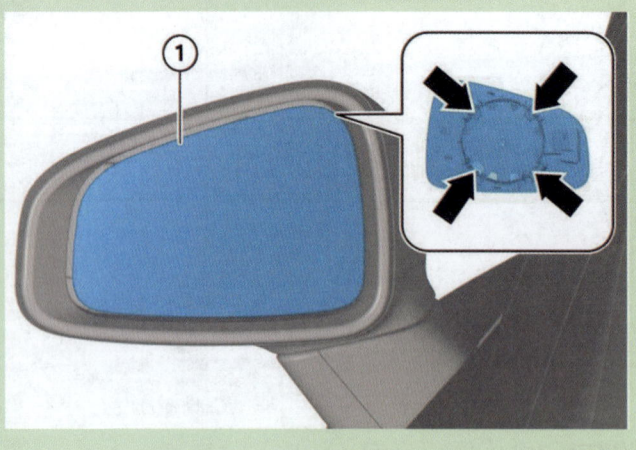

图 12-9 电动后视镜镜片卡扣

1—后视镜片

② 脱开电动后视镜镜片。

③ 断开线束连接插头 A；脱开线束固定卡扣 B，取出镜片，如图 12-10 所示。

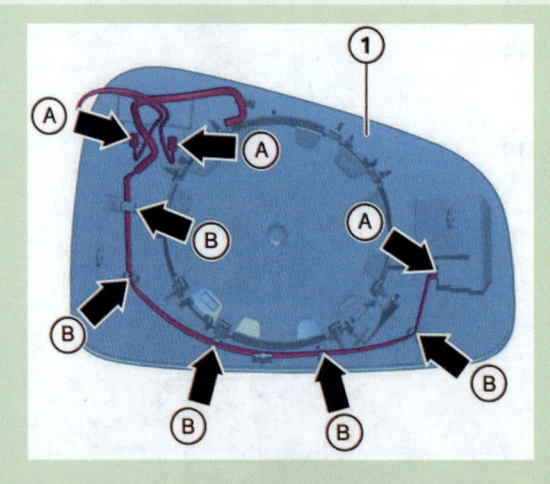

图 12-10 电动后视镜镜片的卡扣和插头

1—镜片
A—插头；B—卡扣

（2）安装程序　安装程序以倒序进行，同时注意下列事项。

① 安装外视镜镜片时，将其压入后视镜调节单元上，直到听到镜片卡止的声音。

② 安装完成后，进行功能检查。

3 拆装外后视镜调节单元

（1）拆卸程序　拆下后视镜镜片后可以拆卸外后视镜调节单元，如图 12-11 所示。

① 旋出外后视镜调节单元固定螺钉 A。

② 脱开固定卡扣 B，取出外后视镜调节单元。

③ 断开连接插头 C，拆下外后视镜调节单元。

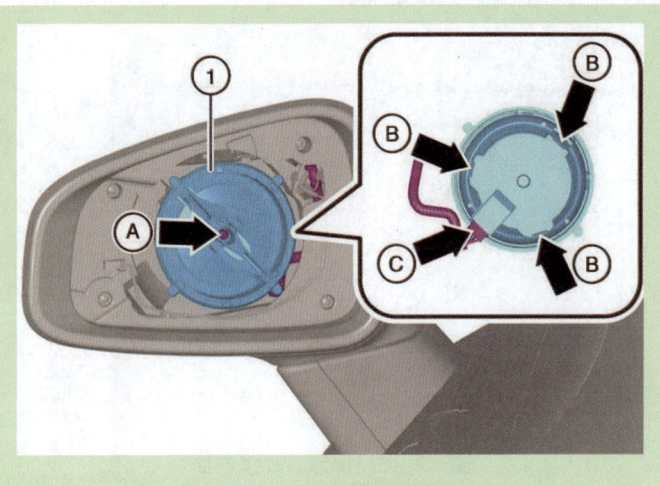

图 12-11　外后视镜调节单元

1—外后视镜调节单元
A—固定螺钉；B—卡扣；C—插头

（2）安装程序　安装程序以倒序进行。

4　拆装外后视镜总成

（1）拆卸程序。

① 旋出固定螺钉，取出外后视镜卡框，如图 12-12 所示。

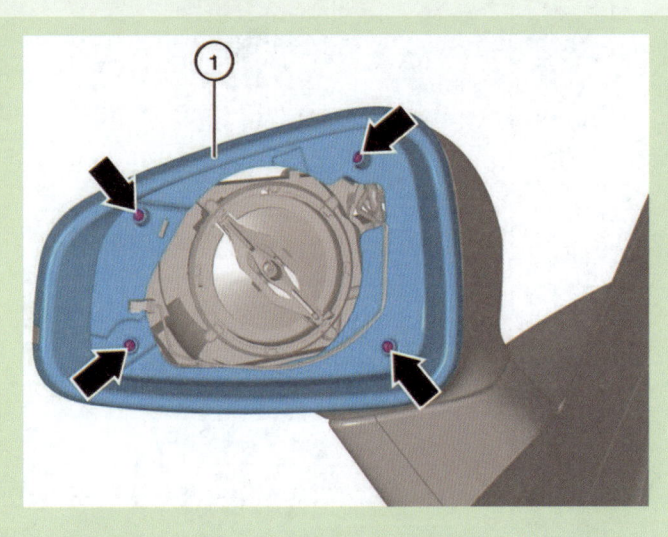

图 12-12　拆卸外后视镜卡框

② 拆卸左前门饰板总成。

③ 断开外后视镜总成连接插头 A，如图 12-13 所示。

④ 脱开橡胶密封圈 B，堵盖 C，防水膜 D，如图 12-13 所示。

⑤ 旋出外后视镜总成固定螺母，如图 12-14 所示。

⑥ 将线束穿过车门孔洞，取出外后视镜总成，如图 12-15 所示。

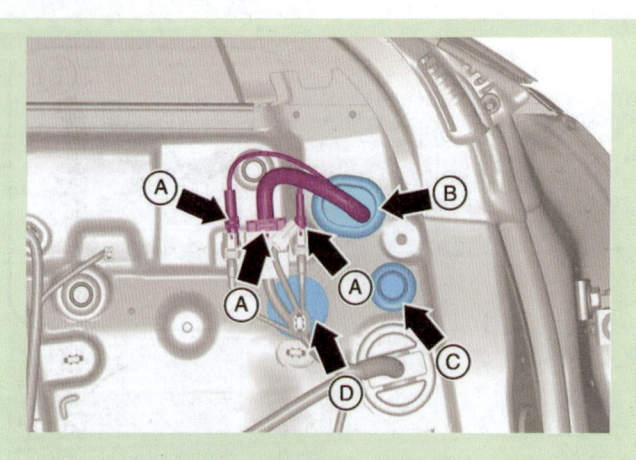

图 12-13 拆卸后视镜连接

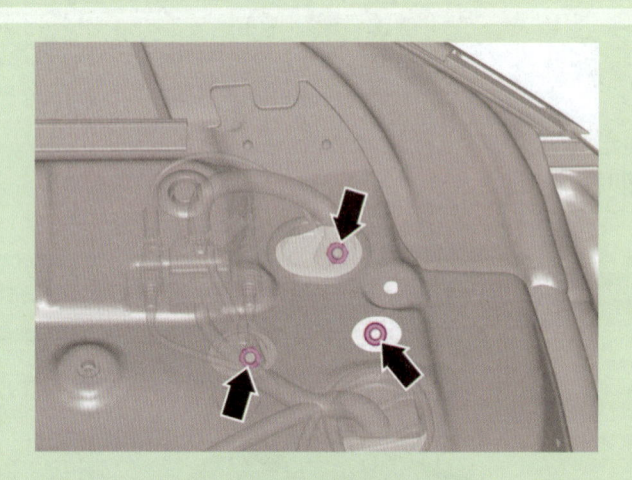

A—插头；B—密封圈；C—堵盖；D—防水膜

图 12-14 拆卸外后视镜固定螺母

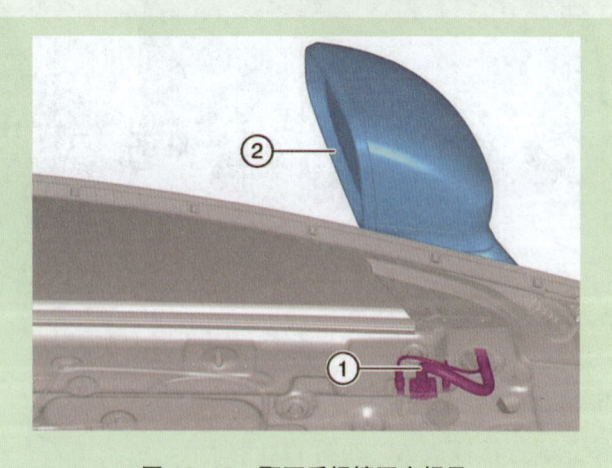

图 12-15 取下后视镜固定螺母

1—线束；2—后视镜

（2）安装程序　安装程序以倒序进行。

12.3.2 拆装内后视镜总成

1 拆卸内后视镜总成

拆卸内后视镜底座护罩组件；如有摄像头，需拆卸前向摄像头。拆卸内后视镜总成，如图 12-16 所示。

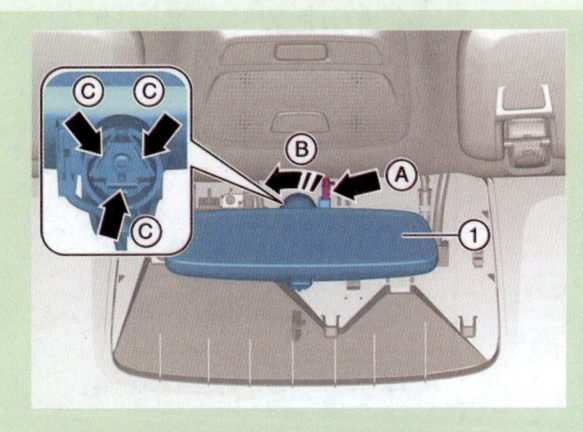

图 12-16　拆卸内后视镜总成

1—内后视镜
A—插头；B—旋转方向；C—卡扣

（1）断开内后视镜总成连接插头 A。
（2）沿 B 方向逆时针旋转脱开固定卡扣 C，拆下内后视镜总成。

2 安装内后视镜总成

安装程序以倒序进行，同时注意下列事项：安装内后视镜时，先将内后视镜逆时针旋转约 120° 卡到安装底座上（图 12-17 中 1），然后按压并顺时针旋转安装到位即可。

图 12-17　内后视镜安装底座

1—安装底座

12.3.3 拆装车外后视镜登车照明灯

拆装车外后视镜中的登车照明灯如图 12-18 所示。

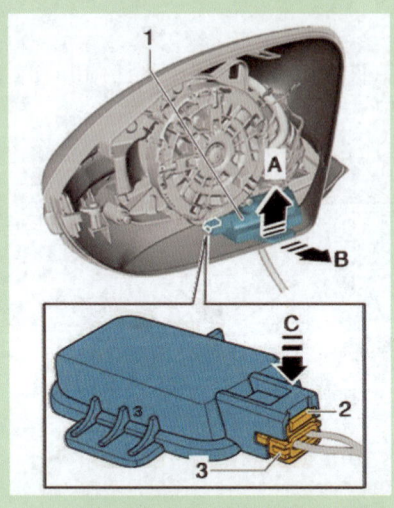

图 12-18 拆卸车外后视镜中的登车照明灯

A，B—拆卸方向
1—登车照明灯；2—插头锁止装置；3—插头

（1）拆卸要点。

① 拆卸后视镜框架。

② 沿图 12-18 中 A 方向抬高驾驶员侧车外后视镜中的登车照明灯，沿图 12-18 中 B 方向从后视镜壳体中拔出驾驶员侧车外后视镜中的登车照明灯。

③ 沿图 12-18 中 C 方向按压锁止装置。

④ 脱开电气连接插头。

（2）安装步骤要点　安装以倒序方式进行功能检测。

12.4　后视镜控制

12.4.1 车外后视镜控制

1 不带模块的控制

（1）后视镜调节控制　后视镜方向开关的 4 个位置有多个开关触点，不使用时，方向触点不与任何电路连接；每个触点通过选择开关连接至相应后视镜电动机的另一侧。根据选择开关的位置（左侧或右侧），选择开关中断或连接这些电路。

如果后视镜选择开关置于 L（左侧）位置，且按下向上开关，蓄电池电压通过驾驶员侧后视镜电动机上升控制电路，提供至驾驶员侧车外后视镜垂直调节电动机，并通过驾驶员侧后视镜电动机向左/下降控制电路返回到后视镜开关，然后回到搭铁，后视镜将向上移动。

如果按下向下开关，驾驶员侧后视镜电动机向左/下降控制电路提供蓄电池电压，通过驾驶员侧后视镜电动机上升控制电路输送到后视镜开关，然后到搭铁，后视镜则向下移动。各电动后视镜电动机由内部断路器保护。

后视镜其余功能的工作和上述方式相同。将后视镜控制开关置于相反位置，向左/向右或向上/向下，会使后视镜电动机的电压极性变反，使用相同的电路且后视镜将发生相应的移动。

外后视镜控制框图如图 12-19 所示。

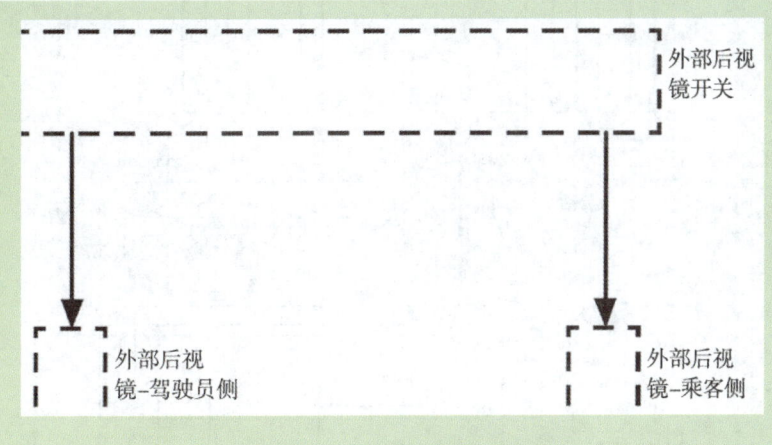

图 12-19　外后视镜控制框图

（2）后视镜折叠控制　通过电子开关控制折叠后视镜系统，将后视镜选择开关置于中间位置可激活该电子开关。后视镜选择开关置于中间位置时，通过按向下箭头启用折叠/展开功能。折叠/展开开关将根据其当前状态折叠或展开后视镜。当电动折叠或展开功能启用时，蓄电池电压通过相应的折叠或展开控制电路供折叠电动机，且相反的控制电路将电动机搭铁。

2　模块控制

（1）后视镜调节控制　带模块的外后视镜控制架构框图如图 12-20 所示。带模块的外后视镜电路图如图 12-21 所示。

车外后视镜开关和乘客侧车窗开关作为主控模块，位于座椅位置记忆模块串行数据电路上。后视镜的选择和方向控制开关通过串行数据电路输入到座椅位置记忆模块。座椅位置记忆模块接收到来自外部后视镜开关的开关输入信号时，后视镜输出指令通过串行数据电路发送到相应的开关上。外部后视镜开关和乘客侧车窗开关通过双向电动机控制电路来控制左侧和右侧外部后视镜。在未激活时电动机控制电路状态不稳定，必要时开关向控制电路提供电源和搭铁以将后视镜移向指令方向。

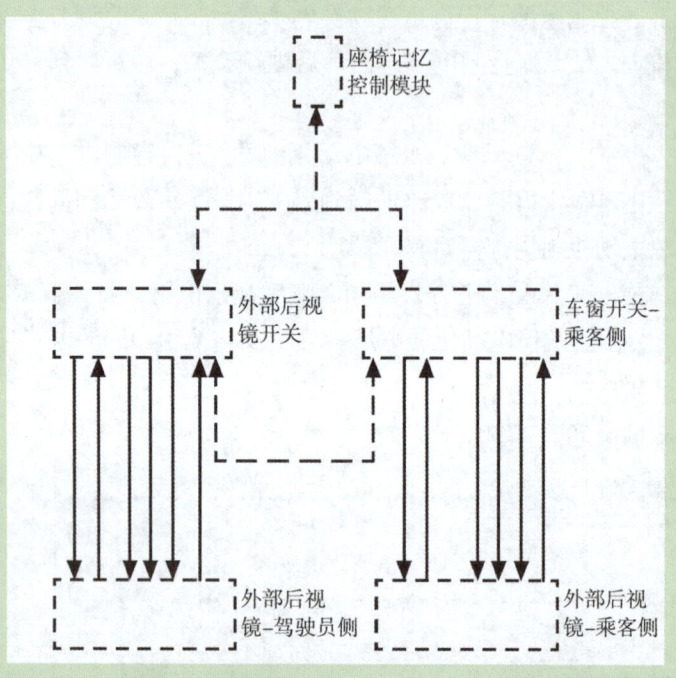

图 12-20　带模块的外后视镜控制框图

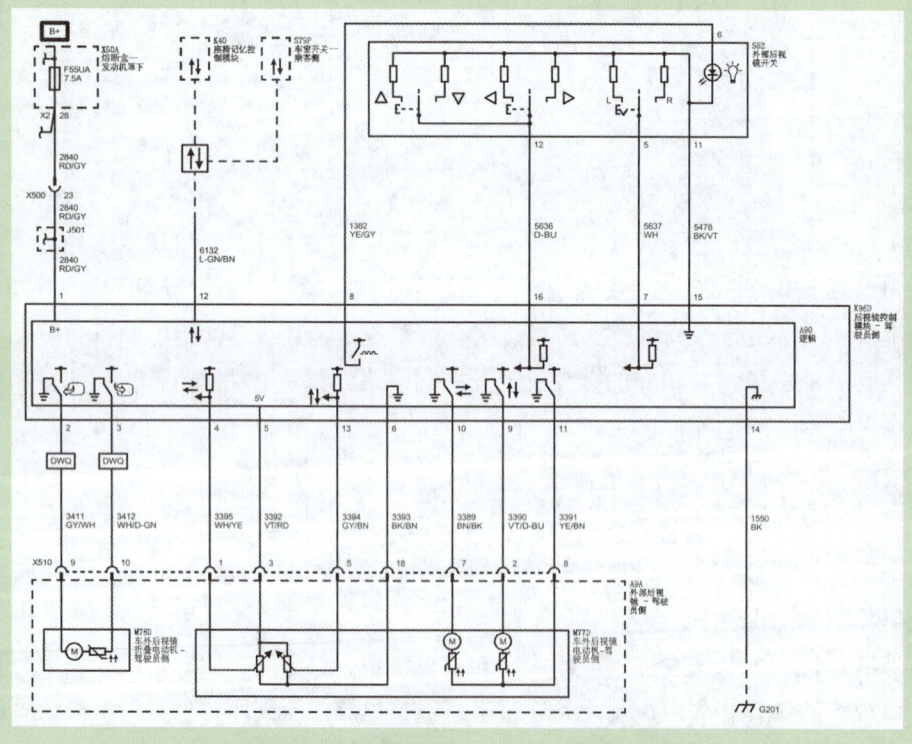

图 12-21　（模块控制）电动后视镜电路图

后视镜位置由各电动后视镜的水平位置和垂直位置传感器共同决定。外部后视镜开关和乘客侧车窗开关向传感器提供 5V 参考电压、低电平参考电压及水平位置和垂直位置信号电路。信号电路通过开关获得 5V 参考电压，并且信号电路电压的高低表示后视镜的位置。通过串行数据电路向座椅位置记忆模块发送后视镜位置，并将其储存以便操作记忆后视镜。当座椅位置记忆模块接收到记忆位置指令时，座椅位置记忆模块将向外部后视镜开关和乘客侧车窗开关发送就位指令，然后开关根据传感器设置将相应的后视镜电动机驱动至指令位置。

（2）后视镜折叠控制　后视镜选择和折叠/展开开关通过串行数据电路向座椅位置记忆模块输入信号。座椅位置记忆模块接收到外部后视镜开关的折叠/展开信号时，座椅位置记忆模块将向外部后视镜开关和乘客侧车窗开关发送折叠/展开指令。开关将根据其当前状态折叠或展开后视镜。外部后视镜开关和乘客侧车窗开关通过双向控制电路来控制折叠/展开电动机。

（3）加热型后视镜　通过后部除雾继电器控制加热型后视镜。后窗除雾器开启时，通过左侧和右侧后视镜加热元件控制电路向后视镜加热元件提供蓄电池电压。

12.4.2　车内后视镜控制

车内后视镜控制电路原理如图 12-22 所示。

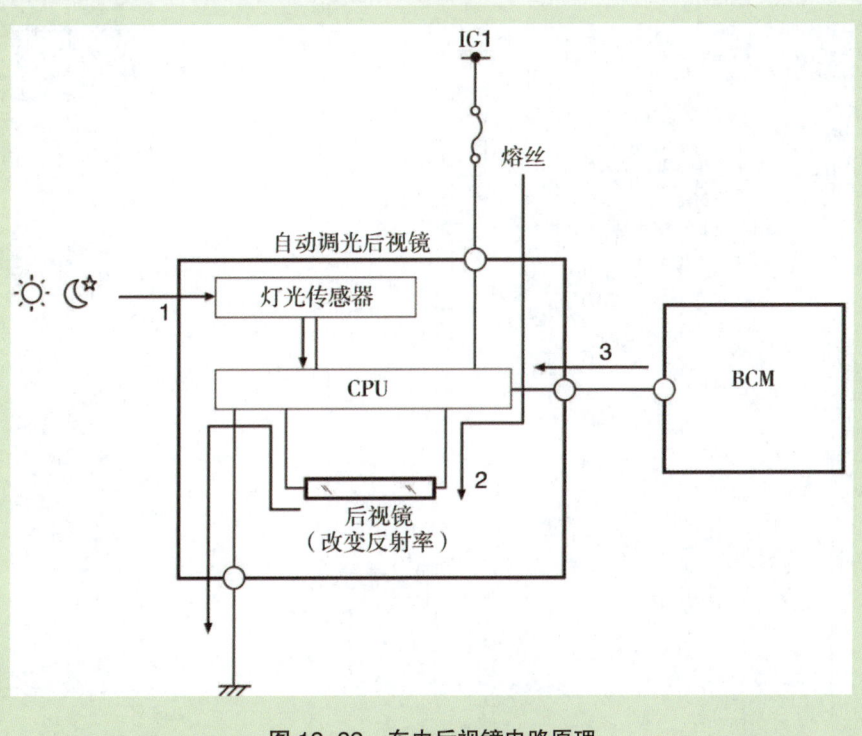

图 12-22　车内后视镜电路原理

当自动防炫目后视镜开关打开时，后视镜将切换到自动防眩目模式；在自动防炫目模式，光线传感器将检测周围灯光和后面车辆的眩光水平；自动防炫目后视镜将根据周围灯光和后面车辆的眩光水平改变作用在后视镜上的电压；后视镜将根据所作用的电压在15%～60%改变反光率；但是，当从车身控制模块（BCM）接收到倒车信号时，后视镜反射率固定在60%或以上。

第 13 章　刮水洗涤系统维修

13.1　刮水器 / 洗涤器系统认知

13.1.1　刮水器 / 洗涤器系统

刮水器也称雨刮器或刮雨器。刮水器 / 洗涤器系统如图 13-1 所示。

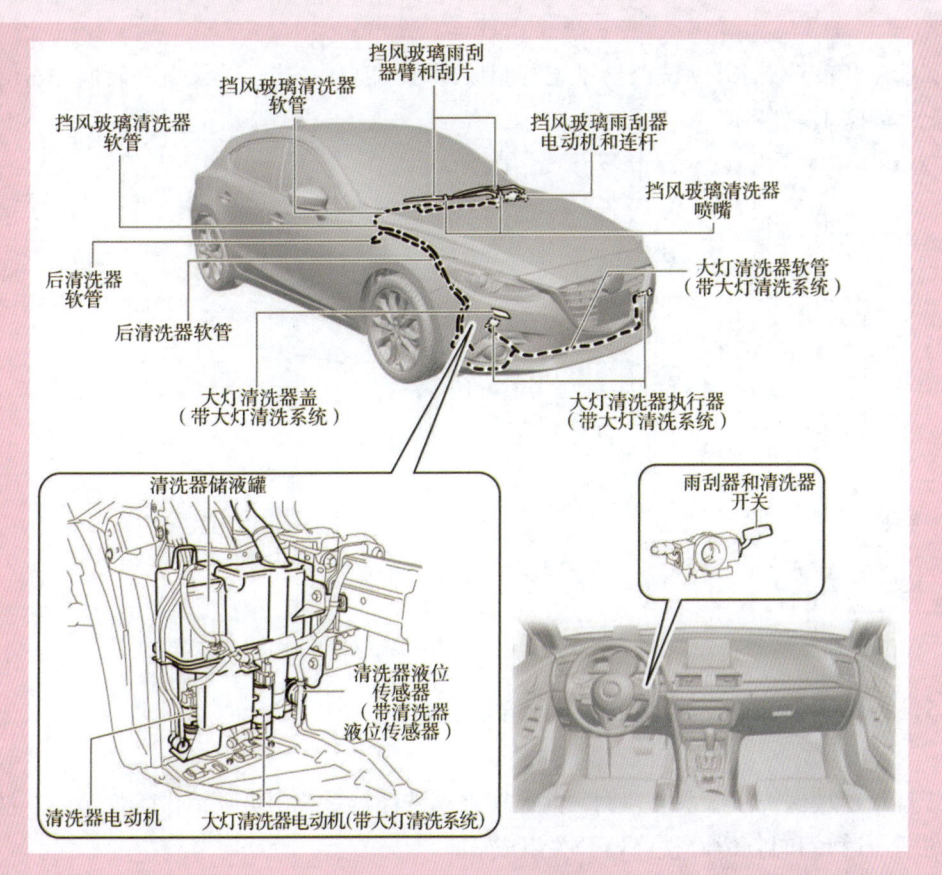

图 13-1　刮水器 / 洗涤器系统

以前刮水器系统为例。前刮水器系统由刮水器电动机、连杆、刮水器臂、刮片及刮水器/洗涤器开关组成。前刮水器电路有一个自停止装置，该装置由一个蜗杆齿轮和一个凸轮盘组成，目的是在刮水器/洗涤器开关断开时还能暂时保持电路的完整，直至刮水器臂回到初始位置时才断开电路。

刮水器系统由永磁电动机驱动，前刮水器电动机安装在前围板上，与前刮水器连杆直接相连。前刮水器电动机的速度有两挡（高速和低速），并能间歇性操作。刮水器电动机如图13-2所示。

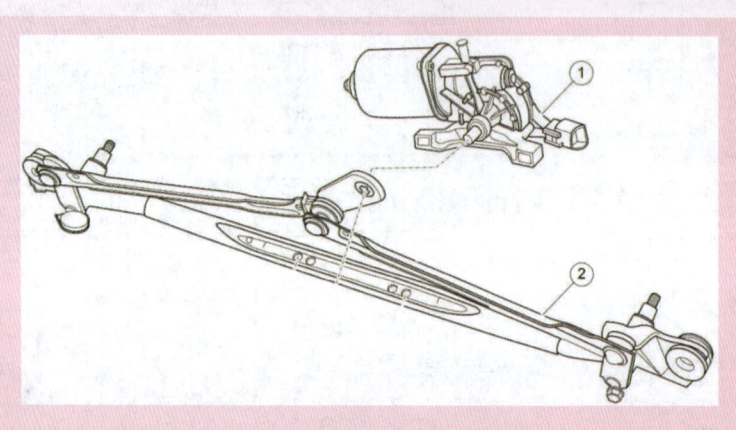

图13-2 刮水器（雨刮器）
1—刮水器电动机；2—刮水器连动杆

刮水器开关是刮水器/洗涤器系统的组成部分。前刮水器开关设置在转向柱右侧的操纵杆上，如图13-3所示。

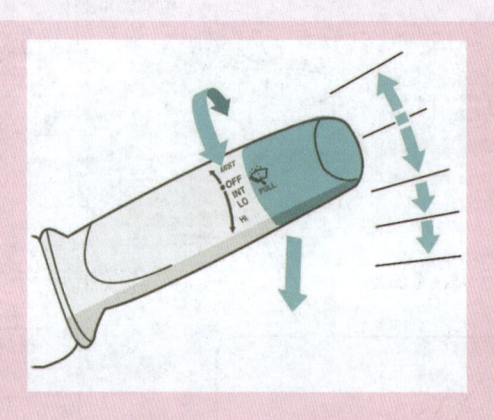

图13-3 刮水器开关

13.1.2 风窗玻璃洗涤器系统

以前风窗玻璃洗涤器系统为例，前风窗玻璃洗涤器系统由玻璃清洗剂储液罐、洗涤液泵、软管、喷嘴和刮水器/洗涤器开关组成。

前风窗玻璃洗涤液储液罐安装在右前大灯总成下，右前翼子板衬板前部。洗涤液泵固定在洗涤液储液罐上,洗涤液泵使洗涤液通过软管输送至安装在发动机罩上的两个喷嘴。洗涤器开关也是刮水器/洗涤器开关的组成部分。

13.2　刮水器操控和更换

13.2.1　刮水器开关操控

控制杆用来控制风窗玻璃刮水器和洗涤器,通常有五种挡位模,即高速刮水模式、低速刮水模式、自动雨刮/间歇挡位(根据车辆配置有自动和手动间隙)、停止、手动高速模式,以及喷水洗涤模式。如果欲选择挡位,上抬或下压控制杆即可。在低速与高速挡位时,雨刮连续刮水。

> **补充说明**
>
> 刮水器洗涤器喷嘴方向,决定喷出清洗液的位置(高度)。将开关控制杆朝身体侧拉时,可喷出清洗液。松开控制杆超过1s时,停止喷出,刮水器会再刮水两次或三次清洁挡风玻璃,然后停止。

1　操纵刮水器开关

① 整车电源处于 ON 挡时,前风窗玻璃刮水器方可工作。
② 从初始位置向上/下扳动刮水操纵杆,依次动作见表 13-1。

表 13-1　操纵刮水器开关

挡位	挡位动作	说　明	刮水开关图示
MIST	点动挡	点动刮水。从初始位置向上扳动刮水操纵杆至 MIST 位置后松手,刮水操纵杆回到初始位置,前刮水将挂刷一次后停止运动。 如果从初始位置向上扳动刮水操纵杆后不松手,前刮水将一直工作	
OFF	关闭前刮水	初始位置。刮水操纵杆置于 OFF 位置时,前刮水器无任何动作	
INT	间歇挡	从初始位置向下扳动刮水操纵杆至 INT 位置,刮水器进行间歇刮刷	
LO	低速挡	低速刮水	
HI	高速挡	高速刮水	

> **补充说明**
>
> 通过间歇挡开关，可以调整刮水动作 7 个挡位的间歇时间，分别为 1s，2s，4s，6s，8s，10s，12s，如图 13-4 所示。
>
> 图 13-4　间歇挡使用

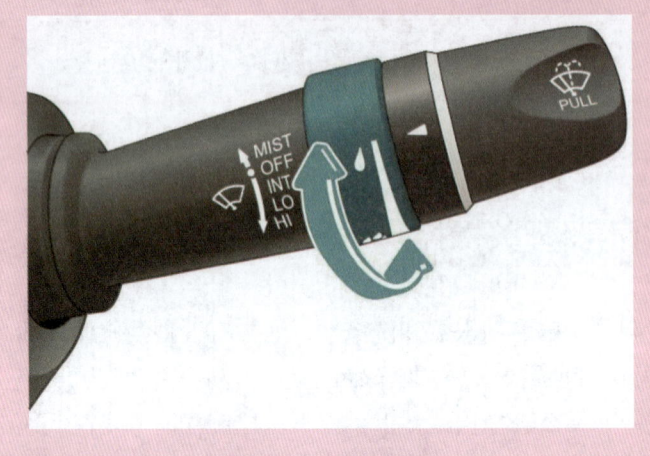

2　前风窗玻璃洗涤（图 13-5）

向靠近转向盘方向回拉刮水操纵杆，前洗涤器开始喷水，刮水以低速刮刷两次，6s 后再刮刷一次，然后停止运动。

图 13-5　前风窗玻璃洗涤操作

13.2.2 更换刮片

定期检查刮水器刮片状况，查看橡胶有无裂缝或者局部硬化。如发现这些现象，则应更换刮片；否则使用时会留下条纹或刮不净的地方。

1　J型快钩式卡扣刮片的更换

（1）将刮片臂从前风窗玻璃上拉起。

（2）握住刮片卡扣处，沿图13-6所示方向用力，使刮片从刮杆弯钩脱出，此时整个刮片已经取下。

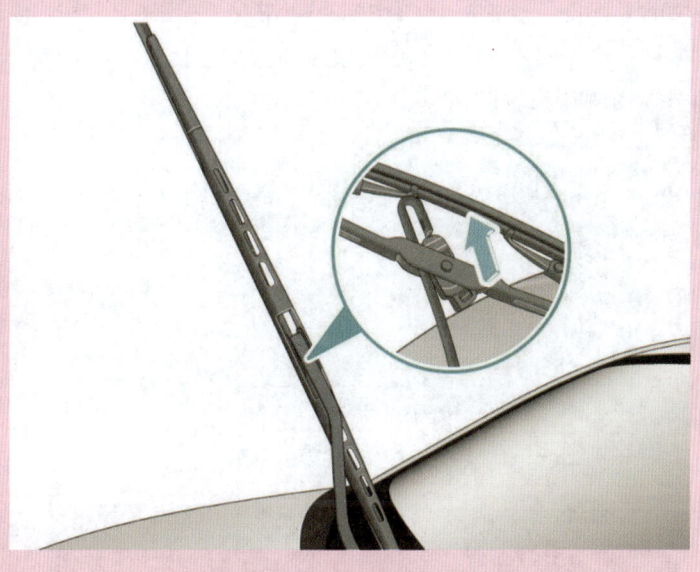

图13-6　更换刮片

> **维修提示**
>
> 刮片更换完毕，应手扶刮水臂缓慢放置于风窗玻璃上，以免下落过快而损坏风窗玻璃。

2　钉扣式卡扣的雨刷更换

按压固定卡扣A，并沿箭头B方向取出雨刮片，如图13-7所示。

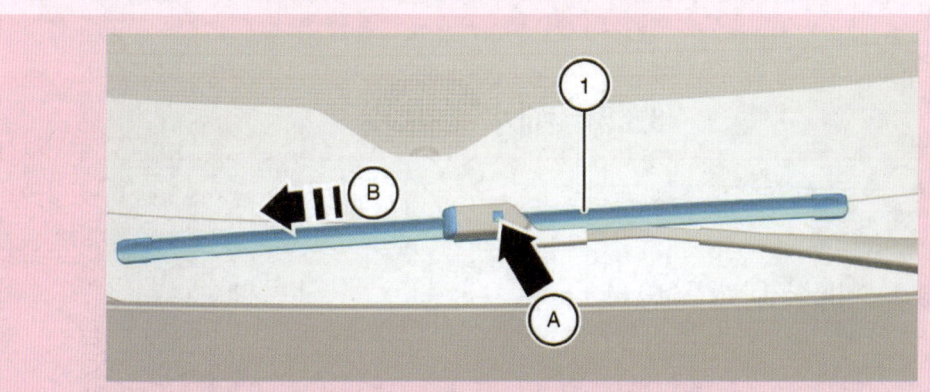

图13-7　更换刮片

1—刮片
A—卡扣；B—取出方向

13.2.3 调整洗涤喷嘴

如果前风窗洗涤喷嘴内有水垢或杂质,会导致喷射不均匀或堵塞。如果喷嘴中有杂质而导致喷射区域不均匀,需要用针头疏通喷嘴;如果针头不能疏通,则需拆下喷嘴,用水朝着喷嘴喷射相反的方向冲洗,然后使用压缩空气朝着与喷嘴喷射相反的方向吹洗。

如果两个喷射区不在如图13-8所示的相同的高度上,则使用镊子调节喷嘴装置(图13-9),以调节喷嘴的喷射方向。

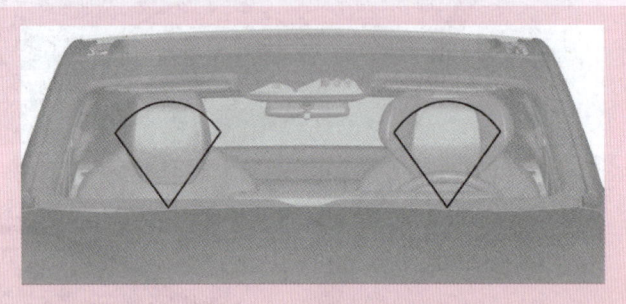

图13-8 洗涤喷射区域

图13-9 喷嘴装置

13.3 刮水器拆装

13.3.1 拆装刮水臂总成

1 拆卸事项

(1)拆下刮水臂总成螺帽堵盖,如图13-10所示。

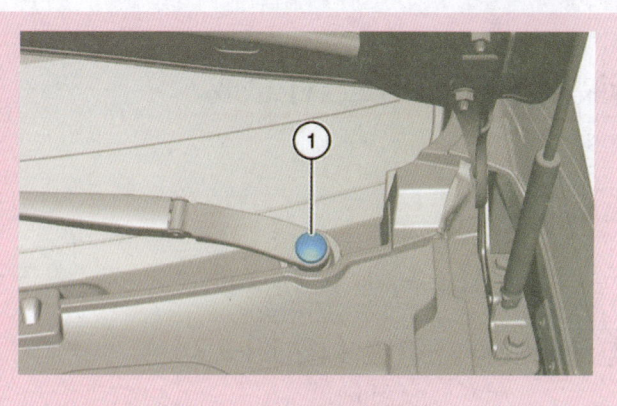

图 13-10　拆装螺帽堵盖

1—螺帽堵盖

（2）旋出固定螺母，取出刮水臂总成，如图 13-11 所示。

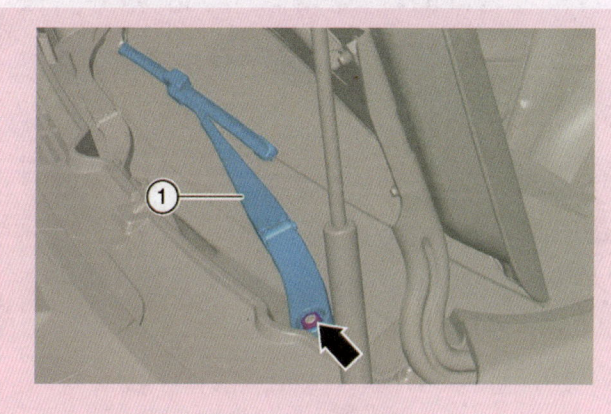

图 13-11　拆装螺母

1—刮水器总成

2 安装程序

安装程序以倒序进行，同时注意安装时刮片安装位置要对准玻璃的位置，如图 13-12 所示，以某车上的三个小点作为标记。

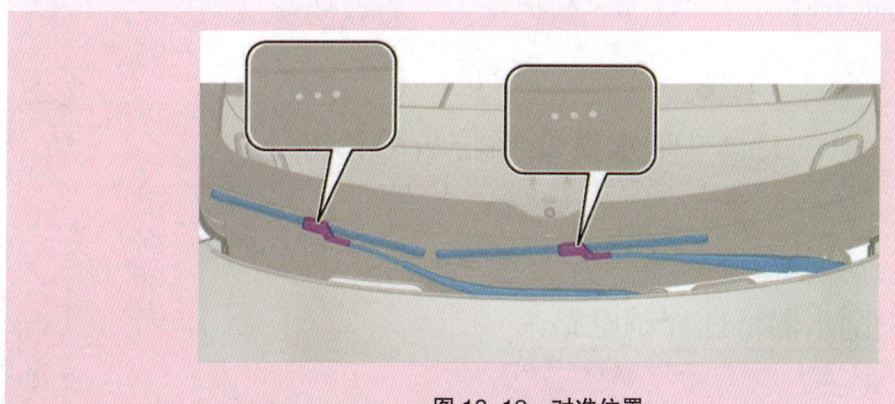

图 13-12　对准位置

13.3.2 拆装刮水电动机及连杆总成

1 拆卸刮水盖板

取下塑料挡水块，拉出密封胶条，取下刮水盖板。

2 拆卸刮水电动机及连杆总成（图13-13）

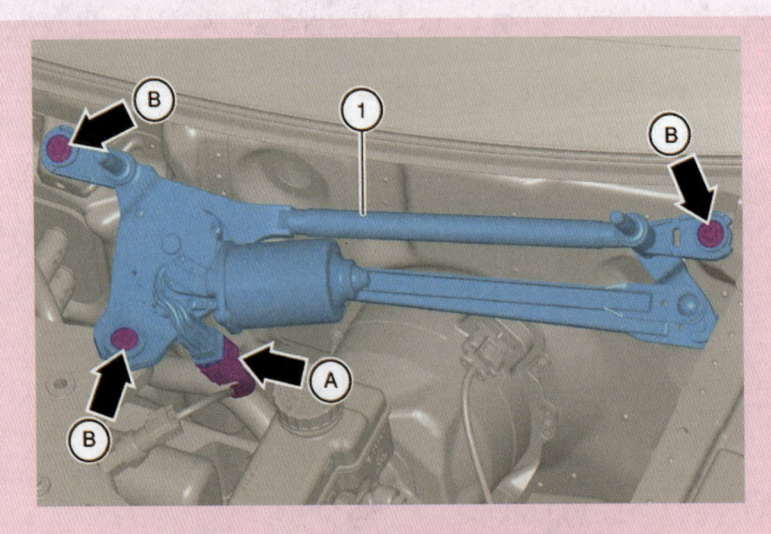

图13-13 拆装刮水电动机及连杆总成

1—刮水电动机及连杆总成
A—插头；B—螺栓

① 断开刮水电动机及连杆总成连接插头A。
② 旋出固定螺栓B，取出刮水电动机及连杆总成。

3 安装

操作程序以倒序进行，注意连杆的位置。

13.4 刮水洗涤系统故障诊断

13.4.1 刮水器低速控制电路

图13-14、图13-15中的启停单元是根据来自各种开关的输入/输出信号执行各个系

统的控制。这里可以把启停单元看作是配有车载诊断功能的模块。

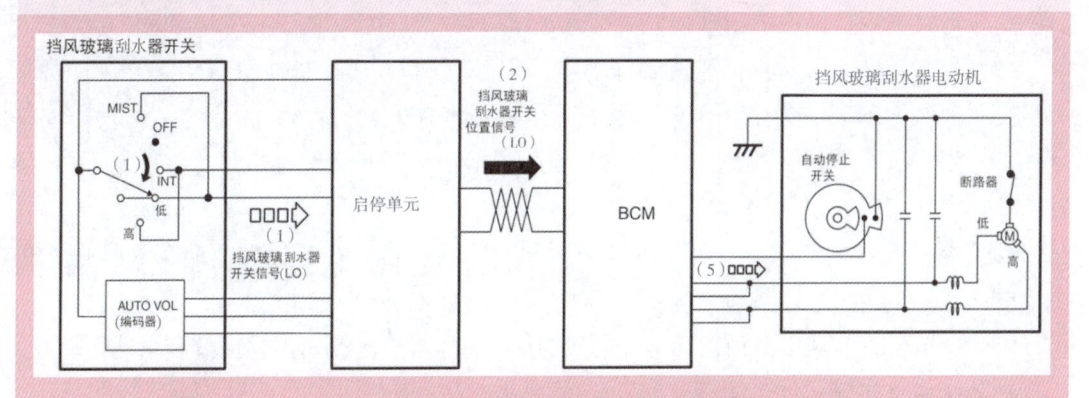

图 13-14 刮水器低速工作控制电路简图

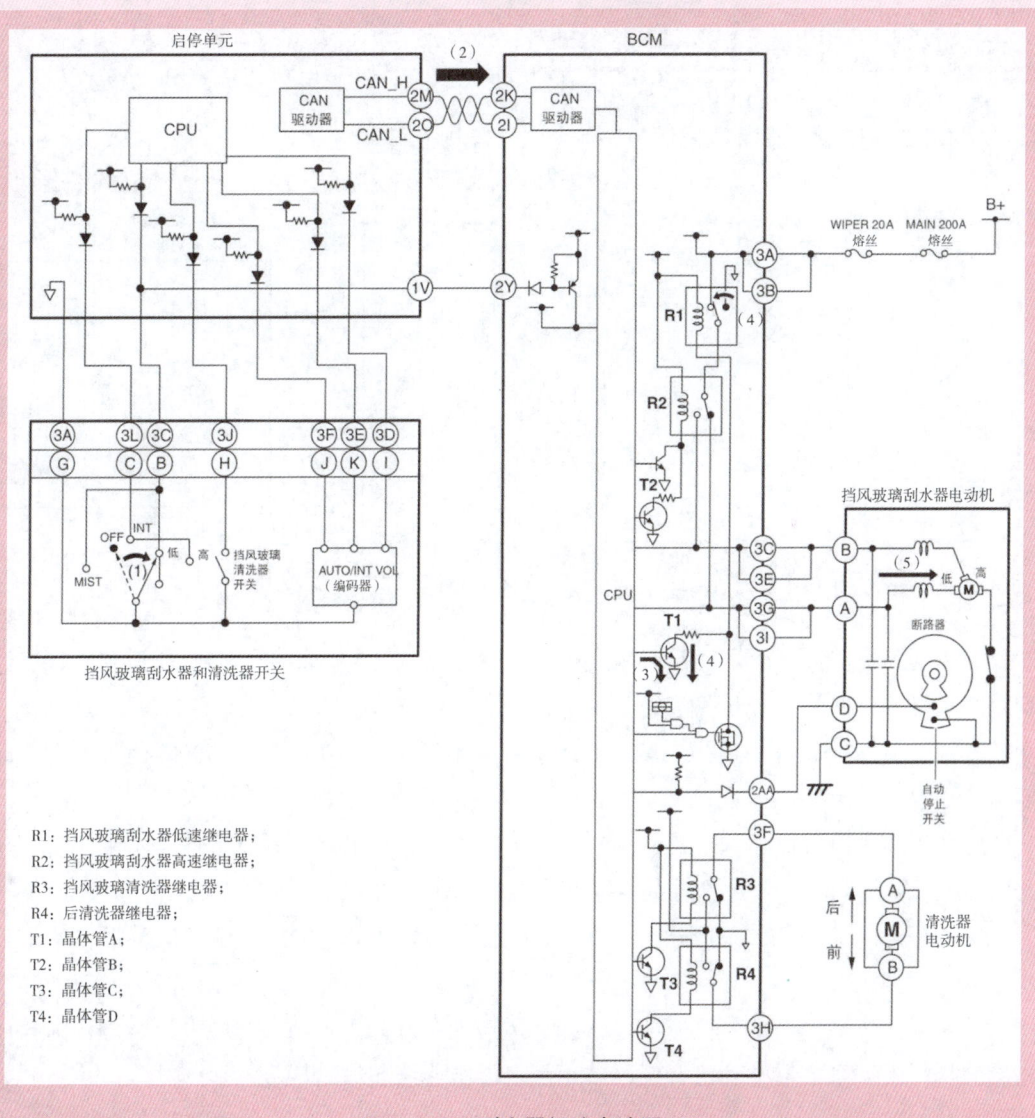

R1：挡风玻璃刮水器低速继电器；
R2：挡风玻璃刮水器高速继电器；
R3：挡风玻璃清洗器继电器；
R4：后清洗器继电器；
T1：晶体管A；
T2：晶体管B；
T3：晶体管C；
T4：晶体管D；

图 13-15 刮水器低速电路图

（1）将点火开关打开（发动机关闭或打开），挡风玻璃刮水器开关移到LO位置时，启停单元将检测到挡风玻璃刮水器开关信号（LO）。

（2）当启停单元检测到挡风玻璃刮水器开关信号（LO）时，将以CAN信号的形式向车身控制模块（BCM）发送挡风玻璃刮水器开关位置信号（LO）。

（3）当车身控制模块（BCM）接收到挡风玻璃刮水器开关位置信号（LO）时，从内部CPU给晶体管A提供基本电流并打开晶体管A。

（4）当晶体管A打开时，集电极电流从内部电源流出，打开挡风玻璃刮水器低速继电器。

（5）当挡风玻璃刮水器低速继电器打开时，电流从蓄电池流向挡风玻璃刮水器电动机，挡风玻璃刮水器将连续低速运转。

13.4.2 刮水器高速控制电路

刮水器高速控制电路图如图13-16和图13-17所示。

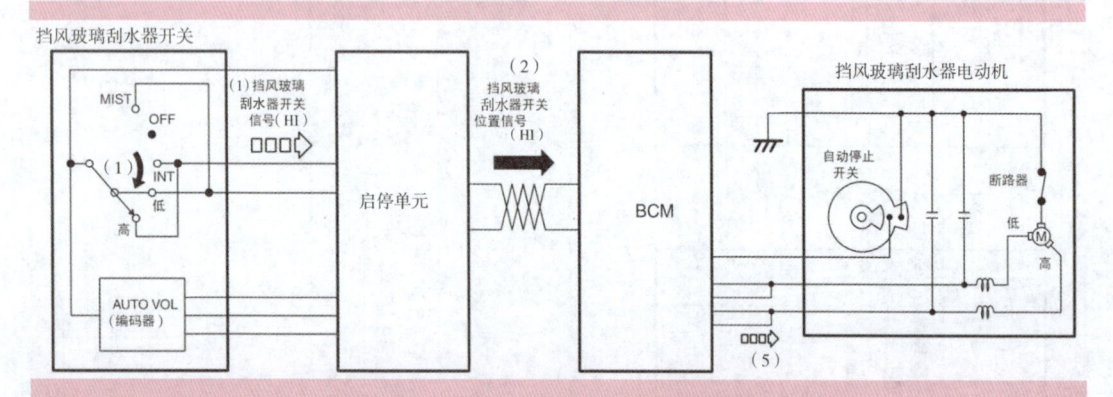

图13-16 刮水器高速工作控制电路简图

（1）点火开关打开（发动机关闭或打开），挡风玻璃刮水器开关移到HI位置时，启停单元检测挡风玻璃刮水器开关信号（HI）。

（2）当启停单元检测到挡风玻璃刮水器开关信号（HI）时，将以CAN信号的形式向车身控制模块（BCM）发送挡风玻璃刮水器开关位置信号（HI）。

（3）当前车身控制模块（FBCM）接收到挡风玻璃刮水器开关位置信号（HI）时，从内部CPU给晶体管A和B提供基本电流并打开晶体管A和B。

（4）当晶体管A和B打开时，集电极电流从内部电源流出，打开挡风玻璃刮水器低速继电器和挡风玻璃刮水器高速继电器。

（5）当挡风玻璃刮水器低速继电器和挡风玻璃刮水器高速继电器打开时，电流从蓄电池流向挡风玻璃刮水器电动机，挡风玻璃刮水器将连续高速运转。

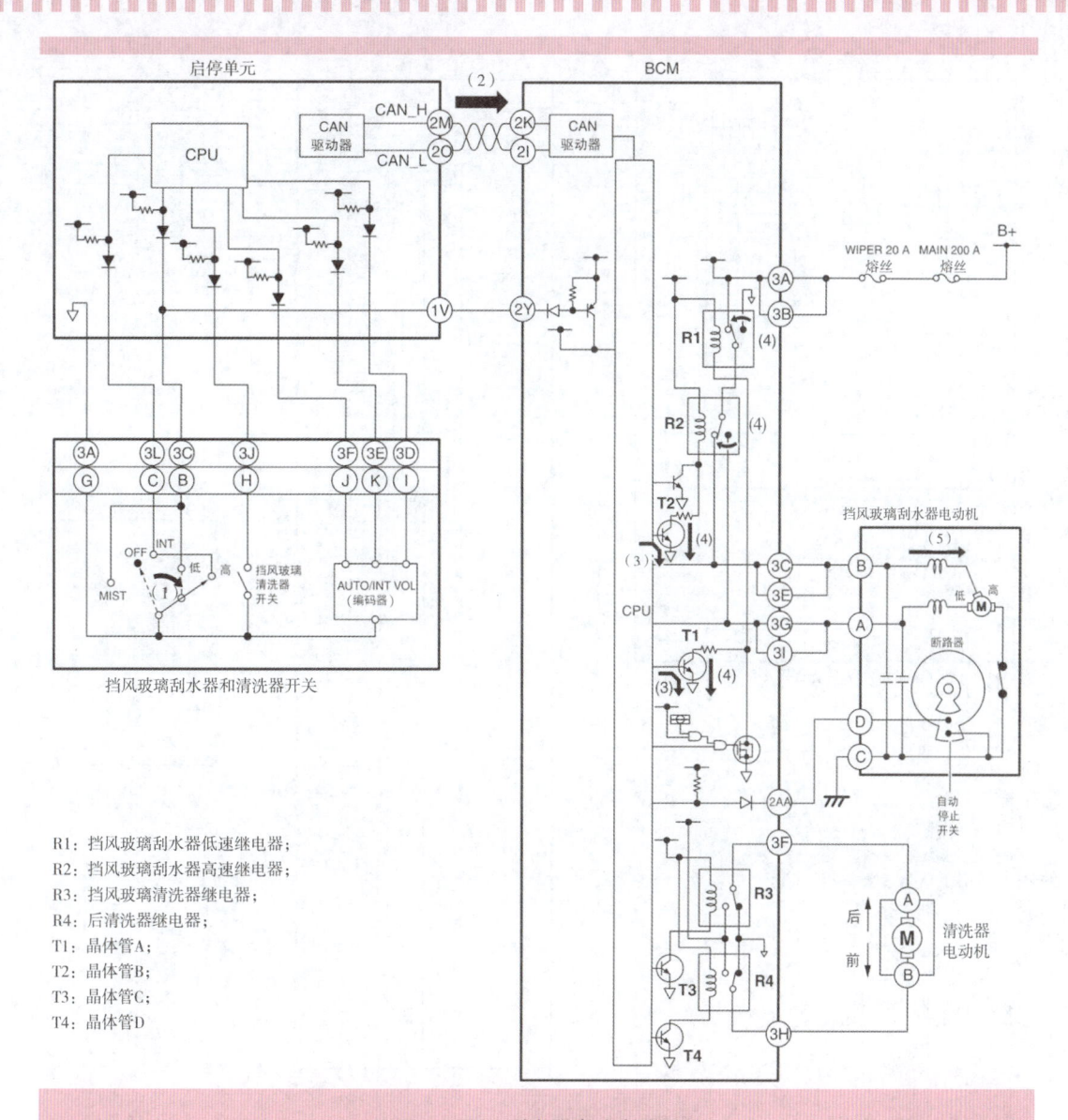

图 13-17　刮水器高速电路图

13.4.3 刮水器自动停止控制电路

刮水器自动停止控制电路图如图 13-18 所示。

（1）挡风玻璃刮水器电动机内的自动停止开关根据挡风玻璃刮水器的动作位置按照：挡风玻璃刮水器停在驻车位置 ON；挡风玻璃刮水器停在非驻车位置关闭。

（2）挡风玻璃刮水器运转期间，当挡风玻璃刮水器开关处于 OFF 位置时，由于自动停止开关关闭，挡风玻璃刮水器将连续工作。

（3）当挡风玻璃刮水器移到驻车位置时，自动停止开关将开启。

图 13-18 刮水器自动停止电路图

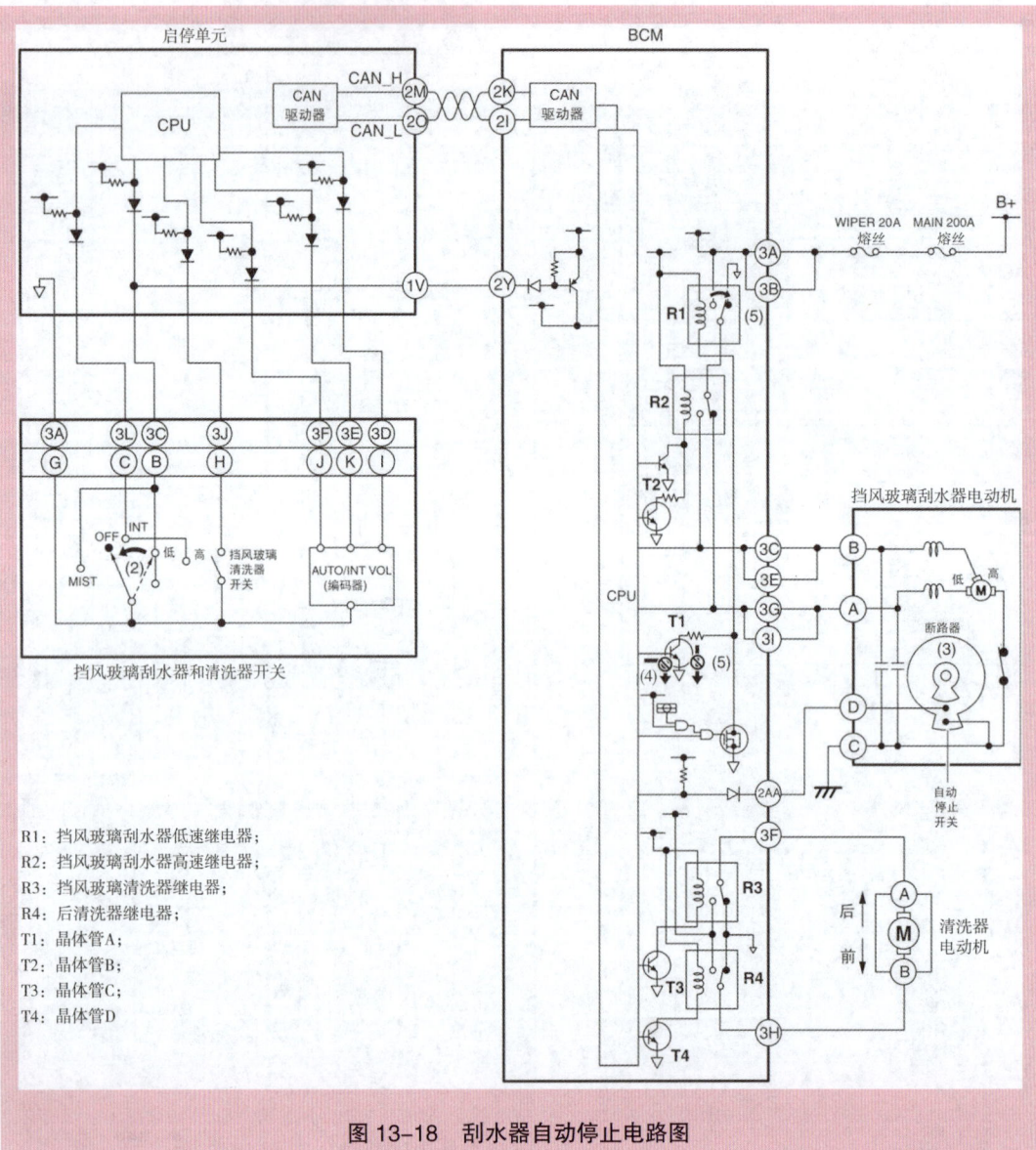

R1：挡风玻璃刮水器低速继电器；
R2：挡风玻璃刮水器高速继电器；
R3：挡风玻璃清洗器继电器；
R4：后清洗器继电器；
T1：晶体管A；
T2：晶体管B；
T3：晶体管C；
T4：晶体管D

（4）当车身控制模块（BCM）检测到自动停止开关打开时，将停止给晶体管A输送基本电流并关闭晶体管A。

（5）当晶体管A关闭时，集电极电流停止，挡风玻璃刮水器低速继电器关闭。

（6）当挡风玻璃刮水器低速继电器关闭时，挡风玻璃刮水器停在驻车位置。

13.4.4 点触刮水控制电路

刮水器一触点刮水控制电路图如 13-19 和图 13-20 所示。

第13章 刮水洗涤系统维修

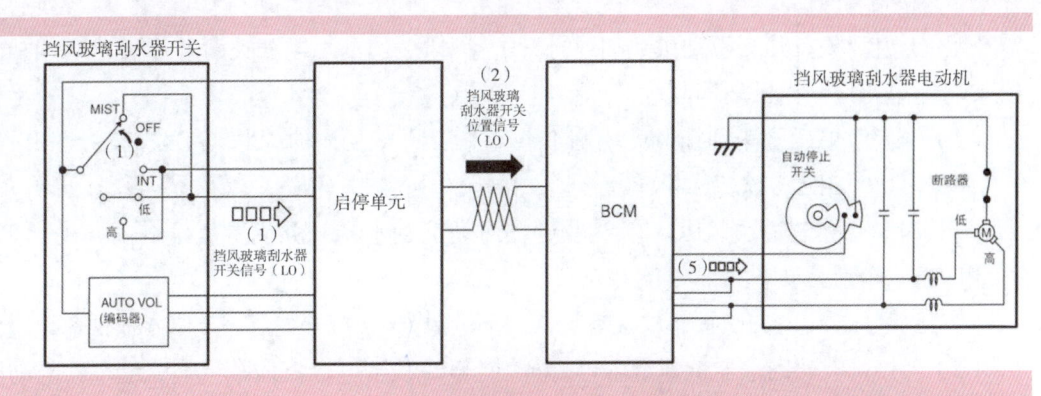

图 13-19 一触点刮水控制工作电路简图

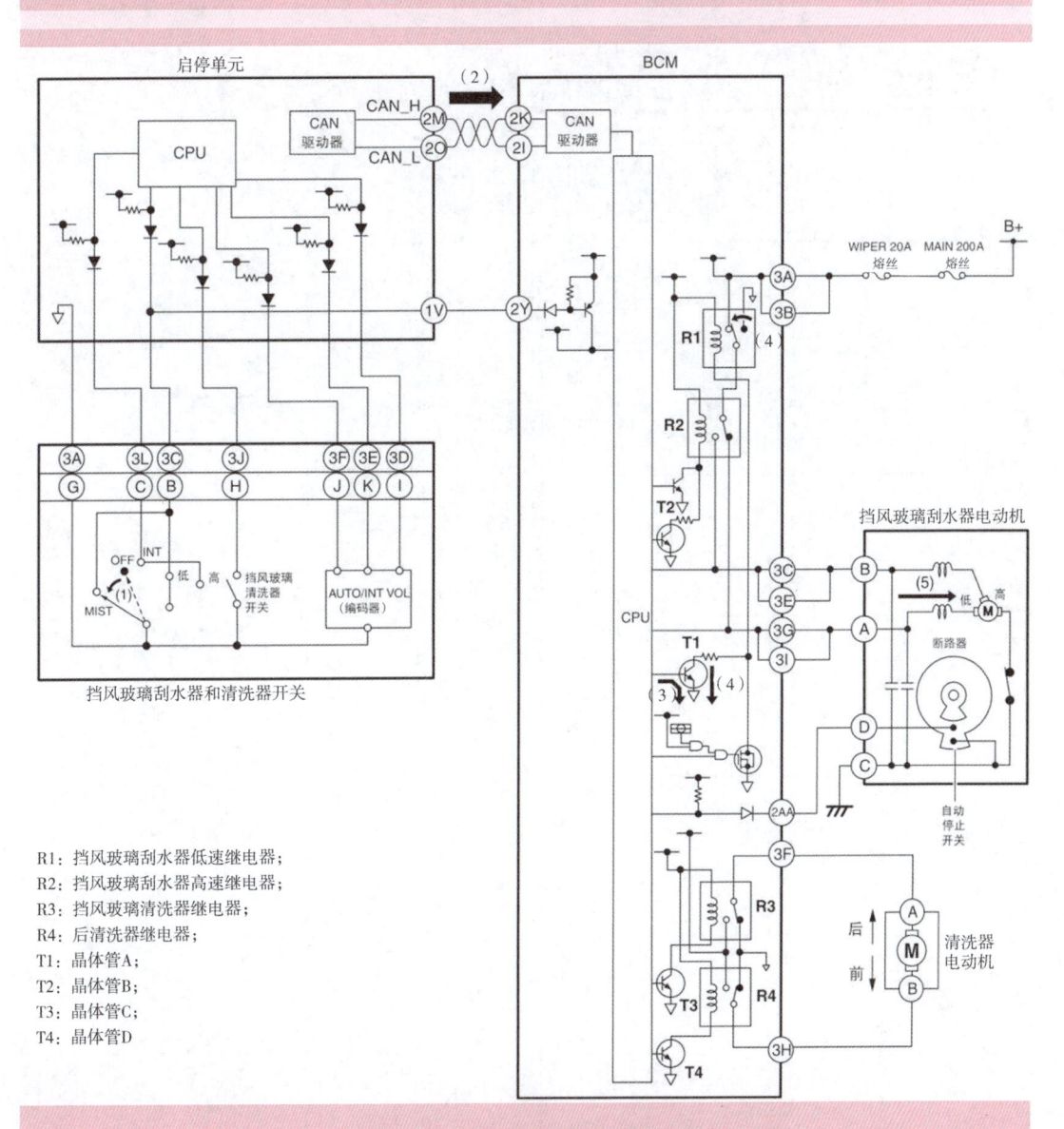

图 13-20 一触点刮水控制电路图

R1：挡风玻璃刮水器低速继电器；
R2：挡风玻璃刮水器高速继电器；
R3：挡风玻璃清洗器继电器；
R4：后清洗器继电器；
T1：晶体管A；
T2：晶体管B；
T3：晶体管C；
T4：晶体管D

（1）点火开关打开（发动机关闭或打开），挡风玻璃刮水器开关向上移动时（MIST位置），启停单元检测挡风玻璃刮水器开关信号（LO）。

（2）当启停单元检测到挡风玻璃刮水器开关信号（LO）时，将以CAN信号的形式向车身控制模块（BCM）发送挡风玻璃刮水器开关位置信号（LO）。

（3）当车身控制模块（BCM）接收到挡风玻璃刮水器开关位置信号（LO）时，从内部CPU给晶体管A提供基本电流并打开晶体管A。

（4）当晶体管A打开时，集电极电流从内部电源流出，打开挡风玻璃刮水器低速继电器。

（5）当挡风玻璃刮水器低速继电器打开时，电流从蓄电池流向挡风玻璃刮水器电动机，挡风玻璃刮水器将连续低速运转。

13.4.5 间歇刮水器控制电路

间歇刮水器控制电路图如图13-21和图13-22所示。

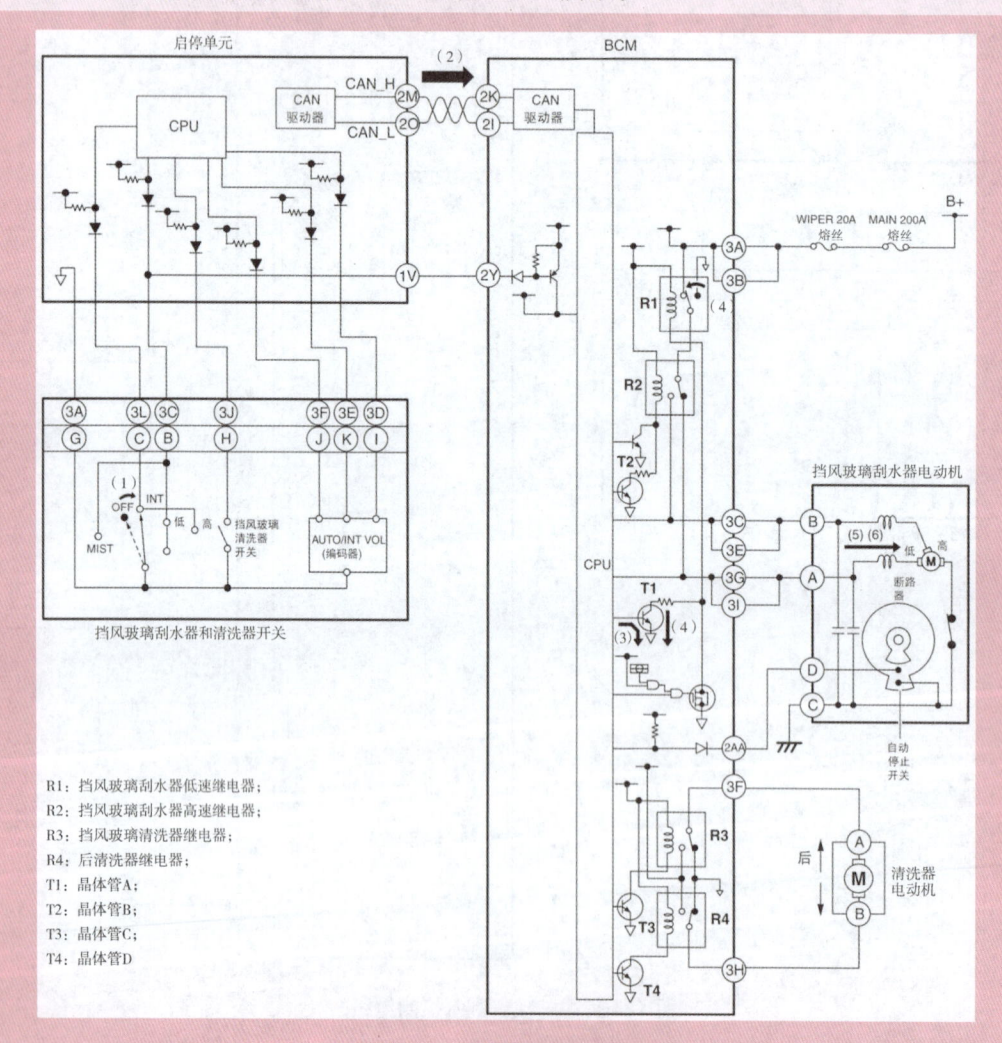

图13-21 间歇刮水器电路图

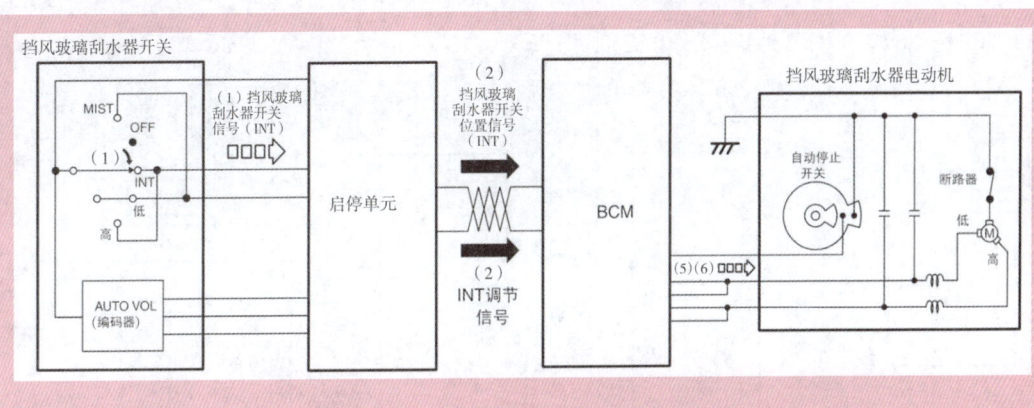

图13-22　间歇刮水器控制工作电路简图

（1）点火开关打开（发动机关闭或打开），挡风玻璃刮水器开关移到INT位置时，启停单元检测挡风玻璃刮水器开关信号（INT）。

（2）当启停单元检测到挡风玻璃刮水器开关信号（INT）时，将以CAN信号的形式向车身控制模块（BCM）发送挡风玻璃刮水器开关位置信号（INT）和INT调节信号。

（3）当前车身控制模块（FBCM）接收到挡风玻璃刮水器开关位置信号（INT）时，将从内部CPU向晶体管A提供基础电流，于是集电极电流从内部电源输出，打开晶体管A。

（4）当晶体管A打开时，集电极电流从内部电源流出，打开挡风玻璃刮水器低速继电器。

（5）当挡风玻璃刮水器低速继电器打开时，电流从蓄电池流向挡风玻璃刮水器电动机，挡风玻璃刮水器将连续低速运转。

（6）挡风玻璃刮水器因自动停止功能起动而停在驻车位置，经过一定时间后（根据INT调节信号计算出的时间），车身控制模块（BCM）将以低速控制挡风玻璃刮水器运转。通过重复上述过程，实现挡风玻璃刮水器间歇操作。

13.4.6　同步清洗器和刮水器控制电路

同步清洗器和刮水器控制电路图如图13-23和图13-24所示。

（1）在点火开关打开（发动机关闭或打开）和挡风玻璃雨刮器不操作状态下，挡风玻璃清洗器开关打开时，启停单元检测到挡风玻璃清洗器开关打开信号。

（2）当启停单元检测到挡风玻璃清洗器开关打开信号时，将以CAN信号的形式向车身控制模块（BCM发送挡风玻璃清洗器开关位置信号（ON）。

（3）当前车身控制模块（BCM）接收到挡风玻璃刮水器开关位置信号（ON）时，将从内部CPU向晶体管C提供基础电流，于是集电极电流从内部电源输出，打开晶体管C。

（4）当晶体管C打开时，集电极电流从内部电源输出，打开挡风玻璃清洗器继电器。

（5）当挡风玻璃清洗器继电器打开时，电流从车身控制模块（BCM）内的电源输出到清洗器电动机，清洗器电动机运转，清洗液从挡风玻璃清洗器喷嘴中喷出。

（6）当车身控制模块（BCM）接收到挡风玻璃清洗器开关位置信号（ON）并持续一

定时间时，将控制挡风玻璃刮水器以低速运转。

（7）当挡风玻璃清洗器开关关闭时，挡风玻璃刮水器再动作两次后清洗器停止运转。

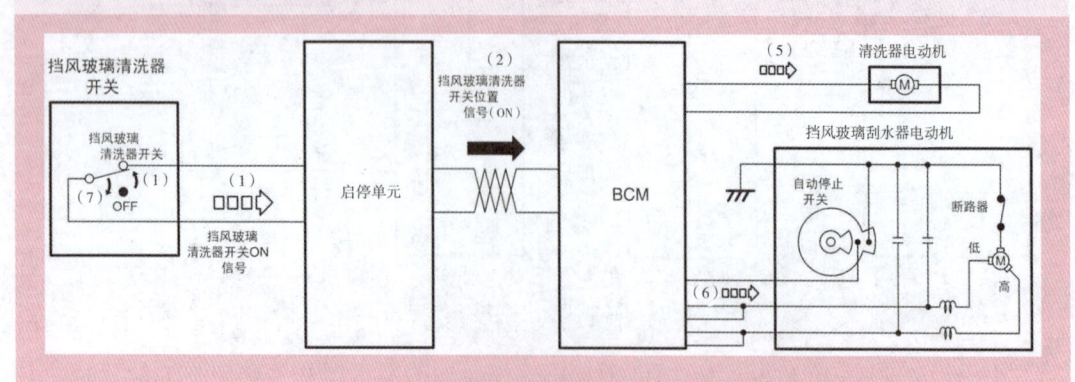

图13-23 同步清洗器和刮水器控制工作电路简图

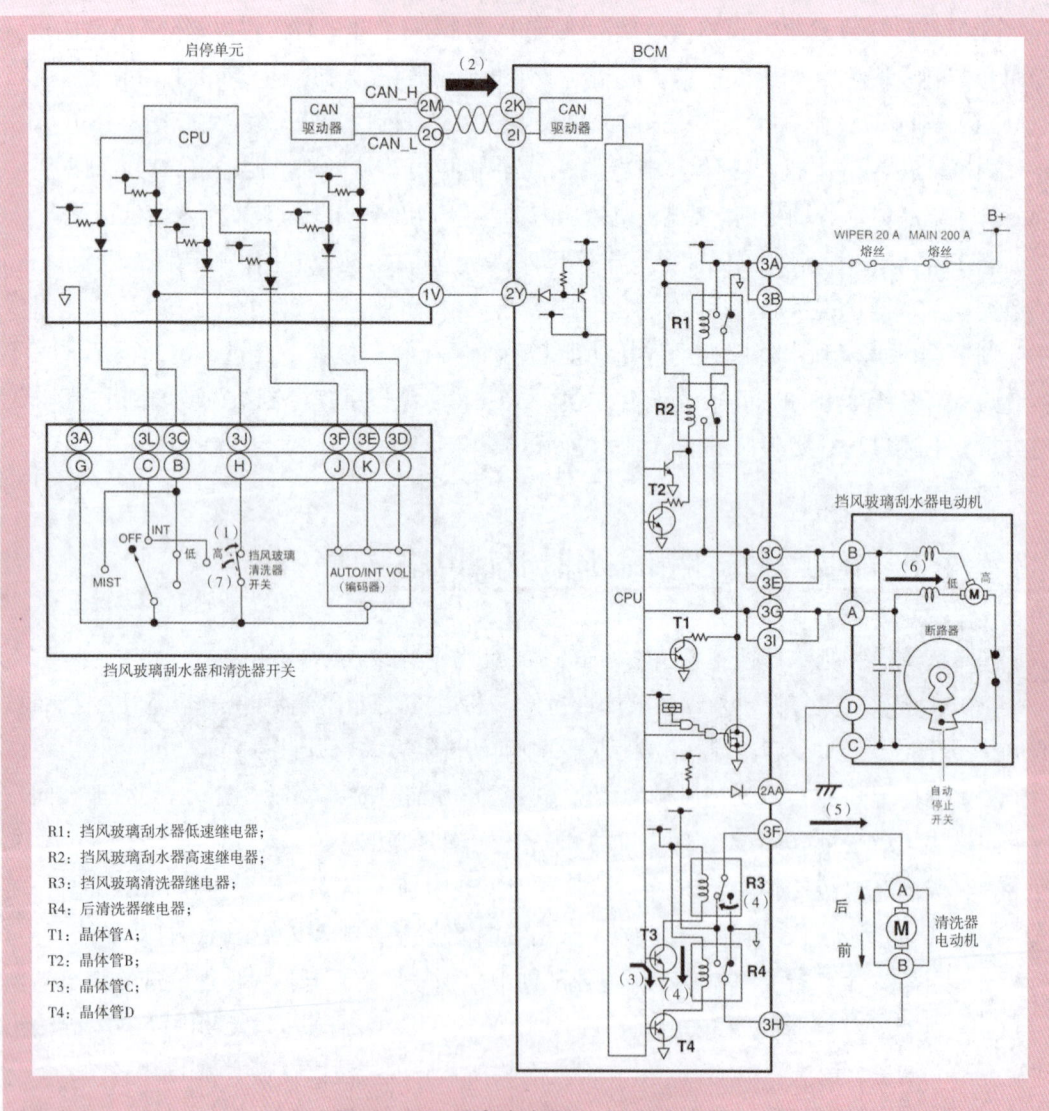

R1：挡风玻璃刮水器低速继电器；
R2：挡风玻璃刮水器高速继电器；
R3：挡风玻璃清洗器继电器；
R4：后清洗器继电器；
T1：晶体管A；
T2：晶体管B；
T3：晶体管C；
T4：晶体管D

图13-24 同步清洗器和刮水器电路图

> **补充说明**
>
> 在挡风玻璃刮水器正在运转过程中，如果挡风玻璃清洗器开关打开，则挡风玻璃刮水器继续运转，挡风玻璃清洗器执行的是（3）~（7）的控制。

13.4.7 刮水器继电器导致的故障

某款哈佛 H2，前刮水器在自动挡时无法工作。同时伴有点触不能正常工作，刮片不能正常归位。

1 故障检查

该哈佛 H2 刮水器控制模式：刮水器开关→车身控制模块 BCM →继电器→刮水器电动机动作。

刮水器电路图如图 13-25 所示：打开刮水器开关，当车身控制模块 BCM 接收刮水开关的 MIST 信号时，J2-13 针脚接地，前刮水继电器吸合；J2-14 针脚不接地，前刮水高速继电器不吸合，前刮水电动机通过其 4 号针脚供电低速运转。

（1）点动模式 当前刮水运转重新回到底部初始位置后，刮水电动机内的 2 号针脚（复位）重新接地，车身控制没考虑 BCM 上的 J2-64 针脚收到此接地信号后，J2-13 针脚不接地，前刮水继电器不吸合，前刮水停止工作并停留在最底部的初始位置，完成一次 MIST 刮水循环。

（2）刮片低速模式 当车身控制模块 BCM 收到刮水开关的 LOW 信号时，J2-13 针脚接地，前刮水继电器吸合，J2-14 针脚不接地，前刮水高速继电器不吸合，前刮水电动机通过 4 号针脚供电开始低速运转。

（3）刮片高速模式 当车身控制模块 BCM 收到刮水开关的 HI 信号时，J2-13 针脚接地，前刮水继电器吸合；J2-14 针脚接地，前刮水高速继电器吸合，前刮水电动机通过 5 号针脚供电开始高速运转。

（4）刮片自动模式 当车身控制模块 BCM 收到刮水开关的 AUTO 信号时，J2-13 针脚接地，前刮水继电器吸合；J2-14 针脚不接地，前刮水高速继电器不吸合，前刮水电动机通过 4 号针脚供电开始低速运转。

当前刮水运转完成一个刮水循环，重新回到挡风玻璃底部的初始位置后，刮水电动机通过 2 号针脚（复位）重新接地，车身控制模块 BCM J2-64 针脚收到该接地信号后，J2-13 针脚断开状态不接地，前刮水继电器不吸合，刮水停止运转在挡风玻璃最底部初始位置，这样完成一次 AUTO 挡自检刮水循环。

> **补充说明**
>
> 自测功能用于系统出现故障时的故障保护功能。车身控制模块（BCM）检测挡风玻璃刮水器开关是处于 LO 位置还是处于 HI 位置，并对其实行监控。

2 故障排除

前刮水继电器的 87a 针脚为继电器断开后搭铁，目的是使刮水器在停止供电后能停留在挡风玻璃最底部初始位置。结合该车的故障症状表现，基本可初步判断是前刮水继电器问题，其故障点在 87a 针脚接地。更换新的继电器，刮水系统正常运转，故障排除。

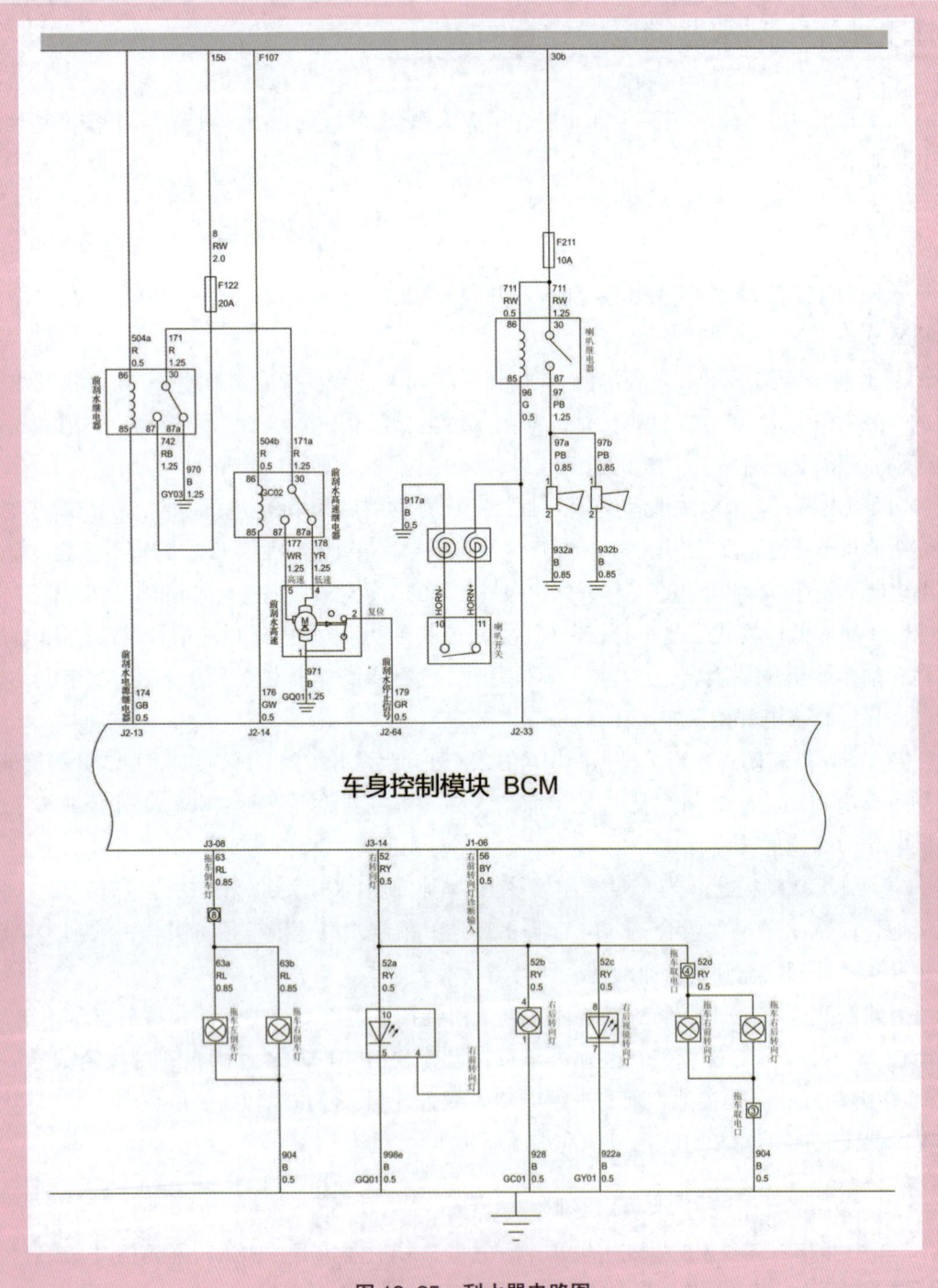

图 13-25　刮水器电路图

第 14 章　安全气囊系统维护

14.1　安全气囊系统认知

14.1.1　安全气囊

1　安全气囊功能

正面安全气囊如图 14-1 所示，安全气囊系统（SRS）是对座椅和安全带的补充。当车辆发生较严重碰撞事故，达到系统展开条件时，安全气囊会快速展开，如图 14-2 所示，与安全带一起为驾乘人员的头部和胸部等提供额外的保护，以减少人员受伤甚至伤亡的概率。

图 14-1　正面安全气囊

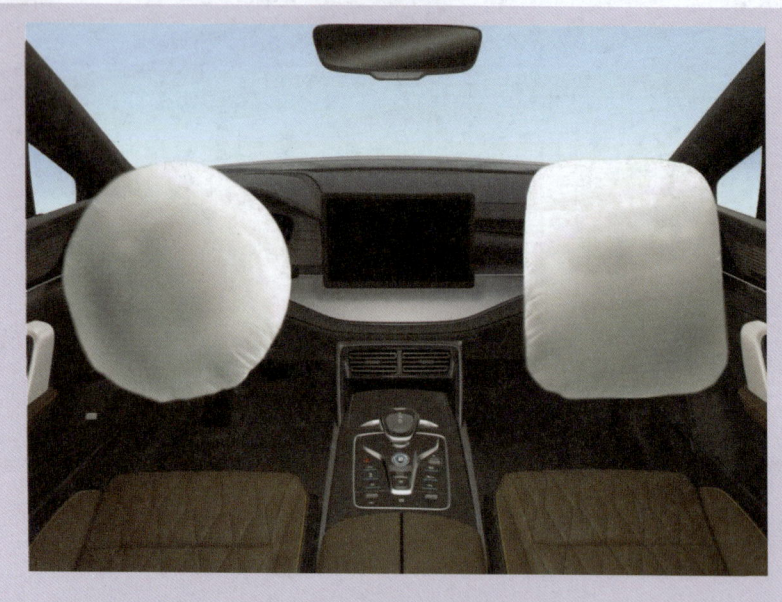

图 14-2　正面安全气囊触发

安全气囊系统不能取代安全带，它是汽车整个被动安全保护体系的一个组成部分。安全气囊只有与系好的安全带一起工作，才能使安全气囊系统发挥最大的保护作用。

2 安全气囊类型

按照碰撞类型的不同，安全气囊系统一般分为正面安全气囊和侧面安全气囊。其中正面安全气囊包括驾驶员安全气囊、前排乘员安全气囊，侧面安全气囊包括前排座椅侧安全气囊和侧帘式安全气囊。

如图 14-3 所示，侧帘安全气囊被安装在车身侧围与顶棚连接处，在 A 柱护板、B 柱护板和 C 柱护板上均标有"气帘 AIRBAG"字样。在行车中受到中等至严重程度的侧面撞击，达到侧帘式安全气囊触发条件时，侧帘式安全气囊将会展开用来协助保护被碰撞侧乘员的头部，以减少其受伤害的程度。

图 14-3　侧面安全气囊

在遇到侧面撞击时，一般只有被碰撞侧的安全气囊会展开。为获得侧帘式安全气囊的最佳保护，乘员必须系紧安全带，且坐姿端正，紧靠椅背。

安全气囊触发如图 14-4 所示。

图 14-4　安全气囊触发

3　保护原理

所有安全气囊系统都按照相同的工作原理进行工作。为了确保保护性气囊能够展开，气囊必须在几毫秒内充满一种无害气体，这项任务由气体发生器负责完成。安全气囊的触发需要借助使用燃爆材料的气体发生器或混合式气体发生器，前者将燃爆材料转化为气体，后者将存储的气体压力充入安全气囊，使气囊展开实施保护。驾驶员正面安全气囊（一般也称主气囊）如图 14-5 所示，副驾驶正面安全气囊（一般也称副气囊）如图 14-6 所示，图中 1 为气囊爆器接口。

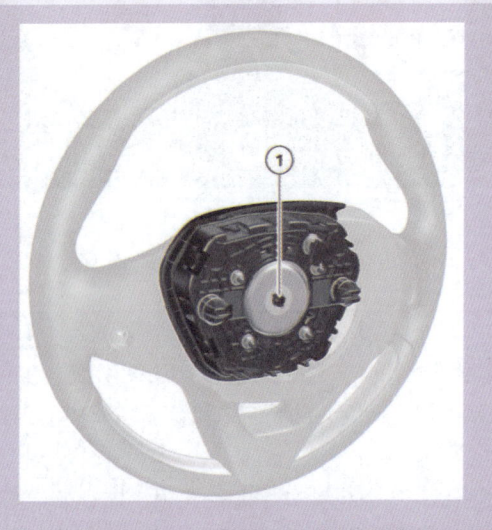

图 14-5　驾驶员正面安全气囊

1—气囊爆器接口

14.1.2 安全带

图 14-7 是我们熟悉的三点式安全带系统,包括安全带拉紧器、侧面安全气囊、安全带收卷机构。如果驾驶员和乘客未系安全带,则会出现如图 14-8 所示的提示及报警。

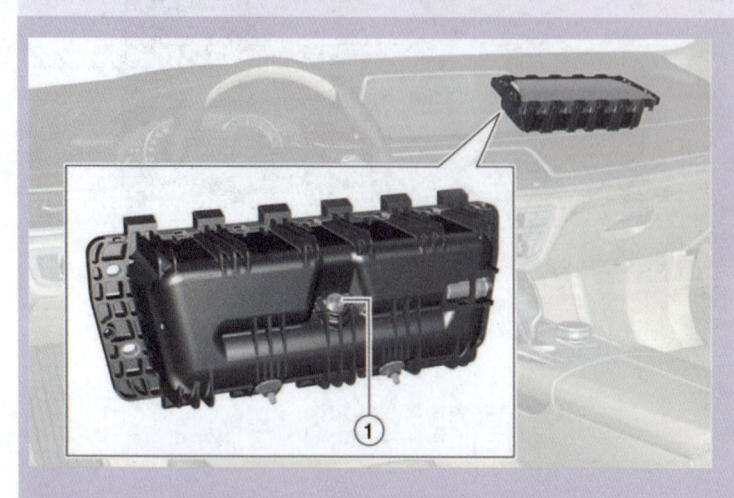

图 14-6　副驾驶正面安全气囊

1—气囊爆器接口

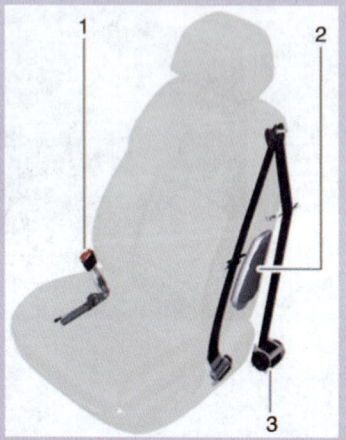

图 14-7　安全带系统

1—安全带拉紧器；2—侧面安全气囊；
3—安全带收卷机构

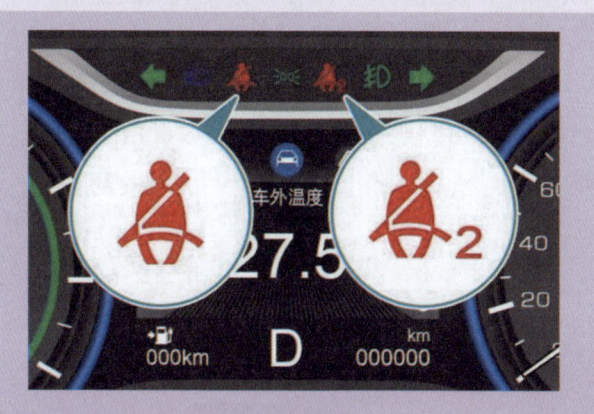

图 14-8　安全带未系报警

举例说明

如果车速高于一定速度（例如某车为 22km/h）仍未系上安全带,则在闪亮安全带未系警告灯的同时响起警示音,系上安全带后,此警告灯和警示音消失；如果一直未系安全带,警示音在 100s 后停止,警告灯将常亮。

当车辆处于驾驶员就座状态（关门或踩下制动踏板）时,如果第二排乘客未系安全带,则仪表会点亮安全带未系警告灯，提醒第二排乘客立即系上安全带,对应座位处系上安全带,则相应的警告灯熄灭。第二排座椅未系安全带时,会出现如下情况。

① 如果车辆处于驾驶状态时第二排座椅处仍未系安全带，则此警告灯将在点亮 33s 后自动熄灭。

② 如果车速高于 22km/h，第二排乘客松开安全带，则在点亮安全带未系提醒警告灯的同时短暂响起警示音；全部座位系上安全带后，此警告灯熄灭。

③ 如果第二排乘客一直未系安全带，警告灯将在 33s 后自动熄灭。

安全带拉紧器位于驾驶员座椅或前乘客座椅上。正面或尾部碰撞时，以及带有翻车传感器的车辆翻车时，都会引爆安全带拉紧器。安全带拉紧器如图 14-9 所示。

燃爆式安全带拉紧器的任务是：发生碰撞事故时尽可能防止骨盆和肩部区域的安全带松弛。这样可以增强安全带的约束作用。安全带锁扣通过一个钢拉线与拉紧管内的活塞连接。引爆器触发时产生气体压力，该压力使拉紧管内的活塞移动；此时通过拉线将安全带锁扣向下拉，从而使安全带绷紧。燃爆式安全带拉紧器如图 14-10 所示。

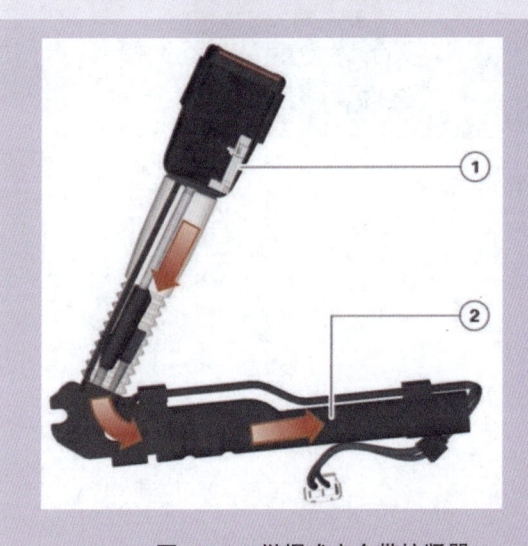

图 14-9　燃爆式安全带拉紧器
1—安全带锁扣开关；2—带有活塞的拉紧管

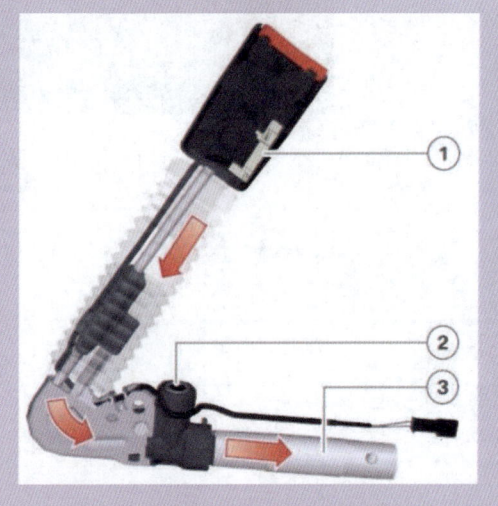

图 14-10　安全带拉紧器
1—安全带锁扣开关；2—引爆器接口；3—带有活塞的拉紧管

14.2　安全气囊系统使用和操控

14.2.1　安全带的正确使用

安全带的正确佩戴和调节如图 14-11 所示。

（1）将安全带锁舌拉出后从身体前方绕过，安全带上部贴紧肩部，安全带下部贴紧髋部，不要将安全带贴紧脖子和腹部；将锁舌插入对应座椅的插口中，直到听到咔嗒声，并拉动安全带，确认安全带已锁止。

（2）按住安全带高度调节按钮并使其上下移动，可调节安全带至舒适的高度，然后释放调节按钮。高度调节好后拉动肩部安全带，确认安全带已锁止。

取下安全带时按下插口处的红色按钮，即可将锁舌取出，用手顺回安全带，可将锁舌自动卷收回安全带上部固定装置内。

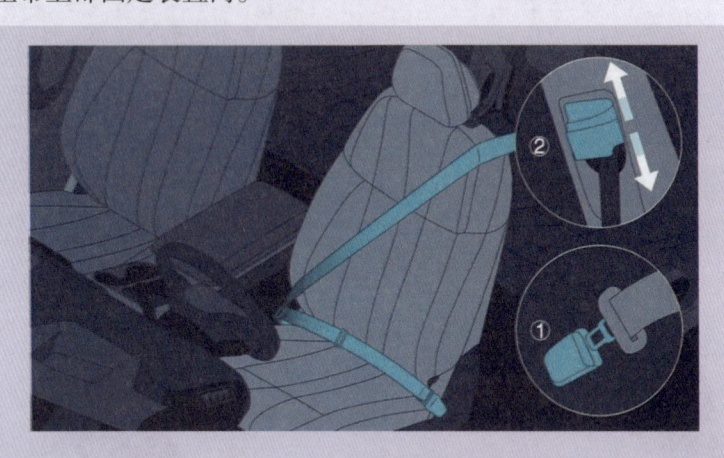

图 14-11　正确使用安全带

14.2.2　安全气囊应用

1　安全气囊使用注意事项

（1）正确的驾驶姿势，如图 14-12 所示，驾驶员与转向盘保持 25cm 以上的距离，避免气囊引爆时的冲击力直接伤害驾驶员。

图 14-12　驾驶员与转向盘保持距离

（2）副驾驶座椅安全气囊未禁用时，禁止儿童乘坐于副驾驶座椅处；以免发生事故时，气囊引爆产生的强大冲击力将对儿童造成严重伤害。

（3）副驾驶座椅处请勿堆放物品；如遇紧急制动时，这些物品会进入气囊引爆范围，一旦气囊引爆，物品将被弹飞而伤害乘客。

（4）气囊系统的保护功能只能触发一次，如果气囊已触发，务必更换气囊系统。

（5）如果更换过气囊系统，须保留相关记录；转让车辆时须随车交于新车主。

（6）严禁私自拆装气囊组件，包括气囊标签。

（7）安全气囊引爆时会产生烟雾及粉末，此种粉末虽无毒，但仍可能会造成人员不适。

（8）使用座椅、座套时要避开前排座椅侧面安全气囊位置，以免座套影响侧面安全气囊正常的保护作用。

（9）不在侧气帘作用范围内（如立柱、顶棚、拉手）放置物品，乘客切勿倚靠在车门上，以防侧气帘引爆时导致伤害；也不要将脚、膝盖或身体其余部位放在气囊盖板上或附近，不在安全气囊盖板放置或挂附任何物品，以免妨碍安全气囊的正常工作，以及在气囊引爆时导致伤害。

（10）不要在副驾驶侧挡风玻璃处装置任何电子设备，以免位于顶棚处的副驾驶侧头部安全气囊引爆时带来人身伤害。

（11）不要在副驾驶侧仪表板上方附件及遮阳板放置、挂附或安装任何物品，以免在安全气囊引爆时带来人身伤害。

2　安全气囊的展开条件

在车辆受到严重正面碰撞时，完全展开的安全气囊连同正确佩戴的安全带能够限制驾驶员和前排乘员的移动幅度，降低头部和胸部受伤的危险。对于安装了侧面安全气囊和侧面安全气帘的车辆，如果侧面受到严重碰撞，那么完全展开的侧面安全气囊会在乘员和车辆侧部之间形成一个气垫，降低乘员肢体侧部受伤的危险。

当正直坐在座椅上并靠在座椅靠背上时，安全带和安全气囊能够提供最为有效的保护。遭遇严重碰撞时，安全气囊会猛烈展开；此时驾乘人员如果没有正确使用安全带，且身体前倾、斜坐或者处于其他不正确的姿态，在事故中受重伤或致命伤的可能性将增大。

安全气囊展开的碰撞条件见表14-1。

> **补充说明**
>
> 安全气囊系统触发的决定性因素：碰撞时产生，并由电子控制单元（气囊电脑）获得的减速度曲线与设定值之间进行全面智能比较和判断，如果碰撞时产生并被测到的汽车减速度曲线等信号低于电子控制单元内预先设定的相关参照值，则安全气囊就不会触发，即使汽车可能已经在事故中严重变形。

表 14-1 安全气囊展开条件

碰撞位置	说 明	示 意 图
正面碰撞	以较高的车速与不会移动或变形的坚固墙体发生正面碰撞	
车底碰撞	车辆底盘受到严重损坏时。如车辆与路边石、路面铺砌边缘或坚硬的表面发生碰撞时，跌入深沟或深洞时，或车辆跳跃后猛烈触地等均有可能引起底盘严重受损	
侧面安全气囊	在受到严重侧面碰撞的情况下，受撞击一侧的前排侧面安全气囊将从座椅面套中弹出并迅速展开。没有受到撞击一侧的侧面安全气囊不会展开。如下所述或相似情况，会导致侧面安全气囊展开：车辆与较高车速的普通乘用车发生侧面碰撞	
侧面安全气帘	在受到严重侧面碰撞的情况下，受撞击一侧的侧面安全气帘将从车顶内饰中破出并迅速展开。没有受到碰撞一侧的侧面安全气帘则不会展开。如下所述或相似情况，会导致侧面安全气帘展开：车辆与较高车速的普通乘用车发生侧面碰撞	

3 安全气囊不展开的条件

安全气囊是否展开，取决于碰撞的物体、碰撞的方向及碰撞导致的车辆减速快慢。当碰撞的冲击力被吸收或分散到车身时，安全气囊可能不会展开；但根据事故时的冲击状况不同，安全气囊有时也会起爆。因此，安全气囊是否展开不应仅根据车辆的受损程度进行判断。

（1）如下所述或相似情况，正面安全气囊可能不会展开。

① 撞击方向偏离车辆中心时。

② 与坚固的电线杆、交通标志杆正面碰撞时（图 14-13）。

③ 与卡车尾门下方的碰撞，与卡车或底盘略高的车辆发生钻入式的碰撞（图 14-14）。

④ 与护栏的正面偏置碰撞。

⑤ 侧面或后部碰撞。
⑥ 车辆翻滚。

图 14-13　与电线杆碰撞示意图　　　图 14-14　与卡车碰撞示意图

（2）如下所述或相似情况，侧面安全气囊和侧面安全气帘可能不会展开。
① 与侧面成一定角度的碰撞（图 14-15）。

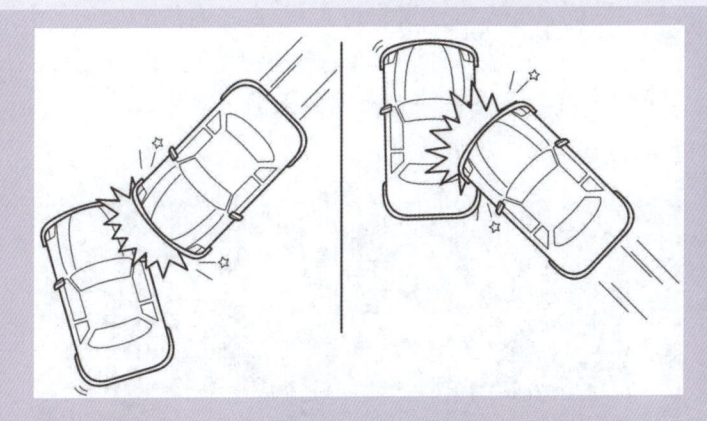

图 14-15　车辆侧面成一定角度的碰撞示意图

② 与两轮摩托车的侧面碰撞。
③ 侧面撞击车辆前机舱。
④ 侧面撞击后背门。
⑤ 车辆翻滚（图 14-16）。

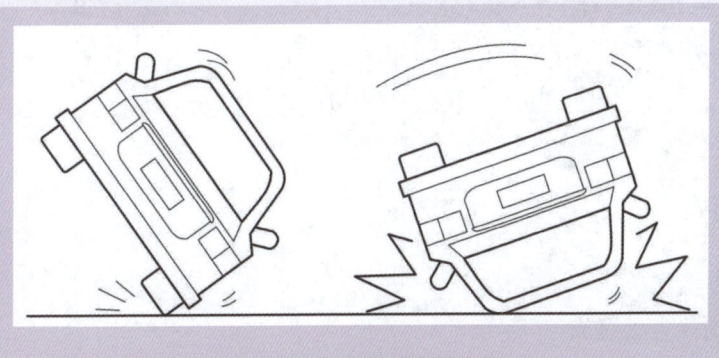

图 14-16　车辆翻滚示意图

⑥ 与护栏的正面偏置碰撞。

⑦ 与柱杆的侧面碰撞。

⑧ 与停驻或移动中的车辆发生正面碰撞。

⑨ 后部碰撞。

14.3 安全气囊系统拆装和维修

14.3.1 拆装安全气囊 ECU

安全气囊系统由电子控制单元监控，并且具有自诊断功能，通过组合仪表上的警告灯显示系统状态。打开钥匙门，安全气囊警告灯亮 5s 左右然后熄灭，表示系统正常，如果安全气囊已关闭，则警告灯常亮，但是已不具备保护功能。

安全气囊 ECU（气囊电脑）位置通常在副仪表（也就是中控挡位面板）下方。拆装安全气囊 ECU 如图 14-17 所示。

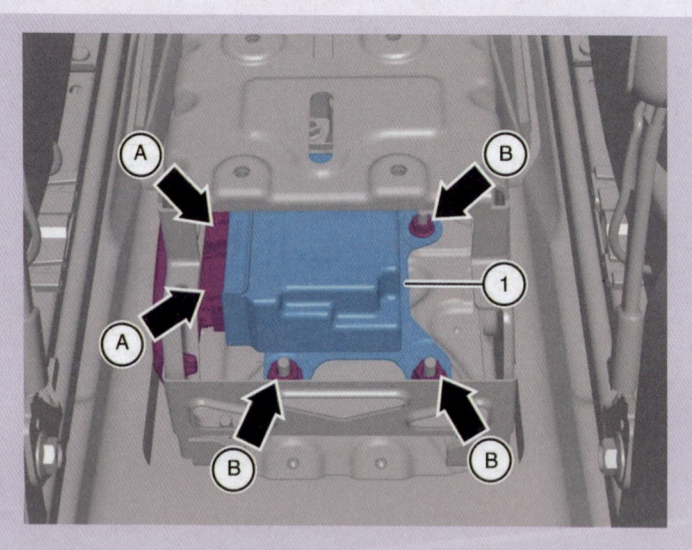

图 14-17 拆装安全气囊 ECU

1—安全气囊 ECU

A—插头；B—螺母

1 拆卸程序

（1）断开蓄电池负极。

（2）拆卸副仪表板总成。

（3）拆卸后排吹面风道中段总成。

（4）拆卸副仪表板防水罩总成。

（5）拆卸安全气囊 ECU。

①断开连接插头 A。

②旋出固定螺母 B，取出安全气囊 ECU。

2 安装程序

安装程序以倒序进行。如果更换新的安全气囊 ECU，则需要进行匹配。

14.3.2 拆装安全气囊

拆卸和安装主驾驶安全气囊如图 14-18、图 14-19 所示。

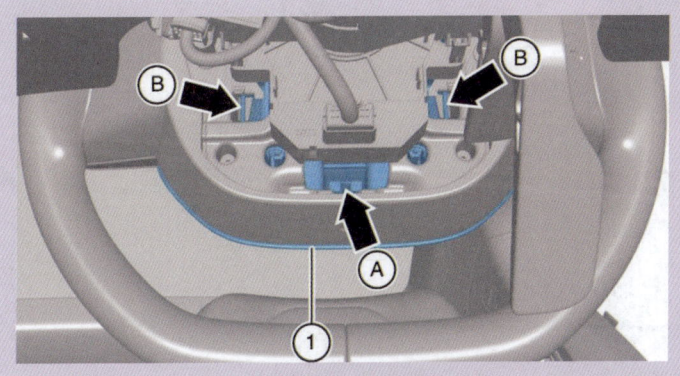

图 14-18 拆卸安全气囊（一）

1—安全气囊

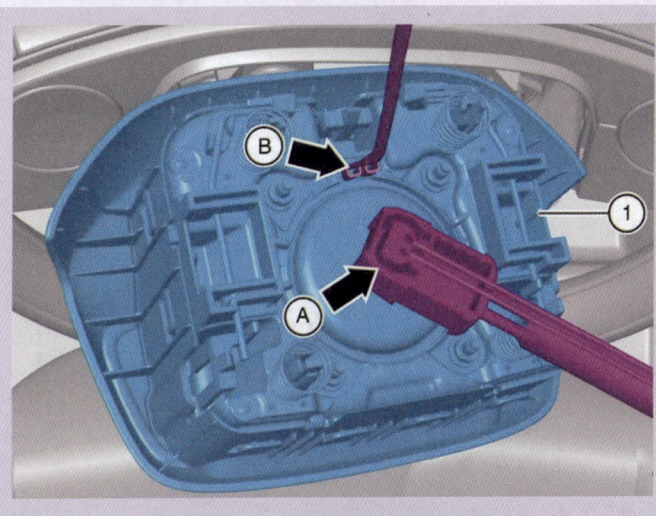

A—卡扣；B—弹簧卡

图 14-19 拆卸安全气囊（二）

1—安全气

A，B—插头

> **维修提示**
>
> 静电可能会导致任何安全气囊被意外触发，因此在脱开点火导线和接地线前必须释放静电，可以通过短时间触摸车身来实现。

1 拆卸程序

（1）断开蓄电池负极。

（2）拆卸管柱下护罩。

（3）拆卸主驾驶安全气囊总成。

① 在转向盘背部按压固定卡扣 A。

② 在转向盘背部按压固定弹簧 B，脱开安全气囊。

③ 断开连接插头 A、B。

④ 取出安全气囊。

2 安装程序

安装程序以倒序进行。

14.3.3 拆装气帘总成

1 拆卸程序

（1）断开蓄电池负极。

（2）拆卸顶棚装饰板总成。

（3）拆卸左 A 柱上饰板总成。

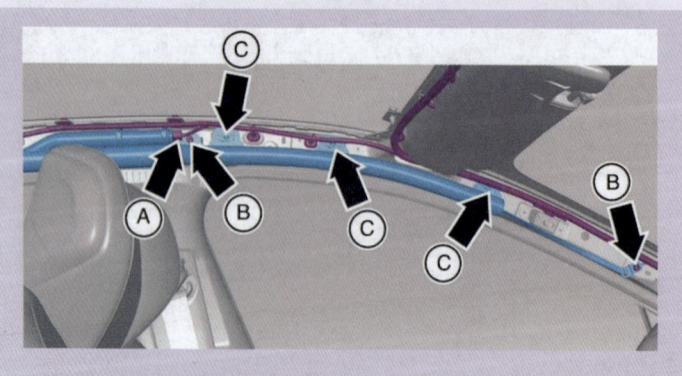

（4）拆卸左侧气帘总成（图 14-20、图 14-21）。

图 14-20 拆卸气帘总成（一）

A—插头；B—螺钉；C—卡扣

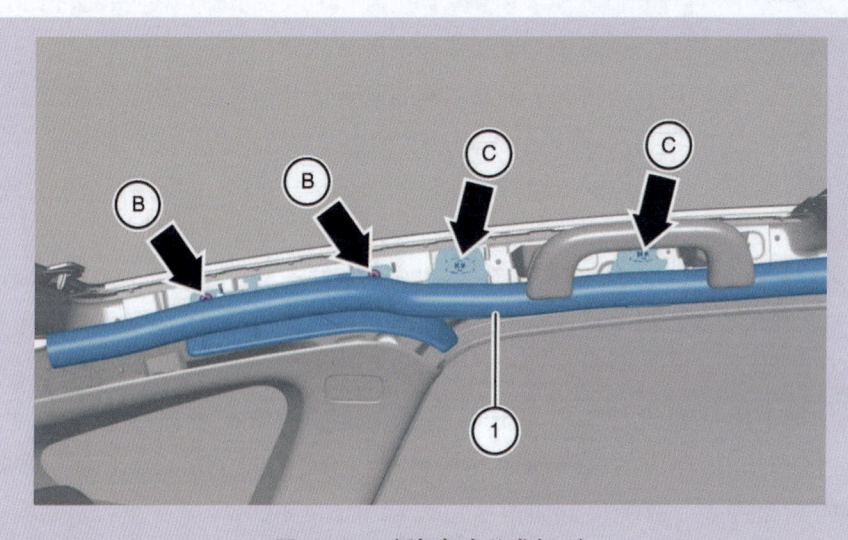

图 14-21　拆卸气帘总成（二）

1—气帘总成
B—螺钉；C—卡扣

① 断开连接插头 A。
② 旋出固定螺钉 B。
③ 脱开固定卡扣 C，拆下左侧气帘总成。

2　安装程序

安装程序以倒序进行。

14.4　安全气囊系统故障诊断

14.4.1　安全气囊触发原理

1　安全气囊系统组成

安全气囊系统是由气囊与充气机构（气体发生器）组成整体式安全气囊模块（控制单元 ECU）、感知碰撞并向安全气囊模块发出展开指令的碰撞传感器系统，以及传送由传感器发出的信号的线束构成。

2　碰撞传感器

碰撞传感器是安全气囊系统中主控制信号输入装置，在车辆发生碰撞时，由碰撞传感器检测车辆碰撞强度信号，并将信号输入安全气囊 ECU，安全气囊 ECU 根据碰撞传感器的信号来判断是否要启用安全气囊。根据车辆的配置情况，各种车辆的传感器布局有所不同，如图 14-22、图 14-23 所示。

（1）碰撞传感器系统一　这种传感器系统是由前车门内各一个压力安全气囊传感器（蓝色）、发动机支架上各一个前端传感器（红色）、ICM（一种底盘管理系统）内的一个滚动速率传感器、ICM 内的一个垂直加速度传感器组成；发动机支架上的前端传感器可为识别正面碰撞及其严重程度提供支持，车门内的压力安全气囊传感器（蓝色）可为识别侧面碰撞提供支持。

碰撞和安全模块通过传感器发送的数据确定碰撞方向和碰撞严重程度。例如，发生正面碰撞时，B 柱内的纵向加速度传感器和 ICM 内的纵向加速度传感器必须识别出较高的加速度值，系统根据加速度值按运算法则得出碰撞严重程度和碰撞方向，借助这些信息可以计算出待启用的乘员保护系统的触发时刻和顺序，如图 14-22 所示。

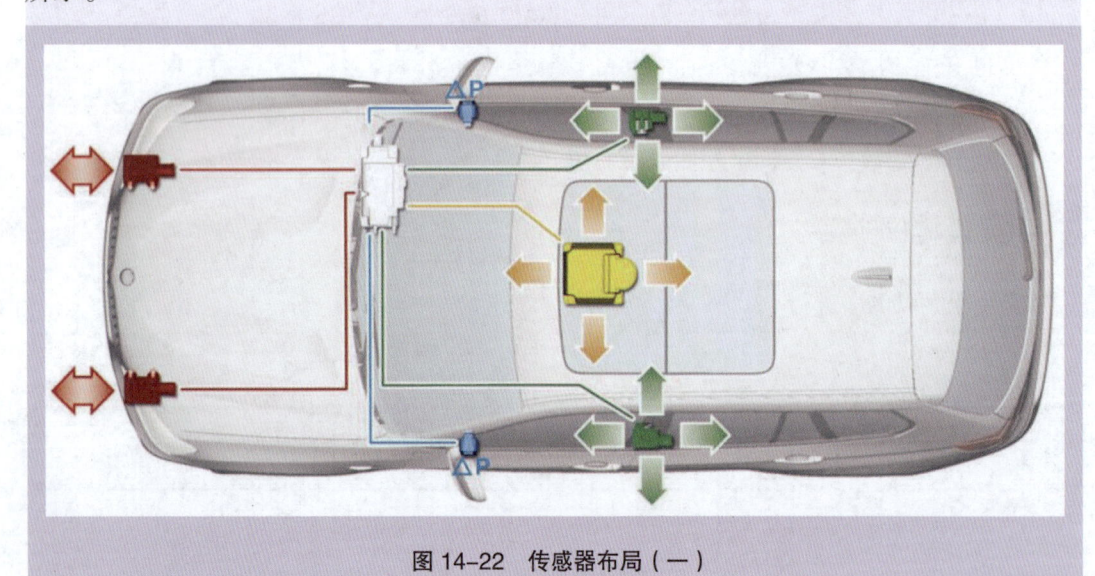

图 14-22　传感器布局（一）

（2）碰撞传感器系统二　这种传感器系统在两侧 B 柱内各一个横向和纵向加速度传感器（绿色）、ICM 内的一个横向和纵向加速度传感器、ICM 内的一个滚动速率传感器、ICM 内的一个垂直加速度传感器。纵向加速度传感器可以测量正加速度和负加速度，借助这些信号可识别正面碰撞或尾部碰撞；借助横向加速度传感器可识别侧面碰撞；作用方向不垂直于车辆纵轴或横轴的碰撞以横向加速度和纵向加速度组合的方式识别出，如图 14-23 所示。

3　座椅占用识别传感器

如图 14-24 所示，前乘客座椅的座椅面内有一个测量负荷情况的传感器（垫），即座椅占用识别垫；通过座椅占用识别垫可识别到是否占用了前乘客座椅。如果前乘客未系安

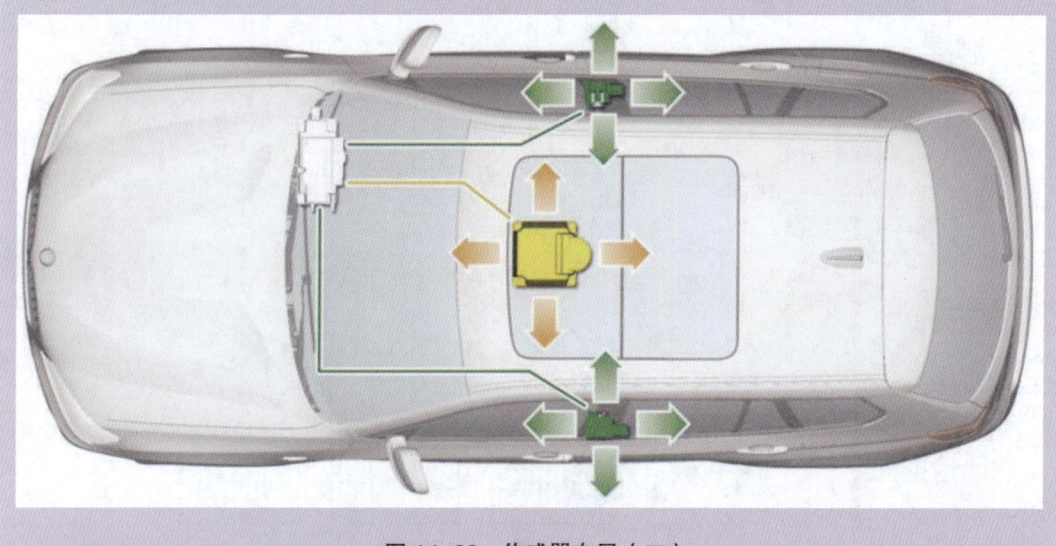

全带，则会触发视觉和声音安全带警告。

图 14-23 传感器布局（二）

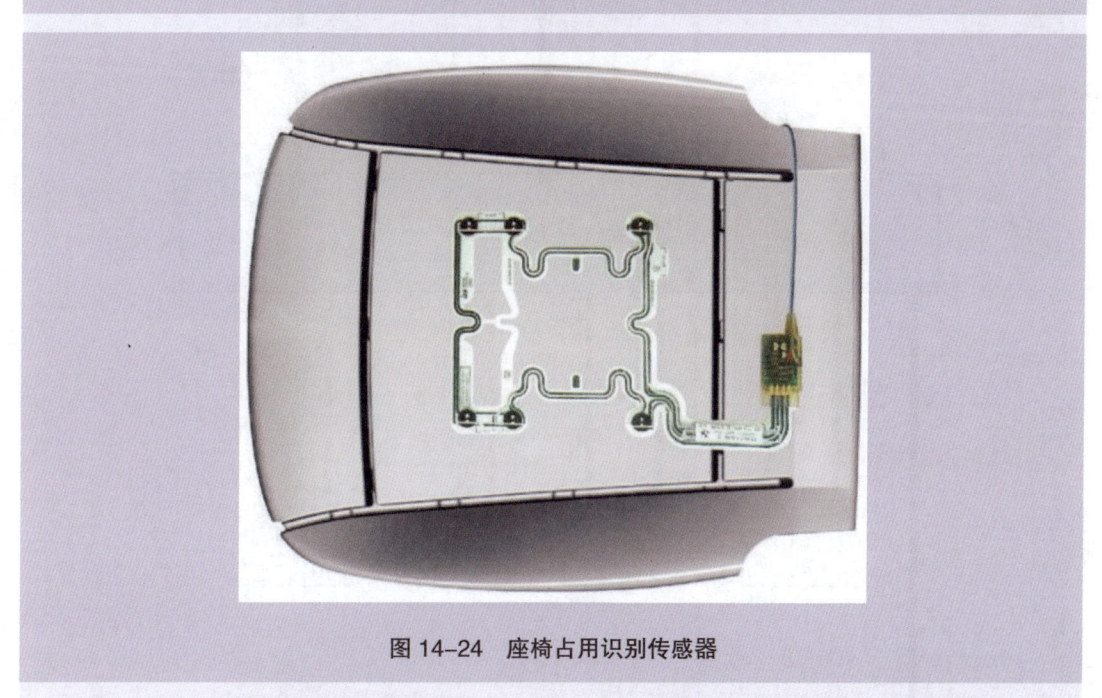

图 14-24 座椅占用识别传感器

有些车辆上不安装座椅占用识别垫，而是在前乘客座椅内安装电容性内部传感垫（CIS垫），CIS垫识别前乘客座椅上是否有成人或坐在儿童座椅上的儿童。

14.4.2 安全气囊系统电路

如图 14-25 和图 14-26 所示的是 2017 年款哈佛 H6 安全气囊系统电路图，安全气囊ECU 接收左、右安全气囊碰撞传感器的信号，同时通过监测（SBR 系统）的左前座椅占用识别传感器信号来识别座椅是否被占用。如果没有被占用，在发生碰撞时则不会打开该座椅位置的安全气囊；如果监测到该座椅被占用，起动引爆安全气囊，同时安全带插锁锁紧。

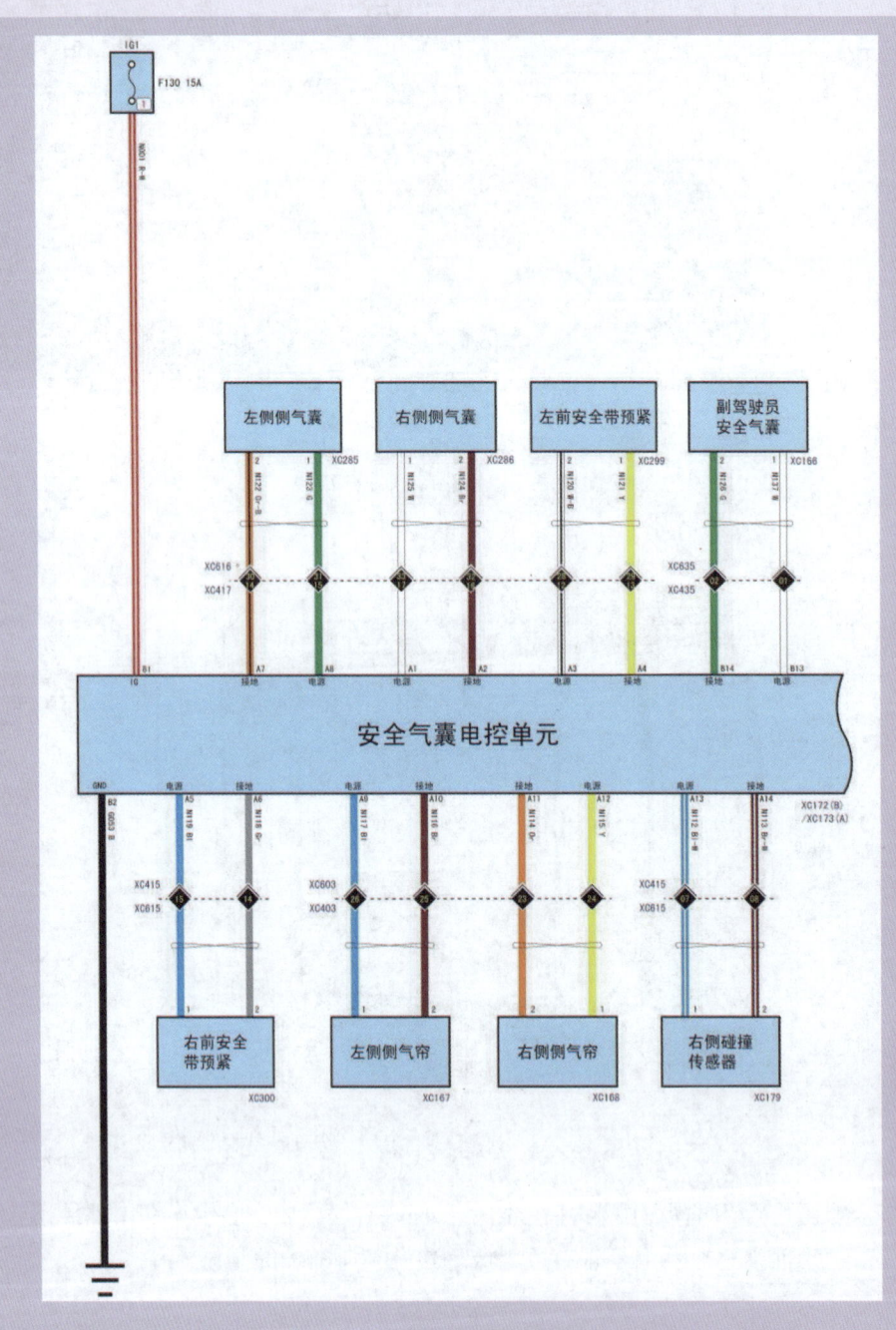

图 14-25 安全气囊电路图（一）

> **维修提示**
>
> 不可使用万用表来测量安全气囊组件，有引爆气囊的风险。

图 14-26　安全气囊电路图（二）

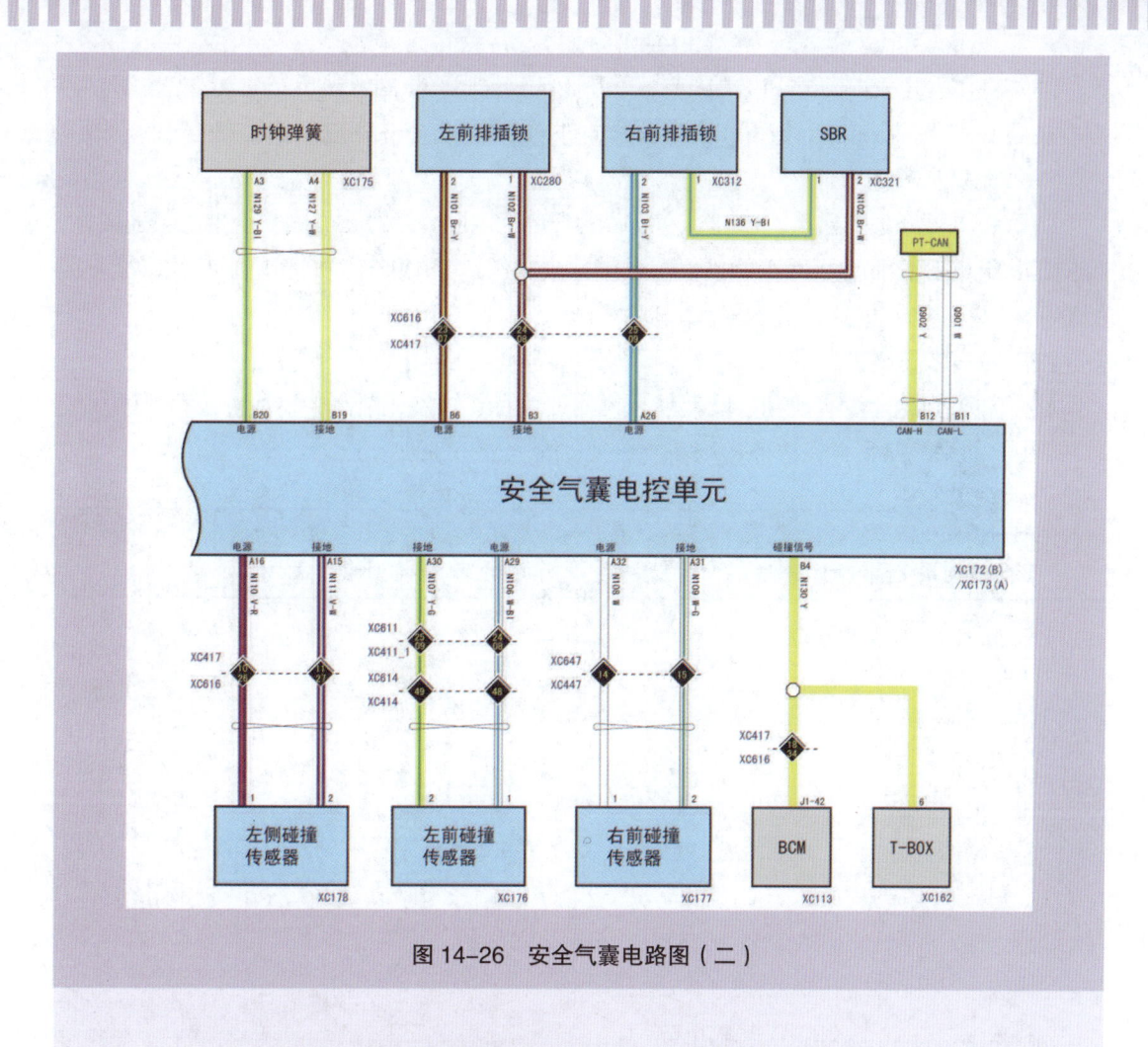

14.4.3　回路电阻法检测故障

打开点火开关，气囊报警指示灯出现常亮状态时，按照以下用回路电阻原理检测判断故障点，通过可替换安全气囊和安全带来检测和判断故障。

这种方法是检测气囊系统故障比较简单的方法，尤其在没有检测仪器的情况下比较适用。具体检测方法如下。

（1）将点火开关切换至 OFF 挡，拆卸驾驶员安全气囊，断开气囊线束接插件，用阻值约为 2.5Ω（2～3Ω）的电阻代替驾驶员安全气囊接到线束端。

（2）将点火开关切换至 ON 挡位，同时观察气囊报警指示灯状态。如果指示灯点亮 6s 熄灭，说明该部件存在故障，需要更换；如果指示灯常亮，说明故障不存在于该零件，进入下一步检查。

（3）将点火开关切换至 OFF 挡，90s 后断开替代电阻，将驾驶员安全气囊装配好，并将副驾驶员安全气囊线束插件断开，使用同样方式用电阻替代副驾驶员安全气囊。

（4）重复步骤②。

（5）将点火开关切换至 OFF 挡，90s 后断开替代电阻，将副驾驶员安全气囊装配好，将驾驶员侧 B 柱下护板卸下，拔下安全带预紧插件，使用同样方式用电阻替代安全带起爆器。

（6）重复步骤②。

（7）将点火开关切换至 OFF 挡，90s 后断开替代电阻，将驾驶员侧安全带线束连接好，将副驾驶员侧 B 柱下护板卸下，拔下安全带预紧插件，使用同样方式用电阻替代安全带起爆器。

（8）重复步骤②。

（9）如果到此还没有找到故障部件，说明线束存在短路或断路，请检查线路故障。

（10）如果线路不存在故障，则需要更换安全气囊 ECU。

> **维修提示**
>
> 安全气囊系统部件出现故障后一定要更换，不能进行维修再使用。